Hans-Jürgen Krahl, Konstitution und Klassenkampf

Zur historischen Dialektik von bürgerlichen Emanzipation und proletarischer Revolution.

Schriften, Reden und Entwürfe aus den Jahren 1966-1970

Verlag Neue Kritik

5. veränderte Auflage 2008

Druck TZ-Verlag-Print-GmbH
ISBN 978-3-8015-0380-2
www.neuekritik.de

Inhalt

Einleitung 7
1. Angaben zur Person 19
2 Zur Wesenslogik der Marxschen Warenanalyse 31
3. Bemerkungen zur Akkumulation und Krisentendenz des Kapitals 84
4. Revolutionäre Theorie und existenzielle Radikalität 100
5. Ontologie und Eros – zur spekulativen Deduktion der Homosexualität 117
6. Zu Henri Lefèbvre 121
7. Zu Herbert Marcuse 125
8. Zu Karl Korsch: Marxismus und Philosophie 139
9. Diskussionsbeitrag auf dem Berliner Vietnam-Kongress 148
10. Römerbergrede 152
11. Notizen zu Lenin: Was tun? 159
12. Zu Marx: Klassenkämpfe in Frankreich 162
13. Zu Lukács: Geschichte und Klassenbewusstsein 168
14. Zu Lenin: Staat und Revolution 186
15. Zu Lenin: Der »linke« Radikalismus, die Kinderkrankheit des Kommunismus 195
16. Aus einer Diskussion über Lukács 203
17. Zur Geschichtsphilosophie des autoritären Staates 208
18. Antwort auf Jürgen Habermas 247
19. Das Elend der kritischen Theorie eines kritischen Theoretikers 251
20. Autoritäten und Revolution 261
21. Zur historischen Dialektik der nachstalinistischen Reform in der CSSR 270
22. Über Reform und Revolution 282
23. Zur Ideologiekritik des antiautoritären Bewusstseins 284
24. Der politische Widerspruch der kritischen Theorie Adornos 291
25. Kritische Theorie und Praxis 295
26. Fünf Thesen zu »Herbert Marcuse als kritischer Theoretiker der Emanzipation« 304
27. Zur Dialektik des antiautoritären Bewusstseins 309
28 Über »Marxismus-Leninismus« 317
29. Rede auf einem teach-in zur Wahl des Studentenparlaments im Wintersemester 1969/70 319
30 Produktion und Konstitution 329
31. Thesen zum allgemeinen Verhältnis von wissenschaftlicher Intelligenz und proletarischem Klassenbewusstsein 336
32. Programmentwurf für die Zeitschrift »Hefte für politische Ökonomie« 354

33. Projektion und Konstitution 363
34. Beiträge aus den Schulungsprotokollen 368
35. Produktion und Klassenkampf 392

Anhang

Rede zur Beerdigung des Genossen Hans-Jürgen Krahl (1970) 418
Detlev Claussen, Ein philosophisch-politisches Profil (1985) 424
Norbert Saßmannshausen, Biographische Skizze (2008) 432

Einleitung

Die in diesem Buch zusammengestellten Schriften, Entwürfe und Reden von Hans-Jürgen Krahl, die ihren fragmentarischen Charakter auch dort nicht verleugnen können, wo sie die Form von druckreifen oder bereits veröffentlichten Manuskripten haben, sind geprägt durch die Erfahrung einer politischen Bewegung, die Hans-Jürgen Krahl als Agitator, Theoretiker und Organisator entscheidend mitbestimmt hat. In ihren Perspektiven weisen diese Arbeiten gleichwohl über den unmittelbaren Zusammenhang der Protestbewegung hinaus.

Aber nicht nur der unerwartete Tod, den Hans-Jürgen Krahl durch einen Autounfall im Februar 1970 erlitten hat, verhinderte eine systematische Ausführung der von ihm angedeuteten Probleme. Der unabgeschlossene Zustand seiner Arbeiten ist vielmehr Ausdruck einer politischen Situation, in der die traditionellen Theorien der Arbeiterbewegung praktisch problematisiert waren, ohne dass sie jedoch durch eine ausformulierte Theorie revolutionärer Bewegungen in den spätkapitalistischen Metropolen hätten ersetzt werden können. Die Entwicklung der Linken nach der Aktionsphase, die im Aktiven Streik an den Hochschulen im Winter 1968/1969 ihren Abschluss gefunden hat, deutet darauf hin, dass in den meisten neu entstandenen Gruppen und Organisationen dieses Problem, das auch den hohen Schwierigkeitsgrad der Krahlschen Analysen mitbedingt, durch Organisationspraxis verdrängt wird.

Zweifellos erfährt das Verhältnis von Theorie und Praxis theoretisch seine äußerste Zuspitzung in der Organisationsfrage; diese aber mit konkreten politischen Zielsetzungen stellen zu können, setzt eine gesellschaftliche Situation voraus, in der es wenigstens Reste der Einheit und der organisierten Vermittlung von Theorie und Praxis gibt. Die schwierige Lage der Studentenbewegung, die in einer Zeit der brüchig gewordenen Nachkriegsideologien des restaurierten Liberalismus, des Endes der ökonomischen Rekonstruktionsperiode und des sich entwickelnden Kampfes der antiimperialistischen Befreiungsbewegungen Ziele des revolutionären Sozialismus in den spätkapitalistischen Ländern geltend machte, bestand aber gerade darin, dass sie diese Zielsetzung weder an einer politischen Klassenkampfpraxis noch an existierenden Organisationskernen der Arbeiterbewegung orientieren konnte. Der Faschismus hatte nicht nur die sozialistischen Kader zerschlagen, sondern auch einen praktischen und theoretischen Bruch der revolutionären Arbeiterbewegung herbeigeführt, der durch den Antikommunismus der Nachkriegsperiode und die relative Stabilisierung der spätkapitalistischen Herrschaftssysteme weiterhin befestigt wurde. Nachdem sich die alte sozialdemokratisch geprägte Organisationsform des SDS mit Beginn der antiautoritären Bewegung aufgelöst hatte, konstituierte unter diesen Bedingungen eher das negative Moment einer radikalen Kritik der geschichtlich überholten bürgerlichen Gesellschaft die praktisch-theoretische Einheit der Protestbewegung als das organisatorisch reflektierte Verhältnis von Theorie und Praxis.

Der antiautoritäre Protest dokumentierte den Willen der vorwiegend aus den bürgerlichen Mittelschichten kommenden Studenten und Jugendlichen zur Emanzipation von der Gewalt abgestorbener, isolierender und die menschlichen Beziehungen deformierender Lebensformen. Die antiautoritären Bedürfnisse bringen in dieser Anfangsphase einer neuen sozialistischen Politik adäquat zum Ausdruck, dass die am Maßstab abstrakter Arbeit und der existierenden Wertabstraktionen gewonnenen Organisationsprinzipien der Gesellschaft, sowohl der des Spätkapitalismus wie der des bürokratisierten Sozialismus der Staaten Osteuropas, endgültig überholt sind.

In diesem Zusammenhang wird die Reaktualisierung der Beziehungen zwischen Individuum und Gesellschaft verständlich, die, soweit sie sich in antiautoritären Bedürfnissen ausdrückt, auf die Antizipation des »Reichs der Freiheit« in praktischen Formen der dezentralisierten Selbsttätigkeit und der kollektiven Selbstorganisation solidarischer Bedürfnisbefriedigung gerichtet ist. Was Parteilichkeit und Totalität, die zentralen Kategorien einer revolutionären Theorie, betrifft, so konkretisierten sich diese in der Studentenbewegung nicht nur auf theoretischer, sondern vor allem auf einer subjektiv-organisatorisch vermittelten Ebene. Die extensiv geführten Emanzipationsdebatten im SDS führten freilich diese Gestalt der Einheit von Theorie und Praxis sehr bald an ihre objektiven Grenzen. Denn der Versuch, ein geschichtlich adäquates Selbstbewusstsein zu gewinnen, ohne die Möglichkeit zu haben, sich in Auseinandersetzung mit einer gegebenen Klassenkampfpraxis zu definieren, musste schließlich die negative, antikapitalistische Einheit der Protestbewegung, ihre auf der Abfolge von Aktionen beruhende labile Identität aufsprengen und die objektive Parteilichkeit in eine subjektive, teilweise auf reine Bekenntnisse reduzierte verwandeln. Damit löste sich ein Zusammenhang auf, in dem die Forderung eines parteilichen Totalitätsbewusstseins die Existenz der Revolution mit der Frage nach der revolutionären Existenz verbindet.

Dass das Verhältnis zwischen Theorie und Organisation alle Probleme enthält, die unter den Voraussetzungen der antiautoritären Protestbewegung prinzipiell nicht zu lösen waren, wird noch durch ihre Zerfallsformen bestätigt. Auf der einen Seite trennten sich die Interessen individueller Emanzipation aus den politischen Zusammenhängen; das, was in der Anfangsphase ein Fortschritt gerade dadurch war, dass die solidarische Emanzipation der Individuen in aller abstrakten Radikalität dem System konfrontiert wurde, schlägt in organisationszersetzende Einstellungen um, die nur noch für eine privatisierende Integration in Subkulturen ausreichen. Auf der anderen Seite zeigten sich immer deutlicher Tendenzen, die Emanzipationsfrage aus dem Zusammenhang von Theorie, Organisation und Praxis auszuklammern und als bloßes Relikt der Mentalität von kleinbürgerlichen Intellektuellen zu betrachten. Dadurch wird die Organisation zu einer technisch-pragmatischen Angelegenheit, die Theorie selbst dort noch akademisiert, wo sie vorgibt, unmittelbarer Bestandteil der Klassenkampfpraxis zu sein.

Es entspricht nicht den Intentionen Krahls und ebensowenig der Autoren dieses Vorworts, die Organisationsversuche der neu entstandenen Gruppen abstrakt zu denunzieren. Die Kritik richtet sich vielmehr gegen die Attitüde vieler dieser Gruppen, ihre Praxis, die in diesem Stadium keine andere als »experimentelle Praxis« sein kann, mit einer den historischen Veränderungen enthobenen »marxistischen« Theorie zu legitimieren.

Die Forderung nach der »Liquidierung der antiautoritären Phase« hat Hans-Jürgen Krahl nicht aus »intellektueller Organisationsfeindlichkeit«, sondern in dem Bewusstsein bekämpft, dass die abstrakte Negation antiautoritärer Emanzipationsansprüche durch eine straffe Organisationsmoral nur um den Preis einer geschichtlichen Regression, einer blinden Restauration, überholter Organisationsstufen des Klassenkampfes möglich ist. Ist keine entwickelte proletarische Klassenkampfpraxis vorauszusetzen, kann es nicht einfach um organisationstechnische Probleme der möglichst effektiven Umsetzung einer als wahr erkannten und anerkannten Theorie in die materielle Gewalt der durch proletarische Kampforganisationen strukturierten Arbeiterklasse gehen. Wenn Parteilichkeit in theoretisch ausgewiesener, auch subjektiver Parteinahme für das Proletariat besteht, so wird sie heute zu einem abstrakt deklamatorischen Bekenntnis – zur rituellen Selbstbestätigung des »revolutionären Klassenstandpunkts« ohne revolutionäre Klasse. Dem entspricht eine Akademisierung der Theorie, eine politisch neutralisierte Marx-Rezeption wie zum Beispiel die kurzschlüssige Gleichsetzung eines Theorie-Praxis-Verhältnisses, wie es unter ganz anderen Bedingungen Mao Tse-tung in der Praxis der chinesischen Revolution entwickelt hat, mit revolutionärer Politik in den spätkapitalistischen Metropolen. In solchen Formen des Theoriebewusstseins wird eine sich durchhaltende Identität des Wesens der kapitalistischen Gesellschaftsordnung jenseits ihrer Erscheinungsform vorausgesetzt, was nicht nur verhängnisvolle Folgen für die Theorie, sondern auch für die Praxis hat. Diese Art des Studiums und der »Anwendung« der Theorie ist gekennzeichnet durch den Verzicht auf ihre historisch-materialistische Bestimmung; sie wird reduziert auf einen gesicherten Wissensbestand aus den Schriften der Klassiker, wenn sie sich nicht sogar zu einer vom geschichtlichen Prozess abgelösten und verdünnten »Methode« verselbständigt.

Unter den Bedingungen einer über die unmittelbaren Erfolge euphorisch gestimmten Protestbewegung war es vor allem Hans-Jürgen Krahl, der den Ausweg aus diesem Dilemma von Theorie und Praxis aufzuzeigen versuchte; es wäre schlecht utopisch gewesen, hätte man in der Phase, da die Revolution wesentlich als Protest verstanden wurde, praktikable Organisationskonzepte entwickeln wollen. Vielmehr kam es zunächst darauf an, durch eine »philosophiekritische Rekonstruktion der revolutionären Theorie« die Tradition der sozialistischen Theorienbildung wieder aufzunehmen, die sich von der Kautskyanischen und sowjetmarxistischen Orthodoxie gleichermaßen dadurch unterscheidet, dass sie den Historischen Materialismus nicht als eine abgeschlossene, von den Strukturveränderungen des Kapitalismus nicht tangierbare Theorie behandelt. Rekonstruktion bedeutet nicht die »Wiederherstellung des reinen Marxismus«, wie sie von einigen Gruppen immer wieder gefordert wird, sondern die Anwendung des Historischen Materialismus auf seine eigenen Gestalten. Dieses Verfahren ist darin begründet, dass die revolutionären Theorien selber Produkte bestimmter geschichtlicher Perioden sind und die Begriffe, Strategien und Taktiken sich mit der geschichtlichen Entwicklung verändern müssen. Historischer Materialismus kann deshalb nicht als eine marxistische Theoriedisziplin, die arbeitsteilig von anderen ergänzt wird, verstanden werden, sondern bezeichnet in diesem Zusammenhang die Entwicklung einer Theorie, die den Geschichtsprozess unter dem Aspekt der revolutionären Veränderung interpretiert. Die Ungleichzeitigkeit der geschichtlichen Entwicklung, die Entstehung sozialistischer Länder mit höchst unterschiedlicher Entfaltung der Produktivkräfte und die Fortexistenz der höchstentwickelten kapitalistischen Gesellschaften führt – theoretisch wie praktisch – zu einer Differenzierung der Parteien der verschiedenen sozialistischen Länder, der antiimperialistischen Befreiungsbewegungen und auch der revolutionären Gruppierungen in den Metropolen: den Historischen Materialismus mit der Theorie und Praxis einer Partei oder gar eines sozialistischen Staates zu identifizieren, behindert praktisch folgenreich die Entwicklung einer revolutionären Theorie in den kapitalistischen Metropolen, weil dadurch die theoretische Reflexion des spätkapitalistischen Geschichtsverlaufs mit der praktischen Erfahrung der Kämpfe gegen das kapitalistische System kaum noch zu vermitteln ist.
Es war ein Resultat der Studentenbewegung, dieses Prinzip einer revolutionären materialistischen Theorie mit einer Erfahrungsdimension auszustatten, die es möglich machte, die erstarrten Formeln der Einheit von Theorie und Praxis und von Organisation und Befreiung wieder begründet zu reflektieren. Die geschichtlichen Bedingungen einer möglichen revolutionären Veränderbarkeit der gegenwärtigen Gesellschaft konnten, im Medium einer wie auch immer diffusen Erfahrung, wieder Gegenstand

von Theorie, Analyse und Untersuchung werden. Dass sich aber Theorie auch unter Bedingungen hochspezialisierter Wissenschaftspraxis nicht arbeitsteilig aufsplittern lässt, war vor allem denjenigen bewusst, die sie in aufklärerische – und ansatzweise bereits organisiertere Formen des Kampfes vorausnehmende – Praxis umzusetzen versuchten. In diesem, für die Aufstiegsphase der Protestbewegung charakteristischen Praxisbezug der Theorie ist das begründet, was man ihr später als praxislose Spekulation vorwarf; Theorie war gezwungen, sich als praktisches Bewusstsein ohne eine vorgegebene Organisationsbasis neu zu konstituieren. Deshalb konnte sie vorerst nur darin bestehen, tradierte bürgerliche Emanzipationsvorstellungen und sozialistische Theoriegehalte in der Öffentlichkeit zu aktualisieren und eine Sensibilität für die revolutionäre Veränderbarkeit der Gesellschaft bei Teilen der Intelligenz und der Arbeiterklasse zu erzeugen, die im Faschismus und im entpolitisierten Klima der Nachkriegsgesellschaft der BRD zerstört wurde. Dieser Prozess lässt sich nicht nach verbindlichen Kriterien politischer Praxis vorab festlegen. Seine wichtigsten Formen, bewusstseinsbildende Aufklärung und aktions- bzw. organisationsbezogene Agitation, dürfen nicht schematisch auf die konkreten Bedingungen der politischen Arbeit übertragen werden, die in dieser selbst und in Verbindung mit der Konkretisierung der Theorie allererst ihre politische Bestimmung erhalten. Das gilt insbesondere für die zentrale Form sozialistischer revolutionärer Praxis, die Betriebsarbeit. Hierbei wird sich zeigen, ob die neue sozialistische Bewegung die theoretischen Prämissen ihrer Politik mit einem pragmatischen Begriff von Praxis zu verbinden imstande ist, der nicht in blinder organisatorischer Absicht Erfahrungen, die in Untersuchungen, Agitationen und konkreten Kämpfen gewonnen werden und für jene konstitutiv zu sein hätten, blockiert. Was sich langfristig in einer ausgeführten revolutionären politischen Theorie auch in kritischer Auseinandersetzung mit den arbeitsteilig organisierten bürgerlichen Erfahrungswissenschaften zu konkretisieren hätte, kann auf dieser ersten Entwicklungsstufe keine bündigen Aussagen über Strategie und Taktik enthalten.
Der Prozess der Konkretisierung der Theorie, wie er sich gegenwärtig in den zersplitterten Organisationsformen darstellt, macht die Kritik der etablierten Wissenschaften unter dem Gesichtspunkt der Aktualität der überlieferten Theorien der Arbeiterbewegung notwendig. Eine solche Theorieentwicklung ist auch für die organisatorische Konsolidierung der Linken unabdingbar. Krahls zentrales theoretisches Interesse richtete sich auf diesen Zusammenhang. Er hat stets jene Tendenzen in der Bewegung bekämpft, die auf eine dogmatische Fixierung der Geltung bestimmter Entwicklungsstadien der Theorie hinausliefen. Neben dem aufklärerischen Agitationsinteresse, die geschichtlichen Prämissen der Theorie bewusst zu machen, lassen die Texte durchweg die Intention erkennen,

Maßstäbe der Kritik in der Linken zu verankern, durch welche insbesondere die Kategorien der Marxschen Theorie, in ihrem Geltungsanspruch wie in ihrer Genesis, aus der Perspektive des Spätkapitalismus begreifbar werden. Ob es sich um die Analyse der wesenslogischen Bestimmungen der Warenanalyse oder um die Kritik der Dialektik von bürgerlicher und proletarischer Revolution im letzten Aufsatz, über »Produktion und Klassenkampf«, handelt, stets betont Krahl die Notwendigkeit, die Marxsche Theorie im Zusammenhang auch jener philosophiegeschichtlichen und gesellschaftstheoretischen Voraussetzungen zu begreifen, die noch Ausdruck der revolutionären Aufstiegsphasen des Bürgertums sind. Was an der Marxschen Darstellung der Klassenkämpfe des 19. Jahrhunderts, wie Krahl in dem letztgenannten Aufsatz darzulegen versucht, metaphysisch zu nennen wäre, ist die naturgesetzliche Verlaufsform dieser Kämpfe selber, bis sie mit der krisenhaften Entfaltung der Produktivkräfte auf höchster Stufenleiter in ein Stadium treten, wo sie vom Proletariat bewusst geführt werden können. Die Geschichte des Marxismus hat diese historisch bestimmte Dialektik nicht genügend beachtet. Sie ist uns heute überliefert als ein übergeschichtliches Gesetz, wie im Sowjetmarxismus, oder wird mit dem Verweis auf spätkapitalistische Erscheinungsformen von Herrschaft stillgelegt, wie es die Kritische Theorie der »Frankfurter Schule« tut.

An diese beiden extremen Gestalten der marxistischen Theorieentwicklung mussten die sozialistischen Teile der Studentenbewegung anknüpfen, um den Anschluss an die Tradition der sozialistischen Theorie und der Arbeiterbewegung wiedergewinnen zu können. Um den anfangs beträchtlichen Einfluss der Kritischen Theorie auf die Bewegung für eine revolutionäre politische Theorie nutzbar zu machen, welche deren theoriekritische Immanenz sprengt, versuchte Krahl, sie in ihrem Entstehungszusammenhang in der linksmarxistischen, vor allem vom jungen Lukács und Korsch repräsentierten Kritik an der Theorie und Praxis der Sozialdemokratie bzw. der kommunistischen Parteien der zwanziger Jahre zu interpretieren und als eine Form spätbürgerlicher Theorie zu bestimmen, die, im Gegensatz zu ihrem praxisverneinenden Grundzug, zentrale historische Veränderungen der bürgerlichen Gesellschaft in ihrem monopolkapitalistischen und faschistischen Stadium in einer für die marxistische Theoriebildung folgenreichen Weise erkennt. Krahl zufolge machen noch ihre Integrationsthesen auf das Problem aufmerksam, ob die Möglichkeit revolutionärer Veränderungen – auch wenn die ökonomischen Bedingungen einen hohen Reifegrad erreicht haben – noch in der von der Marxschen Theorie angenommen naturgesetzlichen Krisendialektik von Produktivkräften und Produktionsverhältnissen begründet werden kann. Zur Klärung dieser prinzipiellen Frage bedarf es ideologiekritischer und empirischer Untersuchungen, die jene ökonomischen und politischen Mechanismen in der

realen Bewusstseinsverfassung der beherrschten Massen, vor allem der Arbeiterklasse, sichtbar machen, die der Bildung von Klassenbewusstsein entgegenwirken. Die Vermittlungen zwischen ökonomischer Basis und dem richtigen Bewusstsein, das aus den Verkehrungen des Bewusstseins der Massen zu entwickeln wäre, sind der Kritischen Theorie zufolge so verdinglicht, dass die bloße ökonomiekritische Aufklärung, etwa über die objektive Lage der Arbeiter, nicht mehr ausreicht, ihr falsches Bewusstsein in einen revolutionären Willen zur Veränderung der Gesellschaft zu transformieren. In den »Thesen zum allgemeinen Verhältnis von wissenschaftlicher Intelligenz und proletarischem Klassenbewusstsein« versucht Krahl diesen Vermittlungen nachzugehen, wobei er allerdings nicht alle für den komplexen Gegenstand der Beziehungen zwischen Intelligenz und Arbeiterklasse erforderlichen Aspekte berücksichtigt; auch sind inhaltliche Ausführungen teilweise nur angedeutet. Er rekurriert dabei vornehmlich auf Thesen der Faschismusinterpretation und der Entfremdungs- und Manipulationstheorien von Horkheimer, Lefèbvre, Marcuse, Adorno, Sartre und Merleau-Ponty. Dabei gelangt er zu der von diesen Theorien nahegelegten, aber noch nicht von ihnen selber theoretisch ausformulierten Konsequenz, dass ein neuer, sozialwissenschaftlich nicht restringierter und klassentheoretisch nicht apriorisierter Typus von Empirie erarbeitet werden muss, der den ökonomischen, arbeitssoziologischen und bewusstseinsmäßigen Differenzierungen im Begriff der arbeitenden Klasse Rechnung trägt.
In diesem Rahmen hätten sich, so deutet Krahl in einem programmatischen Entwurf für eine politökonomische Zeitschrift an, ökonomiekritische Reflexionen zu stellen. Die Bewusstseinsverfassung der Arbeiterklasse ist nicht mehr umstandslos aus dem Kapitalverhältnis abstrakter Arbeit, der Ausbeutung mit ihren isolierenden und verdinglichenden Erscheinungsformen im Arbeitsprozess und der monopolistisch zersetzten, aber objektiv mit Hilfe der Arbeiterorganisationen selber reformistisch abgestützten Ideologie des gerechten Äquivalententauschs hinreichend zu erklären. Es bedarf vielmehr auch soziologisch- und psychologisch-empirischer Analysen, um die Faktoren konkret zu erfassen, die Klassenbewusstsein zersetzen. Freilich wäre dazu die kritische Funktion von empirischen und analytischen Aussagen dieser Wissenschaften, auch dann, wenn sie nicht im akademischen oder gar im kommerziellen Rahmen unmittelbar für politische Zwecke eingesetzt werden, zu klären. Für die politische Ökonomie selber stellt sich die Frage, ob eine aktuelle Kritik der politischen Ökonomie noch nach dem Marxschen Vorbild verfahren und in diesem Sinne Grundwissenschaft einer revolutionären Theorie der Gesellschaft sein kann. Voraussetzung für dieses Vorgehen war, dass die Entfaltung der Produktivkräfte mit dem gesellschaftlichen Fortschritt zur Freiheit notwendig zusammen gedacht werden konnte. Die offiziellen

Wirtschaftswissenschaften bilden nicht mehr den vorgegebenen theoretischen Rahmen: sie liefern in der Regel nichts weiter als geschichtsphilosophisch neutralisierte funktionale Kreislaufmodelle des im Sinne gesellschaftlichen Fortschritts zunehmend destruktiven ökonomischen Prozesses und praktische Handlungsanweisungen für dessen Steuerung. Eine revolutionäre Theorie kann nicht mehr in der Weise immanent an sie anknüpfen, wie es Marx noch in Bezug auf Smith und Ricardo konnte.
Die in der 2. Internationale vor allem von Kautsky, Lenin und Rosa Luxemburg geführte Diskussion um Strategie und Taktik der Arbeiterbewegung, die bei gegebener Aktualität der Revolution dem allgemeineren Verhältnis von Theorie und Praxis entsprechenden Grundbegriffe der Theorie der Revolution, war nach dem Scheitern der deutschen Revolution im sogenannten kritischen Marxismus in eine teilweise ideologiekritisch geführte Abwehr falscher Strategien auch der kommunistischen Parteien übergegangen, die dazu drängte, das Verhältnis von ökonomischer Basis, politischen Herrschaftsstrukturen und Ideologien von Grund auf neu zu reflektieren. Die marxistische Theorie verfestigte sich in einer Arbeitsteilung zwischen »ökonomischen« und »erkenntnistheoretischen« Fragestellungen auch außerhalb des zur Legitimationswissenschaft gewordenen Sowjetmarxismus, wofür die unendlichen Kontroversen zwischen »philosophischen Kritikern« und »Ökonomisten« beispielhaft genannt werden können. Diese Arbeitsteilung innerhalb des Marxismus ist von der inzwischen auf relativ breiter Basis einsetzenden Rezeption und Entwicklung sozialistischer Theorie in der Linken nicht voluntaristisch aufzuheben, aber auch nicht als unveränderlicher Tatbestand hinzunehmen.
Krahl versuchte, die Auseinandersetzung mit der Marxschen Kritik der politischen Ökonomie in eine erkenntnistheoretische Reflexion zu lenken, indem er sie in die Marxsche Theorie der Klassenkämpfe einbezog, um einen historisch adäquaten Ausgangspunkt für die Bestimmung des Status der Kritik der politischen Ökonomie in einer Theorie der gegenwärtigen Gestalt des Kapitalismus zu gewinnen. Erst im Rahmen einer solchen Fragestellung bekämen nicht nur nationalökonomische Untersuchungen, wie sie auf ihrem fortgeschrittensten Stand etwa von Mandel oder Altvater verstanden werden, ihren revolutionstheoretischen Stellenwert, sondern auch sozialwissenschaftliche Analysen über den Einfluss von Arbeitsprozess, Qualifikation, Sozialisation, Ausbildung, Einkommen, Freizeit, Konsum usw. auf das empirische Bewusstsein der verschiedenen Fraktionen der Arbeiterklasse.
In seinen letzten Arbeiten untersuchte Krahl am Leitfaden einer Interpretation des Marxschen Produktions- und Arbeitsbegriffs eine Frage, die auch gegenwärtig noch die Diskussion der westdeutschen Linken beherrscht, nämlich die Frage nach der ökonomischen und ideologischen Rolle von Wissenschaft und Technik im Produktionsprozess sowie die da-

raus resultierenden Veränderungen im Verhältnis von geistiger und körperlicher, produktiver und unproduktiver Arbeit. Die in diesem Zusammenhang populär gewordene These von der »Neuen Arbeiterklasse«, wie sie vor allem von Mallet und Gorz formuliert wurde*, bietet Krahl zufolge nur einen sehr verkürzten Ansatz für eine umfassende Klärung der Entstehungsbedingungen von Klassenbewusstsein im Arbeitsprozess; die Vermittlung zwischen den Veränderungen im Bewusstsein bestimmter, »neuer« Teile der Arbeiterklasse und der höheren organischen Zusammensetzung des Kapitals, wie sie im Arbeitsprozess erscheint, wird nicht zureichend berücksichtigt. Gleichwohl meint Krahl, dass sich im Prozess der reellen Subsumtion von Wissenschaft und geistiger Arbeit unter das Kapital die Erfahrungschancen des Widerspruchs zwischen der gesellschaftlichen Wirklichkeit und emanzipativen Gehalten der bürgerlichen Ideologie, die in dem Maße, wie sie dem Kapitalverwertungsprozess unmittelbar subsumiert wird, in die komplementären Formen von positivistischen und hermeneutisch-geisteswissenschaftlichen Denkweisen und Wissenschaften zerfällt, erweitern können. Soweit technische und wissenschaftliche Arbeitsprozesse potentiell klassenbewusstseinsbildende Elemente enthalten, die im Stande sind, die Verdinglichungsstruktur des klassischen industrieproletarischen Arbeiterbewusstseins zu durchbrechen, müssen sie, im Anschluss an verschiedene Hinweise vor allem im »Rohentwurf«, die im »Kapital« nicht aufgenommen und entwickelt wurden, in den dort entfalteten Produktions- und Arbeitsbegriff aufgenommen werden. Mit dem in diesem Zusammenhang recht problematischen Begriff der Sprache versuchte Krahl, die seiner Meinung nach bei Marx systematisch nicht vorhandene Ebene der konkreten Entstehungsbedingungen von Klassenbewusstsein im Arbeitsprozess genauer zu bezeichnen und gleichzeitig Gesichtspunkte zu entwickeln, wie die Kritik der politischen Ökonomie mit der Theorie der Klassenkämpfe, dem Historischen Materialismus, unter neuen Bedingungen zu vermitteln ist. In diesem von Krahl nicht mehr ausgeführten Ansatz wird, zieht man den vom gesamten Proletariat zu führenden Klassenkampf in Betracht, die entscheidende Frage der Vermittlung der traditionelleren Arbeiterkategorien, die immer weniger bewusste und sprachlich vermittelte Arbeit leisten, und der mehr kommunikationsbezogenen technischen Intelligenz, der – allerdings auch nur in einigen Spitzenindustrien – zunehmend

* Auf welches problematische Material sich diese Autoren dabei stützen, haben kürzlich Schumann und Kern in der Einleitung zu ihrer Studie über »Industriearbeit und Arbeiterbewusstsein«, Frankfurt 1970, hingewiesen, ohne allerdings den immanent soziologischen Rahmen zu verlassen und die Frage theoretisch weiter klären zu helfen. Zur technokratisch-elitären und daher sehr schwer politisierbaren Bewusstseinslage großer Teile der technischen Intelligenz gerade auch im französischen Mai vgl. das Vorwort von Deppe u. a. in »Die neue Arbeiterklasse«, Frankfurt 1970. Hier werden auch die methodischen Grenzen der Arbeiten von Mallet diskutiert.

die Planung und Kontrolle des Produktionsprozesses obliegt, kaum gestellt. Hier liegt eine Schwäche von Krahls These von der Intelligenz als dem »kollektiven Theoretiker des Proletariats«. Es wird in einer für die revolutionäre Theorie folgenreichen Weise abhängen, ob diesem Einwand, der noch genauer belegt werden müsste, die z. B. von Sohn-Rethel explizit formulierte These der »Wiederannäherung« von geistiger und körperlicher Arbeit, derzufolge unter Bedingungen des von Marx analysierten Produktions- und Arbeitsprozesses eine Revolution überhaupt zweifelhaft erscheint, standhalten wird. Freilich gehören Krahls Überlegungen, neben denen von Sohn-Rethel, zu den wenigen Ansätzen, die mit theoretisch vertretbaren Ansprüchen das Verhältnis von technischer und wissenschaftlicher Intelligenz und proletarischem Klassenbewusstsein jenseits eines dogmatischen Begriffs der Arbeiterklasse zu diskutieren versuchen.
Eine systematische Klärung dieser und anderer Fragen, die Hans-Jürgen Krahl nur umrisshaft andeuten konnte, steht noch bevor und wird umso schwieriger sein, als marxistische Theoriegehalte zunehmend in die vorgegebenen wissenschaftlichen Arbeitsteilungen und Forschungsapparate Eingang finden. Für die Aufgabe, einer solchen Neutralisierung des kritisch-revolutionären Gehalts der Marxschen Gesellschaftstheorie entgegenzuwirken, haben die Arbeiten von Hans-Jürgen Krahl Maßstäbe gesetzt, die für die Theorienentwicklung auf lange Sicht bestimmend sein werden.

Das Editionsverfahren der vorliegenden Ausgabe von Texten von Hans-Jürgen Krahl bedarf einiger Erläuterungen. Krahl hat – bis auf wenige Ausnahmen – nichts publiziert. Er hatte auch keine publikationsreifen Arbeiten fertiggestellt, die nunmehr als »nachgelassene Schriften« hätten veröffentlicht werden können. Trotzdem haben wir uns zu einer Publikation derjenigen auffindbaren Aufsatzentwürfe, Notizen, Tonbandauszüge usw. entschlossen, die ausgeführte Argumentationszusammenhänge enthalten und deren politisch-theoretische Relevanz uns auch für die einsichtig erscheint, die nicht in ständigem Kontakt mit Krahl gestanden haben.
Aufzeichnungen, die nur der Selbstverständigung dienten, und bloße Exzerpte ließen wir unberücksichtigt. Zum anderen haben wir nicht alle erreichbaren aktualpolitischen Beiträge aufgenommen; ihre geringe Anzahl und ihre teilweise schlechte Verfassung, die allenfalls ein dokumentarisches Interesse hätte beanspruchen können, ließen nur eine sehr begrenzte Auswahl zu. Aus diesem Grund mag in der vorliegenden Ausgabe dieser Aspekt der politischen Tätigkeit von Hans-Jürgen Krahl gegenüber den im engeren Sinne theoretischen Arbeiten unterrepräsentiert erscheinen.

Schon veröffentlichte Arbeiten bilden nur einen kleinen Teil des gesamten Buches; nur diese konnten unverändert übernommen werden. Alle anderen Arbeiten bedurften einer starken Bearbeitung. Generell hatte das Editionsverfahren zum Ziel, die Texte so lesbar wie möglich zu machen, was bei dem unterschiedlichen Zustand des gesamten Materials unterschiedliche Bearbeitungsmodi zur Folge hatte. Relativ durchgeführte und abgeschlossene Arbeiten bedurften nur geringfügiger Korrekturen; ihnen wurden in vielen Fällen, wenn es uns aus inhaltlichen Gründen nahegelegt schien, aus Vorarbeiten, Fragmenten und Notizen Textteile eingearbeitet oder als Anhänge nachgestellt. Dieses Verfahren machte es möglich, Textvarianten aufzunehmen, sofern sie Verständnis und Zugang zu bestimmten Ausführungen erleichtern können (siehe z. B. »Zur Wesenslogik der Marxschen Warenanalysen«, »Programmentwurf für die Zeitschrift ›Hefte für politische Ökonomie‹«). Aus einigen Materialien konnten nur einzelne Abschnitte verwendet werden, deren Publikation uns oft erst dann sinnvoll erschien, wenn mehrere solcher Textteile zu einem zusammenhängenden Text verbunden werden konnten. Am stärksten bearbeitet werden mussten jene Beiträge, die von Hans-Jürgen Krahl nur auf Tonband gesprochen vorlagen, zumal diese in den meisten Fällen aufgezeichneten Diskussionen entnommen worden sind. Da es uns nicht sinnvoll erschien, Diskussionen in ihrem ganzen Umfang in dieser Edition zu berücksichtigen, wir aber auf die Veröffentlichung einiger von Krahl nur in Diskussionsbeiträgen enthaltenen Ausführungen nicht verzichten wollten, haben wir uns für ein gewiss problematisches Verfahren entschieden, indem wir jene Beiträge von Krahl ausgewählt und überarbeitet haben, von denen wir annehmen, dass sie, unabhängig vom Verlauf der Diskussion, auch als selbständige Beiträge angesehen werden können (siehe die Beiträge aus den Diskussionen über Lukács, Adorno, Horkheimer und aus den »Schulungsprotokollen«).
Wenn es gleichwohl an der einen oder anderen Stelle dieses Buches an redaktioneller Strenge zu fehlen scheint, so mag dies einer begreiflicherweise nicht ganz sachgerechten Distanz zu den Texten seitens der Herausgeber – die Editionsarbeit wurde relativ kurze Zeit nach dem Tod von Hans-Jürgen Krahl begonnen – oder den organisatorischen Mängeln der kollektiven editorischen Arbeit zuzuschreiben sein. Die Arbeit war so umfangreich, dass sie von einem einzelnen nicht zu leisten gewesen wäre.
Um die Texte nicht völlig unübersichtlich zu machen, haben wir auf editorische Anmerkungen, Klammern u. ä. verzichtet. Eine Notiz der Herausgeber zu Beginn eines jeden Textes unterrichtet über seine Herkunft, Entstehungsweise und Datierung.
Die Anordnung der Texte erfolgte im Prinzip chronologisch, um die Entwicklung von Krahls theoretischer Arbeit, gerade bei zentralen Proble-

men und Fragestellungen, die immer wieder auftauchen, nicht zugunsten einer nachträglichen Systematisierung zu durchbrechen. Nur dort, wo zeitlich nicht weit auseinander liegende Arbeiten zu einem Komplex gehören und auch zusammen gelesen werden sollten, sind wir von dieser Anordnung abgewichen.
Der Titel dieses Buches wurde von den Herausgebern gewählt. Der Begriff »Konstitution« an dieser Stelle mag überraschen. Ihm gelten zumal in den letzten Texten Ausführungen, die deutlich machen, dass dieser Begriff, weil er, neben dem der »Abstraktion«, wie kein anderer die Einheit und Differenz von realer und ideologischer Verfassung der bürgerlichen Gesellschaft zum Ausdruck bringt, Schlüsselcharakter für die theoretischen Überlegungen von Hans-Jürgen Krahl hatte.

Bei der Editionsarbeit haben mitgeholfen die Genossen Klaus Binder, Dieter Henkel, Christof Küchler, Bernhard Landau, Rudolf zur Lippe, Bernd Müller-Krutzka, Tillman Rexrodt, Til Schulz, David Wittenberg, Frank Wolff, Gisela von Wysocki.

Detlev Claussen
Bernd Leineweber
Ronny Loewy
Oskar Negt
Udo Riechmann

Frankfurt im Februar 1971

1. Angaben zur Person*

Angaben zur Person zu machen, kann nicht heißen, auch nicht im Hinblick auf ein Gericht wie dieses, zu definieren, was man heute noch hämisch genug »Persönlichkeit« nennt. Es kommt darauf an, dass wir den Erfahrungshintergrund darstellen, der den Politisierungsprozess und damit auch die Studentenbewegung, so wie sie in ihrer antiautoritären Phase sich gebildet hat, erklärt. Und es sind, was meine Person anbelangt, sehr andere Erfahrungszusammenhänge als die des Genossen Amendt.
Ich musste aufgrund meiner Herkunft sehr viel längere Umwege machen, um die bürgerliche Klasse, der ich entstamme, zu verraten. Da ich aus einem unterentwickelten Land komme, nämlich aus Niedersachsen, und zwar aus den finstersten Teilen dieses Landes, war es mir noch nicht einmal vergönnt, selbst im Rahmen der bürgerlichen Klasse nicht, die aufgeklärte Ideologie dieser Klasse zu rezipieren; und ich meine, dass eine kurze Darstellung dieser Ideologie notwendig ist, weil diese Ideologien, die ich selbst kennengelernt habe, mit denen ich mich identifizieren musste, denjenigen ähnlich sind, die auch Themen dieses Prozesses bilden werden, nämlich denen Senghors.
In Niedersachsen, jedenfalls in den Teilen, aus denen ich komme, herrscht noch zum starken Teil das, was man als Ideologie der Erde bezeichnen kann, und so habe auch ich mich, als ich meinen politischen Bildungsprozess durchmachte, zunächst nicht anders als im Bezugsrahmen der Deutschen Partei bis zur Welfenpartei bewegen können. Ich konnte mir nicht einmal die Ideologien erarbeiten, die Liberalität und Parlamentarismus bedeuten – wenn man bedenkt, dass die Dörfer, in denen ich aufgewachsen bin, jene Nicht-Öffentlichkeit noch pflegen in ihren Zusammenkünften, die an die Rituale mittelalterlicher Hexenprozesse erinnern. Wenn man davon ausgeht, dass heute noch in vielen Teilen der Bundesrepublik, vom Bayerischen Wald bis zur niedersächsischen Heide, finsterste Ideologien der Mystik stattfinden, so war es sehr verständlich, dass mich mein Bildungsprozess zunächst einmal in den Ludendorffbund trieb, so dass ich begriffliches Denken nicht anders als aus der Mystik Meister Eckharts und Roswithas von Gandersheim erfahren habe, d. h. Ideologien, die, wenn man sie marxistisch interpretieren will, sicherlich ausgelegt

* Diese politische Autobiographie war der Beitrag Hans-Jürgen Krahls zur Personenbefragung im Prozess wegen Rädelsführerei usw., in dem er zusammen mit den Genossen Günter Amendt und K.D. Wolff wegen der Protestaktionen gegen die Verleihung des Friedenspreises des Deutschen Buchhandels 1968 an den Präsidenten der Republik Senegal, L. S. Senghor, angeklagt war.
Der Beitrag war ohne Konzept frei gehalten worden. Das Tonbandprotokoll wurde im SC-Info 19, Frankfurt 1969, veröffentlicht. (Anm. d. Hg.)

werden können im Sinne eines utopischen Denkens, wie es Ernst Bloch getan hat, die aber, wenn man sie aus dem Erfahrungszusammenhang der herrschenden Klasse rezipiert, finsterste Unmündigkeit reproduzieren. Und so war es schon ein enormer Schritt an Aufklärung, als ich in meiner Heimatstadt Alfeld im Jahre 1961 die Junge Union gründete und der CDU beitrat.

Das war der erste Schritt, um mich aus diesen noch an Blut und Boden orientierten Ideologien zu befreien, aus dem feudalen Naturzustand einer Agrarwirtschaft überzutreten in die moderne kapitalistische Industriegesellschaft. Und hier muss ich sagen, dass da gewissermaßen eine Odyssee durch die Organisationsformen der herrschenden Klasse hindurch begann, und es gehört, das möchte ich mir ganz persönlich zugute halten, ein enormes Ausmaß auch an psychischer Konsistenz dazu, in dieser finsteren Provinz zwei Jahre kontinuierlich an CDU-Versammlungen von Kleinstadt-Honoratioren teilzunehmen, denn nach kurzer Zeit stellten sich – und das ist nicht bloße Metapher – Daumiersche Halluzinationen ein, so dass sich die Zusammenkünfte in Versammlungen von Hammel-, Lamm- und Rindsköpfen verwandelten.

Der nächste Schritt, nämlich der zur Aufklärung über die CDU, war die christliche Kirche. Denn hier zumindest, in der christlichen Kirche, wieviel Pfadfinderideologie sie auch immer mit sich fortschleppt, erfuhr ich zum ersten Mal etwas über den Widerstand gegen den Faschismus – durchaus noch auf dem Boden der inneren Emigration und der Innerlichkeitsideologien im Sinne Bonhoeffers. Aber selbst das war in den Kleinstadtgymnasien, die meinen Bildungsprozess gezeichnet haben, noch viel zu viel. Denn ich erfuhr von dem Direktor unserer Schule, dass Dietrich Bonhoeffer ein perverser Homosexueller gewesen sei und schon deshalb nicht im Sinne eines anständigen Deutschen interpretiert werden könnte, und ich musste von demselben Direktor erfahren, dass alles Übel der Welt von den Engländern und den Juden gekommen sei und dass das größte Verbrechen in der Geschichte der Menschheit wohl doch der Nürnberger Prozess war. Das waren also Leute, die sich dann öffentlich damit brüsteten, wie oft und mit welchem Grad sie entnazifiziert worden seien.

Doch selbst diese anachronistischen Ideologien ermöglichten es einem in dieser finsteren Provinz noch nicht, irgendeine Bewusstseinsalternative zu sehen, und auf diese Weise machte ich auch meine erste Erfahrung mit der Justiz. Als ich von einem Burschenschaftskonvent nach dem Abitur eingeladen wurde, machte ich die Bekanntschaft eines sogenannten Alten Herrn, eines Amtsgerichtsrats, der lammkotelettverzehrend mir erklärte, dass die Arbeiterklasse doch ewig unmündig und dumm bleiben müsse und wir dazu berufen seien, die Elite zu bilden. Das überzeugte mich zwar nicht, gleichwohl wurde ich, als ich anfing zu studieren,

Mitglied einer schlagenden Verbindung; das gab dann allerdings auch den Ausschlag. Es war natürlich, dass ich solch eine schlagende Verbindung zunächst einmal selber nur elitär erfahren konnte, d. h. dass ich selber nur elitäre Kategorien ihr gegenüber entwickeln konnte, denn was dort an Stumpfsinn und Unterdrückung produziert wird, was dort in hirnlosen Köpfen, die alle permanent Faschismus produzieren, vor sich geht, kann man zunächst gar nicht anders als elitär interpretieren. Aus dieser schlagenden Verbindung wurde ich allerdings rausgeworfen, nachdem ich einen antiautoritären Aufstand gegen einen Alten Herrn vorgenommen hatte.
Die rückständigen und feudalen Ideologien, die es immer noch gibt, können sich so läutern, dass sie zur herrschenden Lehrmeinung in den Instituten, den Akademien und den Universitäten werden: Von der Mystik des gefälschten siebten Buchs Mose war es kein weiter Weg für mich, um in dem Fach, in dem ich studiere, zur theoretischen Selbstbestimmung zu finden, nämlich zu Martin Heidegger. Und hier möchte ich, um klarzumachen, von welcher Art Ideologie man sich in diesem Zusammenhang lösen musste, ein Zitat bringen. Heidegger schreibt in den »Holzwegen«: »Der Mensch, dessen Wesen das aus dem Willen zur Macht gewillte ist, ist der Übermensch. Das Wollen dieses so gewillten Wesens muss dem Willen zur Macht als dem Sein des Seienden entsprechen. Darum entspringt in eins mit dem Denken, das den Willen zur Macht denkt, notwendig die Frage: in welche Gestalt muss sich das aus dem Sein des Seienden gewillte Wesen des Menschen stellen und entfalten, damit es dem Willen zur Macht genügt und so die Herrschaft über das Seiende zu übernehmen vermag? Unversehens und vor allem unversehen findet sich der Mensch aus dem Sein des Seienden her vor die Aufgabe gestellt, die Erdherrschaft zu übernehmen.« (Frankfurt 1950, S. 232)
Eine imperialistisch abenteuernde Philosophie – und ich muss sagen, dass ich aus diesem ideologischen Kontext schließlich mich lösen und zum fortgeschrittenen logischen Positivismus und schließlich zur marxistischen Dialektik übergehen konnte, was auch den Bildungsgang vieler derjeniger kennzeichnet, die es von ihrer Klassenlage her eigentlich nicht nötig haben, sich der Praxis des Proletariats zuzurechnen, denen aber Übelkeit ankommt, wenn sie ihre eigene Klasse und ihre eigenen Klassengesellen kennenlernen, nämlich ihre Lügen und korrupten Einstellungen, mit denen sie täglich sich selber und das Proletariat bis zur Unkenntlichkeit unterdrücken. Wohlgemerkt, diese Lügen sind noch nicht Ideologie, denn Lügen haben kurze und Ideologien lange Beine; Ideologien sind verschleiernd. Was man selber in der herrschenden Klasse, wenn man ihr Mitglied ist, zu hören bekommt, das sind einfach dumme bornierte Lügen – bei den Kleinstadt-Honoratioren der CDU, bei den Studienräten und den Amtsgerichtsräten, die sich einer weinseligen Soli-

darität versichern, in Wirklichkeit aber wie die Wölfe untereinander sind. Da hat sich in der herrschenden Klasse nichts geändert.
Eine ganz andere Frage ist es, diese Ideologien zu entlarven – und hier muss ich sagen, dass Heidegger (das, was Adorno als »Jargon der Eigentlichkeit« destruiert hat) einer der entscheidenden Ideologien der herrschenden Klasse geworden war –, Ideologien, die noch heute ihre Attraktion nicht verloren haben, wenn man bedenkt, dass er vor der Weltwirtschaftskrise von 1928/29 das Sein zum Tode feierte und damit jenen imperialistischen Krieg vorwegnahm, den Hitler 1939 entfesseln sollte, dass er eine Entschlossenheit predigte, die nicht weiß, wozu sie sich entschließt, und darum immer an den Führer sich gebunden hat, dass er eine Bindung predigte nach 1945, ohne zu sagen, woran man sich binden soll, um die Bindungen an die CDU umso fester zu machen, und sicherlich wird er auch noch heute einen Seinstrick finden, nachdem Strauss und Kiesinger in die Seinsvergessenheit, d.h. aus der Regierung gestoßen sind, um klarzumachen, dass auch in Brandt, Wehner und Scheel das Sein aufleuchtet.
Nachdem mich die herrschende Klasse rausgeworfen hatte, entschloss ich mich dann auch, sie gründlich zu verraten, und wurde Mitglied im SDS. Im SDS erfuhr ich zum ersten Mal, was es heißt: Solidarität – nämlich Verkehrsformen herauszubilden, die sich aus den Unterdrückungen und Knechtungen der herrschenden Klasse lösen. Im SDS haben wir zum ersten Mal erfahren, dass es in der Dritten Welt eine greuelhafte Unterdrückung gibt von seiten der USA und des Systems, das sie repräsentieren; im SDS haben wir zum ersten Mal erfahren, dass, wenn die herrschende Klasse Freiheit sagt, sie die Freiheit meint, sich ihre Macht zu nehmen, und die Freiheit zu unterdrücken, dass, wenn die herrschende Klasse Toleranz sagt, sie Toleranz gegenüber ihrer Herrschaft meint und Intoleranz gegen diejenigen, die zwar alles sagen, aber nichts ändern dürfen. Im SDS haben wir zum ersten Mal erfahren, was es heißt, dass es heute überhaupt noch Ausbeutung gibt. Ausbeutung und Unterdrückung sind sicherlich nicht unmittelbar identisch. Was wir in der Dritten Welt erfahren, ist offene, brutale, terroristische Unterdrückung. Was wir hier als Ausbeutung erfahren, ist im hohen Grade verschleiert, so dass es selbst diejenigen, die am unmittelbarsten davon betroffen sind, nämlich das Proletariat, nicht adäquat wahrnehmen können. Und gerade im Hinblick auf diesen Prozess, in dem es sicherlich um die Dialektik von Ausbeutung in den spätkapitalistischen Industriemetropolen einerseits und unmittelbarer Unterdrückung andererseits in den Kolonien und in den im Elend und Hunger gehaltenen Ländern der Dritten Welt geht, möchte ich Sartre zitieren. Er schreibt in seiner »Critique de la raison dialectique« über den Unterschied von Ausbeutung und Unterdrückung:
»Man hätte unrecht, mir die kapitalistische Ausbeutung und die Unter-

drückung entgegenzuhalten. Denn dabei muss man bedenken, dass der eigentliche Schwindel der Ausbeutung auf der Grundlage eines Vertrages geschieht. Und wenn es stimmt, dass dieser Vertrag – d.h. die Praxis – zwangsläufig in inerte Ware verwandelt wird, so trifft es ebenso zu, dass er gerade in seiner Form ein Wechselverhältnis darstellt: es handelt sich um einen freien Tausch zwischen zwei Menschen, die sich in ihrer Freiheit anerkennen. Der eine gibt lediglich vor, nicht zu wissen, dass der andere unter dem Druck der Bedürfnisse gezwungen ist, sich wie ein materieller Gegenstand zu verkaufen. Aber das ganze gute Gewissen des Unternehmers beruht auf dem Moment des Tausches, bei dem der Lohnempfänger scheinbar seine Arbeitskraft in voller Freiheit anbietet. Zwar ist er nicht frei gegenüber dem Elend, aber juristisch ist er doch tatsächlich frei gegenüber dem Unternehmer, da dieser – zumindest theoretisch – im Moment der Einstellung keinen Druck auf die Arbeiter ausübt und sich nur darauf beschränkt, einen Maximallohn festzulegen und alle, die mehr verlangen, zurückzuweisen. Auch hier noch ist es die Konkurrenz und der Antagonismus der Arbeiter selbst, die ihre Forderungen herabsinken lassen; der Unternehmer dagegen wäscht seine Hände in Unschuld. Dieses Beispiel zeigt zur Genüge, dass der Mensch nur für den anderen und für sich selbst Ding wird, eben weil er zunächst durch die Praxis als eine menschliche Freiheit gesetzt ist. Die absolute Achtung der Freiheit des Elenden ist die beste Weise, ihn im Augenblick des Vertrages dem materiellen Druck auszuliefern.« (Hamburg 1967, S. 116) Sartre hat hier das, was in der marxistischen Lehre als Lehrmeinung tradiert wurde, sehr konzentriert zusammengefasst: dass nämlich Ausbeutung eine Herrschaft ist, die auf einem hohen Grad von Verschleierung beruht, verschleiert durch den Tauschverkehr, verschleiert auch durch die Institutionen der Unterdrückung, die bürgerlichen Gerichte, durch die Zwangsgewalt von Recht und Staat. Das bedeutet – und das ist auch die Rolle, die wir im SDS als Intellektuelle in der Aktualisierung des Klassenkampfes zu übernehmen haben –, dass wir im praktischen Kampf die Theorie entfalten müssen, die für das Proletariat, seine Sprach- und Bewusstseinswelt die Herrschaft hier im Spätkapitalismus verständlich macht, die so unendlich manipulativ und integrativ überdeckt ist, sie entschleiert und aufdeckt; dass es unsere Funktion ist, als politische Intellektuelle unser Wissen in den Dienst des Klassenkampfes zu stellen.
Die Solidarisierung mit den sozialrevolutionären Befreiungsbewegungen in der Dritten Welt war entscheidend für die Ausbildung unseres antiautoritären Bewusstseins. Denn dort liegt die Unterdrückung offen zutage; dort ist sie noch nicht verschleiert durch einen schon etablierten bürgerlichen Tauschverkehr. So lehrte uns die Dritte Welt einen Begriff kompromissloser und radikaler Politik, der sich von der seichten, prinzipienlosen bürgerlichen Realpolitik absetzt. Che Guevara, Fidel Castro, Ho Tschi Minh

und Mao Tse-tung sind Revolutionäre, die uns eine politische Moral kompromissloser Politik vermittelten, die uns zweierlei ermöglichte: Erstens konnten wir uns absetzen von der Politik der friedlichen Koexistenz, wie sie von der Sowjetunion selbst schon realpolitisch verkommen betrieben wird, und zweitens konnten wir den Terror, den die USA und in ihrem Gefolge auch die Bundesrepublik in der Dritten Welt ausüben, identifizieren. Auch hier hat Sartre – wenn man das als Kontrast setzt zu der ideologisch verschleierten Unterdrückung in den spätkapitalistischen Metropolen, d.h. der Herleitung der politischen Freiheit aus ökonomischer Ausbeutung, die in den funktionierenden Verwertungsphasen des Kapitalismus als solche nicht erkannt wird – die Unterdrückung in der Dritten Welt prägnant gezeichnet. Er sagt im Gegensatz zu dem, was er als Ausbeutung gekennzeichnet hat: »Die Unterdrückung dagegen besteht vielmehr darin, den anderen als Tier zu behandeln. Im Namen ihrer Achtung der Tiere verurteilten die amerikanischen Südstaatler die Fabrikanten des Nordens, weil diese die Arbeiter wie Material behandelten. Nur ein Tier kann man ja durch Abrichtung, Schläge und Drohungen zur Arbeit zwingen und nicht das ›Material‹. Dennoch erhält der Sklave durch den Herren seine Animalität nach der Anerkennung seiner Menschlichkeit. Es ist bekannt, dass die amerikanischen Pflanzer im 17. Jahrhundert die schwarzen Kinder auf keinen Fall in der christlichen Religion erziehen lassen wollten, weil sie damit das Recht verloren hätten, sie als Untermenschen behandeln zu können. Das heißt implizit anerkennen, dass sie schon Menschen waren. Der Beweis dafür ist, dass sie sich von ihren Herren nur durch einen religiösen Glauben unterschieden, von dem man gerade durch den Eifer, den Schwarzen diesen Glauben zu verwehren, zugab, dass sie in der Lage wären, ihn zu erwerben. Selbst die demütigendste Ordnung muss in Wirklichkeit von Mensch zu Mensch gegeben sein, auch der Herr muss auf den Menschen in der Person seiner Sklaven setzen. Man kennt ja den Widerspruch des Rassismus, des Kolonialismus und aller Formen von Diktatur: um einen Menschen wie einen Hund zu behandeln, muss man ihn zuerst als Menschen anerkannt haben. Das geheime Unbehagen des Herrn rührt daher, dass er ständig gezwungen ist, die menschliche Realität in seinen Sklaven in Rechnung zu stellen ... und ihnen gleichzeitig den ökonomischen und politischen Status zu verweigern, der in dieser Zeit die menschlichen Wesen definiert.« (ebd.)
Wenn man diesen Unterschied von Ausbeutung und Unterdrückung, den Sartre gekennzeichnet hat, in Rechnung stellt, so gibt es gleichwohl eine objektive Identität, die als wiederum objektive Motivation unseres antiautoritären Protests in den Metropolen durchscheint. Während in den ehemaligen Kolonien, in den ausgebeuteten Ländern der Dritten Welt die unterdrückten Massen auf den Status einer brutalen Animalität reduziert werden, haben sicherlich jene Analytiker und Theoretiker recht (und

das erklärt es auch, warum Söhne aus der bürgerlichen Klasse, keineswegs verwöhnt – Zuckerschlecken haben wir alle nicht gehabt, wie es die bürgerliche Presse uns suggeriert –, gleichsam übergelaufen sind zu der Klasse, in der sich die befreiende Menschheit repräsentiert, nämlich im Proletariat), dass es auch hier auf dem entwickeltsten Stand des technischen Fortschritts und auf dem fortgeschrittensten Stand der Bedürfnisbefriedigung, weit über das Maß physischer Selbsterhaltung hinaus, so etwas gibt wie eine Vertierung des Menschen. Denn nicht anders ist es zu erklären, dass selbst das bürgerliche Individuum, das unter sehr vielen Zwängen und unter sehr viel Leistungsdruck sich herausbildete, im Grunde genommen durch den Prozess des Faschismus hindurch vernichtet wurde; dass, wie es Theoretiker der Frankfurter Schule einmal gesagt haben, sich einige Menschen schämen müssten, wenn sie »ich« sagen – das bedeutet, dass im bürgerlichen Ich, so wie Marcuse es ausführte, immer noch die Fähigkeit zur Kritik, zur Erfahrung, zur Erinnerung und zum Begreifen enthalten war, dass aber heute im Zuge des technischen Fortschritts und der anarchischen Verwaltung des industriellen Maschinenparkes durch wenige Kapitaleigentümer die Menschen auf bloße Reaktion, gleichsam nach dem Pawlowschen Reflex, reduziert werden dass sie nurmehr reagieren, aber in keinerlei Weise mehr agieren können.
Dieser Verfall des bürgerlichen Individuums ist eine der wesentlichen Begründungen, aus der die Studentenbewegung den antiautoritären Protest entwickelte. In Wirklichkeit bedeutete ihr antiautoritärer Anfang ein Trauern um den Tod des bürgerlichen Individuums, um den endgültigen Verlust der Ideologie liberaler Öffentlichkeit und herrschaftsfreier Kommunikation, die entstanden sind aus einem Solidaritätsbedürfnis, das die bürgerliche Klasse in ihren heroischen Perioden, etwa der Französischen Revolution, der Menschheit versprochen hatte, das sie aber nie einzulösen vermochte, und das jetzt endgültig zerfallen ist. Die Form liberaler Öffentlichkeit, gewaltlosen Machtkampfes im Parlament, und auch jene forensischen emanzipativen Leistungen, die einstmals die Zwangsgewalt im Bürgertum, die Zwangsgewalt der richterlichen Gewalt, parlamentarisieren sollten – all diese emanzipativen Gehalte des Bürgertums sind längst zerfallen. Wir trauerten ihnen nach, wir meinten sogar, dass allein Randgruppen, intellektuelle, privilegierte Randgruppen in Stellvertretung für die Arbeiterklasse handeln und gewissermaßen eine Art Menschheitsrevolution, ohne Unterschied der Klassen, initiieren könnten. Das alles hat sich sicherlich als Ideologie herausgestellt.
Gleichwohl war in diesem Solidaritätsbedürfnis eine entscheidende Wahrheit enthalten, nämlich diese, dass man das Proletariat nur unter Unterdrückung seiner emanzipativen Regungen davon abhalten kann, sich auf irgendeine selbsttätige Weise zu solidarisieren und untereinander zu or-

ganisieren. Die wilden Streiks in der letzten Zeit haben gezeigt, dass dies auf die Dauer nicht gelingen wird, dass es wahrscheinlich noch nicht einmal dem großen Disziplinierungsapparat der Gewerkschaften gelingen wird, das Proletariat an selbsttätiger Organisation zu hindern. Wir haben in einem marxistischen Lernprozess, der durch die Aktionen gegen den Krieg in Vietnam, gegen den Springer-Konzern und die Notstandsgesetze hindurchging, die ersten klassenbewussten Kriterien des Proletariats erkannt. Die antiautoritäre Revolte war ein marxistischer Lernprozess, in dem wir uns allmählich von den Ideologien des Bürgertums gelöst und ihre Emanzipationsversprechen als bloße Ideologie entschleiert haben, und in dem wir uns endgültig klargeworden sind, dass selbst die klassischen Formen der Liberalität und der Emanzipation, die noch den liberalen Konkurrenzkapitalismus leiteten, endgültig dahin sind; dass es jetzt darauf ankommt, im Kampf gegen den Staat, gegen diese bürgerliche Justiz und gegen die organisierte Macht des Kapitals in einem langwierigen und sicherlich schwierigen Prozess Bedingungen zu erarbeiten, damit wir in organisatorischen Kontakt mit der Arbeiterklasse treten können und die geschichtlichen Bedingungen für die Bildung von Klassenbewusstsein schaffen können. Das war ein langfristiger Bildungsprozess, der sich im SDS selber durchsetzen musste.
Dazu ist noch ein anderes zu sagen: Die entscheidende Erfahrung, die im SDS gemacht worden ist, ist die, dass die gesellschaftlichen Beziehungen zwischen den Menschen heute so durch Herrschaft zersetzt sind, dass ein Verkehr, in dem die Menschen sich nicht gegenseitig wie Dinge behandeln, sondern die einzelnen Subjekte sich in ihrer Objektivität als besondere Subjekte anerkennen, geradezu unmöglich geworden ist. Und das, was im Prozess der Auseinandersetzungen in der Außerparlamentarischen Opposition, in den Kerngruppen des SDS, in den Basisgruppen von jungen Lehrlingen, von der bürgerlichen Presse immer wieder als selbstzerstörerisch interpretiert wurde, nämlich unsere unendlichen Diskussionen und auch jene Aggressionen, die in unseren eigenen Reihen immer wieder auftreten, ist Ausdruck einer organisationspraktischen Bildungsgeschichte, die es bislang in der Geschichte der Bundesrepublik und in der Geschichte Deutschlands seit dem Faschismus nicht gegeben hat: nämlich dass es hier eine Gruppe gibt, die durch alle Irrationalitäten hindurch – denn sicherlich sind wir selbst noch mit den Malen kapitalistischer Herrschaft geschlagen, gegen die wir kämpfen – um herrschaftsfreie Beziehungen, um einen Abbau an Herrschaft und Aggression kämpft; dass dies die einzige Gruppe ist, die versucht, rational darüber zu diskutieren, dass Gewaltlosigkeit in dieser Gesellschaft schon immer eine Ideologie war, dass unter dem Deckmantel der Gewaltlosigkeit Gewalt angewandt wird von der herrschenden Klasse; dass wir diskutieren, was die herrschende Klasse ihrem Gewaltbegriff gegenüber

nicht diskutieren kann, nämlich unter welchen gesellschaftlichen Unterdrückungssituationen Gewalt historisch legitim ist. Die Legalität bürgerlicher Gerichte kann sich nicht mehr legitim begründen. Sie ist blanke, unbegründete Gewalt geworden, sie verfügt über keinen Emanzipations- und Legitimationsbegriff, sie übt nur Unterdrückung im Dienste des Kapitals aus.

Wir demgegenüber haben erkannt und gesehen, dass es, wenn man gegen diese Gesellschaft kämpft, notwendig ist, die ersten Keimformen der künftigen Gesellschaft schon in der Organisation des politischen Kampfes selbst zu entfalten – die ersten Keimformen anderer menschlicher Beziehungen, herrschaftsfreien menschlichen Verkehrs, selbst um den Preis einer hohen Disziplinierung und Unterdrückung, die wir uns selbst auferlegen müssen. Auch wir können, wie Marx sagt, das künftige Jerusalem in unseren Organisationen nicht vorwegnehmen. Auch in unseren Organisationen, das können wir der herrschenden Klasse offen sagen, herrscht noch – allerdings selbstauferlegte – Unterdrückung. Aber der Unterschied zur blinden Unterdrückung der bürgerlichen Klasse ist der:

In der bürgerlichen Klasse und ihren Theorien bestand immer schon die antagonistische Wirtschaftsideologie, dass entweder der Egoismus der Menschen den Fortschritt in der Wirtschaft vorantreibt oder dass jeder von seinem einzelnen Egoismus radikal abzusehen habe. In Wirklichkeit, sagt Marx, ist es so, dass im bürgerlichen Tauschverkehr, der auf nichts anderes als auf Profit ausgerichtet ist, jeder einzelne absolut seinen einzelnen und beschränkten Egoismus verfolgt und dass in diesem Konkurrenzkrieg aller Einzelegoismen – und die Konkurrenz ist immer ein latenter Kriegszustand – sich das gesellschaftliche Allgemeininteresse als besonderes der bürgerlichen Klasse durchsetzt. Wenn wir diese Gesellschaft verneinen wollen, und zwar in einer bestimmten Form verneinen wollen, so dass sich schon die ersten Keimformen anderer Beziehungen in unserer Organisation selbst andeuten, dann bedeutet das, dass jeder einzelne um der Freiheit des anderen willen von seinem einzelnen Egoismus abstrahieren muss, dass er sich selbst Unterdrückung auferlegen muss, wenn er mit der Freiheit eines jeden anderen, wie es heißt, will zusammenstimmen können.

Die kommunistische Organisation des politischen Kampfes löst die Emanzipationsversprechen des bürgerlichen Tauschverkehrs überhaupt erst ein. Und auf diesem Wege werden sich Formen herausbilden, die schließlich das, was Marx als den Verein freier Menschen, die kommunistisch assoziiert sind, die herrschaftsfrei miteinander verkehren, versteht, zustande bringen.

Uns wird immer wieder gesagt, ihr seid deshalb nicht legitim, weil ihr nicht angeben könnt, wie die künftige Gesellschaft aussehen soll. Das sagen immer diejenigen, die meinen, nun gebt uns erst einmal ein Rezept,

und dann entschließen wir uns vielleicht, ob wir mittun wollen. Das sagen jene Heuchler und Feiglinge, die meistens in den Redaktionen der bürgerlichen Presse sitzen. Die künftige Gesellschaft kann man nicht vorwegnehmen. Wir können sagen, wie der technische Fortschritt in hundert Jahren aussehen wird, aber wir können nicht sagen, wie die menschlichen Beziehungen in hundert Jahren aussehen werden, wenn wir nicht anfangen, sie ad hoc, unter uns, im gesellschaftlichen Verkehr zu verändern.
Was wir machen können, ist, immanent anzusetzen an jenen verzerrten, unterdrückten Verkehrsformen, die die bürgerliche Gesellschaft entwickelt hat. Wir negieren sie, d. h. wir lösen überhaupt erst im politischen Kampf die Emanzipationsversprechen ein, die Ihr, also die Vertreter auch der bürgerlichen Justiz, gegeben, aber nicht gehalten habt. Diesen Sachverhalt der Solidarität und der Herrschaftsfreiheit in der Organisation des politischen Kampfes hat Maurice Merleau-Ponty, einer der großen französischen Revolutionstheoretiker, dargelegt. Er sagt: »Der tiefe philosophische Sinn des Begriffs der Praxis besteht darin, uns in eine Ordnung einzuführen, welche nicht die der Erkenntnis, sondern die der Kommunikation, des Austauschs, des Umgangs ist ... Die Partei im kommunistischen Sinne ist diese Kommunikation, und eine solche Auffassung von der Partei ist kein Anhängsel des Marxismus; sie ist sein Zentrum. Es sei denn, man macht daraus wieder einen Dogmatismus – aber wie sollte er zustande kommen, da er sich von vornherein nicht in der Selbstgewissheit eines universellen Subjekts installieren kann. Der Marxismus verfügt nicht über eine Totalansicht der Weltgeschichte, und seine ganze Geschichtsphilosophie ist nur die Entwicklung partieller Einsichten, die ein geschichtlich situierter Mensch, der sie zu verstehen sucht, über seine Vergangenheit und Gegenwart gewinnt. Sie bleibt hypothetisch, abgesehen davon, dass sie im bestehenden Proletariat und in seiner Einwilligung die einzige Garantie findet, die es ihr gestattet, als Seinsgesetz zu gelten. Die Partei ist also wie ein Mysterium der Vernunft: sie ist derjenige Ort der Geschichte, an dem der *seiende Sinn* seiner selbst inne, an dem der Begriff zum Leben wird, und jede Abweichung, welche die Beziehungen von Partei und Klasse denen von Führern und Truppe anähnelte, indem sie die den Marxismus beglaubigende Prüfung listig umginge, würde aus ihm eine ›Ideologie‹ machen.« (»Die Abenteuer der Dialektik«, Frankfurt 1968, S. 62ff.)
Das, was ich eben dargelegt habe und von dem jeder sich überzeugen kann, der in unsere öffentlich tagenden Versammlungen kommt, bestätigt, dass es bei uns im Prinzip um die noch herzustellende Beziehung von Organisation und Klasse geht, dass es bei uns um eben diese Kommunikation geht, nicht aber darum, was uns hier von den bürgerlichen Gerichten immer wieder unterstellt wird, nämlich um das Verhältnis von

Führer und Truppe; dass es nicht um jene Projektion geht, die immer wieder vorgenommen wird, nämlich die Organisation des Polizeiapparats auf unsere eigene Organisation zu projizieren. Die Phantasielosigkeit, die Begriffsstutzigkeit und die Dummheit der Vertreter der herrschenden Klasse kann natürlich nicht anders, als ihre eigenen autoritären Hierarchien auf uns übertragen. Sie kann, will und darf nicht glauben, dass es bei uns um Fragen herrschaftsfreier Kommunikation geht.

Wir machen solange individuelle und vereinzelte Bildungsprozesse mit allen Entstellungen und Narben durch, solange wir entweder Mitglieder der herrschenden Klasse oder der unorganisierten, in sich zerrissenen Arbeiterklasse sind, in der jeder einzelne gezwungen ist, seine Haut zu Markt zu tragen; wir machen solange entstellte und verzerrte Bildungsprozesse durch, solange wir vereinzelt sind und nicht organisiert, solange wir uns den Ideologien der herrschenden Klasse und des kapitalistischen Maschinenparkes unterwerfen müssen. In dem Augenblick aber wird unser Bildungsprozess ein kollektiver, nicht im Sinne der Vernichtung von Individualität, sondern überhaupt erst in der Herstellung von Individualität, so wie er metaphysisch in Hegels »Phänomenologie des Geistes«, materialistisch in Marxens »Kapital« und psychoanalytisch in den Theorien Freuds formuliert ist, indem wir diese Gesellschaft als ein totales Ausbeutungssystem durchschauen, in dem die produktive Lebenstätigkeit der Menschennatur verkümmert. Wir machen Bildungsprozesse durch, die überhaupt erst Individualität wieder herstellen und das, was Individualität ist, in einem emanzipativen Sinne rekonstruieren, indem wir uns im praktischen Kampf gegen dieses System zusammenschließen.

Marcuse hat recht, wenn er sagt, dass selbst für die kapitalistische Gesellschaft, in der so viele so ruhig materiell gesichert leben, gilt, dass man nicht Mensch bleibt, wenn man nicht diese Gesellschaft radikal bekämpft; und wir haben eine Legitimation. Diejenigen, die heute die Macht im Staate innehaben, können nur begriffslos um Positionen konkurrieren. Sie haben die Macht inne und nichts anderes. Auch wir kämpfen um die politische Macht im Staat, aber wir haben eine Legitimation, denn unser Machtkampf ist begleitet von einem permanenten Kommunikationsprozess, in dem sich die Kategorien der Emanzipation, die erst im abstrakten Prinzip existieren, realisieren und entfalten, wo sie zum praktischen Dasein werden.

Selbst in diesem System, in dem keiner mehr zu hungern hat, in dem kein physisches Elend besteht, bleibt eines bestehen: Diese Gesellschaft, so wie sie organisiert ist, hat es im Laufe der Entwicklung der Menschengeschichte nicht nur fertiggebracht, dass man Messer und Gabel hat, dass man sogar Fernsehapparate und Kühlschränke hat, sie hat auch ein hohes Kulturniveau produziert und eine wunderbar reibungslose Zivi-

lisation – Bedürfnisse, die alle den Stand der physischen Selbsterhaltung weit überschreiten. Aber die Allgegenwart eines autoritären Staats und die Abhängigkeit vom Kapital, die die Massen zwingt, ihre Arbeitskraft als Ware zu verkaufen, fesselt das Bewusstsein der Massen immer wieder an jene Formen elementarer Bedürfnisbefriedigung; denn dieser Staat und das Kapital können die Massen – und sie tun es auch – permanent mit der Angst aufstacheln, dass es ihnen auch wieder anders gehen könnte. Jene erweiterte Bedürfnisbefriedigung war nicht verbunden mit einem Fortschritt im Bewusstsein der Freiheit, war nicht verbunden mit einer Entfaltung der Phantasie und der schöpferischen Tätigkeit der Menschennatur. Aber sie ist immer noch, auch hier, obwohl sie all diesen verdinglichten gesellschaftlichen Reichtum besitzt, ängstlich an die materielle Sicherheit und Bedürfnisbefriedigung gebunden, obwohl wir einen Stand materieller Sicherheit haben, der längst eine Entfaltung der Menschen ermöglichte, die weit darüber hinausgehen könnte. Das ist die eigentliche Knechtschaft im Kapitalismus. Das ist das Moment sozialer Unterdrückung, das wir als diejenigen, die privilegiert sind zu studieren, auch einsehen konnten.
Und dieses Privileg wollen wir durchbrechen, so dass man noch einmal die Frage beantworten kann, warum eigentlich solche, die es ihrer Herkunft nach eigentlich nicht nötig haben – das gilt sicherlich auch in der Studentenbewegung nur für einen kleinen Teil –, warum diejenigen, die es ihrer Herkunft nach nicht nötig haben, zur Rebellion und zur Revolution überzugehen, gleichwohl sich fortschrittlichen sozialrevolutionären Bewegungen anschließen. Es ist nicht das bloße Trauern um den Tod des bürgerlichen Individuums, sondern es ist die intellektuell vermittelte Erfahrung dessen, was Ausbeutung in dieser Gesellschaft heißt, nämlich die restlose und radikale Vernichtung der Bedürfnisentwicklung in der Dimension des menschlichen Bewusstseins. Es ist immer noch die Fesselung der Massen, bei aller materiellen Bedürfnisbefriedigung, an die elementarsten Formen der Bedürfnisbefriedigung – aus Angst, der Staat und das Kapital könnten ihnen die Sicherheitsgarantien entziehen. So hat auch Ernst Bloch – derjenige, dem (vor dem Imperialisten Senghor) als Revolutionär und utopischen Marxisten der Friedenspreis verliehen wurde – argumentiert, wenn er im »Prinzip Hoffnung« die Frage stellt: Warum sind diejenigen, die es nicht nötig haben, zur roten Fahne übergelaufen? Er sagt: »Es ist die sich tätig begreifende Menschlichkeit.«

2. Zur Wesenslogik der Marxschen Warenanalyse*

»... und Abstraktionen in der Wirklichkeit geltend machen, heißt Wirklichkeit zerstören« (Hegel, Geschichte der Philosophie)

Die Marxsche Theorie enthält eine historische Lehre von der gesellschaftlichen Realität des abstrakt Allgemeinen, die als ein durchgängiges Moment die genetische Exposition des Historischen Materialismus mit der ausgearbeiteten Kritik der politischen Ökonomie verbindet. Sie ist konstitutiv für die Struktur des materialistischen Geschichtsbegriffes, wie er die antagonistisch zerrissene bürgerliche Gesellschaft unter dem Aspekt ihrer Aufhebbarkeit beschreibt. Sie wird bestimmt durch das Verhältnis Marxens zur Philosophie, vor allem der Hegels. In den »Frühschriften« entfaltet sich seine Kritik an der Philosophie, die Lehre von deren Aufhebung erkenntniskritisch wie gesellschaftstheoretisch als eine Kritik an der idealistischen Abstraktion von deren systematischen Prämissen her. Marx begreift jene als »Elend der Philosophie«, die Reduktion aller konkreten Dinge auf einen logischen Begriff und dessen Hypostasis zur Realität.

»Ist es zum Verwundern, dass in letzter Abstraktion – denn es handelt sich um Abstraktion, nicht um Analyse – jedes Ding sich als logische Kategorie darstellt? ... So haben die Metaphysiker, die sich einbilden, vermittels solcher Abstraktionen zu analysieren, und die, je mehr sie sich von den Gegenständen entfernen, sie desto mehr zu durchdringen wähnen – diese Metaphysiker haben ihrerseits Recht zu sagen, dass die Dinge dieser Welt nur Stickereien sind auf einem Stramingewebe, gebildet durch die logischen Kategorien ... Dass alles, was existiert, dass alles, was auf der Erde und im Wasser lebt, durch Abstraktion auf eine logische Kategorie zurückgeführt werden kann, dass auf diese Art die gesamte wirkliche Welt ersäufen kann in der Welt der Abstraktionen, der Welt der logischen Kategorien – wen wundert das?«[1]

Entzündet sich diese Kritik vor allem an der usurpatorischen Gewalt der absoluten Methode, so bringt Marx zehn Jahre später, 1857 – vermittelt durch eine differenzierte Rezeption der Hegelschen Logik –, ohne seine frühere Kritik zu revozieren, auf deren Boden eine immanente Korrektur an. Die begriffliche Abstraktion wird nicht mehr nominalistisch der Inhaltsleere bezichtigt, sondern als ein Mittel verstanden, sich der komplexen

* Dieser Aufsatz ist aus einem Referat hervorgegangen, das Hans-Jürgen Krahl im Wintersemester 1966/67 in einem Adorno-Seminar gehalten hat. (Anm. d. Hg.)

1 K. Marx, Das Elend der Philosophie, Marx-Engels-Werke (im folgenden MEW). Berlin 1956-1968, Bd. 4, S. 127f.

Gegenstandswelt allererst zu vergewissern und die in ihrer Unmittelbarkeit abstrakten Anschauungen für das Denken zu konkretisieren.[2] Marx führt Differenzierungen in den Begriff der Abstraktion ein, die diese als Medium der theoretischen Rekonstruktion einer komplexen gesellschaftlichen Verhältnisbestimmung als eines »Gedankenkonkretums« gelten lassen. Keineswegs aber ist diese »Reproduktion des Konkreten im Weg des Denkens« schon dessen Produktion, sie ist nicht der »Entstehungsprozess des Konkreten selbst« – wie Marx ausdrücklich von der philosophierenden Abstraktion Hegels sich abgrenzt.[3] Gleichwohl begreift Marx die abstrakten Kategorien der klassischen Ökonomie als »Daseinsformen, Existenzbestimmungen«[4] der bürgerlichen Gesellschaft, die er durch die Kritik der politischen Ökonomie darzustellen sucht:

»Derartige Formen bilden eben die Kategorien der bürgerlichen Ökonomie. Es sind gesellschaftlich gültige, also objektive Gedankenformen für die Produktionsverhältnisse dieser historisch bestimmten gesellschaftlichen Produktionsweise, der Warenproduktion.«[5]

Wie diese Dialektik von Wissenschaftskritik und Gesellschaftstheorie – »zugleich Darstellung des Systems und durch die Darstellung Kritik desselben«[6] – vorzustellen sei, deutet seine Einführung in den Begriff der »abstrakten Arbeit« an.

I

»Arbeit überhaupt« scheint eine »ganz einfache Kategorie« zu sein, derart formalisiert, dass sie alle Produktionsepochen umfangslogisch unter sich befassen könnte. Diese klassifikatorische Eigenschaft kommt ihr auch durchaus zu, doch ist sie einseitig, insofern in ihr nicht die historische Bedingung dieser Kategorie reflektiert wird. Denn sie gründet in einer hochentwickelten Teilung der gesellschaftlichen Arbeit, in welcher nicht eine bestimmte Arbeit in der Produktion des gesellschaftlichen Reichtums dominiert, sondern Arbeit schlechthin.

»So entstehn die allgemeinsten Abstraktionen überhaupt nur bei der reichsten konkreten Entwicklung ... Die Gleichgültigkeit gegen die bestimmte Arbeit entspricht einer Gesellschaftsform, worin die Individuen mit Leichtigkeit aus einer Arbeit in die andre übergehn und die bestimmte Art der Arbeit ihnen zufällig, daher gleichgültig ist. Die Arbeit

2 Vgl. dazu: H. Lefèbvres Ausführungen über die »Typen und Formen der Abstraktion« sowie den Zusammenhang verschiedener theoretischer Ebenen von Kategorien im Marxismus, in: Probleme des Marxismus, heute, Frankfurt 1965, S. 58ff.; vgl. auch: ders., Der dialektische Materialismus, Frankfurt 1966, S. 62ff.; zum Verhältnis der Hegelschen Logik zu Marx vgl.: R. Garaudy, Gott ist tot, Berlin 1965, S. 297ff.

3 Marx, Grundrisse der Kritik der Politischen Ökonomie, Berlin 1953, S. 22

4 Ebd., S. 26

5 Marx, Kapital I, MEW Bd. 23, S. 90

6 Marx an Lassalle, 22.2.1858, MEW Bd. 29, S. 550

ist hier nicht nur in der Kategorie, sondern in der Wirklichkeit als Mittel zum Schaffen des Reichtums überhaupt geworden... Ein solcher Zustand ist am entwickeltsten in der modernsten Daseinsform der bürgerlichen Gesellschaft – den Vereinigten Staaten. Hier also wird die Abstraktion der Kategorie »Arbeit«, »Arbeit überhaupt«, Arbeit sans phrase, der Ausgangspunkt der modernen Ökonomie, erst praktisch wahr... Dies Beispiel der Arbeit zeigt schlagend, wie selbst die abstraktesten Kategorien, trotz ihrer Gültigkeit – eben wegen ihrer Abstraktion – für alle Epochen, doch in der Bestimmtheit dieser Abstraktion selbst ebenso sehr das Produkt historischer Verhältnisse sind und ihre Vollgültigkeit nur für und innerhalb dieser Verhältnisse besitzen.«[7]

Abstrakte Arbeit, der höchst reale Organisationsmodus des kapitalistischen Produktionsprozesses, ist die Arbeit isoliert und unabhängig voneinander privat arbeitender Individuen. Als solche bildet sie den konkreten Reproduktionsprozess der Gesamtgesellschaft.[8] In dem Maß, in dem die abstrakte Arbeit sich gesellschaftlich generalisiert, entwickelt sich die widersprüchliche Verfassung des sich historisierenden Produktionsprozesses, so wie der bestimmende Klassenantagonismus von Lohnarbeit und Kapital, dessen »direkter Zweck und bestimmendes Motiv der Produktion« der von Mehrwert ist.[9] Da sie ebenso als Ausdruck der gesamtgesellschaftlichen Arbeitsteilung von einander unabhängig betriebener Privatarbeiten »Existenzbedingung der Warenproduktion«[10] ist, betont Marx von der Analyse der Warenform des Produkts:

»Wir haben bereits bei den einfachsten Kategorien der kapitalistischen Produktionsweise, und selbst der Warenproduktion, bei der Ware und dem Geld den mystifizierenden Charakter nachgewiesen, der die gesellschaftlichen Verhältnisse, denen die stofflichen Elemente des Reichtums bei der Produktion als Träger dienen, in Eigenschaften dieser Dinge selbst

7 Marx, Grundrisse, S. 25

8 Darin liegt schon die Naturwüchsigkeit der bürgerlichen Produktionsweise beschlossen: »In der bürgerlichen Wirtschaftsweise ist die Aktivität der Gesellschaft blind und konkret, die des Individuums abstrakt und bewusst.« M. Horkheimer, Traditionelle und kritische Theorie, in: Kritische Theorie II, Frankfurt 1968, S. 149; vgl. dazu: Marx, Kapital I, MEW Bd. 23, S. 86f.

9 Marx, Kapital III, MEW Bd. 25, S. 887. Die Bestimmung der Klassen durch abstrakte Arbeit führt M. Mauke aus. »Kapital und Lohnarbeit bringen als aufeinanderbezogene Universalverhältnisse ›abstrakter‹ Arbeit den sowohl ökonomischen als auch technischen Tatbestand vollzogener und ständig fortschreitender *Vergesellschaftung* der Arbeit (der Produktion) zum Ausdruck. Als ›abstrakte‹ Arbeit ist Lohnarbeit unmittelbar gesamtgesellschaftliche Arbeit; als solche ist Lohnarbeit im Tauschwert-(Geld-)Verhältnis des Lohnarbeiters einerseits und im Verwertungskalkül des Kapitalisten andererseits indiziert und vermittelt. Durch diese im Gegensatz der Gesamtheiten von Lohnarbeitern und Kapitalisten sich entäußernde Vergesellschaftung der Arbeit wird jede Eigenart und Besonderheit im Zusammenhange der beiden Fundamentalklassen (›Hauptklassen‹) sekundär.« M. Mauke, in: neue kritik 34, Frankfurt 1966, S. 30

10 Marx, Kapital I, MEW Bd. 23, S. 56

verwandelt (Ware) und noch ausgesprochener das Produktionsverhältnis selbst in ein Ding (Geld).«[11] Lukács, der als einer der ersten das Verdinglichungsproblem in seiner geschichtsphilosophischen Tragweite erkannt hat, ohne sich jedoch von den innerphilosophischen Voraussetzungen hinreichend zu lösen, betont daher zu Recht, »dass das Kapitel über den Fetischcharakter der Ware den ganzen Historischen Materialismus ... in sich verbirgt.«[12] Zwar haben sich die Warenproduktion und die ihr entsprechenden Tauschverhältnisse, die Geldform der Ware, schon in vorkapitalistischen Gemeinwesen ausgebildet, doch ist für die »bürgerliche Gesellschaft ... die Warenform des Arbeitsprodukts oder die Wertform der Ware die ökonomische Zellenform«[13], erst in ihr stellt sich der gesellschaftliche Reichtum »als eine ›ungeheure Warensammlung‹, die einzelne Ware als seine Elementarform«[14] dar. Zu den dominierenden »Charakterzügen« der kapitalistischen Produktionsweise zählt als ihre Voraussetzung wie als ihr Resultat die Erscheinung »des Produkts als Ware ... und der Ware als Produkt des Kapitals«.[15] Die Warenanalyse erhält ihre geschichtsphilosophische Relevanz dadurch, dass in ihr die Elemente des materialistischen Geschichtsbegriffs enthalten sind, wie ihn der Historische Materialismus entfaltet, nämlich die Vergegenständlichung von an sich selbst nicht dinghaften, gesellschaftlichen Formbestimmungen, deren stoffliche Träger, ihre dinglichen Voraussetzungen, auf diese Weise ein undurchsichtiges Eigenleben ihren Produzenten gegenüber gewinnen.

»Es ist ferner schon in der Ware eingeschlossen, und noch mehr in der Ware als Produkt des Kapitals, die Verdinglichung der gesellschaftlichen Produktionsbestimmungen und die Versubjektivierung der materiellen Grundlagen der Produktion, welche die ganze kapitalistische Produktionsweise charakterisiert.«[16]

Die zentrale Frage, die der so angedeutete Verdinglichungsprozess aufwirft, ist die nach der Veränderung, welche sich dadurch in der Struktur der gesellschaftlichen Objektivität selbst vollzieht. Marxens analytische Darstellung der Warenform des Arbeitsprodukts deckt den Mechanismus auf, der in dessen gegenständliche Erscheinungsweise scheinbar so manifest eingreift.

11 Marx, Kapital III, MEW Bd. 25, S. 835
12 G. Lukács. Geschichte und Klassenbewusstsein, Berlin 1923, S. 186
13 Marx, Kapital I, MEW Bd. 23, S. 12
14 Ebd., S. 49
15 Marx, Kapital III, MEW Bd. 25, S. 887
16 Ebd., S. 887

II

Den Schlüssel dazu liefert der Doppelcharakter der Warenform des Produkts, das sich einerseits als die »hausbackene Naturalform« der Dinge, materielles fundamentum in re ihrer nützlichen Gebrauchswertqualitäten darstellt und als solches von »konkret nützlicher Arbeit« bestimmt wird, andererseits im Austauschverhältnis der Ware als der in ihr enthaltene Wert, dessen Substanz die abstrakte Arbeit bildet und dessen Größe »durch die zur Produktion des Gebrauchswerts gesellschaftlich nötige Arbeitszeit bestimmt wird«. Thematisch zentral steht das Problem der Wertform der Ware, welches die kritische differentia specifica zur bürgerlichen Ökonomie ausmacht:

»Es ist einer der Grundmängel der klassischen politischen Ökonomie, dass es ihr nie gelang, aus der Analyse der Ware und spezieller des Warenwerts die Form des Werts, die ihn eben zum Tauschwert macht, herauszufinden. Gerade in ihren besten Repräsentanten, wie A. Smith und Ricardo, behandelt sie die Wertform als etwas ganz Gleichgültiges oder der Natur der Ware selbst Äußerliches.«[17]

Die Differenz von Wert und Wertform erschließt sich nur der wesenslogischen Dialektik, Medium der kritischen Reflexion auf die Kategorien der bürgerlichen Ökonomie, die allererst konstitutiv ist für den von der marxistischen Theorie beanspruchten Wissenschaftsbegriff, denn »alle Wissenschaft wäre überflüssig, wenn die Erscheinungsform und das Wesen der Dinge unmittelbar zusammenfielen«.[18] Erst die materialistisch konkretisierende Reflexionsphilosophie von Wesen und Erscheinung übersetzt die idealistische Spekulation des absoluten Begriffs in die Kritik der politischen Ökonomie.

Der Wert der Ware ist nur ihr Tauschwert, außer seiner Wertform hat er keine Existenz, so dass Marx in der Regel abkürzend sagt: »Wenn wir künftig das Wort ›*Wert*‹ ohne weitere Bestimmung brauchen, so handelt es immer vom *Tauschwert*.«[19] Jedoch stellt der Tauschwert, wie Marx im-

17 Marx, Kapital I, MEW Bd. 23, S. 95, Anm. 32

18 Marx, Kapital III, MEW Bd. 25, S. 825. Damit aber präzisiert sich das Verhältnis von dialektischer Theorie und empirischer Forschung, das Marx im zweiten Nachwort zum Kapital so darstellt: »Allerdings muss sich die Darstellungsweise formell von der Forschungsweise unterscheiden. Die Forschung hat den Stoff sich im Detail anzueignen, seine verschiedenen Entwicklungsformen zu analysieren und deren inneres Band aufzuspüren. Erst nachdem diese Arbeit vollbracht, kann die wirkliche Bewegung entsprechend dargestellt werden. Gelingt dies und spiegelt sich nun das Leben des Stoffes ideell wider, so mag es aussehn, als habe man es mit einer Konstruktion a priori zu tun.« Marx, Kapital I, MEW Bd. 23, S. 27 Ähnlich äußert sich Lenin, wenn er sagt, es sei »von besonderer Wichtigkeit ... festzustellen, dass die abstrakte und mitunter scheinbar rein deduktive Form der Darstellung in Wirklichkeit ein gewaltiges Tatsachenmaterial zur Entwicklungsgeschichte des Austausches und der Warenproduktion widergibt.« Lenin, Karl Marx, Werke Bd. 21, S. 50

19 Marx, Kapital I, in: Marx-Engels Studienausgabe Bd. II, Hrsg. I. Fetscher, Frankfurt 1966, S. 273, Anm. 9

mer wieder hervorhebt, die »Erscheinungsform des Werts«[20] dar. Wert und Tauschwert verhalten sich zueinander wie Wesen und Erscheinung: diese Differenz fällt für Marx jedoch streng in die Sphäre endlicher Seinsbestimmungen, in die der Existenz. Dem Wesen kommt keinerlei unendliche Realität zu. Schon Feuerbach bestand nachdrücklich darauf, dass die wesentliche Differenz eine der endlichen Dinge sei:

»Die *Unterschiede* zwischen *Wesen* und *Schein*, *Grund* und *Folge*, *Substanz* und *Akzidens*, *notwendig* und *zufällig*, *spekulativ* und *empirisch* begründen *nicht zwei Reiche* oder *Welten* – eine *übersinnliche*, welcher das *Wesen* und eine *sinnliche Welt*, welcher der *Schein* angehört, sondern diese *Unterschiede fallen innerhalb des Gebietes der Sinnlichkeit selbst.*«[21] Die der endlichen Welt immanente wesentliche Differenz differenziert Marx nochmals in der Sinnenwelt selbst; in eine von konkret nützlichen Naturalformen und der ihnen widersprechenden abstrakten Wertgegenständlichkeit. Diese endliche Differenz ist gleichwohl nicht empirisch verifizierbar; die Differenz von Wert und Tauschwert wird fassbar erst in der Differenz von Gebrauchswert und Tauschwert. Der Wert der Ware, qualitativ reduziert auf den Ausdruck »abstrakt menschlicher Arbeit«, ist für sich eine isolierte Abstraktion, »bleibt unfassbar als Wertding«.[22]

»Die Wertgegenständlichkeit der Waren unterscheidet sich dadurch von der Wittib Hurtig, dass man nicht weiß, wo sie zu haben ist. Im geraden Gegenteil zur sinnlich groben Gegenständlichkeit der Warenkörper geht kein Atom Naturstoff in ihre Wertgegenständlichkeit ein ... Erinnern wir uns jedoch, ... dass ihre Wertgegenständlichkeit ... rein gesellschaftlich ist, so versteht sich auch von selbst, dass sie nur im gesellschaftlichen Verhältnis von Ware zu Ware erscheinen kann.«[23]

Das im Warenwert resultativ zusammengefasste Produktionsverhältnis erhält gegenständliche Realität für die Sinnenwelt erst, wenn es sich in eine Beziehung zwischen den Dingen, in das Austauschverhältnis der Waren übersetzt. Das Problem der Wertform, der selbständigen Darstellung des Werts im Tauschwert ist also das seiner versachlichenden Selbstdarstellung.[24] Diese ergibt sich aus der Genesis der Geldform der Ware,

20 Marx, Kapital I, MEW Bd. 23, S. 53

21 L. Feuerbach, Grundsätze der Philosophie der Zukunft, in: Anthropologischer Materialismus, Bd. I, Frankfurt 1967, S. 146

22 Marx, Kapital I, MEW Bd. 23, S. 62

23 Ebd., S. 62

24 Der Begriff der selbständigen Darstellung ist zentral für das Verdinglichungsproblem: »Der Wert der Ware ist selbständig ausgedrückt durch seine Darstellung als ›Tauschwert‹.« Marx, Kapital I, MEW Bd. 23, S. 75
Die Ware »analysiere ich, und zwar zunächst in der *Form, worin sie erscheint*. Hier finde ich nun, dass sie einerseits in ihrer Naturalform ein *Gebrauchsding*, alias *Gebrauchswert* ist; andererseits *Träger* von *Tauschwert*, und unter diesem Gesichtspunkt selbst ›Tauschwert‹. Weitere Analyse des letzteren zeigt mir, dass der Tauschwert nur eine ›Erscheinungsform‹, selbständige Darstellungsweise des in der Ware enthaltnen *Werts* ist ...«, Marx,

denn »das Rätsel des Geldfetischs ist daher nur das sichtbar gewordne, die Augen blendende Rätsel des Warenfetischs«.[25]

Während der reine Warenwert zwar qualitativ ein abstraktes gesellschaftliches Produktionsverhältnis enthält, so kommt ihm doch für sich keinerlei gegenständliches Dasein zu. Der Wert ist unmittelbarer Ausdruck eines Verhältnisses zwischen den Produzenten, der Tauschwert eines zwischen Dingen. (Die Unmittelbarkeit des Wertes ist Abstraktion.) Marx folgt der seinslogischen Bestimmung des Daseins wie Hegel sie gibt, ein bestimmtes, ein endliches Sein sei ein solches, das sich auf ein anderes bezieht.[26] Nur in einem solchen Bezugsnetz zwischen den Dingen relativiert sich der Wert zu seiner gegenständlichen Erscheinungsform:

»Sagen wir: als Werte sind die Waren bloße Gallerten menschlicher Arbeit, so reduziert unsere Analyse dieselben auf die Wertabstraktion, gibt ihnen aber keine von ihren Naturalformen verschiedne Wertform. Anders im Wertverhältnis einer Ware zur andern. Ihr Wertcharakter tritt hier hervor durch ihre eigne Beziehung zu der andern Ware.«[27]

Doch eben dieses Erfordernis, dass etwa der »Leinwandwert« um seines Ausdrucks willen einer Gegenständlichkeit bedarf, »welche von der Leinwand selbst dinglich verschieden und ihr zugleich mit anderer Ware gemeinsam ist«, lässt sich in der Marxschen Theorie nur aufgrund einer indirekten materialistischen Lehre vom Ding einlösen, die jedoch an keiner Stelle systematisierbar oder zu positivieren wäre.

Dingliches Dasein kommt nur den durch bestimmte, zweckmäßige Arbeit vermittelten Naturalformen zu – diese allein sind, für den sinnlichen Genuss bestimmt, von sinnlich wahrnehmbarer Existenz, haben

Randglossen zu A. Wagners »Lehrbuch der politischen Ökonomie«, MEW Bd. 19, S. 369 Jacques Rancière liefert in »Lire le Capital« eine sehr gründliche Interpretation des Verdinglichungsproblems, in der er sehr exakt das Problem der »Darstellung« erfasst: »Le concept de *Versachlichung* doit se comprendre à partir de ce qui a déjà été dit sur la constitution de la *Gegenständlichkeit* et le mécanisme de la *Darstellung*. Nous avons vu dans l'analyse de la forme marchandise que la chose, l'objet, était le support d'un rapport, que la méconnaissance de cette fonction de support, du caractère sensible-suprasensible de la chose transformait en *propriété* naturelle de la chose ce qui était l´expression d´un rapport social.« Althusser u. a., Lire le Capital, Paris, S. 189

25 Marx, Kapital I, MEW Bd. 23, S. 108

26 Vgl. Hegel, Wissenschaft der Logik I, Hamburg 1963, S. 104ff.

27 Marx, Kapital I, MEW Bd. 23, S. 65. In ähnlichem Zusammenhang weist Marx explizit auf die Differenz von Wert und Tauschwert hin: »Wenn es im Eingang dieses Kapitels in der gang und gäben Manier hieß: Die Ware ist Gebrauchswert und Tauschwert, so war dies, genau gesprochen, falsch. Die Ware ist Gebrauchswert oder Gebrauchsgegenstand und ›Wert‹. Sie stellt sich dar als dies Doppelte was sie ist, sobald ihr Wert eine eigne, von ihrer Naturalform verschiedene Erscheinungsform besitzt, die des Tauschwerts, und sie besitzt diese Form niemals isoliert betrachtet, sondern stets nur im Wert- oder Austauschverhältnis zu einer zweiten, verschiedenartigen Ware. Weiß man das jedoch einmal, so tut jene Sprechweise keinen Harm, sondern dient zur Abkürzung.« Marx, Ebd. S. 75

ein materiell fundiertes raumzeitliches Bestehen. Die Gebrauchsdinge bilden daher den stofflichen Inhalt des Reichtums, welches immer seine gesellschaftliche Form sei. Die Gesellschaft hingegen – Inbegriff des auf den abstrakten Zusammenhang von gegeneinander indifferenten privatarbeitenden Individuen begründeten Systems der bürgerlichen Gesellschaft – ist der materialistische Begriff der allgemeinen Form, der transzendentalen Subjektivität, die sich kraft der ihr innewohnenden Tendenz des allgemein produzierenden Subjekts zum gesellschaftlichen materialisiert hat.[28] Schon Balzac merkt an, dass die Gesellschaften nur dank ihrer Form bestehen. Die Gesellschaft vermag daher von sich aus keinen stofflichen Inhalt zu liefern, der allein die Substanz der natürlichen Dinge bildet, deren ihnen innewohnenden potentiellen Gebrauchsweisen zu entdecken »geschichtliche Tat« ist, aktualisierbar nur durch eine gegenstandskonstitutive Praxis von historisch ökonomischer Formbestimmung. Der Wert führt also deshalb keine gegenständliche Existenz, weil er als Abstraktionsprodukt vom Gebrauchswert des Arbeitsprodukts »auch von den körperlichen Bestandteilen und Formen, die es zum Gebrauchswert machen«, abstrahiert und so alle »sinnlichen Beschaffenheit« der Naturalform in ihm ausgelöscht sind. Insofern ist der Wert reine gesellschaftliche Form, an sich selbst unbestimmt und materiell fundiert nur in der abstrakten Eigenschaft, »Verausgabung menschlicher Arbeitskraft im physiologischen Sinn« zu enthalten. Das aber entspricht dem von Hegel reflektierten Begründungsverhältnis von Form und Materie. Sowie die Form, principium determinans, an sich selbst sich als reine Identität bestimmt und so ganz und gar unbestimmte Materie ist, so bleibt bei Abstraktion von »allen Bestimmungen, aller Form eines Etwas« – wie es in der Reduktion zweckmäßig bestimmter Tätigkeit auf deren bloß physiologische Verausgabung der Fall ist – nur »die unbestimmte Materie übrig. Die Materie ist ein schlechthin *abstraktes.*«[29] Doch wenn Hegel aus dieser reinen Bewegung der spekulativen Abstraktion den bestimmten Inhalt kategorisch als immanente Synthesis meinte deduzieren zu können, so erkennt Marx, dass der unstrukturiert formale Wert nicht aus eigener Kraft sich zu raumzeitlichen Erscheinungsformen zu organisieren vermag, sondern »als eine bloße Gallerte menschlicher Arbeit« notwendig eine von der Naturalform der Ware dinglich unterschiedene Wertform suchen muss.

Das nominalistische Stadium der »Frühschriften« verleugnet sich auch in der »Kritik der politischen Ökonomie« nicht, doch die wesenslogischen Differenzierungen, die Marx im Begriff der Abstraktion vornimmt, haben es in sich aufgehoben, keineswegs vernichtet. Der »Warenkörper« in seiner »handgreiflichen Naturalform« ist also stets eine res singularis,

28 Zum Verhältnis von transzendentaler Subjektivität und dem Subjekt gesellschaftlicher Arbeit vgl. Th. W. Adorno, Drei Studien zu Hegel, Frankfurt 1963, S. 30ff.

29 Hegel, Wissenschaft der Logik II, S. 70

es gibt keine allgemeinen Gegenstände als solche. Selbst der Tauschwert besitzt im »rohsten Tauschhandel« eine bloß »imaginäre Existenz«, die jedoch im entwickelteren Tauschverkehr in einem »materiellen Zeichen« sinnlich wahrnehmbar symbolisiert werden muss, will sie funktionell zur Erscheinung kommen und schließlich in das »Symbol der Ware als Ware«, deren allgemeine Geldform, münden.

»Beim Vergleichen der Waren reicht diese Abstraktion hin; beim wirklichen Austausch muss die Abstraktion wieder vergegenständlicht, symbolisiert, durch ein Zeichen realisiert werden.«[30]

Der Wert kann also nur als ein »allgemeiner Gegenstand« sozial manifest bestehen, wenn er eine singuläre, von den konkreten Gebrauchsdingen unterschiedene Existenz gewinnt. Andererseits beschränkt sich die Welt realer Dinge auf die im »Stoffwechsel« zwischen den Menschen und der Natur reproduktiv angeeigneten und durch »gegenständliche Tätigkeit« gesellschaftlich allererst bestimmten Gebrauchswerte. Das paradoxe Resultat dieser in der Marxschen Theorie unausgesprochenen Annahmen über die Struktur der dinglichen Gegenstandswelt wäre demnach, dass der abstrakt allgemeine Wert eine von der Naturalform der Waren qualitativ differierende Erscheinungsform nur an jenen Naturalformen selbst zu gewinnen vermag. Daher bilden die Gebrauchswerte Marx zufolge in der kapitalistischen Produktionsweise »zugleich die stofflichen Träger des Tauschwerts«. Diese können sich jedoch nur dann in der Welt der Gebrauchswerte der Arbeitsprodukte darstellen, wenn sie an diesen eben die Abstraktion, die der Wert in abstracto enthält, als sich entwickelnde Wertform in concreto vollziehen. Dies aber führt schon den Widerspruch in die produktiv vermittelte Gegenstandswelt ein, so dass Marx zu recht von der einfachen Wertform sagt: sie sei »die einfache Erscheinungsform des in ihr enthaltenen Gegensatzes von Gebrauchswert und Wert«.[31]

Diese lemmatische Skizze einer »seinslogischen Struktur« der Bedingungen der Möglichkeit dinglicher Wertgegenstände verweist auf ontologische Implikate der Marxschen Theorie, die aber ökonomiekritisch reflektiert an sich selber deshalb ontologiekritisch werden, weil auf ihnen der Darstellungsmechanismus des gesellschaftlichen Werts in Tauschwert beruht und sie deshalb die Kritik an der Verdinglichung leisten, der scheinbar natürlichen Erscheinung des gesellschaftlichen Abstrakten; denn die Dinge, wie sie an sich für uns zum Verzehr bestimmt sind, können keineswegs als verdinglicht gelten. Diese indirekt ontologischen Implikate, mittels derer die reale, im Innern des kapitalistischen Produktionsprozesses an den individuellen Produzenten und den konkreten Gebrauchswerten sich vollziehende Darstellung der gesellschaftlichen Abstraktion analytisch erst der Kritik zugänglich ist, münden in die »Inva-

30 Marx, Grundrisse, S.62
31 Marx, Kapital I, MEW Bd. 23, S. 76

riantenlehre ... einer negativen Ontologie der antagonistisch fortschreitenden Gesellschaft«, jenes »Verhängnis ihrer eigenen Formen und Gebilde, weil diese, in blinder Naturwüchsigkeit, naturverfallen bleiben«.[32] Sie reflektieren materialistisch im nicht mehr philosophischen Medium einer Kritik an der politischen Ökonomie Hegels wesenslogische Metakritik des bürgerlichen Nominalismus, deren spekulative Rehabilitation des metaphysischen Begriffs vom Wesen diesen nur noch als Widerspiegelung der Seinsbestimmungen in sich selbst, als die Reflexion, welche der »in sich gegangene, hiermit seiner Unmittelbarkeit entfremdete Schein« sei, anzuerkennen vermag.[33] Die Darstellung des abstrakten Werts an den konkreten Naturalformen konkretisiert diese keineswegs zusätzlich durch eine immanente Thesis des Allgemeinen, sondern annektiert die zum individuellen Genuss bestimmten Gebrauchswerte gewaltsam im Namen des gesellschaftlichen Allgemeininteresses, insofern sie die Produkte zur Ware dupliziert.

III

Marx beschreibt einleitend die Hypostasis der abstrakten gesellschaftlichen Formbestimmungen anhand der qualitativen Analyse schon der einfachen Wertform der Ware, vor allem ihrer Äquivalentform. Er führt an einem Beispiel aus:

»Im Wertverhältnis der Leinwand gilt der Rock als ihr qualitativ Gleiches, als Ding von derselben Natur, weil er ein Wert ist. Er gilt hier daher als ein Ding, worin Wert erscheint, oder welches in seiner handgreiflichen Naturalform Wert darstellt.«[34]

So wie der gesellschaftliche Wert in abstracto von den natürlichen Gebrauchswertqualitäten der Dinge absieht, so erlöschen diese gesellschaftlich real im Austauschverhältnis der Ware, wenn er sich repräsentativ an einer qualitativ nichtidentischen Naturalform darstellt, die er zu seinem allgemeinen Geltungsmodus herabsetzt. Das gesellschaftliche Verhältnis, welches die relative Wertform der Ware noch zum Ausdruck bringt, scheint in der Äquivalentform der Ware, der passivischen Materiatur des Wertausdrucks zu verschwinden und es zu einer Natureigenschaft zu mystifizieren. Die Äquivalentform »besteht ja gerade darin, dass ein Warenkörper, wie der Rock, dies Ding wie es geht und steht, Wert ausdrückt, also von Natur Wertform besitzt«.[35] Damit aber modifi-

32 Adorno, Über Statik und Dynamik als soziologische Kategorien, in: Sociologica II, Frankfurt 1962, S. 236; vgl. auch A. Schmidt, Der Begriff der Natur in der Lehre von Marx, Frankfurt 1962

33 Hegel, Wissenschaft der Logik II, S. 13. Zur Nominalismuskritik vgl. Karl Haag, Kritik der neueren Ontologie, Stuttgart 1960, S.10-39 pass.

34 Marx, Kapital I, MEW Bd. 23, S. 66

35 Ebd., S. 71f.

ziert die Wertform als die optisch begriffslose Widerspiegelung des gesellschaftlichen Werts in einer nichtidentischen Naturalform die Struktur der Gegenstandswelt im Austauschverhältnis der Waren funktionell derart, dass der Gebrauchswert zur Erscheinungsform seines Gegenteils verkehrt wird, konkrete Arbeit zum »Wertspiegel« abstrakter Arbeit und die Form individueller Privatarbeit in Arbeit von unmittelbarer gesellschaftlicher Form umgesetzt wird.
»Die Naturalform der Ware wird zur Wertform. Aber, notabene, dies Quidproquo ereignet sich ... nur innerhalb des Wertverhältnisses ...«[36] Der Tauschwert einer Ware ist also die durch ein verdinglichendes Quidproquo materialisierte Erscheinungsform des sich auf diese gegenständliche Weise optisch darstellenden gesellschaftlichen Wertes; dieser bringt sich nur zur Erscheinung, indem er im wirklichen Austauschverhältnis der Waren eine nichtidentische Naturalform permanent besetzt hält.
Die logische Struktur dieses Prozesses, den korrelativen Zusammenhang der Abstraktion von den natürlichen Eigenschaften der Dinge und der Verdinglichung ihrer gesellschaftlichen Verhältnisse beschreibt Marx in der Explikation der einfachen Wertform zur entfalteten Preis- und Geldform der Ware. Während die einfache Wertform der bloß singuläre Wertausdruck einer Ware in einer einzigen verschiedenartigen Ware ist, drückt die totale oder entfaltete Wertform der Ware diesen zwar in einer unendlichen Warenreihe aus, jedoch in bloß kontingenter Äquivalentform, die noch keineswegs den für den Austausch operationell notwendigen strengen Erfordernissen formaler Allgemeinheit genügt. Diesen entspricht erst ihre Inversion, die allgemeine Wertform. Sie ist allgemein, insofern sie die formalen Bedingungen von Einfachheit und Einheitlichkeit erfüllt. »Ihre Wertform ist einfach und gemeinschaftlich, daher allgemein.«[37] Denn in ihr stellen alle möglichen Waren ihre Werte in einer einzigen und identischen Ware dar, der besonderen Existenz eines allgemeinen Äquivalents. »Es kommt damit zum Vorschein, dass die Wertgegenständlichkeit der Waren, weil sie das bloß ›gesellschaftliche Dasein‹ dieser Dinge ist, auch nur durch ihre allseitige gesellschaftliche Beziehung ausgedrückt werden kann, ihre Wertform daher gesellschaftlich gültige Form sein muss.«[38] Die Darstellung des sich verselbständigenden Werts von der einfachen zur allgemeinen Wertform beinhaltet die Genesis der Geldform. Der verallgemeinernde Formalisierungsprozess, der in fortschreitender Abstraktion vom Gebrauchswert der Waren deren allgemeine Konvertibilität gegen eine einzige allgemeine Ware sichert, ist also der besondere Verdinglichungsprozess, welcher die singuläre Existenz des abstrakten Werts der Waren in ihrem Austausch gewährleistet.

36 Ebd., S. 71
37 Ebd., S. 79
38 Ebd., S. 80f.

Dieses allgemeine Äquivalent entspricht der Geldform, sobald sie die Naturalform einer spezifischen Warenart gesellschaftlich monopolisiert: »Daraus, dass die Ware zum allgemeinen Tauschwert, geht hervor, dass der Tauschwert zu einer besondren Ware wird: er kann dies nur, indem eine besondre Ware allen andren gegenüber das Privilegium erhält, ihren Tauschwert zu repräsentieren, zu symbolisieren; d. h. *Geld* zu werden. Dass der Geldeigenschaft aller Waren eine besondre Ware als Geldsubjekt erscheint – geht aus dem Wesen des Tauschwerts selbst hervor.«[39]
Mit dieser besonderen Existenz der allgemeinen Ware ist der Antagonismus in die kapitalistische Struktur der zur Warenform verdoppelten Gegenstände eingeführt, den keine manipulativen Eingriffe ins Zirkulationsinstrument beseitigen können, der vielmehr eine ökonomische Umwälzung der Basis erfordert[40], in der allein der Austausch seine Substanz hat.[41]
Der Antagonismus der Ware, der zwischen den beiden Polen des Wertausdrucks sich entwickelt, bringt allererst den Tauschwert der Waren zur sozial manifesten Existenz. Der immanente Doppelcharakter der Warenform erscheint dinghaft erst in der veräußerlichten Verdoppelung des Tauschwerts.
»Das einfache Faktum, dass die Ware doppelt existiert, einmal als bestimmtes Produkt, das seinen Tauschwert in seiner natürlichen Daseinsform ideell enthält (latent enthält), und dann als manifestierter Tauschwert *(Geld)*, der wieder allen Zusammenhang mit der natürlichen Daseinsform des Produkts abgestreift hat, diese doppelte *verschiedne* Existenz muss zum *Unterschied,* der Unterschied zum *Gegensatz* und *Widerspruch* fortgehn.«[42]
In dem Maße also, in dem der Tauschwert, die »immanente Geldeigenschaft der Ware, eine gesonderte Existenz gewinnt, produzieren die Individuen unmittelbar für den Tausch, der sie sich als eine sachliche Ab-

39 Marx, Grundrisse, S. 84

40 In seiner Kritik an Alfred Darimons »De la Réforme des Banques«, Paris 1856, die das Kapitel vom Geld einleitet, weist Marx darauf hin, dass es mit Änderungen im Kredit- und Geldsystem nicht getan ist; das Konvertibilitätsproblem wird nicht gelöst, wenn man bloß die Denomination des Geldes ändert, es nicht mehr an Gold materiell bindet, sondern »Stundenzettel« ausgibt, die unmittelbar die Arbeitszeit ausdrücken sollen. Um »der periodisch wiederkehrenden Depreziation des Geldes vorzubeugen«, ist es nötig, »das Steigen und Fallen der Preise aufzuheben. Letztre: Preise aufzuheben. Diese: den Tauschwert abzuschaffen. Dieses Problem: Den Austausch wie er der bürgerlichen Organisation der Gesellschaft entspricht. Dies letzte Problem: die bürgerliche Gesellschaft ökonomisch zu revolutionieren. Es hatte sich dann von vornherein gezeigt, dass dem Übel der bürgerlichen Gesellschaft nicht durch Bank›verwandlungen‹ oder Gründung eines rationellen ›Geldsystems‹ abzuhelfen ist.« Ebd., S. 53

41 »Adam Smith sagt, dass die Arbeit (Arbeitszeit) das ursprüngliche Geld ist, womit alle Waren gekauft werden. Den Akt der Produktion betrachtet, bleibt dies immer richtig. Jede Ware wird in der Produktion fortwährend gegen Arbeitszeit ausgetauscht.« Ebd., S. 84

42 Ebd., S. 65

straktion unterwirft; darin besteht die historische Dimension der mit dem Geld gesetzten Widersprüche:

»Das Bedürfnis des Austauschs und die Verwandlung des Produkts in reinen Tauschwert schreitet voran im selben Maß wie die Teilung der Arbeit, d.h. mit dem gesellschaftlichen Charakter der Produktion. Aber in demselben Maße wie dieser wächst, wächst die Macht des *Geldes*, d.h. setzt sich das Tauschverhältnis als eine den Produzenten gegenüber äußere und von ihnen unabhängige Macht fest. Was ursprünglich als Mittel zur Förderung der Produktion erschien, wird zu einem den Produzenten fremden Verhältnis. In demselben Verhältnis, wie die Produzenten vom Austausch abhängig werden, scheint der Austausch von ihnen unabhängig zu werden und die Kluft zwischen dem Produkt als Produkt und dem Produkt als Tauschwert zu wachsen. Das Geld bringt diese Gegensätze und Widersprüche nicht hervor; sondern die Entwicklung dieser Widersprüche und Gegensätze bringt die scheinbar transzendentale Macht des Geldes hervor.«[43]

IV

Die Verdinglichung der gesellschaftlichen Verhältnisse tritt in ein universales Stadium mit den »historischen Existenzbedingungen des Kapitals«, der ausbeutenden Mehrwertproduktion, welche die Existenz des freien Arbeiters auf dem Warenmarkt verlangt. Davon abstrahiert die Warenanalyse zwar, doch gewinnt sie an geschichtsphilosophischer Bedeutung erst in Hinblick auf die historisch schon voll entwickelte Preis- und Geldform der Ware, sowie auf die Verallgemeinerung der Warenform des Arbeitsprodukts durch die Arbeitskraft als einer Ware.[44] Wenn der Fetischcharakter der Waren zunächst noch relativ leicht zu durchschauen ist, so verschwinden die gesellschaftlichen Produktionsverhältnisse schon in der Geldform, der das Monetarsystem »den Reichtum noch ganz objektiv ... außer sich« zusprach.[45] Der Verdinglichungsprozess potenziert sich graduell mit der Verwandlung von Geld in Kapital und dessen Verwertungsprozess.

»Solange das Geld, d.h. der verselbständigte Tauschwert sich nur festhält gegen seinen Gegensatz, den Gebrauchswert als solchen, ist es in der Tat nur eines abstrakten Daseins fähig. Es muss in seinem Gegensatz, in seinem Werden zum Gebrauchswert, und dem Prozess des Ge-

43 Ebd., S. 64f.

44 Marx, Kapital I, MEW Bd. 23, S. 181ff.
»Was also die kapitalistische Epoche charakterisiert, ist, dass die Arbeitskraft für den Arbeiter selbst die Form einer ihm gehörigen Ware, seine Arbeit daher die Form der Lohnarbeit erhält. Andererseits verallgemeinert sich erst von diesem Augenblick die Warenform der Arbeitsprodukte.« Ebd., S. 184, Anm. 41

45 Marx, Grundrisse, S. 24

brauchswertes, der Konsumtion, sich zugleich erhalten und wachsen als Tauschwert, also die Konsumtion des Gebrauchswert selbst – die aktive Negation sowohl wie die Position desselben – in die Reproduktion und Produktion des Tauschwerts selbst verwandeln.«[46]
Schließlich setzt sich der Vermittlungsprozess selbst als unmittelbar, »*nicht-vergegenständlichte Arbeit, Nicht-Wert, positiv* gefasst, oder sich auf sich beziehende Negativität ... i.e. subjektive Existenz der Arbeit selbst. Die Arbeit nicht als Gegenstand, sondern als Tätigkeit«[47] statuiert sich zu dinglicher Positionalität. Dieses ist der Fall in der »Veräußerlichung des Kapitalverhältnisses in der Form des zinstragenden Kapitals«.[48] Der Profit erscheint nicht mehr als ein gesellschaftliches Verhältnis, sondern als »dieser automatische Fetisch ..., der sich selbst verwertende Wert, Geld heckendes Geld, und trägt es in dieser Form keine Narben seiner Entstehung mehr«.[49] Alle Erinnerung an den Kontakt mit lebendiger Arbeit ist in dieser »Vorstellung, die dem aufgehäuften Arbeitsprodukt, und noch dazu fixiert als Geld, die Kraft zuschreibt, durch eine eingeborne geheime Qualität, als reiner Automat, in geometrischer Progression Mehrwert zu erzeugen«[50], erloschen; das »Kapital erscheint als bloßes Ding; das Resultat des gesamten Reproduktionsprozesses erscheint als eine einem Ding von selbst zukommende Eigenschaft«.[51] Der blinde Mechanismus des abstraktiven Veräußerlichungsprozesses liegt in der Form des zinstragenden Kapitals als dessen fetischisierteste Gestalt vor, in der das Geld, so wie es die individuellen Qualitäten der Gebrauchswerte quantitativ gleichsetzt, auch die der industriellen Kapitale nivelliert.
Die materialistische Darstellung der Warenform des Produkts erweist das Verhältnis des Wertes zu seinem Tauschwert als das von Wesen und Erscheinung. Erscheinung aber heißt Hegel zufolge immanent »reflektierte Existenz«. Wenn die Kritik an der politischen Ökonomie das Verhältnis von Wert und Tauschwert in diesen Reflexionszusammenhang setzt und es als die sich selbst verschleiernde Erscheinungsform eines ihm zu Grunde liegenden gesellschaftlichen Wesens begreift, so enthält keineswegs die selbständige Darstellung des Wertes in seiner entäußerten Erscheinungsform, dem Gelde, diese Reflexion, sondern sie verschleiert erst das gesellschaftliche Begründungsverhältnis. Der Tauschwert ist zwar eine Vermittlungsbestimmung, aber an sich selbst von »ontischer« Begriffslosigkeit, eine scheinbar unmittelbare Existenz, ein bloßes Ding, als welches das Kapital in seiner zinstragenden Form erscheint. »Das Ding enthält zwar die Reflexion, aber ihre Negativität ist in seiner Unmit-

46 Ebd., S. 939f.
47 Ebd., S. 203
48 Marx, Kapital III, MEW Bd. 25, S. 404ff.
49 Ebd., S. 405
50 Ebd., S. 412
51 Ebd., S. 405

telbarkeit zunächst erloschen – wie Hegel ausführt.[52] Verschwindet also das gesellschaftliche Verhältnis im »Verhältnis eines Dinges, des Geldes, zu sich selbst«[53], so kann dies nicht als ein dem Gelde interner Reflexionsprozess gelten, in dessen Vollzug es »für sich« würde, sondern die ökonomische Formbestimmung, Zentrum der gesellschaftlichen Sphäre von Vermittlung, hat sich – und dieses Paradox formuliert konzentriert den Sachverhalt von Verdinglichung – zur »begriffslosen Form« entäußert. »In G-G' haben wir die begriffslose Form das Kapitals, die Verkehrung und Versachlichung der Produktionsverhältnisse in der höchsten Potenz ... Fähigkeit des Geldes, resp. der Ware, ihren eignen Wert zu verwerten, unabhängig von der Reproduktion – die Kapitalmystifikation in der grellsten Form.«[54]

Während die Hegelsche Logik der dinghaften Existenz identitätsphilosophisch die immanente Kraft verleiht, »sich zu einem Gesetztsein zu machen«, autonom ihren wesentlichen Grund, die Reflexion zur wahren Erscheinung zu bringen, so enthüllen sich die »Natureigenschaften« des Geld- und Kapitalverhältnisses erst dem analytischen Verfahren der materialistischen Ökonomiekritik als eine rein subjektive Thesis gesellschaftlicher Formbestimmungen. Erst sie reflektiert die begriffslose Existenz der Wertform »in das Anderssein« der Erscheinung eines an sich nicht gegenständlichen Wertes. Die Kritik der politischen Ökonomie klärt die von den individuellen Produzenten selbst eingegangen Produktionsverhältnisse auf, die die allgemeine Selbstbewegung des Kapitals verdunkelt.

Diese Dialektik von materialistischer Darstellungsweise der Werttheorie und materialisierender Selbstdarstellung des Warenwerts dokumentiert sich in der Bestimmung des Geldes als eines »Symbols des Tauschwertes«; dieses ist »Faustpfand der Gesellschaft« wegen seiner »symbolischen Eigenschaft«, etwas anderes zu bedeuten als die Naturalform, an die es materiell sich bindet, das Gold vor allem,[55] »wie so mancher Mensch innerhalb eines galonierten Rockes mehr bedeutet als außerhalb desselben«[56]. Marx wendet gegen sich selber ein, die gesell-

52 Hegel, Wissenschaft der Logik II, S. 101

53 Marx, Kapital III, MEW Bd. 25, S. 405

54 Ebd.
Zur Relevanz der begriffslosen Form im Rahmen des kapitalistischen Fetischisierungsprozesses vgl. J. Rancière: »Ce développement de forme, cet enchainement des méditations disparaissent eux-mèmes dans la forme qui en est le résultat. Cette forme qui est la plus médiatisée du procès capitaliste se présente comme pure immédiateté, pur rapport de soi à soi du capital-argent ... Dans la *begriffslose Form*qui a perdu tous les caractères qui la localisaient à une certaine place dans le développement et l´articulation des formes du procès, cette causalité métonomique va produire ses effets les plus radicaux.« Ebd., S. 188f.

55 Auch das Gold hat einen Doppelcharakter, und zwar in seinem Gebrauchswert selbst, den seiner natürlichen Eigenschaften, und dem, bloß Tauschwert zu sein; vgl. Marx, Kapital I, MEW Bd. 23, S. 104

56 Ebd., S. 66

schaftlichen Bestimmungen abstrakter Arbeit in der Geldform zu einem »bloßen Zeichen« zu dekretieren, hieße, sie »zugleich für willkürliches Reflexionsprodukt der Menschen« zu erklären, wie es »beliebte Aufklärungsmanier des 18. Jahrhunderts« war, um den undurchschauten gesellschaftlichen Abstraktionen den »Schein der Fremdheit« abzustreifen, sie zu rationalisieren.[57]

»Das Geld ist nicht Symbol, so wenig wie das Dasein eines Gebrauchswertes als Ware Symbol ist. Dass ein gesellschaftliches Produktionsverhältnis sich als ein außer den Individuen vorhandener Gegenstand und die bestimmten Beziehungen, die sie im Produktionsprozess ihres gesellschaftlichen Lebens eingehen, sich als spezifische Eigenschaften eines Dings darstellen, diese Verkehrung und nicht eingebildete, sondern prosaisch reelle Mystifikation charakterisiert alle gesellschaftlichen Formen der Tauschwert setzenden Arbeit.«[58]

Ein Fragment des Novalis konstatiert lakonisch: »Alle Symbole sind Mystifikationen.« Marx, dessen Kritik der klassischen Ökonomie sich nicht selten der Polemik gegen die romantisierende Vulgärökonomie verdankt, welche das subjektivierte Eigenleben der Dinge im Alltagsleben allererst apologetisiert, wendet diesen romantischen Symbolbegriff kritisch. Die symbolische Repräsentation des Tauschwerts der Waren in der Geldform ist der höchst reale Prozess der äußeren Erscheinung des Doppelcharakters der Ware in Tauschwert und Geld.[59] »Denn dies Symbol hat das eigen, dass es nicht nur den Tauschwert vorstellt, sondern im wirklichen Austausch derselbe *ist*.«[60]

Für den geschichtsphilosophischen Gehalt der materialistischen Darstellungsweise ist im Sinne von Hegels Begriff einer kritisch objektivierenden Erfahrung die erkenntniskritische Reflexion auf die gegenständlichen Inhalte des »erscheinenden Wissens« konstitutiv.[61] Ebenso energisch wie Marx die idealistische Prämisse von der Alleinwirklichkeit des reinen Begriffs außerphilosophisch zerstört, welche die Dialektik den Dingen als

57 Ebd., S. 105f.

58 Marx, Zur Kritik der politischen Ökonomie, MEW Bd. 13, S. 34f.

59 Im Gegensatz zur klassischen Ökonomie, die sehr wohl den gesellschaftlichen Gehalt der Wertbestimmungen entdeckt, aber den Verdinglichungsprozess aus objektiven Klassengründen nicht durchschaut, wird dieser von der Vulgärökonomie noch zusätzlich »romantisiert«. Marx erkennt sehr richtig wie Heine, dass die ästhetische Substanz der Romantik in einer poetischen Verklärung des Alltagslebens, der Mystifikation des Trivialen ihren Grund hat, wenn er gegen Adam Müller bemerkt: »Das Verfahren unsers Müller ist für die Romantik in allen Fächern charakteristisch. Ihr Inhalt besteht aus Alltagsvorurteilen, abgeschöpft von dem oberflächlichsten Schein der Dinge. Dieser falsche und triviale Inhalt soll dann durch eine mystifizierende Ausdrucksweise ›erhöht‹ und poetisiert werden.« Marx, Kapital III, MEW Bd. 25, S. 411

60 Marx, Grundrisse, S. 72

61 Alfred Schmidt betont daher, dass »für Marx ... wie für Hegel die höchste Gestalt der Erkenntnistheorie die Philosophie der Weltgeschichte« sei. Der Begriff der Natur ..., S. 92

ein sie bewegender Motor immanent setzt, hält er es für nötig, »die idealistische Manier der Darstellung zu korrigieren, die den Schein hervorbringt, als handle es sich nur um Begriffsbestimmungen und die Dialektik dieser Begriffe«[62]. Vielmehr weist Marx »diejenigen, die die Verselbständigung des Werts als bloße Abstraktion betrachten«, daraufhin, sie »vergessen, dass die Bewegung des industriellen Kapitals diese Abstraktion in actu ist«[63]. Die materialistische Dialektik stellt sich dar als die Reflexion auf die antinomisch gebrochene Erfahrung, welche die antagonistisch gespaltene bürgerliche Gesellschaft an sich selbst macht.

Warenwert und Verwertungsprozess des »prozessierenden« Kapitals gründen substanziell im universalen Produktionsverhältnis abstrakter Arbeit, doch sie realisieren sich erst in der Sphäre des Austauschs und der Zirkulation. Da die arbeitsteilig isolierten, individuellen Produzenten erst »in gesellschaftlichen Kontakt treten durch den Austausch ihrer Arbeitsprodukte, erscheinen auch die spezifisch gesellschaftlichen Charaktere ihrer Privatarbeiten erst innerhalb dieses Austausches. Oder die Privatarbeiten betätigen sich in der Tat erst als Glieder der gesellschaftlichen Gesamtarbeit durch die Beziehungen, worin der Austausch die Arbeitsprodukte und vermittelst derselben die Produzenten versetzt. Den letzteren erscheinen daher die gesellschaftlichen Beziehungen ihrer Privatarbeiten als das, was sie sind, d. h. nicht als unmittelbar gesellschaftliche Verhältnisse der Personen in ihren Arbeiten selbst, sondern vielmehr als sachliche Verhältnisse der Personen und gesellschaftliche Verhältnisse der Sachen.«[64]

Doch selbst die gesellschaftlichen Verhältnisse der Dinge untereinander fixiert der Kreislauf des industriellen Kapitals zu dinglicher Statik. Marxens kritische Darstellung der »Trinitarischen Formel« skizziert, wie »in der kapitalistischen Produktionsweise und beim Kapital, welches ihre herrschende Kategorie, ihr bestimmendes Produktionsverhältnis bildet, ... sich diese verzauberte und verkehrte Welt noch viel weiter« entwickelt,[65] eine »verknöcherte« Gegenstandswelt, die für die ökonomischen Klassen der Produktionsagenten immer schwieriger als ein nur falscher Schein durchschaubar ist.

Profit, bzw. Zins und Grundeigentum, Bestandteile des gesellschaftlichen Mehrwerts und zusammen mit dem Arbeitslohn der derart unter die ökonomischen Klassen verteilte jährlich produzierte gesellschaftliche Gesamtwert scheinen zur Substanz nicht die vergegenständlichte Arbeit sans phrase zu haben, sondern deren gegeneinander verselbständigte gesellschaftliche Erscheinungsformen von Kapital, der als agrikoles Kapi-

62 Marx, Grundrisse, S. 69
63 Marx, Kapital II, MEW Bd. 24, S. 109
64 Marx, Kapital I, MEW Bd. 23, S. 87
65 Marx, Kapital III, MEW Bd. 25, S. 835

tal fungierenden Erde und Lohnarbeit. Die Distribution der Revenuen unter die drei Klassen setzt allerdings »diese Substanz als vorhanden voraus, nämlich den Gesamtwert des jährlichen Produkts, der nichts ist als vergegenständlichte gesellschaftliche Arbeit. Es ist jedoch nicht in dieser Form, dass sich die Sache den Produktionsagenten, den Trägern der verschiednen Funktionen des Produktionsprozesses darstellt, sondern, vielmehr in einer verkehrten Form ... Kapital, Grundeigentum und Arbeit erscheinen jenen Produktionsagenten als drei verschiedne, unabhängige Quellen, aus denen als solchen drei verschiedne Bestandteile des jährlich produzierten Werts – und daher des Produkts, worin er existiert – entspringen«[66].

So wie der Wert sich im Tauschwert an das materielle Arbeitsprodukt bindet, so verschwindet die historisch strukturierte ökonomische Formbestimmung der Lohnarbeit in den stofflichen Voraussetzungen, an denen sie wirklich erscheint, und nimmt scheinbar primärnatürliche, aller Geschichte enthobene Qualität an.

»In der Tat, indem die Lohnarbeit nicht als eine gesellschaftlich bestimmte Form der Arbeit, sondern alle Arbeit ihrer Natur nach als Lohnarbeit erscheint (sich dem in den kapitalistischen Produktionsverhältnissen Befangenen so vorstellt), fallen auch die bestimmten, spezifischen gesellschaftlichen Formen, welche die gegenständlichen Arbeitsbedingungen – die produzierten Produktionsmittel und die Erde – der Lohnarbeit gegenüber einnehmen ..., ohne weiteres zusammen mit dem stofflichen Dasein dieser Arbeitsbedingungen, oder mit der Gestalt, die sie überhaupt im wirklichen Arbeitsprozess besitzen, unabhängig von jeder geschichtlich bestimmten gesellschaftlichen, ja unabhängig von *jeder* gesellschaftlichen Form desselben.«[67]

Marx zeichnet drei in sich komplizierte Stadien im Verselbständigungsprozess des Kapitals, der die zunächst noch fadenscheinige Objektivität

66 Ebd., S. 830
Gesellschaftstheoretisch besonders relevant, bestimmend für den ökonomisch zentralen Klassengegensatz von Kapital und Lohnarbeit ist die Unterscheidung der letzteren von der wertbildenden Arbeit sich vergegenständlichender Arbeitszeit: »Soweit die Arbeit wertbildend ist, und sich im Wert der Waren darstellt, hat sie nichts zu tun mit der Verteilung dieses Werts unter verschiedne Kategorien. Soweit sie den spezifisch gesellschaftlichen Charakter der Lohnarbeit hat, ist sie nicht wertbildend ... Und überhaupt, wenn wir die Arbeit als wertbildend fixieren, betrachten wir sie nicht in ihrer konkreten Gestalt als Produktionsbedingung, sondern in einer gesellschaftlichen Bestimmtheit, die von der der Lohnarbeit verschieden ist.« Ebd., S. 831
An anderer Stelle differenziert Marx: »Die bestimmte Form, worin sich die gesellschaftliche Arbeitszeit im Wert der Waren als bestimmend durchsetzt, hängt allerdings mit der Form der Arbeit als Lohnarbeit und der entsprechenden Form der Produktionsmittel als Kapital insofern zusammen, als nur auf dieser Basis die Warenproduktion zur allgemeinen Form der Produktion wird.« Ebd., S. 889
Auf diese Weise strukturiert sich der zugrundeliegende Klassengegensatz von vergegenständlichter und lebendiger Arbeit. Vgl. dazu M. Mauke, neue kritik 34

67 Marx, Kapital III, MEW Bd. 25, S. 832

der gesellschaftlichen Formbestimmung für das Bewusstsein der ökonomischen Klassen zunehmend verhärtet. Der unmittelbare Produktionsprozess schon mystifiziert das Kapitalverhältnis in der Entwicklung des relativen Mehrwerts, durch den spezifisch gesellschaftliche Produktivkräfte aus der Arbeit ins Kapital projiziert werden; der Zirkulationsprozess, in dem der »im unmittelbaren Produktionsprozess ausgepumpte« Mehrwert sich allererst realisiert, stellt sich vor allem auf Grund der scheinbar positiven Funktion der Zirkulationszeit als »Quelle« des Mehrwerts dar.
Schließlich in der »Einheit des unmittelbaren Produktionsprozesses und des Zirkulationsprozesses«–»dem wirklichen Produktionsprozess« – verselbständige sich die Produktionsverhältnisse gegeneinander und »verknöchern« sich die Wertbestandteile in selbständige Formen.[68] Diese Entwicklung fasst Marx als Verdinglichung des Alltagslebens der in ökonomischen Klassen gegeneinander fungierenden, aber auf diese Weise blind den kapitalistischen Produktionsprozess tragenden Produktionsagenten auf:
»Im Kapital–Profit, oder noch besser Kapital–Zins, Boden–Grundrente, Arbeit–Arbeitslohn, in dieser ökonomischen Trinität als dem Zusammenhang der Bestandteile des Werts und des Reichtums überhaupt mit seinen Quellen ist die Mystifikation der kapitalistischen Produktionsweise, die Verdinglichung der gesellschaftlichen Verhältnisse, das unmittelbare Zusammenwachsen der stofflichen Produktionsverhältnisse mit ihrer geschichtlich-sozialen Bestimmtheit vollendet: die verzauberte, verkehrte und auf den Kopf gestellte Welt, wo Monsieur le Capital und Madame la Terre als soziale Charaktere, und zugleich unmittelbar als bloße Dinge ihren Spuk treiben. Es ist das große Verdienst der klassischen Ökonomie, diesen falschen Schein und Trug, diese Verselbständigung und Verknöcherung der verschiednen gesellschaftlichen Elemente des Reichtums gegeneinander, diese Personifizierung der Sachen und Versachlichung der Produktionsverhältnisse, diese Religion des Alltagslebens aufgelöst zu haben ... Es ist ... ebenso natürlich, dass die wirklichen Produktionsagenten in diesen entfremdeten und irrationalen Formen ... sich völlig zu Hause fühlen, denn es sind eben die Gestaltungen des Scheins, in welchem sie sich bewegen, und womit sie täglich zu tun haben ... Diese Formel entspricht zugleich dem Interesse der herrschenden Klassen, indem sie die Naturnotwendigkeit und ewige Berechtigung ihrer Einnahmequellen proklamiert und zu einem Dogma erhebt.«[69]
Warenfetischismus und Verdinglichungsprozess des Kapitals sind Ausdruck einer allgemeinen in der Basis verankerten Pathologie der bürgerlichen Gesellschaft. Die Psychoanalyse lehrt, zum Phänomen pathologischer Zustände gehöre konstitutiv der Mechanismus von Projektion,

68 Ebd., S. 835f.
69 Ebd., S. 838f.

zumal die vom Subjekt auf die Aussenweit[70], wie sie sich gesellschaftlich im Warenfetischismus vollzieht:

»Das Geheimnisvolle der Warenform besteht also einfach darin, dass sie den Menschen die gesellschaftlichen Charaktere ihrer eigenen Arbeit als gegenständliche Charaktere der Arbeitsprodukte selbst, als gesellschaftliche Natureigenschaften dieser Dinge zurückspiegelt, daher auch das gesellschaftliche Verhältnis der Produzenten zur Gesamtarbeit als ein außer ihnen existierendes gesellschaftliches Verhältnis von Gegenständen. Durch dies Quidproquo werden die Arbeitsprodukte Waren, sinnlich übersinnliche oder gesellschaftliche Dinge ... Die Warenform und das Wertverhältnis der Arbeitsprodukte, worin sie sich darstellt, (hat) mit ihrer physischen Natur und den daraus entspringenden dinglichen Beziehungen absolut nichts zu schaffen. Es ist nur das bestimmte gesellschaftliche Verhältnis der Menschen selbst, welches hier für sie die phantasmagorische Form eines Verhältnisses von Dingen annimmt.«[71]

Damit steht das Fetischismus- und Verdinglichungsproblem in der Nachfolge der kantischen Vernunftkritik; deren emanzipatorisches Vernunftinteresse, die Autonomie des transzendentalen Subjekts zu restituieren, indem sie als diesem zugehörig erweist, was es den Dingen an sich prädiziert, übersetzt sich materialistisch in die Kritik der verselbständigten und verknöcherten Produktionsverhältnisse, des objektiven Geistes eines allgemeingesellschaftlichen Subjekts der Arbeit, der als eine primär natürliche Beschaffenheit den Produkten selbst anzuhaften scheint. Die Marxsche Basisanalyse weist die Pathologie der bürgerlichen Gesellschaft, den gesamtgesellschaftlichen Mechanismus kollektiver Projektion, als in der innersten Organisation des kapitalistischen Produktionsprozesses fundiert auf; die in der Alltagspraxis pathologisch bedrohte Ich-Identität der individuellen Produzenten spiegelt sich in den Produkten selbst wider und rejiziert umso unwiderstehlicher auf die im Tauschverkehr einander gesellschaftlich begegnenden Warenbesitzer.[72]

70 Mit Bezug auf die individuelle Ich-Identität sagt Freud zum Zusammenhang von Pathologie und Projektion: »Die Pathologie lehrt uns eine große Anzahl von Zuständen, in denen die Abgrenzung des Ichs gegen die Außenwelt unsicher wird, oder die Grenzen wirklich unrichtig gezogen werden; Fälle, in denen uns Teile des eigenen Körpers, ja Stücke des eigenen Seelenlebens, Wahrnehmungen, Gedanken, Gefühle, wie fremd und dem Ich nicht zugehörig erscheinen, andere, in denen man der Außenwelt zuschiebt, was offenbar im Ich entstanden ist und von ihm anerkennt werden sollte.« S. Freud Werke, Bd. 14, London 1940, S. 424

71 Marx, Kapital I, MEW Bd. 23, S. 86

72 Während die Kritik der politischen Ökonomie die Vormacht des gesellschaftlich allgemeinen Subjekts analysiert, welches in den Individuen, gleichviel welcher Klasse sie angehören, sich personifiziert, und das Versprechen bürgerlicher Aufklärung denunziert, sie könnten sich zu autonomen Subjekten bilden, richtet das im spätbürgerlichen Denken – vermittelt durch die romantische Destruktion der Psychologia rationalis – von Schopenhauer und Nietzsche empirisch zersetzte transzendentale Subjekt den Blick nur noch auf das vereinzelte Individuum.

Die antagonistisch konfligierende Objektivität wird von der »Phänomenologie des Geistes« bei Hegel freilich als die immanente Zerrissenheit des Selbstbewusstseins, als kritische »Wissenschaft von der Erfahrung des Bewusstseins« proklamiert. Die bewusstseinsimmanente Dialektik von selbstbewusstem Wissen und gegenständlicher Wahrheit, Erscheinung und Wesen, reflektiert sich im Objekt selbst als gegenstandsproduktive Erfahrung des in sich ambivalenten Ansich-Seins der Dinge, der Bewusstseinsspaltung des Gegenstandes, wie er an sich selber ist.[73] Diese materialisiert sich ökonomiekritisch zur »Spaltung des Arbeitsprodukts in nützliches Ding und Wertding«.[74] Durch diese Duplizität des Produkts in seiner gesellschaftlichen Erscheinungsform als Ware oszilliert die Gegenstandswelt in mehrdeutiger, vor allem auch bloß scheinbarer Objektivität.

Der Bereich reflektierter Erfahrung, die kritische Differenz von Wesen und Erscheinung der Dinge, bestimmt nicht zuletzt deshalb den Wissenschaftsbegriff des historischen Materialismus, weil sich in ihr die für alles wissenschaftliche Erkennen zielsetzende Frage stellt, wie denn die Dinge an sich selber beschaffen seien. Die in sich ambivalente Gegenstandswelt der bürgerlichen Gesellschaft erschwert ihre adäquate Erkenntnis insofern, als sie das Problem der objektiven Struktur gegenständlicher Produkte unter zwei einander konfundierten Aspekten stellt, je nachdem sich die Produktenwelt unter ihren nützlichen Gebrauchswerteigenschaften oder als Tauschwert darstellt.

Als nützliche Dinge sind die Produkte an ein durch zweckbestimmte Tätigkeit angeeignetes materielles Substrat gebunden:

»Die Nützlichkeit eines Dings macht es zum Gebrauchswert. Aber diese Nützlichkeit schwebt nicht in der Luft. Durch die Eigenschaften des Warenkörpers bedingt, existiert sie nicht ohne denselben.«[75]

Die materiellen Gebrauchswerte bestehen an sich insofern, als sie für uns im Produktionsprozess zum Verzehr konkretisiert wurden.[76] Engels' Kritik am Agnostizismus hat mehrfach dargetan, dass erst die expe-

73 Vgl. Lefèbvre. Critique de la vie quotidienne, Bd. II, Paris 1961, S. 15: »Sans cesse nous menacent le pathologique et l'anormal, dans le tissu de la quotidienneté.«
»Das Bewusstsein weiß *etwas*, dieser Gegenstand ist das Wesen oder das *Ansich*: er ist aber auch für das Bewusstsein das *Ansich:* damit tritt die Zweideutigkeit dieses Wahren ein. Wir sehen, dass das Bewusstsein jetzt zwei Gegenstände hat, den einen, das erste *Ansich,* den zweiten, das *Für-es-sein dieses Ansich.*« Hegel, Phänomenologie des Geistes, Hamburg 1952, S. 73

74 Marx, Kapital I, MEW Bd. 23, S. 87

75 Ebd., S. 50

76 Das Problem des Dings an sich in bezug auf die Gebrauchswerte der Waren hat Alfred Schmidt im Zusammenhang von Weltkonstitution und historischer Praxis behandelt: »Für die materialistische Theorie besteht wie für Hegel zwischen dem An-sich und dem Füruns der Dinge, zwischen dem gesellschaftlich angeeigneten und dem noch unangeeigneten Naturbereich eine relative und historische, keine prinzipielle Grenze. Mit den Erscheinungen der Natur erfassen die Menschen immer auch ihr Wesen.« Ebd., S. 105

rimentelle und industrielle Praxis »philosophische Schrullen« wie die Frage nach dem Ding an sich widerlegen, denn dieses sei erkennbar in dem Maße, in dem die Produzenten es sich aneignen und für uns bestimmen. In der gesellschaftlichen Praxis erscheint das Wesen, wie es sich in der gegenständlichen Tätigkeit der Gesamtarbeit bestimmt, keineswegs als atheoretischer, wohl aber außertheoretischer, nicht im reinen Denken sich vollziehender produktiver Vermittlungsprozess, der das Ding an sich zu raumzeitlicher Existenz zweckdienlich relativiert.[77] Darin ist Hegels Begriff des erscheinenden Wesens enthalten, denn »diese Bestimmtheit des Dings-an-sich ist die *Eigenschaft des Dings*«[78].

Die Objektivität der durch eine materiell fundierte Praxis vermittelten Gegenstandswelt »handfester Naturalformen« stellt sich jedoch qualitativ anders dar im gesellschaftlichen Verkehr der Warenbesitzer, dem Austauschverhältnis der Waren. Das Geld, »dies Symbol, dies materielle Zeichen des Tauschwerts ist ein Produkt des Tausches selbst, nicht die Ausführung einer a priori gefassten Idee«[79]. Doch mit solch »scheinbar transzendentaler Macht«, nicht als eine bloß apriorische Tatsache »des Gemüts«, sondern der gegenständlichen Faktizität zu gelten, wird es in seiner repräsentativen Funktion, die Totalität der Warenwelt in singulärer Existenz universal zu symbolisieren, ausgestattet. In der Warenform des Produkts und dem Kapitalverhältnis des Produktionsprozesses erscheinen die Antinomien der reinen Vernunft – von Lukács treffend als solche des »bürgerlichen Denkens« bezeichnet – auf ihre Basis reflektiert als die Antago-

77 Dazu siehe das »Alizarinbeispiel« in: Engels, Ludwig Feuerbach und der Ausgang der klassischen Philosophie (vgl. auch Lenin, Zwei Schriften zur Gewerkschaftsfrage). Der dialektische Materialismus hebt das erkenntnistheoretische Problem des Ding an sich ins außertheoretische Medium der Praxis auf. Unter diesen nicht mehr philosophischen Voraussetzungen identifiziert sich Engels mit Hegels Kantkritik, wenn er gegen den neukantianischen Agnostizismus einwendet: »Dies Ding ansich ist jenseits unsrer Kenntnis. Hierauf hat schon Hegel vor langer Zeit geantwortet: Wenn ihr alle Eigenschaften eines Dings kennt, so kennt ihr auch das Ding selbst; es bleibt dann nichts als die Tatsache, dass besagtes Ding außer uns existiert, und sobald eure Sinne euch diese Tatsache beigebracht haben, habt ihr den letzten Rest dieses Dings, Kants berühmtes unerkennbares Ding an sich erfasst. Heute können wir dem nur noch zufügen, dass zu Kants Zeit unsere Kenntnis der natürlichen Dinge fragmentarisch genug war, um hinter jedem noch ein besondres geheimnisvolles Ding an sich vermuten zu lassen. Aber seitdem sind diese unfassbaren Dinge eines nach dem andern durch den Riesenfortschritt der Wissenschaft gefasst, analysiert und, was mehr ist, reproduziert worden. Und was wir *machen* können, das können wir sicherlich nicht als unerkennbar bezeichnen. Engels Einleitung von 1892 zu: Die Entwicklung des Sozialismus von der Utopie zur Wissenschaft, MEW Bd. 19, S. 531
Allerdings engt Engels, wohl unter dem Eindruck des naturwissenschaftlichen Fortschritts und seiner naturdialektischen Konzeption – wie schon Lukács in seiner im übrigen unzutreffenden Kritik an Engels' Darstellung des Ding-an-sich-Problems bemerkt (Ebd., S. 145) – den Begriff der Praxis in seiner erkenntniskritischen Relevanz zu sehr auf im empirischen Sinn experimentell-szientifische Verfahren ein.

78 Hegel, Wissenschaft der Logik II, S. 109

79 Marx, Grundrisse, S. 63

nismen der bürgerlichen Gesellschaft. Das Ding an sich, von Hegel als ein nichtiges ens rationis denunziert, scheint in der ontischen Selbstdarstellung des Werts faktische Existenz zu gewinnen und ist doch bloß ein »nichtiger Schein«, welcher allerdings in der gesellschaftlich verallgemeinerten Warenproduktion in einem Ausmaß dominiert, dass er die Welt des sinnlich Seienden realiter zu dem herabzusetzen droht, als das sie die platonische Tradition der metaphysischen Ontologie diskreditierte, zum me on. Hegels vernichtendes Urteil, es seien die Dinge an sich nur aller endlichen Bestimmungen entkleidete »wahrheitslose leere Abstraktionen«, setzt sich jedoch spekulativ über Kants antidogmatische Intention hinweg, das rational nicht Auflösbare terminologisch zu bezeichnen, an das alle sinnlich begründete Erfahrung affektiv gebunden ist, ohne seiner jemals empirisch habhaft zu werden, indem es das Ding an sich a priori zu dem rationalisiert, »was etwas in seinem Begriff ist«, so dass die Logik die konkrete »Darstellung« dessen beinhalte, »was das Ding an sich in Wahrheit« sei. Hegel registriert an Kant sein eigenes proton pseudos, das schlechthin Außerbegriffliche einer begrifflichen Abstraktion zu subsumieren, eben »diese Sachen, die jenseits unserer und jenseits der sich auf sie beziehenden Gedanken auf dem andern Extreme stehen sollen«,[80] das Ding an sich, zu einem bloßen »Gedankending« zu rationalisieren.
Im objektiv prozessierenden Wertgesetz scheint die Abstraktion des Dings an sich als solche raumzeitliche Existenz zu gewinnen. Der Tauschwert hat »die Tendenz, sich rein zu setzen« und erscheint als eine unmittelbar daseiende Abstraktion. Kants zentraler Einwand gegen den ontologischen Gottesbeweis, »*Sein* (sei) offenbar kein reales Prädikat, d. i. ein Begriff von irgend etwas, was zu dem Begriffe eines Dinges hinzukommen könne«, sondern »bloß die Position eines Dinges, oder gewisser Bestimmungen an sich selbst«[81], scheint außer Kraft gesetzt, denn die Vergegenständlichung des gesellschaftlichen Werts in Tauschwert, »verwirklichter Arbeitszeit« und dessen Verselbständigung im Geld stellen sich als die reale Prädikation reiner Positionalität dar, in deren Verlauf sich der Kontext des durch konkrete Arbeit synthetisch gesetzten Produkts zur Ware dupliziert. Kant bemerkt, »*Bestimmung* ist ein Prädikat, welches über den Begriff des Subjekts hinzukommt und ihn vergrößert. Sie muss also nicht in ihm schon enthalten sein»[82]; Hegel merkt dazu an: »Kant will damit sagen, dass Sein keine Inhaltsbestimmung sei«.[83]
Die verselbständigende Darstellung des Werts aber erhebt das ganz und gar Bestimmungslose zur prädikativen, den Arbeitsprodukten zusätzlich zukommenden Bestimmung.

80 Hegel, Wissenschaft der Logik I, S. 15
81 Kant, Kritik der reinen Vernunft, Hamburg 1956, S. 572
82 Ebd., S. 571
83 Hegel, Wissenschaft der Logik I, S. 71

Kants Kritik am Rationalismus besteht darauf, dass die Existenz von etwas eine von dessen Begriff unterschiedene und diesem synthetisch zukommende Realität sei; der Begriff artikuliere nur die Möglichkeit.[84] Seine Ontologiekritik richtet sich gegen die Hypostasis der logischen Abstraktionen, der Begriffe zu ontologischen Entitäten sui generis, den Ideen; nachdrücklich warnt er davor, »von der Möglichkeit der Begriffe (logische) nicht sofort auf die Möglichkeit der Dinge (reale) zu schließen«; dem ontologischen Gottesbeweis liege die Verwechslung eines logischen Prädikats mit einem realen zugrunde.[85] Das logische Quidproquo, wie es den Mechanismus der prima philosophia bestimmt, vollzieht sich in der Produktionsbasis des industriellen Kapitals selbst, in dessen Verwertung und Akkumulation sekundäre Abstraktionen als primäre Entitäten unterschoben werden. Am Modell des zinstragenden Kapitals weist Marx explizit nach, wie der Zins »nur ein Teil des Profits ist, d.h. des Mehrwerts, den der fungierende Kapitalist dem Arbeiter auspresst«, also eine aus dem Kapital abgeleitete Größe, »als das Ursprüngliche« erscheint, »und der Profit ... als bloßes im Reproduktionsprozess hinzukommendes Accessorium und Zutat«.[86]

Wenn Kant anmerkt, es könne zum *»logischen Prädikate* ... alles dienen, was man will, sogar das Subjekt kann von sich selbst prädiziert werden; denn die Logik abstrahiert von allem Inhalte«[87], so vollzieht sich diese formallogische Abstraktion gesellschaftlich real in der Differenz des Wertes gegen die qualitative Bestimmung der Gebrauchswerte. Die Prädikation des Subjekts von sich selbst erscheint als die des gesellschaftlichen Subjekts, der Vergegenständlichung einer von aller Naturbasis gelösten abstrakten Arbeit in der Geldform der Ware, die den gesellschaftlichen Individuen schließlich als ihr dinglich außer ihnen existierendes »Gemeinwesen« erscheint.[88]

Diese duplexe Objektivität der Dinge in der bürgerlichen Gesellschaft spiegelt sich nicht nur in der Warenform des Produkts, sondern in der

84 »Hundert wirkliche Taler enthalten nicht das mindeste mehr, als hundert mögliche ... Aber in meinem Vermögenszustande ist mehr bei hundert wirklichen Talern, als bei dem bloßen Begriffe derselben, (d.i. ihrer Möglichkeit). Denn der Gegenstand ist bei der Wirklichkeit nicht bloß in meinem Begriffe analytisch enthalten, sondern kommt zu meinem Begriffe ... synthetisch hinzu, ohne dass durch dieses Sein außerhalb meinem Begriffe diese gedachten hundert Taler selbst im mindesten vermehrt werden.« Kant, Kritik der reinen Vernunft, S. 572f.
Lukács zieht Kants Kritik des ontologischen Gottesbeweises ebenfalls im Zusammenhang mit dem Verdinglichungsproblem zu Rate, kritisiert aber Kant einseitig hegelianisch, weil ihm die Zweigleisigkeit des Ding-an-sich-Problems in bezug auf eine durch kapitalistische Produktionsweise hervorgebrachte Gegenstandswelt entgeht.

85 Kant, Kritik der reinen Vernunft, S. 570

86 Marx, Kapital III, MEW Bd. 25, S. 405

87 Kant, Kritik der reinen Vernunft, S. 571

88 Vgl. Marx, Grundrisse, S. 909f.

Wertform der Ware selbst, dem konkretistischen Glanz des Geldes. In dem Maße, in dem der qualitativ als eine reine Quantität bestimmte Tauschwert sich zum unmittelbaren Zweck der Produktion erhebt, verliert die Geldform ihre Gleichgültigkeit gegen die Materiatur ihres Ausdrucks. »In der Ware hat das Material einen Preis; im Geld besitzt der Tauschwert ein Material.«[89]

Das verdeutlicht sich an der Differenz der ökonomischen Formbestimmungen des Geldes, der von Münze und Maß zum Weltgeld. In seiner lokal und national beschränkten Münzform fungiert das Geld als von seiner Materiatur weitgehend unabhängiges Tauschmittel: »Als Münze fällt sein Gebrauchswert zusammen mit seinem Gebrauch als bloßes Zirkulationsmittel und kann daher durch bloßes Symbol ersetzt werden.«[90]

Das zum internationalen Zahlungsmittel universalisierte Geld hat nicht mehr die bloß symbolische Funktion, das Ensemble der Warenwelt zum Austausch operabel zu repräsentieren, sondern »degradiert die anderen Waren« zu Repräsentanten des Geldes.

»Gleich dem edlen Menschen, von dem der Dichter träumt, zahlt es mit dem, was es ist, nicht mit dem, was es tut ... Als ruhendes, gesichertes Dasein des allgemeinen Äquivalents, worin es Schatz ist, ist es in keinem Lande beschränkt durch das Bedürfnis desselben als Zirkulationsmittel ...«[91]

Die Korrelation von verallgemeinernder Abstraktion und besondernder Verdinglichung, wie sie die Genesis der Geldform bestimmt, strukturiert auch deren Entfaltung selbst. Es verallgemeinert sich nur in der Abstraktion von seiner spezifischen Geldeigenschaft, gleichgültig gegen stoffliche Inhalte zu sein, und gewinnt dadurch allererst seine universale Geldeigenschaft. Es muss sich demonetisieren, um sich zum Weltgeld zu erweitern. Das Geld selbst muss verdinglichen, um als die allgemeine Äquivalentform fungieren zu können.

»Seine Entwicklung als allgemeines Zahlungsmittel hüllt den Widerspruch ein, dass der Tauschwert von seiner Existenzweise als Geld unabhängige Formen angenommen hat, andrerseits seine Existenzweise als Geld grade als definitive und einzig adäquate gesetzt ist.«[92]

»Als Weltmünze wird es in der Tat demonetisiert. Die Äußerlichkeit und Verselbständigung des sozialen Zusammenhangs im Geld gegen die Individuen in ihren individuellen Beziehungen tritt im Gold und Silber hervor als die *Weltmünze*.«[93]

89 Ebd., S. 919
90 Ebd., S. 880
91 Ebd., S. 880
92 Ebd., S. 876
93 Ebd., S. 880

In seiner Form als Weltgeld hat sich die singuläre Existenz des an sich selbst nicht gegenständlichen, allgemeinen Werts zu ihrer ersten sozial manifesten Universalität vervollkommnet. Es fungiert als die »allgemeine Ware, nicht nur dem Begriff, sondern der Existenzweise nach«.
»Geld, als allgemeines internationales Kauf- und Zahlungsmittel, ist keine neue Bestimmung desselben. Es ist vielmehr nur dasselbe in einer Universalität der Erscheinung, die der Allgemeinheit seines Begriffs entspricht; die adäquateste Existenzweise desselben, worin es in der Tat als die *universelle Ware* sich betätigt.«[94]
»Im Welthandel entfalten die Waren ihren Wert universell. Ihre selbständige Wertgestalt tritt ihnen daher hier auch gegenüber als Weltgeld. Erst auf dem Weltmarkt funktioniert das Geld in vollem Umfang als die Ware, deren Naturalform zugleich unmittelbar gesellschaftliche Verwirklichungsform der menschlichen Arbeit in abstracto ist. Seine Daseinsweise wird seinem Begriff adäquat.«[95]
Die demonetisierende Bindung des Geldes an seine metallischen Naturalformen ist die verallgemeinernde Adäquation seiner in der Münz- und Maßbestimmung kontingenten Existenzform an seinen abstrakten Begriff, dessen Verdinglichung die Erscheinung der rein subjektiven Thesis als einer an sich seienden Physis dieser Prozess beinhaltet:
»Die gänzliche Versachlichung, Äußerlichwerdung des gesellschaftlichen Stoffwechsels auf Basis der Tauschwerte erscheint schlagend in der Abhängigkeit aller sozialen Verhältnisse von den Herstellungskosten metallischer Naturgebilde, die als Produktionsinstrumente, als Agenten in der Erzeugung des Reichtums durchaus bedeutungslos sind.«[96]
»Sobald Gold und Silber ... sich entwickelt haben, werden sie Geld ohne Zutun und Wollen der Gesellschaft. Ihre Macht erscheint als ein Fatum, und das Bewusstsein der Menschen, besonders in gesellschaftlichen Zuständen, die an einer tieferen Entwicklung der Tauschwertverhältnisse untergehen, sträubt sich gegen die Macht, die ein Stoff, ein Ding ihnen gegenüber erhält, gegen die Herrschaft des verfluchten Metalls, die als reine Verrücktheit erscheint.«[97]
Die Einsicht in die fatale Notwendigkeit des Wertgesetzes, der naturwüchsig sich durchsetzenden gesellschaftlichen Arbeitszeit, ist nicht schon die aktuelle Freiheit, sondern zeichnet theoretisch allererst Bedingungen ihrer Möglichkeit auf. Im Gegensatz zu Hegel opfert Marx mit der »Verflüssigung der festen Gedanken«, die ein schwierigeres Unternehmen als das der Liquidation des »sinnlichen Daseins« sei, nicht auch dieses der alles verzehrenden mephistophelischen Rastlosigkeit des metaphy-

94 Ebd., S. 885
95 Marx, Kapital I, MEW Bd. 23, S. 156
96 Marx, Grundrisse, S. 878
97 Ebd., S. 928

sischen Begriffs; denn Hegels restlose Liquidation der Welt endlicher Dinge enthält die totale Verdinglichung des Begriffs, erliegt der konkretistischen Sinnlichkeit der im Geld inkorporierten abstrakten Arbeit. Die Abstraktion, die im Geld- und Kapitalverhältnis sich manifestiert, ist nicht schon deshalb ein Nichts, sondern von materieller Gewalt deshalb, weil sie die konkrete Gegenstandswelt usurpiert. Sie ist nur praktisch auflösbar durch eine materielle Gegengewalt, die sich für Marx aus dem strukturellen Antagonismus von vergegenständlichter und lebendiger Arbeit in der organisierten Macht des Proletariats immanent ergibt.
»... wenn wir nicht in der Gesellschaft, wie sie ist, die materiellen Produktionsbedingungen und ihnen entsprechenden Verkehrsverhältnisse für eine klassenlose Gesellschaft verhüllt vorfänden, wären alle Sprengversuche Donquichoterie.«[98]

98 Ebd., S. 77

Materialien zu »Zur Wesenslogik der Marxschen Warenanalyse«

Wert und Allegorie

Aus den Theorien Benjamins und Adornos folgt eine materialistische Lehre – nicht sowohl der Widerspiegelung als vielmehr der Konvergenz und Analogie zwischen der kapitalistischen Organisation der Produktionswelt in Warenform und ästhetischen Gebilden. Diese Einsicht zielt ins Zentrum einer materialistischen Ästhetik, vor allem Adornos – bei Benjamin wird sie ergänzt durch die Theorie des Autors als Produzenten, welche fordert, der Autor möge mit Bewusstsein ästhetisch produzieren, was er zuvor blind herstellte – also immanent ansetzt an der ästhetischen Reflexion, welche spätestens seit Heine im Innern des Kunstwerks selbst einsetzt. Dieses Desiderat Benjamins, das aus Brecht gebildet ist, konnte sich als das Postulat nach epischer Kunst begreifen.

Seit der Romantik, spätestens seit Baudelaire, bestimmt sich der ästhetische Gehalt, die Wahrheit der Kunst, aus der Trauer über das Sterben der Gebrauchswerte – die nature morte –, wie es der Tauschverkehr und die Warenproduktion täglich intendieren (Romantik, Alltagsleben, Geld, intelligibles Subjekt, der verlorene und verdinglichte Schatten Peter Schlemihls, dessen Seele kein Äquivalent sein kann). Die daseiende Abstraktion des Tauschwerts von den besonderen Gebrauchswerten ruiniert die Gebrauchswerte und Bedürfnisse, macht sie zur Allegorie, lässt sie absterben. Die Kunstform der Allegorie und die Warenform des Produkts korrespondieren einander. In ihr reflektiert die Kunst leidend auf den Schuldzusammenhang, in den hinein sie verstrickt ist, der sich in der Apologie abstrakter Arbeit ausdrückt, der philosophierenden Abstraktion, die alle Natur nur als Entäußerung des lebendigen Geistes und damit, mit Feuerbach zu sprechen, unter dem Bilde des Todes anschaut. Reiner Geist ist absolute Barbarei. Die Abstraktion von der sinnlichen Animalität der Menschennatur reduziert sie auf die Bestialität (dekadenter Charakter).

Die transzendentale Macht des Geldes, das Geheimnis des Geldrätsels, die verzerrenden Erscheinungsformen der Zirkulation bilden den Gegenstand der romantisierenden Vulgärökonomie wie die ästhetische Substanz der romantischen Kunst, die von der Verdinglichung wie vom Leiden an der Verdinglichung lebt. In der Zweidimensionalität romantischer Kunst: Arbeitszeit – Zeit des Leidens – oder permanenter Sonntag – märchenhafte Zeit der Freiheit (Transzendentalität; was heißt transzendentale Ironie bei Schlegel? Der Begriff der Transzendentalität in der romantischen Kunst.); Zeit als ästhetische Substanz bei Proust; Zeit in der Musik (dazu Adorno).

Die Romantik ist geblendet vom Rätsel des Geldfetischs – die totale Verrätselung der Welt.

Zur Pathologie der bürgerlichen Gesellschaft

Zum Mechanismus des Pathologischen gehört konstitutiv der von Projektion (Religion zählt dazu), sei sie nun introvert oder extravert zentriert. Die Psychoanalyse behandelt sie im Zusammenhang der Problematik individueller Ich-Identität. »Die Pathologie lehrt uns eine große Anzahl von Zuständen kennen, in denen die Abgrenzung des Ichs gegen die Außenwelt unsicher wird oder die Grenzen wirklich unrichtig gezogen werden; Fälle, in denen uns Teile des eigenen Körpers, ja Stücke des eigenen Seelenlebens, Wahrnehmungen, Gedanken, Gefühle wie fremd und dem Ich nicht zugehörig erscheinen, andere, in denen man der Außenwelt zuschiebt, was offenbar im Ich entstanden ist und von ihm anerkannt werden sollte.«[1] Zumal jene Projektion vom Ich auf die Außenwelt, welche Freud hier entlarvt, ist ein klassisches Phänomen, das schon die psychologia rationalis der Kantischen Vernunftkritik zu analysieren unternahm. In diesem Sinn steht auch die Psychoanalyse in der Tradition der kopernikanischen Wende auf die kritische Subjektivität. Doch die Auflösung der psychologia rationalis, die in ihr theoretisch vernünftigen Ausdruck erhält, im aufklärerischen Sinne selbst (entgegen der romantischer Irrationalität), geht in ihr zusammen mit der spätbürgerlich empirischen Zersetzung des transzendentalen Subjekts (wie Schopenhauer und Nietzsche sie einleiteten).

Freilich verschwindet das transzendentale Subjekt nicht einfach im empirischen, sondern jenes als Inbegriff des Allgemeinen liefert die weitgehend irrationale Résistance, an welcher das Ich seine Identität gewinnt, wird also zu Es und Über-Ich. Mit der Auflösung der psychologia rationalis erscheint in der spätbürgerlichen Gesellschaft auch das Allgemeine, in der bürgerlichen Tradition der Philosophie von Descartes bis Hegel Inbegriff von Rationalität, als irrational. Das irrationale Allgemeine, das hier im seelischen Zentrum der endlichen Individuen entlarvt wird, zeigt Marx basisanalytisch als die Gesellschaft im Ganzen auf. Das transzendentale Subjekt erweist sich in materialistischer Kritik als der in toto anarchische Reproduktionsprozess der Gesamtgesellschaft.

Ökonomiekritisch zeigt Marx die individuell pathologischen Zustände als in der Basis selbst begründet – einem von ihr produzierten Mechanismus kollektiver Projektion von spezifischen Qualitäten des allgemein gesellschaftlichen Subjekts auf die primär natürliche Außenwelt. Die pathologisch bedrohte Ich-Identität geht in die Produkte selbst ein. Die Hegelsche Bewusstseinsspaltung des Gegenstandes, wie er an sich selber

1 Freud, Werke, Bd. XIV, S. 424

ist, ist der Antagonismus, den die zu Waren duplizierten Produkte sich selber haben.
Marx verweist nicht die Welt der Erscheinungen in die des bloßen Scheins, die am Objekt selbst sich ausweisende kritische Subjektivität zeigt vielmehr auf, dass das Ding an sich bloßer Schein ist, nur für uns gesellschaftlicher Wert. Doch dieser muss erscheinen; und daher setzt er eine handfeste Naturalform zum Wertding herab. Das heißt: keineswegs löst Marx das Ding an sich völlig im Laugenbad der kritischen Subjektivität auf (wie Nietzsche schließlich). Nur das reine Ding an sich, das völlig erfahrungsjenseitig ist, ist eben deshalb ein bloßer Schein, bloß für uns. Doch die Gebrauchswerte, Gegenstände für uns, zum Konsum bestimmt, sind eben deshalb auch an sich, vermittelte Natur. Nur im Für uns vermag – darin schließt Marx sich Hegel an – das Ansich zu erscheinen. Konkret verzehrbar ist nur das objektiv Begründete, was ein fundamentum in re hat. Kants Lehre von der empirischen Realität der Erscheinungswelt nimmt Marx ernster noch als Kant selbst, weil er an keiner Stelle aus der schon konstituierten Objektivität hinaus zu einer transzendentalen Konstitutionslehre sub specie aeternitatis Zuflucht nimmt. Das also heißt, der Wert kann nur deshalb den Schein reinen Ansichseins, im Tauschwert, gewinnen, der doch bloße Vermittlungsbestimmung ist und im Kapitalismus zum Selbstzweck wird, weil er eine konkrete Erscheinung, Naturalform, besetzt hält. Das heißt auch, der Schein des reinen Ansich hat ein fundamentum in re, freilich ein bloß erschlichenes oder geliehenes zu Zwecken der Operabilität, um das Allgemeine sinnlich gewiss und handfest verfügbar zu machen.
Das Wissen von einem Gegenstand nimmt diesen zunächst naiv als an sich. Im Zuge kritischer Reflexion durchschaut es dieses Ansich als eines bloß für uns. Doch eben dieses Ansich für uns ist das zweite Ansich.
Das ist die Struktur des kritisch reflektierten Erfahrungsprozesses, den die Phänomenologie beschreibt. In jenen zweiten Gegenstand soll Hegel zufolge der Inhalt des ersten aufgehoben sein. Es ist letztlich die Bewusstseinsspaltung des Gegenstandes, wie er an sich selber ist, aus dieser resultiert seine progressive Unruhe und permanente Erneuerung. In zweierlei Ansich spalten sich die Dinge auch in der bürgerlichen Gesellschaft. Marx fasst dies im Begriff der Ware. Ihre Erscheinungsform als Tauschwert ist das Ansich, das es bloß für uns ist, ein bloß abstrakter Schein. Der Gebrauchswert hat ein Sein für uns, in dem eines an sich erscheint. (Das Wesen muss erscheinen.) Während Hegel letztlich jegliches nichtidentische Ansichsein formalisierend auflöst, wohnt dem Gebrauchswert ein unauflöslich materielles Moment inne. Andererseits ist sein Ansichsein immer auch ein verschwindender Schein, wieder Verzehr beweist, der freilich in ein anderes Ansich, dieses verändernd, übergeht. Der Tauschwert wiederum scheint nur deshalb Ding an sich, weil er ein reales fundamen-

tum in re sich erschleicht, wie seine soziale Verselbständigung in der glänzenden Geldform es erweist. Die Hegelsche Dialektik des Ansichseins, die eine des Bewusstseins ist, kompliziert sich in der materialistischen Dialektik, ja dialektisiert sich erst eigentlich, insofern sie streng eine zwischen den Sphären von Subjekt und Objekt, den Menschen und Natur, ist und erst auf Grund dessen in ihnen sich retrospektiv widerspiegelt.
Die mephistophelische Rastlosigkeit des Begriffs überträgt sich bei Marx materialistisch auf die blind antagonistische permanente Revolution der Produktivkräfte und die Möglichkeit umwälzender Praxis.

Zur Konstitutionsfrage

Die Entdeckung der den Dingen innewohnenden Gebrauchsweisen ist geschichtliche Tat. Das Gesellschaftliche ist Form und vermag von sich aus keinen stofflichen Inhalt zu liefern, setzt aber immer schon konstituierte Dinge, durch Arbeit angeeignete geformte Produkte voraus.
Kant zufolge können uns Gegenstände nur durch sinnliche Anschauung gegeben werden. Marx, welcher die Sinnlichkeit, den subjektiven Begriff von Materie, dadurch immanent aktiviert, dass er ihn genuin verbindet mit dem idealistischen vom rein geistig tätigen Subjekt, der transzendentalen Apperzeption, die vermittelt durch Fichtes Begriff des Setzens dadurch sich immanent materialisiert, dass nur die sinnlich-subjektive Praxis gegenständliche Tätigkeit sein kann und daher allein eine gegenständliche Wahrheit zu liefern imstande ist. Der Wert an sich ist eine allgemeine Abstraktion, aber deshalb nicht schon ein Ding (gegen Frege).

Logisch-historische Analyse

Marx zieht sich weder auf einen der konstituierten Gegenstandswelt transzendental vorgelagerten apriorischen Form- und Kategorialbereich zurück, der beansprucht, unstrukturierte Mannigfaltigkeit allererst zu konkreter Objektivität zu bilden, noch greift er gar hinter das Buch der Genesis zurück, sondern setzt eine konstituierte, durch historische Praxis vermittelte Gegenstandswelt schon voraus. »Es handelt sich hier um einen *logischen* Gegensatz nur bei Rodbertus und den ihm verwandten deutschen Professoralschulmeistern, die vom »Begriff« Wert, nicht von dem »sozialen Ding«, der »Ware« ausgehen, und diesen Begriff sich in sich selbst spalten (verdoppeln) lassen, und sich dann darüber streiten ...«[2]
Das Problem der Verdinglichung ist zugleich das der realen Selbstdarstellung des Abstrakten.
Der Reflexionsprozess, der die kritische Erfahrung des Gegenstandes an diesem selbst vollzieht, ist zugleich die Konstitution der sich jeweils im

2 Marx, Randglossen zu A. Wagners »Lehrbuch der politischen Ökonomie«, MEW Bd. 19, S. 374f.

bloß phänomenalen Bewusstsein noch unangemessen durchschauenden Objektivität, die erst im Selbstbewusstsein metaphysische Dignität gewinnt und ihre tautologische Analytizität zur gegenständlichen Wahrheit im emphatischen Sinn, einem immanent synthetischen Urteil a priori erweitert.

Konstitution ist Reflexion

Die daraus als dialektisches movens der Erfahrung des Bewusstseins sich ergebende Bewusstseinsspaltung des Gegenstandes, wie er an sich selber ist, artikuliert in systematisch durch die idealistische Generalthesis entfremdeter Gestalt die gesellschaftlich verallgemeinerte Spaltung des Arbeitsprodukts durch die kapitalistische Warenproduktion.

Der Verdinglichungsprozess ist die Konstitution des Scheins von Objektivität. Die Konstitutionsproblematik taucht bei Marx im Rahmen einer materialistisch begriffenen praktischen Vernunft neu auf; erkenntnistheoretisch am Verhältnis von Sinnlichkeit zur Arbeit des Begriffs expliziert. Dadurch gewinnen Subjekt und Objekt eine nichtidentische, materielle Konsistenz, die verhindert, dass sie in ihrer Vermittlung restlos aufgehen. Die Form vermag nur als an sich selbst immer schon materiell vermittelt, das heißt innerhalb einer endlichen Konstitutionsbasis, principium determinans, zu sein. Die sozial existente Abstraktion hat sich ein fundamentum in re erschlichen. »Daseiende Vermittlung.«

Vermittlung ist nie als reine, sondern sie vermag aufgrund der erörterten ontologischen Implikate Existenz nur durch die Dinge zu gewinnen. Hegel hypostasiert die Vermittlung schließlich selbst zum Unmittelbaren; Marx weist nach, dass sie dessen zu ihrer Funktion immer auch schon bedarf. Kant reflektiert die Konstitution von Objektivität in der analytisch davon getrennten Gemütssphäre des Subjekts; Hegels Kritik daran.

Die erkenntnistheoretischen Probleme der Frühschriften, aus dem immanenten Verhältnis einer materialistisch begriffenen Sinnlichkeit – des subjektiven Begriffs von Materie – und der reinen Aktivität des sich mit sich selbst identifizierenden Bewusstseins, tauchen beim mittleren und reifen Marx ex objectivo wieder auf.

Theoretisch setzt Marx die Konstitution verzehr- und deshalb erfahrbarer Gegenstände als eine der außertheoretischen praktischen Produktion immer schon voraus.

»Nehme ich nun das Subjekt (Gott) mit allen seinen Prädikaten (worunter auch die Allmacht gehört) zusammen, und sage: *Gott ist,* oder es ist ein Gott, so setze ich kein neues Prädikat zum Begriffe von Gott, sondern nur das Subjekt an sich selbst mit allen seinen Prädikaten, und zwar den *Gegenstand* in Beziehung auf meinen *Begriff.*«[3]

3 Kant, Kritik der reinen Vernunft, Hamburg (Meiner) 1956, S. 572. Vgl. dazu Lukács, Geschichte und Klassenbewusstsein, Berlin 1923, S. 140

Im Welthandel wird die Daseinsweise des Geldes seinem Begriff adäquat; Sein und Prädikat: das Geld erscheint hier als reine Position.
Die Daseinsweise, Naturalform ist unmittelbar die gesellschaftlich reale Abstraktion – das Geld ist die soziale Existenz des Abstrakten seinem Begriff nach, dem es als daseiender Gegenstand erst in der Form des Weltgeldes adäquat wird, Geld ist reines Sein, reine Positionalität (ontologisch).
Kant: Beispiel der hundert Taler-Ironie.
Kant meint, dass dem Ding durch Hinzudenken des Seins nichts hinzukomme – wohl aber *ist* das Geld um so mehr, je mehr es seinem Begriffe entspricht; die Genesis wird untersucht. Die Daseinsweise des Geldes, seine spezifische Gegenstandsstruktur nähert sich dem Begriff von ihm an, weil dieser selbst gesellschaftlich sich verwirklicht. Die gesellschaftliche Verwirklichung des Begriffs prädiziert dem Geld Sein – und zwar scheinbar, denn es ist ausgeliehenes Sein. Verdinglichung ist die scheinbare Prädikation von Sein, denn reine Position ist reiner Begriff (also vermittelt durch Hegel). Doch der Schein bedarf eines fundamentum in re.
In Wirklichkeit handelt es sich um die Adäquation des Daseins an seinen Begriff (begriffsloser Reflexionsprozess des Geldes). Freiheit-Notwendigkeit (nicht bloß Erkenntnis: Lenin).

Produkt – Natur, Kapital Bd. 1, S. 195
»Im Arbeitsprozess bewirkt also die Tätigkeit der Menschen durch das Arbeitsmittel eine von vornherein bezweckte Veränderung des Arbeitsgegenstandes. Der Prozess erlischt im Produkt. Sein Produkt ist ein Gebrauchswert, ein durch Formveränderung menschlichen Bedürfnissen angeeigneter Naturstoff. Die Arbeit hat sich mit ihrem Gegenstand verbunden. Sie ist vergegenständlicht, und der Gegenstand ist verarbeitet. Was auf seiten des Arbeiters in der Form der Unruhe erschien, erscheint nun als ruhende Eigenschaft, in der Form des Seins, auf seiten des Produkts.«
Sein ist nicht in einer absoluten synthesis aus einem actus purus, wie bei Fichte, als Entäußerung des reinen Begriffs prädizierbar, sondern nur formierbar. Der praktische Konstitutionsprozess, der Arbeitsprozess, setzt immer schon nützliche Produkte voraus. Sein ist Ruhe, Statik (siehe Adorno[4]): Der Prozess der Verdinglichung hypostasiert dynamische Vermittlungsbestimmungen des gesellschaftlichen Lebens zur »ruhenden Eigenschaft, in der Form des Seins«. Die Arbeit – insofern sie von ihren geschichtlich variablen materiellen Voraussetzungen abstrahiert und reine bestimmungslose Form wird – scheint an sich selber Materie, Ding an sich zu sein. (Hegels Verhältnis von Form und Materie enthält das ab-

4 Adorno, Über Statik und Dynamik als soziologische Kategorien, in: Sociologica II, Frankfurt 1962

strakter Arbeit, bloßer Schein.) Die Arbeit, dadurch, dass die Arbeitskraft als solche zur Ware wird, erscheint als Produkt nicht ihrer eigenen Ausübung.

Negative Ontologie bei Marx

Die Marxsche Theorie enthält einige einfache ontologische Grundannahmen, die zugleich die Voraussetzung bilden für die basisanalytische Ontologiekritik der Verdinglichung. Marxens ontologische Implikate beziehen sich auf die freilich gesellschaftstheoretisch unablösbare Struktur der Dinge; eine Theorie der Existenz in Hinsicht auf die Verdinglichung. Mit diesen ontologischen Voraussetzungen greift Marx materialistisch differenziert hinter Hegel auf Kants antidogmatische Kritik der Ontologie zurück.

Gegenständlichkeit – die Kategorie des Dinges – ist materiell fundiert. Der Gegenstand ist eine sinnlich wahrnehmbare und verzehrbare res singularis, Gebrauchswert, Naturalform. Es gibt keine ideellen Gegenstände. Die ideelle Abstraktion muss, um erscheinen zu können, sich raumzeitlich darstellen; sie konstituiert sich zum Gegenstand, vergegenständlicht sich, indem sie sich im raumzeitlichen Zeichen symbolisiert. Diese Vergegenständlichung ist ein Besonderungsprozess des Allgemeinen. Im sinnlich wahrnehmbaren Zeichen gewinnt das Abstrakte soziale Existenz, raumzeitliches Bestehen in den Beziehungen der Menschen untereinander.

Ding im emphatischen Sinn ist freilich nur die Naturalform, die durch produktive Arbeit konsumtiv vermittelte Natur, das Produkt, der Gebrauchswert. Die soziale Existenz des Werts ist dessen symbolische Existenz an einer Naturalform.

Sein ist kein Prädikat; die Konstitution von Objektivität beruht bei Kant auf einem jeweils Vorgegebenen, das affizierende Funktion hat, Ding an sich; auch bei Marx ist es als unbestimmtes die Materie. Die konstitutive Funktion der produktiven Arbeit, konkreter Inbegriff aller Vermittlung, aller produktiven Spontaneität, ist nicht die Prädikation von Sein, sondern dieses ist jeweils vorausgesetzt, wird bloß formiert und erhält so Gebrauchswert, wird Naturalform. Doch auch hier handelt es sich nicht einfach um bloße Umkehrung des Materialismus; an die Stelle des Denkens wird nicht einfach die in seinem idealistischen Begriff systematisch entfremdete zweckbestimmte Tätigkeit, Arbeit gesetzt. Dadurch, dass die Arbeit ideologiekritisch von ihrer idealistisch entfremdeten Gestalt theoretisch befreit wird, erhält auch das Denken erst seine Stelle. Moral hatte bei Kant die Empirie und Intelligibilität vermittelnde Funktion; das übernimmt, vermittelt durch Hegels Rechtsphilosophie, die Gesellschaft bei Marx. Gesellschaft vermittelt das abstrakte Denken mit der unstrukturierten Mannigfaltigkeit.

Lukács (Geschichte und Klassenbewusstsein)

Die Antinomien des bürgerlichen Denkens

Rationalisierung und Rationalismus – damit der Verstandesbegriff – stehen im Mittelpunkt von Lukács' Verdinglichungsproblematik – das heißt zusammen mit der gesellschaftlichen Verallgemeinerung der Warenform, ihrer Ausdehnung auf die menschliche Arbeitskraft und ihre konkret funktionelle Bestimmung; so sucht auch der Rationalismus als Universalsystem zu figurieren.

S. 128: Lukács formuliert das Kantische Problem des erfahrungsjenseitigen Dings an sich in ein erzeugungsidealistisches Problem um.

Auch der Begriff der gegenständlichen Tätigkeit, die Praxis in ihrem gegenstandskonstitutiven Sinn, wie Marx sie in idealistischer Erkenntniskritik aus seiner Kritik an Feuerbach entwickelt, hat überhaupt nur Sinn, wenn die darin beschlossene Konstitutionsproblematik sich immer schon innerhalb einer bereits durch produktive Praxis konstituierten endlichen Gegenstandswelt weiß. Die immanente Materialisierung, welche der Kantsche Begriff des Selbstbewusstseins, die transzendentale Apperzeption erfährt und vermittelt, ist durch die völlige Eliminierung jeglicher passivischer Gebundenheit an die materielle Sinnenwelt, die im deutschen Idealismus allererst aus dem sich im actus purus als allein wirklich setzenden Begriff, der freien Tathandlung, produktiv deduziert wird, begreift sich als konkret bestimmende Arbeit nur, wenn der Produktionsprozess an sich selbst der präformierten Bedingungen, handfester, objektiver Gebrauchswerte, Produktionsinstrumente bedarf. Innerhistorisch aufgehobenes Absolutes. Marx geht nicht wie Fichte aus von reiner Tätigkeit, die kein Objekt voraussetzt, sondern es selbst hervorbringt, und wo sonach das *Handeln* unmittelbar zur Tat wird.

Kants Ontologiekritik, die Warnung vor der Hypostasierung der logischen Abstraktionen, der Begriffe zu ontologischen Entitäten sui generis, den Ideen.

»Der Begriff ist allemal möglich, wenn er sich nicht widerspricht. Das ist das logische Merkmal der Möglichkeit, und dadurch wird sein Gegenstand vom *nihil negativum* unterschieden. Allein er kann nichtsdestoweniger ein leerer Begriff sein, wenn die objektive Realität der Synthesis, dadurch der Begriff erzeugt wird, nicht besonders dargetan wird; welches aber jederzeit, wie oben gezeigt worden, auf Prinzipien möglicher Erfahrung und nicht auf dem Grundsätze der Analysis (dem Satze des Widerspruchs) beruht. Das ist eine Warnung, von der Möglichkeit der Begriffe (logische) nicht sofort auf die Möglichkeit der Dinge (reale) zu schließen.«[5] Das Dasein des Subjekts, sein Gegebensein, ist eine Bedingung, und daher ist das Subjekt nicht schlechterdings notwendig.

5 Kant, Kritik der reinen Vernunft, S. 570

Der Wert dupliziert das Arbeitsprodukt zur Ware, verändert dessen Existenz latent, indem er sich selbst verdoppelt und als realer Tauschwert, in der Geldform, Existenz gewinnt. Die Daseinsweise von etwas ist bei Kant Bedingung.
»Ich würde zwar hoffen, diese grüblerische Argumentation, ohne allen Umschweif, durch eine genaue Bestimmung des Begriffs der Existenz zunichte zu machen, wenn ich nicht gefunden hätte, dass die Illusion, in Verwechslung eines logischen Prädikats mit einem realen (d.i. der Bestimmung eines Dinges), beinahe aller Belehrung ausschlage. Zum *logischen Prädikate* kann alles dienen, was man will, sogar das Subjekt kann von sich selbst prädiziert werden; denn die Logik abstrahiert von allem Inhalte.«[6] Doch dialektische Logik enthält gerade die Reflexion auf diese Abstraktionen der formalen Logik, d.h. sie bezieht sie gerade auf ihre Basis (Antinomien/Antagonismen). Verdinglichung ist gerade die Prädikation des Subjekts in actu, der sich als Tauschwert darstellende Wert. Dieser logische Prozess in seiner historischen Genesis begriffen, vollzieht sich als fortschreitende Adäquation der Daseinsweise des Geldes an seinen Begriff. (Logik, das Geld des Geistes, vollzieht sich in actu als Abstraktion des Tauschwerts vom Gebrauchswert, der in Äquivalentform der Ware in jenem erlischt – dazu Engels' Kritik der Logik.)
Die Zeit – das zeigt sich in der Arbeitszeit – ist ein Abstraktionsprodukt von einer schon strukturierten Mannigfaltigkeit, einer konstituierten Gegenstandswelt der Gebrauchswerte. Doch sie hypostasiert sich zu allgemeiner Transzendentalität, insofern die Warenbesitzer in der Tat (siehe Kapital II, 1. Abschn.) die Dinge unmittelbar unter ihrem Gesetz anschauen, weil sie unter ihm produzieren. Doch dies aber entfremdet eben die konkrete Sinnlichkeit, der Anschauung wie des Genusses, zur animalisch verblendeten physis (siehe Frühschriften). So begriffslos sich die Wertform in actu reflektiert, so blind sie ist, so blind sind die Anschauungen, die sie bestimmt. Dies macht die Schwierigkeit konkreter Erfahrung aus in der kapitalistischen Gesellschaft, der Erinnerung des Seins ins Wesen. (Dazu Streit Lenin–Luxemburg; die Schwierigkeit, Erfahrung zu vermitteln. Wenn die materielle Gewalt gesellschaftlicher Repression sich aus einer Potenzierung der Abstraktion speist; Lenins Polemik gegen die Spontaneität registriert, dass diese längst begriffslos wurde. Arbeitszeit nicht innerlich, sondern äußerlich. Primat der Zeit.)

Zentrale Frage: Wie verändert sich durch den Prozess der Verdinglichung die Struktur der Objektivität?
Zu Lenin: Aus der Arbeitszeit als Organisationsform abstrakt blinder – vom sinnlichen Genuss entfremdeter – Anschauung wäre die

6 Ebd., S. 571

Frage nach dem »Bewusstsein des Proletariats« zu stellen. (Abgrenzung von Lukács.)

Der Tauschwert ist nicht nur eine Eigenschaft, die der Ware neben anderen hinzukommt, sondern in der kapitalistischen Warenproduktion ist die Ware unmittelbar Tauschwert und scheint ein reines Ansich zu sein. Dies kulminiert in der Geldform der Ware, die in ihrer entwickelten Gestalt reines Sein ist, das Setzen des Gegenstandes »in Beziehung auf meinen Begriff«.
Marx modifiziert bloß die Lehre von der Unprädizierbarkeit des Seins, die schließlich auf der passivisch aller menschlichen gegenständlichen Tätigkeit vorgegebenen Arbeit beruht, bei Kant erkenntnistheoretisch dem Gegebenen, das die Sinne affiziert; so tauchen als gesellschaftstheoretische Probleme die erkenntnistheoretischen Fragen wieder auf. Die Feuerbachthesen enthalten im Sinne Hegels eine Kritik der Erkenntnistheorie und führen sie über in Geschichtsphilosophie, die inhaltlichen Fragen der historischen Praxis. (Zum Ansich-Problem vgl. Alfred Schmidt, Zum Begriff der Natur in der Lehre von Marx, Frankfurt 1962, S. 102-168.)
Das Problem des Dings an sich und damit die Konstitutionsproblematik stellt sich bei Marx nicht als eines der Erkenntnistheorie, sondern vermittelt durch eine latente Kritik an dieser in der Analyse des kapitalistischen Produktionsprozesses, spezifisch der der Ware, und zwar in zweierlei Hinsicht: einmal in bezug auf den Gebrauchswert als Ware und zum zweiten in bezug auf den Tauschwert.
Das Dasein muss Marx zufolge seinem Begriff gemäß werden, die Wirklichkeit muss der in ihr angelegten Möglichkeit gerecht werden (Aristotelisches Verhältnis von actus und potentia).
Der Tauschwert hypostasiert sich zum Sein der Ware selber, ist nicht bloßes Prädikat, sondern ihre Existenzform, insofern er den Gebrauchswert usurpiert; so scheint sich dem Arbeitsprodukt ein reines Sein praktisch zu prädizieren und den Index des synthetisch Gesetzten qualitativ zu verändern – doch ist diese Prädikation von Sein ein bloßer Schein. Kants Kritik am ontologischen Gottesbeweis bezieht sich auf die Verwechslung der logischen Notwendigkeit mit der realen der Existenz; die Hypostasis der logischen Abstraktion. Marx weist nach, wie die formale Logik im gesellschaftlichen Tausch sich selbst vollzieht und die Abstraktion von eben diesen Bedingungen ist. Die Logik ist das Geld des Geistes, wie der junge Marx es ausdrückte. Im Produktionsprozess selbst vollzieht sich die Hypostasis des Abstrakten zur ersten Natur. Existenz – lautet Kants Einwand –, vom Begriff unterschiedene Realität ist nicht bloß eine Frage der logischen Notwendigkeit, sondern weist über die Theorie als Theorie auf das Gebiet der praktischen Vernunft hinaus. »Unser Begriff von einem Gegenstande mag also enthalten, was und wieviel er wolle,

so müssen wir doch aus ihm herausgehen, um diesem die Existenz zu erteilen.«[7] Das ist aber für Kant zunächst das Medium der Erfahrung, in deren Kontext Gott nicht aufzufinden ist. Das heißt, Kant durchbricht das Medium der Theorie, welche auf kontemplativer Wahrnehmung beruht, passivisch strukturierter sinnlicher Anschauung, nicht. Existenz, als Problem bloß ihrer Erfahrbarkeit, ist schließlich bloß eines der Rezeptivität, nicht auch historischer Praxis, zu der es Marx macht. So wenig Existenz als solche reine Positionalität herstellbar ist, so muss sie sich doch allererst im Stoffwechsel zwischen den Menschen und der Natur konkretisieren, durch formierendes Tun, konkrete zweckgebundene Arbeit. Die Frage, ob etwas gegenständliche Wahrheit habe, ist darum eine praktische Frage, das heißt aber eine für uns und damit historisch variabel (Gebrauchswertproblem). Das Existenzproblem bleibt eines der Objektivität (wie Marx an Feuerbach kritisiert).

G. Lukács (in bezug auf Kants Kritik des ontologischen Gottesbeweises)
»Die formale, auf das individuelle Bewusstsein zugeschnittene Ethik Kants vermag zwar eine metaphysische Perspektive auf die Lösung des Ding-an-sich-Problems zu eröffnen, indem sämtliche von der transzendentalen Dialektik zersetzten Begriffe einer als Totalität begriffenen Welt in der Form von Postulaten der praktischen Vernunft am Horizont erscheinen, methodisch bleibt jedoch der subjektiv-praktische Lösungsversuch in denselben Schranken befangen, die die objektiv-kontemplative Fragestellung der Vernunftkritik eingefangen gehalten haben.«[8]
Doch die Frage des Weges zur Praxis löst sich erst, wenn die Form an sich selber keine reine ist, sondern ihr ein materielles Substrat zugrunde liegt: »Das Prinzip des Praktischen als Prinzip des Veränderns der Wirklichkeit muss deshalb auf das konkrete materielle Substrat des Handelns zugeschnitten sein, um in Folge seines Inkrafttretens auf dieses in solcher Weise einwirken zu können.« Dieses materielle Substrat darf freilich an sich selbst kein formloses sein. »Erst diese Fragestellung ermöglicht auf der einen Seite die klare Scheidung des theoretisch-kontemplativen, des anschauenden Verhaltens von der Praxis, auf der anderen Seite wiederum macht es erst sie verständlich, wieso diese beiden Verhaltungsarten aufeinander bezogen werden, wie der Versuch gemacht werden konnte, mit Hilfe des praktischen Prinzips die Antinomien der Kontemplation aufzulösen.« (S. 139)
»Die Verschiedenheit des Subjektverhaltens jedoch bedingt für die Praxis ein Gerichtetsein auf das qualitativ Einzigartige, auf das Inhaltliche, auf das materielle Substrat des jeweiligen Gegenstandes.« (S. 139) Das materielle Substrat jedoch ist selbst eine Abstraktion, keinesfalls imstande,

7 Ebd., S. 574
8 Lukács, Geschichte und Klassenbewusstsein, S. 138

die gegenständliche Tätigkeit zu erklären. Lukács' Ausgangspunkt von kontemplativer Theorie und reiner Form ist also richtig; Lukács behauptet ihn bei Kant als Grenzbestimmung des rein formellen Denkens; Marx habe das Problem der Bedeutungsabstufung richtiger gefasst. Ohne Zweifel steht auch Marx in Hegels Differenzierung zwischen bestimmtem und abstraktem Sein; doch innerhalb dieser kritischen Differenz findet Kant seine Berechtigung; das abstrakte Sein hat die Tendenz, sich zu prädizieren zum bestimmungslosen Prädikat; reine Bestimmung ist die allgemeine Unbestimmtheit (Geld), und eben dies ist Schein, usurpiert wird eine qualifizierte Naturalform, die dann als abstraktes Wertding fungiert. Und wenn Hegel jenen Aberglauben an den Abstraktionen kritisiert, so vermag Marx diesen erst zu erklären; die Menschen verhalten sich zu den abstrakten Tauschwerten als konkreten Gebrauchswerten, weil diese Abstraktionen zu sein scheinen. »Es ist mit solchen Reflexionsbestimmungen überhaupt ein eigenes Ding. Dieser Mensch ist z.B. nur König, weil sich andere Menschen als Untertanen zu ihm verhalten. Sie glauben umgekehrt Untertanen zu sein, weil er König ist.« (Die Äquivalentform »besteht ja gerade darin, dass ein Warenkörper wie der Rock, dies Ding wie es geht und steht, Wert ausdrückt, also von Natur Wertform besitzt. Zwar gilt dies nur innerhalb des Wertverhältnisses, worin die Leinwandware auf die Rockware als Äquivalent bezogen ist.«)[9]

Marxens Begriff des Dinges, die Gegenständlichkeit, ist nicht ontologisch, weil er nicht von unstrukturierter Mannigfaltigkeit ausgeht, sondern konkrete Naturalformen als Konstituens der »gegenständlichen Tätigkeit« immer schon voraussetzt. Marx kann deshalb eine immer schon konstituierte Mannigfaltigkeit voraussetzen, weil – durch die Feuerbachthesen – er nicht mehr rein erkenntnistheoretisch fragt, nicht mehr, wie Lukács zurecht erkannte, unter dem Aspekt der reinen Form, sondern dem der an sich materiellen Produktion. Durch außertheoretische Faktoren, die keinesfalls unvermittelt zu Reflexionsprozessen stehen, solchen der Tätigkeit, ist eine gegenständliche Tätigkeit immer schon vermittelt. Ontologische Implikate sind also vorweg unter dem Aspekt der praktischen Produktion von Objektivität gesellschaftstheoretisch aufgehoben und werden so an sich selbst ontologiekritisch.

Die kritische Einschränkung Kants gegen den dogmatischen Rationalismus, dass die an sich seienden Dinge, wie sie ohne Zutun des erkennenden Subjekts wären, nicht zum möglichen Gegenstand der raumzeitlich strukturierten und kategorial schematisierten Erfahrung dienen können, besteht nur zu Recht; doch ist dies völlig erfahrungsjenseitige Ding an sich (mit dem Kant das schlechthin Nichtbegriffliche terminologisch zu bestimmen sucht, an welches die Erfahrung, ohne seiner jemals habhaft zu werden, affektiv gebunden ist), wie die Kritik Hegels darlegt,

9 Marx, Kapital 1, MEW Bd. 23, S. 71f. und Fußnote 21

nichts als eine aller endlichen Bestimmungen entbehrende »wahrheitslose leere Abstraktion«. Diese vernichtende Kritik setzt sich allerdings über Kants antidogmatische Intention spekulativ hinweg, das begrifflich Unauflösbare terminologisch zu bezeichnen, an das alle sinnlich begründete Erfahrung, ohne seiner jemals habhaft zu werden, affektiv gebunden ist, indem sie das Ding an sich rationalistisch sofort als das fasst, »was etwas in seinem Begriff ist«, so dass die Logik die »konkrete Darstellung« dessen beinhalte, »was das Ding-an-sich in Wahrheit« sei; dem entgegen registriert sie an Kant selbst ihr eigenes Übel, den unaufgelösten Widerspruch aller transzendentalen Analysen, deren Versuch, das schlechthin Nichtbegriffliche zu artikulieren, »eben diese Sachen, die jenseits unser und jenseits der sich auf sie beziehenden Gedanken auf dem anderen Extreme stehen sollen«[10], jenes zu einem »bloßen Gedankending« rationalisiert, dem von Nietzsche denunzierten philosophischen »Bedürfnis nach Erkennen« folgt, »etwas Fremdes ... auf etwas *Bekanntes*« zurückzuführen, um es dann als ein schon Erkanntes auszugeben, bei dem das Denken in Genügsamkeit sich bescheidet.[11]
Diese rein erkenntnistheoretische Problematik wird jedoch vom dialektischen Materialismus ins außertheoretische Medium der historischen Praxis aufgehoben; unter dieser nicht mehr theoretischen Voraussetzung identifiziert sich Engels mit Hegels Kantkritik, wenn er gegen den Neukantianismus unter dem Eindruck der naturwissenschaftlichen Fortschrittsgeschichte einwendet: »Dies Ding an sich ist jenseits unsrer Kenntnis. Hierauf hat schon Hegel vor langer Zeit geantwortet: Wenn ihr alle Eigenschaften eines Dings kennt, so kennt ihr auch das Ding selbst; es bleibt dann nichts als die Tatsache, dass besagtes Ding außer uns existiert, und sobald eure Sinne euch diese Tatsache beigebracht haben, habt ihr den letzten Rest dieses Dings, Kants berühmtes unverkennbares Ding an sich, erfasst. Heute können wir dem nur noch zufügen, dass zu Kants Zeit unsre Kenntnis der natürlichen Dinge fragmentarisch genug war, um hinter jedem noch ein besondres geheimnisvolles Ding an sich vermuten zu lassen. Aber seitdem sind diese unfassbaren Dinge eines nach dem anderen durch den Riesenfortschritt der Wissenschaft gefasst, analysiert und, was mehr ist, reproduziert worden. Und was wir machen können, das können wir sicherlich nicht als unerkennbar bezeichnen.«[12]
Wo das Erbe des Historischen Materialismus nicht, wie in der 2. Internationale und dem stalinistischen Dogmatismus historisch verdrängt wurde, haben die kritischen Interpreten eines immanenten Verhältnisses von Marxismus und Philosophie nicht erst mit dessen Restitution in

10 Hegel, Logik 1, S. 15
11 F. Nietzsche, Die fröhliche Wissenschaft. Wwed. Schlechta. Bd. II. München 1955, S. 222
12 F. Engels, Einleitung (1892) zu »Die Entwicklung des Sozialismus von der Utopie zur Wissenschaft«. MEW Bd. 19, S. 531

den zwanziger und dreißiger Jahren dieses Jahrhunderts, sondern auch schon Engels und Lenin, dieses zu ausschließlich in bezug auf Hegel behandelt und sich allzu umstandslos mit dessen Kantkritik identifiziert.

Der Tauschwert der Waren existiert im Gegensatz zu ihren für uns bestimmten materiellen Gebrauchswerten, zumal in seiner mit deren »bunten Naturalformen ... höchst frappant kontrastierende(n), gemeinsame(n) Wertform«[13], der Geldform, scheinbar als eine den Dingen an sich prädizierte »gesellschaftliche Natureigenschaft«, ebenso, unaufhebbar wie physische Eigenschaften (von denen die materialistische Dialektik keineswegs behauptet, dass sie unabhängig vom erkennenden Subjekt sind, deren naturwissenschaftliche Erkenntnis aber nur deshalb in technisch-industrielle Praxis umsetzbar ist, weil sie ein fundamentum in re haben). Darüber hinaus scheint der Tauschwert selbst das Ding an sich, das reine Dasein der Produkte zu sein; doch eben deshalb ist er bloß für uns, ein abstrakter Schein. Der Tauschwert, das reine Ding an sich, ist in der Tat eine bloße Abstraktion – kein bloß ideologiekritisch und bewusstseinsanalytisch aufzuhebendes »Gedankending«, denn die Abstraktion von den Gebrauchswerten gründet im Zentrum der gesellschaftlichen Organisation der kapitalistischen Produktionsweise selbst.
Die gesellschaftlich zum falschen Schein des Ding an sich abstrahierten Produkte transzendieren die mögliche Erfahrung keineswegs, sondern bilden unmittelbar wahrgenommenen Schein, der in der Produktion erzeugt, im Tauschverkehr der Warenbesitzer und dem Zirkulationsprozess des Kapitals sich realisiert.
Die Subsumtion des Gebrauchswerts unter den gesellschaftlichen Wert, tertium comparationis des Warenaustauschs, der umfangslogischen Merkmaleinheit der Masse aller möglichen Naturalformen, insofern sie nichts als Produkte gleicher menschlicher Arbeit sind, unterstellt den Tauschwert als die in der kapitalistischen Produktionsweise in der Tat dominierende Existenzform der Ware. Sein – der Kantischen Ontologiekritik zufolge kein reales Prädikat, »d.i. ein Begriff von irgend etwas, was zu dem Begriffe eines Dinges hinzukommen könne, ... bloß die Position des Dinges, oder gewisser Bestimmungen an sich selbst«[14] – scheint mit der Genesis der Geldform doch dem konkreten Arbeitsprodukt sich zu prädizieren und damit den Kontext der synthetisch gesetzten Objektivität, bzw. des durch zweckbestimmte Arbeit Vermittelten qualitativ zu verändern, indem es das Produkt zur Ware dupliziert, denn der Tauschwert ist reine Positionalität, bestimmungsloses Sein, indem die Produkte zu bloßen »Gallerten menschlicher Arbeit« sich verwandeln. Aber die »Bestimmung ist ein Prädikat, welches über den Begriff des Subjekts hinzu-

13 Marx, Kapital I, MEW Bd. 23, S. 62
14 Kant, Kritik der reinen Vernunft, S. 572

kommt und ihn vergrößert. Sie muss also in ihm schon enthalten sein.«[15] Wenn Hegel richtig interpretiert, »Kant will damit sagen, dass Sein keine Inhaltsbestimmung sei«[16], so scheint eben solch inhaltsloses Sein im Verdinglichungsprozess den Produkten synthetisch zuzukommen.

Kant zeigt auf, dass Existenz eine von ihrem Begriff unterschiedene Realität ist, deren Möglichkeit der Begriff artikuliert. Die logische Adäquation von Begriff und Gegenstand besagt noch nichts über die reale außerbegriffliche Synthesis von gegenständlichem Dasein. »Hundert wirkliche Taler enthalten nicht das mindeste mehr, als hundert mögliche ... Aber in meinem Vermögenszustande ist mehr bei hundert wirklichen Talern, als bei dem bloßen Begriffe derselben (d.i. ihrer Möglichkeit). Denn der Gegenstand ist bei der Wirklichkeit nicht bloß in meinem Begriffe analytisch enthalten, sondern kommt zu meinem Begriffe ... synthetisch hinzu, ohne dass durch dieses Sein außerhalb meinem Begriffe diese gedachten hundert Taler selbst im mindesten vermehrt werden.«[17] (Die Identifikation von Begriff und Existenz beruht auf der Hypostasis der logischen Abstraktionen, der Begriffe zu ontologischen Entitäten sui generis, den Ideen.) Daher warnt Kant nachdrücklich, »von der Möglichkeit der Begriffe (logische) nicht sofort auf die Möglichkeit der Dinge (reale) zu schließen«(570), und von seiner Widerlegung des ontologischen Gottesbeweises bemerkt er: »Ich würde zwar hoffen, diese grüblerische Argumentation, ohne allen Umschweif, durch eine genaue Bestimmung des Begriffs der Existenz zunichte zu machen, wenn ich nicht gefunden hätte, dass die Illusion, in Verwechslung eines logischen Prädikats mit einem realen (d.i. der Bestimmung eines Dinges) beinahe aller Belehrung ausschlage. Zum *logischen Prädikate* kann alles dienen, was man will, sogar das Subjekt kann von sich selbst prädiziert werden; denn die Logik abstrahiert von allem Inhalte.«[18]

Eben solch eine logische Prädikation vollzieht sich als gesellschaftliche Abstraktion im deshalb bloß scheinbaren Verselbständigungsprozess des Kapitals.

Auskunft darüber gibt das Verhältnis von formaler Logik und Tauschverkehr. Der Warenaustausch folgt dem substitutionslogischen principium identitatis, wie Leibniz es formuliert: »Eadem sunt quorum unum substitui potest alteri salva veritate.« Als tertium comparationis des Tauschverkehrs fungiert der gesellschaftliche Wert, der als umfangslogischer Begriff, als eine abstraktiv gewonnene Merkmaleinheit gleichsam die Klasse aller möglichen Naturalformen, insofern sie nichts als Produkte gleichartiger menschlicher Arbeit sind, unter sich befasst. Der Tauschverkehr

15 Ebd., S. 571f.

16 Hegel, Logik 1, S. 71

17 Kant, Kritik der reinen Vernunft, S. 572f.

18 Ebd., S. 571

vollzieht eine quantitative Identifikation der qualitativ nichtidentischen Gebrauchswerte. Deren Subsumtion unter die Wertsubstanz abstrakter Arbeit beinhaltet eine qualitative Reduktion auf die reine Quantität, die gesellschaftlich notwendige Arbeitszeit, welche sich – folgt man Hegels Begriff der Quantität – indifferent gegen alle individuellen Verschiedenheiten zeigt. Dieser immanente Begründungszusammenhang von formaler Logik mit dem Wertgesetz und dem Tauschprinzip erscheint in der Geldform der Ware, so dass Marx in bezug auf Shakespeares Begriff vom Geld sagt, es sei »das Gleichsetzen des Ungleichartigen«[19], und schon in den Pariser Manuskripten, dort noch notwendig esoterisch, bemerkt, die Logik sei das »Geld des Geistes«[20]. Entsprechend dokumentiert sich im Geld der ontologische Wille zum Unvergänglichen, zum unverzehrbar Wertbeständigen.

Die Subsumtion der besonderen Gebrauchswerte unter das allgemeine Wertgesetz, die objektiv sich durchsetzende Arbeitszeit, als deren Verwirklichung die Ware Tauschwert ist, scheint ein reines Ansich real zu setzen. Verdinglichung ist die scheinbare Prädikation von reinem Sein. Die von Kant in kritischem Realismus so unbestechlich desavouierte Hypostasis der logischen Abstraktionen, der Begriffe, zu ontologischen Entitäten sui generis, den Ideen, gründet in der gesellschaftlich verallgemeinerten Warenproduktion. Marxens Kritik der prima philosophia und ihres Zusammenhangs mit der formalen Logik ist implizit, insofern dieser Prozess sich in der Basis vollzieht. So erscheint der Zins, »nur ein Teil des Profits ..., d. h. des Mehrwerts, den der fungierende Kapitalist dem Arbeiter auspresst«, eine aus dem Kapital abgeleitete Größe, »als das Ursprüngliche, und der Profit ... als bloßes im Reproduktionsprozess hinzukommendes Accessorium und Zutat«[21].

Marxens Kritik der Verdinglichung erweist das Ding an sich als eine bloße Abstraktion, sowie als der Wert, sozial manifest im Tauschwert, von der konkreten Arbeit abstrahiert. Was sich schlechthin als unabhängige physis im Bewusstsein der Warenbesitzer spiegelt, ist bloß subjektive thesis, während allein den produktiv vermittelten Gebrauchswerten, die einer praktischen thesis sich verdanken, ein Ansichsein zukommt, ohne dass sie weder anzueignen noch handfest nützlich, also sinnlich genießbar wären. Doch zu dieser Kritik am falschen Schein des schlechthin unabhängigen Daseins gelangt Marx auf sehr viel verschlungeneren Wegen als Hegel. Kants Kritik der immanenten Synthesis, der analytischen Deduktion von nichtidentischer Existenz aus dem reinen Begriff, wird metakritisch in Hegels Darstellung der objektiven Wahrheit des Ansichseins integriert. Die realistische Einsicht Kants, dass Sein an sich nicht real prädizierbar sei,

19 Marx, Grundrisse, S. 80
20 MEW Erg. Bd. I., S. 571
21 Kapital III, MEW Bd. 25, S. 405

hebt er keineswegs auf; dessen Prädikation ist ein falscher Schein, der in der Basis selbst ex objectivo begründet ist. Eine konkrete Produktion nützlicher Gegenstände vollzieht sich an einer schon bestimmten Gegenstandswelt. Hegels ontologiekritisches Programm der Liquidation, »der festen Gedanken« opfert zugleich alle festen Dinge der »Furie des Verschwindens«. Das unbestimmte Sein, welches im Geld- und Kapitalverhältnis sich manifestiert, ist nicht schon deshalb ein Nichts, sondern der Schein, die inhaltslos subjektive Thesis bedarf eines fundamentum in re, an dem sie objektive Erscheinungsform annimmt. Dass die gespenstige Wertgegenständlichkeit der Waren die nichtidentischen Gebrauchswerte okkupiert und in der Geldform sinnlich konkretistisch entäußerst »glänzt«, macht ihre materielle, rein begrifflich nicht auflösbare Gewalt aus.
Die duplexe Objektivität der Dinge ist nicht nur in der Warenform des Produkts enthalten, sondern in der Wertform der Ware selbst, dem konkretistischen Glanz des Geldes: »Der Tauschwert existiert doppelt als Ware und als Geld; das letztre erscheint als seine adäquate Form; aber in der Ware, solange sie Ware bleibt, geht das Geld nicht verloren, sondern existiert als ihr Preis. Die Existenz des Tauschwerts verdoppelt sich so, einmal in Gebrauchswerten, das andremal in Geld. Beide Formen tauschen sich aber aus und durch den bloßen Austausch als solchen geht der Wert nicht unter.«[22]
Der Tauschwert selbst – die verdinglichte Darstellung des Werts an einer nichtidentischen Naturalform – ist verdinglicht. In dem Masse, in dem er sich zum reinen Zweck der Produktion erhebt, gibt er seine Gleichgültigkeit gegen die stoffliche Qualität auf:
»In der Ware hat das Material einen Preis; im Geld besitzt der Tauschwert ein Material.«[23]
Die Objektivität der durch eine materiell fundierte Praxis vermittelten Gegenstandswelt handfester Naturalformen stellt sich jedoch anders dar im gesellschaftlichen Verkehr der Warenbesitzer, dem Austauschverhältnis der Waren. Das Geld, »dies Symbol, dies materielle Zeichen des Tauschwerts, ist ein Produkt des Tausches selbst, nicht die Ausführung einer a priori gefassten Idee«[24]. Doch mit solch »scheinbar transzendentaler Macht«[25] nicht als eine bloß apriorische »Tatsache des Gemüts«, sondern der gegenständlichen Faktizität zu gelten, wird es in seinem repräsentativen Ausdruck, die Totalität der Warenwelt in singulärer Existenz universal zu symbolisieren, ausgestattet.
In der Warenform des Produkts und dem Kapitalverhältnis des Produktionsprozesses erscheinen gesellschaftlich gebrochen die theoretischen »Antinomien der reinen Vernunft« – die Lukács treffend als solche des

22 Marx, Grundrisse, S. 931
23 Ebd., S. 919
24 Ebd., S. 63
25 Ebd., S. 65

»bürgerlichen Denkens« bezeichnete – in den Antagonismen der ökonomischen Klassenkämpfe selbst. Die theoretisch nicht auflösbaren Aporien der kontemplativen Vernunft, wie sie die Kantische Erkenntnistheorie aufrichtig präzisiert, ohne den Versuch, den ontischen hiatus irrationalis spekulativ zu überbrücken, der als ein transzendentaler chorismos den metaphysischen Anspruch zurückweist, die Dinge zu erkennen, wie sie bezugslos in ihrem absoluten Ansichsein sind, begreifen im Medium der basisenthobenen Abstraktion des philosophischen Denkens die widersprüchliche *Aseität* im Verwertungs- und Akkumulationsprozess der kapitalproduzierten gegenständlichen Realität. Die Problematik des Kantischen Ding an sich spiegelt sich zweideutig nicht nur in der Warenform des Produkts, sondern in der Wertform der Ware selbst, dem konkretistischen Glanz der im Geld inkorporierten Abstraktion, die als Wertgesetz gleichwohl in faktischer Gewalt objektiv prozessiert.
Die synthetische Einheit der transzendentalen Apperzeption, welche die rhapsodisch zerstreuten Wahrnehmungen allererst zur einheitlichen Erfahrung zusammenschließt, sperrt die Dinge, wie sie an sich ohne Zutun des erkennenden Subjekts wären, als Gegenstände möglicher Erfahrung aus dem Kontext der Objektivität überhaupt aus. Derart verflüchtigen sich die völlig erfahrungsjenseitigen, raumzeitlich unstrukturierten und kategorial nicht schematisierbaren Dinge an sich dem Urteil Hegels zufolge zu nichts als aller endlichen Bestimmungen entkleideten »wahrheitslosen, leeren Abstraktionen«. Das vernichtende Verdikt Hegels setzt sich jedoch über Kants Kritik des dogmatischen Rationalismus spekulativ hinweg, das rational nicht Auflösbare terminologisch zu bezeichnen, an das alle sinnlich begründete Erfahrung affektiv gebunden ist, ohne seiner jemals habhaft zu werden, indem es das Ding an sich a priori zu dem rationalisiert, »was etwas in seinem Begriffe ist«, so dass die Logik die »konkrete Darstellung« dessen beinhalte, »was das Ding-an-sich in Wahrheit« sei. Sein eigenes rationalistisches proton pseudos registriert Hegel an Kant, den Widerspruch der transzendentalen Analyse (chorismos), das schlechthin Außerbegriffliche einer begrifflichen Abstraktion zu subsumieren, »eben diese Sachen, die jenseits unser und jenseits der sich auf sie beziehenden Gedanken auf dem anderen Extreme stehen sollen«[26], das Ding an sich zu einem bloßen »Gedankending« zu rationalisieren.

Arbeitszeit, Transzendentalität und Kapital[27]

Die Ware und das Kapital bemessen sich ihrer Wertbestimmung nach an der zur Produktion ihres Gebrauchswerts notwendigen Arbeitszeit.

26 Hegel, Logik 1, S. 15

27 Im folgenden sind Materialien abgedruckt, die aus einem Konvolut mit dem Vermerk »Doktorarbeit« stammen und die Teile umfassen, die nicht eindeutig dem Referat »Zur Wesenslogik der Marxschen Warenanalyse«, das den ersten Teil der Doktorarbeit bilden sollte, zuzurechnen sind. Sie dürften 1966 und 1967 geschrieben worden sein. (Anm. d. Hg.)

Arbeitszeit ist verdinglichte Zeit – die Zeit als reine Negation der endlichen Dinge wird als solche zum Ding ontologisiert, bloße Funktionalität verdinglicht zur Substanz. Zeit ist Inbegriff des Transzendentalen; im Marxschen Zeitbegriff erscheint die Differenz zwischen kritischer Transzendentalität und affirmativer Totalität: die Ware ist ein sinnlich-übersinnliches Ding, die Arbeitskraft (in ihrer Konkretion) dinglich und nichtdinglich zugleich. Die transzendentalen Bestimmungen, die reinen Anschauungsformen und Kategorien, sind weder empirisch noch transzendent, während die Totalität (Spinozas und Hegels[28]), wie sie sich im Wert und Kapitalbegriff expliziert, ebenso sinnlich wie übersinnlich scheint. Die nichtsinnliche, aber nicht positiv übersinnliche allgemeine Wertabstraktion bedarf zu ihrer besonderen Existenz der sinnlichen und dinghaften Gebrauchswerte – durch die sie also vermittelt ist – wie sie sich dieselben subsumiert; auf diese Weise erscheint eine nicht positiv transzendente, aber auch nicht negativ transzendentale, weil aus einem geschichtlichen Stand der Arbeitsteilung genommene Abstraktion als substanziell, was Kant analytisch (Grenzen der Vernunft) vermeidet. Die Totalität ist eine verdinglichte Transzendentalität, gerade in dem Versuch, deren Verdinglichung aufzuheben bei Hegel (denn das transzendentale Subjekt bei Kant ist vorsubjektiv).
Problem: Was ist das nicht negative verdinglicht affirmative Element in der Kantischen Transzendentalität? Sicherlich doch dort, wo sie ihren Vermittlungscharakter zu den besonderen, immer schon vermittelten Dingen (Hegel indirekt/Marx direkt) nicht durchschaut, sondern die »Weder-noch-Bestimmung« des Transzendentalen an sich selber positiviert (abstrakte Identität). Totalität (bei Hegel) versucht die Vermittlung aus bestimmter Negation zu leisten, aber subsumiert sich die besonderen Dinge, sie zu bloßen Momenten der alles auflösenden Vermittlung herabsetzend. Totalität setzt die Verdinglichung des Transzendentalen durch dessen Entfaltung fort (Aufhebung des Dings an sich, immanente Synthesis).

28 Hegel begreift die reine Anschauungsform des Raumes, die bei Kant eine sinnliche Komponente der nicht weiter deduzierbaren transzendentalen Subjektivität ist, als selbst noch gesetzt, nämlich Antithesis zum Besonderen, dem endlichen Ding und Subjekt im Raume, durch die es vermittelt ist, gleichwohl sind jene nur ihre antithetische Abstraktion. Raum, Zeit und die Kategorientafel sind formal analytische Antithesen zur besonderen Gegenstandswelt; Hegel weist die notwendige Vermittlung beider nach, die sich aber als Konstitution des konkret Allgemeinen nur im Medium des Allgemeinen vollziehen kann. Subjekt und Objekt sind nur vermittelt, insofern das reine Subjekt sich aus reiner Subjektivität abzuleiten vermag, das transzendentale Subjekt seine Bewusstlosigkeit sprengt und sich auf sich selbst anwendet. Der Hegelsche Idealismus ändert also nichts an der Deduktion des Objekts aus reiner Subjektivität. Erst Marx weist nach, dass es zur Konstitution der Objektivität einer immer schon von objektiv vermittelten endlichen Subjekten konstituierten Gegenstandswelt bedarf; diese Erkenntnis geschichtlich vermittelt durch den Feuerbachschen »Sprung in die Praxis« (Lenin), den Anstoß von außen. Ein Denken, das kritisch immer wieder auf seinen Immanenzzusammenhang reflektiert, vermag diesen nicht zu durchbrechen.

Im Verhältnis von Transzendentalität und Totalität liegt das Geheimnis der kapitalistischen Naturwüchsigkeit.

Transzendentalität und Kapital – zur Konstitution der Arbeitszeit als des verhängnisvollen Naturgesetzes der kapitalistischen Entwicklung

Die Arbeitszeit, an der sich quantitativ die Wertgröße bemisst, ist ebenso ökonomisches Zentrum der Marxschen Theorie vom Mehrwert, wie sie weiterreichende geschichtsphilosophische Konsequenzen impliziert und damit einen Kern der Kritik der politischen Ökonomie als einer revolutionären Theorie darstellt.

Der Mehrwert bemisst sich an dem Mehraufwand an Arbeitszeit, die ein Arbeiter leisten muss, um das Äquivalent für die Verausgabung seiner Arbeitskraft zu erhalten. Nehmen wir mit Marx an, dass er sich dieses Äquivalent, die zur Reproduktion seiner Arbeitskraft dem kulturellen Stand entsprechenden notwendigen Subsistenzmittel, in sechs Stunden Arbeitszeit pro Tag erarbeitet hat, aber er es nur nach einer Leistung von 12 Stunden Arbeitszeit erhält. Aus der Differenz bestimmt sich der Mehrwert – die entscheidende differentia specifica der kapitalistischen Warenproduktion zu geschichtlich vorhergehenden Formen der Warenproduktion. Der Arbeiter wird keineswegs um das Äquivalent seiner Arbeitskraft geprellt – er erhält es aber nur, wenn er länger arbeitet als zur Reproduktion seiner im Wertbegriff ausgedrückten und im Tauschwert erscheinenden Ware Arbeitskraft unbedingt nötig ist. Diesen Sachverhalt nennt die Marxsche Theorie Ausbeutung. Sie bezieht sich auf gleichen Tausch gleicher Werte. Der Mehrwert – wie er etwa in seiner Erscheinungsform des Profits sich darstellt – basiert auf Äquivalententausch, das heißt auf friedlichem, gewaltlosem – nach implizitem Vertrag geregeltem – gesellschaftlichen Verkehr der Individuen. Diese friedliche und abstrakt freiheitliche Regelung des gesellschaftlichen Verkehrs ist erst möglich geworden mit der Kapitalisierung des Produktionsprozesses, die technisch von dessen Industrialisierung abhing. Die in der reinen Zirkulation sich historisch vollziehende ursprüngliche Akkumulation beruhte auf ungleichem Tausch – daher die Notwendigkeit von außerökonomischen Gewaltverhältnissen, so wie die Bildung des gleichen Tauschs in der ursprünglichen Akkumulation, die den Produktionsprozess kapitalisierte, zunächst ein ungeheures Anwachsen der ersten Erscheinungsformen des Schatz-, Handels- und Wucherkapitals und damit Prellerei zur Folge hatte.

Der Mehraufwand an Arbeitszeit ist also bestimmend sowohl für den ökonomischen Begriff des Mehrwerts sowie den geschichtsphilosophischen der Ausbeutung, der die revolutionäre theoretische Konsequenz aus der ökonomiekritischen Mehrwerttheorie darstellt. Auf der anderen Seite bedeutet die Herabsetzung von Arbeitszeit in der Marxschen Theorie Ge-

winn an Freizeit im Sinne einer Zeit der Freiheit. Der Zeitbegriff bei Marx ist also in seiner Dialektik von Arbeitszeit und freier Zeit ein qualitativer – seine geschichtsphilosophischen und emanzipatorischen Implikationen weisen ihn als einen Zentralbegriff revolutionärer Theorie aus. Die Zeit enthält die Möglichkeit zur qualitativen Veränderung – zur Herstellung des Reichs der Freiheit. Solch qualitativer und im prononcierten Sinn geschichtlicher Zeitbegriff ist nicht zu lösen von materiellen Produktionsinhalten sowie vom Zeitbewusstsein.
Wenn der Mehrwert quantitativ bestimmt wird durch den Mehraufwand an Arbeitszeit und dieser Sachverhalt den qualitativen der Ausbeutung ausmacht, so stellt sich die Frage: Warum arbeiten die Lohnarbeiter über den zur Reproduktion ihrer Arbeitskraft notwendigen abstrakten Zeitaufwand hinaus, der doch Teil ihrer inhaltlichen Lebenszeit ist und betreiben auf diese Weise die Reproduktion des Kapitals? Einfacher gefragt: Warum lassen sie sich ausbeuten?
Die naheliegendste Antwort darauf, dass sie im Falle einer Verweigerung ihren Lohn vom Kapitalisten nicht erhalten würden, ist zwar nicht falsch und enthält den Hinweis auf die realen ökonomischen Herrschaftsverhältnisse; sie ist jedoch historisch keineswegs so selbstverständlich, wie sie erscheint: in Wirklichkeit hängt sie von der Beantwortung der Frage der Möglichkeit der Revolution ab. Denn eine Verweigerung der Arbeiter der Ausbeutung, dem ihnen abverlangten Mehraufwand an Arbeitszeit gegenüber, würde den materiellen Kampf gegen jene ökonomischen Machtverhältnisse implizieren, die allererst die Voraussetzung dieser Frage sind, so dass der Hinweis auf sie die Frage nicht beantwortet. Diese Verweigerung etwa wäre der Streik – zunächst die ökonomische Form des Kampfes. Der Marxschen Theorie zufolge basieren aber die staatlichen, politischen und rechtlichen Herrschaftsverhältnisse auf der Ausbeutung – so dass der ökonomische Kampf zum politischen Kampf vermittelt werden muss. Die Vermittlung beider ermöglicht eine kämpferische revolutionäre Politik.
Die Frage: warum lassen sich die Lohnarbeiter ausbeuten, wäre also präziser zu fassen: Warum lehnen sich die Lohnarbeiter nicht gegen das Kapitalverhältnis auf? Denn nur auf dem Sachverhalt, dass sie sich ausbeuten lassen, beruht die Reproduktion des Kapitals – das heißt, ein entscheidender »subjektiver Faktor« ist Träger des kapitalistischen Reproduktionsprozesses oder tendiert nach Maßgabe des Möglichen zu dessen Zerstörung im Sinne des Proletariats: das Bewusstsein des Proletariats. Dieses – wo es eine kollektive Solidarität begründet, die auf der Einsicht in die objektive Stellung der Lohnarbeiter im Produktionsprozess beruht – stellt sich im engeren Sinn als ein Zeitbewusstsein dar, sowohl dort, wo dem Proletariat ein Klassenbewusstsein zukommt, als dort, wo dieses verunmöglicht wird.

In der Phase der ursprünglichen Akkumulation kam es durchaus vor, dass Lohnarbeiter zu arbeiten aufhörten, wenn sie ausreichend verdient hatten und den Rest des Tages oder der Woche versoffen, verspielten oder verhurten – was durch die Art der Entlohnung möglich war. Dieses Faktum zählt zu den subjektiven Bedingungen der Notwendigkeit einer terroristischen außerökonomischen Zwangsgewalt, wie sie vom absoluten Staat repräsentiert wird (Hobbes). Das heißt: die ökonomische Gewalt war von den Lohnarbeitern noch nicht derart verinnerlicht worden, dass ihnen das Kapitalverhältnis als eine unabänderliche Naturgegebenheit erschien. Durch einen blutigen Expropriationsprozess wurden die Massen in sie hineingezwungen. Verinnerlichung ökonomischer Gewalt heißt vor allem: die Internalisierung der Arbeitsnormen ins Zeitbewusstsein, das Bewusstsein der Lohnarbeiter über ihre objektive Stellung im Produktionsprozess und damit die Erinnerung an Ausbeutung auszulöschen, die Bildung von Klassenbewusstsein zu verhindern. Die Vernichtung des wie auch immer religiös kanalisierten emanzipatorischen Zeitbewusstseins lässt die Lebenszeit zur Arbeitszeit werden. Darauf beruht also das zentrale Naturgesetz der kapitalistischen Entwicklung.

Arbeitszeit ist verdinglichte Zeit, auf ihr Gegenteil, den Raum, rein quantitative Ausdehnung reduziert. Die emanzipatorische Lebenszeit wäre aber mit der kapitalistischen Produktionsweise nicht nur religiös kanalisiert, sondern als geschichtlich qualifizierte Zeit der Freiheit – Konstituens der Individualität – möglich. Arbeitszeit ist deren Gegenteil – entzeitlichte und ontologisierte Zeit. Es liegt im Interesse des Kapitals, dass die Herabsetzung der Arbeitszeit und die darin implizierte Möglichkeit einer Befreiung von gesellschaftlich überflüssiger Arbeit den Arbeitern als unmöglich sich darstellt. Zeit – das Medium des Lebens und der Geschichte – wird zu ihrem Gegenteil, einem blinden Naturgesetz. Nicht erfüllen die Menschen ihr Wesen in der Zeit, sondern die Zeit subsumiert sich schicksalhaft naturwüchsig die Menschen – so wie die Kantische Natur, der Hegelsche Weltgeist, das Selbstbewusstsein. Zeit – das was nicht dinglich ist – erscheint als verdinglicht, im Geld; Zeit – das was nicht natürlich ist (dreidimensional) – erscheint als naturwüchsig; Zeit, der Inbegriff qualitativer Veränderungen erscheint als unveränderliche – bloß auszufüllende – Form. Die Vernichtung emanzipatorischen Zeitbewusstseins durch außerökonomische Zwangsgewalt, die Verdinglichung der Lebenszeit zur rein quantitativen Arbeitszeit ist eine Bedingung der Möglichkeit des allgemeinen Wertgesetzes, des sich verwertenden Werts – dessen Qualität die reine Quantität der Arbeitszeit, reine Größe ist.

Die jeglichen Inhalts entleerte Arbeitszeit verbirgt sich im transzendentalen Zeitbegriff Kants, der Zeit auf reine Arithmetik reduziert. So wie sich im transzendentalen Subjekt die abstrakte Arbeit der bürgerlichen

Produktionsweise darstellt, so ist der Zeitbegriff Kants – reine Arithmetik – Ausdruck der gesellschaftlich durchschnittlichen Arbeitszeit, des Wertmaßes, das in der Tat die Form ist, unter der die privatarbeitenden Produzenten primär ihre Produkte anschauen, da ein jeder Tauschwert für sich und Gebrauchswert nur für andere besitzt, welcher letztere zum Tausch zwar objektiv notwendig ist, gleichwohl aus dem Interesse des Warenbesitzers subjektiv herausfällt.[29]

I Transzendentalität und Kapital: Konstitution der Naturgesetze der kapitalistischen Entwicklung
IIa) Automation – technologische Zersetzung in der organischen Zusammensetzung des Kapitals
b) Die Auflösung der Arbeiterklasse ohne die Aufhebung des Kapitalverhältnisses
c) Die regulative Integration der Zirkulationssphäre in den unmittelbaren Produktionsprozess (Geld als Produktionsfaktor); die mögliche Aufhebung abstrakter Arbeit durch ihre allgemeine Expansion in alle gesellschaftlichen Bereiche qua Manipulation (statt Isolation verdinglichter Kontakt in der Produktion)
d) Das veränderte Verhältnis von Politik und Ökonomie im 20. Jahrhundert – Die Politisierung der Ökonomie und Ökonomisierung von Staat und Politik bewirken eine permanente Verselbständigung des Staates gegenüber den Klassen – Produkte der sich selbst reproduzierenden abstrakten Arbeit (Kapital), deren Abstraktionsbasis doch der Gebrauchswert ist.
e) Die Konstitution von Gleichheit und Freiheit im Tauschverkehr (Exkurs Kant: Die Konstitution der Gebrauchswertobjektivität ist für die praktische Vernunft durch die transzendentale Organisation des empirischen Besitzes im intelligiblen Besitz)
f) Lukács – Organisationstheorie
g) Volonté générale – Transzendentalität und Tauschverkehr – »transzendentale Macht des Geldes« – Kapital und Wert – der existierende transzendentale Schein – nicht mehr transzendental und doch nicht utopisch. h) Die Entqualifizierung der Zeit in der Phase der ursprünglichen Akkumulation; die bürgerliche Begründung des absoluten Staates bei Hobbes – der absolute Monarch, der sich aber nicht aus dem transzendenten Gottesgnadentum, sondern aus der fiktiven Abstimmung der demokratischen Urversammlung bestimmt, eine nicht rein transzendentale,

29 In der Trennung von Tauschwert und Gebrauchswert, den Elementen der Ware, liegt der Schein des transzendentalen chorismos beschlossen; zunächst konstituieren sich die Erscheinungen als die quasi gegenständliche Wertform unter den Anschauungsformen von Raum und Zeit und müssen hernach noch für die praktische Vernunft zur Gebrauchswertobjektivität konkretisiert werden.

sondern als empirisch begründete Ableitung der absoluten Positivität. (Noch nicht volonté générale oder transzendentaler Kollektivwille, sondern absoluter Monarch, Rationalisierung außerökonomischer Zwangsgewalt bei Hobbes (noch nicht Warenbesitzer), Rationalisierung und Idealisierung der ökonomischen Gewalt des vom empirischen Subjekt abstrahierenden Tauschverkehrs bei Locke, Rousseau und Kant.) Gott wurde Zeit und Zeit ist Geld, transzendentale Macht als verdinglichte Negativität (ontologisierte Vermittlung, idealisierter Begriff, der sein Nichtsein an sich selber zum Sein verkehrt). Die Trennung von Kapital und Lohnarbeit in der Produktionssphäre, die Konstitution des industriellen Kapitals eröffnet zugleich die Möglichkeit zur Aufhebung des Kapitalverhältnisses (Dialektik von stetigem Vergesellschaftungsprozess und der Bildung von kapitalistischem Privateigentum, die daraus hervorgeht).
Ähnlich mit der Automation: Die Automation ist Kapitalvernichtung und damit der Arbeitskraft als Ware – denn sie schafft strukturelle Arbeitslosigkeit –, sie kann sowohl zu einer zweiten ursprünglichen Akkumulation des Kapitalverhältnisses durch Vernichtung des Proletariats als Klasse führen wie zur Vernichtung des Kapitalverhältnisses im bewusst revolutionären Prozess.

I Die Konstitution der Naturwüchsigkeit in der Warenanalyse. Zur Dialektik von Wesen und Erscheinung im Verhältnis von Wert und Tauschwert
II Transzendentalität und Kapital – die Reproduktion abstrakter Arbeit durch die Integration von Arbeitsnorm und Zeit (Verdinglichung der Zeit)
III Die Theorie der verdinglichten Erscheinungsformen des Kapitals – die Zirkulation
Die Bildung des Kapitals ist schon dessen mögliche Aufhebung. Mit denselben Mitteln, mit denen der Kapitalismus die Krise bewältigt, prolongiert er sie auch. Die Bewältigung der Krise besteht in ihrer Stabilisierung.
In der Krise steigert sich die Repression derart durch den Druck von Staat und Elend (Massenarbeitslosigkeit), dass die Arbeiter die Erinnerung an Ausbeutung und damit ein geschichtliches Zeit- und Klassenbewusstsein (Geschichtsbewusstsein) gewinnen können. Heute hat der Kapitalismus durch Manipulation die außerökonomische Gewalt internalisierungsfähig gemacht. Die Erinnerungslosigkeit ist in alle Bereiche der Gesellschaft bis in die internsten psychischen Strukturen der Individuen hinein verlängert (Gesellschaft ohne Erinnerung, Adorno).
Die Wahrheit des absoluten Begriffs ist das Kapital. Die Totalität bedarf der besonderen Momente, ist durch sie hindurch vermittelt und subsumiert sie sich gleichwohl. Der Wert vermag nur an den Gebrauchswerten zu erscheinen und subsumiert sie sich doch abstraktiv. Transzendentalität ist uneingestandene Verdinglichung.

Der reine Begriff entäußert sich in Raum und Zeit. Außerhalb dieser seiner Entäußerung ist er nicht; er ist die Entäußerung, die Zeit selbst. Transzendentalität ist das verinnerlichte Leistungsprinzip, die ursprüngliche synthetische Leistung der transzendentalen Apperzeption.
Transzendentale Zeit ist enthistorisierte Zeit. Alles soll in der Zeit vergehen, nur die Zeit vergeht nicht (vgl. Kants Aufsatz: Das Ende aller Dinge). Transzendentalität selber ist noch Ausdruck des »ontologischen Bedürfnisses«, wie es sich im Geld manifestiert. Transzendentalität ist die wieder als absolut vorgestellte immanente Transzendenz – keine geschichtlich immanente Transzendenz.
Zum Begriff des Kapitals als eines transzendentalen Subjekts: Die Abstraktion von den Gebrauchswerten kann sich nur an den Gebrauchswerten selbst vollziehen, ihr Ausdruck ist der Tauschwert, der als Moment den Gebrauchswert implizierende Wert. Der Tauschzusammenhang ist die abstraktive Totalität, in der die Gebrauchswerte als bloße Momente fungieren.
Die Schwierigkeit einer materialistischen Erkenntnistheorie: sie soll am Objekt orientiert sein, gleichwohl nicht nach naturwissenschaftlicher Analyse und Synthese empiristisch verfahren, ohne die metaphysische Verdoppelung des mundus phainomenon und die erkenntnistheoretische Verdoppelung der Subjektivität mitzumachen, gleichwohl auf die kritische Differenz von Wesen und Erscheinung nicht verzichten.
Hegels Metakritik der transzendentalen Erkenntnistheorie Kants enthält im Kern den Versuch, die Zeit zu verzeitlichen, die Negativität der Negation – deren Schmerz durchzuhalten. Zeit ist das, was die endlichen Dinge transzendiert, indem es sie verändert, sie besorgt den Tod des Endlichen, soll aber an sich selbst das positiv Unendliche – Allgemeine und Notwendige – sein, weil sie selbst – das Prinzip aller Veränderung – unveränderlich sein soll. Zeit ist damit – als innerer Sinn jeder möglichen Erfahrung – indifferente Negation.
Kritik des Transzendentalen aber heißt Applikation der Zeit auf sich selbst; das Allgemeine, das das Negative ist, weil Negation die des Besonderen ist, soll daher zum Besondern, die Identität, das Eine zum Vielen vermittelt werden. Die Phänomenologie des Geistes, die Applikation der Zeit auf sich selbst, ist daher das Problem der bestimmten Negation aus reiner Allgemeinheit, die Entäußerung des Geistes in die Zeit – schließlich wieder Absolutes – Transzendentalität.
Die Differenz von Wesen und Erscheinung der Dinge, ohne die nach Marx jede Wissenschaft hinfällig wäre[30], ist, historisch begriffen, die nach mög-

30 Die Kritik der politischen Ökonomie denunziert den Idealismus der gesellschaftlichen Praxis, die »metaphysische« Eigenbewegung der Ware und des sich zum absoluten Subjekt emanzipierenden Kapitals; der Idealismus war das Gegenteil seines Begriffs, seine Spontaneität an sich selber blind, die Abstraktion das abstrakt Materielle. Doch der Idealismus

licher Veränderung. Eindimensionalisierung der Gesamtgesellschaft (Wert-Tauschwert), wie Marcuse sie theoretisch darstellt, bedeutet aber Einebnung aller wesenslogischen Differenzen. Wäre es dadurch mit der revolutionären Theorie nicht am Ende? Trifft dann nicht das Urteil Adornos, Praxis sei unmöglich, zu?

Die revolutionäre Differenz von Wesen und Erscheinung der Dinge enthält in sich die Möglichkeit, die Naturwüchsigkeit des Kapitalismus als Schein (eine zentrale wesenslogische Kategorie) zu durchschauen, der auf der Bewusstlosigkeit aller Beteiligten beruht. Wenn sie aber eingeebnet ist, wäre die Gesellschaft in der Tat, wie Gehlen annimmt, in ein nachgeschichtliches Stadium getreten – das heißt, die zweite Natur wäre ebenso unveränderbar wie die erste geworden – die Verdinglichung hätte sich derart totalisiert, dass sie von unaufhebbarer Faktizität wäre – und das, obwohl durch die Automation die Möglichkeit zu einem befreiten – von Arbeitszwang weitgehend entlasteten – Bewusstsein und die Machbarkeit der Geschichte angewachsen ist.

Stellen sich im Medium der einfachen Eindimensionalität – des indifferenten Allgemeinen – die wesenslogischen Differenzen wieder ein? Wie ist die Struktur von Herrschaft beschaffen und welches wären die ihr angemessenen Formen von umwälzender Praxis?

Eindimensionalisierung – die Existenz des abstrakt Allgemeinen ökonomisch gefasst, müsste heißen: die unmittelbare Existenz des allgemeinen Wertes. Was aber könnte das real bedeuten?

des Stalinismus ist ein rational kontrollierter – von der Ebene der Politik her geplant, die bewusste Eliminierung der Erfahrung und Unterdrückung der Realität, um die apriorischen Abstraktionen der bürokratisierten Politik zu hypostasieren. »Abstraktionen in der Wirklichkeit geltend machen, heißt Wirklichkeit zerstören.« Ein manipulativer ideologischer Eingriff in die Basis wird auch heute vom Kapitalismus permanent praktiziert (qua Politik). Die Realität der Abstraktionen wird kontrollsystematisch rationalisiert.

3. Bemerkungen zur Akkumulation und Krisentendenz des Kapitals*

Der Wert ist der Begriff der Ware. In seiner Erscheinungsform des Weltgeldes wird das Dasein des Geldes seinem Begriff adäquat. Dieser Vorgang ist als Verdinglichung, Konstitution von Naturwüchsigkeit zu begreifen; er ist das Modell, auf dem die kapitalistische Entwicklung, deren Naturgesetze beruhen. Er stellt eine Umkehrung der idealistischen Adäquationstheorie der Übereinstimmung des Begriffs mit seinem Gegenstande dar. Die Forderung, der Begriff müsse sich seinem Gegenstand anpassen, ist Ideologie; sie führt stets zur Liquidation der Dinge im Denken und zur Hypostase des Begriffs zur materiellen Realität. Das Dasein des Geldes passt sich dem Wert an, durch die Usurpation der Naturalformen seitens des Werts.

Wie bei Hegel der Übergang vom Sein ins Nichts das Grundmodell der dialektischen Logik darstellt, so ist die Anpassung des Gebrauchswerts der in Äquivalentform stehenden Ware an den Wert, wie Marx es schon an der einfachen Wertform zeigt, Grundmodell der Konstitution von Naturwüchsigkeit und Naturgesetzen des Kapitalismus. Die Umfunktionierung der Gebrauchswerte zu Erscheinungsformen ihres Gegenteils, des Werts – ein Vorgang, der als Verdinglichung reflexiv bezeichnet werden kann – ist das Grundmodell der fortschreitenden Selbstbewegung des Werts und damit verbundenen Potenzierung eben dieses Vorgangs der Verdinglichung, das heißt einer immer adäquateren Anpassung des Daseins der Waren und des Geldes an ihre Wertabstraktion. Erst mit dem Kapitalverhältnis ist eine gleichsam automatische Selbstbewegung des Werts, der dadurch zur causa sui, zum metaphysischen Subjekt wird, gegeben. Die in der Zirkulation fungierenden Warenformen der Produkte und Geldformen der Waren werden zu bloßen Erscheinungsweisen des prozessierenden und sich verwertenden Werts.

Hegel rehabilitierte die Bewegung ins Sein; autonomes Subjekt wie absolute Substanz hat nur der das Nichtidentische in sich integrierende Begriff, der nichts außer sich lässt. Zu diesem Zweck bedurfte es der Bewegung, im Grundmodell dialektischer Logik des Werdens, welches das Nichts ins Sein integriert. Dieser spekulativen Bewegung des sich über sein nichtidentisches und inadäquates Sein als sein eigenes aufklärenden Begriffs entspricht die usurpatorische Selbstdarstellung und Selbstbewegung des Warenwerts; sie ist Grundmodell auch des Akkumulationsprozesses. Darum die zentrale Stellung der Warenanalyse. Der Wert ist automatischer naturwüchsiger Motor der kapitalistischen Entwicklung.

* Diese Notizen und Exzerpte sind dem Themenkreis der Dissertation und dem Referat »Zur Wesenslogik der Marxschen Warenanalyse« zuzuordnen. Sie stammen aus den Jahren 1967-1988. Der Titel wurde von uns gewählt (Anm. d. Hg.)

Mit dieser potenzierenden Verdinglichung ist die Verhärtung des Scheins von apriorischer physis des rein sich setzenden Werts verbunden, der immer schwerer durchschaubar wird. Das heißt: die fortschreitende Selbstdarstellung und Selbstbewegung des Werts intensiviert ex objectivo die Verinnerlichung ökonomischer Gewalt, die in Krisensituationen, die die ungestörte Verwertung stören, durchbrochen werden kann.
1. Qualitative Veränderung der Warenform, Zersetzung aus der Konsequenz ihres Begriffs, der ihr Dasein ist;
2. Unnatürliche Produktion der Isolation (ideologisierte Basis, abstrakte Arbeit) tote – lebendige Arbeit.

ad 1) Der Wert, die subsumtionslogische Abstraktion von den qualitativ differierenden Naturalformen der Produkte zum Zwecke seiner substitutionslogischen Erscheinungsweise an eben diesen Naturalformen, ist der bloße Begriff der Arbeitsprodukte als solcher, gleichermaßen ist der Tauschwert die Form, unter der wir alle Gebrauchswerte zunächst anschauen; denn jedes Produkt hat Tauschwert für seinen Besitzer und Gebrauchswert für seinen Nichtbesitzer. Der Wertbegriff greift also durch seine konkretistische Erscheinungsweise als Tauschwert in der Pseudosinnlichkeit des Geldes ins Anschauungsvermögen ein; der Raum, in dem wir die Dinge zunächst auch schon in der Produktion einschließen, ist der Markt, die Zeit ist die reine Arbeitszeit, quantitativer Ausdruck formalisierter, also abstrakter Arbeit. Das an den Dingen, was für uns ist, im kritischen Sinn die Erscheinung, der Gebrauchswert, wird zur Erscheinungsform seines Gegenteils, des Werts – durch gesellschaftliche Abstraktion an ihm selbst wie an unserer Sinnlichkeit. Doch der Wert bleibt ein Begriff, der im Tauschwert ein durch die Genesis der Geldform ihm adäquateres Dasein gewinnt. Er verändert unsere gesellschaftlichen Anschauungsformen nach den Gesetzen des Marktes und der Arbeitszeit, die wie die arithmetische Zeit als der innere Sinn (valeur intrinsèque) den Primat hat, aber er ist sie nicht.
Heute disqualifiziert der Wert die Gebrauchswerte, indem er sie impliziert. Der Wert ist unmittelbar zur blinden Anschauungsform der Gebrauchswerte geworden. Der Tauschwert zersetzt sich. (Was ist mit dem Geld geschehen?) Das hängt zusammen mit der Nivellierung der Zirkulationssphäre durchs Monopolkapital. Dadurch wurde die Möglichkeit einer Assoziation der unmittelbaren Produzenten in der Produktionssphäre eröffnet (Aktiengesellschaft). Isolation muss daher künstlich mit bewusst falschem Bewusstsein produziert werden. Die künstlich manipulative Aufrechterhaltung abstrakter Arbeit.
Das, was überhaupt erst Geschichte und Gesellschaft ermöglicht, die Machbarkeit, wird durch die Produktionsweise, wie sie über Manufaktur, Maschinisierung und Industrialisierung sich entwickelt, gekennzeichnet.

Doch der vorgeschichtliche Charakter der kapitalistischen Produktionsweise auf der Ebene des historisierten Produktionsprozesses selbst (Geschichte ist selbst ein Produkt von Geschichte, nicht nur das historische Bewusstsein) bestimmt sich aus der vorgesellschaftlichen Organisation der kapitalistischen Produktionsweise, in der die Individuen voneinander getrennt fungieren; die verdinglichte Erscheinungsweise der Produktion, die Sphäre der Zirkulation, ist die von gesellschaftlich abstrakt miteinander verkehrenden Warenbesitzern. Die historische Genesis der Ware leitet sich aus dem Tausch, dem Verkehr der Gemeinwesen an den Grenzen her, die wesenslogische Geltung bestimmt sich aus der Produktion, der abstrakten Arbeit.
Die menschliche Revolution, die Emanzipation der Gattung ist nicht mehr möglich über die personalisierende Enthüllung der herrschenden Klasse, die immer überwuchert wird von den Apparaten, die ihre Herrschaft aufrechterhalten; sie ist nur möglich über eine Denunziation der Dinge, des im Spätkapitalismus produzierten Schunds, in denen die Verhältnisse sich kristallisieren. Wenn Entfremdung und Verdinglichung heute Kategorien sind, deren Gültigkeit für den Kapitalismus zweifelhaft wird, so muss das notwendig in einer wesentlichen Veränderung der Warenform gesucht werden. Deren Elemente, Gebrauchswert und der an dessen Naturalform usurpativ erscheinende Wert, müssen in eine qualitativ veränderte Konstellation getreten sein. Die Warenform, in der der Gebrauchswert tendenziell schon stets abstirbt, die zur Allegorie wird, trägt die Tendenz zur Zersetzung in sich. Ohne diese wäre die immanente Krisentendenz des kapitalistischen Akkumulationsprozesses, sich selbst zu unterbrechen, nicht möglich gewesen. Das Stadium der immanenten Selbstzersetzung der Warenform zugunsten des totalitären Tauschs ist erreicht, nicht nur hat endgültig die Verpackung über das Produkt gesiegt – der Gebrauchswert ist zerstört –, wir konsumieren Reklame, wenn wir essen und trinken, und ernähren uns doch davon (Nivellation des Marktes).
Wir müssen die Dinge denunzieren, um die Menschen für deren Genuss zu befreien. Die Dinge aber, die keine sind, sind die Institutionen – objektiver Ungeist. Auch der Begriff der Charaktermaske wurde ausgelöscht, hinter den Masken stecken keine Gesichter mehr; dieser Marxsche Begriff des zur Funktion seines produktiven Privateigentums herabgesetzten Individuums ist polemisch an der Ideologie von dessen Autonomie, der der privaten Persönlichkeit, orientiert. Die gibt es nicht mehr – ebenso wie Anpassung zur Mimesis ausgehöhlt wird. Destruktion des Ichs.

Karl Marx, Das Kapital
Die geschichtsphilosophisch und revolutionstheoretisch relevanten ökonomischen Kategorien des *Kapital* artikulieren die scheinbare Naturwüchsigkeit der kapitalistischen Produktionsweise, die im Bewusstsein

der Individuen sich durchsetzende Sphäre der Verdinglichung an den Produkten. Alle diese Kategorien sind augenscheinlich kryptokategoriale Existenzbestimmungen der kapitalistischen Gesellschaftsformation.[1] Der Tauschwert der Waren, objektiv produzierter Index der Naturwüchsigkeit abstrakter Arbeit, führt eine antediluvianische Existenz, die Ware bildet die Zellenform der bürgerlichen Gesellschaft, und der Zins, die fetischisierteste Gestalt des Kapitals, führt eine prähistorische Existenz. Diesen Kategorien ist gemeinsam, dass sie aus vorkapitalistischen Erscheinungsformen des Kapitals sich herübergeschleppt haben. Warenproduktion bildet sich im Kontakt der Stämme an den Grenzen heraus. (Obwohl der Wert der Waren das Produktionsverhältnis abstrakter Arbeit artikuliert, sich die Duplizierung des Produkts zur Ware in der ökonomisch notwendigen Produktionssphäre ableitet und im Austausch nur zur Erscheinung kommt, sich dort realisiert, geht historisch genetisch die Warenform aus dem Austausch hervor, den die Stämme an ihren Grenzen pflegen; daraus resultieren auch Rechtsverhältnisse, die keineswegs bloße Widerspiegelung der ökonomischen Basis sind.)
Der Tauschwert ist deshalb antediluvianisches Relikt, ebenso wie die fetischisierteste Gestalt des Kapitals, der Zins, eine prähistorische Existenz führt. Die Kategorien, welche die Verdinglichung der kapitalistischen Produktionsweise bezeichnen, sind in der Erscheinungssphäre, der Zirkulation, angesiedelt, die gegenüber der Produktion, dem industriellen Kapital, einen historischen Primat hat. Erst mit der Kapitalisierung der Produktion, das aber heißt deren Industrialisierung, tritt die Geschichte in ihr historisches Stadium, das in dieser Ebene selbst durch die vorgeschichtlichen Existenzweisen des Kapitals verdeckt wird.

Henryk Grossmann, Das Akkumulations- und Zusammenbruchsgesetz des kapitalistischen Systems
Erstes Kapitel. Der Untergang des Kapitalismus in der bisherigen Darstellung.
»Der Gedanke, dass die kapitalistische Produktionsweise, also das Kapitalverhältnis kein ewiges Naturgesetz, sondern ein *bloß historisches,* also vergängliches Verhältnis ist, wurde bereits vor *Marx* ausgesprochen. *Sismondi* hat als erster gegenüber *Ricardo* den historischen, transito-

1 Kryptokategorien des Marxismus: Der Tauschwert ist das Allerbekannteste. Kryptologisch die verdeckten kategorialen Existenzbestimmungen aufdecken heißt nicht, ein metaphysisches Wesen freilegen, sondern die »Oberfläche« der Dinge, ihre Erscheinung selber. Der Tauschwert macht die Verdinglichung der bürgerlichen Gesellschaft aus und realisiert sich doch täglich im Warenaustausch. Die Phänomene selbst gilt es erst aufzudecken, die gegenständliche Realität freizulegen, dass, was sinnlich wahrnehmbar, auch sinnlich wahrzunehmen ist. Wesenslogische Phänomenologie: die Differenz von Wesen und Erscheinung ist eine in den Phänomenen selbst, selbst eine differentia phainomenon.

rischen Charakter der kapitalistischen Produktionsweise betont (1819).«[2]

»*Marx* sagt daher richtig: ›Was aber bei ihm (Sismondi) zugrunde liegt, ist in der Tat die *Ahnung,* dass den im Schoß der kapitalistischen Gesellschaft entwickelten Produktivkräften ... *neue* Formen der Aneignung dieses Reichtums entsprechen müssen; *dass die bürgerlichen Formen nur transitorische ... sind*‹. «[3]
Die geschichtliche Tendenz der kapitalistischen Akkumulation führt mit Notwendigkeit den Untergang einer zwar geschichtlichen, aber ihren geschichtlichen Charakter permanent revozierenden Gesellschaftsformation herbei – sie führt mit Notwendigkeit zur letzten Krise des Systems, an der es unvermeidlich zerbricht. Damit führt Marx durchaus keine objektivistische Auffassung von den Naturgesetzen der kapitalistischen Entwicklung ein; denn die Krise, aus der der Kapitalismus keinen Ausweg mehr weiß, führt nicht ohne Zutun der Unterschichten in den Sozialismus, sondern etwa in ein dem neuen Stand der Produktivkräfte zwar angemessenes, aber barbarisches Herrschaftsverhältnis, einen industriellen Faschismus. Automation ist Kapitalvernichtung; sie bedeutet vom geschichtsphilosophischen Begriff der Produktivkräfte her, die das Kriterium für die objektive Möglichkeit der Machbarkeit der Geschichte darstellen, dass die Menschen von Arbeit befreit werden können; es könnten aber auch die Arbeiter abgeschafft und zu einem Heer von beherrschten und dem Wohlwollen des Herrschaftsapparates ausgelieferten Rentnern werden.
Die in der kapitalistischen Gesellschaftsformation vorgebildeten zentralisierten, bürokratisierten und totalitären Herrschaftsverhältnisse würden sich als der technologischen Rationalität instrumenteller Vernunft des automatisierten Maschinenwesens durchaus angemessen erweisen. Das heißt, das strategische Ziel, für das Marx und Engels kämpften, die Sozialisierung der Produktionsmittel, ist nicht mehr als eine allerdings unabdingbare Bedingung der Möglichkeit einer vernünftigen Gesellschaft, aber garantiert sie nicht. Schließlich gelingt es dem Kapitalismus, zu einer Vergesellschaftung der Produktionsmittel auf dem Boden der kapitalistischen Produktionsweise selbst zu gelangen und sich in diesem Widerspruch durch eine ungeheure Expansion abstrakter Arbeit und Vermehrung der Arbeitszeit auch in die Freizeit totalitär zu reproduzieren.
Automation impliziert eine ungeheure Revolutionierung der Produktivkräfte; sie führt nicht notwendig zur Abschaffung von Herrschaft und Unterdrückung; dazu bedarf es des Befreiungskampfes der Bewussten, zur Aktion Bereiten.

2 H. Grossmann, Das Akkumulations- und Zusammenbruchsgesetz des kapitalistischen Systems. Frankfurt 1987, S. 1

3 Ebd., S. 1f. (Theorien über den Mehrwert Bd. III, MEW 26.3, S. 51)

Zentralisation des Kapitals und Vergesellschaftung der Arbeit sind für Marx tendenzielle Momente, die den Untergang des Kapitalismus bewirken: sie führen (siehe Aktiengesellschaft) zur Aufhebung der kapitalistischen Produktionsweise auf deren Boden selbst und bezeichnen den Umschlagspunkt zum Sozialismus durch eine Revolution, oder der Kapitalismus richtet sich in diesem Widerspruch, der Krise in Permanenz, ein. Sie wird gelöst durch die Revolution oder qua Umwälzung der Produktivkräfte durch eine Konterrevolution, eine ursprüngliche Akkumulation der Kapitalvernichtung.

»*Die Entwicklung der Produktivkräfte der gesellschaftlichen Arbeit – das ist der treibende Motor der geschichtlichen Entwicklung.* Nicht *was* gemacht wird, sondern *wie*, mit welchen Arbeitsmitteln gemacht wird, unterscheidet die ökonomischen Epochen.«[4]

»Aber von einem gewissen Zeitpunkt der geschichtlichen Entwicklung an wird dieser Prozess der Förderung ... der Arbeit gehemmt. Über einen gewissen Punkt hinaus kann die Entwicklung der Produktivkräfte innerhalb des Kapitalismus nicht gehen. An diesem Punkt ergibt sich auch die *ökonomische Notwendigkeit des Untergangs ... der früheren Produktionsweisen.* Denn die bürgerlichen, kapitalistischen Formen der Aneignung des Reichtums – die Kapitalakkumulation – beginnen von diesem Moment an, die Produktivkräfte zu hemmen, statt zu entwickeln, wovon bereits Sismondi eine ›Ahnung‹ hatte. Diese Notwendigkeit des Untergangs der kapitalistischen Produktionsweise und die ihn bedingenden Ursachen nicht mehr als ›Ahnung‹ aufgrund von historischen Analogien auszusprechen, sondern *durch streng wissenschaftliche Analyse der kapitalistischen Produktionsweise selbst exakt darzustellen* – war die eigentliche Aufgabe, die Marx im ›Kapital‹ sich stellte.«[5]

Die Kritik der politischen Ökonomie ist die Lehre von den Naturgesetzen der kapitalistischen Entwicklung. Diese gründen in der Naturwüchsigkeit der kapitalistischen Gesellschaftsformation, dem auf der Bewusstlosigkeit aller Beteiligten beruhenden Schein, der die bürgerliche Gesellschaft als eine ewige Naturnotwendigkeit darstellt. Insofern Marx diesen Zusammenhang aufklärt, beschreibt die Kritik der politischen Ökonomie die kapitalistische Gesellschaftsformation unter dem Aspekt ihrer Veränderung und Abschaffung und ist insofern revolutionäre Theorie (jedes Stadium ist reflektiert auf die Veränderung). Der Inhalt der Naturgesetze ist die Tendenz zum notwendigen Untergang, in der die Möglichkeit zur Revolution, zur Selbstbefreiung liegt. In der Lehre von den Naturgesetzen der kapitalistischen Entwicklung erhellt sich also die konstitutive Rolle der großen Philosophie für die revolutionäre Theorie: in ihr kehren im

4 Ebd., S. 2
5 Ebd., S. 4f.

nicht mehr philosophischen Medium der Kritik der politischen Ökonomie die nunmehr innergeschichtlich aufgehobenen Themen der europäischen Metaphysik wieder, die solche der Vermittlung sind: das Verhältnis von Grund und Begründetem, Wesen und Erscheinung, Form und Materie, Subjekt und Objekt, Allgemeinem und Besonderem, Begriff und Einzelding, Notwendigkeit und Freiheit, Möglichkeit und Wirklichkeit, mundus intelligibilis et sensibilis, Transzendentalität und Empirie, analytischen und synthetisch-apriorischen Urteilen (Wert-Tauschwert, Produktion-Zirkulation, Basis-Überbau, Krise-Revolution, Spontaneität-Organisation). Doch die innergeschichtliche Aufhebung dieser metaphysischen Themen vereinfacht das Problem nicht, sondern führt im Gegenteil eine zusätzliche Komplikationsebene ein. Vermittlung etwa von Wesen und Erscheinung, Allgemeinem und Besonderem stellt sich einmal als die Subsumtion der besonderen Gebrauchswerte unter den allgemeinen gesellschaftlichen Wert dar, welches die reale Scheinbarkeit der Abstraktion als daseiender impliziert, zum anderen als die Befreiung der Individuen durch das konkret Allgemeine, solidarische Kollektive usw. Einmal gilt es, die reale Ontologie des Kapitals zu entlarven, zum anderen, Modelle konkreter Vermittlung zum mindesten postulativ zu antizipieren. Das zentrale Problem ist: die Kritik der Abstraktionen. Philosophie ist Entmythologisierung, insofern sie die Gottheiten in Begriffe auflöst, aber danach die Abstraktionen zu Wesenheiten verfestigt usw. bis zum Nominalismus. Marx behandelt dies auf nicht mehr philosophischer Ebene; im nominalistischen Begriff, wie er bei Hegel kulminierend in einen entgegengesetzten Anspruch umschlägt, erkennt er den Wert und den sich verwertenden Wert, die Bewegung, die sich nicht bewegt, wie die formalisierte Zeit, die sich nicht verändert. (Transzendentalität ist die a parte rei als positiv gesetzte Negation. Hegels bestimmte Negation wird affirmative Negation.)

Die Problemstellung Grossmanns vermeidet den Fehler, den er auf den folgenden Seiten anderen ankreidet: nämlich die Werttheorie Marxens von der materialistischen Geschichtsauffassung zu trennen. Im Gegenteil wird ihm zufolge (S. 5) die Lehre des Historischen Materialismus in dem Maße zur Wissenschaft, da die bei Sismondi als »Ahnung« vorhandene geschichtsphilosophische Einsicht in den transitorischen Charakter der bürgerlichen Gesellschaft bis in die Zellenform der kapitalistischen Produktionsweise, die Warenform des Produkts, die Wertform der Ware und die Kapitalform des Werts, zurückverfolgt werden kann. So schließt Grossmann – Marx interpretierend – von der geschichtsphilosophischen Einsicht in den historisch bestimmten und vergänglichen Charakter der kapitalistischen Produktionsweise auf die *gesellschaftliche* Tendenz, diese geschichtliche Tendenz zu aktualisieren, den Widerspruch zwischen Produktionsverhältnissen und Produktivkräften, der aber auf gesellschaft-

licher Ebene nur den ökonomischen Widerspruch zwischen Tauschwert und Gebrauchswert in Kapitalform darstellt und sich somit als das Problem der organischen Zusammensetzung des Kapitals, damit der kapitalistischen Akkumulation und schließlich als die *ökonomische* Tendenz des Falls der Profitrate sich darstellt. Die geschichtliche Vergangenheit der kapitalistischen Gesellschaftsformation manifestiert sich also mit naturgesetzlichem Schein als Tendenz im ökonomischen Zentrum der materiellen Basis – als naturwüchsiger Krisenzusammenhang mit Elementen des Zusammenbruchs. Grossmann tendiert vielleicht dazu, die Zusammenbruchstendenz doch in dem Maße verdinglicht zu interpretieren, als der kapitalistischen Gesellschaftsformation die ökonomische Tendenz zum Sozialismus immanent sei. Das ist aufgrund des Vergesellschaftungsprozesses, der immer zentralisiertere Formen des kapitalistischen Privateigentums bildet, auch in der Tat richtig. Nur genügt eben diese Vergesellschaftung der Produktionsmittel (siehe Aktiengesellschaft) nicht; die Arbeitsnorm bleibt verinnerlicht und Herrschaftsverhältnisse bestehen potenziert – als Faschismus – fort. Die selbsttätige Subjektivität ist eben gerade nicht mechanisch vom materiellen Sein, auch nicht vom vergesellschafteten, bestimmt. (Zu untersuchen bleibt, ob Marx selbst diesen Fehler begangen hat oder dahin ausgelegt wurde.)
Die Aktiengesellschaften repräsentieren Marx und Engels zufolge ebenso die dem allgemeinen Begriff des Kapitals als des sich selbst verwertenden Werts adäquateste Daseinsweise, denn in ihnen kulminiert der Verdinglichungsprozess der abstrakten Wertsubstanz, wie sie andererseits, ergänzt durch ihre produktivgenossenschaftliche Antithese, geschichtlich den strukturellen Umschlagspunkt des kapitalistischen Privateigentums in die vergesellschaftende Kontrolle der kommunistisch Vereinigten, des objektiv möglich gewordenen »Vereins freier Menschen«, bezeichnen. Marx benennt diese extreme historische Dialektik der Aktiengesellschaft ausdrücklich:
»In den Aktiengesellschaften ist die Funktion getrennt vom Kapitaleigentum, also auch die Arbeit gänzlich getrennt vom Eigentum an den Produktionsmitteln und an der Mehrarbeit. Es ist dies Resultat der höchsten Entwicklung der kapitalistischen Produktion ein notwendiger Durchgangspunkt zur Rückverwandlung des Kapitals in Eigentum der Produzenten, aber nicht mehr als das Privateigentum vereinzelter Produzenten, sondern als das Eigentum ihrer als assoziierter, als unmittelbares Gesellschaftseigentum.«[6]
Als kapitaladäquateste Unternehmungsform erscheint sie, weil in ihr der »Totalprofit nur noch ... in der Form des Zinses bezogen wird.«[7] Aber in der »Veräußerlichung des Kapitalverhältnisses in der Form des zins-

6 Kapital, Bd. III, MEW 25, S. 453
7 Ebd., S. 452

tragenden Kapitals« statuiert sich der gesellschaftliche Vermittlungsprozess lebendiger Arbeit zu dinglicher Positionalität.[8] Der Profit erscheint nicht mehr als ein gesellschaftliches, sondern als »dieser automatische Fetisch ..., der sich selbst verwertende Wert, Geld heckendes Geld, und trägt in dieser Form keine Narben seiner Entstehung mehr«.[9] Alle Erinnerung an den Kontakt mit lebendiger Arbeit ist in dieser »Vorstellung, die dem aufgehäuften Arbeitsprodukt, und noch dazu fixiert als Geld, die Kraft zuschreibt, durch eine angeborne geheime Qualität, als reiner Automat ... Mehrwert zu erzeugen«,[10] verschwunden. Mit der Zinsform des Profits, der zirkulativen Erscheinungsform der kapitalistischen Produktion, wird der Kapitaleigentümer zum »bloßen Geldkapitalisten«. Auf einem Höchststand in der technischen Entwicklung der industriellen Produktivkräfte triumphiert die versteinerte Kommandogewalt vergangener Arbeit über die lebendige, durchdringen die vorkapitalistischen Erscheinungsformen des Kapitals, die »antediluvianische Existenz« des Tauschwerts, restlos das industrielle Kapital. Die Herrschaft des industrialisierten Bankkapitals, des Finanzkapitals, bricht an. »Ein immer größerer Teil des in der Industrie verwandten Kapitals ist Finanzkapital, Kapital in der Verfügung der Banken und in der Verwendung der Industriellen.«[11] Der damit anhebende Monopolkapitalismus nimmt die Industrie in die Zucht der Banken. Mit der Herrschaft des Geld heckenden Geldes regiert also ökonomisch die Klasse, deren Stellung im Produktionsprozess sich durch die Verwaltung der verselbständigten Zirkulation bestimmt, die »Finanzaristokratie«, deren politische Herrschaft in der Julimonarchie Marx als die *»Wiedergeburt des Lumpenproletariats auf den Höhen der bürgerlichen Gesellschaft«*[12] kennzeichnete.
Hilferding führt aus: »Die Macht der Banken wächst, sie werden die Gründer und schließlich die Beherrscher der Industrie, deren Profit sie als Finanzkapital an sich reißen, ganz wie einst der alte Wucherer in seinem ›Zins‹ den Arbeitsertrag des Bauern und die Rente des Grundherrn. Der Hegelianer könnte von Negation der Negation sprechen: Das Bankkapital war die Negation des Wucherkapitals und wird selbst vom Finanzkapital negiert. Dieses ist die Synthese des Wucher- und Bankkapitals und eignet sich auf einer unendlich höheren Stufe der ökonomischen Entwicklung die Früchte der gesellschaftlichen Produktion an.«[13]
Die derivative Zirkulation, die Bewegung, die an der Oberfläche der bürgerlichen Welt vorgeht, triumphiert über die Produktion, die verknöcherte Welt des Scheins über ihr kapitalistisches Wesen.

8 Ebd., S. 404ff.
9 Ebd., S. 405
10 Ebd., S. 412
11 R. Hilferding, Das Finanzkapital, Frankfurt 1968, S. 309
12 Marx, Die Klassenkämpfe in Frankreich, MEW Bd. 7, S. 15
13 Hilferding, Das Finanzkapital, S. 310

Die Massenorganisationen der Arbeiter gleichen sich den Herrschaftsstrukturen des autoritären Staates bürokratisch an. Aus revolutionären Organisationsformen zur Selbstbefreiung des Proletariats werden Machtapparaturen zur Erstickung der Selbsttätigkeit. Diese Integrationsmechanik der organisierten Sozialreform hat die Theorie der holländischen Schule schon früh eingesehen, nicht ohne puristische Idealismen. Deren Kritik schließt Horkheimer sich früh an. Die Sozialreform ist integraler Bestandteil des Monopolkapitals. Nur mit ihr kann die Ausbeutung fortgesetzt werden, die der freie Arbeitsvertrag nicht mehr verschleiern kann. So setzte sich in den Massenorganisationen auf naturwüchsige Weise die schmähliche Soziologie des bürgerlichen Parteiwesens durch.

Doch die Herrschaft des Finanzkapitals kann nicht, wie Hilferding prognostiziert, zum »Naturgesetz« des Monopolkapitals generalisiert werden, sondern sie verkehrt sich mit den zunehmenden Erfordernissen der Staatsintervention und damit der Aktualisierung der Zusammenbruchstendenz durch Überakkumulation geradezu in ihr Gegenteil, eine wachsende Verselbständigung des industriellen Kapitals gegenüber dem Bankkapital durch die Selbstfinanzierung der großen Trusts; Plethora des Kapitals und Verengung der Investitionsmöglichkeiten kehren schließlich das Herrschaftsverhältnis um; die kapitalistische Bürokratien der Trusts befreien sich vom Diktat des Kredits, nehmen die Zirkulation in ihre anarchische Regie und beherrschen die Banken. Dieses Verhältnis von Produktion und Zirkulation sowie die geschichtlich autoritäre Stellung des Staats zur Ökonomie deutet Horkheimer abbreviativ an, wenn er feststellt: »Das Dorado der bürgerlichen Existenzen, die Sphäre der Zirkulation, wird liquidiert. Ihr Werk wird teils von den Trusts verrichtet, die ohne Hilfe der Banken sich selbst finanzieren, den Zwischenhandel ausschalten und die Generalversammlung in Zucht nehmen. Teils wird das Geschäft vom Staat besorgt. Als caput mortuum des Verwandlungsprozesses der Bourgeoisie ist die oberste industrielle und staatliche Bürokratie übriggeblieben.«[14]
Finanzkapital und Selbstfinanzierung sind in ihrer entgegengesetzten Form doch ein und derselbe Ausdruck einer allerdings staatlich vermittelten Potenzierung der Naturwüchsigkeit des Kapitalverhältnisses. Sie deuten auf eine strukturell sich verändernde Proportion der prozessierenden Medien des wirklichen Produktionsprozesses, der als Tendenz auf den von Marcuse als Eindimensionalität kritisch analysierten Zustand verweist. Denn die Eindimensionalisierung der Gesellschaft kann nur, sofern sie nicht als reines Kulturphänomen gelten soll, sondern die Verfassung der materiellen Basis selbst betrifft, in einer globalen Nivel-

14 Autoritärer Staat, in: Walter Benjamin zum Gedächtnis, Los Angeles 1942, S. 123

lierung der wesenslogischen Differenzierungen der kapitalistischen Gesellschaftsformation bestehen, der nicht empirischen Unterschiede von Wert und Tauschwert, Produktion und Zirkulation, Überbau und Basis, Ökonomie und Politik, Staat und Gesellschaft, mittels deren Diskrepanz es der Kritik der politischen Ökonomie gelang, die fossilierten Sedimentierungen der gegenständlichen Erscheinungswelt im Kapitalismus kritisch aufzubrechen.
Unklar ist allerdings bis heute die Veränderung, die sich in der anatomischen Zellenform der kapitalistischen Gesellschaftsformation, der Ware, und damit in der Wertsubstanz vollzogen hat und ob überhaupt. Das makrologisch eindimensionalisierte Verhältnis von Politik und Ökonomie müsste sich mikrologisch im Innern der Warenform der Produkte und deren gesellschaftlichen Beziehungen untereinander, also an der am Verhältnis von Gebrauchs- und Tauschwert erscheinenden Konstellation von Wert und Tauschwert niederschlagen. Das wiederum würde Fragen nach einem auch ökonomiekritisch zu bezeichnenden Strukturwandel abstrakter Arbeit, nach der theoretischen Anwendbarkeit dieser Kategorie überhaupt aufwerfen, einem Wandel in der Naturwüchsigkeit, Verdinglichung und Fetischisierung der ökonomischen Formbestimmungen. Darin liegt ein zentrales Problem einer historischen Metakritik der politischen Ökonomie. (Verzicht auf spekulative Dimension, heute.)

»Die Produktionsverhältnisse der kapitalistischen Gesellschaft nähern sich der sozialistischen immer mehr, ihre politischen und rechtlichen Verhältnisse dagegen errichten zwischen der kapitalistischen und der sozialistischen Gesellschaft eine immer höhere Wand. Diese Wand wird durch die Entwicklung der Sozialreformen wie der Demokratie nicht durchlöchert, sondern umgekehrt fester, starrer gemacht. Wodurch sie also niedergerissen werden kann, ist einzig der Hammerschlag der Revolution, d.h. *die Eroberung der politischen Macht durch das Proletariat.*«[15] Zusammenhang Sozialreform – Verstaatlichung der Gesellschaft, der Staat wird immer kapitalistischer – Die Verstaatlichung der Gesellschaft und die Vergesellschaftung der Produktion ergänzen einander.
Mit der aktiengesellschaftlichen Unternehmungsform tritt Marx zufolge das Ausbeutungsverhältnis nackt hervor und die tragende Basisideologie der kapitalistischen Gesellschaftsformation, der gerechte Äquivalententausch, die verdinglichte Erscheinungsform des Preises der Arbeitskraft als Arbeitslohn und die verschleiernde Identität von exploitierender und exploitierter Arbeit zerbricht. Die aktiengesellschaftliche Unternehmungsform »fordert die Staatseinmischung« heraus; die Überflüssigkeit der Kapitalistenklasse und der Klassencharakter der Gesellschaft können nicht mehr länger verschleiert werden. An die Stelle des individuellen Ar-

15 R. Luxemburg, Sozialreform oder Revolution?, Politische Schriften I, Frankfurt 1986, S. 81

beitsvertrags, der die Illusion von Gleichheit, Freiheit und Gerechtigkeit vorspiegelte, an die Stelle des bürgerlichen Paradieses der Zirkulation tritt der sozialreformerisch erkämpfte Tarifvertrag der koalierten Klasse, der nun alsbald vom reformerischen Mittel zum revolutionären Zweck, zum wirksamen Integrationsinstrument des Monopolkapitals selbst werden sollte. Wenn die Klassen nun schon einmal nicht mehr zu verschleiern sind, sollen die unschlichtbaren Antagonismen der Klassenfeinde wenigstens mit dem partnerschaftlichen Schein pluralistisch ausgleichbarer Interessengegensätze ausgestattet werden (siehe auch Neumann und Korsch). Sozialpolitik und Koalitionsrecht mit der Tendenz zur faschistischen Zwangsorganisation ausgestattet sowie betriebliche Mitbestimmung werden zu Instrumenten sozialversichernder Repression, um die Massen an der selbsttätigen Wahrnehmung ihrer Interessen zu hindern (dazu Verselbständigung der Massenorganisationen, Horkheimer, Pannekoek). Die Dialektik von Reform und Revolution unterliegt zugunsten des Reformismus, der zum wichtigsten Herrschaftsinstrument der Konterrevolution wird; das Monopolkapital kann nur bestehen, wenn der autoritäre Sozialstaat für die Integration der Organisationsformen der Abeiterklasse sorgt. Das Instrument ist die Sozialreform – es entspricht dem von oben eingesetzten Wirtschaftsinstrumentarium des Keynesianismus.
Die abstrakte Arbeit ist nicht mehr imstande, ihre isolierenden Beziehungen von sich aus in die Gesamtgesellschaft zu verallgemeinern und ihre repressiven Abstraktionsfordernisse, die sie der Masse der Produzenten auferlegt, von ihrer empirisch bedürftigen Subjektivität abzusehen, zu Institutionalisieren. Die Wertsubstanz verliert ihre ökonomische Legitimationsbasis politisch-staatlicher und rechtlich-moralischer Herrschaft; die freie Konkurrenz von einander feindseligen Individuen und der gerechte Äquivalententausch von einander gleichgeltenden und gleichgültigen Warenbesitzern hat mit monopolistischer Preismacherei und oligopoler Marktabsprache kaum noch etwas gemein. Die Zirkulation hört auf, als ideologieproduzierender Garten Eden bürgerlicher Gründerakte und republikanischer Freiheiten zu existieren (Horkheimer, Vernichtung der Zirkulation). Die Wertsubstanz kann deshalb ihre Herrschaft nicht länger auf alle Ebenen des gesellschaftlichen Verkehrs transponieren. Sie bedarf der direkten politischen Legitimation (Habermas), des manipulativen oder nötigenfalls terroristischen Einsatzes von oben. Der politische Einsatz aller technischen Verkehrsmittel hat den Boykott des gesellschaftlichen Verkehrs selbst um den Preis der Zersetzung bürgerlicher Öffentlichkeit als der Gesellschaft der Bürger zu besorgen und zu garantieren (Horkheimer, Carl Schmitt).
In dieser sozialstaatlichen Zersetzung des bürgerlichen Rechtsstaates verlieren das Vertragsrecht und die danach gebildeten politischen Verkehrs- und Organisationsformen ihren Sinn. Parlament und Parteien

sind längst ins Instrumentarium autoritärer Regierungskunst integriert. Einstmals waren sie ideell konzipiert als der politische Markt, auf dem die konkurrierenden Fraktionen der Bourgeoisie unter Gewaltverzicht auf Kompromissebene in freier Diskussion ihre ökonomisch unterschiedenen Interessen politisch aushandelten (dazu Marx, 18. Brumaire, Kap. V). Das Monopolkapital kann den realisierten Begriff des Parlaments als Volksvertretung, eine wirksame Interessenvertretung der koalierten Arbeiterklasse nicht dulden, ohne die Gewähr, die ihm adäquateste politische Form der Klassenherrschaft, die parlamentarische Demokratie, jederzeit an den zur Verselbständigung tendierenden Staat delegieren zu können, sei's dass faschistischer Terror sie zerschlägt, sei's dass sie, wie heute, in integrale Bestandteile der Exekutive integriert und dieser subsumiert werden. Sie nehmen bloß noch manipulative Funktion wahr (Forsthoff: technologische Zwänge erlauben keine Alternative). Der Kompromiss, das Prinzip bürgerlicher Real- und liberaler Koalitionspolitik, ist die politisch rationalisierte ökonomische Konkurrenz. Der freie Tausch bildet das Modell des Parlaments. Mit seinem Schwinden verliert es seine fundierende Substanz.
Die kapitalistische Ökonomie trägt kaum noch sich selber, geschweige denn die Gesamtgesellschaft. Das derivative pricipiatum muss das derivierende principium aufrechterhalten. Die Erscheinungen haben sich gegenüber ihrem kapitalistischen Wesen verselbständigt und stützen es. Was einstmals als Überbau außerökonomisches Derivat zur Garantie der ökonomischen Selbstregulierung des kapitalistischen Produktionsprozesses war, ist jetzt als staatliche Produktionsregulierung Basiselement selber. Das Monopolkapital bedarf des permanenten Staatsinterventionismus und der sozialstaatlichen Legitimation, welche dem Faschismus, die Verselbständigung der Exekutive gegenüber den Klassen, potentiell innewohnen, ebenso wie die Krise permanent ist. Die nicht mehr hinreichende Politizität der Ökonomie wird durch die zunehmende Ökonomisierung der Politik ausgeglichen. Das Monopolkapital schließt die Gesellschaft zur staatlichen Gesamtkaserne zusammen. (Die emanzipatorischen Gehalte der Zirkulation werden durch die Zucht der Banken eliminiert; die Herrschaft des fetischisierten Kapitals; auf der Höhe des Kapitalverhältnisses herrschen die antediluvianischen Erscheinungsformen des Kapitals; das Lumpenproletariat auf der Höhe der bürgerlichen Gesellschaft: die Finanzaristokratie.)
Die Klassenherrschaft tritt in der Aktiengesellschaft aus zwei Gründen unverhüllt hervor: Der gesellschaftliche Charakter der Produktivkräfte ist ex negativo in der Kapitalform selbst ausgedrückt, und der Kapitalist geht seiner industriellen Funktion verlustig, er demonstriert nur noch Kapital und keine nützlichen Funktionen mehr; er demonstriert nur noch seine Überflüssigkeit. Die Aufhebung der Wertsubstanz abstrakter Arbeit, der Isolierung der privat arbeitenden Produzenten ist an der Zeit.

Das Kapital Bd.III, 23. Kapitel
S. 396: In der aktiengesellschaftlichen Unternehmungsform kann das Gewaltverhältnis der Ausbeutung nicht mehr ohne weiteres verschleiert werden; ein weiteres Element der Basisideologie verschwindet: die Identität von »Arbeit der Exploitation« mit der »exploitierten Arbeit« durch die Eskamotierung der Kapitalisten aus ihren industriellen Funktionen. In dieser Beziehung die kapitaladäquate Funktion des Reformismus im Klassenkampf (siehe Strachey, bei Habermas zitiert[16]). Die Integration der Organisationsformen der Arbeiterklasse ins Kapitalverhältnis verunmöglichen immer mehr die Dialektik von Reform und Revolution in diesem Jahrhundert: durch die Funktion der Reform im Konkurrenzkapitalismus konnte die Arbeiterklasse nur als integriert bezeichnet werden, insofern sie nicht organisiert war. Dass die Organisationsformen des Proletariats selbst falsches Bewusstsein materialisierten, ist die Geschichte des Reformismus; er erlaubt die Anerkennung des Koalitionsrechts auch für die lohnabhängigen Massen und betreibt zugleich die Integration ihrer Assoziationen. Der Monopolkapitalismus ist darauf angewiesen, die Organisierung der lohnabhängigen Massen zur Klasse rechtlich und staatlich anzuerkennen und diese zugleich zu neutralisieren, durch Sozialgesetzgebung und Sozialreform, was nur gelingen kann, wenn die Organisationsformen der Arbeiterklasse selbst reformistisch werden. (Die Sozialreform als point d'honneur wird nicht blutig niedergeschlagen, weil integriert; in den Klassenkämpfen in Frankreich bedurfte es der blutigen Niederschlagung.) Die organisatorische Verfestigung des reformistisch und manipulativverfälschten Klassenbewusstseins ist ein Element der Potenzierung der Klasse an sich – dem Konglomerat isolierter Individuen. Mit dem Monopolkapital verunmöglicht sich die Verschleierung des Ausbeutungsverhältnisses durch den Zusammenbruch der Basis-ideologie der freien Konkurrenz, der Erscheinungsform des Arbeitslohns; durch die tendenzielle Liquidation der ambivalenten Freiheit des freien Arbeiters entschleiert sich die verschleiernde Rechtssubstanz und die Identität von Ausbeutungsarbeit und ausgebeuteter Arbeit. Die reformistischen Organisationsformen der lohnabhängigen Massen sind Instrumente der herrschenden Klasse, mit pluralistischen Ideologien der Nivellierung von Klassenantagonismen diese zu ausgleichbaren Interessengegensätzen zu harmonisieren. Die Ideologien der formierten Gesellschaft sind nur Emanation des Pluralismus, entweder faschistisch formiert oder pluralistisch.
Die Arbeit des Ausbeutens (S. 396) erscheint als nichtkapitalistisch; weil die fetischisierteste Form, die verdinglichtste Form des Kapitalverhältnisses, G-G', als das gegenüber dem Produktionsprozess verselbständigte und zu ihm unvermittelte Kapital erscheint.

16 Vgl. Theorie und Praxis, Neuwied 1967, S. 197ff.

Die Identität von Exploitationsarbeit und exploitierter Arbeit gründet ideologisch in der gegenüber allen produktiven Vermittlungen positionalisierten Zinsform des Profits und dem Dirigentensalär.
Die Arbeit des Dirigenten hat zwei Gründe: den zweckrationalen der Kooperation der unmittelbaren Produzenten und Kombination der Arbeit (S. 397) und zweitens das Herrschaftsverhältnis über fremde Arbeit.
»Ganz wie in despotischen Staaten die Arbeit der Oberaufsicht und allseitigen Einmischung der Regierung beides einbegreift: sowohl die Verrichtung der gemeinsamen Geschäfte, die aus der Natur aller Gemeinwesen hervorgehn, wie die spezifischen Funktionen, die aus dem Gegensatz der Regierung zu der Volksmasse entspringen.« (S. 397) Verwaltung und Kommando, die Symbiose von Herrschaft und Administration. Dabei wieder ideologische Verschleierung, die kapitalistische Herrschaftsfunktion, die dem Klassengegensatz entwächst, stellt sich als analytisch nicht ablösbar von der herrschaftsfreien Leitungsfunktion dar.
»Mit der Entwicklung der Kooperation auf seiten der Arbeiter, der Aktienunternehmungen auf seiten der Bourgeoisie, wurde auch der letzte Vorwand zur Verwechslung des Unternehmergewinns mit dem Verwaltungslohn unter den Füßen weggezogen und erschien der Profit auch praktisch, als was er theoretisch unleugbar war, als bloßer Mehrwert, Wert, für den kein Äquivalent gezahlt ist, realisierte unbezahlte Arbeit; so dass der fungierende Kapitalist die Arbeit wirklich exploitiert und die Frucht seiner Exploitation, wenn er mit geborgtem Kapital arbeitet, sich teilt in Zins und in Unternehmergewinn, Überschuss des Profits über den Zins.« (S. 403)
Die Marxsche Theorie konzipiert die kapitalistische Gesellschaftsformation und deren bürgerliche Verkehrsformen als einen naturwüchsigen Abstraktionszusammenhang, dessen institutionelle Herrschaftsformen derivative Funktionen der ökonomischen Verwertung abstrakter Arbeit sind. Auf deren Basis erhebt sich die Gesellschaft bis hin zu ihrem ökonomisch konstituierten und legitimierten superstrukturellen Institutionswesen. Die freie Konkurrenz von einander feindseligen Individuen hat die objektive Funktion, die mit abstrakter Arbeit gesetzte Isolierung und Vereinzelung der privatarbeitenden Produzenten in alle gesellschaftlichen Verkehrsformen der Individuen klassenmäßig unterschieden fortzusetzen, um die Dissoziierung der lohnabhängigen Massen und die schicksalhafte Anarchie der Gesamtgesellschaft zu garantieren. Dem gerechten Äquivalententausch von gegeneinander gleichgültigen und deshalb einander gleichgeltenden Warenbesitzern kommt die ideologische Legitimationsfunktion zu, die exploitive Abstraktion von den Bedürfnissen und Gebrauchswerten, als die sich der im Geld zirkulativ realisierende Wert darstellt, ebenso zu institutionellen Herrschaftsformen des gesellschaftlichen Verkehrs zu vermitteln wie den Gewaltcharakter der exploitiven

Abstraktion vertragsrechtlich zu verschleiern. Marx bezeichnet die darauf folgenden Herrschaftsderivate als Überbau, der sich zu den Produktionsverhältnissen als seiner Basis verhält und in dessen politisch-staatlichen wie moralisch-rechtlichen Erscheinungsformen der Herrschaft und Unterdrückung, die sie ausüben, zugleich legitimationsideologisch verdeckt sind.

Die Totalität der konkurrierenden Einzelegoismen bildet das gesellschaftliche Allgemeininteresse und erhebt den Tauschverkehr zur trügerischen Erscheinungsform solidarischer Gegenseitigkeit der Marktkontrahenten. Der friedliche und freiheitliche Äquivalententausch rechtfertigt die isolierende Konkurrenz, in welcher der Naturzustand des Bürgerkriegs aller gegen alle nur brüchig pazifiziert ist. Die charaktermaskierte Gleichgültigkeit der Warenbesitzer soll die dissoziierende Feindseligkeit als Konkurrenten bemänteln. Die Klassen haben die Funktion, die ökonomischen Machtstrukturen zu politischen Herrschaftsverhältnissen zu vermitteln.

4. Revolutionäre Theorie und existentielle Radikalität*

»Auf die politische Apragmosyne zur Zeit, wenn Unruhen im Staate ausbrechen, hatte der atheniensische Gesetzgeber den Tod gesetzt; die philosophische Apragmosyne, für sich nicht Partei zu ergreifen, sondern zum Voraus entschlossen zu sein, sich dem, was vom Schicksal mit dem Siege und der Allgemeinheit gekrönt würde, zu unterwerfen, ist für sich selbst mit dem Tode spekulativer Vernunft behaftet.«
Hegel

Ein kritisches Nachwort zum Heideggermarxismus in den ersten philosophischen Arbeiten Herbert Marcuses vermag die von ihm selbst in seinem späteren Denken daran geübte Kritik kaum zu übertreffen. Gleichwohl kann eine ausdrückliche Kritik an dem ersten Versuch, die materialistische Dialektik mit einer phänomenologischen Fundamentalontologie zu verbinden, ein mehr als nur akademisches Interesse für sich beanspruchen, denn sie trifft auf die Aktualität des marxistischen Denkens, zumal in Westeuropa.[1] Die philosophischen und politischen Beziehungen zwischen Marxismus und Existentialismus haben sich seit 1945 mit ihren gesellschaftlichen Bedingungen historisch geändert.[2] Nicht nur die marxistische Theorie der sozialistischen Revolution hat den strategischen Stellenwert anarchischer und existentiell strukturierter Aktionen neu zu durchdenken, aufgrund der von der Produktionsbasis nahezu vollkom-

* Der vorliegende Text basiert auf einem Referat, das Hans-Jürgen Krahl im WS 1966/67 in der Übung von Alfred Schmidt über »Existentialismus und Marxismus« vorgetragen hat. Die Vorarbeiten zu diesem Referat bilden ausführlich kommentierende Exzerpte aus dem zugrundegelegten Text Marcuses – einer Schrift aus dem Jahre 1928, »Beiträge zu einer Phänomenologie des Historischen Materialismus« (Philosophische Hefte, Heft 1, Berlin, Juli 1928). Diese Vorarbeiten enthalten bereits die wichtigsten Teile des späteren Referats, darüber hinaus gibt es verschiedene Passagen, die in die Referat-Fassung nicht eingegangen sind: vor allem philosophiegeschichtliche Ableitungen der bei Heidegger und Marcuse auftretenden Kategorien. Diese wurden von den Herausgebern in das Referat eingearbeitet. (Anm. d. Hg.)

1 Die Konzeption Marcuses ist in dreierlei Hinsicht interessant: sie betrifft a) das Verhältnis Marxismus und Existentialismus (Existentialontologie), was die aktuellste Problematik ist; b) seine Beziehungen zur damaligen »Kritischen Theorie«; c) das Verhältnis von Marxismus und Ontologie als explizite Theorie der Revolution und nicht als Reduktion auf die im Marxismus enthaltenen philosophischen Elemente. Diese drei Punkte stehen in Beziehung zu drei Typen der Marx-Interpretation a) der existentialistischen Version; b) der philosophiekritischen; c) der ontologisch-systematischen Interpretation.

2 Die historische Veränderung im Gegenstand des Historischen Materialismus, der kapitalistischen Gesellschaftsformation, haben besonders Marcuse und Adorno als eine immanente Ideologisierung beschrieben, durch die im organisierten Kapital die frühere Differenz von Basis und Überbau auf eine ebenso abstrakte wie verstärkt verdinglichende Weise sich nivelliert, so dass Kategorien, welche das gesellschaftliche Bewusstsein betreffen, wie Entfremdung, in ihrem analytischen Wert nahezu aufgehoben sind.

men absorbierten und verwerteten Formen des wenn auch entfremdet und ideologisiert – von ihr differierenden Bewusstseins. Auch der französische Existentialismus in seinem Bemühen, nach immanenter Differenzierung sich der individuellen Existenz zu versichern mittels philosophischer Kategorien von ontologischer Fundierung, sah sich gezwungen, fortschreitend ontisch empirische und schließlich offen gesellschaftliche Gehalte in seine von der ontologischen Erkenntnisintention und dem phänomenologischen Ansatz her transzendentale und entsprechend inhaltsleere Theorie aufzunehmen.

Der französische Existentialismus hat, vermittelt durch seine spezifische, wesentlich auf die Stufe des Selbstbewusstseins und seiner Gestalten eingeschränkte Hegelrezeption von Anbeginn einen intensiveren Kontakt zum philosophischen Marxismus gehabt als die deutsche Existentialontologie, die aus keineswegs akzidentellen Gründen ein Bündnis mit dem Faschismus einging und nach der sogenannten »Kehre« im Denken Heideggers zur offiziösen Erbauungsphilosophie herabsank. Ebenso ist es der rein transzendentalen Daseinsanalytik von »Sein und Zeit« keineswegs bloß äußerlich, dass Herbert Marçuses Versuch, eine genuine und immanente Beziehung zum Historischen Materialismus herzustellen, ganz im Gegensatz zu analogen französischen Versuchen, wie der Hegel-Interpretation Kojèves, von akademischer Folgenlosigkeit blieb, obwohl Marcuse den Marxismus auch in seiner existentialontologischen Gestalt ausdrücklich als die »Theorie der proletarischen Revolution und die revolutionäre Kritik der bürgerlichen Gesellschaft« anerkennt und explikativ begründen will, also nicht, wie die nach 1945 an Heidegger angeknüpfte anthropologische Marxrezeption in Westdeutschland, die die marxistische Theorie praktisch entschärft und sie auf die in dieser enthaltenen philosophischen Elemente zu reduzieren sucht.

Das prägnanteste Dokument von Marcuses Bündnis zwischen Marxismus und Existentialontologie stellt der ein Jahr nach dem Erscheinen von »Sein und Zeit«, 1928, erschienene Aufsatz »Beiträge zu einer Phänomenologie des Historischen Materialismus« dar, der diesen für eine konkrete Ontologie der Geschichtlichkeit reklamiert. »Innerhalb des Marxismus bezeichnet der Historische Materialismus den Gesamtbereich der Erkenntnisse, die sich auf die Geschichtlichkeit: auf das Sein, die Struktur und die Bewegtheit des Geschehens beziehen.«[3]

Das nur unvollständig reflektierte Dilemma dieses Unterfangens bezieht sich auf den eine contradictio in adjecto beinhaltenden Zwang, den Daseinsbegriff von Sein und Zeit auf die Ebene gesellschaftlicher Allgemeinheit zu übertragen, um dort den existenzphilosophischen Anspruch auf Konkretion allererst einzulösen. So erklärt Marcuse an seinem Daseinsbegriff, dieser »richte sich ... nicht auf das (abstrakte) individuelle Dasein,

3 Marcuse, Beiträge..., S. 45

sondern auf die konkrete geschichtliche Einheit, die stets eine (noch zu bestimmende) Gesellschaft ist. ... Die individuelle Person ist nicht die geschichtliche Einheit.«[4]

Seit Kierkegaard gilt der Begriff der Existenz, auch der ontologische Heideggers, im Widerspruch zur idealistischen Tradition, als Subjektsbegriff. Ist der existentielle Begriff des individuellen Subjekts mit dem im dialektischen Sinn materialistischen gesellschaftlichen Subjekt Marxens so bruchlos zu vereinbaren, wie Marcuse es anscheinend annimmt? Existenz in der nominalistischen Tradition der bürgerlichen Philosophie galt als heteronomes Objekt, reine unstrukturierte Ausdehnung, res extensa; Subjekt hingegen war reine Form, res cogitans, die in einem der historischen Entwicklung der bürgerlichen Gesellschaft entsprechenden Grad Anteil hatte an der Autonomie der absoluten Substanz, bis Hegel das Subjekt selbst über dessen spekulativer Identifikation mit dem Objekt zur absoluten Substanz erhob.[5] Im Sinne der nominalistischen Trennung von allgemeinen, aber ganz und gar abstrakten Begriffen und den begriffslosen Einzeldingen erhob das rein begriffliche Subjekt einen Anspruch auf Universalität. An der idealistischen Generalthesis von der Alleinwirklichkeit des rein begrifflichen Subjekts setzt der Einspruch des Kierkegaardschen Existenzbegriffs ein, der einen leidenschaftlichen Protest gegen die usurpatorische Gewalt der absoluten Methode Hegels führt, die gleichwohl principium individuationis zu sein verspricht, deren spekulative Abstraktion aber die Not der radikal vereinzelten Existenz – die nicht mehr das Objekt der Außenwelt, sondern im Gegenteil das Subjekt als Innerlichkeit bezeichnet – hinwegrationalisiere und deren unglückliches Bewusstsein im reinen Begriff aufzuheben trachtet.[6] Kierkegaards engagierter Begriff der existentiellen Subjektivität bleibt jedoch logisch den nominalistischen Grundlagen der bürgerlichen Philosophie verhaftet und liefert selbst eine abstrakte Kritik des Hegelschen Systems, dessen Widerspruch zur detaillierten Dialektik von Allgemeinem und Beson-

4 Ebd., S. 63

5 Die Erscheinung der zur res extensa verdinglichten Individualität an dem radikal vereinzelten existentiellen Subjekt hat Herbert Marcuse für die Philosophie Sartres prägnant bezeichnet. Dessen Denken habe »die konkrete menschliche Existenz nur dort erreicht, wo es aufhört, sie als ›freies Subjekt‹ zu analysieren, und sie als das beschreibt, was sie tatsächlich geworden ist: als ›Ding‹ in einer verdinglichten Welt. Am Ende des Weges ist die Ausgangsvorstellung umgedreht: Die Verwirklichung der menschlichen Freiheit erscheint nicht in der *res cogitans,* im ›Für-sich‹, sondern in der *res extensa,* im Körper als Ding. Hier erreicht der Existentialismus die Stelle, an der philosophische Ideologie in revolutionäre Theorie umschlagen könnte. Aber an dieser gleichen Stelle hält der Existentialismus in dieser Bewegung inne und führt in die ontologische Ideologie zurück.« Herbert Marcuse, Existentialismus, in: ders., Kultur und Gesellschaft 2, Frankfurt 1967, S. 53. Über das Verhältnis von Subjekt und Objekt bei Hegel vergl. Karl Heinz Haag, Philosophischer Idealismus, Frankfurt 1967.

6 Vgl. dazu S. Kierkegaard, Abschließende Unwissenschafliche Nachschrift zu den Philosophischen Brocken, 2 Bde., Düsseldorf-Köln 1957/58

derem sie ignoriert. Kierkegaards Proklamation der an ihrem Existieren leidenschaftlich und unendlich interessierten Einzelexistenz registriert an dieser nolens volens, was den Individuen in der kapitalistischen Gesellschaft widerfährt, denen diese versprach zu autonomen Bürgern, zu aktiven Subjekten sich bilden zu können, sie aber in Wirklichkeit immer mehr zu passivischen Objekten, abstrakten Individuen von begriffsloser Singularität herabsetzte. Doch während der existentielle Protest diese Dialektik nicht einsieht, sondern in existentiellem Trotz die zu tumben res extensae entäußerten Individuen – über deren Köpfen das in der bürgerlichen Philosophie nur vag bestimmte allgemeine Subjekt regiert – und diesen voluntaristisch anempfiehlt, frei zu sein, versucht Marx den Widerspruch von Allgemeinem und Besonderem, den das materiell produzierende Subjekt der kapitalistischen Gesellschaft an sich selber hat, darzustellen. Marx gewinnt seinen Subjektbegriff erkenntniskritisch aus der Polemik gegen Feuerbach, die aber eine differenzierte Kritik des idealistischen Verhältnisses von Aktivität und Passivität, von Subjekt und Objekt seit Kant enthält.[7] Durch die Verbindung des aktivischen Subjektbegriffs mit der im Kantischen Sinn an Materie gebundenen rezeptiven Sinnlichkeit materialisiert sich der idealistische Begriff des tätigen, arbeitenden Subjekts und aktiviert sich die passivisch strukturierte Sinnlichkeit. Die transzendentale Apperzeption des allgemeinen Subjekts Kants, die ein bloß kontemplativer Kommentator aller meiner Vorstellungen ist, materialisiert sich kraft des ihr innewohnenden gesellschaftlichen Inhalts, vermittelt durch Fichtes Identifikation von theoretischer Konstitution und praktischer Produktion von Objektivität, wie es sein Begriff des Setzens, der subjektiven thesis, anzeigt, zum konkreten gesellschaftlichen Subjekt der Reproduktion des Lebens. Dessen Antagonismus gründet in einer der kapitalistischen Produktionsweise entsprechenden gesellschaftlichen Teilung der Arbeit und deren Dialektik von abstrakter und konkreter Arbeit, welche die Gegenstandsverfassung ihrer Produkte zur Warenform dephysiert. Ebenso bestimmt dies die gesellschaftliche Existenzweise, die abstrakte Individualität der individuellen Produzenten und ihr Verhältnis zum gesamtgesellschaftlichen Produktionssubjekt.

Der im Innern der kapitalistischen Produktionsbasis sich vollziehende Abstraktions- und Verdinglichungsprozess, den Marx mikrologisch an der Analyse der Warenform darstellt, beruht auf der abstrakten Arbeit iso-

7 »Der Gegensatz von Passivität und Aktivität, der in der Erkenntnistheorie als Dualismus von Sinnlichkeit und Verstand auftritt, gilt für die Gesellschaft nicht im gleichen Maß wie für das Individuum. Wo sich dieses als passiv und abhängig erfährt, ist jene, die sich doch aus Individuen zusammensetzt, ein wenn auch bewusstloses und insofern uneigentliches, jedoch tätiges Subjekt. Dieser Unterschied in der Existenz von Mensch und Gesellschaft ist ein Ausdruck der Zerspaltenheit, die den geschichtlichen Formen des gesellschaftlichen Lebens bisher eigen war.« M. Horkheimer, Kritische Theorie Bd. II, Frankfurt 1968, S. 149

liert wie unabhängig voneinander privat arbeitender Individuen.[8] Diese Totalität der abstrakten Arbeit aber bildet den konkreten anarchischen Reproduktionsprozess der Gesamtgesellschaft. Vom Antagonismus des Subjektbegriffs im Historischen Materialismus, der sich an der Dialektik von abstrakter Individualität und gesamtgesellschaftlicher Produktion bestimmt, sagt Marx:

»Die Individuen sind unter die gesellschaftliche Produktion subsumiert, die als ein Verhängnis außer ihnen existiert; aber die gesellschaftliche Produktion ist nicht unter die Individuen subsumiert, die sie als ihr gemeinsames Vermögen handhaben.«[9]

Diesen Schein der Naturwüchsigkeit des seinen eigenen produktiven Aktivitäten passivisch unterworfenen gesellschaftlichen Subjekts intendiert auch Marcuse als spezifisch dialektischen Gegenstand des Historischen Materialismus:

»Aus der konkreten geschichtlichen Situation heraus wird die Frage gestellt: was da ist, ist eine endlose Summe von Tätigkeiten, eine neben der anderen, und doch alle untereinander unentwirrbar verbunden und voneinander bestimmt, – alle losgelöst vom Täter, der in ihnen nicht lebt, nur sich beschäftigt, oder, ein letzter Widersinn! – sie ausüben muss, um überhaupt erst leben zu können. Es ist ›die Verwandlung‹ der persönlichen Mächte in sachliche ›... die, alles wirklichen Lebensinhalts beraubt, abstrakte Individuen‹ zurückgelassen hat ..., so dass die ›eigene Tat des Menschen ihm zu einer fremden gegenüberstehenden Macht wird‹. Das ist der die Existenz der kapitalistischen Gesellschaft treffende Blick, der hinter ihren ökonomischen und ideologischen Formen auf die ›Wirklichkeit einer unmenschlichen Existenz‹ trifft.«[10] Doch der antagonistische Begriff des gesellschaftlichen Subjekts, die Kritik an dessen Verdinglichung steht in unaufgelöstem Widerspruch zu der von Heideggers konkretistischer Daseinsanalyse gelieferten Apologie der abstrakten Individualität, seinem in der Tradition des Kierkegaardschen Existenzbegriffs formulierten Begriffs des Daseins, wie es die ontologische Theorie der Geschichtlichkeit, von Marcuse zum Zentrum des Marxismus erklärt, erhellt. Marcuse lobt an dem im ontologischen Sinn von der Geschichtlichkeit zusammengehaltenen Existenzbegriff Heideggers, dieser habe »dem bürgerlichen Freiheitsbegriff und dem bürgerlichen Determinismus das Freisein als das Wählenkönnen der Notwendigkeit, als das echte Ergreifenkönnen der vorgeschriebenen Möglichkeiten gegenübergestellt, und

8 Marx zeigt in der logischen Genesis der Wertform, wie die formalisierende Verallgemeinerung des Wertausdrucks zugleich die besondere Verdinglichung des Tauschwerts zu seiner sozial manifesten und partikularen Existenz darstellt.

9 Marx, Grundrisse, S. 76

10 Marcuse, Beiträge..., S. 47. Marcuse zitiert aus Marx, Die deutsche Ideologie und Die heilige Familie.

er hat in dieser ›Treue zur eigenen Existenz‹ die Geschichte als einzige Autorität aufgerichtet. «[11]

Es macht den für die Herrschaftsfunktion der fundamentalontologischen Daseinsanalytik konstitutiven Inhalt dieses umschriebenen Freiheitsbegriffs und seiner dezisionistischen Konsequenzen aus, dass die transzendentale Analyse streng auf die formale Inhaltslosigkeit der allgemeinen Kategorien sowie deren im ontologischen Sinn ahistorische Apriorität bedacht ist. Es geht Heidegger gar nicht darum, die existentielle Singularität des »jemeinigen Daseins« angemessen zu artikulieren, sondern diese vielmehr als kategorial zu schematisieren:

»Wenn die Historie, selbst eigentlicher Geschichtlichkeit entwachsend, wiederholend das dagewesene Dasein in seiner Möglichkeit enthüllt, dann hat sie auch schon im Einmaligen das ›Allgemeine‹ offenbar gemacht.«[12]

Das Leben der begriffslosen Individualität abstrakter Existenz wird nominalistisch in den kategorisierenden Überbau verknöcherter Kategorien zurückgenommen. Damit fällt Heidegger selbst hinter die sich der Paradoxien des existentiellen Protests sehr wohl bewusste, konzise Kritik Kierkegaards an der philosophierenden Abstraktion der spekulativen Vernunft zurück:

»In der Sprache der Abstraktion kommt das, was die Schwierigkeit der Existenz und der Existierenden ausmacht, eigentlich nie zum Vorschein, geschweige denn, dass die Schwierigkeit erklärt wird. Eben weil das abstrakte Denken vom Standpunkt der Ewigkeit her (sub specie aeterni) betrachtet, sieht es ab von dem Konkreten, von der Zeitlichkeit, vom Werden der Existenz, von der Not des Existierenden ...«[13]

Diese aber darf Heidegger, selbst wenn es nicht die zur bloß äußeren herabgesetzte ökonomische, sondern die idealistische, zur inneren Zerrissenheit verflüchtigte ist, nicht artikulieren, will er das ideologische Gewebe seiner Ontologie der Geschichtlichkeit nicht bloßstellen, um dessentwillen er die konkrete historisch jeweils zu bestimmende Existenz zur apriorischen Geschichtlichkeit ontologisiert und die philosophia perennis, die zu destruieren er mit pseudoradikaler Gebärde vorgibt, terminologisch umgefärbt restauriert. Während Sartres Existentialismus von »L'être et le néant« eine inhaltlich bestimmte moralphilosophische Dimension aufnahm, sieht sich die deutsche Existentialontologie im Jahre 1927 gezwungen, mittels der so praktikablen ontologischen Differenz alle ontische Faktizität, die mit dem Makel der Verfallenheit behaftet ist, auszuklammern:

11 Ebd., S. 55

12 M. Heidegger, Sein und Zeit, Tübingen 1963, S. 395

13 Zum geschichtlich verankerten Verhältnis von philosophierender Abstraktion und existentieller Individualität vgl. Marcuse, Existentialismus..., S. 49ff.

»Wozu sich das Dasein je faktisch entschließt, vermag die existentiale Analyse grundsätzlich nicht zu erörtern. Die vorliegende Untersuchung schließt aber auch den existentialen Entwurf von faktischen Möglichkeiten der Existenz aus.«[14]

Doch der antizipatorische Gehalt der vorlaufenden Entschlossenheit entbehrt jeder utopischen Dimension. Heideggers »Sein und Zeit«, das es nicht leisten kann, die Qualität des Daseins einer kritischen Analyse zu unterziehen, sondern dessen verelendetes Leben ausdrückt, indem es das factum brutum seiner Existenz, dass man überhaupt und noch da ist, zu dessen essentieller Wahrheit hypostasiert, hat nichts als den Tod, zu des Lebens letzter Möglichkeit verklärt, anzubieten; seine scheinbar inhaltsleere und ontologisch zeitenthobene Daseinsanalytik enthält eine spätbürgerlicher Resignation voluntaristisch trotzende ars moriendi. Nichts konnte brutaler den gesellschaftlichen Konkurs der bürgerlichen Philosophie ausdrücken. Mit der Hegelinterpretation Kojèves hat Heidegger den faschistischen Appell an die latente Todesbereitschaft gemein, angesichts der sich nähernden Weltwirtschaftskrise des Monopolkapitalismus, der sich durch die bedingungslose Opferbereitschaft der von ihm Ausgebeuteten zu retten weiß. Analog der von Kojève vertretenen imperialistischen Theorie einer expansiv beutegierigen Begierde, in deren biologistisch entstellter Hegelinterpretation die Menschen ihre spezifische ontologische Dignität in einem sozialdarwinistischen bellum omnium contra omnes, der nicht etwa um vitale Lebensbedürfnisse, sondern um autoritäre Anerkennung in einem »Prestigekampf auf Leben und Tod« geführt wird, und in dem sich der Mensch nur bewähre, »wenn er den Einsatz seines animalischen Lebens um seiner menschlichen Begierden willen wage«, proklamiert Heidegger:

»Je eigentlicher sich das Dasein entschließt, das heißt unzweideutig aus seiner eigensten, ausgezeichneten Möglichkeit im Vorlaufen in den Tod sich versteht, umso eindeutiger und unzufälliger ist das wählende Finden der Möglichkeit seiner Existenz. Nur das Vorlaufen in den Tod treibt jede zufällige und ›vorläufige‹ Möglichkeit aus. Nur das Freisein *für* den Tod gibt dem Dasein das Ziel schlechthin und stößt die Existenz in ihre Endlichkeit. Die ergriffene Endlichkeit der Existenz reißt aus der endlosen Mannigfaltigkeit der sich anbietenden nächsten Möglichkeiten des Behagens, Leichtnehmens, Sichdrückens zurück und bringt das Dasein in die Einfachheit seines *Schicksals.* Damit bezeichnen wir das in der eigentlichen Entschlossenheit liegende ursprüngliche Geschehen des Daseins, in dem es sich frei für den Tod ihm selbst in einer ererbten, aber gleichwohl gewählten Möglichkeit *überliefert.*«[15] Die Bereitschaft zum Tode, der

14 Heidegger, Sein und Zeit, S. 383
15 Ebd., S. 384

kategorische Imperativ alles Existentiellen, ist die Karikatur der bürgerlichen Moralphilosophie, zu deren praktischer Konstruktion, deren Absolutem auch die Überlegung gehörte, dem Tod den physischen Zwang deterministischer Notwendigkeit durch die moralische Aufnahme in den dadurch wieder autonomen Willen zu nehmen. Horkheimer schrieb in diesem Zusammenhang 1933:
»Aber die in der bürgerlichen Moral herrschende Tendenz, ausschließlich auf die Gesinnung Wert zu legen, erweist sich, besonders in der Gegenwart, als eine den Fortschritt hemmende Einstellung. Nicht Pflichtbewusstsein, Begeisterung, Opfer schlechthin, sondern Pflichtbewusstsein, Begeisterung, Opfer wofür entscheidet angesichts der herrschenden Not über das Schicksal der Menschheit. Opferbereiter Wille mag freilich im Dienst jeder Macht, auch der rückschrittlichsten, ein gutes Mittel sein; über das Verhältnis, in welchem sein Inhalt zur Entwicklung der Gesamtgesellschaft steht, gibt aber nicht das Gewissen Auskunft, sondern die richtige Theorie.«[16]
Die fundamentale Daseinsverfassung der Geschichtlichkeit ist die Sphäre existentieller Radikalität, die das principium individuationis des autonomen geschichtlichen Subjekts ist. Die »Existenz«, betont Heidegger, sei die »Substanz«. Doch nur scheinbar erhebt Heidegger die in der ontologischen Tradition zum bloßen me on degradierte Existenz, den spätbürgerlichen Begriff des eingestandenermaßen begriffslosen Subjekts zur causa sui, zur sich selbst bestimmenden Substanz. Denn deren Autonomie besteht in nichts anderem als der willigen Exekution ihres eigenen, in ihr selbst als naturwüchsig überkommenes Schicksal angelegten Untergangs. Die radikale Autonomie der substantiellen Existenz fügt sich schließlich der ontologischen Tradition der europäischen Philosophie und gibt ihre immanente Nichtigkeitserklärung ab.
Die Drohung der herrschenden Klasse, sie könne das vitale Minimum der Existenz nicht sichern, diese müsse sich auf Verelendung und Kampf einstellen, wird zur ontologischen Dignität eigentlichen Existierens verklärt. Die Existenz mythologisiert sich an sich selber zum Schicksal. »Das eigentliche Sein zum Tode ... ist der verborgene Grund des geschichtlichen Daseins ... Das in der Entschlossenheit liegende vorlaufende Sichüberliefern an das Da des Augenblicks nennen wir Schicksal.«[17]
Die eigentliche Existenz schrumpft zusammen zur monadologischen des aussichtslosen Augenblicks. Die von Marcuse revolutionär gedeutete existentielle Radikalität zeigt offenbar ihren repressiven Inhalt; die vorlaufende Entschlossenheit zum Tode, die fürs autonome Subjekt konstitutive Aktivität, besteht in nichts anderem als der stumpfsinnigen Entschlossenheit zur politischen Apathie, sich zum blinden Werkzeug in den

16 Horkheimer, Materialismus und Moral, Bd. I, S. 82
17 Heidegger, Sein und Zeit, S. 386

Händen der herrschenden Klasse degradieren zu lassen und den eigenen vitalen Lebensinteressen zu entsagen.
Die geschichtliche Existenz bleibt naturgeschichtlich im mythischen Bann der immer schon gewesenen Möglichkeiten befangen. Geschichtlichkeit regrediert zur Naturgeschichte. Die Analyse der isolierten Existenz bekommt die für den Wissenschaftsanspruch des Historischen Materialismus konstitutive, historisch variable Konstellation von Wesen und Erscheinung überhaupt nicht in den Blick, sondern verlagert diese ins Seiende selbst, dessen abstrakten Begriff, den durch die ideierende Wesensschau gewonnenen Abhub der verdinglichten Erscheinungsformen sie als konkretes Wesen fixiert – die ideologische Verdoppelung des Fetischismus in der bürgerlichen Gesellschaft.
Der Gestus existentieller Radikalität, den Marcuse als die radikale Tat der eigentlich geschichtlichen Existenz mit revolutionärer Theorie gleichsetzt, hat zur soziologischen Berufsgruppe keineswegs die von Marx als geschichtliches Subjekt identifizierte proletarische Klasse und die politischen wie ökonomischen Organisationsformen ihres Bewusstseins, sondern den kleinbürgerlichen Radikalismus der von Enteignung bedrohten oder schon depossedierten Kleineigentümer, revoluzzerhaft in der Attitüde, opportunistisch im politischen Verhalten. Lenin hat ausführlich dargestellt, dass »die Kleinproduktion ... unausgesetzt, täglich, stündlich und im Massenumfang Kapitalismus und Bourgeoisie« erzeuge ...[18]
Marcuses Versuch, die revolutionäre Theorie der existentiellen Radikalität zuzuordnen, ist ebenso dilemmatisch wie die Verbindung zwischen existentiellem Subjekt und dem gesellschaftlichen bei Marx.
Wenn Marcuse Heideggers Philosophie als den Punkt bezeichnete, wo die bürgerliche Philosophie sich von innen her selbst auflöst und den Weg frei macht zu einer neuen konkreten Wissenschaft, so ist das von einer ironischen Wahrheit, im Sinne der später von ihm entfalteten Kritik an der immanenten Selbstauflösung des Liberalismus zur totalitären Staatsauffassung. Die heroische Weltanschauung des Seins zum Tode hat Heinrich Regius kritisch bloßgestellt:
»Es gibt keine Weltanschauung, die heute den Zwecken der herrschenden Klasse geschickter entgegenkäme als die ›heroische‹«. Die jungen Kleinbürger haben wenig für sich selbst zu gewinnen, aber für die Trusts alles zu verteidigen. Der Kampf gegen den Individualismus, der Glaube, es müsse der Einzelne sich opfern, damit das Ganze lebe, passt genau

18 Vgl. dazu Lenin, Kleinbürgerlicher und proletarischer Sozialismus (1905), Lenin-Werke (LW) Bd. 9, S. 441-449 (bes. S. 441); Kleinbürgerliche Taktik (1907), LW Bd. 12, S. 157-161; Ein kleinbürgerlicher Standpunkt zur Frage der wirtschaftlichen Zerrüttung (1917), LW Bd. 24, S. 567-569; Über die linke Kinderei und über Kleinbürgerlichkeit (1918), LW Bd. 27, S. 315-347; Der linke Radikalismus, die Kinderkrankheit des Kommunismus (1920), LW Bd. 31, bes. S. 16ff.

zur heutigen Lage. Im Unterschied zum wirklichen Helden begeistert sich diese Generation nicht für ein klares Ziel in der Wirklichkeit, sondern für die Bereitschaft, es zu erreichen. Konnten die Herrschenden in Deutschland je Besseres erträumen, als dass die von ihnen selbst ruinierten Schichten ihre eigene Avantgarde bildeten und nicht einmal den kargen Sold, sondern das Opfer, mindestens Ergebenheit und Disziplin zum Ziele hätten!«[19]

Proletarische und existentielle Radikalität beinhalten also im Kontext ihrer Theorien in der geschichtlichen Situation der zwanziger Jahre einander geradezu ausschließende Gegensätze. Letztere korrespondiert ideologisch der totalitären Staatsauffassung, angesichts der das kapitalistische System bedrohenden Weltwirtschaftskrise, in der sich die herrschende Klasse gezwungen sieht, ihre politische Herrschaft zur Aufrechterhaltung ihrer ökonomischen Verfügungsgewalt an einen faschistischen Führer zu delegieren. Dieser gesellschaftliche Widerspruch von revolutionärer Theorie und der existentiellen Radikalität blind Entschlossener setzt sich bei Marcuse in einen philosophischen um. Aus seinem Versuch, den Historischen Materialismus immanent mit der Existentialontologie von »Sein und Zeit« zu verbinden und die materialistische Dialektik phänomenologisch zu korrigieren, folgt eine innerphilosophische Revokation der revolutionären Theorie Marxens, die eine radikale Kritik an der Philosophie als Philosophie enthält. Die Lehre einer materialistischen Geschichtlichkeit des gesellschaftlichen Daseins beinhaltet eine ontologische Verallgemeinerung der Theorie des Historischen Materialismus und nimmt diese in die unaufgelösten »Antinomien bürgerlichen Denkens« (Lukács), die Dialektik von subjektivem und objektivem Idealismus, zurück.

Die phänomenologische Explikation der »marxistischen Grundsituation« mittels der geistesgeschichtlichen Erklärungsmodi eines hermeneutisch sinnverstehenden Nachvollzuges, welcher den geschichtlichen Augenblick in seiner Authentizität zu erschließen hat, bestimmt sich als »die geschichtliche Möglichkeit der radikalen Tat, die eine notwendige neue Wirklichkeit als Realisierung des ganzen Menschen freimachen soll«.[20] Ihr Träger ist der bewusst geschichtliche Mensch, sein einziges Tatfeld die Geschichte, die als Grundkategorie des menschlichen Daseins entdeckt

19 H. Regius (d.i. Max Horkheimer), Dämmerung, Zürich 1934, S. 67

20 Zur Terminologie: »marxistische Grundsituation«, »Grundlegung«, »ursprüngliche Aufrollung der Fragestellung«. Die Aura des Konkreten zerfällt im akademischen Sprachgebrauch existentieller Radikalität; die atheoretischen Invektiven gegen die begriffliche Abstraktion lassen dem eigenen Verfahren umso blinder Raum. Die Suffixe verwandeln die aufs individuell Konkrete zielenden Begriffe in bloße Kategorien: Wo sie der phänomenologischen Herkunft entsprechend die Sache selbst schauen wollen, starren sie doch auf deren dürre kategoriale Abstraktion. Der Marxismus sucht gerade die differentia specifica, den Bruch, den der Begriff an sich hat, zu artikulieren, um das unbekannt Singuläre zu begreifen.

wird. Die zur Grundkategorie des menschlichen Daseins ontologisierte Geschichte begreift sich als Geschichtlichkeit. Diese wird zur primären Bestimmtheit menschlichen Daseins hypostasiert, »in deren konkreten Boden alle abstrakt gewordenen geistigen und materialen Gegenstände zurückzunehmen sind«. Geschichte erscheint als unaufhebbare erste Natur: zum invarianten Prinzip verabsolutiert, gilt sie als das objektive Apriori der insofern unveränderlichen Menschennatur. Marx hingegen gelangt in seiner Analyse vorbürgerlicher Gesellschaftsformen zu dem Resultat, dass Geschichte selbst ein Produkt der Geschichte ist, abhängig von der Art der Produktivkräfte und ihrer Organisation:

»Die bürgerliche Gesellschaft ist die entwickeltste und mannigfaltigste historische Organisation der Produktion ... In allen Formen, worin das Grundeigentum herrscht, die Naturbeziehung noch vorherrschend. In denen, wo das Kapital herrscht, das gesellschaftlich, historisch geschaffene Element.«[21]

Der Begriff der Geschichte ist in seiner »praktischen Wahrheit« also begrenzt auf die bürgerliche Gesellschaft und ihre kapitalistische Wirtschaftsweise. Ähnliches gilt, wie Alfred Schmidt nachweist, für den Begriff der Gesellschaft selbst[22], der im strengen Sinn auf die bürgerliche Gesellschaft beschränkt ist, insofern er sich durch den Grad bestimmt, in dem der Stoffwechsel zwischen den Menschen und der Natur als spezifisch geschichtliche, vom Menschen gemachte Produktionsweise sich von seiner naturwüchsigen Organisation emanzipiert hat. Diese bestimmte Historizität im Begriff der Geschichte geht der fundamentalontologischen Absicht von Marcuses Darstellung des Historischen Materialismus nicht auf.

»Welche geschichtliche Zeit und welchen geschichtlichen Raum der Blick zum Ansatz nimmt, immer trifft er als das geschichtliche Konkretum, als geschichtliche ›Einheit‹ die *Gesellschaft* (dieser Begriff soll hier zunächst nur eine irgendwie fundierte konkrete Einheit von Individuen bezeichnen, wobei noch ganz offen bleibt, *worin* diese Einheit fundiert ist). Die Gesellschaft erscheint naturräumlich begrenzt, ihre Wirksamkeit erstreckt sich auf eine bestimmte räumliche Umwelt (Dorf-Stadt-Land). Antrieb und Richtung der Wirksamkeit der Gesellschaft ist gegeben durch *Reproduktion,* durch die ständige Erneuerung, Wiederholung ihres Daseins.«[23]

21 Marx, Grundrisse, S. 25; 27

22 Vgl. A. Schmidt, Zum Verhältnis von Geschichte und Natur im dialektischen Materialismus, in: Existentialismus und Marxismus, Frankfurt 1968, S. 103ff.

23 Marcuse, Beiträge ..., S. 49. Überhaupt gehört es zum traditionell eleatischen und damit ontologischen Charakter der Heideggerschen Philosophie, dass sie die Dimension des Produktionsprozesses ausspart, innerhalb derer die von ihr in unfreiwilliger Verächtlichkeit als »Zeug« bezeichneten Gebrauchswerte – was in der Tat dem im organisierten Kapitalismus seriell produzierten Schund entspricht – entstehen, und dass sie die zum Gebrauch bestimmten Dinge, die sie doch erst aufgrund des sie vermittelnden Stoffwechsels

Die Kategorie der Gesellschaft, mittels der die geschichtliche Existenz aus ihrer isolierten Jemeinigkeit herausgelöst und in ein konkretes Medium überführt werden soll, formalisiert die historisch bestimmte gesellschaftliche Praxis zu einem dürren Funktionszusammenhang abstrakter Kategorien, die Marx in differenzierter Analyse den vorbürgerlichen Gesellschaftsformationen vorbehält.

Die zur primärnatürlichen Geschichtlichkeit regredierte Geschichte wird zum Schicksal – nicht Kritik, sondern Apologie des Sachverhalts, dass der gesamtgesellschaftliche Reproduktionsprozess sich der Kontrolle durch seine Produzenten entzieht.

Indem Geschichtlichkeit zur ersten Natur apriorisiert wird, offenbart sie sich als Gegenteil dessen, was sie kategorial zu artikulieren sucht, nämlich als Naturgeschichtlichkeit: Sie eskamotiert die Dialektik von Natur und Geschichte. Die sie reproduzierenden Subjekte sind von eben der Natur, von der sie sich absetzen.

Diese geheime bürgerliche Ideologie durchdringt Marcuses Begriff der revolutionären Praxis, der auf philosophischer Ebene den pseudorevolutionären Gestus der existentiellen Radikalität artikuliert. Revolutionäre Praxis wird als »radikale Tat« bestimmt, die ontologisch in der Menschennatur verankert ist.

»Die Tat wird gefasst als ›Existential‹, d.h. als eine wesentliche Verhaltungsweise menschlichen Daseins und auf menschliches Dasein wesentlich ausgehend ...

Jede Tat ist eine ›menschliche Veränderung der Umstände‹, aber nicht jede Tat verändert auch die menschliche Existenz. Man kann die Umstände verändern, ohne das menschliche Dasein, das in und mit diesen Umständen lebt, in seiner Existenz zu verändern. Nur die *radikale* Tat verändert mit den Umständen auch die in ihnen tätige menschliche Existenz.«[24]

Doch die dritte These über Feuerbach, auf die Marcuse sich in diesem Zusammenhang beruft, dass das »Zusammenfallen des Änderns der Umstände und der menschlichen Tätigkeit ... nur als umwälzende Praxis gefasst und rationell verstanden werden« kann, wird in ihrem emanzipatorischen Sinn verfehlt. Die logische Struktur der revolutionären Praxis bestimmt sich aus der gesellschaftlichen Dynamik der jeweiligen historischen Konstellation von Wesen und Erscheinung und nicht existential aus der ontologischen Differenz, welche das Dasein an sich selber ha-

zwischen den Menschen und der Natur sind, als a priori unmittelbare Gegebenheiten behandelt. Da Heidegger den gesellschaftlichen Lebenszusammenhang, ohne ihn als solchen überhaupt zu erkennen, nur vom Standpunkt der Konsumtion aus betrachtet – bei Marx kann man hingegen von einem relativen Primat der Produktion sprechen – entgeht ihm die Verpackung, in welcher im Kapitalismus Gebrauchswerte den Konsumenten als Waren zugeführt werden.

24 Ebd., S. 47f.

ben soll. Mit dem Begriff der »radikalen Tat« wird die revolutionäre Praxis einem voluntaristischen Subjekt zugeordnet. Der subjektivistischen Konzeption der revolutionären Befreiung entspricht eine insgeheim irreduzibel objektivistische Determination des Geschichtsablaufs, der zur unveränderlichen geschichtlichen Notwendigkeit versteinert. Marcuse nimmt den Marxismus in das System des europäischen Rationalismus zurück, der Freiheit als ein Schicksal bestimmt; auf existentialontologischer Ebene ist es der innerphilosophische Umschlag des subjektiven in den objektiven Idealismus, vom Bewusstsein Fichtes ins Sein Schellings, der in Heideggers »Sein und Zeit« im Lebenszusammenhang der eigentlichen Geschichtlichkeit als Korrelation von Geburt und Tod, Geworfenheit und Entschlossenheit sich darstellt. Dieser Umschlag ist für das Dilemma des Existentialismus, insofern er reine Philosophie ist, kennzeichnend, manifest an Heideggers sogenannter Kehre, in der er die transzendentale Perspektive des jemeinigen Daseins aufs Geschick des sich selber gebenden Seins umpolt.

Die Radikalität der revolutionären Aktion bemisst sich an ihrer Notwendigkeit; das ist Marcuses Begriff einer auf Praxis bezogenen Wahrheit.

»Die radikale Tat hat nur immanente Notwendigkeit, wenn sie geschichtlich ist, wenn ihre Notwendigkeit eine geschichtliche ist, eben weil menschliches Dasein sich wesentlich in der Geschichte erfüllt, durch die Geschichte bestimmt ist.«[25]

Die immanente Notwendigkeit der radikalen Tat hat die Dignität der geschichtlichen Existenz, die ein unaufhebbarer Zwang ist. Die geschichtliche Existenz, in deren unausdrücklichem Besitz als schicksalhafter Bestimmung das menschliche Dasein immer schon war, ist der historische Imperativ der universalen Klasse des Proletariats.

Das Marxsche Diktum, die Befreiung der Arbeiterklasse könne nur das Werk der Arbeiterklasse selbst sein, wird in einen schicksalhaften Zwang, ein immanentes existentielles Müssen uminterpretiert; die subjektivistische Konzeption – dies ist ihre irrational objektivistische Konsequenz – opfert überall die Freiheit der Notwendigkeit. Die Dialektik wird an allen Ecken und Enden sistiert. Die hilflosen und ohnmächtigen Objekte der Notwendigkeit können sich nur zu historischen Subjekten erheben, indem sie sich zu freiwilligen Vollstreckern des Geschichtsablaufs machen. Klassenbewusstsein wird zur dezisionistischen Einsicht in die unabänderliche Notwendigkeit.[26]

Der alle Existentialphilosophie kennzeichnende Zirkel schleicht sich ein: Ihre radikale Beschränkung auf die endliche Existenz – bei Marcuse auf

25 Ebd., S. 48

26 Versteckt schlummert darin die revisionistische, vulgärmaterialistische Implikation (Korsch/Oertzen), dass die Naturgesetze des Kapitalismus dessen Entwicklung mit unabänderlicher Notwendigkeit aufs emanzipatorische Ziel drängten und dass die revolutionäre Aktion nur als Katalysator einer ohnehin erfolgenden Entwicklung fungiere.

die Immanenz – impliziert die Bindung an das Bestehende. Während die marxistische Theorie die metaphysische Sphäre des Intelligiblen innerhistorisch aufhebt, wird sie in der Existenzphilosophie gestrichen; die Existenz transzendiert sich permanent, ohne je über sich hinauszugelangen.

Zum moralischen, bei Marcuse zum revolutionären Postulat wird erhoben, was immer schon a priori bestimmt ist. Demzufolge wird »in der marxistischen Grundsituation die radikale Tat in ihrer geschichtlichen Notwendigkeit freigemacht«.[27]

Die existentiell radikale Tathandlung wird zum Vollstrecker der immanenten geschichtlichen Notwendigkeit, zur existentiellen thesis des essentiell immer schon Gewesenen. So postulierte auch die existentialistische Ethik Kierkegaards die Verwirklichung der immer schon a priori bestehenden Existenz. Sie macht zum Postulat, zum Gebot des Sollens, was immer schon ist: Werde der du bist. Marcuses daseinsanalytische Konstruktion des Historischen Materialismus gerät in einen grotesken Konflikt, den keine Ironie auflösen kann: dass nämlich die radikale, existentiell revolutionierende Tat, welche die geschichtliche Existenz aus immanenter Notwendigkeit emanzipatorisch setzen soll, schon immer – wenngleich unausdrücklich – in deren Besitz war. Die existentielle Radikalität adoptiert, mit dem Begriff der Geschichtlichkeit sich aufplusternd, den subversiven Gestus der Revolutionäre und fungiert doch als ideologische Verankerung des von ihr mythisch verewigten Bestehenden.

Der Historische Materialismus wird angesichts des totalitären Staates, dessen ideologische Vorhut diesen schon damals proklamierte, in den absolutistischen Kontext des kontinentalen Rationalismus zurückgenommen. Freiheit rationalisiert sich zur Einsicht in die Notwendigkeit, die sie sich als ein Schicksal noch eigens setzt. Die bestimmte Negation der bestehenden gesellschaftlichen Verhältnisse, der von Marx materialistisch erfüllte Inhalt der dialektischen Vernunft Hegels, durchbricht im Revolutionsbegriff Marcuses an keiner Stelle deren Immanenz.

Die von Marcuse vermeintlich dialektisch korrigierte Phänomenologie apologetisiert die im kapitalistischen Produktionsprozess sich hervorbringende Verdinglichung spezifisch gesellschaftlicher Qualitäten, deren naturwüchsigen Schein die zu primärnatürlichen Bestimmungen verabsolutierten Kategorien der Geschichtlichkeit und ihrer gesellschaftlichen Erscheinungsweise repetieren. Wo er mit der geschichtsphilosophischen Einsicht, es seien die Menschen Subjekt und Objekt der Geschichte zugleich, dem so begriffenen historischen Gegenstand der materialistischen Lehre Marxens am nächsten kommt, entfernt er sich doch zugleich am weitesten von ihm, wenn er sie zur Identitätsphilosophie von Freiheit und Notwendigkeit rationalisiert.

27 Ebd., S. 51

Dies ist das der inhaltlichen Intention diametral entgegengesetzte Resultat einer methodologischen Verbindung von Phänomenologie und Dialektik, die Marcuse durchaus als Kritik der Verdinglichung begreift, in ontologischer Terminologie zur Seinslehre der Bewegtheit positiviert, die das Medium der Geschichtlichkeit ist:

»In den bekannten Sätzen am Schluss des Nachworts zur zweiten Auflage des ›Kapital‹ spricht Marx davon, dass die Dialektik ›jede gewordene Form im Flusse der Bewegung‹ auffasst. Die dialektische Methode sieht ihren Gegenstand damit von vornherein als geschichtlichen, d.h. sie betrachtet ihn als gewordenen und vergehenden ... So löst sie die zur starren Eindeutigkeit abstrahierten geschichtlichen Kategorien auf ...«[28] Das Programm einer wechselseitigen Ergänzung und Korrektur von Phänomenologie und Dialektik bezweckt, die kategorialen Abstraktionen der Geschichtlichkeit historisch zu spezifizieren und inhaltlich zu konkretisieren, indem diese in ihrem genuinen Zusammenhang mit dem Leben der menschlichen Existenz und deren entscheidender Sphäre, der Praxis, expliziert werden sollen.

»Die Phänomenologie darf nicht bei dem Aufweis der Geschichtlichkeit ihres Gegenstandes stehenbleiben, um ihn dann wieder in die Sphäre der Abstraktion zu nehmen. Sie muss ihn stets in äußerster Konkretion behalten. D.h. sie muss ... die konkrete geschichtliche Situation, ihren konkreten ›materialen Bestand‹, in die Analyse eingehen lassen.«[29]

Marcuse erkennt an der Phänomenologie deren gleichsam transzendentale Schwäche, dass sie sich des Konkreten bloß in abstracto versichert. Dialektik soll die ergänzende Konkretion liefern, den »materialen Bestand der Geschichtlichkeit« in die inhaltsleeren Kategorien einführen. Doch schließlich reduziert auch seine dialektische Phänomenologie, »die eine Methode steter und äußerster Konkretion« sei, den geschichtlichen Reichtum gesellschaftlichen Lebens auf die abstrakte Kategorie der Geschichtlichkeit, in deren vermeintlich konkreten Boden alle abstrakt gewordenen geistigen und materialen Gegenstände zurückzunehmen sind.

Marcuses, seiner Versicherung entgegen, bloß äußerlich bleibende Verbindung von Phänomenologie und Dialektik verfolgt eine erkenntniskritische Absicht, die im 19. Jahrhundert auf sehr verschiedene Weise für Hegel, Marx und Nietzsche zum Problem wurde, nämlich die ontologisch fixierten Abstraktionen historisch aufzulösen um der Erkenntnis des nichtbegrifflichen Lebens willen. Doch sie muss ihm notwendig misslingen, da er den Historischen Materialismus im Sinne einer Seinsontologie auslegt, »die sich auf die Struktur der Geschichtlichkeit überhaupt und die Bewegungsgesetze der Geschichte« richte. Marcuse ignoriert die dialektische Erkenntniskritik Hegels, derzufolge die abstrakten

28 Ebd., S. 57
29 Ebd., S. 59

Kategorien der Erkenntnis an keiner Stelle von ihren geschichtlich qualifizierten Gegenständen zu lösen seien. Doch der Dualismus von allgemeiner Geschichtlichkeit und besonderer geschichtlicher Situation wird stets zugunsten der abstrakten Kategorien gelöst. Denn die Theorie der Geschichtlichkeit ist die positive Explikation des *Historismus.*
Ihm ging ein einheitlich teleologischer Sinn des Geschichtsablaufs, wie er von dem idealistischen System universalhistorischer Geschichtsphilosophie konstruiert wurde, aufgrund der pessimistischen Einsicht in eine schlechthinnige Sinnlosigkeit der historischen Praxis verloren. Der Sinn, den die unvernünftige gesellschaftliche Organisation des Lebens immer mehr vermissen lässt, wurde apologetisch zum für die Geschichte eigentlich konstitutiven Prinzip der Sinnlosigkeit dekretiert. Die prinzipielle Relativität der Geschichte verabsolutiert diese ahistorisch. Der relativistische Historismus ist insgeheim ein ahistorischer Absolutismus. Die Kategorie der Geschichtlichkeit positiviert ontologisch, was der Historismus unausdrücklich enthielt. Sie ist das perennierende principium identitatis im geschichtlichen Wandel, dessen Nichtidentität selbst als Prinzip. Die Vernunft, welche die große idealistische Geschichtsphilosophie als bestehende Wirklichkeit hypostasierte, stellte diese doch andererseits in ihrer dialektischen Version zur noch zu realisierenden Aufgabe. Relativistischer Historismus und autoritäre Biologie (Fortschritt als bloßes Überleben) haben das wenngleich ideologisch beschränkte geschichtsphilosophische Denken des Bürgertums um eine utopische Dimension ärmer gemacht.
Geschichtliche Diskontinuität als absolutes Prinzip saugt die Relativität des Geschichtsablaufs auf.
Auf diesen überhaupt, auf dessen Sein und Struktur, geht die ontologische Intention Marcuses. Er beansprucht für den Historischen Materialismus, »alle die Struktur der Geschichtlichkeit überhaupt betreffenden Wahrheiten ... sind allgemein gültig«. Doch die Naturgesetze des Kapitalismus sind nicht derart prognostisch zu verallgemeinern wie die der ersten Natur, sondern von qualitativ anderer Art. Damit gleicht Marcuse sich dem orthodoxen und revisionistischen Systemzwang an, der zur Rechtfertigung der jeweiligen Praxis jener Richtungen diente.
Gegen beide Richtungen konstatiert Korsch, dass alle Lehrsätze des Marxismus, auch die augenscheinlich allgemeiner Natur, spezifisch sind.[30]
Dies gründet in dem gesellschaftlichen Gehalt, den Marx aus der Hegelschen Kritik an der Erkenntnistheorie expliziert; nicht die Geschichte überhaupt ist Gegenstand des Historischen Materialismus, sondern die Geschichte aus der Perspektive der kapitalistischen Gesellschaftsformation und seiner Entwicklung. Marx versucht nicht, eine universalhistorische Seinslehre der Geschichte zu liefern; in seiner Antwort an Michailowski

30 Vgl. K. Korsch, Karl Marx, Frankfurt 1967, S. 8ff.

weist er dieses Missverständnis von sich. Diesem wirft er vor:
»Er muss durchaus meine historische Skizze von der Entstehung des Kapitalismus in Westeuropa in eine geschichtsphilosophische Theorie des allgemeinen Entwicklungsganges verallgemeinern, der allen Völkern schicksalsmäßig vorgeschrieben ist, was immer die geschichtlichen Umstände sein mögen, in denen sie sich befinden ...«[31]
Die Lehre des Historischen Materialismus ist kein »Universalschlüssel einer allgemeinen geschichtsphilosophischen Theorie, deren größter Vorzug darin besteht, übergeschichtlich zu sein«[32], sondern sie ist reflexiv gebunden an die Entwicklung des kapitalistischen Systems, mit dessen durch sie vermittelter revolutionärer Aufhebung sie unnötig wird.

31 MEW Bd. 19, S. 111
32 Ebd., S. 112

5. Ontologie und Eros – zur spekulativen Deduktion der Homosexualität. Eine lemmatische Skizze*

Metaphysische Ontologie hat die eleatische Lehre der Identität von Denken und Sein zum Zentrum, die idealistisch in eine der Identität des Denkens mit sich selbst mündet. Mit der Entstehung der europäischen Philosophie als des sich aufklärenden Mythos verleiht sie dem Versuch, angesichts der noch ungesicherten Aneignung feindlicher Natur und der zaghaften Emanzipation der Menschen von deren Zwang die prekäre Identität nach innen wie nach außen abzusichern, einen ersten rationalen Ausdruck. Das dergestalt Konsistente – ebenso dinglich wie autonom – bezeichnet die Philosophie Platons als Idee. Die oberste Idee ist reinste Einheit, frei von der Mannigfaltigkeit des fließenden Lebens der Natur und abgesichert gegen die Gefahr, in diesem pathologisch sich zu verirren – also reines Sein. Die oberste Idee als reines, d. h. identisches Sein ist das Wahre[1], das Schöne[2] und das Gute. Dieses ist das Göttliche. Die feindliche Natur aber, der die Menschen ihr Leben abgewinnen müssen, ist von Übel, nichtidentische Materie, die beständig die Reproduktion des Lebens in Frage stellt, ein dieses bedrohendes Realitätsprinzip. Identität in der ontologischen Frühphase der europäischen Philosophie bedeutet, ihrem Ausgang in der bürgerlichen Gesellschaft des 19. Jahrhunderts entgegengesetzt, Leben (Nietzsche: Schein); deshalb bezeichnet die frühe Ontologie die Identität von Denken und Sein als Wahrheit und den Realitätszwang der Natur, die ebenso bindende wie gebundene Materie, als unwahr und nichtseiend, als me on. Die reine Idee, der als autonom bestimmende Form sich setzende Geist, welcher alles heteronom Materielle außer sich hat, flüchtet so vor der von ihm zum me on herabgesetzten Natur, deren Vermittlung sich das Leben der Menschen doch erst verdankt und artikuliert, andererseits utopisch in einen Status absoluter Naturbeherrschung, die ohne Zwang sich vollzieht, ohne die aktive Auseinandersetzung mit der Natur, als Aufhebung des Realitätsprinzips ins Lustprinzip. Dieses ambivalente Verhältnis des Menschen zur Natur formuliert Platons Philosophie als unüberbrückbaren chorismos

* Diese frühe fragmentarische Aufzeichnung stammt aus dem Jahre 1966. (Anm. d. Hg.)

1 Das dergestalt bezeichnete Wahre ist als solches orientiert an richtigen Beziehungen der Menschen untereinander wie auch das Schöne und Gute.

2 Nach Kant: Ästhetik ist das theoretische Medium der Vermittlung von mundus sensibilis und mundus intelligibilis, und zwar platonisch in der Sphäre des Intelligiblen; nach Hegel: das Ästhetische wird existentielle und lebendige Unmittelbarkeit; Versuch, beide in der Sphäre des Sensiblen, Nichtidentischen zu vermitteln. Philosophie der Kunst bei Schelling. Vermittlung als Masochismus; nichts mehr vom reinen Spiel, asketisch interesseloses Anschauen bei Schiller; Spieltrieb (Eros); Trieb als Geist, idealistischer Begriff des Eros.

von Form und Materie. (Dieser übersieht jedoch im Bereich des Ideellen, was der lustbetonte materialistische Hedonismus ebenfalls ignoriert und worauf erst Marx verweist, der in den Frühschriften mit einer Restitution der Sinnlichkeit beginnt. Die entscheidende Differenz zum philosophischen Materialismus ist, dass er mittels des erkenntnistheoretischen Sinnlichkeitsbegriffs der kritischen Vernunft über Feuerbach Sinnlichkeit auch als subjektive Praxis, Arbeit, bestimmt, und den sinnlichen Genuss nur als vermittelt durch sie, Triebversagung, erkennt. Davon aber abstrahiert der Hedonismus; er will reine Lust. Losgelöst von konsumtionsvermittelnder Arbeit ist reiner Genuss kontemplative Meditation. Reine Lust ist Askese, mönchisches Leben (Epikur – Stoa.).[3])

Der Dualismus von Form und Materie stellt den philosophischen Ausdruck der lebensnotwendigen Naturbeherrschung dar und lässt sich durch den chorismos, welcher der reinen Form allein ontologische und moralische Dignität zuspricht, den Wunsch, der Natur zu entkommen, von der man doch lebt, um dadurch erst das wahre Leben zu erhalten – Identität, der Wille zu Macht, die Herrschaft über die Natur, ökonomisch die Produktionsweise – an der Herrschaft der Menschen übereinander, den Produktionsverhältnissen, ablesen, die so eine teils notwendige, teils scheinbare, aber stets evidente naturrechtliche Begründung erhalten. Zu diesem Zweck wird gesellschaftliche Herrschaft in naturwüchsigen Beziehungen der Menschen verankert, so dass jene wie diese unaufhebbar erscheinen: die naturwüchsige Arbeitsteilung der Geschlechter dient dazu; Matriarchat und Patriarchat erscheinen jeweils primär als gegebene Ordnungen, an die sexuelle Arbeitsteilung an sich gebunden.

Der platonische chorismos von Form und Materie drückt den reproduktiven Stand der Naturbeherrschung an der patriarchalischen Organisation der Arbeitsteilung der Geschlechter aus.

Form, reinste Einheit, ist das bestimmende männliche Moment; diese Herrschaftsgewalt ist das autonome Gute. Materie ist das unbestimmte und darum zu bestimmende Moment, das schlechthin Nichtseiende also und weiblich Abhängige. Sie ist von Übel. Denn ihre chaotische Mannigfaltigkeit verführte die präexistierende Seele einst, sich ins Sumpfgelände des me on herabziehen zu lassen. Dieser Sündenfall bannte sie ins Gefängnis des Leibes und zersplitterte ihre Einheit in Vernunft-, Mut-

3 Das hat am deutlichsten der philosophisch treffende Kritiker an der Ontologie, Nietzsche, bezeichnet: und zwar seine Ontologiekritik am primum absolutum als reiner Identität, welche die Wahrheit – und das heißt Freiheit – sein soll, dass diese dem Zwang entwachsen ist, den die Natur dem Menschen auferlegt, nämlich diesen und jenen verschiedenen Dingen den gleichen Namen zu geben, um daran sich ichidentisch zu orientieren, das Individuelle dem Allgemeinen zu subsumieren, um überleben zu können. (Das Geld hat diese Funktion. Der Tauschwert (Nomen) resultiert aus einem Verhältnis zur Natur, der Identifikation ...)

und Begierdeseele. Die erste sitzt im Kopf, die zweite in der Brust und die dritte im Unterleib. Dem entspricht die platonische Gesellschaftslehre. Die Handwerker werden getrieben von der niederen Begierdeseele, die ihre Freiheit aufgegeben hat; die Wächter bewahren ihre Mutseele im Kampf; erst die Philosophen sind zum Herrschen prädestiniert, da sie allein über den wahren Eros, den geistigen Trieb, verfügen, sich anamnetisch der Ideen zu vergewissern. Dieser anamnetische Eros entzündet – einem vorwärtsstrebenden Ross gleich, unter der Führung des nous – den enthusiasmos, die Liebe zu den Ideen.

Seelenlos aber sind die Frauen; sie sind ebenso üble wie nichtseiende Materie. Sie zu lieben, ist eine Schande. Der Geschlechtsakt ist bloßer Zwang zur Fortpflanzung. Die wahre Liebe ist die der Gleichen zu Gleichen, die homosexuelle Päderastenliebe, die, vom Eros begeistert, in der Sphäre reiner Identität sich beseelt. Durch den unüberbrückbaren chorismos – dem, mit Nietzsche zu sprechen, eine moralische Wertung verbunden ist – wurden Lustprinzip und Zeugungsakt auseinandergerissen. Dieser wird zum bloßen Zwang der Realität, die deshalb kein wahres Sein hat.

Der Heterosexualität freundlich gesinnt sind alle dialektischen Denker der Vermittlung. Aristoteles, der die morphe als eide den Dingen immanent setzt, will wahrhaft zwischen Form und Materie vermitteln, denn die reine Form ist bloß eine abgeleitete Abstraktion, deutera ousia. Doch auch diese Vermittlung mündet in die reine Identität, denn die Herrschaft übers Weib und die damit verbundenen moralischen Werte behält Aristoteles – viermal verheiratet – bei.

Die entscheidende Rezeption des platonischen chorismos erfolgt durch die paulinische Uminterpretation des Homosexuellen Jesus. Das Fleisch ist die sündige, von Gott, der reinen Identität in ihrer Trinität, abgefallene Materie. Der Zeugungsakt ist strenge Pflicht. Alle Lust ist sündig. Verlagerte Platon das Lustprinzip in die Sphäre der Identität, der gleichgeschlechtlichen Liebe, so wird diese von Paulus verbannt. Homosexualität ist Liebe zu Gott, zu Jesus – dem fleischgewordenen Logos –, das heißt mönchisches Leben; reine Lust ist Askese. Durch diese aufs abstrakte Jenseits gerichtete und umfunktionierte Sexualität schlägt in Europa alles Erotische ins Neurotische um (verklemmte Homosexualität).

Dies manifestiert sich selbst an lustbetonten Epochen. Während die griechische Klassik den Frauenkörper schlank wie den des Jünglings darstellt und die Gotik ihn neurotisch verklemmt, stellt ihn der Barock in ausladender fleischlicher Fülle dar. Doch die Lust des Barock am Fleisch ist Schein. Denn das Diesseits ist vanitas, Vergänglichkeit. Die barocke Devise carpe diem ist trotziger Lustgewinn im Bewusstsein der Vergänglichkeit. Alles Fleisch ist schon Ruine in bezug aufs Jenseits. Sexualität heißt, sich mit dem Nichtidentischen, Morbiden einzulassen;

der Zeugungsakt wird zur masochistischen Lust am Tod, Eros zur Allegorese.
Ähnlich ist die Dekadenz. Baudelaire hat die Liebe zu seiner Mulattin stets als beschmutzend empfunden. Die Intelligibilität des Mannes ist erstorben, wo sie in die Sensibilität sich umsetzt. (Der dekadente Charakter ist die sensible, allegorische Erscheinungsform des intelligiblen Charakters.) Rein ist nur der Tod, die vom Leben der Natur entflohene Identität. (Identität ist nunmehr Tod. Dekadenz weiß das und vermag sich der Liebe zum Identischen nicht zu entziehen.)

6. Zu Henri Lefèbvre*

In dem Maße, in dem die klassische Differenz von Überbau und Basis durch die immanente Ideologisierung der Produktion schwindet, gewinnt eine Kritik des Alltagslebens an Bedeutung. Kategorien der Subjektivität verhärten sich unmittelbar zu steuernden Prinzipien der Objektivität. Die »naturwüchsige« Verfassung der kapitalistischen Gesellschaftsformation ist einem Strukturwandel unterworfen, der den Gegenstand materialistischer Kritik und des Historischen Materialismus geschichtsphilosophisch ändert.

Die Frage, wie das Verhältnis von Basis und Überbau beschaffen sei, lässt sich pauschal nicht beantworten. Will man dem vulgärmaterialistischen Dogma von der einseitig materiellen Determination kultureller und zivilisatorischer Manifestationen entgehen und nicht vice versa zu einem ebenso gleichen Idealismus Zuflucht nehmen, so landet man bei der verknöcherten Kategorie der Wechselwirkung, die jenen Antworten an schematischer Dürre nicht nachsteht. Eine allgemeine Antwort auf jene Frage hieße die konkret geschichtlichen Erscheinungen des Verhältnisses von Basis und Überbau zu bloß exemplarischen Belegstellen der universalen Doktrin herabsetzen. Die marxistische Theorie – darauf beruht ihre materialistische Kritik an der philosophierenden Abstraktion – liefert keine gegen ihre Inhalte gleichgültige Methode. Vielmehr erhebt sie gerade jene differentia specifica, in welcher die res singularis in ihrer einmaligen Individualität sich ansiedelt, zum Gegenstand der Erkenntnis, den die tradierte philosophia perennis über Jahrhunderte hinweg mit der usurpatorischen Verachtung des absoluten Begriffs belegt hatte, um ihn ins Chaos marginaler Akzidentien zu verstoßen (vgl. Korsch zur Spezifität der materialistischen Dialektik). Gleichwohl lässt sich allgemein feststellen, dass die zuweilen extrem antagonistische Differenz von Basis und Überbau sich tendenziell einebnet. In diesem Strukturwandel gründet die Umfunktionierung der marxistischen Theorie, ihre metakritische Tendenz; sie wandelt sich von der epiphilosophischen Kritik an der Philosophie zur Metaphilosophie, deren Gegenstand das Alltagsleben ist. Das Verhältnis von Basis und Überbau im organisierten Kapitalismus muss in den Veränderungen, welche die Produktionsweise erfahren hat, analysiert werden; die Faktoren, welche in den Produktionsbedingungen selber diese Differenz nivellieren, sind auszumachen.

Aus dem philosophischen Widerspruch von Vernunft und Wirklichkeit gibt

* Die Anmerkungen zu Lefèbvre wurden 1966 geschrieben. Sie beziehen sich auf Lefèbvres »Metaphilosophie«, Paris 1965, vor allem auf die sechste und siebte Aporie (Subjektivität und Entfremdung), S. 63ff. (Anm. d. Hg.)

es keinen rein begrifflichen Ausweg durchs Denken; daraus folgt die antinomische Struktur der philosophischen Vernunft, die innertheoretisch einzig Kant, ohne den Versuch, ihre reale Versöhnung rein spekulativ zu erzwingen, mit aller kritischen Strenge artikuliert hat.
Die Antagonismen der kapitalistischen Produktionsverhältnisse reflektieren sich im bürgerlichen Denken als »Antinomien der reinen Vernunft« unter Abstraktion von der gesellschaftlichen Praxis, die in ihnen sich expliziert. Die als bloße Reflexionsbestimmungen erscheinenden Beschaffenheiten des gesellschaftlichen Seins in der bürgerlichen Kritik suggerieren, das reine Denken könne die zerrissene Endlichkeit spekulativ versöhnen, indem es sie begrifflich ins Unendliche aufhebt.

Entfremdung – in den Frühschriften Marxens – ist ein subjektiver Begriff der gesellschaftlichen Objektivität. In dem Maße, wie Entfremdung heute zur totalitären Verdinglichung, zu ihrem objektiven Begriff sich zu verabsolutieren scheint, subjektiviert sich das Reproduktionssystem des organisierten Kapitalismus toto genere. Die Differenz von Basis und Überbau ebnet sich tendenziell insofern ein, als der Produktionsprozess sich immanent ideologisiert: Mythen, Bilder und Symbole, formalisiert, zeichentheoretisch zusammengefasst, geben jenem ihre Anweisungen. Die im Sinne des Begriffs der »mondialisation« verabsolutierte Subjektivität hebt sich selbst auf. Die emanzipatorischen Gehalte, die geschichtsphilosophischen Träume der Subjektivität, verzehren sich entsagungsvoll – bislang freilich noch in den Zerrspiegeln der science fiction – in zeichensystematisch ausgetrockneten formalen Regieanweisungen herrschaftsmechanischer Funktionen. Die um den Preis ihres inhaltlich qualifizierten Denkens zeichensystematisch formalisierte Subjektivität wird an sich selbst heteronom: das ist ihre aporetische Verfassung.
Die heteronome, unmittelbar in die Wirklichkeit aufgehobene Subjektivität ist vom Objekt geschlagen. Die Identität der idealistischen Generalthese, das Zerrbild der janusköpfigen Identität von Vernunft und Wirklichkeit, ist invertiert: nicht diese ist zur Vernunft gekommen, sondern jene zur Realität. Nietzsches metaphysische These, dass alles Seiende ein bloßer Schein sei, hebt die Differenz von Sein und Wesen, das Hegel nur als Negatives retten konnte, indem er die Differenz, den reflektierten Schein, zum Wesen selbst erhob, auf. Sie ist erkenntniskritisch kaum haltbar; jegliche Poiesis, der produktive und konsumtive Stoffwechsel zwischen dem Menschen und der ihm sich sträubenden Natur, die bestimmende Beziehung der Arbeit, wäre sonst nicht erklärbar. Aber dieses metaphysische Diktum ist – wie ideologisch verbogen auch immer – die Travestie eines gesellschaftlichen Inhalts, Ausdruck der zur unmittelbaren, begriffslosen Totalität objektivierten Entfremdung. Die negative Ontologie, welche alle Realität in bloßen Schein aufhebt, verdinglicht diesen an sich selber zum

Sein. Darin ist nolens volens eine gesellschaftliche Erfahrung registriert, dass nämlich die von den Menschen produzierten Verhältnisse, die sie untereinander eingehen – dokumentiert in ihren gesellschaftlichen Institutionen und kulturellen Manifestationen –, der Schein sind, der als Schein, nämlich aufhebbares Produkt, nicht mehr durchschaubar ist und sich als unmittelbare physis, unvermitteltes Sein, suggeriert. Das Wesen nimmt sich indifferent in die begriffslose Erscheinung zurück.
Die Konzeption der Metaphilosophie ist die angemessene theoretische Reaktion auf die veränderte, sich verhärtende Verfassung der Naturwüchsigkeit in der spätkapitalistischen Gesellschaftsformation, insofern die Differenz von Bewusstsein und Sein, Überbau und Basis, Subjekt und Objekt, Erscheinung und Wesen sich einebnet. Das tendenziell vom Bewusstsein kybernetisch und zeichensystematisch durchsetzte gesellschaftliche Sein raubte diesem seine Unabhängigkeit, indem es den qualitativen Begriff zum Behuf quantifizierbarer Zeichen formalisierte (Quantität ist Indifferenz gegen die Qualität). Das bedeutet, dass das Bewusstsein (hier liegt die Bedeutung einer marxistischen Kritik der positivistischen Sprachphilosophie) restlos verwertet wird; je mehr man ihm einen handfesten Gebrauchswert abverlangt, desto mehr wird es in den Tauschverkehr einbezogen.
Das Objekt des Historischen Materialismus ist mehr denn je gegeben. Wenn Lefèbvre sich weitgehend auf die Frühschriften Marxens beruft, so ist das Gemeinsame der subjektive Aspekt. Doch wenn Marx in den Frühschriften zu einer weit aktivischeren Konzeption der revolutionären Praxis vorstößt als nach 1848, wo der Schwerpunkt der Analyse auf die objektiv vorgeordnete, wie ein Verhängnis über den Menschen existierende Praxis und ihre kapitalistische Produktionsweise sich verlagert, so rührt das aus der Differenz der selbst ideologisierten Bewusstseinsformen von der ihnen zugrunde liegenden Produktionsbasis. (Die kritische Basisanalyse hat den objektiv naturwüchsigen Aspekt der menschlichen Produkte erkannt.)
Der metakritische Rekurs auf die Subjektivität rührt heute von ihrer unmittelbaren gesellschaftlichen Objektivität her. Von der Philosophie des Marxismus zur marxistischen Metaphilosophie.
Die entfremdete Subjektivität rührt aus der Verdinglichung der Subjektivität.

Marxens radikale Kritik an der Philosophie als Philosophie vollzog sich noch relativ ungebrochen im Medium des tradierten philosophischen Begriffs, reflektiert jedoch von der basisnahen Terminologie der bürgerlichen Ökonomie; das kritische Zentrum im theoretischen Sinne rührt aus dieser Verbindung. Die Metaphilosophie besagt, dass die Kritik an der Philosophie sich nicht mehr ungebrochen der philosophischen Begriffe

bedienen kann: eine immanente Kritik an der Philosophie wird fraglich.
Zur Entfremdung heute gehört: Wahr und falsch sind Wahrheitswerte, Dimensionen eines und desselben Bewusstseins, das zwischen diesen Wahrheitswerten als Identisches vielfältig zweidimensional oszilliert. Folgt man der gesellschaftstheoretischen Konzeption Marcuses, so ist diese Zweidimensionalität weitgehend nivelliert, die von nichtidentischer Zweidimensionalität bedrohte Identität des Bewusstseins, der Vernunft, in eine plane Eindimensionalität verlöscht; Ideologie ist nicht länger der richtige Reflex einer »falschen« Realität.
Der Begriff der Entfremdung hat seine Grenzen, die analytische Isolation des Begriffs verhindert das Auffinden von Lösungen, die von der entfremdenden und entfremdeten Praxis vorgeschlagen werden. Sein separater Gebrauch riskiert die Zerstreuung in Teilbetrachtungen und verhindert so einen Anhalt sowie Applikationsansätze außerhalb des Bereichs der spezialisierten Wissenschaften; ohne Vorbehalt angewandt, schweift er in die globale Spekulation aus. Die Frage (Lefèbvres) sei heute weit brennender, da wir in Entfremdungen zweiten Grades eingetreten seien: nicht mehr nur der Sache, sondern des Blickes auf die Sache, nicht mehr des Wirklichen, sondern des Bildes der Wirklichkeit, nicht nur der subjektiven Illusionen über die Objektivität, sondern über die Subjektivität.
Konnte man Ideologie, falsches Bewusstsein als richtigen Ausdruck einer falschen Realität werten, so ist das heute nicht möglich. Das in die Produkte selber produktiv eingedrungene Bewusstsein führt zu einer Verdoppelung der Ideologie, Entfremdung und Verdinglichung, welche die Ungleichheit einer über die bestehenden Sachverhalte hinausweisenden Negation – bestimmter Kritik – in Frage stellt.
Entfremdung zweiten Grades ist die Verdoppelung der ideologischen Subjektivität, ihr Eindringen in den Produktionsprozess. Nicht nur das Bewusstsein der Realität ist entfremdet, sondern die Reflexion dieses Bewusstseins selbst: darin gründet das Erfordernis der Metaphilosophie.
Den Phänomenen des Überbaus wird ihr Doppelcharakter von Utopie und Ideologie genommen, insofern sie unmittelbar wirklich werden. Die realisierte Abstraktion schafft die Wirklichkeit, die als Abstraktes existiert.
Dies hat zuerst Marx kritisch reflektiert: Subjekt und Objekt, die Relata des endlichen Verhältnisses, sind an sich selber gebrochen; sie gehen nicht bruchlos in ihrer Vermittlung auf; dieses nur in einer alles Sein vorweg in Geist auflösenden idealistischen Philosophie.

7. Zu Herbert Marcuse*

Herbert Marcuse, Industrialisierung und Kapitalismus im Werk Max Webers [1]

»Im Grunde dieser Rationalität herrscht die Abstraktion, die, theoretisch und praktisch ineins, Werk der wissenschaftlichen *und* der gesellschaftlichen Organisation, die Periode des Kapitalismus bestimmt: durch die Reduktion von Qualität auf Quantität. Als universale Funktionalisierung (wie sie im Tauschwert zum ökonomischen Ausdruck kommt) wird sie zur Vorbedingung berechenbarer *Leistungsfähigkeit* – *universaler* Leistungsfähigkeit, insofern Funktionalisierung Herrschaft über alle (auf Quantitäten und Tauschwerte reduzierten) Besonderheiten ermöglicht. Abstrakte Vernunft wird konkret in der berechenbaren und berechneten *Herrschaft* über die Natur und über den Menschen. So enthüllt sich die von Max Weber visierte Vernunft als *technische* Vernunft; Produktion und Transformation von Material (dinglichem und menschlichem) durch den methodisch-wissenschaftlichen auf berechenbare Leistungsfähigkeit hin konstruierten *Apparat,* dessen Rationalität Dinge und Menschen, Fabrik und Beamtenbürokratie, Arbeit und Freizeit organisiert und kontrolliert.«[2]

Die Wertabstraktion ist das innergeschichtliche a priori der technischen Vernunft, der Wert ist idealisierte Naturbeherrschung, die politische Herrschaft ist auf Menschen ausgedehnte Herrschaft über Natur; das weltgeschichtlich Neue am Kapitalismus ist, dass er Herrschaft über Menschen an der »zweckrationalen« über Natur legitimieren kann und nicht auf einen kulturellen Kosmos zurückgreifen braucht. Das zeichnet ihn paradoxerweise gerade als *historische* Produktionsweise aus; die verabsolutierte Emanzipation von der Natur schlägt in eine zweite Natur um. Wertabstraktion, das Wesen der technischen Vernunft, wie es sich duplex in der Warenform des Produkts spiegelt, vermag erst mit der vollen industriellen Entfaltung von Technik und Wissenschaft als solche zur Erscheinung zu kommen.
Mit der Expansion des kapitalfixierten Maschinensystems vermag sich der Wert als solcher – ohne den Umweg der Vermittlung über den Tauschwert zu nehmen – den Gebrauchswert zu unterwerfen. Die Industrie ist restlos durchkapitalisiert, der Wert erscheint in der Produktion, die Zirkulation ist zwar noch notwendig, um ein qualitativ Vielfaches akzidentieller. Verselbständigung der Produktion; Verdinglichung in der Produk-

* Exzerpte und Bemerkungen zu verschiedenen Schriften Marcuses. Sie stammen aus den Jahren 1966 bis 1968. (Anm. d. Hg.)

1 In: Marcuse, Kultur und Gesellschaft 2, Frankfurt 1965

2 Ebd., S. 111

tion; die Arbeitsmittel selbst erscheinen als Wert. (Die Nivellierung der wesenslogischen Differenzen.)
Sowohl mit der aktiengesellschaftlichen Unternehmungsform wie dem total kapitalfixierten Maschinenwesen wird die Daseinsweise des Werts seinem Begriff adäquat und tritt doch ins Stadium seiner Auflösung.
Der politische Absolutismus einer willkürlich über alle Unterdrückungsmittel verfügenden souveränen außerökonomischen Zwangsgewalt kann in dem Maße negativiert werden, wie die innerbetriebliche Despotie des kapitalistischen Unternehmens verankert ist. Der autoritäre Staat kann die ökonomische Herrschaft im Innern des kapitalistischen Unternehmens nur durch scheinkonstitutionelle Einschränkungen der kapitalistischen Souveränität und damit die Ausdehnung der innerbetrieblichen Disziplin auf die Gesamtgesellschaft leisten.
Die Verdinglichung der Herrschaft von Menschen über Menschen erklärt sich eben dadurch, dass sie ideal verlängerte Naturbeherrschung ist; sie ist eben naturwüchsig; wird selbst zum Ding.
Die Theorien, die sich im Umkreis der »Frankfurter Schule« gebildet haben, zielen auf die Analyse der gesellschaftlichen Totalität, die bei vielen – auch marxistischen – Theoretikern kein Gegenstand mehr ist. In ihnen wird problematisiert, ob mit den Änderungen, die seit Beginn der Monopolisierung im formativen Aufbau der Gesellschaft sich vollzogen haben, nicht tiefergehende Änderungen in der Wesensstruktur der Gesellschaft bewirkt werden, während Marx von den Dogmatikern dahingehend revidiert wurde, dass der historisch transitorische Charakter der kapitalistischen Produktionsweise insgeheim stillgestellt wurde, dass nur die verdinglichte Erscheinungswelt der kapitalistischen Gesellschaft, aber nicht ihr Wesen der geschichtlichen Dynamik unterworfen sein sollte (Wandel der Erscheinungen, ontologische Konstanz des Wesens, unveränderte Produktionsweise).
Geschichte in diesem qualitativen Sinn zeichnet sich dadurch aus, dass die Produktionsmittel in toto Produktencharakter annehmen und die Produzenten der Produktionsmittel Produkte sind, dass Maschinen Maschinen produzieren, dass die gegenständliche Erscheinungswelt eine Produktenwelt subjektiver Setzungen wird.
Naturbeherrschung, wie sie durch technisierte Produktion (Arbeit) ausgeübt wird, abstrahiert von der Natur auf dem Boden der Naturnotwendigkeit selber. Erst diese produktive Abstraktion von der Natur ermöglicht objektiv die geschichtliche Emanzipation der Gattung. Die Wertabstraktion ist idealisierte Naturbeherrschung. Der Wert ist Schein von der Naturgebundenheit gelöster produktiver Herrschaft über die Natur, die zur reinen Abstraktion der subjektiven thesis verdunstet und als verdinglichte Wertform in ihr Gegenteil unvermittelter physis umschlägt. Die Wertabstraktion von den Naturalformen und die Verabsolutierung der vermittelnden

Produktion zur mystischen vis creativa der Arbeit ut sic verlängert die sich zunehmend technisierende Naturbeherrschung zur kapitalistischen Herrschaft über Menschen. Das Apriori der technischen Vernunft ist jene ideologische Identität von Herrschaft über Natur und über Menschen, denn diese ist nur die idealisierte Fortsetzung jener; die Ausdehnung der Organisation des Stoffwechsels zwischen den Menschen und der Natur auf die Beziehungen der Menschen untereinander, so dass im Kapitalismus die Produktionsverhältnisse in der Tat mit den gesamtgesellschaftlichen Verkehrsformen zusammenfallen, dass abstrakte Arbeit die Organisation und Formation der Gesamtgesellschaft beschreibt.

Die in der Marxschen Lehre kritisch dargestellte naturgesetzliche Krisengeschichte der kapitalistischen Gesellschaftsformation hat sich geschichtlich erfüllt. Die veränderte Konstellation von Politik und Ökonomie, die Permanenz der Krise machen es zweifelhaft, ob die neue Qualität der kapitalistischen Naturwüchsigkeit noch im Bezugsrahmen des alten Krisenzusammenhangs im Sinne revolutionärer Theorie analysierbar ist.

Herbert Marcuse, Der eindimensionale Mensch[3]

Die scheinbar prästabilierte Harmonie von perpetuierter Gefahr totaler Destruktion mit dem tatsächlichen gesellschaftlichen Fortschritt begründet die manipulierte Harmonie zwischen individuellen und politisch-gesellschaftlichen Bedürfnissen. (Eine sozialpsychologische Begründung der Manipulations- und Identifikationsthese; horizontale Manipulation.)

Die prästabilierte Harmonie von atomarer Destruktionsdrohung und gesamtgesellschaftlichem Fortschritt bedeutet andererseits, dass der Fortschritt im Ganzen eine destruktive Funktion hat: Boykott der freien Entwicklung menschlicher Bedürfnisse und Möglichkeiten, Aufrechterhaltung des Friedens durch beständige Kriegsdrohung, Abhängigkeit des Wachstums von der Repression der realen Möglichkeiten, den Kampf ums Dasein zu befrieden. Aus diesem Grunde »ist diese Gesellschaft als Ganzes irrational«[4].

Doch diese Irrationalität ist nicht greif- und angreifbar. Während sie sich im Konkurrenzkapitalismus handfest vergegenständlicht in materieller Verelendung äußerte, ist sie heute abstrakt geworden. Entfremdung, als eine vom sinnlichen Genuss abgeschnittene abstrakte Existenz der Individuen, äußerte sich gleichwohl sinnlich manifest im verelendeten Leben. Die gesellschaftliche Verallgemeinerung der abstrakten Arbeit hat sich heute derart potenziert, dass sie in der Existenz der Individuen sich nicht mehr »materialisiert«; sie äußert sich gesamtgesellschaftlich, also selbst wieder allgemein und abstrakt; damit wäre auch der Begriff der

3 Vgl. zum folgenden H. Marcuse, Der eindimensionale Mensch, Neuwied-Berlin 1967, S. 11ff.

4 Ebd., S. 11

Verdinglichung, der natürlichen Erscheinung gesellschaftlicher Formbestimmungen, in Frage gestellt.
Andererseits lässt sich Marcuse noch immer zu sehr von den Frühschriften Marxens, der Antithetik von Entfremdung (Verelendung) und Vergegenständlichung (Arbeit) bestimmen. Diese schroffe beim mittleren und reifen Marx stark differenzierte – Antithetik lautet bei Marcuse: die politisch fortgeschrittene gesellschaftliche Produktion des Menschen beinhaltet die Entwicklung der Destruktionskräfte. Die Möglichkeit einer totalen Freiheit wie die einer totalen Zerstörung ist korrelativ gegeben. (Basiert dies auf der Manipulationsthese, der kontrollierten Steuerung von Irrationalität?)
Immerhin äußert sich heute Entfremdung nicht mehr »sinnlich«, weil es gelungen ist, den Hunger zu beseitigen – man schneidet die Individuen nicht ab vom sinnlichen Genuss, man deformiert die Sinnesorgane und steuert den Genuss. Technologie und nicht Terror, Repression der Psyche und nicht der physis sind *die* Herrschaftsmittel.
In das Problem der gesellschaftlichen Entwicklung, der historischen Objektivität geht das einer Kritik dieser Objektivität deshalb ein, weil Kriterien gefunden werden müssen, diese Objektivität darzustellen; diese aber – »Werturteile«[5] – sind so zu wählen, dass sie den zu erkennenden objektiven Geschichtsverlauf unter dem Gesichtspunkt seiner Veränderbarkeit darstellen. Die Objektivität ist als durch ein autonomes Subjekt aufhebbar darzustellen. Dass dies möglich sei, basiert auf dem Axiom der praktischen und theoretischen Vernunft in der Geschichtsphilosophie, dass die Menschen, was sie gemacht haben, auch erkennen und anders machen können. Die Objektivität ist also kritisch darzustellen, sie ist zu transzendieren, das aber heißt, der immanenten Möglichkeiten des Geschichtsverlaufs und der gesellschaftlichen Entwicklung sich zu versichern.
Lefèbvre und Marcuse kommen in einigen gesellschaftlichen Befunden sich derart nahe, dass die spezifische Differenz ihrer Analysen kaum erkennbar ist.
Sie wird aber greifbar an der Konstellation von gesellschaftlichen und individuellen Bedürfnissen.[6]
Lefèbvre interpretiert Manipulation anders als Marcuse, mehr als eine

5 Ebd., S. 12

6 Vgl. ebd., S. 28: »Allerdings ist in den am höchsten entwickelten Bereichen der gegenwärtigen Gesellschaft die Umsetzung gesellschaftlicher in individuelle Bedürfnisse derart wirksam, dass der Unterschied zwischen ihnen rein theoretisch erscheint.« Dazu H. Lefèbvre, Sur quelques critères du développement social et du socialisme, in: Praxis 2/3, 1965, S. 164 »Der Neokapitalismus gibt vor, für die menschlichen Bedürfnisse zu produzieren, während er tatsächlich die individuellen Bedürfnisse zurechtmodelt und die gesellschaftlichen Bedürfnisse ignoriert. Auf jeden Fall kann sich die Theorie also nicht nur an die Begriffe der Produktion, der produktiven Arbeit und der Produktionsweise halten. Sie muss sich derart auswerten, dass sie die Bedürfnisse des gesamten Alltagsbereiches berücksichtigt.«

Betörung der sinnlichen Empfindungswelt, die aber gerade in der Freizeitindustrie die subjektiven Begierden raffiniert und im »Anspruchsniveau« höher schraubt, so dass eine kritische Differenz zwischen individueller und gesellschaftlicher Bedürfnisstruktur als ein Hohlraum der Unzufriedenheit auf dem Boden gesicherter vitaler Bedürfnisbefriedigung bestehen bleibt, während Marcuse Harmonie zwischen beiden annimmt; daraus resultieren verschiedene Konsequenzen für den Entfremdungsbegriff.
(Rolle der Psychologie, Theorie des Individuums, Rolle der Subjektivität. Im Gegensatz zur existentialistisch beeinflussten Diskussion des Marxismus versuchen Lefèbvre und Marcuse nicht einfach die Lehre Marxens post hoc um eine positive Theorie des Individuums zu ergänzen. Doch sie scheinen der Meinung zu sein, dass die Antagonismen dieser Gesellschaft nicht einfach ökonomiekritisch darzustellen sind (oder gar sozioökonomisch), sondern beide ziehen einen Bereich herein, in dem sich die gesellschaftliche Produktenwelt, die kapitalistische Warensammlung, mit der subjektiven Bewusstseinsstruktur der ökonomischen und gesellschaftlichen Agenten eigentümlich verbindet, dem Alltagsleben; eine Vermittlungssphäre, die Marx nur angedeutet hat und die heute relevant wird durch die manipulative Programmierung des entfremdeten Lebens.)
Den bedürfnistheoretischen und psychosozialen Ansätzen gegenüber wäre eine Theorie der gesellschaftlichen Objektivität notwendig, der kapitalistischen Entwicklung, die aber nicht auf die sozioökonomische Diskussion sich beschränken dürfte, sondern die gesellschaftstheoretisch die »Naturgesetze« des Kapitalismus auffinden müsste. Dies verlangt zu allererst eine Restitution des materialistischen Gehalts der Marxschen Lehre.

Die Industrialisierung der politischen Bedürfnisse der Gesamtgesellschaft[7] deutet auf das geronnene Resultat der mit dem Monopolkapital und dem Imperialismus eingesetzten neuen Qualität in der Politizität der Ökonomie, des staatlich-gesellschaftlichen Eingriffs in den Verwertungsprozess: die Umsetzung politischer Bedürfnisse – ideologischer Ausdruck der sich im Tauschverkehr realisierenden Abstraktion von den Gebrauchswerten – in die Gebrauchswertproduktion selber. Unter Umgehung des Tauschwerts findet die Realisierung der Verdinglichung schon in der Produktion statt. Die industrielle Umsetzung der politischen Bedürfnisse der Gesamtgesellschaft bedeutet das Eindringen der verdinglichten und entfremdeten Bedürfnisse – der abstrakten Identität – in die konkrete Arbeit zur Produktion von Gebrauchswerten selber. Die Realisierung des Werts am Gebrauchswert vollzieht sich schon in der unmittelbaren Pro-

7 Vgl. ebd., S. 11

duktion von Wert und Gebrauchswert, durch die Politisierung der Industrie. Diese Politisierung expandiert zugleich in alle gesellschaftlichen Bereiche, um die durch die abstrakte Arbeit gesetzte Isolierung der Produzenten aufrechtzuerhalten. (Verhältnis Staat-Ökonomie/Staat-Klassen) Die tendenzielle Vernichtung der Gebrauchswerte, von denen doch nur in der Ideologie vollständig abstrahiert werden kann, ist direkter geworden. Realisiert sich das Produkt als Wert erst auf dem Markt, konnte dort der Gebrauchswert zur Erscheinungsform seines Gegenteils, des Werts, werden, so muss dessen Abstraktion vom Gebrauchswert nunmehr in dessen Produktion schon realisiert werden. Den Wert als Schein zu durchschauen wird immer schwieriger, wenn seine Realität schon in der Produktion von Gebrauchswerten unmittelbar produziert wird, während im Konkurrenzkapitalismus, in der bürgerlichen Gesellschaft, die Differenz von Produktion und Zirkulation eben die Erkenntnischance dieser Differenz und damit die Möglichkeit, den Produktencharakter der Produkte und den Scheincharakter des sich naturhaft setzenden Werts zu durchschauen, bot.

In den politischen Bedürfnissen muss aber wie in den rechtlichen, moralischen und kulturellen in abstracto das emanzipatorische Vernunftinteresse enthalten sein. Strukturelle Manipulation von ökonomischer Potenz heißt: nicht die Realisierung der abstrakten Freiheit durch die Ideologisierung der Produktion als Produktion von Tauschwerten, sondern die Realisierung der Abstraktion als Abstraktion in der Produktion selber. Im Zuge dieses Prozesses geht den Regeln der praktischen Vernunft die emanzipatorische Dimension derart regulativ funktionalisierter theoretischer Vernunftsprinzipien verloren (durch ihre technologische Funktionalisierung). Die Abstraktion realisiert sich dadurch, dass die metaphysische Dimension synthetischer Urteile a priori nicht in innergeschichtliche Transzendenz aufgehoben wird. Auf diesem Sachverhalt basiert die technologische Zersetzung der Aufklärung, die Manipulation.
Die Isolierung der Individuen voneinander, Voraussetzung der gesellschaftlichen Verkehrssphäre, realisiert sich gleichwohl erst in dieser.
Die politische Moral der Arbeiterklasse, ausgedrückt in den materiellen Erscheinungsformen des Klassenbewusstseins, den Organisationstypen des Proletariats, orientierte sich einst am emanzipatorischen Gehalt des »Überbaus«; nur durch dessen immanente Kritik wurde den materiellen Bedürfnissen das Ziel der Befreiung und Befriedung des Lebens gegeben. Woran aber hat sich die politische Moral der »revolutionären Klasse« heute auszurichten? (Länder der Dritten Welt)
Der »Überbau« ist auch Widerspiegelung des Tauschverkehrs, diese Widerspiegelung greift nun mehr in die Produktion selbst ein.

Die Möglichkeit und Notwendigkeit zur Manipulation gründet in der Bindung eines *aktualisierten* Standards der materiellen Bedürfnisbefriedigung an die Gefahr der totalen Vernichtung. Dem entspricht der direkte Angriff auf die qualitativen Gebrauchswerte und Bedürfnisse, die materiell ausreichend wie noch nie und zugleich auch derart deformiert vorhanden sind.
Die naturwüchsige Bindung von Produktion und Destruktion aneinander, die eine neue Qualität der Deformation der Menschennatur herstellt, trennt die deformativ befriedigten Bedürfnisse von der Befriedigung emanzipatorischer Bedürfnisse.
Mit wachsender Naturbeherrschung wächst faktisch die Herrschaft von Menschen über Menschen, obwohl diese doch durch die erweiterte Fähigkeit, den Naturstoff zu appropriieren, überflüssig wird. So tritt ein Stadium ein, in dem aktuell die Bedürfnisbefriedigung einen qualitativ neuen Stand erreicht hat, ohne ihren Möglichkeiten nachzukommen, und Herrschaft sich zugleich verfestigt hat wie nie zuvor. Die Beherrschung der Naturbeherrschung ist nicht gelungen. Es scheint, als verfestige sich die Internalisierung der Arbeits- und Leistungsnormen im Zeitbewusstsein der Ausgebeuteten in dem Maße, in dem die technische Leistung die Abschaffung der Arbeit ermöglichen könnte.
Zwei Elemente bezeichnen den Sachverhalt einer politischen Technologie:
1. die Industrialisierung politischer Bedürfnisse;
2. die Realisierung »politischer Macht« »vermittels ihrer Gewalt über den maschinellen Prozess und die technische Organisation des Apparats«.[8]
Beide Elemente sind weit entfernt davon, eine bloße Rückwirkung des ideologischen Überbaus, des objektiven Geistes institutionalisierter Politik zu bezeichnen. Vielmehr beschreiben sie eine Tendenz, derzufolge politische Herrschaft sich nicht mehr primär von der ökonomischen Basis her durch den entfremdeten Verkehr konkurrierender Warenbesitzer auf dem Markt und zwischen den Klassen vermittelt, sondern dass die Vermittlung politischer Herrschaft über deren immer unmittelbarere Identität mit der ökonomischen Verfügungsgewalt über den technifizierten Produktionsapparat läuft. Sie deutet auf eine Verselbständigung politischer Herrschaft gegenüber den Klassen und eine unmittelbarere Vermittlungsbeziehung zur Basis. (Zerstörung des Verkehrs)
»Das rohe Faktum, dass die physische (nur physische?) Gewalt der Maschine die des Individuums und jeder besonderen Gruppe von Individuen übertrifft, macht die Maschine in jeder Gesellschaft, deren grundlegende Organisation die des maschinellen Prozesses ist, zum wirksamsten politischen Instrument. Aber die politische Tendenz lässt sich umkehren; im wesentlichen ist die Macht der Maschine nur die aufgespeicherte und

8 Ebd., S. 23

projektierte Macht des Menschen. In dem Maße, wie die Arbeitswelt als eine Maschine verstanden und entsprechend mechanisiert wird, wird sie zur *potentiellen* Basis einer neuen Freiheit für den Menschen.«[9]

Der emanzipatorische Gehalt des maschinellen Industrialisierungsprozesses ermöglicht die Entlastung des Menschen von lebendiger Arbeit.

1. Was hat sich in der Struktur des ökonomischen Verwertungsprozesses geändert? Der Wert realisiert sich qua Manipulation, seine Realisierung geht ebenso in die Produktion ein, wie sie außerhalb von dieser dem »Überbau« als Funktion zufällt.

2. Was hat sich im Austausch von Kapital und Lohnarbeit verändert? Es gibt die durch die Automation bewirkte Tendenz, die differentia specifica der kapitalistischen zu den vorkapitalistischen Warenproduktionen zu zersetzen: die Arbeitskraft als Ware.

Als solche ist sie nur konstitutiv für die an sich seiende Klasse isolierter und untereinander verfeindeter Lohnarbeiter, die sich aber klassenbewusst zum solidarischen Verkehr als bestimmte Negation der kapitalistischen Gesellschaftsformation zusammenschließen konnten. Die technologisch Pauperisierten, die nicht einmal mehr über ihre Arbeitskraft als Ware verfügen werden, stellen eine abstrakte Negation des Kapitals dar, das seine Widersprüche zwar nicht eliminiert hat, aber jene aus diesen ausgeschlossen hat.

»In letzter Instanz muss die Frage, was wahre und was falsche Bedürfnisse sind, von den Individuen selbst beantwortet werden, das heißt insofern und wenn sie frei sind, ihre eigene Antwort zu geben. Solange sie davon abgehalten werden, autonom zu sein, solange sie (bis in ihre Triebe hinein) geschult und manipuliert werden, kann ihre Antwort auf diese Frage nicht als ihre eigene verstanden werden. Deshalb kann sich auch kein Tribunal legitimerweise das Recht anmaßen, darüber zu befinden, welche Bedürfnisse entwickelt und befriedigt werden sollten. Jedes derartige Tribunal ist zu verwerfen, obgleich dadurch die Frage nicht aus der Welt geschafft wird: Wie können die Menschen, die das Objekt wirksamer und produktiver Herrschaft gewesen sind, von sich aus die Bedingungen der Freiheit herbeiführen?«[10]

Das Dilemma, das sich ergibt: Nur die Individuen können für sich bestimmen, was wahre und falsche Bedürfnisse sind, aber die Unmündigkeit eben dieser Individuen wird mittels eines gigantischen Systems von Manipulation auf erweiterter Stufenleiter reproduziert. Wie können die Bedingungen der Möglichkeit der Selbstbefreiung geschaffen werden – also aufgeklärte Spontaneität der Massen? Diese Frage ist in der Tat zu einem nahezu transzendentalen Problem geworden.

9 Ebd.
10 Ebd., S. 26

In der ursprünglichen Akkumulation musste Mehrarbeit – als Arbeit schlechthin – zum Bedürfnis gemacht werden – das grundlegend falsche Bedürfnis der Gesellschaft. Heute ist fast jede Arbeit Mehrarbeit geworden.

Formalisierung der Freiheit: »Unter der Herrschaft eines repressiven Ganzen lässt Freiheit sich in ein mächtiges Herrschaftsinstrument verwandeln.«[11]

Manipulation leistet die Umsetzung gesellschaftlicher in individuelle Bedürfnisse. Das bedeutet, dass die Gesellschaft im Vergleich zu früheren Stadien der bürgerlichen Gesellschaft auf eine sittlich anspruchsvolle Moral weitgehend Verzicht leisten kann. Denn Manipulation leistet die Abstraktion von den besonderen Bedürfnissen qualitativer Art, von der sinnlichen Struktur - Entfremdung. Sexualität ist repressiv entsinnlicht worden, eine zivilisierte Bestialität. Manipulation bietet den Rechts- und Moralersatz, wie sie den Verkehr destruiert, dessen Zerstörung ihre Voraussetzung war. Wo früher durch die Drohungen und Versprechen, Sanktionen und Gratifikationen durch Recht und Moral die Abstraktionen von den gesellschaftlich entwickelten sinnlichen Bedürfnissen der Individuen – durchaus unter weitgehendem Verzicht auf unmittelbare Gewalt – erzwungen wurde, fällt heute dieser Zwang durch seine manipulative Verinnerlichung fort. Franz Neumann verweist auf die Effizienz von Gewalt als Strafjustiz und Terror, letzteres Instrument des Faschismus; Manipulation heute heißt Internalisierung des Terrors, so dass er im Innern der eigenen Gesellschaft weitgehend vermittelbar ist, während die Individuen gegen den error, der draußen praktiziert wird, weitgehend abgestumpft sind. Recht und Moral, selbst die Zirkulation hatten eine emanzipatorische Dimension. Manipulation nimmt nur noch die Funktion der repressiven Abstraktion von den Bedürfnissen wahr. Eindimensionalisierung, die Einebnung der Differenz von Wesen und Erscheinung (wobei das Wesen an sich selber wahr und falsch ist – abstrakte Arbeit) bedeutet die Eskamotage der emanzipatorischen Dimension.

Die imperativische Struktur der Sprache, die den Reklameagenten entspricht, welche »das Universum der Kommunikation«[12] modeln, die artifiziell reproduzierte Produktionssphäre isolierter Privatarbeit entspricht einem Zustand, der die globale Verinnerlichung außerökonomischer Zwangsgewalt plant, so wie Hobbes die Sprache dort, wo sie kein Zeichensystem ist (nicht nominalistisch Namen verleiht), sondern ein Kommunikationsmedium qua Konvention, die gesellschaftliche Intersubjektivität herstellt und konstituiert, vorzüglich imperativisch begreift, seiner etatistischen Rationalisierung außerökonomischer Zwangsgewalt im sterblichen Gott entsprechend.

11 Ebd., S. 27
12 Vgl. ebd., S. 104

Der technologische Operationalismus, der Stanley Gerr zufolge die Dinge und ihre Funktionen gleichsetzt und »die Namen der Dinge als zugleich hindeutend auf ihre Funktionsweise«[13] betrachtet, restauriert, für die Praxis, das Handeln und Verhalten der Individuen, die Magie der Identität von Name und Ding, Zeichen und Bezeichnetem nur theoretisch, aber praktisch unbedeutsam ist die Differenz, diese magische Identität sei als bloß symbolische aufzufassen. Die wesentliche Differenz von Begriff und Wirklichkeit, an deren Spannung die europäische Philosophie seit ihren Anfängen ihr Leben hatte, geht verloren, die schlechthinnige Unterschiedenheit der »voridentischen Welt« greift in der nachidentischen, der »technologischen Welt«, Platz. Dieser magischen Ununterschiedenheit von Name und Ding der phylogenetischen Frühphase der Indifferenz von Ich und Außenwelt entspricht die Tendenz, die Naturalformen der Dinge in ihre technischen Gebrauchswerte, ihre Funktionen, aufzulösen. Der Funktionalismus hat die idealistische Tendenz der Entmaterialisierung und Entsubstanzialisierung mit dem Strukturalismus gemein. Die Materie wird verbannt. Spinoza war ein Materialist dagegen. Die Totalität der Strukturen und die innerstrukturelle Totalität der Funktionen kennt weder Materie noch Substanz, nur noch Modi und Attribute.
Imperativische Struktur der Sprache und praktische mimesis entsprechen einander. Anpassung – mimesis.
Die Sprache ist kein Entwicklungsmedium des Sinnes mehr, also nicht mehr Begriff im Sinne der dialektischen Logik als die Totalität des Urteilsvollzugs, sondern der Begriff ist ein bloßes konventionalistisches Wort, er wird zum tode ti der Sprache. Der allgemeine flatus vocis des Nominalismus ist die res singularis – das Diesda –, das die besonderen Dinge nicht sind (Hegel, Kritik der sinnlichen Gewissheit).

Marcuse zeigt hier[14] in einem metakritischen Ansatz zur Sprachanalyse, dass die Trennung von analytischer und synthetischer Prädikationsstruktur kein chorismos ist, sondern geschichtlich von gesellschaftlichen Gehalten abhängig. Die synthetischen Urteile a priori sind nicht solche der Geometrie oder Arithmetik, sondern die emanzipatorischen Begriffe wie Freiheit, Frieden und Glück gelten mit geschichtlicher Allgemeinheit und Notwendigkeit und sind doch allererst herzustellen.
Diese emanzipatorischen Begriffe werden durch die Herrschaft der technologischen Rationalität formalisiert; statt einer synthetischen kommt ihnen nurmehr eine analytische Prädikationsstruktur zu.
Die metaphysische Problematik der synthetischen Urteile a priori hat sich in eine geschichtliche übersetzt. Freiheit lässt sich nicht empirisch gewinnen, nicht zuletzt deshalb, weil sie nirgends besteht. (Die synthe-

13 Ebd., S. 105f.
14 Vgl. ebd., S. 107

tischen Urteile a priori haben hypothetischen und kategorischen Imperativ in sich.)

Der innergeschichtliche Bedeutungsgehalt der synthetischen Urteile a priori ist möglich nur durch eine Vermittlung im transzendentalen chorismos von theoretischer und praktischer Vernunft: Was darf ich hoffen?

Die synthetischen Urteile a priori transzendieren das Bestehende, über welches die analytischen nichts aussagen und das die empirischen nur konstatieren und bestätigen. Die synthetischen Urteile a priori beziehen sich auf das Bestehende, indem sie es transzendieren.

Die verschleierte Entsubstanzialisierung und Umfunktionierung der synthetischen Urteile a priori in eine analytische Prädikationsstruktur: Sie informieren daher in der Tat nicht mehr über die Wirklichkeit, wie sie ist und wie sie sein könnte.[15]

Die Ideologie verschleiert die Widersprüche nicht, sie reproduziert diese im Rahmen des bestehenden sozialen Systems, das in toto niemand anzweifelt. Sie formalisiert die emanzipatorischen Aussagen der einstmals revolutionären Theorie »als die realistische Karikatur der Dialektik«; d.h., sie zwingt Widersprüche sprachlich zusammen, und Manipulation glättet die Einheit der Widersprüche zur Widerspruchslosigkeit. Beruhte die formallogische Identität immer schon auf einer quantitativen Gleichsetzung des qualitativ Unterschiedenen durch subsumtionslogische Abstraktion, so verlangt die analytische Formalisierung der emanzipatorischen Urteile, dass dies auch mit den gesellschaftlichen Antagonismen geschehe, auf die sie sich beziehen.

Die Abbreviatur, welche die Sprache zur wohlverpackten Ruine destruiert und als solche versteinert, die verkürzte Syntax, die das Urteil, die Entfaltung des Begriffs, sistiert, bringt »starre Bilder« hervor, die sich mit überwältigender und versteinerter Konkretheit aufdrängen. Die derart zu analytischen Sätzen umfunktionierten synthetischen Urteile a priori, an denen der emanzipatorische Gehalt des Geschichtsverlaufs hängt, erhalten so die magische, hypnotische und rituelle Funktion. Sie sind analytisch, weil sie nicht mehr begrifflich, sondern begriffloses Bild sind, das in nichts über die Wirklichkeit informiert, »suggestive Befehle«, »eher evokativ als demonstrativ«,[16] gleichwohl stellen sie nichts vor, Bilder ohne Inhalt, analytische Bilder, die bloß einen Inhalt suggerieren. Sie sind von analytischer Prädikationsstruktur, allerdings ideologisch, d.h. sie verschleiern ihre Analytizität, sie halluzinieren einen Inhalt und sind doch bloß Leerformeln; ihr Inhalt vermöchte nicht konkret bezeichnet zu werden.

(Die positivistische Ideologiekritik, wie Ernst Topitsch sie verficht, die alle Sätze der Mythen, der Metaphysik und der Geschichtsphilosophien als

15 Vgl. ebd., S. 108

16 Ebd., S. 110

eine Versammlung von Leerformeln denunziert, dass also diese synthetischen Urteile a priori, die Ideen, ideologisch verschleierte analytische Sätze seien, ist Komplement zur Ideologisierung der utopischen Gehalte und emanzipatorischen Begriffe, wie sie vom eindimensionalen Denken vollzogen wird.)
Diese analytischen Sätze sind gleichwohl Teil und *nur* Teil einer praktischen Vernunft, unvernünftig im Kern; sie sind Zeichen, welche die Disposition zu einem ganz bestimmten behavior stimulieren sollen, Signale im Sinne des Pawlowschen Hundes, sichern mimetische Handlungsweisen mit dem Ziel der Integration und der Vermeidung von Opposition. Die ideologisch verschleierten analytischen Sätze sind rein funktional bestimmt (s. Kategorientafel, Schemata des Verstandes; Dialektik der Aufklärung).
Sie sind funktional in dem Maße, in dem sie operationell und technologisch die Materiatur, den materiellen Kern der Dinge, in seine Funktion auflösen, die optischen Implikate der Dingwelt, ohne die es keinerlei Erscheinung, Funktion und Nutzen der Dinge gäbe, in Luft auflösen.[17]
Die ideologisch verschleierten analytischen Bilder verinnerlichen hypnotisch die suggestiven Verhaltensschemata, konstituieren eine neue Form von Instinkt, der begriffslos ist, da die moralischen Normen entleert wurden (Naturwüchsigkeit), und erzeugen einen kommunikationslosen Verkehr der Produzenten zum Zweck der Systemerhaltung. (Ihre praktische Wahrheit besteht in der mimetischen adaequatio des Subjekts an sein Objekt. Operationale Analytizität qua Abstraktion von Bedürfnissen zur Konstitution des logischen a priori wird hier zu Zwecken der ideologischen Praxis eingesetzt: erfolgt dort die Abstraktion von den Bedürfnissen um der Bedürfnisbefriedigung willen, so hier der diktatorischen Verwaltung der Bedürfnisse wegen. Die ideologisierte Basis ist gekennzeichnet durch eine faktisch ideologische Verallgemeinerung operationeller Analytizität.)

Der Begriff ist von wesenslogischer Zweidimensionalität, er unterscheidet Ding und Funktion, Subjekt und Prädikat, Sein und Eigenschaft, Substanz und Attribut. Das Subjekt des Satzes hat einen materialen Kern optischer Art, das grammatische Subjekt hat nach Marcuse ein optisches Korrelat; nun löst aber gerade die Ontologie das Sein von seinen Eigenschaften, das Subjekt von seinen Prädikaten, in denen es sich doch allererst prädiziert. Marcuse meint geradezu ontologiekritisch, das Ding sei nicht vollständig funktionalisierbar, so wie Sein nicht prädizierbar sei. Die Existenz der Dinge kann nur das Subjekt des Satzes regieren; sie ist nicht substantiell in der essentia verankert.

17 Vgl. ebd.

Herbert Marcuse, Aggressivität in der gegenwärtigen Industriegesellschaft[18]

»Jedoch wird das besondere Interesse nicht einfach durch das allgemeine bestimmt; es besitzt seinen eigenen Freiheitsbereich und trägt entsprechend seiner Stellung in der Gesellschaft zur Formung des allgemeinen Interesses bei. Marx glaubte, dass die objektiven Tendenzen der gesellschaftlichen Entwicklung sich ›hinter dem Rücken‹ der Individuen durchsetzen; in den fortgeschrittenen Gesellschaften von heute gilt das nur mit starken Einschränkungen. Planung und Verwaltung von Bedürfnissen, Befriedigungen und Trieben sind schon seit langem selbstverständliche Faktoren der Politik und der Geschäfte; sie bezeugen Hellsichtigkeit inmitten allgemeiner Blindheit.[19]

Doch dieser rationell geplante Manipulationsprozess vollzieht sich als ein Konstitutionsmoment im gesamtgesellschaftlichen Bewusstseinsprozess in toto blind. Seine Rationalisierung ist insgesamt bewusstlos, rationell im Detail, blind insgesamt. Das heißt, für die geplante Produktion von falschem Bewusstsein und gesellschaftlicher Bewusstlosigkeit gilt selbst wieder, was Marx für den direkten Produktionsprozess der Geschichte beschreibt. Nicht nur sind die Manipulationsinstanzen ihrer eigenen Manipulation unterworfen, sondern sie manipulieren auch blind. Für die in die Produktion eingewanderte Ideologie gilt, was nur für jene selbst galt. Der Prozess gesamtgesellschaftlicher Bewusstlosigkeit repetiert sich verstärkt auf qualitativ anderer Ebene. Die Manipulationsinstanzen sind noch nicht koordiniert.

Die Blindheit des Prozesses ist daran abzulesen, dass sich der Manipulationsprozess keineswegs direkt in der Vertikalen vollzieht, sondern sich in die Horizontale primärer Meinungsbildungsprozesse umsetzt (vgl. Katz und Lazarsfeld). Das verifiziert die Manipulationsthese aber keineswegs, auch ist es zweifelhaft, ob sie mit dem szientifischen Befund empirischer Kleingruppenuntersuchungen überprüft werden kann.

Um den Einzelnen mit der ihm objektiv aufgezwungenen Lebensform auszusöhnen, sei eine »systematische Steigerung und Kontrolle der Psyche in der fortgeschrittenen Industriegesellschaft«[20] notwendig, die auf manipulativem Wege eine libidinöse Vermittlung der Ware«[21] im Individuum leiste. Doch diese libidinöse Besetzung der Ware, die Umsetzung sozialer und politischer Bedürfnisse in individuelle, triebabhängige, ist nur für die monopol- und oligopol organisierte Warenproduktion kennzeichnend. Im Bewusstsein der Individuen musste eben gerade der Warenaustausch zu einem primärnatürlichen Trieb verfestigt werden.

18 In: H. Marcuse u. a., Aggression und Anpassung, Frankfurt 1968

19 Ebd., S. 12

20 Ebd., S. 12f.

21 Ebd., S. 13

Folgerichtig fixierte die klassische Ökonomie die in den Produktionsverhältnissen der »abstrakten Arbeit« ausgedrückte gesellschaftliche Teilung der Arbeit zu einer anthropologischen Konstante. Entfremdung artikuliert vom Individuum her den gesellschaftlichen Eingriff der abstrakten Arbeit in die Organisation der psychischen Triebstruktur – allerdings gegenständlich manifest, als Verelendung sinnlich erfahr- und erlebbar. Die psychosoziale Existenz der »abstrakten Arbeit« im Individuum ist nur an deren Verelendung manifest ablesbar. Aber auch damals bedurfte es der libidinösen Verinnerlichung der Warenproduktion und ihres Austauschs, die aber immer wieder gestört wurde durch deren physisch destruktive Gewalt. Entfremdung artikuliert diesen Sachverhalt, sie ist nicht denkbar ohne ihre bewusste Erfahrung, das Elend stimuliert die revolutionäre Empörung gegen das Elend. Die sozial denaturierte Triebstruktur der entfremdeten Individuen findet nicht mehr ihr physisch manifestes Korrelat im Elend der ausgebeuteten Massen. Der Begriff der Entfremdung, wie er in den Frühschriften Marxens geprägt wurde, ist daran gebunden. Dass die Kraft der Revolution von den ökonomiekritisch analysierten Krisen abhänge, wurde von den Erfahrungen der vierziger Jahre bestätigt. Entfremdung verlor ihren unmittelbar revolutionären Sinn und büßte an analytischem Wert für die entwickelte Kritik der politischen Ökonomie ein.
Die psychisch raffinierte Entfremdung nimmt in dem Maße zu, wie ihre physische Manifestation im Elend verschwindet. Die erfolgreiche Verinnerlichung gesellschaftlicher Bedürfnisse zur primärnatürlichen Triebstruktur des individuellen Geschicks gelingt umso erfolgversprechender. Die Kategorie der Entfremdung enthält die sinnlich manifeste Diskrepanz zwischen der abstrakten Existenz der Individuen und den allgemein gesellschaftlichen Ansprüchen. Darin liegt ihr unmittelbar auf Empörung drängender Sinn beschlossen.
»Die Frage ist nun, ob der soziale Druck der Triebverwaltung in der modernen amerikanischen Gesellschaft auf negative Bedingungen schließen lässt, welche die Entfaltung der Lebenstriebe hemmen und damit Aggressionsinstinkte intensivieren. Die Frage wäre zu bejahen, wenn der soziale Druck aus der Struktur dieser Gesellschaft herrührte und wenn er in ihren Mitgliedern Bedürfnisse und Befriedigung weckte, welche die Repression instinktiv reproduzieren.«[22]

22 Ebd., S. 14

8. Zu Karl Korsch: Marxismus und Philosophie*

»Dass in der Frage nach dem Verhältnis zwischen Marxismus und Philosophie ein theoretisch und praktisch höchst wichtiges Problem enthalten sein könnte, ist eine Behauptung, die noch bis vor sehr kurzer Zeit sowohl unter den bürgerlichen wie unter den marxistischen Gelehrten nur wenig Verständnis gefunden hätte.«[1]

Erst die philosophische, genauer geschichtsphilosophische Problematik des Marxismus stellt die Frage nach dem Verhältnis von Theorie und Praxis. Sie ist konstitutiv für die ökonomiekritische Theorie der Gesellschaft und die revolutionäre Praxis.

»Es wird sich dann zeigen, dass trotz des großen Unterschiedes der beiderseitigen Motive beide Ursachenreihen an einer wichtigen Stelle doch auch zusammentreffen. Wir werden nämlich sehen, dass ganz ähnlich wie bei den *bürgerlichen Gelehrten* in der zweiten Hälfte des 19. Jahrhunderts mit dem totalen Vergessen der Hegelschen Philosophie auch jene ›dialektische‹ Betrachtung des Verhältnisses von Philosophie und Wirklichkeit, Theorie und Praxis gänzlich verlorengegangen ist, die in der Hegelschen Epoche das lebendige Prinzip der gesamten Philosophie und Wissenschaft gebildet hatte, auf der anderen Seite auch bei den *Marxisten* in der gleichen Epoche die ursprüngliche Bedeutung dieses dialektischen Prinzips, das in den vierziger Jahren die beiden jugendlichen Hegelianer Marx und Engels bei ihrer Abwendung von Hegel mit vollem Bewusstsein ›aus der deutschen idealistischen Philosophie‹ in die ›materialistische‹ Auffassung des geschichtlich gesellschaftlichen Entwicklungsprozesses hinübergerettet hatten, mehr und mehr in Vergessenheit geraten war.«[2] (Zum vergessenen und verdrängten Verhältnis von Marxismus und Philosophie)

Das Verhältnis von Materialismus und Philosophie, von Überbau und Unterbau, ist das von Gesellschaft und Kultur.

Die bürgerlichen Kathederprofessoren der Philosophie, die etablierte, bourgeoise Schulphilosophie des späten 19. Jahrhunderts (und Korsch[3] meint damit insbesondere die Neukantianer) behandelte die philosophische Problematik des Marxismus zumeist unter dem Titel: »Die Zersetzung der Hegelschen Philosophie« (Kuno Fischer). Was die bürgerliche Kathederphilosophie nicht in den Griff bekam und aufgrund ihrer professionell verankerten Befangenheit in dem System der bürgerlichen

* Die Exzerpte und Notizen zu Korsch sind nicht genau datierbar, wahrscheinlich 1966 od. 1967 entstanden. (Anm. d. Hg.)

1 K. Korsch, Marxismus und Philosophie, Frankfurt 1966, S. 73

2 Ebd., S. 77f.

3 Vgl. ebd., S. 73ff.

Gesellschaft auch nicht erkennen konnte, war das Spezifische des Verhältnisses von Marxismus und Philosophie, nämlich das »prinzipiell« philosophiekritische Verhältnis.
Die Vernachlässigung der philosophischen Seite der kritischen Theorie durch den Sozialismus der 2. Internationale erklärt sich aus dem Versuch, »nicht nur alle bisherige bürgerliche Idealphilosophie, sondern damit zugleich alle Philosophie überhaupt formell und inhaltlich endgültig zu überwinden und ›aufzuheben‹«.[4]
Als Kritik des Verhältnisses der 2. Internationale zur Philosophie ist das zumindest missverständlich formuliert: Natürlich will der historisch-dialektische Materialismus nicht nur den idealistischen Begriffsrealismus innerphilosophisch abstoßen, sondern mit ihm alle Philosophie, denn alle Philosophie, auch die bisherigen Materialismen und Nominalismen, waren bislang praxisenthobene, rein theoretische, im Grunde idealistische Systeme. (Korsch muss also hier präzisieren.)
»So hat z.B. Franz Mehring seinen eigenen, orthodox marxistischen Standpunkt zur Frage der Philosophie mehr als einmal kurz und bündig dadurch charakterisiert, dass er sich zu jener ›Absage an alle philosophischen Hirnwebereien‹ bekannte, die ›für die Meister (Marx und Engels) die Voraussetzung ihrer unsterblichen Leistungen gewesen ist‹.«[5]
Bürgerliche und marxistische Wissenschaft stimmte in der Beurteilung des Verhältnisses von Marxismus und Philosophie bei unterschiedlicher, i.e. gegensätzlicher Bewertung eines und desselben Sachverhaltes[6] überein, der Marxismus weise keine wesentlichen Bezüge zur Philosophie auf. Korsch weist hingegen den wesentlichsten Bezug zu ihr auf. Nicht als abstrakte Hirnweberei tut er sie ab, sondern will sie als unverwirklichte Vernunft revolutionär realisieren. Die Artikulation des emanzipatorischen Vernunftinteresses bekommt die Gesellschaft als Totalität in den Griff.
Als dritte Gruppe[7] bezeichnet Korsch die philosophierenden Sozialisten, die ebenfalls den Marxismus als bar jedes diskutablen philosophischen Gehalts erachteten (Bernstein, Koigen, Kantianer, Machianer, Dietzgenianer) und ihm eine rein philosophische Richtung zu imputieren trachteten. Als der Erste Weltkrieg sie mit aller Deutlichkeit den Fragen der proletarischen Praxis aussetzte, haben sie demzufolge bürgerliche Positionen bezogen – denn dem Marxismus ist ein Bezug zur Philosophie nicht akzidentell, sondern wesentlich und immanent.
»Es lässt sich nun heute ziemlich leicht zeigen, dass diese rein *negative* Auffassung der Beziehungen zwischen Marxismus und Philosophie, die wir in scheinbarer Übereinstimmung bei den bürgerlichen Gelehrten

4 Ebd., S. 74
5 Ebd., S. 74f.
6 Ebd., S. 76
7 Ebd., S. 76f.

ebenso wie bei den orthodoxen Marxisten festgestellt haben, auf beiden Seiten aus einer sehr oberflächlichen und unvollständigen Erfassung des geschichtlichen und logischen Sachverhalts hervorgegangen ist.«[8] (Negative Auffassung: Korsch meint hier m.E. das Urteil des *fehlenden* Verhältnisses von Marxismus und Philosophie, gerade der historisch-logische Sachverhalt bestimmt den Marxismus als *Negation* (eben nicht im pejorativen Sinne) der Philosophie).
Korsch untersucht nunmehr die historischen Bedingungen, welche bürgerliche Wissenschaft und marxistische Orthodoxie dieses Urteil fällen ließen, getrennt für beide Gruppen. Es werde sich aber zeigen, »dass trotz des großen Unterschiedes der beiderseitgen Motive beide Ursachenreihen an *einer* wichtigen Stelle doch auch zusammentreffen. Wir werden nämlich sehen, dass ganz ähnlich wie bei den *bürgerlichen Gelehrten in* der zweiten Hälfte des 19. Jahrhunderts mit dem totalen Vergessen der Hegelschen Philosophie auch jene ›dialektische‹ Betrachtung des Verhältnisses von Philosophie und Wirklichkeit, Theorie und Praxis gänzlich verloren gegangen ist, die in der Hegelschen Epoche das lebendige Prinzip der gesamten Philosophie und Wissenschaft gebildet hatte«.[9] Die Gründe der *bürgerlichen* Philosophen und Historiker: Heute ist die Situation bei den bürgerlichen Philosophen umgekehrt: Dass der Marxismus als Negation der Philosophie sich begreift und sich somit sein wesentlicher Bezug zu ihr als Kritik bestimmt, wird in der gängigen Beschränkung auf die Interpretation der »Frühschriften« gemeinhin ignoriert; Marx wird in die Philosophiegeschichte anthropologisch, existenzialontologisch und geistesgeschichtlich eingeordnet. Andererseits wird – so Dahrendorf etwa – das Marxsche Spätwerk als unvermittelter Bruch in den theoretischen Bemühungen Marxens ausgegeben. Von der reinen Philosophie setzt sich die positive Einzelwissenschaft der Ökonomiekritik ab. Vor allem aber der Rohentwurf widerlegt die These jenes Grabens zwischen den Frühschriften und dem Kapital. In der Tat sind die Frühschriften, selber noch philosophisch terminiert, damit beschäftigt, eine Kritik der Philosophie zu leisten, während der mittlere und späte Marx zur Kritik des Systems der politischen Ökonomie als einer positiven Einzelwissenschaft übergeht. Doch der Rohentwurf zeigt, dass diese Kritik nicht nur nicht zusammengeht, sondern geradezu ermöglicht wird durch eine neue – wie Alfred Schmidt bemerkt[10] – weitaus positivere Rezeption der Hegelschen Logik. Die zentrale Relevanz der Ökonomie für die Analyse der bürgerlichen Gesellschaft als weitgehend bestimmt durch die Antagonismen der kapitalistischen Produktionsweise vermag Marx

8 Ebd., S. 77
9 Ebd., S. 77f.
10 Vgl. A. Schmidt, Zum Begriff der Natur in der Lehre von Marx, Frankfurt 1962, S. 58, Fußnote 43

nur unter dem Aspekt der zumal wesenslogischen Reflexion von Erscheinung und Wesen einzusehen, eine für die historischen und sozialen Wissenschaften konstitutive Differenz, deren Reflexion überhaupt erst Kritik ist und die ihn die Tatsachen nach ihrem Gewicht für die Totalität einschätzen lässt. (Somit geht Marx gerade nicht positiv zur isolierten Einzelwissenschaft über.)

Die Hegelsche Logik liefert den Reflexionsmodus, welcher die Bedeutung der politischen Ökonomie für die bürgerliche Gesellschaft und deren kritischer Darstellung einsehen lässt (sie liefert das analytische Instrumentarium und den kategorialen Apparat, weil sie selber der abstrakte Abhub der kapitalistischen Antagonismen ist).

So, wie die ökonomiekritische Theorie der Gesellschaft philosophisch impulsiert ist, ist die philosophiekritische Theorie der entfremdeten Subjekte ökonomisch durchsetzt. Die Frühschriften analysieren die subjektive Seite der gesellschaftlichen Objektivität, wesentlich eine Kritik der subjektiven Bewusstseinsphilosophie, die Spätschriften repetieren kritisch die objektiven Kategorien der Logik zur Kritik der politischen Ökonomie – ein Gang, der keine bloß logische Systematik, sondern von der Veränderung der bürgerlichen Gesellschaft vorgezeichnet ist.

Der Primat des Objekts ist stärker geworden; die vorausgesetzte gesellschaftliche Praxis ist das objektive Subjekt, das sich seiner selbst nicht bewusste Tun der Menschen ein hypokeimenon. Marx nimmt hier die klassisch-aristotelische Bedeutung des Subjekts dialektisch auf: Die Aktivität der umfassenden gesellschaftlichen Praxis, sowohl Produkt wie Produzent der Geschichte, hat gleichwohl einen passivischen Kern: Das Subjekt, das in der philosophischen Theorie dem logos des in sich harmonischen Kosmos unterworfenen war und vor allem in der Neuzeit (kulminierend in der idealistischen unmittelbaren Identität von theoretischer und praktischer Vernunft, Konstitution und Produktion) zum Unterwerfer der Natur sich wandelte, zeigt sich nunmehr als beherrscht von seiner eigenen Eroberung und aktiven Herrschaft. Die Marxsche Redeweise vom gesellschaftlichen Subjekt (in der Einleitung zum Rohentwurf) kehrt nicht einfach zum naiven Begriff eines mythischen Mächten und strengen Autoritäten geistlicher wie profaner Art naturrechtlich unterworfenen Subjekts zurück, sondern zeigt, wie das allgemeine Subjekt, das transzendentale Subjekt, welches Marx als die arbeitende Gesellschaft zeigt, in seiner produktiven und konsumtiven Herrschaft über die Natur selber ein von seiner eigenen Produktion beherrschtes ist. Diese Einsicht in den schon bei Kants Begriff des transzendentalen Subjekts[11] latenten passivischen Objektcharakter des allgemeinen Subjekts ist konstitutiv für den Gegenstand des Historischen Materialismus: die Naturwüchsigkeit der

11 Vgl. T. W. Adorno, Negative Dialektik, Frankfurt 1966, S. 255ff.

nunmehr historisch gewordenen Gesellschaft (der Begriff des Subjekts bei Marx). Der dialektische Begriff des Subjekts als Index des naturgeschichtlichen Primats des Objekts zeigt deutlichst die Naturwüchsigkeit (fiktiv wie real) der Gesellschaft auf. Bei fortschreitender produktiver und konsumtiver Aneignung der natürlichen Objekte, die in diesem Prozess erst eigentlich zu Objekten sich konstituieren, objektiviert sich auf eine eigentümlich blinde Art das aneignende Subjekt mit.

Aus der Abwendung von der »dialektischen Auffassung der philosophischen Ideengeschichte« folgt für Korsch die Unfähigkeit der bürgerlichen Philosophen und Historiker, »das selbständige Wesen der marxistischen Philosophie und ihre Bedeutung innerhalb der Gesamtentwicklung der philosophischen Ideen des 19. Jahrhunderts adäquat zu erfassen und darzustellen«.[12] (Im Marxismus ist – gegen Korsch – keine positive Philosophie enthalten.) Korsch scheint – insofern er von einer autonomen marxistischen Philosophie spricht – sehr von Engels' Transformation des dialektischen Materialismus in eine kosmologische Ontologie als positive Weltanschauung beeinflusst zu sein. Denn die kritische Theorie begreift sich als zunächst bestimmte Negation der Philosophie, also als das die Philosophie realisierende Resultat der Geschichte der Philosophie. (Die bestimmte Negation, die aus der Bewegung des Negats selbst folgt, ist immanente Kritik. Für Hegel ist die bestimmte Negation noch die Entgegensetzung von unwesentlichem und wesentlichem Dasein; die bestimmte Negation ist noch kein positives Resultat.)

Die vordergründige Erklärung dieses bürgerlichen Missverständnisses wäre seine Reduktion auf einen mehr oder weniger »bewussten Klasseninstinkt«, der nur ausnahmsweise vorliegt, zwar mitspielte, aber einen »in Wirklichkeit sehr komplizierten Sachverhalt«[13] simplifizieren würde. Korsch geht auf eine Textstelle aus dem 18. Brumaire ein, wo das Verhältnis von Überbau und Unterbau explizit als kompliziert bezeichnet wird: »So dürfen wir uns also, wenn wir die völlige Verständnislosigkeit der bürgerlichen Philosophie-Geschichtsschreiber für den philosophischen Gehalt des Marxismus im Sinne von Marx wirklich ›materialistisch und daher wissenschaftlich‹ begreifen wollen, nicht damit begnügen, diese Tatsache direkt und ohne alle Vermittlungen aus ihrem ›irdischen Kern‹ (dem Klassenbewusstsein und den dahinterstehenden, ›letzten Endes‹ ökonomischen Interessen) zu erklären. Wir müssen vielmehr im einzelnen jene *Vermittlungen* aufzeigen, durch die verständlich wird, warum auch solche bürgerliche Philosophen und Historiker, die subjektiv mit der größten ›Voraussetzungslosigkeit‹ die ›reine‹ Wahrheit zu erforschen suchen, das Wesen der im Marxismus enthaltenen Philosophie notwendig entweder ganz übersehen mussten oder doch nur sehr unvollständig

12 Korsch, Marxismus und Philosophie, S. 78
13 Ebd.

und schief auffassen konnten. Und die wichtigste dieser Vermittlungen besteht in unserem Fall tatsächlich darin, dass seit der Mitte des 19. Jahrhunderts die gesamte bürgerliche Philosophie und insbesondere auch die bürgerliche Philosophiegeschichte aus ihrer realen geschichtlich-gesellschaftlichen Lage heraus sich von der Hegelschen Philosophie und ihrer dialektischen Methode losgesagt hat und zu einer Methode der philosophischen und philosophiegeschichtlichen Forschung zurückgekehrt ist, mit der es für sie dann allerdings fast unmöglich wurde, mit solchen Erscheinungen wie dem wissenschaftlichen Sozialismus von Marx ›philosophisch‹ irgendetwas anzufangen.«[14]

Der philosophische Gehalt geriet ideenhistorisch mit der Abkehr von der Hegelschen Philosophie in Vergessenheit. Dieser geistesgeschichtliche Bereich in der reflektierten Geschichte der Philosophie hat freilich historisch reale gesellschaftliche Gründe.

Die rein ideengeschichtlichen »Erklärungsversuche der bürgerlichen Historiker« verhinderten ein angemessenes Verständnis des qualitativen Sprungs vom mächtigen Einfluss der Hegelschen Philosophie (in den dreißiger Jahren) zu völliger Wirkungslosigkeit in den fünfziger Jahren des 19. Jahrhunderts (zu achten wäre auf »Erklärung« und »Verstehen« in der Schrift von Korsch; wieweit ist er vom hermeneutischen Reflexionsmodus der Geistesgeschichte (Dilthey) beeinflusst?).

Die rationale Diskussion um den absoluten Idealismus und die dialektische Methode nach Hegels Tod wurde abgetan unter dem Titel der Zersetzung der Hegelschen Schule; danach ein Bruch und ideengeschichtliche Anknüpfung an Kant (nach 1860). Die Dialektik ist keine Methodologie, aber auch keine *bloße* Methode, weil sie beansprucht, die Reflexionsstruktur ihres Gegenstandes zu sein; das präjudiziert den Gegenstand der dialektischen Methode als einen, der sich zu reflektieren imstande ist; d. h. der Gegenstand muss ein wie immer auch geartetes vernunftbegabtes Wesen sein. Der metaphysische Gegenstand des Idealismus ist der Geist, das als unendlich begriffene Subjekt selbst, insofern kann also aufgrund der vorgängig stabilisierten Identität von Denken und Sein – wie immer es auch sonst mit ihr bestellt sein mag – eine unmittelbare Identität von Methode und Sache behauptet werden; besser: Die Methode ist absolut, weil das Subjekt-Objekt unendliches Subjekt ist. Das Objekt, die Sache der idealistischen Identitätsphilosophie, ist das unendliche Subjekt, die sich selbst reflektierende, sich in sich widerspiegelnde absolute Methode.

Der Gegenstand der materialistischen Dialektik ist die Gesellschaft der Menschen (ebenfalls reflektierter Gegenstand).

1. Korsch hat zunächst die übereinstimmende Interpretation unter umgekehrten, divergenten und kontrahenten Wertvorzeichen referiert, welche

14 Ebd., S. 79f.

das Verhältnis von Marxismus und Philosophie seitens der bürgerlichen Philosophen und Historiker sowie der orthodoxen Marxisten und philosophierenden »Sozialisten« erfahren hat: Als »negativen« Tatbestand registrierten sie, es habe der Marxismus von sich aus kein notwendiges und eigenständiges Verhältnis zur Philosophie: den ersten Grund genug, ihn abzutun, den zweiten Anlass zur Apologie, den letzten Ursache zu philosophischen Ergänzungsversuchen, Korrekturbemühungen.

Die Reflexion des Verhältnisses von Philosophie und Marxismus steht im Brennpunkt der Auseinandersetzung von Orthodoxie und Revisionismus, deren dogmatische und weltanschauliche Positionen sich im Versuch, die in der 2. Internationale verlorengegangene Dimension der kritischen Theorie auf geschichtlich inzwischen revolutionierter Ebene wiederzufinden, zu widerlegen suchen.

Orthodoxie und Revisionismus erklären sich geradezu aus ihrer einen immanenten und wesentlichen Bezug der Marxschen Theorie zur voraufgegangenen Philosophie verneinenden Interpretation des Historischen Materialismus. (Unter diesem Gesichtspunkt ist das Vorwort zur zweiten Auflage zu betrachten: Revisionismus als die Korrektur des durch eine äußerliche und zufällige Philosophie ergänzungsbedürftigen Marxismus.)

2. Den ideenhistorischen (sicherlich historisch real motivierten) Grund für diese Interpretation sieht Korsch im Verlust der dialektischen Reflexion von Philosophie und Wirklichkeit, Theorie und Praxis und damit der Ignorierung der Hegelschen Philosophie.

Nichts belegt besser die praktische Relevanz hochtheoretischer Überlegungen, als dass die historischen Bedingungen von Orthodoxie und Revisionismus noch in den scheinbar abstraktesten Verästelungen philosophischer Kontroversen aufgespürt werden können. Die geschichtliche Stellung der sozialistischen Theorie zum philosophischen Denken ist Ausdruck wie Stabilisator politischer Programme und Aktionen. Ein gern benütztes Studienratsargument gegen den Marxismus sophistiert abstrakt derart: Die marxistische Ideologie sei index falsi sui, die Idee habe sich in der politischen Wirklichkeit in einem ungeahnten Maße durchgesetzt und beherrsche die »halbe Welt«; dergestalt falsifiziere der Marxismus seinen Materialismus und rehabilitiere gegen seinen Willen die verleugnete Wahrheit von der idealistischen Macht des Geistes. Dieses Argument, ebenso ideologisch wie sophistisch, ignoriert willkürlich die revolutionären Kämpfe und schließlich die ihr eigenes telos missachtenden Mittel der Gewaltanwendung, welche die Theorie zu realisieren trachteten.

Die praktische Relevanz des theoretischen Gedankens ist kein zufälliges »by-product« der Theorie, sondern Moment einer der materialistischen Dialektik innewohnenden antizipatorischen Kritik des Materialismus (alles andere Restauration des Idealismus); wäre sie das nicht, so würde die Theorie zur fatalistischen Prophetie unter optimistischen Vorzeichen

degradiert und die Geschichte zum Mechanismus unabänderlicher Naturgesetze (Rationalisierung ist eine sehr bewusste, nämlich willkürliche und gewaltsame Begründung).
Trotzki formuliert daher richtig: »Und dabei können wir uns erneut, und zwar auf einer höheren Stufe, davon überzeugen, dass es auf dem theoretischen Gebiet des Marxismus für das praktische Handeln nichts Gleichgültiges gibt. Die entlegensten, und wie es scheinen könnte, ganz ›abstrakten‹ Meinungsverschiedenheiten, wenn sie bis zu Ende durchgedacht werden, müssen sich früher oder später in der Praxis äußern und diese lässt keinen einzigen theoretischen Fehler ungestraft.«[15]
Die historischen Bedingungen für Orthodoxie und Revisionismus, dogmatische Erstarrung und systemintegrativen Widerruf der vormals kritischen Theorie Marxens zur positiven Weltanschauung, finden sich auch in den scheinbar praxisentferntesten und »abstraktesten« Verästelungen philosophischer Kontroversen wieder.
Korsch geht über zur kritischen Darstellung der höchst komplizierten und vielfältig gesellschaftlich vermittelten, aber keineswegs ausschließlich auf einen vordergründigen mehr oder weniger »bewussten Klasseninstinkt«[16] reduzierbaren Gründe, welche zum Verlust des durch die dialektische Philosophie Hegels vertretenen Reflexionsmodus führten und dessen Einfluss wie plötzliche Einflusslosigkeit nicht erklären konnten, sondern ideenhistorisch abbrachen.
Die bürgerliche Philosophie beschränkt sich durch drei große Borniertheiten[17], deren zwei sie auf selber noch »ideengeschichtlicher« Stufe (Dilthey) zu durchbrechen vermag (im Prinzip ist dies geschehen, faktisch bestehen sie weiter), deren letzte unter der Voraussetzung ideengeschichtlicher Darstellung nicht beseitigt werden kann.
1. »Die ›hochphilosophische‹ Schranke«: Die philosophischen Ideologen übersahen, dass der Ideengehalt einer Philosophie (wie dies gerade bei der Hegelschen Philosophie in hohem Grade eingetreten ist) nicht nur in Philosophien, sondern ebensogut auch in positiven Wissenschaften und gesellschaftlicher Praxis fortleben kann.
2. »Die ›lokale‹ Schranke«: Die deutschen Philosophen übersahen, dass die totgesagte Hegelsche Philosophie eben zu der Zeit in Teilen des Auslandes in System, Methode und materiellem Gehalt sehr lebendig rezipiert und diskutiert wurde.
Beide Schranken sind grundsätzlich von der geistesgeschichtlichen Darstellung überwunden.
3. Die unüberwindbare dritte Schranke der bürgerlichen Philosophie ist der »*bürgerliche Klassenstandpunkt*«, »der das wesentlichste a priori ih-

15 L. Trotzki, Die permanente Revolution, Frankfurt 1969, S. 7
16 Korsch, Marxismus und Philosophie, S. 78f.
17 Vgl. ebd., S. 81ff.

rer gesamten philosophischen und philosophiegeschichtlichen Wissenschaft bildet«.

a) Die bürgerliche Gesellschaft fungiert wie bei Marx so auch bei Korsch für die bürgerliche Gesellschaft als objektives, blindes transzendentales Subjekt, das es zu diesem Zeitpunkt verhindert, den historischen Zusammenhang von Erkenntnis und Gesellschaft, ideengeschichtlichem Philosophieprozess und Entwicklung der bürgerlichen Gesellschaft einzusehen. (Bestimmte Teile philosophischen Denkens bleiben der bürgerlichen Ideengeschichte transzendent, es gibt weiße Flecke; daher das Ende der Philosophie in den vierziger Jahren und der scheinbar abrupte Neuanfang in den sechziger Jahren.)

b) Dies ist vor allem der Grund für die Fehlinterpretation des deutschen Idealismus (Kant bis Hegel) als rein ideengeschichtlichen Prozess, den doch Hegel selbst und seine philosophischen Zeitgenossen als vernünftigen Ausdruck ihrer geschichtlichen Epoche der revolutionären Bewegung begriffen haben (dazu Lukács, Der junge Hegel, letztes Kapitel), »die Revolution – wie Hegel sagt – als in der Form des Gedankens niedergelegt und ausgesprochen«. Korsch[18] skizziert nunmehr Hegels philosophischen Begriff der Revolution »als einen wirklichen Bestandteil des realen gesellschaftlichen Gesamtvorgangs der wirklichen Revolution«.

Er zitiert Hegel: Die Geschichte der Philosophie (Werke XV, S. 485f.). Danach ergibt sich folgendes: die vom revolutionären Prinzip bestimmte »große Epoche der Weltgeschichte, deren innerstes Wesen in der Philosophie der Geschichte begriffen wird«, sei lediglich von den Deutschen und Franzosen aktiviert worden; dabei kontrastiert er Deutschlands idealistische und Frankreichs realistische Partizipation am revolutionären Prinzip jener Geschichtsepoche (eine Rollenverteilung, die, wie Korsch S. 84 unten anmerkt, auch Marx in den Frühschriften übernommen hat).

Die Franzosen (il a la tête près du bonnet) haben das abstrakte Prinzip des Absoluten, die praktische Freiheit (Rousseau) unentfaltet und abstrakt zu realisieren versucht. Die als Abstraktion realisierte Abstraktion ist die Destruktion der Wirklichkeit. Die Deutschen haben den theoretischen Begriff des Absoluten, die Freiheit, im Bewusstsein ausgebildet. »Wir haben allerhand Rumor im Kopfe und auf dem Kopfe; dabei lässt der deutsche Kopf aber eher seine Schlafmütze ganz ruhig sitzen und operiert innerhalb seiner.«[19]

Aus diesen wenigen Zeilen kann man lesen: Die Revolution ist gescheitert; die praktische Realisierung des revolutionären Prinzips blieb abstrakt, seine theoretische Konkretion realisierte sich nicht.

18 Ebd., S. 84

19 Hegel, Geschichte der Philosophie, Werke XV, S. 501. Siehe auch Korsch, Marxismus und Philosophie, S. 85

9. Diskussionsbeitrag auf dem Berliner Vietnam-Kongress*

Genossinnen und Genossen!

Dieser Kongress wird keine bloße Deklamation bleiben. Noch heute Nacht werden sich die Vertreter der internationalen Gruppen zusammensetzen, um die praktischen Konsequenzen zu ziehen, vor allen Dingen in bezug auf die eine Kampagne, die aus diesem Kongress organisiert hervorgehen soll: Die Kampagne »Zerschlagt die NATO«.

Ich möchte noch einmal kurz auf den politischen Gehalt dieser Kampagne im Zusammenhang mit der revolutionären Befreiungsbewegung in der Dritten Welt eingehen. Die letzte Information, die wir bekommen haben von der großartigen Offensivaktion des Vietcong in Saigon, beweist, dass der Vietcong fähig ist, den Imperialismus in Vietnam zu besiegen. In der Offensive hat seine Strategie und Taktik die Unangemessenheit der fortgeschrittenen militärischen Technologie der USA in diesem Kampf gezeigt. Angemessen ist diese gewaltige Vernichtungsmaschine nur im zynischsten Sinn einer Eskalation der totalen Vernichtung. Das neue Stadium der vietnamesischen Revolution definiert sich durch diese Gefahr. Es könnte die Antwort des US-Imperialismus auf den bisher erfolgreichsten Kampf der südvietnamesischen Revolution in der Ausrottung des vietnamesischen Volkes bestehen. Der erfolgreiche Widerstand des vietnamesischen Volkes gegen die gigantische technologische Gewaltmaschine der USA, das sozialistische Modell Kuba und die revolutionären Kämpfe der Guerilleros in Lateinamerika haben eine neue Tatsache geschaffen, und zwar die qualitativ neue weltgeschichtliche Aktualität der Revolution. Zum erstenmal in der Geschichte des Kapitalismus ist die Revolution eine global gegenwärtige und anschauliche Möglichkeit, die sich als bewaffneter Kampf – freilich nur an der Peripherie der spätkapitalistischen Zivilisation – den unterdrückten und verelendeten Ländern der Dritten Welt verwirklicht. Damit stellt sich für uns die konkrete organisatorische Frage: Gibt es über die von Marcuse allein für möglich gehaltene Solidarität der Vernunft und des Sentiments hinaus eine konkretere Basis für die Solidarisierung der Protestbewegungen in den Metropolen mit den Befreiungsbewegungen in der Dritten Welt? Wie vermittelt sich die reale weltgeschichtliche Aktualität der Revolution zu unseren Tagesaktionen der Protestbewegungen in den Metropolen?

Diese konkrete Vermittlungsbasis kann aufgezeigt werden am Modell der Anti-NATO-Kampagne. An ihr kann unser Fortschritt vom Protest

* Zuerst abgedruckt in »Der Kampf des vietnamesischen Volkes und die Globalstrategie des Imperialismus«, Internationaler Vietnam-Kongress, Westberlin, Berlin 1968, S. 141ff. (Anm. d. Hg.)

zum politischen Widerstand demonstriert werden, an ihr kann die Verstrickung der westeuropäischen Länder in die – wie Che Guevara sie nannte – »Internationale des Verbrechens« konkretisiert werden. Die europäischen NATO-Länder nehmen gegenwärtig eine vor allem ökonomische Entlastungsfunktion für den US-Imperialismus wahr. Der festverankertste Stützpunkt der USA in Westeuropa, das stärkste Glied in der NATO-Kette – die Bundesrepublik – liefert ein eindringliches Beispiel. Erst kürzlich erneuerte der Vorsitzende des brutal als »Vietnam-Hilfe« bezeichneten Unterausschusses im Bundestag, Erik Blumenfeld, die volle Unterstützungszusage der Bundesregierung für Südvietnam im Jahr 1968 und darüber hinaus mit der Begründung: Die südvietnamesische Regierung habe militärische Erfolge aufzuweisen, es sei ihr ebenso gelungen, die demokratischen Verhältnisse in Vietnam zu stabilisieren. Die ökonomische und militärische Entlastungsfunktion wird betrieben durch das projektgebundene Wirtschaftshilfeprogramm für die faschistische Regierung Griechenlands und die Lieferung leichter Waffen, die einem Bürgerkrieg zur Niederschlagung einer Widerstandsbewegung dort genau angemessen sind. Das Zögern der Bundesregierung auf Grund ihrer Budgetschwierigkeiten den vollen Devisenausgleich für die in der Bundesrepublik stationierten amerikanischen Truppen zu leisten, deutet allerdings auf einen ökonomischen Widerspruch zwischen dem US-Imperialismus und den spätkapitalistischen Ländern Europas. Die nach dem Zweiten Weltkrieg entfaltete und durch die NATO staatlich garantierte Monopolstellung des US-Kapitals in der Produktion für die Vernichtung tritt in einen immer stärkeren Gegensatz zum europäischen Kapital. Darin liegt der Grund für die seit längerem sichtbare Krise der NATO, die in einem spezifischen Sinn im Bündnissystem des US-Imperialismus umfunktioniert werden soll. Diente sie einmal dem Kampf gegen die sozialistischen Länder, so hat heute der traditionelle Anti-Kommunismus jede scheinbare Evidenz verloren.

Die NATO soll umfunktioniert werden in den Kampf gegen die sozialrevolutionären Bewegungen der Dritten Welt. Die europäischen NATO-Länder sollen die Funktion einer jederzeit einsetzbaren militärischen Reservearmee zur blutigen Zerschlagung des sozialrevolutionären Befreiungskampfes erfüllen. Doch auf dem Boden dieses aufgezeigten ökonomischen Interessengegensatzes könnte die aktive konterrevolutionäre Funktion der europäischen Länder nur ihre gegenwärtige Stagnationskrise im kapitalistischen Verwertungsprozess stabilisieren. Und so zeigt es sich: Wenn es dem US-Imperialismus gelingen sollte, die ökonomischen Widersprüche zwischen den kapitalistischen Ländern in seinem Interesse zu lösen, dann würde im Innern der Metropolen in der Tat eine zweite Front physischen Gewaltterrors entstehen, wie sie schon jetzt in den USA sich herausbildet und wie es sich in dem Versuch der westdeut-

schen und Westberliner Staatsgewalt, die außerparlamentarische Opposition zum kriminellen Delikt zu erklären, sowie mit der unverhüllten Drohung der Zwangsgewalt Berlins, die politische Demonstration gegen die Mordmaschinerie der USA, die die physische Vernichtung betrieben, zu zerschlagen, anzeigt. Diese innerkapitalistische Widerspruchsebene bezeichnet die konkrete politische Solidarisierungsbasis, die konkretisiert, was Che Guevara feststellte: Sogar die Länder des alten Europa warten noch auf die Aufgabe der Befreiung. Sie sind zwar genügend entwickelt, um alle Widersprüche des Kapitalismus fühlen zu können, aber so schwach, dass sie nicht mehr dem Kurs des Imperialismus folgen oder diesen Weg anfangen können. Der Kampf für die Zerschlagung der NATO enthält also einen gleichzeitigen Kampf: den Versuch ihrer innerkapitalistischen Auflösung zu vereiteln, d. h. den Kampf gegen das nationalistische und faschistische Programm des Gaullismus, eine autonome eigene Produktion für die Vernichtung aufzugeben. Die Kampagne »Zerschlagt die NATO« enthält also, abstrakt gesehen, zwei politische Zielsetzungen: die innerkapitalistischen Widersprüche zu einer qualitativen Verbreiterung der Massenbasis, zur Bildung einer zweiten Front gegen den Imperialismus in den Metropolen auszubilden; zweitens den Versuch einer praktischen internationalen Koordination der sozialistischen Protestbewegung Westeuropas durch die gemeinsame Aktion zu erreichen. Das zweite Element konkreter Solidarisierung scheint mir die neue Qualität des politischen Kampfes zu sein, die von der revolutionären Politik der Befreiungsbewegung in der Dritten Welt vorgestellt wird. Die schon erwähnte abstrakte Gegenwart der Revolution in der Dritten Welt liefert der Protestbewegung in den Metropolen ein neues weltgeschichtliches Bezugssystem, an dem sie die Möglichkeit der Organisation einer eigenen revolutionären Politik orientieren kann. Zwar kann sich in den Metropolen der Kampf nicht als eine unkritische Übertragung der Guerillastrategie darstellen. Diese liefert aber ein Modell kompromisslosen Kampfes, von dem die traditionelle Politik der verfestigten Institution verurteilt werden kann, von dem auf jeden Fall die faulen Kompromisse der sowjetischen Politik, die überall die revolutionären Befreiungsbewegungen im Stich lässt, verurteilt werden können.
Die Orientierung an der Gegenwart der Revolution in der Dritten Welt bietet also für uns die Möglichkeit, eine politische Moral der Kompromisslosigkeit herauszubilden, die ein Ansatz zur Bildung selbständiger Organisationsformen der Bevölkerung sein kann. Sie ist die Grundlage, um einen der gegenwärtigen Machtstruktur des Staates geschichtlich angemessenen Organisationstypus herauszubilden, der auf der Grundlage autonomer Initiativgruppen in den Hochschulen und Betrieben beruht. So wie das imperialistische System die Verbreiterung der sozialrevolutionären Befreiungsbewegungen – also zwei, drei, viele Vietnam – nicht

ertragen könnte, so kann es im Innern der Metropolen die organisierte Selbsttätigkeit des politischen Widerstandes auf die Dauer nicht aushalten. An ihr müssten die Organisationsformen der Herrscher mit ihrer Tendenz zum totalen Institutionswesen, mit ihrer Tendenz, sich zum neuen Faschismus zu entwickeln, sich zerschlagen. Denn der kapitalistische Verwertungsprozess beruht wie eh und je darauf, die freiheitliche Vereinigung der Individuen in der Produktion zu verhindern. Diese Verhinderung wird heute realisiert durch ein gigantisches Instrumentarium autoritärer Regierungskunst bis hin zur schlagfertigen faschistischen Zwangsgewalt. Ein gewaltiges System der Manipulation versucht, die Bedürfnisse der Individuen zu entstellen. Und ich glaube, dass wir so gegen unsere linksliberalen Kritiker von Augstein bis zu den ZEIT-Redakteuren feststellen müssen: Wir sind keine revolutionären Schwärmer. Die objektiven Verhältnisse haben die Aufgabe der revolutionären Befreiung in den Metropolen längst auf die Tagesordnung gestellt. Konkrete Organisationsbedingungen, zumal zur praktischen internationalen Zusammenarbeit, lassen sich nicht abstrakt voraussagen. Es ist aber anzunehmen, dass sich informelle Kader und Aktionszellen bilden werden, wenn es gelingt, für die Aktionen eine gemeinsame politische Zielsetzung im gesamten Westeuropa zu finden. Und so möchte ich abschließend noch einmal zusammenfassen: Die Stufen vom Protest zum politischen Widerstand können sich nur realisieren, wenn wir im Anschluss an diesen Kongress in gemeinsamer Aktion und Zusammenarbeit mit den westeuropäischen Organisationen den Versuch machen, eine große, gemeinsame Kampagne zur Wehrkraftzersetzung der NATO-Armeen in Westeuropa zu organisieren. Wenn wir versuchen, die organisatorischen Bedingungen zu schaffen, dass wir den Kampf gegen die NATO-Stützpunkte und Niederlassungen in ganz Westeuropa aufnehmen können, wenn wir Maßnahmen treffen können gegen den Transport amerikanischen Kriegsmaterials für den Krieg in Vietnam und wenn wir schließlich Aktionen führen werden gegen die Niederlassungen der amerikanischen Rüstungsindustrie in Westeuropa. Es kommt darauf an, in solidarischer Aktion und in konkreter Solidarität mit der revolutionären Befreiungsbewegung in der Dritten Welt, den gigantischen militärischen und staatlichen Machtapparat in den spätkapitalistischen Ländern zu zerschlagen.

10. Römerbergrede*

Die Demokratie in Deutschland ist am Ende; die Notstandsgesetze stehen vor ihrer endgültigen Verabschiedung. Trotz der massenhaften Proteste aus den Reihen der Arbeiter, Studenten und Schüler, trotz der massiven Demonstrationen der APO in den letzten Jahren sind dieser Staat und seine Bundestagsabgeordneten entschlossen, unsere letzten spärlichen demokratischen Rechtsansprüche in diesem Land auszulöschen. Gegen alle diejenigen – Arbeiter oder Studenten –, die es künftig wagen werden, ihre Interessen selbst zu vertreten, werden Zwang und Terror das legale Gesetz des Handelns der Staatsgewalt bestimmen. Angesichts dieser Drohung hat sich in den Betrieben, an den Universitäten und Schulen seit dem Tag der Zweiten Lesung vor mehr als einer Woche, eine erste Streikwelle manifestiert, die den Widerstandswillen der Bevölkerung demonstrierte.
Für uns ergeben sich daraus die Fragen: Welchen politischen Zweck muss dieser Widerstand verfolgen, wenn die Notstandsgesetze doch schon eine nahezu beschlossene Sache sind? Welchen Erfolg können unsere Streiks und Demonstrationen der letzten Zeit aufweisen und wie können sie wirkungsvoll fortgesetzt werden? Um diese Fragen angemessen beantworten zu können, müssen wir wissen, welche Fehler in der Notstandsopposition der letzten Jahre begangen wurden.
Zu Beginn dieser Opposition hat man die Frage der Notstandsgesetze nur nach ihrer verfassungsrechtlichen Seite behandelt. Um sie zu verhindern, wurde lediglich mit den SPD-Abgeordneten und Gewerkschaftsfunktionären verhandelt. Aufklärungsarbeit in der Öffentlichkeit war wenig wirksam. Der eigentliche Fehler bestand darin, dass dadurch die Problematik der Notstandsgesetzgebung aus der wirklichen Entwicklung der bundesrepublikanischen Gesellschaft herausgelöst wurde. Vor allem die Gewerkschaften reagierten, als sei die Substanz der Demokratie in Westdeutschland unversehrt, und sie wollten nicht sehen, dass der Prozess der inneren Zersetzung demokratischer Rechte längst begonnen hatte. Spätestens mit der Bildung der Großen Koalition und ihrer Wirtschaftspolitik, der Konzertierten Aktion des Ministers Schiller lag diese Entwicklung offen zutage. Dass im Programm der Formierten Gesellschaft zwischen der Gewalt der Notstandsgesetze und der Konzertierten Aktion ein Zusammenhang bestehen könnte, ist den wenigsten Gewerkschaftsfunktionären, am wenigsten der Spitze einsichtig geworden. Die Rededispo-

* Hans-Jürgen Krahl, damals Mitglied des SDS-Bundesvorstandes, hielt diese Rede auf der vom DGB-Hessen veranstalteten Kundgebung gegen die Verabschiedung der Notstandsgesetze, deren Dritte Lesung bevorstand, am 27.5.1968 auf dem Römerberg in Frankfurt (Anm. d. Hg.)

sition, die der DGB zum 1. Mai dieses Jahres herausgegeben hat, feiert die Konzertierte Aktion als Mittel des wirtschaftlichen Aufschwungs und Wachstums, ohne allerdings zu fragen, wem er zugute gekommen ist. Die Konzertierte Aktion liefert einer starken, keineswegs demokratischen Staatsgewalt die Mittel, die Wirtschaftskrise 1966/67 – zur Zeit der Bildung der Großen Koalition – zu regulieren, nachdem Erhards Wirtschaftswunder in sich zusammengefallen war. In wessen Interesse Schillers Konzert gespielt wird, darüber geben nüchterne Zahlen Auskunft: Dieses Jahr, 1968, soll den Arbeitern eine Lohnerhöhung von 3 bis 4 Prozent bringen, den Unternehmern hingegen eine Gewinnsteigerung von 20 Prozent. Der DGB hat verschwiegen, dass er ein Spiel mitspielt, das auf dem Rücken der Arbeiter ausgetragen wird.
Es war allerdings voraussehbar, dass die Konzertierte Aktion auf die Dauer nicht ausreichen würde, die Krisenentwicklung in der Wirtschaft zu bremsen und die Arbeiter zum Streikverzicht anzuhalten. Dazu bedurfte es stärkerer Zwangsmittel; die Große Koalition entschloss sich also, die Notstandsgesetzgebung beschleunigt zu betreiben. Sie liefert das terroristische Instrument für eine offene Wirtschaftskrise, in der die Arbeiter notfalls mit brutaler Gewalt niedergehalten werden und die aufbegehrenden Studenten einer von oben betriebenen Hochschulreform unterworfen werden, in der die Universität zu einer Ausbildungskaserne für Fachidioten wird, in der die Studenten nicht wissen sollen, zu welchen politischen und wirtschaftlichen Zwecken die wissenschaftliche Forschung eingesetzt wird. Die Konzertierte Aktion war der Anfang, die Notstandsgesetze bilden das Ende einer vorläufigen Entwicklung, in der sich eine undemokratische Staatsgewalt die Mittel schuf, die Bedürfnisse der Massen zu unterdrücken. Die Geschichte, nicht zuletzt die der Deutschen, hat uns mehrfach gelehrt, dass der einzige Ausweg der kapitalistischen Wirtschaftsordnung aus der Krise in der offenen Gewalt des Faschismus besteht.
Wer den staatlichen Einsatz von Polizeiknüppeln und politischer Justiz gegen die Demonstrationen der politischen Opposition erfahren hat, dem ist es in keinem Augenblick ungewiss, welchem Zweck die Notstandsgesetze dienen sollen. Schon jetzt wird von *Bild* der Streik der Arbeiter als »volksschädlich« verunglimpft, schon jetzt klagte beim Gummiarbeiterstreik in Hanau ein Mitglied der Geschäftsleitung, die Polizei sei anscheinend nur ungenügend auf den Notstand vorbereitet.
Seit der Erschießung des Studenten Benno Ohnesorg in Berlin bis hin zum Mordanschlag auf Rudi Dutschke haben die Regierenden und Springers *Bild* eine regelrechte Hetzjagd gegen Studenten entfacht. Die Springerpresse fordert mehr oder minder unverhohlen die Bevölkerung zu Gewalttaten gegen Studenten auf, die sie als langmähnige und ungewaschene Untermenschen darstellt, die, anstatt zu studieren, demon-

strierende Randalierer seien, unnütze Esser, die von den Steuergeldern anderer Leute leben. Kein Wort fällt über die schlechten finanziellen Verhältnisse vieler Studenten, die unglaublich rückständigen Zustände an westdeutschen Hochschulen, die eine vernünftige Arbeit fast unmöglich machen, und die politischen Ziele, für welche die Studenten auf die Straße gehen. In Berlin haben der Regierende Bürgermeister Schütz und seine Clique alles, was die Haare einige Zentimeter länger und einen Bart trägt, zum Freiwild erklärt. Diesem Gewaltaufruf hat sich während der Osterdemonstration der Kanzler Kiesinger angeschlossen; auf die aktiven Mitglieder der außerparlamentarischen Opposition warten demnächst die Gefängnisse – sogar die Schutzhaft bekannten Angedenkens wurde erwogen. Daraus aber wird nur allzu deutlich, was die Notstandsopposition der Gewerkschaftsbürokratie sehr geflissentlich übersieht: Notstandsgesetze leiten keineswegs erst einen Zustand der Gewalt ein, sie sollen vielmehr einen Gewaltzustand rechtfertigen und forttreiben, der schon längst begonnen hat. Die Herrschenden wollen der Bevölkerung mit allen Mitteln einreden, unsere Aktionen seien Terror; um dies zu beweisen, schrecken sie auch vor offenen Lügen nicht zurück. Wir aber erwidern ihnen: Gewalt, das ist die Volksverhetzung der *Bild-Zeitung,* Gewalt, das ist die Vorbereitung der Notstandsdiktatur. Und dagegen nehmen wir das Recht des Geschlagenen in Anspruch, das elementare Recht auf Notwehr und Widerstand.
Regierung und Bundestag versuchen uns einzureden, die Notstandsgesetze träfen nur Vorsorge für die Demokratie in Notzeiten. In der Tat, die Notstandsgesetze treffen Vorsorge, aber Vorsorge für einen neuen Faschismus, Vorsorge für Zwangs- und Dienstverpflichtung, für Schutzhaft und Arbeitslager. Die Notstandsgesetze, sagt man uns, ergänzen das Grundgesetz. In Wirklichkeit sind sie das Grundgesetz einer zur Zwangskaserne abgeriegelten Gesellschaft; dieser Staat ist bereit, sich selbst zum faschistischen Führer zu machen.

Worauf kommt es in dieser Situation für uns an? Unsere Aktionen, unsere Streiks und Demonstrationen haben *einen* Sinn: Wir müssen eine neue Phase unserer Politik eröffnen; unsere Demonstrationen sind längst kein bloßes Protestieren mehr, wir müssen durch gemeinsame Aktionen eine breite kämpferische Basis des Widerstandes gegen die Entwicklung schaffen, an deren Ende sonst wieder Krieg und KZ stehen können. Unser Kampf gegen den autoritär bevormundenden Staat von heute verhindert den Faschismus von morgen. Wir haben nur eine einzige Antwort auf die Notstandsgesetze zu geben: wenn Staat und Bundestag die Demokratie vernichten, dann hat das Volk das Recht und die Pflicht, auf die Straße zu gehen und für die Demokratie zu kämpfen. Wenn die Volksvertreter die Interessen des Volkes nicht mehr vertreten, dann wird das Volk

seine Interessen selbst vertreten. Wenn mit Konzertierter Aktion und Notstandsgesetz die Lüge der Sozialpartnerschaft den sozialen Terror verschleiern soll, dann gilt nur eines: den Unternehmern, die zur sozialen Unterdrückung nach den Notstandsgesetzen rufen, mit dem politischen Streik zu erwidern; Klassenkampf den Arbeiterfeinden!
Welche Rolle kommt der SPD in der Notstandsfrage zu, denn ohne ihre Unterstützung könnten diese Gesetze nicht verabschiedet werden. Über diese Partei hegen wir keine Illusionen mehr. Sie nennt sich Volkspartei, um die Arbeiterinteressen nicht mehr vertreten zu müssen; sie ist zum Machtinstrument der herrschenden Klasse geworden. Wie die anderen Parteien gibt sie im Wahlkampf nur trügerische und betrügende Reklameparolen aus, aber kein politisches Programm wird sichtbar; sie manipuliert, statt aufzuklären, sie will die Stimmen der Arbeiter fangen, ohne für deren Bedürfnisse einzutreten. Gewiss, in der SPD hat es eine nicht unbeachtliche Opposition gegen die Notstandsgesetze gegeben, vertreten von den demokratischen Abgeordneten, die auch heute noch nicht umgefallen sind. Aber sie haben ihre Opposition nur im Innern der Parteien durchsetzen wollen und sind im Netz der Parteibürokratie hängengeblieben. Sie sind gescheitert, weil sie sich nicht an diejenigen gewandt haben, mit denen sie einen politischen Erfolg hätten erkämpfen können, an die Massen der Arbeiter, die Studenten und unmittelbar an ihre Wähler.
Was aber tun die Gewerkschaftsspitzen auf Bundesebene, um unseren Kampf zu unterstützen? Der DGB-Bundesvorstand erklärte, wenn die Notstandsgesetze in Zweidrittelmehrheit verabschiedet seien, so sei das ein legaler Gesetzesakt, und man habe sich an die neuen Bedingungen zu halten. Will der DGB nicht begreifen, dass die sozialen Ansprüche der Arbeiter von der Notstandsdiktatur weggefegt werden? Neuerdings erklärt er, geeignete Maßnahmen werde er ergreifen, wenn die Notstandsgesetze missbraucht würden. Dann aber wird es längst zu spät sein, oder will er diese Maßnahmen in den Gefängnissen treffen? Und als ob die Notstandsgesetze nicht schon an sich ein staatlicher Missbrauch aller demokratischen Bestimmungen wären! Otto Brenner erklärte gar vor dem Marsch auf Bonn, der Generalstreik sei kein mögliches Mittel gegen die Notstandsgesetzgebung. Wir müssen demgegenüber feststellen: Die deutschen Gewerkschaften haben nach dem Krieg so gut wie nichts getan, um die Arbeiter davon zu überzeugen, dass der Streik nicht nur ein berechtigtes, sondern ein notwendiges Mittel der Wahrnehmung sozialer und politischer Interessen ist. Sie haben hilflos wenig getan, um die Massen zur mündigen Selbstwahrnehmung materieller Ansprüche anzuleiten, sie haben jene nur allzu oft in trügerischer Sicherheit gewiegt. Sie haben kaum wirksam über die Notstandsgesetze aufgeklärt. Aus ihren Beschlüssen gegen die Notstandsgesetze hätte aber nur eine demokratische und soziale Pflicht folgen müssen: in all den Jahren die Arbei-

terschaft von der Notwendigkeit des Generalstreiks zu überzeugen und diesen praktisch vorzubereiten; bewusst zu machen, dass man in dieser Gesellschaft für seine Interessen. kämpfen muss. Die heimliche Kabinettspolitik der Gewerkschaftsspitzen in den Vorräumen des Bundestags ist gescheitert, denn man kann nicht ernsthaft ohne die Massen für Demokratie kämpfen. Eine soziale Demokratie lebt nur durch die aufgeklärte Selbsttätigkeit der mündigen Massen.
Daraus haben die Studentenbewegung und die außerparlamentarische Opposition die politische Konsequenz gezogen: Auf die Bürokratie der Parteien und der Gewerkschaften können wir uns nicht verlassen, wenn wir nicht selbst anfangen zu handeln. Erst die oft herausfordernden Demonstrationen der Studenten haben viele Themen, welche die Herrschenden lieber verschwiegen hätten, zur öffentlichen Diskussion gestellt; so den Krieg in Vietnam und mit der Unterstützung oppositioneller Kräfte immer wieder das Thema Notstand; in Demonstrationen, die oft blutig zerschlagen wurden. Unsere Aufklärungs- und Machtmittel sind geradezu lächerlich gering, gemessen an den gewaltigen Funk- und Ferneinrichtungen sowie den mächtigen Staats- und Parteiverwaltungen. Aber mit den Mitteln des Flugblatts, der ständigen Diskussion und unseren Demonstrationen haben wir erreicht, dass immer mehr Menschen lernten, wie notwendig es ist, für seine Interessen selbst und aktiv einzutreten. Entgegen der Manipulation von Presse und Regierung, die uns von der Bevölkerung mit aller Gewalt isolieren wollen, hat die außerparlamentarische Opposition ihre Basis ständig erweitert: Zunächst waren es die Studenten, dann die Schüler, jetzt sind es junge Arbeiter und auch immer mehr ältere Kollegen. Unsere Demokratie ist direkt und unmittelbar. Es gibt keinen Sprecher und keine Gruppen, die sich nicht den Entscheidungen der Anwesenden unterwerfen müssten; es gibt keine Funktionäre, die einen Posten auf Lebenszeit einnehmen; alle unmittelbar Beteiligten entscheiden in direkter Abstimmung über die politischen Aktionen und Ziele. Dies ist der Hintergrund, auf dem die Organisation des Widerstandes vorgenommen werden muss. An ihm bemisst sich der Erfolg der Streikbewegung in den letzten anderthalb Wochen. In dieser beginnt sich allmählich eine der wirksamsten Widerstandsformen herauszubilden: die Aktionseinheit von Arbeitern, Studenten und Schülern. Am Tag der Zweiten Lesung streikten kurzfristig dreißig Frankfurter Betriebe und mehrere tausend Studenten bestreikten die Universität, 3000 Schüler traten in den Streik, zum großen Teil unter Androhung schwerer Strafen. Das Bewusstsein, dass die streikenden Arbeiter sich solidarisch erklärten, ließ die Studenten den Universitätsstreik am darauffolgenden Tag fortsetzen. Im Gewerkschaftshaus diskutierten Arbeiter und Studenten gemeinsam. Studenten ziehen seit mehreren Wochen vor die Betriebe, um dort Flugblätter zu verteilen und zu diskutieren.

Es kommt zunächst darauf an, diese gemeinsamen Diskussionen in größeren Versammlungen und kleineren Gruppen einigermaßen regelmäßig fortzusetzen. Erst solch organisierte Diskussionen sind die Vorbedingung, um noch bestehende Vorurteile abzubauen und die Aktionseinheit auf eine höhere Stufe zu heben. Schon heute bietet sich eine Gelegenheit dazu. Der Rektor der Universität Frankfurt hat gegen den Streik der Studenten die Universität geschlossen. Er will uns die Universität als eine für unseren Kampf gegen die Notstandsgesetze notwendige Widerstandsbasis nehmen. Derselbe Rektor, der politisch aktive Studenten durch den Staatsanwalt verfolgen lässt, der uns erklärte, er sei gegen die Notstandsgesetze, aber wenige Minuten später den Streikbrecher spielte, versuchte nun endgültig, die außerparlamentarische Opposition in der Universität Frankfurt zu zerschlagen, indem er die Studenten aussperrt.

Kolleginnen und Kollegen, angesichts dieses Notstandes der Universität Frankfurt sind die Studenten von Frankfurt heute morgen zur Besetzung ihrer Hochschule übergegangen. Sie werden von dort aus die Aktionen mit euren Streiks verbinden, wieder vor die Betriebe ziehen und mit den fortschrittlichen Professoren und Assistenten in Arbeitskreisen politische Fragen diskutieren.

In dieser Kampfsituation an der Universität brauchen wir eure Unterstützung und Solidarität: Helft uns, die Universität als ein Aktionszentrum gegen die Notstandsgesetze zu erhalten. Im Namen der streikenden Studenten von Frankfurt rufe ich euch auf, im Anschluss an diese Kundgebung mit uns in einem Demonstrationszug zur Universität zu ziehen und dort gemeinsam in einer kurzen Diskussion die Widerstandsmaßnahmen der nächsten Tage zu besprechen.

Die Aussperrung der Studenten aus der Universität hat wieder einmal bewiesen, dass überall, wo die Menschen beginnen, sich ihr Handeln nicht mehr vorschreiben zu lassen, sondern selbständig ihre Interessen wahrnehmen, der Staat und die Behörden zu Unterdrückungs- und Notstandsmaßnahmen Zuflucht nehmen müssen. Denn sie brauchen den unmündigen Menschen zur Aufrechterhaltung dieses Herrschaftssystems. Aber die großen Streiks der Arbeiterklasse in unserem Nachbarland Frankreich haben angezeigt, was die massenhafte Solidarität der Lohnabhängigen vermag. Auch in Deutschland haben mehrere wilde Streiks in den letzten Jahren wie zum Beispiel bei Hanomag, gezeigt, dass die Arbeiter ihre gemeinsamen Interessen selbst gegen ihre Führung durchsetzen können, wenn sie solidarischen Widerstand leisten.

Kolleginnen und Kollegen! Genossinnen und Genossen! Mit der Verabschiedung der Notstandsgesetze steht die Uhr auf fünf Minuten vor Zwölf. Entweder wir beginnen jetzt mit der Organisierung des Widerstandes und mit dem Kampf für eine Soziale Demokratie – oder wir kommen nie

dazu. Die Losung für die nächsten Tage kann nur sein: Politischer Streik! Nur eine Welle von Streiks ermöglicht schließlich den Generalstreik. Politischer Streik am Dienstag, politischer Streik am Mittwoch, politischer Streik in den Betrieben, an der Universität und in den Schulen.
Es lebe die praktische Solidarität der Arbeiter, Studenten und Schüler!

11. Zu Lenin: Was tun?*

Lenin vertrat in der Polemik gegen die Ökonomisten den Kampf gegen die Unterdrückung überall dort, wo sie konkret zu Erscheinung kommt.[1] Diesen Kampf vorzubereiten, fällt der politischen Pädagogik der Propagandisten und Agitatoren arbeitsteilig zu, welche die blinde Spontaneität der Bewegung aufzuklären und zur mündigen Autonomie des sich selbst befreienden Proletariats zu vermitteln haben. Propagandisten und Agitatoren vermitteln die Theorie zur materiellen Gewalt, indem sie diese der Aktualität der an der Basis organisierten, kriminologischen »allseitigen politischen Enthüllungen« applizieren. Der Propagandist führt induktiv die derivativen und verdinglichten Erscheinungen der kapitalistischen Gesellschaftsformation auf ihre wesentliche und objektive Stellung im Produktionsprozess in Zeitschriftenartikeln, Streitschriften und Pamphleten zurück, der Agitator demonstriert deduktiv den Massen die wesentlichen Elemente der kapitalistischen Produktionsweise aus ihren Erscheinungen von Repression, Herrschaft und Krise. Die Organisation allseitiger politischer Enthüllungen behandelt die Erscheinungen als Indizien, welche die als herrschende Klasse fungierenden Charaktermasken auf frischer Tat zu ertappen hat; abstrakte Herrschaft wird repersonalisiert, moralische und politische Empörung der Massen fallen unmittelbar zusammen.

Lenin funktioniert jedoch die spätbürgerliche gegenaufklärerische Ideologie von Elite und Masse revolutionär um (Nietzsche: Übermensch – Herdentier, Weber: Charisma – Masse). Zu seinem Begriff der Agitation gehört, dass die Massen aus eigener Erfahrung autonom nachvollziehen, was die Avantgardestrategen ihnen vermitteln: die konkrete Erfahrung abstrakter Herrschaft. Dies vollzieht sich mittels des damals im noch feudalen Russland möglichen personalisierenden Verfahrens der Kriminologie: Die Avantgardestrategen haben (durchaus moralisch) »Enthüllungen« zu liefern über das, was die herrschenden Klassen treiben, sie müssen den »Täter auf frischer Tat ertappen«, um die Massen zu empören.

Diese Organisationstheorie zeigt den regressiven Geschichtsverlauf: Während im Konkurrenzkapitalismus von Marx und Engels der tägliche Klassenkampf eine alltagspraktische Tatsache war, muss dieser im imperialistischen Stadium des sich monopolisierenden Kapitalismus allererst konstituiert werden (Massenstreik bei Rosa). Lenin kann ausgehen von der Existenz einer Bewusstseinsavantgarde; sein Problem ist das der Agitation. Heute sind wir auf die Konstitution von Bewusstseinsgruppen

* Die Notizen zu Lenins »Was tun?« (LW Bd. 5) entstanden Ende des Sommers 1967. (Anm. d. Hg.)

1 Lenin, Was tun?, LW Bd. 5, S. 413

zurückverwiesen, die einmal avantgardestrategische Funktion übernehmen können.
Nicht nur, weil die materiell vitale von der emanzipatorischen vitalen Bedürfniswelt getrennt ist, die physische Verelendung sich zur psychischen sublimiert hat, sind moralischer und politischer Protest weitgehend auseinandergefallen. Die durch propagandistische und agitatorisch erfolgende personalisierende Enthüllung in praktische Erfahrung der Massen umgesetzte Herrschaft und Unterdrückung will das Wesen zur Erscheinung bringen. Doch die Potenzierung und Expansion abstrakter Arbeit – die reale Fiktion, die Tauschwerte mit Gebrauchswertcharakter manipulativ versieht – erlaubt keine personalisierende Entlarvung abstrakter Herrschaft mehr. Hinter den Charaktermasken sind die maskierten Gesichter verschwunden, hinter den Funktionären die Personen. Die Denunziation der Dinge, wie sie als Waren erscheinen, und der Institutionen tritt an Stelle der Entlarvung von Charaktermasken. Mit der fortgeschrittenen Integration der Massen, zumal der Arbeiterklasse, durch Potenzierung abstrakter Herrschaft im System expandierender abstrakter Arbeit hat auch der Abstraktionsgrad der Propaganda und Agitation zugenommen. Für solche Abstraktion sind gegenwärtig Studenten und Schüler aufgeschlossener, da sie eher fähig zu Lern- und Bildungsprozessen, zu Reflexion und Erfahrung, also zur Kritik sind. Der Agitationsmodus konkretisiert sich gleichsam naturwüchsig in dem Maße, da Unterdrückung noch als physischer Zwang erlebt wird (Black Power).
Lenins Stellung zum Terrorismus beruht auf der revolutionären Pädagogik, die die Massen zur Aktivität, das heißt ihre spontane Bewegung zur autonomen Befreiung auf Grund der Enthüllungen konkreter Erscheinungen des autokratischen Systems von Unterdrückung, Gewalt und Herrschaft erzieht. Wo diese Voraussetzungen, die das klassische Verhältnis von politischer Führung und Massenbasis bezeichnen, nicht mehr gegeben sind, müssen sich revolutionäre Propaganda und Agitation anders organisieren. Die politische Erziehung der Massen muss früher ansetzen. Die agitatorische Vermittlung der nicht mehr auf fungible Charaktermasken personalisierbaren abstrakten Herrschaft kann sich nur in einer sinnlich manifesten Protestbewegung vollziehen. Zwar besteht der viel beklagte Bruch zwischen Theorie und Praxis; auf der anderen Seite ist die Aktionsstrecke zwischen theoretischen Abstrakta und politischer Aktion, ohne inhaltlich voll vermittelt zu sein, so doch faktisch verkürzt.
Lenins Formel, es könne das politische Bewusstsein nur von außen in die Arbeiterklasse getragen werden, bezeichnet die Einsicht, dass es sich nur aus der Erfahrung des Bezuges von ökonomischen und außerökonomischen Gewaltverhältnissen bildet.[2] Die ökonomistische Praxis trennt

2 Spätbürgerliche Elemente in der Leninschen Organisationstheorie seiner Parteikonzeption eines berufsrevolutionären Kaders von Bewusstseinsprivilegierten: Die landläufige An-

starr den ökonomischen vom politischen Kampf und verzichtet dadurch auf die umwälzende Praxis der Revolution zugunsten der Reform. Denn die ökonomische Praxis umfasst nur die trade-unionistische Tätigkeit des Proletariats, die politische aber das Bündnis von marxistischer Intelligenz und Liberalen. Der bloß ökonomische Kampf integriert die Massen in die ökonomischen Herrschaftsverhältnisse und zwingt sie zur Apathie der außerökonomischen Gewalt gegenüber. Den Abbau politischer Wahrnehmungskategorien, die Ignoranz gegenüber Brutalisierungserscheinungen in allen Bereichen des Gesellschaftslebens hat der Reformismus mit bewirkt.

nahme, Lenin habe das historische Subjekt revolutionärer Veränderung, das Proletariat, umstandslos zum Objekt herabgesetzt, ist unzureichend. Sein zentrales Problem war vielmehr das von Marx gestellte Postulat, es müsse die Theorie zur materiellen Gewalt werden. Wie setzt sich die Theorie ins Bewusstsein der Massen um? Ist das so gemeint, dass jeder Proletarier ein Kritiker der Philosophie und der politischen Ökonomie wird? Von solch kathedersozialistischer Intention, die Theorie szientifisch zu vermitteln, ist Kautskys Formel, das Bewusstsein von außen in die Massen zu tragen.

12. Zu Marx: Die Klassenkämpfe In Frankreich (1848-1850)*

Die Niederlagen der Revolution von 1848/49[1] haben kathartische Funktion; sie befreien die »Umsturzpartei« von der naturgeschichtlich lastenden Kommandogewalt der Vergangenheit; sie haben pädagogisch-mäeutische Funktion: Durch sie erst, das Wachsen der Konterrevolution, als die allein die bürgerliche Revolution noch möglich ist, wo eine Partei mit sozialistischem telos auftritt, wurde die »Umsturzpartei« zur »revolutionären Partei« erzogen. Die erzieherische Funktion der gesellschaftlichen Verhältnisse im revolutionären Kampf ist ein entscheidendes Element bei Marx; die objektiven Verhältnisse in revolutionären Kampfsituationen machen die Unterdrückten erst zur Selbstbefreiung frei. Darin sind Elemente einer Spontaneitätstheorie enthalten (siehe »Kommunisten-Prozess zu Köln«; im Gegensatz dazu Lenin. Die Ausbildung des Klassenbewusstseins durch die Erfahrung von Unterdrückung und Kampf).
Hat in den hochindustrialisierten Ländern des ausgebildeten Kapitalismus die zunächst bonapartistische, dann faschistische Konterrevolution die Revolution schließlich besiegt? Ist (siehe auch Pariser Kommune) die Dialektik von Konterrevolution und Revolution wirklich zugunsten der Ausgebeuteten und der Revolution ausgefallen?
Marx spricht von den »vorrevolutionären traditionellen Anhängsel(n), Resultate(n) gesellschaftlicher Verhältnisse, die sich noch nicht zu scharfen Klassengegensätzen zugespitzt hatten«.[2] Handelte es sich dabei um vorbürgerliche Sedimentierungen, die in sich noch nicht die Objektivität des Klassenantagonismus aufweisen, wobei also Klasse auf die bürgerliche Gesellschaft spezifiziert betrachtet wird?[3] Oder besteht die objektive Einheit der Klasse, und hat diese sich nur noch nicht subjektiv konstituiert?
Marx stellt eingangs seine analytische These auf, die »nachzuweisen ... die Aufgabe der folgenden Blätter« sei: Die These besteht aus zwei, sich wechselseitig aneinander entfaltenden und auseinander folgenden Argumenten, welche das strategische Ziel verfolgen, die Niederlagen von 1848/49 dialektisch als eine objektiv-geschichtliche Notwendigkeit zu erweisen, durch die der revolutionäre Fortschritt allererst freigesetzt wird. Die »Niederlagen« haben demnach nicht die Funktion, die Revolution zurückzuschlagen, sondern sie werden zu deren mäeutischer Triebkraft, die ihr allererst wirkliche Geltung zu verschaffen vermag. Der Avance-Riese

* Die folgenden Exzerpte und Kommentare stammen wahrscheinlich aus dem Jahr 1967. (Anm. d. Hg)

1 Vgl. dazu die Vorbemerkung von Marx zu den »Klassenkämpfen«, MEW Bd. 7, S. 11

2 Ebd.

3 Vgl. M. Mauke, Thesen zur Klassentheorie von Marx, in: neue kritik 34, Frankfurt 1966, und A. Schmidt, Zum Begriff der Natur in der Lehre von Marx, Frankfurt 1962

Revolution schreitet durch seine Niederlagen (dazu Rosas Mythos: »Die Revolution hat keine Zeit zu verlieren, sie stürmt weiter – über noch offene Gräber, über ›Siege‹ und ›Niederlagen‹ hinweg – ihren großen Zielen entgegen.«[4] (Qualitative Zeit, Jetztzeit, jeder Augenblick ist unwiederholbar, selbstgemachte oder verpasste Geschichte, aufgeladen mit dem telos)) unaufhaltsam vorwärts.
Unter welchen Bedingungen hat diese Dialektik geschichtliche Geltung? Marx nennt zwei: 1. Die sedimentären Ablagerungen anachronistischer und vorrevolutionärer Verhältnisse konfundieren die Fronten des revolutionären Klassenkampfes. Das hat im wesentlichen zwei Folgen, welche die Dialektik von Niederlage und revolutionärem Fortschritt erzeugen. Zum einen schlägt sich die Konfusion der Klassenkampffronten, bedingt durch das naturgeschichtliche Beharrungsvermögen der anachronistischen Tradition – objektiv, also am erreichten Stand der Produktivkräfte gemessen, überfälliger-gesellschaftlicher Verhältnisse im Innern der revolutionären Partei selbst nieder und boykottiert eine strategisch und taktisch eindeutige revolutionäre Politik, das heißt deren Voraussetzung: ein klares Klassenbewusstsein. Die Konfusion des Klassenkampfes durch die geschichtliche Koexistenz ungleichzeitiger gesellschaftlicher Verhältnisse auf dem Boden der bürgerlichen Gesellschaft Frankreichs in den Jahren 1848/49 verursacht die Niederlagen der Umsturzpartei; zum anderen aber sind diese Niederlagen das mäeutische Medium revolutionären Fortschritts deshalb, weil sie die geschichtlich zurückgebliebenen gesellschaftlichen Verhältnisse, deren Produkt sie sind, zugleich beseitigen. Das principiatum emanzipiert sich von seinem principium, das Resultat von seinen Voraussetzungen, indem es sie beseitigt. Im Prozess der Niederlagen geht der Grund unter, dem sie entwachsen sind. Das Wahre ist ebenso Resultat wie Prozess. Die Niederlagen befreien die Revolution von den Schlacken der Vergangenheit, der anachronistischen Präsenz des Zurückgebliebenen in der Gegenwart. Die Dialektik von Niederlage und Revolution stellt sich als die von Katastrophe und Katharsis dar, welche die Fronten des Klassenkampfes klärt und eine revolutionäre Strategie und Taktik allererst ermöglicht.[5]
Allerdings stellt sich dieser Prozess nicht bloß derart dar, dass die Katastrophe die kathartische Wirkung erzeugt, sondern die kathartische Wirkung hat selbst wiederum katastrophischen Charakter. Denn zum zweiten klären sich die Fronten des Klassenkampfes nur über die »Erzeugung einer geschlossenen, mächtigen Konterrevolution«. Die Konterrevolu-

4 R. Luxemburg, Ordnung herrscht in Berlin, in: Politische Schriften Bd. 2, Frankfurt 1966, S. 204

5 Die ästhetischen Kategorien sind keine feuilletonistische Manie; Marx selbst verwendet sie in dieser Schrift wie im »18. Brumaire«. Die »tragikomischen Errungenschaften« verdanken sich der Draperie durch das Vergangene (im Zusammenhang damit die Funktion revolutionärer Pädagogik).

tion wird zur geschichtlichen Bedingung der Möglichkeit der Revolution. Den Grund dafür nennt Marx nicht expressis verbis, wenn er feststellt, dass »in der Erzeugung eines Gegners, durch dessen Bekämpfung ... die Umsturzpartei zu einer wirklich revolutionären Partei heranreifte«.[6] Der mäeutischen Funktion der Niederlagen entspricht die pädagogische Funktion der Konterrevolution und des revolutionären Kampfes. Deren Erfahrung hat aufklärerische, Klassenbewusstsein bildende Bedeutung, sie schafft solche, die frei sind für die Befreiung. Das materielle Sein des revolutionären Kampfes schafft spontan Klassenbewusstsein (Spontaneität und Mechanismus?). Für diese Interpretation spricht, was Marx ebd. sagt: »An die Stelle der kritischen Anschauung setzt die Minorität eine dogmatische, an die Stelle der materialistischen eine idealistische. Statt der wirklichen Verhältnisse wird ihr der *bloße Wille* zum Triebrad der Revolution. Während wir den Arbeitern sagen: Ihr habt 15, 20, 50 Jahre Bürgerkriege und Völkerkämpfe durchzumachen, nicht nur um die Verhältnisse zu ändern, sondern um euch selbst zu ändern und zur politischen Herrschaft zu befähigen, sagt ihr im Gegenteil: ›Wir müssen gleich zur Herrschaft kommen, oder wir können uns schlafen legen.‹ Während wir speziell die deutschen Arbeiter auf die unentwickelte Gestalt des deutschen Proletariats hinweisen, schmeichelt ihr aufs plumpste dem Nationalgefühl und dem Standesvorurteil der deutschen Handwerker, was allerdings populärer ist. Wie von den Demokraten das Wort *Volk* zu einem heiligen Wesen gemacht wird, so von euch das Wort *Proletariat.* Wie die Demokraten schiebt ihr der revolutionären Entwicklung die Phrase der Revolution unter ...«[7]
Hypothese: Sollten sich die spontaneitätstheoretischen Elemente bei Marx, die Erzeugung des Klassenbewusstseins durch die Erfahrung des materiellen Seins im revolutionären Kampf, spezifisch auf die Phase des Hineinragens überkommener gesellschaftlicher Verhältnisse in die Gegenwart beziehen, die politisch konfundierten Klassengegensätze? Dann hat die Erfahrung der Niederlagen und der Konterrevolution die Funktion, mit der objektiven politischen Präzisierung der ökonomisch begründeten Klassengegensätze das heranreifende Klassenbewusstsein in Gestalt einer revolutionären Partei zu materialisieren, die dann mit Bewusstsein fortführt, was blind entstanden ist. Bezieht sich auch die Rede von der mangelnden Reife des Proletariats auf diese Krisenperiode der »multifrontalen« Klassenkämpfe?

6 Marx, Klassenkämpfe in Frankreich, S. 11
7 Enthüllungen über den Kommunisten-Prozess zu Köln, MEW Bd. 8, S. 412f.

Die Juniniederlage 1848

Die Julimonarchie

Die Fraktion der industriellen Bourgeoisie stand in offizieller Opposition, die sich an zwei Widersprüchen präzisierte: dem Verselbständigungsgrad der finanzaristokratischen Herrschaft und der Zerschlagung der Arbeiterempörungen der dreißiger Jahre. »Ihre Opposition trat umso entschiedener hervor, je reiner sich die Alleinherrschaft der Finanzaristokratie entwickelte und je mehr sie selbst nach den im Blut erstickten Emeuten 1832, 1834 und 1839 ihre Herrschaft über die Arbeiterklasse gesichert wähnte.«[8] Daraus folgt: Die bourgeoisen Reaktionäre gegen die Arbeiterklasse waren zugleich die Opponenten der politisch herrschenden Finanzaristokratie – die industrielle Bourgeoisie, die den Klassenkampf gegen das Proletariat führte, war von der Klassenherrschaft ausgeschlossen und daher Opponent der herrschenden finanzaristokratischen Fraktion.[9]

Ausgeschlossen von der Partizipation an der politischen Macht im Staate waren das Kleinbürgertum und die Bauernklasse. Das »Bildungsbürgertum«, das diesen verschiedenen Fraktionen der Bourgeoisie als deren ideologische Kapazitäten zugeordnet werden kann, war teils in der offiziellen Opposition, teils gänzlich außerhalb des pays légal.

Marxens Begriffsverwendung in der Kennzeichnung dieser verschiedenen herrschenden, opponierenden und ausgeschlossenen Gruppen schwankt: Er spricht sowohl von Klassen als von Fraktionen; er spricht von »herrschenden Klassen«, »angeführten Klassen« und herrschenden bzw. nicht herrschenden »Fraktionen«. In der Regel scheint aber doch die Tendenz deutlich, dass er von drei Klassen spricht: der Bourgeoisie, der Arbeiterklasse und der Bauernklasse, im übrigen von den verschiedenen »Fraktionen« der Bourgeoisie. Vielleicht ist beim Kleinbürgertum der Übergang fließend. Die zwei zentralen Fraktionen sind Finanzaristokratie und industrielle Bourgeoisie, eine gewissermaßen nach Produktion und Zirkulation, abstraktem Wesen und verdinglichter Erscheinung fraktionell gespaltene Bourgeoisie (zur Finanzaristokratie gehören allerdings auch Kapitalisten der Grund- und Schwerindustrie).

(Die politischen Vereinigungen der Arbeiterklasse unterscheiden sich von denen der Bourgeoisie dadurch, dass sie die Aufhebung abstrakter Arbeit, der Atomisierung der Individuen zu brechen versuchen. Die Fraktionen der Bourgeoisie und ihre organisatorischen Vereinigungsformen sind jedoch gebildet am Modell des Warenmarktes und der freien Konkurrenz, sie setzen den naturwüchsigen Zusammenhang isolierter Individuen, der abstrakten Arbeit, auf der ihr Klassenstatus und die Tatsache ihrer politischen und staatlichen Herrschaft beruhen, in die politischen

8 Marx, Klassenkämpfe in Frankreich, S. 12

9 Vgl ebd., S. 12f.

»Assoziationen« des Bürgertums fort; die Bourgeoisie in ihrer Totalität ist unfähig zur Solidarität. Die verschiedenen Fraktionen des organisierten Klassenbewusstseins der Arbeiterbewegung hingegen sind Ausdruck verschiedener Richtungskämpfe über die Mittelwahl, das emanzipatorische telos zu erreichen; diese objektivierte Subjektivität des Klassenbewusstseins, wo sie sich in Fraktionen zerlegt, kann jedoch ein Element sein, das die Klasse an sich, die konkurrierenden Individuen in der Lohnarbeiterschaft, reproduziert.)
Die Herrschaft der Fraktion, die Ausdruck der verdinglichten Erscheinungssphäre der Produktion ist, der Zirkulation, ist das Element der kapitalistischen Warenproduktion, das im Widerspruch zur kapitalistischen Produktion steht, deren Ausdruck und Voraussetzung sie ist. Ihr Interesse ist das gegen die Vermittlung durch die Produktion verblendete und bewusstlose Verhältnis des Geldes zu sich selbst – das zinstragende Kapital, Geld heckendes Geld (G-G') –, das von der Produktionssphäre abstrahiert. Hat die Fraktion, deren objektive Stellung im Produktionsprozess sich durch die Verwaltung dieser Sphäre definiert, die politische Macht im Staate inne, so verschwindet die Reflexion auf den Produktionsprozess, und es ist »unmöglich, die Staatsverwaltung dem Interesse der nationalen Produktion unterzuordnen«.[10] (Die Verselbständigung der Zirkulation gegenüber der Produktion, deren wirkliche Einheit doch erst den Produktionsprozess ausmacht, entspricht der Verselbständigung des Staates gegenüber der Gesellschaft, als weitergehende Abstraktion von den »Bedürfnissen«, selbst wenn es die Gebrauchswertbedürfnisse des Kapitals sind. Die Herrschaft der Finanzaristokratie abstrahiert wie die blinde Zirkulation von der Produktion, von der sie abhängt (der Abstraktionszusammenhang der bürgerlichen Gesellschaft).)
Die verselbständigte politische Herrschaft des Zirkulations- und Geldkapitals enthält auf politischer Ebene Elemente des Betrugs und der Prahlerei, der Korruption dem Staat gegenüber, der sein Instrument ist. Der ungleiche Tausch, vorkapitalistische Erscheinungsformen des Kapitals setzen sich auf politischer und staatlicher Herrschaftsebene durch – anachronistische, dem industriellen Produktionskapital widersprechende Interessen der verselbständigten Zirkulation. Ein Haushaltsausgleich wäre notwendig gewesen, um die »Staatsverwaltung dem Interesse der nationalen Produktion unterzuordnen«, der jedoch ohne Zweifel zu Lasten der »hohen Bourgeoisie« gegangen wäre, deren Interessen die anachronistische Ausbeutung, die Verschuldung des Staats war – eine Form geldkapitalistischer Enteignung. Das anachronistische, den Dualismus der bürgerlichen Klassenantagonismen verwirrende und trübende Element besteht demnach in der Herrschaft des zirkulierenden Geld- und Börsen-

10 Ebd., S. 13

kapitals, der verselbständigten und verdinglichten Zirkulation. Der Gegensatz von Finanzaristokratie und industrieller Bourgeoisie in der Julimonarchie ist Ausdruck einer verdinglichten Zirkulation, die gegen ihre Vermittlung durch den kapitalistischen Produktionsprozess, dessen Moment sie ist, und seinen Primat verblendet ist.
Folgender Passus[11] erhellt den Widerspruch zwischen Produktion und Zirkulation, industrieller Bourgeoisie und Finanzaristokratie.
Diese Analyse der politischen Herrschaftsstruktur der Julimonarchie enthüllt als die traditionell überkommenen Ablagerungen, welche die gesellschaftlichen Verhältnisse konfundieren, die finanzaristokratische Fraktion der Bourgeoisie, insofern sie die industrielle Bourgeoisie, die der Grundform des Kapitals, dem industriellen Kapital, entspricht, von der Teilhabe an der politischen Macht – durch ein restriktives Wahlrecht vor allem – ausschließt, obwohl diese allein aufgrund ihrer zentralen Stellung im ökonomischen Reproduktionsprozess die Funktion der Konterrevolution wahrzunehmen hat. Die kathartische Präzisierung des Klassenkampfes durch die Niederlagen des Proletariats kann somit nur heißen: die finanzaristokratische Fraktion zu stürzen, der industriellen Bourgeoisie zur politischen Macht im Staat zu verhelfen und damit die Konterrevolution – deren Träger letztere ist – als antithetisches Medium des revolutionären Prozesses zu stärken. Das ist eine geschichtliche Notwendigkeit; es gibt keine Alternative; die Niederlage war ebenso subjektiv unvermeidbar wie objektiv notwendig.

11 Vgl ebd., S. 14f.: »Die Julimonarchie war nichts als eine Aktienkompanie zur Exploitation des französischen Nationalreichtums, deren Dividenden sich verteilten unter Minister, Kammern, 240 000 Wähler und ihren Anhang. Louis-Philippe war der Direktor dieser Kompanie – Robert Macaire auf dem Throne. Handel, Industrie, Ackerbau, Schiffahrt, die Interessen der industriellen Bourgeoisie mussten beständig unter diesem System gefährdet und beeinträchtigt werden ... Die Finanzaristokratie, in ihrer Erwerbsweise wie in ihren Genüssen. ist nichts als die *Wiedergeburt des Lumpenproletariats auf den Höhen der bürgerlichen Gesellschaft.«*

13. Zu Lukács: Geschichte und Klassenbewusstsein*

I

Lukács konkretisiert die geschichtsphilosophische Vermittlungsfunktion des kommunistischen Organisationstypus – dieser habe die Integration von Mensch und Geschichte zu leisten – über ihre moraltheoretische Bestimmung der qualitativen Funktionalisierung durch die bedingungslose Hingabe der als intelligibles Subjekt konzipierten Gesamtpersönlichkeit hinaus: Die intelligible Gesamtpersönlichkeit ist konstitutiv für eine transzendentale kommunistische volonté générale – den höchsten Vermittlungspunkt in der transzendentalen Identität von Subjekt und Objekt. Ihre empirifizierte Erscheinung ist die politische Führung, durch deren zentralistische Funktion sich die bewusste geschichtliche Aktion, die Vermittlung von Mensch und Geschichte zur Klasse, vollzieht. Nur über die Anweisungen der Zentrale, die als empirischer Ausdruck des transzendentalen Gesamtwillens nicht irren kann, ist die Vermittlung von Politik und Klasse möglich.

Lukács hat einen ontologischen Klassenbegriff, den des gesellschaftlichen Seins. Er begreift die Klasse nicht als einen realisierten Ausdruck abstrakter Arbeit (des Werts), deren Abstraktion sich nur an den endlichen Individuen selbst vollziehen kann. Die Klasse vollzieht in idealisierter Form, was der Tauschverkehr an den Produkten und Individuen vornimmt. Sie vermittelt die realisierte Abstraktion der Zirkulation – verdinglichte Erscheinungsweise der Produktion, welche die Individuen isoliert – zu den idealisierten und deshalb ideologischen Abstraktionen des Überbaus. Sie vermittelt Überbau und Basis, um deren die solidarische Menschheit verhindernde Differenz aufrechtzuerhalten. Die Klasse bestimmt sich aus der Stellung der ökonomisch fungierenden Individuen im Produktionsprozess und vermittelt diese unterschiedliche Stellung zur Herrschaftsstruktur. Sie ist ökonomische Klasse, und der Staat ist Klassenstaat. Sie ist das Vermittlungsmedium von politischer Herrschaft aus ökonomischen Bedingungen, um die Isolierung der Individuen und alle Äußerungen ihres sozialen Kontakts zu verlängern. Ein Klassenbewusst-

* Die Notizen zu Lukács' »Geschichte und Klassenbewusstsein« entstanden in der Diskussion der Projektgruppe des Frankfurter SDS im Winter 1967 bis Frühjahr 1968, die sich theoretisch mit der Organisationsfrage im revolutionären Sozialismus beschäftigte und praktisch die Frankfurter Hochschulrevolte im Wintersemester 1967 vorbereitete und weitertrieb. Das Kapitel »Methodisches zur Organisationsfrage« aus »Geschichte und Klassenbewusstsein«, Berlin 1923 (alle Seitenzahlen nach dieser Ausgabe, die in der »Werke«-Ausgabe, Bd. 2, Berlin und Neuwied 1968, in Klammern notiert sind), sollte den systematischen Zugang zu einer materialistischen Behandlung der Organisationsfrage eröffnen. Die Diskussionsergebnisse sollten in einem kollektiven Artikel der Projektgruppe veröffentlicht werden, den Hans-Jürgen Krahl am Ende dieses Abschnittes konzipiert. (Anm. d. Hg.)

sein – das die Trennung von verdinglichtem Bewusstsein und anarchischer Produktionsweise aufheben würde – impliziert die tendenzielle Aufhebung der Klasse und die Bildung selbsttätiger Formationen der Bevölkerung. Die kapitalistische Gesellschaft ist ein ordo der Abstraktion von den Gebrauchswerten und materiellen Bedürfnissen; je mehr ihre Gebilde von diesen sich entfernt haben, umso verdinglichter sind sie. Die Realitätsbasis dieser Abstraktion ist die Zirkulation: Die Klasse vermittelt sie zu Herrschaftsstrukturen: Recht, Politik, Staat, Moral (emanzipatorische Gehalte). Die Klasse ist konstitutiv für Ideologie und Herrschaft – für den »Überbau« –, die Herrschaftsgebilde der bürgerlichen Gesellschaft.
Wie verändert sich die Klassenstruktur, wenn die verdinglichten Abstraktionen des Überbaus sich unmittelbar in die Produktion zurückvermitteln?

II

Lukács unternimmt den Versuch, im Wendepunkt der Organisationsdebatte im revolutionären Sozialismus und unter den ersten Anzeichen einer bürokratisch disziplinären Verdinglichung des Leninschen Parteitypus im Widerspruch von russisch-sowjetischer und westeuropäisch-monopolkapitalistischer Entwicklung, die theoretischen Voraussetzungen der Organisationsfrage zu diskutieren. Dies führt zu dem Programm, eine Erkenntnistheorie der Organisation zu entwerfen, das notwendig in den formalisierenden Mangel einer jeden methodischen Erörterung verstrickt ist und schließlich die geschichtlichen Inhalte ihrer Abstraktionen nur unzulänglich durchschaut. Gleichwohl hat Lukács in prägnanter Weise das revolutionstheoretische Resümee aus einem ein halbes Jahrhundert währenden Streit von Organisation und Spontaneität gezogen, wie er das Verhältnis von marxistischer und anarchistischer Revolutionstheorie und Geschichtsphilosophie in der ersten Arbeiterassoziation bestimmte und zu seiner bewusstesten Artikulation auf der Höhe der revolutionären Arbeiterbewegung in der Auseinandersetzung zwischen Rosa und Lenin reflektiert, die aus der Kritik des Reformismus der 2. Internationale entstand. Die erfolgreiche Oktoberrevolution und die gescheiterte deutsche Revolution ließen nach 1918 die Organisationsdebatte erneut aufkommen und führten spezifisch in Deutschland zur Formulierung des »kritischen Marxismus«, den Lukács mit Korsch theoretisch einleitete und der zwischen Orthodoxie und revisionistischen Arbeiterverrätern der Sozialdemokratie zerrieben wurde. Das Scheitern von revolutionären Bewegungen deutet auf ein falsches Selbstbewusstsein. Das fortgeschrittenste Klassenbewusstsein stellt sich aber materiell in den politischen und ökonomischen Organisationsformen des Proletariats dar.

III

»Man kann nicht mechanisch das Politische vom Organisatorischen trennen.« (Lenin)

Die Organisationsfrage sei keine bloß technische, sondern eine der wichtigsten »geistigen« Fragen der Revolution[1]; besser wäre es wohl zu sagen, eine der wichtigsten *strategischen* Fragen. Strategie ist in gewisser Hinsicht die Theorie der organisatorischen Praxis. Strategie und Organisation sind Elemente des Verhältnisses von Theorie und Praxis.

»Diese ›Unbewusstheit‹ in den Organisationsfragen ist aber ganz bestimmt ein Zeichen der Unreife der Bewegung. Denn Reife oder Unreife lassen sich eigentlich nur daran ermessen, ob eine Einsicht oder Einstellung über das, was zu tun ist, für das Bewusstsein der handelnden Klasse und ihrer führenden Partei in einer abstrakt-unmittelbaren oder konkret-vermittelten Form vorhanden ist. D. h., solange ein zu erreichendes Ziel in unerreichbarer Ferne liegt, können zwar besonders Scharfsichtige das Ziel selbst, sein Wesen und seine gesellschaftliche Notwendigkeit bis zu einem gewissen Grade klar sehen. Sie werden aber dennoch unfähig sein, die konkreten Schritte ... sich selbst bewusst zu machen.«[2]

Die emanzipatorische Zielsetzung selbst ist analytisch zu differenzieren, so wie das revolutionäre telos von dem geschichtlich objektiven Verlauf selbst zerlegt wird. Das revolutionäre telos ist keine statische Zielvorstellung. Allerdings wird die Frage nach der Organisation der umwälzenden Praxis heute dadurch erschwert, dass wir deren Ziel als »abstrakt unmittelbare« Vorstellung haben; die Praxis selbst abstrahiert die Träger eines subversiven Bewusstseins zu Utopisten. Politische Präferenz hat heute das Erfordernis, diese abstrakte emanzipatorische Zielvorstellung zu konkretisieren – das aber ist nicht zuletzt als Problem des Zusammenhangs von theoretischer Strategie und praktischer Organisation von gegenständlicher Wahrheit. Die Organisation ist die gegenständliche Wahrheit der Strategie, deren materiell sichtbare sinnliche Gewalt. Organisation ist das theoriennächste Element der Praxis, Strategie ist das praxisnächste Element der Theorie.

Lukács diskutiert die Organisationsfrage als eine Kritik am Utopismus, der die abstrakte Zielvorstellung der emanzipatorischen Phantasie hypostasiert, ohne die Lösung des revolutionären Problems und die Praxis in die Reflexion einzubeziehen. Die theoretische Diskussion der Organisationsfrage stellt eine Konkretion der emanzipatorischen Zielvorstellung im Denken dar – selbst ein kritischer Bestandteil der Praxis, wo sie im Rahmen einer gegebenen sozialistischen Organisation stattfindet. Die Organisation ist die »gesellschaftlich« subversive Form des Proletariats, welche die Theorie zu einem Bestandteil der Praxis macht, wie Marx es

1 Vgl. Lukács, Geschichte und Klassenbewusstein, S. 298

2 Ebd., S. 298-299

fordert: zur »materiellen Gewalt«.[3] Lukács ist der Ansicht, dass das abstrakte telos, die problematische Zielvorstellung des revolutionären Bewusstseins, schon immanent ihre eigene Konkretion, den Weg, sie zu realisieren, enthalten: »Was sie zu bloßen Utopisten macht, ist, dass sie ihn nur als Tatsache, oder höchstens als zur Lösung aufgegebenes Problem zu sehen imstande sind, ohne zur Einsicht gelangen zu können, dass gerade hier, gerade im Problem selbst, sowohl die Lösung wie der Weg zur Lösung mitgegeben sind. So ›sehen sie im Elend nur das Elend, ohne die revolutionäre umstürzende Seite darin zu erblicken, welche die alte Gesellschaft über den Haufen werfen wird‹.«[4]

Das Elend tendiert dazu, sich immanent selbst aufzuheben, kraft der Antagonismen, die es setzt und welche das kapitalistische System schließlich aufsprengen – aus innerer Notwendigkeit freilich, die aber nur durch die umwälzende Praxis endlich-leiblicher Individuen realisiert wird. Die von Marx zitierte Ansicht, dass das Elend dem revolutionären Bewusstsein die Mittel seiner Selbstaufhebung offenbare, seine schlechthinnige Positionalität einbüße, wird von einer bloßen Einsicht des befreienden Bewusstseins in die gesellschaftlich ökonomische Notwendigkeit immer mehr zu einer Frage der politisch-materiellen Aktion. Im, wie Lukács bemerkt, »Fortschreiten auf dem Wege zur Revolutionierung des Proletariats« reproduziert sich konkretisierend in den verschiedenen Stadien eine »Dialektik des Handelns«. »Denn eine Aufgabe wird in ihrer abstrakten Möglichkeit immer früher sichtbar als die konkreten Formen ihrer Verwirklichung. Und die Richtigkeit oder Falschheit ihrer Fragestellung wird eigentlich erst wirklich diskutabel, wenn dieses zweite Stadium erreicht ist, wenn jene konkrete Totalität erkennbar wird, die Umwelt und Weg zu ihrer Verwirklichung zu sein bestimmt ist.«[5]

Lukács führt als Beispiel die Diskussionen um den Generalstreik in der Geschichte der organisierten Arbeiterbewegung an. Diese seien erst mit der ersten russischen Revolution in ein konkretes – ihrer Verwirklichung nahes – geschichtliches Stadium progrediert. Doch Lukács verfährt hier zu linear; undiskutiert bleibt die in der Tat für die organisierte Praxis relevante Frage, ob der Geschichtsverlauf, welcher den Generalstreik zu einem praktisch notwendigen Kampfmittel konkretisierte, nicht objektiv regressiv gewesen ist. Das heißt: Welche emanzipatorischen Funktionen hat der Generalstreik innerhalb des revolutionären Bezugs von Zweck und Mittel? Wie nahe steht er an der im engeren Sinn revolutionären politischen und ökonomischen Praxis der revolutionären Eruption?

3 Karl Marx, Zur Kritik der Hegelschen Rechtsphilosophie. Einleitung, MEW, Bd. 1, S. 385

4 Lukács, Geschichte und Klassenbewusstsein, S. 299. Zitat im Zitat: Karl Marx, Das Elend der Philosophie, MEW, Bd. 4, S. 143

5 Lukács, Geschichte und Klassenbewusstsein, S. 299

Dazu ist anzumerken: Der Geschichtsverlauf der letzten 100 Jahre zwingt die sozialistischen Organisationen, immer mehr zu Mitteln zu greifen, die allererst wieder herstellen, was Marx und Engels, Lenin und Luxemburg an negativen Gegebenheiten »immer schon voraussetzen« konnten. Die Regression des Geschichtsverlaufs in den Ländern des fortgeschrittenen Kapitalismus ist begleitet von einem Schwund an negativen Gegebenheiten, die in den rückständigen, kolonialen und halbkolonialen Ländern nur zunahmen. Die objektive Ungleichzeitigkeit des Gleichzeitigen, die ungleiche Entwicklung hat das imperialistische Stadium des Kapitalismus nur evident verschärft – eine Diskrepanz, die aber die für den klassischen Revolutionsbegriff im Marxschen, Leninschen und Trotzkischen Sinne wesentliche Universalität, die Möglichkeit der Weltrevolution, eingeschränkt hat – ein Prozess, dem das Stalinsche, auf rapide Industrialisierung konzipierte Programm des »Sozialismus in einem Lande« zeitgemäß, realistisch der präsenten historischen Aktualität gegenüber, Rechnung getragen hat. Die Verschärfung des Gegensatzes zwischen reichen und armen Ländern, imperialistischen Staaten der kapitalistischen Gesellschaft und Kolonialen wie quasi kolonial ausgebeuteten Gebieten der heutigen »Dritten Welt«, deren Bewohner in physischer Verelendung von noch vorkapitalistischen Herrschaftssystemen gehalten werden, hat die Möglichkeit regional begrenzter sozialer Revolutionen in den kolonialen Ländern erhöht, die einer den Kapitalismus aufhebenden Praxis im imperialistischen Westen geschmälert. Die revolutionäre Mittelwahl in den kolonialen Ländern entspricht weitgehend feudalen Herrschaftsstrukturen unmittelbar persönlicher Abhängigkeit bei physisch greifbarer Verelendung, so dass Fanon – zu Recht ausgehend von einem feudalen Herr-Knecht-Verhältnis – eine Theorie materiell brutaler »violence«, eine Praxis unmittelbar dezisiver Gewalt (ohne viel Bewusstseinsimplikate) proklamieren kann. D.h., auch die revolutionäre Praxis der kolonialen Länder hat einen weitgehend vorkapitalistischen Gesellschaftsformationen entsprechenden und keinen paradigmatischen Charakter für die kapitalistischen Länder. Auf der anderen Seite machen sich die sozialen Revolutionen der kolonialen Länder die Inhalte des revolutionären Sozialismus weitgehend zu eigen. Das rührt daher, dass diese Länder durch den imperialistischen Eingriff usurpatorisch teilkapitalisiert werden, aber dieser Kapitalisierungsprozess zur anachronistischen Stütze feudaler Herrschaftssysteme politisch manipulativ benutzt wird. (Beispiel für die Basisrelevanz der Politik heute.) Die antagonistische Struktur der kolonialen und halbkolonialen Länder spiegelt die Anachronismen lokal und regional beschränkt wider, das erklärt die nach Form und Inhalt widersprüchliche Verfassung ihrer Revolutionen (nationale und sozialistische Zielsetzung ungleichmäßig synthetisiert). Diese Tatsache scheint die Möglichkeit konkreter Negation des kapitalistischen Systems durch diesem immanente oppositionelle, subversive und revolutionäre Kräfte eher behindert zu haben. Die Alternativen stellen sich heute nicht mehr eindeutig als solche zwischen einer universal perpetuierten Weltrevolution und lokal wie national bornierten Konzeption eines »Sozialismus in einem Lande« dar.

Erst wenn die Revolution zu einem Problem des politischen Alltagskampfes wird, stellen sich die Fragen der Organisation einer politischen Partei, materiell sichtbarer Bewusstseinsausdruck der Arbeiterklasse bzw. ihrer revolutionären Protagonisten, konkret: »Die Frage der Organisation einer revolutionären Partei lässt sich aber nur aus einer Theorie der Revolution selbst organisch entwickeln. Erst wenn die Revolution zur Tagesfrage geworden ist, wird die Frage der *revolutionären* Organisation mit gebieterischer Notwendigkeit ins Bewusstsein der Massen und ihrer theoretischen Wortführer gerückt.«[7] Lukács behandelt ausschließlich das Problem der unmittelbar revolutionären Organisation aus dem Zwang seiner geschichtlichen Situation heraus, die die Revolution zur Tagesfrage erhoben hat. Ist die Organisationsfrage aktuell nur in der Organisation eines von unmittelbar revolutionären Erfordernissen bestimmten Tageskampfes zu stellen? Selbst die drängende Aktualität des Organisationsproblems im revolutionären Tageskampf hat seine theoretische Erkenntnis nur »allmählich« vermittelt. Als Gründe führt Lukács an:

1. den eingerasteten Opportunismus der proletarischen Parteien, der aus pragmatisch-taktischer Blindheit die »richtige theoretische Erkenntnis der Revolution« blockierte;

2. die traditionell unbewusst gewachsenen und nicht nach den revolutionären Erfordernissen geplanten westeuropäischen Organisationsformen. Lukács beruft sich auf Rosa Luxemburgs Diskussion des Verhältnisses von spontaner Massenaktion und organisiertem Klassenkampf, letzteren als eine rationalistisch-mechanistische Kalkulation des Klassenkampfes verstanden; denn Rosa Luxemburg zufolge bestimmt sich die Organisation nicht taktisch-manipulativ in technischen Handlungsanweisungen, also opportunistisch, sondern strategisch-politisch; sie besteht »nicht in der technischen Vorbereitung und Leitung des Massenstreiks, sondern vor allem in der *politischen Führung* der ganzen Bewegung«[8]. Allerdings sind strategisch-politische Organisationsfragen nicht ablösbar von taktisch-technischen Kalkulationen. Einen Dualismus zwischen beiden Planungssphären zu konstruieren, heißt, die ins Gegenteil ihres emphatischen Begriffs umgeschlagene, längst blind gewordene Spontaneität zu fetischisieren. Ein zentrales Organisationsproblem der revolutionären Tageskämpfe in den ersten zwanzig Jahren dieses Jahrhunderts war die

7 Ebd.
8 R. Luxemburg, Massenstreik, Partei und Gewerkschaften, Politische Schriften, Bd. 1, Frankfurt 1966, S. 198

immanente Aufklärung der aktiven Spontaneität der Massen. (So bei Lenin und Rosa; ein Problem, das sich als das von politischer Führung und spontaner Massenaktion stellte.)
Ein Beispiel für die taktisch-technische Konzeption der organisatorischen Kader, die das Massenbewusstsein verändern, liefert Trotzki.[8] Die Organisation wird – bei Lukács, Trotzki und Rosa – mit der politischen Führung, also der Partei und ihren politischen Spitzeninstanzen identifiziert, in Hinblick allerdings auf die Aktion und das Bewusstsein der Massen. Rosa Luxemburgs Darstellung des Verhältnisses von spontaner Massenaktion und politisch organisierter Führung habe die Organisationsfrage funktional konkretisiert, »ihr die richtige *Funktion* im Revolutionsprozess«[9] zugewiesen. Die Diskussion der Organisationsfrage im Verhältnis von Massenorganisation und politischer Führung hat zum historischen Aktionsbezug den Revolutionsprozess – anders gesagt, das Verhältnis von Massenaktion und politischer Führung ist eines des revolutionären Kampfes und Tageskampfes. Lukács' Darstellung des Organisationsproblems geht aus von einer Kritik des Utopismus, weil dieser eine abstrakte utopische Zielvorstellung postulatorisch dekretiert. Das emanzipatorische telos ist revolutionär zu verwirklichen; d. h., Lukács diskutiert das Organisationsproblem von vornherein als ein primär revolutionäres; im Verhältnis von Massenaktion und politischer Führung ist seine Funktion im Revolutionsprozess, den Weg zur Verwirklichung einer emanzipatorischen Zielvorstellung zu bestimmen. Das Verhältnis von Massenaktion und politischer Führung, letztere als thema probandum der Organisationsfrage, wird im revolutionstheoretischen Bezugsrahmen von »Endziel« und »Bewegung«, Theorie und Praxis diskutiert. In diesem Verhältnis sind auch geschichtsphilosophisch und innerhistorisch aufgehobene ethische Probleme relevant: Die Vermittlung von hypothetischen Imperativen konditionaler Zweck-Mittel-Rationalität und dem kategorischen Imperativ (postulatorischer Begriff des in praktischer Hinsicht konzipierten Absoluten) als einer innergeschichtlichen Zielsetzung des Theorie und Praxis im Denken vermittelnden emanzipatorischen Vernunftinteresses (was darf ich hoffen?); das aber heißt, das Problem der revolutionären Gegengewalt stellt sich der Organisationsfrage.
Lukács' Vorwurf gegen Rosa Luxemburg richtet sich darauf, dass sie bei aller Konkretisierung der Organisationsfrage und der Kritik an deren Überschätzung es versäumt habe, die Fragen, welche die politische Führung betreffen, organisationsproblematisch zu diskutieren, so dass die Funktionsbestimmung der revolutionären Organisation, »die die Partei des Proletariats zur politischen Führung«[10] befähigen, im Revolutionspro-

8 Vgl. Leo Trotzki, Geschichte der russischen Revolution, Frankfurt 1960, S. 13-14
9 Lukács, Geschichte und Klassenbewusstein, S. 301
10 Ebd.

zess schließlich nicht geleistet wurde. Die organisatorische Funktionsbestimmung der politischen Führung im Revolutionsprozess sei praktisch im Organisationsstreit der russischen Sozialdemokratie erfolgt, in dem Rosa Luxemburg für die rückständige menschewistische Richtung optiert habe. Aktualpolitisch relevante Fragen der Revolutionstheorie (Revolution mit der »progressiven« Bourgeoisie oder Kampf an der Seite der Bauernrevolution, zunächst bürgerliche Revolution – im Sinne einer ahistorisch sistierten Revolutionstheorie) oder Ventilation des Kampfes der Bauern in eine proletarische Revolution (»alle Macht den Sowjets«) und daraus folgende organisationsstrategische Fragen haben Lukács zufolge die Spaltung der russischen Sozialdemokratie bewirkt.
Lukács ist der Ansicht, dass *niemand,* auch Rosa Luxemburg nicht, die dialektische Korrelation von revolutions- und organisationstheoretischen Fragen damals begriffen habe und eine Propaganda organisatorischer Einsichten deshalb unterblieben sei, so dass »selbst die richtigen politischen Einsichten von Rosa Luxemburg, Pannekoek und anderer ... sich – auch als politische Richtung – nicht hinreichend konkretisieren«[11] konnten. Wie aber steht es mit den organisationstheoretischen Erörterungen Lenins? Lukács sieht, wie das Organisationsproblem im Verhältnis von Massenbasis und politischer Führung diskutiert wurde. Er interpretiert dieses Verhältnis als seinem Inhalt nach revolutionär. Dieses Verhältnis hat – nimmt man die Pole Lenin und Rosa Luxemburg zusammen – einen für den politischen Tageskampf der revolutionären Praxis konkretisierten Charakter. Zentral steht das Problem des revolutionären Bewusstseins, wie also im Verhältnis von politischer Führung und Massenbasis die Theorie als konkretes politisches Klassenbewusstsein der Erfahrung von Unterdrückung, Hunger, Elend und Leid zur »materiellen Gewalt« werde. Das Organisationsproblem ist also das der »Materialisierung« der Theorie zum politischen Bewusstsein. Die Organisation strukturiert nicht nur die Führung, sondern mit dieser auch die »autonomen« Massen, die ständige Korrekturbasis ihrer Führer. Es ist festzuhalten, dass im Verhältnis von Massenbasis und politischer Führung die Organisationsfrage wesentlich auf die politische Führung bezogen ist, allerdings diese als Partei gedeutet. Sind es aber nicht auch die Massen, die sich organisieren müssen? Bleibt Lukács da dualistisch, vielleicht Luxemburgistisch?
Untrennbar mit der Organisation der bestehenden Bewusstseinsgruppen (avantgardestrategisch »Führung«) ist also die Agitation und Propaganda verbunden. Von daher ist das Organisationsproblem aus seinem unmittelbar revolutionären Aktualitätsbezug lösbar und auf vorrevolutionäre Formen der antikapitalistischen Systemopposition, sozialistische Opposition, übertragbar.

11 Ebd., S. 302

Die Organisation erst macht die Theorie verbindlich, aus der theoretischen Meinung eine praktische Wahrheit. Das hat erkenntnistheoretische Implikationen.[12] Wahrheit im materialistischen Sinn ist gegenständliche Wahrheit, d. h. hegelisch, eine »Stellung des Gedankens zur Objektivität«. Die Wahrheit einer theoretischen Aussage, bzw. der theoretisch durchdrungenen Aussagen lässt sich nur auf außertheoretischem, praktischem Weg ermitteln. Aussagen, die in sich Maximen enthalten, wie die Objektivität, die sie theoretisch bezeichnen, allererst herzustellen sei, die also auf ihre praktische Verwirklichung drängen, um in dieser sich aufzuheben, deren Geltung sich in dem Masse aufhebt, wie sie sich realisiert, artikulieren einen Begriff von Wahrheit, der nicht nur gegenständlich, sondern gegenständlich-praktisch ist.

IV
Die erkenntnistheoretische Bestimmung der Organisation

1. Die Organisation ist das Medium, in dem Theorie und Praxis einander vermitteln, Konkretion und Wirklichkeit, also gegenständliche Realität gewinnen: »Denn die Organisation ist die Form der Vermittlung zwischen Theorie und Praxis. Und wie in jedem dialektischen Verhältnis erlangen auch hier die Glieder der dialektischen Beziehung erst in und durch ihre Vermittlung Konkretion und Wirklichkeit.«[13] Ist die letztere Aussage transzendental? Nimmt sich die Dialektik in die »Transzendentale« zurück? Denn die Konstitutionsproblematik taucht immer in einer schon konstituierten Realität auf: Das konstituens ist deshalb kein transzendentales, sondern ein innerweltliches Subjekt mit entsprechend objektiven Gehalten (die Nichtidentität von Subjekt und Objekt ist keine in der Identität, sondern ihre Vermittlung dokumentiert, besser *ist* ihre Nichtidentität). Die Organisation hat bei Lukács eine letztlich transzendentale Konstitutionsfunktion; sie sieht davon ab, dass Theorie und Praxis immer schon vermittelt sind und dass im Rahmen dieser Vermittlung ihre organisatorisch-revolutionäre Konkretion sich problematisiert. Es handelt sich nicht darum, eine unstrukturierte Mannigfaltigkeit von Handlungssituationen qua reiner Theorie zur Objektivität zu konstituieren: Die Organisation hat keine transzendentale Konstitutionsfunktion.

2. »Dieser Theorie und Praxis vermittelnde Charakter der Organisation zeigt sich am deutlichsten darin, dass die Organisation für voneinander abweichende Richtungen eine viel größere, feinere und sicherere Empfindlichkeit zeigt als jedes andere Gebiet des politischen Denkens und Handelns.«[14] Die Organisation reagiert also gleichsam seismographisch

12 Vgl. die 2. Feuerbachthese von Marx, MEW, Bd. 3, S. 5
13 Lukács, Geschichte und Klassenbewusstein, S. 302
14 Ebd.

auf die politischen Fraktionen; diese seismographische Registratur der politischen Richtungen im Medium der Organisation ist für Lukács von geradezu emphatischer Bedeutung. Sie ist das Wahrheitskriterium einer richtigen Theorie und Praxis: präzisiert sie damit die zweite These über Feuerbach? Diese stellt materialistisch fest, dass nur die Praxis, eine an den Gegenständen sich vollziehende gegenständliche Tätigkeit, Kriterium der Wahrheit theoretischer Aussagen sein könne, welche die Diesseitigkeit, Macht, endliche materielle Existenz des Denkens beweise. Doch ist die These so weitgehend undifferenziert, dass sie pragmatisch missverstanden werden konnte. Der Pragmatismus ist in ihr aufgehoben.

a) Die Wahrheit der Theorie kann nur auf außertheoretischem Wege erwiesen werden. Doch insofern in den materialistischen Wahrheitsbegriff der Begriff der Vernunft auch in seiner praktisch-ethischen Bedeutung eingegangen ist, hat die Praxis nicht nur bestätigende Funktion, die Theorie sich nicht einfach der Praxis zu beugen; die Theorie muss die gegenständliche Praxis ihr adäquat allererst auch »vermitteln« helfen – wie es spekulativ im Hegelschen Begriff der Adäquationstheorie angelegt ist. Die Organisation ist das Medium, in dem Theorie und Praxis aneinander sich korrigieren und kritisch werden. Die Organisation ist die *kritische* Vermittlung von Theorie und Praxis: es sind die verschiedenen Ebenen der Vermittlung von Theorie und Praxis, Subjekt und Objekt (gegenständlicher Tätigkeit) einzubeziehen und damit die verschiedenen Ebenen der Adäquation; wobei Praxis nicht nur das Medium ist, in dem sich die Adäquation passivisch verifiziert oder falsifiziert, sondern in dem diese allererst produziert oder verhindert wird. Es geht also der revolutionär-kritischen Praxis nicht darum, die Theorie an der Praxis als wahr oder falsch zu erweisen, sondern auch die Praxis an der Theorie als richtig oder verfehlt (nicht nur im Rahmen des hypothetischen Imperativs) zu erweisen.

b) Die bloße Theorie ist unverbindliche – und in diesem Sinn tolerante – doxa, in ihr können »die verschiedenartigsten Anschauungen und Richtungen friedlich nebeneinander leben«, während die »bloße Aktion« – an und für sich – ein »Gewirr von einzelnen Handlungen einzelner Menschen und Gruppen« ist, ein »an sich wirres Gewühl« – also im nominalistisch entstandenen Sinn von Materie eine chaotische Mannigfaltigkeit von gegeneinander unstrukturierten Singularitäten. Theorie-Praxis im abstrakten Form-Materie-Verhältnis. Die Organisation präzisiert die Theorie zur praktischen Verbindlichkeit, »als schroffe, einander ausschließende Richtungen«, d.h. setzt die Theorie als Vermittlungsform zur Praxis erst in die Lage, ihre Wahrheit zu erweisen. Wenn also die Praxis Kriterium der Wahrheit ist, so muss für die kritische Aktion diese Vermittlung erst hergestellt werden. Die gegenständliche Erscheinungsform der organisatorischen Vermittlung ist also selbst konstitutiv für die Entscheidung, die in der Praxis über Wahrheit oder Falschheit der Theorie getroffen wird, also über die richtige oder falsche Praxis. Die Praxis ist Kriterium der Theorie; zu fragen ist also: Und was ist Kriterium für die Praxis? Die Praxis kritisiert die Theorie. Wer kritisiert die Praxis?

Für Lukács geht es nicht darum, dass die Organisation ein gegenständliches und darum auch vergegenständlichtes (und sogar der Verdinglichung ausgesetztes) Vermittlungsinstrument ist. Sondern ein Problem ist organisationsstrategisch gestellt, wenn es die Funktion »der Handlung in seiner Totalität, also Vergangenheit und Zukunft vermittelnden Rolle« betrachtet: »Was tun?« (Lukács kritisiert Rosa weitgehend im Sinne Lenins, wobei er Rosa positiv aufnimmt, insofern er ihre Vorwürfe gegen Lenin als Missverständnisse ausweist.) »Die Frage, was tun, versucht, in der Erwägung der Lage, in der Vorbereitung und Führung der Aktion jene Momente aufzufinden, die von der Theorie *notwendig* zu einem ihr möglichst angemessenen Handeln geführt haben, sie sucht also die wesentlichen Bestimmungen auf, die Theorie und Praxis verbinden.«[15] In der organisatorisch nicht kritisierten Praxis (und diese Kritik der Praxis ist eine Selbstkritik, immanente Kritik) sind abstrakte fatale Notwendigkeit und Zufall aufeinander verwiesen. Organisatorisch kann das Handeln der Einzelnen nur symptomatisch beurteilt werden. Bei Lukács bleibt es unklar, ob die Organisation als Vermittlung von Theorie und Praxis selbst ein praktisches oder theoretisches Mittel ist oder gar einem dritten Medium angehört. Es scheint manchmal, als verstände er unter Organisation nur die organisationstheoretische Diskussion bestimmter Fragen; diese aber vermag die »Theorie vom Gesichtspunkt der Praxis aus wirklich zu kritisieren«[16], d. h., vom *Gesichtspunkt* der Praxis, nicht von dieser selbst.

V
Die 2. Internationale und die Linken

Der Opportunismus bestimmt sich aus seiner praktischen Stellung im Organisationsproblem: Lukács verdeutlicht an der 2. Internationale, dass der Revisionismus es vermeidet, das emanzipatorische telos organisationsstrategisch zu problematisieren. »Diese Funktion der organisatorischen Fragen macht es verständlich, dass der Opportunismus seit jeher die größte Abneigung dagegen empfand, aus theoretischen Konsequenzen organisatorische Folgerungen zu ziehen.«[17] Geschichtlich präzisiert heißt

15 Ebd., S. 303
16 Ebd., S. 304
17 Ebd.

das: »Der Schwächepunkt von allen außerrussischen Richtungen der Internationale lag also darin, dass sie ihre vom Opportunismus der offenen Revisionisten und des Zentrums abweichenden revolutionären Stellungnahmen nicht organisatorisch konkretisieren konnten oder wollten.«[18] Lukács zufolge unterscheidet sich der offene Revisionismus vom Zentrismus dadurch, dass dieser das revolutionäre Ziel abstrakt theoretisch aufrechterhielt, aber praktisch revisionistisch war.[19]

Der Widerspruch des Zentrismus, die Anerkennung der geschichtlichen Aktualität einer Revolution nicht den politischen Tagesentscheidungen zu applizieren, wirkte auch auf die Konzeption der Linken (Pannekoek, Luxemburg) zurück. Die organisatorische Richtungslosigkeit der 2. Internationale wirkte sich auf die organisationsstrategischen Probleme der Linken aus: Rosa Luxemburgs Kritik der mechanischen Organisation führte zur Überschätzung spontaner Massenaktionen. Der organischen Revolutionstheorie allmählicher proletarischer Majorisierung der Gesellschaft wurde die organische Revolutionstheorie spontaner Massenkämpfe kontrastiert (zwischen Mechanismus und Organizismus fiel die rationale Organisation hindurch). Dies führte zur stillschweigenden Voraussetzung einer rein proletarischen Revolution.
Rosa Luxemburgs Begriff des Proletariats zeigt »mit großer Eindringlichkeit, wie die revolutionäre Lage große Massen des bis dahin unorganisierten, für Organisationsarbeit unerreichbaren Proletariats (Landarbeiter usw.) mobilisiert; wie jene Massen in ihren Handlungen einen unvergleichlich höheren Grad von Klassenbewusstsein zeigen, als die Partei und die Gewerkschaften selbst, die sie als unreif, ›unentwickelt‹ von oben herab zu behandeln sich anmaßen«.[20]
Das Proletariat bestimmt sich nicht isoliert und ausschließlich nach seiner ökonomischen Stellung im Produktionsprozess, sondern auch nach dem Grad, in dem es praktisch organisierbar ist, d.h. in einer gegenständlichen Weise für sich wird.
Für die organisatorisch nicht hinreichend präzisierte organische Revolutionskonzeption Rosas ist es nötig, sie als eine rein proletarische zu entwerfen; denn in einer solchen Revolution ist das Problem der »richtigen, praktisch dem Ziel angemessenen Mittelwahl« nur eine Frage der Aufklärung quasi instinktiv verinnerlichter revolutionärer Handlungsmaximen, die das Proletariat seiner objektiven Klassenbestimmung verdankt. (Lukács schließt sich hier der Theorie Marxens an, das Proletariat sei qua Klassenlage die existierende Negation dieser Gesellschaft.) Während die

18 Ebd., S. 305
19 Vgl. Karl Korsch, Die materialistische Geschichtsauffassung. Eine Auseinandersetzung mit Karl Kautsky, 1928
20 Lukács, Geschichte und Klassenbewusstein, S. 306

Teilnahme anderer Schichten an der Revolution, denen »keineswegs eine notwendige Richtung ihres Handelns auf die proletarische Revolution hin vorgezeichnet ist, noch sein kann«, zur Konterrevolution hin umschlagen kann, bei einer »so gedachten revolutionären Partei«[21]. Die rein proletarische Revolution Rosas divergiert auch vom Proletariat selbst, dessen Klassenbewusstsein durchaus nicht mit der ökonomischen Krise geht, so dass sein Verhalten hinter der Krise zurückbleibt. Lukács beruft sich auf Lenin, dass nämlich »die Kämpfe so stürmisch werden, dass das Bewusstsein der Arbeitermassen mit dieser Entwicklung nicht Schritt halten kann« (Lenin), dass dem Spartakusprogramm zufolge, wie Lukács interpretiert, »der objektive Zusammenbruch der bürgerlichen Gesellschaft früher erfolgen kann als die Festigung des revolutionären Klassenbewusstseins im Proletariat«. Lenin entwickelte aus der Annahme vom zurückbleibenden Bewusstsein seine bolschewistische Parteikonzeption. (Hängt das nicht doch mit der Reife oder Unreife des Proletariats zusammen?) Lukács aber hebt hervor, dass auf dieser Sachlage die Möglichkeit des Menschewismus beruht habe. Rosa begründet dies mit der von Marx und Engels bereits konstatierten Verbürgerlichung der qua Monopolprofite privilegierten Arbeiterschichten, verstärkt durch den Eintritt in die imperialistische Phase. Doch diese Erklärung darf nicht ökonomistisch zugespitzt werden. Proletarische Verhaltensweisen folgen nicht unmittelbar aus der ökonomischen Stellung. – Auch Lukács geht nicht von der reinen, aber wesentlich proletarischen Revolution aus; muss das heute auf viele Klassen und Schichten ausgedehnt werden, weil es nur eine ökonomische Klasse, eine gesamtgesellschaftlich verallgemeinerte Lohnarbeiterschaft gibt, die das Proletariat in sich aufgehoben hat?

VI

Lukács versucht, eine Erkenntnistheorie der Organisationsfrage als Methodologie umwälzender Praxis zu liefern.

Lukács' Erkenntnistheorie der Organisationsfrage misst der revolutionären Organisation in der Praxis eine Funktion zu, die Kant dem Bewusstsein in der ursprünglich synthetischen Einheit der transzendentalen Apperzeption zuschreibt. Organisation ist schließlich nicht nur eine Form, Vermittlung, sondern selbst eine materiale Praxis; sie ist die gegenständliche Klasse für sich, das sinnlich materialisierte Klassenbewusstsein des Proletariats, indem sie dieses gegenständlich konstituiert, zum Klassenkampf.

Die Organisationsfrage im revolutionär aktuellen Sinn stellt sich im Verhältnis von Massenbasis und politischer Führung, welches das Problem von Spontaneität und Organisation einschließt. In diesem Verhältnis kommt der Organisation eine transzendentale Konstitutionsfunktion zu;

21 Ebd., S. 307

die unstrukturierte Mannigfaltigkeit eines »Gewirrs von einzelnen Handlungen einzelner Menschen und Gruppen« wird durch sie zur Objektivität einer organisierten Aktion. Die praktische Objektivität der Aktion besteht in ihrer organisierten Vermittlung zur Theorie, d.h. qua Organisation ist die Aktion Element im strategischen Rahmen der Revolution oder von deren Vorbereitung, nämlich durchsichtig »in seiner geschichtlichen Totalität, die in seiner Funktion im Geschichtsprozess, in seiner Vergangenheit und Zukunft vermittelnden Rolle«. Erst eine organisierte Aktion also ist Bestandteil einer revolutionären Strategie umwälzender Praxis. Die Theorie, die noch nicht materielle Gewalt angenommen hat, ist bloß unverbindliche doxa. Die Organisation übersetzt sie in die praktische Erfahrung der Massen und stellt die sinnlich manifeste Gewalt der Theorie dar.

Der dogmatischen Auffassung von den Naturgesetzen der kapitalistischen Entwicklung einer organischen Evolution zum Sozialismus konfrontierte sich die orthodoxe Theorie, derzufolge die proletarische Revolution mit Naturnotwendigkeit produziert wird. Die Frage jedoch, wie diese mögliche Macht zur Wirklichkeit wird, wie das Proletariat, das heute tatsächlich ein bloßes Objekt des Wirtschaftsprozesses ist und nur potentiell, nur latent auch sein mitbestimmendes Subjekt, in Wirklichkeit als sein Subjekt hervortritt, ist von diesen »Gesetzmäßigkeiten« nicht mehr automatisch-fatalistisch bestimmt. Die Krise setzt nur in die verschiedensten Richtungen agierende Kräfte frei.

Die Kommunistische Partei ist »die organisatorische Form für den bewussten Ansatz zu diesem Sprung und auf diese Weise der erste bewusste Schritt dem Reiche der Freiheit entgegen«[22]. Die Kommunistische Partei ist Lukács zufolge der »bewusste Gesamtwille«, dem der Einzelne freiwillig sich unterzuordnen hat; denn die individuelle Freiheit der Bourgeoisie basiert auf einem System universaler Unterdrückung. Die Kommunistische Partei fungiert als eine nichtempirische volonté générale, ein absolutes Bewusstsein, das aus der freiwilligen Disziplinierung der empirischen Individuen sich bildet. Die Kommunistische Partei ist die über sich selbst aufgeklärte, nichtempirische volonté générale des Proletariats; kein transzendentales Subjekt, das die Totalität ihrer freiwillig disziplinierten, empirischen Individuen darstellt – aber selbst auch nichtempirisch; denn sie äußert sich nur empirisch durch die Aktionen der einzelnen Mitglieder hindurch.

Solidarität ist der Zustand, der die künftige Freiheit durch gegenseitige Disziplinierung bewirkt, ebenso wie er die einzelnen Mitglieder zur Aktionseinheit zusammenschließt. Solidarität ist der bewusste Gesamtwille.

Die Partei stellt Lukács zufolge die Frage der revolutionären Existenz und fungiert somit geschichtsphilosophisch als Vermittlungsinstanz zwischen

22 Ebd., S. 317

dem Niveau des Alltagslebens der Individuen und der Geschichte. Zwei weitere Vermittlungsdimensionen treten hinzu: Die Organisation hat die konkrete Vermittlung zwischen Mensch und Geschichte zu leisten sowie als aktive politische Einheit (Partei) zwischen dem »Handeln jedes einzelnen Mitgliedes und der ganzen Klasse zu vermitteln«.[23] Der Einsatz der Gesamtpersönlichkeit der organisationsqualitativen Bedürfnisse der Einzelnen erfordert auch nach Lukács die Verinnerlichung zentralistischen Zwangs. Lukács will die Wertabstraktion und ihre idealisierten derivativen Erscheinungsformen im bürgerlichen Recht durch den Begriff der Gesamtpersönlichkeit aufheben, obwohl auch diese nur ein intelligibles Subjekt ist. »Erst, wenn das Handeln in einer Gemeinschaft zur zentralen persönlichen Angelegenheit eines jeden einzelnen Beteiligten wird, kann die Trennung von Recht und Pflicht, die organisatorische Erscheinungsform der Abtrennung des Menschen von seiner eigenen Vergesellschaftung, seiner Zerstückelung durch die gesellschaftlichen Mächte, die ihn beherrschen, aufgehoben werden.«[24]

VII

Entwurf zum Artikel: Transzendentales Kollektiv und apriorische Solidarität

Lukács' Erkenntnistheorie der Organisationsfrage

Einleitung

Lukács versucht als erster, explizit theoretisch die Kritik der politischen Ökonomie, die Lehre von den Naturgesetzen der kapitalistischen Entwicklung, auf die Organisationsfrage anzuwenden und ihr damit die für die revolutionäre Theorie entscheidenden wesentlichen Begriffe des Klassenbewusstseins und der Verdinglichung zu applizieren. Er stellt die Organisationsfrage als die nach dem Leninschen Parteitypus. Mit demselben theoretischen Instrumentarium, mit dem er die Verdinglichung der Partei theoretisch verhindern will, begründet er sie allererst theoretisch. Er kommt aus dem Dilemma einer expliziten materialistischen Erkenntnistheorie, die ans Objekt gebunden sein muss und mit einer Philosophie der Geschichte zusammenfällt, nicht heraus: dem Dilemma der Transzendentalität. Dieses ist schon in seiner von der Kritik am Menschewismus motivierten, aber vom idealistischen Hegelianismus nicht freien Bestimmung der Organisationsfrage als eines »geistigen« Problems zu erkennen.

I. A

1. Die Vermittlungsfunktion der Organisation und ihre theoretischen Ebenen (Utopismus, Tageskampf, Zentrismus, politische Funktion: spontane Massenbasis und politische Führung).

23 Ebd., S. 322
24 Ebd.

2. Die erkenntnistheoretische Vermittlungsfunktion – Form der Vermittlung von Theorie und Praxis – und das Dilemma der Transzendentalität am Modell des Leninschen Parteitypus.
3. Die geschichtsphilosophische Vermittlungsfunktion – Antizipation des Reichs der Freiheit –, entwickelt an der Kritik am proletarischen Organizismus Rosa Luxemburgs (Vermittlung von Mensch und Geschichte durch die politische Moral als erste Stufe der Aufhebung der Moral – nicht wie bei Robespierre und Kant moralische Politik, sondern objektive Klassenmoral).
4. Die transzendentale Konstitution einer kommunistischen volonté générale und der Dualismus von Citoyen und Bourgeois in der intelligiblen Gesamtpersönlichkeit (intendierte Aufhebung abstrakter Arbeit in der Partei und deren Reproduktion durch die Verdinglichung zentralistischer Herrschaftsmechanismen), (solidarisches Kollektiv – nicht verdinglichter Verkehr).

I. B

Die Partei als metaphysisches Subjekt der Geschichte und ihr Mitglied als Werkzeug des kommunistischen Weltgeistes (nicht eine empirische, sondern eine davon abstrahierende theoretische und moralische, also eine intelligible Gesamtpersönlichkeit setzt sich ein). (Damit wird Lukács nicht der Forderung Marxens gerecht, dass der Befreiung allererst die Selbstbefreiung der revolutionären Klasse vorausgehen muss, eine materielle Selbstveränderung, von daher disziplinärer Zwang.)

I. C

Die Notwendigkeit des Absterbens der zentralistischen Organisation im revolutionären Kampf – die Umsetzung von zentralistischer Selbstdisziplin in autonome Einzeldisziplin der Genossen.

I. D

Der Zentralismus und die ideologische Krise des Proletariats. (Die Rolle von Bewusstsein und Willen, Erkenntnis und Moral, theoretischer und praktischer Vernunft.)

II.

Die geschichtlichen Formbestimmungen der Organisation am Modell des Leninschen Parteitypus.

These: Die Anwendung der Kritik der politischen Ökonomie auf die Organisationsfrage heißt, diese am jeweiligen geschichtlichen Verhältnis von Politik und Ökonomie zu bestimmen.

II. A

Lenins Parteitypus in der Differenz von Überbau und Basis am Modell Russlands entwickelt.

II. B
Die Bestimmung Pannekoeks für die imperialistische Politisierung der Ökonomie (Massenaktionen).
Organisation als Prozess – d. h. mit Bewusstsein gemachte Geschichte; revolutionäres Bewusstsein entsteht nicht organisch oder mechanisch im Kampf, sondern durch die organisierte Vermittlung von politischem und ökonomischem Bewusstsein. Organisation als transzendentale Apperzeption aller unserer Handlungen.

zu I.
1. Lukács interpretiert Lenins Diktum, man könne das Organisatorische nicht mechanisch vom Politischen trennen, derart, dass das Organisationsproblem sich nicht als technische Frage, sondern als »geistige Frage« stelle. Beinhaltet dies im historischen Bezugsrahmen der revolutionären Theorie nicht einen idealistischen Ausgangspunkt?
2. Lukács konkretisiert den Gegensatz des wissenschaftlichen zum utopischen Sozialismus zum Problem der Organisation als der Vermittlung zwischen dem emanzipatorischen Zweck und den revolutionären Mitteln zu seiner Verwirklichung.
a) Welchen geschichts- und moralphilosophischen Status weist Lukács der Organisation damit zu?
b) Wie soll sich dieser Zusammenhang politisch ausdrücken in der Bindung des Organisationsproblems an die unmittelbare Aktualität der Revolution?
3. Lukács weist als einer der ersten nach, dass Lenin und Rosa in ihrer Auseinandersetzung um die Organisation einander nicht nur gegensätzlich waren, sondern sich in den entscheidenden Punkten ergänzten, zusammengehalten durch die gemeinsame Kritik am Revisionismus. Weist Lenin eine mechanistische Auffassung der Organisation von sich, so Rosa die organizistische, die hinter den spontanen Massenaktionen zurückbleibt.
Hat Lukács recht, wenn er angesichts des Leninschen Organisationstypus der avantgardestrategischen Kaderpartei das Verhältnis von Organisation und Spontaneität als das revolutionäre Organisationsverhältnis von politischer Führung und Massenbasis bestimmt?
4. Im Rahmen dieser Funktionsbestimmung der Organisationsfrage bemängelt Lukács an Rosa, sie habe es versäumt, im Rahmen der spontanen Massenaktion »die Frage der politischen Führung wieder organisatorisch« zu wenden und dadurch die Zusammengehörigkeit von Revolutionstheorie und Organisationsstrategie nicht erkannt.
Welche Konsequenzen zieht Lukács aus diesem Vorwurf, wenn er aus ihm den erkenntnistheoretischen Status der Organisation als der »Form der Vermittlung von Theorie und Praxis« bestimmt?

Weitere Problematisierungen:

a) Auf welche Weise konstituiert die Organisationsform die Objektivität der Aktion?

b) Auf welche Weise objektiviert die Organisationsform die theoretischen Richtungskämpfe zu verbindlicher materieller Gewalt?

c) Warum stellt sich die Differenz von Zentrismus und Bolschewismus als Problem der Organisationsform dar? (Organisation als Prozess heißt vor allem: die Organisation selbst muss eine empirische Konstitutionsphase bewusster revolutionärer Existenzen bewerkstelligen.)

d) Die veränderte Rolle des Staates in der Ökonomie – außerökonomische Zwangsgewalt von unmittelbar ökonomischer Potenz und Verselbständigung gegenüber den Klassen.

e) Der potenzierte institutionell verdinglichte Dualismus von politischem und ökonomisch materiellem Bewusstsein durch die Politisierung der Ökonomie – von daher muss die Organisation sich an der Alltagsbasis bilden.

f) Projektgruppe: als Konstitutionsphase revolutionärer Existenz und Kader (Zellen).

g) Die Frage der Partei als Frage revolutionärer Theorie – der Zentralismus heute.

h) Potenzierung abstrakter Arbeit und Leistungsnormen, Bewusstseinsveränderung, Möglichkeit zur Erfahrung, Dialog mit den Massen: Was heißt Bewusstseinsaufklärung? Wovon besitzen die Massen noch einen Traum?

i) Ist der Zentralismus noch eine Möglichkeit in den Metropolen: Willen, Bewusstsein, Verhältnis revolutionärer und vorrevolutionärer Politik (revolutionäres Bezugssystem)? »Keiner ohne Funktion!« als revolutionäres Organisationsprinzip.

14. Zu Lenin: Staat und Revolution*

I.

Das Organisationsmodell, das sich dem revolutionären Sozialismus mit dem blind entstandenen Anspruch auf allgemeine Geltung tradiert hat, ist der Leninsche Parteitypus. Dessen geschichtliche Gewalt in der erfolgreichen Durchführung der Oktoberrevolution ist so mächtig, dass selbst der nach politisch und militärisch anderen organisatorischen Regeln verfahrende Partisanenkampf Maos nicht zu Unrecht der Berufung auf ihn zur Legitimation bedurfte. Seine Obligation ist umso problematischer, als sein zentralistischer Apparat nach der Revolution unvermindert fortbestand und ohne Bedenken auf die geographisch und geschichtlich unterschiedenen gesellschaftlichen Verhältnisse von der Komintern den revolutionären Bewegungen in anderen Weltteilen appliziert werden sollte. Seine erwiesene Wahrheit verkehrte sich in dem Maße, in dem die besondere Geschichte des autokratischen Russland, auf die er sich zunächst bestimmt bezog, von seiner organisatorischen Verfassung getrennt wurde. Die Abstraktion von der Geschichte, als deren emanzipatorische Vernunft, und der Gesellschaft, als deren objektiviertes Klassenbewusstsein der Ausgebeuteten er historisch entstanden war, eliminierte in seiner disziplinär zentralisierten Arbeitsteilung den solidarischen Verkehr der Genossen, durch den sich eine kommunistische Organisation von solchen bürgerlicher Art unterscheidet und der allein die durch den Kampf gegen das bestehende System vervielfachten Bedingungen des Zwanges erträglich macht. Der Leninsche Parteitypus vereinigt zum ersten Mal die Elemente einer revolutionären Organisation, ohne dass sie von seinen geschichtlichen Konstitutionsbedingungen analytisch zu lösen wären, durch die sie nicht nur formal, sondern auch ihrem Inhalt nach bestimmt werden. Er stellt die erste wirksame Erscheinungsform einer Vermittlung von Bewusstsein, Willen und Tat der Ausgebeuteten auf dem geschichtlich besonderen Hintergrund der gesellschaftlich ökonomischen Notwendigkeit und des staatlich politischen Zwanges im sich kapitalisierenden Russland im Rahmen eines sich im Ganzen imperialisierenden Weltmilieus dar. Will man die spekulativen Elemente der Organisation nicht in philosophischer Abstraktion festhalten, so muss der Formtypus revolutionärer Organisation mit jeder Veränderung der geschichtlichen Bedingung seiner Entstehung und Bestimmung eine angemessene Komple-

* Die Notizen zu Lenin »Staat und Revolution« entstanden während der Arbeit der Projektgruppe des Frankfurter SDS im Frühjahr 1968. Wie an dem Artikelentwurf zu Lukács Behandlung der Organisationsfrage zu sehen ist, wurde die Diskussion mit einer Reflexion auf die Verfassung des Staates und der Klassen im historischen Kontext der Oktoberrevolution fortgesetzt. Der Abschnitt I der Notizen zu »Staat und Revolution« versucht diesen Artikelentwurf zu konkretisieren. (Anm. d. Hg.)

mentärveränderung erfahren. Die konkrete Vermittlung der spekulativen Erfordernisse revolutionärer Organisationsform erhebt den Leninschen Parteitypus in der Tat zu einem allerdings in keiner Stelle zu dogmatisierenden Lehrstück in der revolutionären Theorie des Proletariats.[1]
Die Frage nach den geschichtlichen Formbestimmungen der revolutionären Organisation wird in der theoretischen Tradition des Marxismus in der Regel mit dem Verweis beantwortet, jene hätten sich an der Verfassung der Staatsgewalt, dem strategischen Ziel des Kampfes um die politische Macht im Staate, adäquat zu orientieren. Die These ist in dieser zum allgemeinen Lehrsatz erhobenen Abstraktion dogmatisch. Die Differenz in der Verfassung des autoritären Staats der zaristischen Autokratie zu dem der Gegenwart in den hochindustrialisierten Ländern vermag die durch jenes Dogma bewirkte ahistorische Kanonisierung des Leninschen Parteitypus zu widerlegen. Dessen von Lenin mehrfach modifizierte organisatorische Funktionsbestimmung, das Bewusstsein von außen ins Proletariat hineinzutragen, sollte die diffuse Spontaneität der Massen über sich selbst aufklären. Lenins Skepsis gegen die mechanisch produzierte Spontaneität beruht auf dem geschichtlichen Entwicklungsstand der Produktion im autokratischen Russland. Seiner avantgardestrategischen Parteikonzeption der revolutionären Erziehungsdiktatur liegt theoretisch implizit eine pessimistische Anthropologie zugrunde, die aus historisch allerdings einsichtigen Gründen die Erziehbarkeit des Menschengeschlechts zu Freiheit, Autonomie und Müdigkeit zwar nicht anzweifelt, aber zu einem Prozess verlängert, dessen Dauer gleichsam unermesslich ist und auch nach der politischen Revolution und in der ökonomischen Umwälzung eine pädagogisch strenge Zentralgewalt erfordert.
Es ist dies die Anthropologie des Zerfalls der feudalen und des Entstehens der kapitalistischen Gesellschaftsformation; d. h. sie entspricht adäquat der Phase der ursprünglichen Akkumulation in Russland. Unterdrückung selbst terroristischer Art ist geschichtlich eine gesellschaftliche Notwendigkeit, die vom absoluten Zwangsstaat – in Russland der zaristischen Autokratie – besorgt wurde. Dieser hat die ökonomische Funktion, mit außerökonomischer Gewalt die kapitalistischen Arbeitsnormen ins Zeitbewusstsein der zu proletarisierenden Massen zu verinnerlichen, um durch die Konstitution von Surplus-Zeit die Substanz des Mehrwerts zu verankern, den reibungslosen Austausch von Kapital und Lohnarbeit sowie die ideale vertragsrechtliche Verschleierung des darin enthaltenen materiellen Gewaltverhältnisses zu garantieren und a priori dem Entstehen eines proletarischen Klassenbewusstseins vorzubeugen. Die Zwangsgewalt des Absolutismus ist gesellschaftlich notwendige Unterdrückung nicht nur für die Herrschaft des Kapitals, sondern auch für den damit anfänglich untrennbar verbundenen Fortschritt der Produktivkräfte.

1 Vgl. Lukács, Geschichte und Klassenbewusstsein, S. 312

Die Machtstruktur im Leninschen Parteitypus stellt eine komplementäre Antwort auf die Notwendigkeit des absolutistischen Zwangsstaats dar, insofern es auch in jenem um die Herausbildung von Leistungsdisziplin geht. Die Annahme allerdings, eine zentralisierte, gar absolute Staatsgewalt erfordere zur revolutionären Befreiung in jedem Fall einen entsprechenden organisatorischen Zentralismus, ist verkürzt; entscheidend ist, ob die autoritäre Staatsgewalt ein bestimmtes Maß an gesellschaftlich notwendiger Unterdrückung enthält. Die repressive Verinnerlichung von Surplus-Normen in der spätkapitalistischen Gesellschaft ist geschichtlich überflüssig; Abschaffbarkeit der Arbeit ist aus der Dimension der Utopie in den Bereich der objektiven Möglichkeit gerückt. Deshalb bedarf der autoritäre Staat des Spätkapitalismus, der technologische Leviathan des 20. Jahrhunderts, der Eliminierung des emanzipatorischen Vernunftsinteresses aus dem gesellschaftlichen Bewusstsein und der manipulativen Entstellung des überflüssigen Leistungszwanges zur schon verwirklichten Freiheit. Der autoritäre Staat ist systemimmanent zwar notwendig für das Fortleben der kapitalistischen Herrschaftsverhältnisse, aber nicht zugleich wie die absolute Zwangsgewalt in der Phase der ursprünglichen Akkumulation für den Fortschritt der Produktivkräfte und die Emanzipation der Gattung. Er wird typisch repräsentiert in den naturwüchsigen Zusammenbruchskrisen des Kapitals, dem bonapartistischen Zwang und faschistischen Terror. D. h. für die Krisengeschichte des Kapitals geschichtsphilosophisch zusammengefasst: Die Zusammenbruchskrise der kapitalistischen Gesellschaftsformation unterscheidet sich von der ursprünglichen, mit der sie ins Leben gerufen wurde, nicht durch die Notwendigkeit einer autoritär zentralisierten, außerökonomischen Zwangsgewalt für das Fortbestehen der kapitalistischen Herrschaftsverhältnisse, die beiden gemeinsam ist, wohl aber durch die Notwendigkeit dieser Zwangsgewalt für den produktiven und emanzipatorischen Fortschritt. Die ursprüngliche Akkumulation, der Naturzustand des Kapitals, ist Urtypus der kapitalistischen Krise; nur der inhaltliche Stellenwert der Krise, der Konstitution von Privateigentum aus Vergesellschaftung für die bestehenden Herrschaftsverhältnisse, verkehrt sich mit der Eskalation des naturgeschichtlichen Krisenzusammenhangs, der geschichtlichen Tendenz der kapitalistischen Akkumulation, genau in sein Gegenteil. Derselbe Krisentypus, der den ökonomischen Anfang des Kapitalverhältnisses bildet, besorgt auch dessen ökonomisches Ende.
Aus dieser Krisengeschichte und dem ihr entsprechenden Funktionswandel der autoritären Gewalt in der Geschichte der bürgerlichen Staaten entscheidet sich auch die Frage nach der Notwendigkeit und Möglichkeit einer zentralistischen Erziehungsdiktatur in der Organisationsfrage. Das Kriterium für den Zentralismus in der Organisationsstruktur ist demzufolge die geschichtliche Unterscheidung von gesellschaftlich notwen-

diger und überflüssiger Unterdrückung. Wenn die kommunistische Organisation die Elemente des Reichs der Freiheit, d.h. die Aufhebung der Isolierung aller Individuen voneinander und die Herausbildung eines solidarischen Verkehrs, in ihrem Innern antizipieren soll, würde die zentralistische Erziehungsdiktatur Leninscher Provenienz den überflüssigen Leistungszwang nur reproduzieren, statt in den Individuen die Bedingungen der Möglichkeit zur selbsttätigen Aktion freizulegen.

II.

»Wenn der Staat das Produkt der Unversöhnlichkeit der Klassengegensätze ist, wenn er eine *über* der Gesellschaft stehende und ›sich ihr *mehr und mehr entfremdende*‹ Macht ist, so ist es klar, dass die Befreiung der unterdrückten Klasse unmöglich ist nicht nur ohne gewaltsame Revolution, *sondern auch ohne Vernichtung* des von der herrschenden Klasse geschaffenen Apparates der Staatsgewalt, in dem sich diese ›Entfremdung‹ verkörpert.«[2] Der von Hegel als die »Wirklichkeit der sittlichen Idee« bestimmte Staat ist die Sanktionsgewalt, die – wenn nötig mit Zwang – die Freiheit, den Verzicht auf Gewalt, zu realisieren hat. Doch bei Kant stellt sich diese Realisierung als Abstraktion vom empirischen Subjekt und seinen Bedürfnissen und Gebrauchswerten, dem natürlichen Begehrungsvermögen dar; sie soll Verbindlichkeit, die Anerkennung des Zwangs aus Freiheit, wie sie in der freien Willkür erscheint, herstellen. Sie soll sich bewusst als vernünftige Verinnerlichung der ökonomischen Gewalt vollziehen. Die Egalität des Tauschverkehrs ist aber an die natürliche Verschiedenheit der Gebrauchswerte und Bedürfnisse konstitutiv gebunden, die Abstraktion vermag sich realiter nicht von ihrer Basis zu lösen, sondern setzt materielle Antagonismen voraus; innerhalb des Gewaltverzichts reproduziert sich das materielle Elend, das immer wieder Gewalt hervorruft.

Der Staat nicht als permanent manifeste, sondern als abstrakte Präsenz der jederzeit zu manifestierenden Sanktionsgewalt ist notwendig, weil der Abstraktionsprozess vom empirischen Subjekt, das Kapital als der sich in der Arbeitszeit entäußernde Wertbegriff, nicht rein ist. Wie Erinnerung an den Gebrauchswert im Geld zwar ausgelöscht wird, es gleichwohl des Gebrauchswerts zum Tausch bedarf, so die Erinnerung an Ausbeutung durch Verinnerlichung ökonomischer Gewalt, die als zweite Natur doch in der Krise aufzuheben ist. Die staatliche Sanktionsgewalt richtet sich gegen das Bewusstsein dieser Möglichkeit, die Rechtsprechung droht mit Strafe, die moralischen Normen proklamieren die bewusste Verinnerlichung – dadurch Moralisierung der rechtlich institutionalisierten Herrschaftsverhältnisse, die heute unbewusst, manipulativ verinner-

2 Lenin, Staat und Revolution, S. 400

licht werden. Die geschichtliche Tendenz der kapitalistischen Akkumulation, Konzentration und Zentralisation reproduziert die Abstraktion vom empirischen Subjekt, das materielle Elend, die Antagonismen der ökonomisch fungierenden und politisch sich in Fraktionen zerreißenden Klassen, deren herrschende den Staat zu ihrem Gewaltinstrument hat, um jederzeit in der ökonomischen Krise den in den Naturzustand regredierten Kapitalismus reproduzieren zu können, die Verinnerlichung der Mehrarbeitszeit ins Zeitbewusstsein einpauken zu können. Lukács wendet als einer der ersten die Kritik der politischen Ökonomie, die Lehre von den Naturgesetzen der kapitalistischen Entwicklung, auf die Organisationsfrage an, um die Verdinglichung des Leninschen Parteitypus zu verhindern, die er mit dem gleichen theoretischen Instrumentarium erkenntnistheoretisch begründet.

Der Staat bestimmt sich nach Engels und Lenin durch sein Gewaltarsenal. »Wir sind berechtigt, von besonderen Formationen bewaffneter Menschen zu sprechen, weil die jedem Staat eigentümliche öffentliche Gewalt ›nicht mehr unmittelbar zusammenfällt‹ mit der bewaffneten Bevölkerung, mit ihrer selbsttätigen bewaffneten Organisation.«[3] Die Selbsttätigkeit der Massen wird durch die Klassenantagonismen verhindert, welche die Isolierung durch abstrakte Arbeit gesellschaftlich reinstitutionalisieren und die solidarischen Organisationen der Massen verhindern. Mit dem Monopolkapitalismus muss dieser Boykott der Selbsttätigkeit auf sehr viel artifiziellere Weise reproduziert werden. In welchem Verhältnis steht die Realität der Klassen zu Politik und Ökonomie, Produktion und Zentralisation?

Lenin und Engels zufolge entfremdet sich der Staat gegenüber der Gesellschaft, die ihn produziert hat, abstrahiert von seiner materiellen Basis, verdinglicht zur zweiten Natur im Bewusstsein der Produzenten. Die naturwüchsige Verinnerlichung der Staatsgewalt ist damit die Basis der Herrschaftslegitimation der herrschenden Klasse durch die unterdrückten Massen. Die Entfremdung des Staates von der Gesellschaft ist die Abstraktion von seiner materiellen Basis; er verleiht sich den transzendentalen Schein des wirklichen Allgemeininteresses. Die Wirklichkeit der sittlichen Idee erscheint als die Gewalt zur Realisierung der vernünftigen Menschheit, wie sie im kategorischen Imperativ postuliert wird. Der Staat, welcher die herrschende materielle Gewalt fortwährend produziert, in abstracto das emanzipatorische Bedürfnis nach Gewaltverzicht auf der Basis der unbefriedigten materiellen Bedürfnisse darstellt, wird als realisierte Freiheit zur Wirklichkeit ideologisiert.

In den Bürgerkriegen der ursprünglichen Akkumulation, in der sich die Klassen herausbilden, tobt der Krieg aller gegen alle, die siegende Klasse schafft sich besondere Formationen bewaffneter Menschen, die sie in

3 Ebd., S. 401

Krise und Revolution physisch einzusetzen gewillt ist. Die Militärorganisationen des Staates sind blind naturwüchsig. Lukács zufolge unterscheidet sich davon die auch Gewalt anwendende, revolutionäre Organisation durch eine Vermittlung von Mensch und Geschichte, so dass die revolutionären Existenzen mit Bewusstsein Geschichte machen und so die Gewaltanwendungen auf ihr emanzipatorisches Ziel konstituiert sind. Doch das Element von Bewusstsein und Willen, das die Verdinglichung des zentralen Parteiapparates verhindern soll, wird durch die transzendentale Konstitution einer kommunistischen volonté générale eingebracht, die niemals irren kann.

Das für die Theorie und Praxis der Revolution entscheidende organisatorische Problem ist das Verhältnis zwischen den besonderen »Formationen bewaffneter Menschen« und der selbsttätigen (auf Realisierung der allgemeinen Menschheit drängenden) bewaffneten Organisation der Bevölkerung. Zur Organisationsfrage gehört ein Problem, das Lukács nur in abstracto, Endziel – Bewegung, Mensch – Geschichte, stellt, nämlich das der selbsttätigen Organisation revolutionärer Gegengewalt in bezug auf die institutionalisierten staatlichen Gewaltformationen bewaffneter Menschen.

Die Klassenspaltung, welche Ausdruck der materiellen Ungleichheit und Unterdrückung ist, macht den Staat notwendig, der den Tauschvertrag durch eine zusätzliche, mit Sanktionsgewalt ausgestattete Rechtskompromissbasis stärkt. So, wie aber die ökonomische Ausbeutung dem Arbeiter nur das Äquivalent für seine historisch definierten Subsistenzmittel zusichert, so vermag auch der Kompromiss die Gleichheit nicht zu realisieren. Der Staat setzt sich als Ausbeutungsinstrument. Durch die ökonomischen Klassen hindurch konstituiert sich der Staat als der mit Sanktionsgewalt ausgestattete Garant des implizit vertraglichen Gewaltverzichts durch den Tauschverkehr und ist doch ein die faktische Gewalt ständig reproduzierendes Herrschaftsinstrument der herrschenden Klasse, weil diese die materielle Ungleichheit nicht befriedigen und befrieden kann. Der Staat ist ein entfremdetes und verdinglichtes Produkt der in abstrakter Arbeit organisierten bürgerlichen Klassengesellschaft; er stellt die abstrakte Emanzipation dar, die vom sinnlichen Genuss abstrahierte Realität der allgemeinen Vernunft, die auf diese Weise zum objektiven Ungeist wird.

Geschichtsphilosophisch bezieht sich die Zwei-Phasen-Theorie der Revolution auf die revolutionäre Aufhebung der bourgeoisen Staatsgewalt durch die Verstaatlichung der Produktionsmittel in Staatseigentum. »Der erste Akt, worin der Staat wirklich als Repräsentant der ganzen Gesellschaft auftritt – die Besitzergreifung der Produktionsmittel im Namen der Gesellschaft –, ist zugleich sein letzter selbständiger Akt als Staat.«[4]

4 Engels, Anti-Dühring, MEW, Bd. 21, S. 262, bei Lenin zitiert in: Staat und Revolution, S. 408

Das proletarische Staatsgebilde trägt von vornherein sichtbar die Tendenz abzusterben in sich, die Umsetzung der Herrschaft über Menschen in die herrschaftsfreie Verwaltung von Produktion und Produkten.
Die bürgerliche Gesellschaft ist im engeren Sinne die Sphäre des Verkehrs: des Warenaustausches und der Konkurrenz, der Zirkulation und der Klassen. Aus dem von Lenin zitierten Passus von Engels[5] geht hervor, dass die Klassen den Staat aus ihrem Antagonismus vermitteln, der eben der von Kapital und Lohnarbeit ist. Die Verausgabung der Arbeitskraft ist die Negation des Kapitals, weil sie ein dinglich gebundener, aber an sich nicht dinglicher Gebrauchswert ist, der für das Kapital zur ökonomischen Formbestimmung wird. Der Überbau, die Klassenstruktur werden notwendig, um die Abstraktion von den Gebrauchswerten, auf der der Verwertungsprozess des Kapitals und dessen Akkumulation beruhen, zu vervollkommnen, um diese Abstraktion ideal zu realisieren.[6] Der Antagonismus besteht darin, dass das Kapital sich durch seine Negation reproduzieren muss, die Verausgabung der Arbeitskraft als zur Ware disziplinierten Gebrauchswert in seinen Dienst stellen muss. Die gesellschaftliche Verkehrssphäre, Konkurrenz und freier Markt, Klassen und Warenaustausch, stellten die Verdinglichung der negativen Kraft der Lohnarbeit als realisierte Bewusstlosigkeit aller Beteiligten dar. Dieses subjektive Element, ohne das die Klasse zum An-sich verdinglicht, definiert die Klasse an sich aus dem Vermittlungsverhältnis von Basis und Überbau. Die Klassenstruktur soll den Gebrauchswert Arbeitskraft selbst als reinen Tauschwert – Ausdruck der Isolierung – setzen, um die Negation, durch die sich das Kapital reproduziert, zu neutralisieren.[7] Je nachdem wie stark die Klasse die Verinnerlichung der ökonomischen Herrschaft, die Formalisierung des Zeit- und Geschichtsbewusstseins leistet, umso mehr verfestigt sie den Schein, reines An-sich zu sein. Rosas Spontaneitätstheorie zufolge machen die Massen die sich über sich selbst aufklärende praktische Erfahrung, die ihre materiellen Interessen zum politischen Totalitätsbewusstsein erhebt und damit zum Klassenbewusstsein präzisiert. Mit dieser Lehre aber reproduziert sie die Naturwüchsigkeit einer die selbstgemachte Geschichte nicht kontrollierenden kapitalistischen Entwicklung, während Lenin in die pädagogische Funktion der Avantgarde das Element des Bewusstseins einführt, das überhaupt der Spontaneität die Autonomie verleiht, mit der sie im deutschen Idealismus begrifflich notwendig verbunden war, nämlich mit Bewusstsein das Sein zu bestimmen. Lukács erkennt das organisatorische Element in der Spon-

5 Lenin, Staat und Revolution, S. 398, zitiert aus Engels, Der Ursprung der Familie, des Privateigentums und des Staates, MEW, Bd. 21, S. 165

6 In die Überbauelemente setzt sich die Tendenz des Tauschwerts, sich rein zu setzen, fort.

7 In die Verfassung der »Klasse an sich« geht der Doppelcharakter des Tauschwerts, Schein und Realität zu sein, mit ein.

taneitätstheorie Rosas als noch von der menschewistischen Geschichtsauffassung affiziert. Die Spontaneität kann dazu führen, die heteronome Bestimmung des Bewusstseins aus dem materiellen Sein zu dogmatisieren. Doch im Prozess der Befreiung der Klassenkämpfe muss sich diese Bestimmung in ihr Gegenteil verkehren. Wenn daher Lukács immer wieder zu Recht betont, dass die Befreiung nur als »freie Tat« des Proletariats geschehen kann, so bleibt das Klassenbewusstsein bei ihm wiederum eine transzendentale Größe, die sich den empirischen Individuen als kommunistischer volonté générale in Parteidisziplin und autoritärer Zentrale gegenüber manifestiert, nicht aber den empirischen Proletariern zuzurechnen ist. Die Mechanik der Spontaneität wird nur idealisiert. Der mechanische Materialismus der Spontaneitätstheorie, gegen den die dritte Feuerbach-These spricht, wird in einen transzendentalen Idealismus zurückverwandelt. Die kommunistische Organisation erscheint als empirisch ungreifbare Rationalisierung der blinden Naturwüchsigkeit von Krise und Klassenkampf. Die Spontaneität kommt dem nichtempirischen Subjekt der Partei in toto zu. Die naturwüchsige Spontaneität erscheint als allgemeines Subjekt, dem eine transzendentale, eine geheime Vernunftsabsicht innewohnt.

Durch die Erziehung der Arbeiterpartei erzieht der Marxismus die Avantgarde des Proletariats, die fähig ist, die Macht zu ergreifen und das *ganze Volk* zum Sozialismus zu *führen*, die neue Ordnung zu leiten und zu organisieren, Lehrer, Leiter, Führer aller Werktätigen und Ausgebeuteten zu sein bei der Gestaltung ihres gesellschaftlichen Lebens ohne die Bourgeoisie und gegen die Bourgeoisie.[8]

Lenins Organisationstheorie enthält eine revolutionäre Pädagogik als ein Rosa entgegengesetztes Aufklärungselement seiner Theorie. Dem entspricht die These der über sich selbst aufzuklärenden Spontaneität, das Bewusstsein müsse von außen ins Proletariat getragen werden. Das aus der Geistesgeschichte des russischen Sozialismus und der materialen geschichtlichen Erfahrung Russlands überlieferte Element – die Massen können sich nicht selbst führen, sondern müssen geführt werden – hat zur Dogmatisierung des Zentralismus der Partei geführt.

Lenin und Lukács erkennen die Notwendigkeit des Zentralismus aus der »ideologischen Krise des Proletariats«. Lukács verewigt sie auf transzendentaler, Lenin dogmatisiert sie partiell auf »anthropologischer« Ebene, die als Naturkonstante aus der Erfahrung des Verhaltens der Massen abgeleitet ist. Dem entspricht in der nachrevolutionären Sowjetunion die terroristische Konsolidierung der Staatsgewalt und ihre nachstalinistische Liberalisierung: Statt des zur Verwirklichung des Vereins freier Menschen notwendigen Absterbens des Staates führt sie zum Verzicht auf das Absterben der Warenform des Produktes und der Geldform der

8 Lenin, Staat und Revolution, S. 416-417

Ware – Inbegriff der gegenüber den unmittelbaren Produzenten verselbständigten Produkte und der damit im Bewusstsein der Menschen als unveränderbar d.i. als verdinglicht sich darstellenden gesellschaftlichen Verhältnisse, die durch repressive Moral und Rechtsinstanzen ergänzt werden. An die Stelle der rätedemokratisch organisierten Assoziation freier Menschen tritt der »integrale Etatismus«.

15. Zu Lenin: Der »linke Radikalismus«, die Kinderkrankheit des Kommunismus*

Der Vorwurf des Linksradikalismus wird von der KP *und* den Liberalen überall dort erhoben, wo die außerparlamentarische Emanzipationsbewegung sich nicht den traditionellen realpolitischen Zwängen überlieferter Institutionalisierung der oppositionellen Politik in Parteien und Parlament beugen und wo sie die revolutionären Prinzipien ihres Protests nicht in den Pluralismus einer kompromisspolitischen Bündnispolitik zwingen lassen will. Die politische Identität der Emanzipationsbewegung kann gleichwohl nicht puristisch gewahrt bleiben. Gibt es heute eine historisch definierbare Kompromissstruktur, in der die Prinzipien revolutionärer Politik und emanzipatorischer Ansprüche sich durchsetzen können und nicht vernichtet werden, obwohl die Dialektik von Sozialreform und Revolution, in deren strategischem Bezugsrahmen sich historisch eine Kompromisspolitik taktisch rechtfertigen ließ, historisch außer Kraft gesetzt ist?

Zu Abschnitt I[1]
Einige Grundzüge der russischen Revolution haben Lenin zufolge eine international notwendig geltende Bedeutung – eine Aussage, die keine ahistorische Verallgemeinerung einschließt. Als Beleg führt er Kautsky Ausführung über die Verlagerung des revolutionären Zentrums von Westen nach Osten an – eine Verlagerung, die identisch wäre mit der Auswanderung der Revolution aus den kapitalistisch industriell entwickelten Ländern, die aber nur einen empirischen und keinen wesenslogisch-notwendigen Trend darstellt. Es handelt sich um eine Verlagerung der Revolution aus Ländern, in denen Ausbeutung durch Tauschverkehr und Sozialreform verschleiert werden kann, in solche unverschleiert-materiellen Elends.

Zu Abschnitt II[2]
Dem durch die Diktatur des Proletariats multiplizierten und potenzierten Widerstand der Bourgeoisie und der ursprünglich akkumulierenden Kleinproduktion ist nur durch »unbedingte Zentralisation und strengste

* Die Notizen zu Lenin, »Der ›linke Radikalismus‹, die Kinderkrankheit des Kommunismus«, Bd. 31, entstand während des Aktiven Streiks an der Frankfurter Universität im Winter 1968/69. Im Mittelpunkt der politischen Diskussion stand die Frage, ob heute eine Kompromisspolitik ohne die Zerstörung der eigenen emanzipatorischen Organisationsversuche der Bewegung möglich sei. (Anm. d Hg.)

1 Vgl. Lenin, Der ›linke Radikalismus‹ ..., LW Bd. 31, S. 5ff.

2 Vgl. ebd., S. 8ff.

Disziplin des Proletariats«[3] zu begegnen. Das ist eine an der Phase der ursprünglichen Akkumulation historisch gewonnene Erfahrung »anthropologischer« Art. Eine Revolution, deren Kampfquelle materielles Elend und physisch wahrnehmbare Unterdrückung darstellt, bedarf einer sozialisierenden Leistungsdisziplin, die der verinnerlichten Surplus-Repression der kapitalistischen Fabrik zumindest adäquat ist, wenn sich eine selbsttätige Militanz des politischen Kampfes herausbilden und das Proletariat nicht in demoralisierende Asozialität, Gesetzlosigkeit und lähmende Apathie herabsinken soll. Hinter diesen leistungsdisziplinären Erfordernissen einer zentralistischen, in der bolschewistischen Partei institutionell verankerten Erziehungsdiktatur tritt die Notwendigkeit, das Reich der Freiheit durch emanzipatorische Erziehungsprozesse sich selbst bestimmender Individuen zu antizipieren, zurück.

Organisatorische Zentralisation und Disziplin sind historisch bedingt durch: 1. das Klassenbewusstsein und den revolutionären Einsatz der Avantgarde, 2. deren Fähigkeit zur Verbindung mit den proletarischen werktätigen Massen, 3. die Richtigkeit der avantgardestrategisch aktualisierten politischen Führung und ihrer Strategie und Taktik, die als notwendige Bedingung ein durch propagandistische und agitatorische Erziehungs- und Aufklärungsarbeit vermittelter autonomer Erfahrungsbestandteil der »breitesten Massen« sein muss, deren Klassenbewusstsein so aufgeklärt werden soll, dass sie selbständig die Richtigkeit oder Falschheit der von der politischen Führung praktizierten politischen Strategie und Taktik einsehen können.[4]

»Langwierige Arbeit« und »harte Erfahrung«, sowie eine an der revolutionären Basis beständig sich kritisch überprüfende und reflektierende »richtige revolutionäre Theorie« aktualisieren diese notwendigen Zentralisations- und Disziplinierungsbedingungen aus den historisch spezifischen gesellschaftlichen Verhältnissen Russlands. Die brutale Unterdrückung durch den zaristischen Absolutismus des rückständigen Russlands ist der geschichtliche Erfahrungsgrund, auf dessen Basis während des 19. Jahrhunderts in Russland der fortschrittliche Gedanke zur Theorie des Marxismus drängte und der einen konkreten Reichtum revolutionärer Erfahrungen konstituierte, die die Extreme von Legalität und Illegalität, klandestinem Zirkel und offener Massenbewegung, Parlamentarismus und Terrorismus durchliefen.

Zu Abschnitt III[5]

Zentralisation und Disziplin bilden die Konstituentien der *politischen Identität* einer revolutionären Bewegung und deren Organisation auf

3 Ebd., S. 8
4 Ebd., S. 9
5 Ebd., S. 11ff.

dem historisch spezifischen Hintergrund einer physisch manifesten und empörenden Unterdrückung, wie sie die zaristische Autokratie den Massen brutal auferlegte.

Die Bedingungen dieser Konstituentien, die klassenbewusste und kampfwillige Avantgarde, die Verbindung mit den proletarischen und nichtproletarischen werktätigen Massen, die umsichtige Strategie und Taktik der politischen avantgardebegründeten Führung aktualisieren sich auf dem jeweils historisch spezifischen Hintergrund einer kritisch reflektierten, richtigen revolutionären Theorie und einem praktischen revolutionären Erfahrungszusammenhang der verschiedenen Erscheinungsformen des politischen und ökonomischen Kampfes.

Während der »Lernerfahrung« der Niederlage nach den Revolutionsjahren 1905-1907 stabilisierte die revolutionäre Partei der Bolschewiki ihre politische Identität als Organisation: auf den Angriff folgte der organisierte Rückzug, um die demoralisierenden Konsequenzen jeder Niederlage weitestgehend einzuschränken und abzuwehren. Die politische Identität einer revolutionären Partei, objektiviert in zentralisierter und disziplinierter Organisation, entfaltet und bewahrt sich in der Abwehr menschewikischer Abweichungen und einer faktischen Vermittlung von Illegalität und Legalität.

Die studentische Emanzipationsbewegung und die von ihr repräsentierten Teile der Schüler und Jungarbeiter lehnen heute zwar nicht die Legalität, wohl aber die Mitarbeit in den traditionellen Institutionalisierungen des Politischen ab, weil diese eine alle *emanzipatorische* Selbsttätigkeit bürokratisch und administrativ erstickende Funktion haben. Wenn es primär um die Herausbildung einer emanzipatorischen Selbsttätigkeit antiautoritärer Sensibilität geht, dann ist eine Taktik der Mitarbeit *im* Parlament und *in* den Gewerkschaften um des öffentlichen Lebens der Bewegung willen nicht möglich.

Zu Abschnitt IV[6]

Die politische Identität der bolschewistischen Partei im Kampf um die richtige Taktik und Strategie der Arbeiterbewegung in der Herausbildung einer straff zentralisierten und arbeitsteilig streng disziplinierten Organisationsstruktur (Prinzip gegenseitiger, solidarischer Hilfe und arbeitsteiliger Funktionalisierung) kristallisierte sich im Kampf gegen den Hauptfeind des Proletariats im Proletariat selbst heraus: den Opportunismus, der aus realpolitischen Gründen auf die emanzipatorischen Ziele des Sozialismus verzichtet. Neben dem Kampf gegen diesen Hauptfeind innerhalb der Arbeiterbewegung bedarf es nun Lenin zufolge auch des Kampfes gegen eine linksoppositionelle, sich schlechthin jeder Real- und Kompromisspolitik verweigernden Fraktion, »den *kleinbürgerlichen Revolutiona-*

6 Vgl. ebd., S. 16ff.

rismus, der dem Anarchismus ähnlich sieht oder manches von ihm entlehnt, der in allem, aber auch allem Wesentlichen von den Bedingungen und Erfordernissen des konsequenten proletarischen Klassenkampfes abweicht«.[7] Lenin dagegen versucht, die bürgerliche Kunst des Möglichen aus ihrem bourgeoisen in einen revolutionären Bezugsrahmen zu stellen. Beide politisch »abweichenden« Richtungen will er klassenspezifisch der Kleinproduktion und dem Kleinbürgertum zuordnen.

Das warenproduzierende Kleinbürgertum repräsentiert in der gesellschaftlichen Naturkatastrophe der ökonomischen Krise die selbstzerstörerische natürliche Vernunft der Selbsterhaltung.

Bei Thomas Hobbes ist disziplinierende Instanz die absolute Zwangsgewalt der monarchischen Staatsmaschine, welche alle Bürger in disziplinärer Mechanik zum »Frieden und zur gegenseitigen Hilfe« zwingt und die natürliche Vernunft verständig rationalisiert. Der Staat hat die emanzipatorische, zivilisatorische Funktion, die Selbsterhaltung zu garantieren, das heißt: mit allen Mitteln den Rückfall in den barbarischen Naturzustand des Krieges aller gegen alle zu verhindern. Für die Revolutionstheorie und Machtkampfstrategie Lenins repräsentiert der Staat nicht die sittliche Unterdrückung zum Zwecke einer Selbsterhaltungsgarantie aller Bürger, sondern die bewusste und brutale Gewalt zum Zwecke der Ausbeutung, die immer wieder in die naturkatastrophale Krise der Hungersnöte und des Elends führt. Der Staat bedroht die Selbsterhaltung. Doch Lenin will den Naturzustand historisieren und sozialisieren – die Dialektik der Sittlichkeit in den Krieg aller gegen alle tragen. An die Stelle des klassenindifferenten bellum omnium contra omnes tritt der historisch bewusst organisierte Klassenkampf mit dem Ziel, die politische Macht im Staate zu vergesellschaften, um sie als Instrument zum Absterben des Staates handzuhaben. Dieser bewusst organisierte Klassenkampf droht durch die zersetzende Wirkung des an sich organisationsunfähigen warenproduzierenden Kleinbürgertums beständig chaotisiert zu werden, die demoralisierende Asozialität droht die sittliche Dialektik des Klassenkampfes zu zerstören.

Die kleine Warenproduktion und die in ihr fundierte Klasse der Kleinbürger, die täglich und stündlich Kapitalismus erzeugen und der ständig präsenten Drohung der Enteignung ausgesetzt sind, repräsentieren in Krisen und revolutionären Situationen das Elend der organisationsunfähigen Asozialität – die zwischen den Extremen pseudorevolutionärer émeute und opportunistischer Apathie schwankt, den Verhaltensweisen der Deklassierten nahekommt. Als die von Expropriation bedrohten Kleineigentümer erhalten sie in der Akkumulation des Kapitals den naturkatastrophalen Zustand der ursprünglichen Akkumulation. Sie tendieren zum blinden und unkontrollierten bellum omnium contra omnes und

7 Ebd., S. 16

sind als einzelne im Bezugsrahmen einer pessimistischen Anthropologie des Übergangs von der feudalen zur bürgerlichen Gesellschaft mit dem ungezügelten Egoismus der unbefriedeten Konkurrenz ausgestattet. Dem chaotischen Naturzustand des Kleinbürgers will Lenin – gerade in einem rückständigen Land der Koexistenz des Ungleichzeitigen, fortgeschrittener Industrialisierung mit rückständigem Bauerntum, das also die Phase der ursprünglichen Akkumulation noch nicht ganz durchlaufen hat und unter der absolutistischen Knute ihrer außerökonomischen Zwangsgewalt stöhnt – eine bewusste Organisation des Bürgerkriegs als eines revolutionären Klassenkampfes entgegensetzen. Dem blind naturwüchsigen Charakter bürgerlicher Revolutionen will er – obwohl es zugleich noch den Kampf gegen Feudalismus und Absolutismus gibt – die historisch bewusste Organisation der proletarischen Revolution entgegensetzen; den chaotischen Angstaufständen des ebenso anarchistischen wie opportunistischen Kleinbürgertums die bewusste Geschichte und Organisation des Proletariats. Lenin will inmitten des naturwüchsigen Kampfes der klassenmäßig bewusstlosen Massen den bewussten Klassenkampf organisieren. Dazu bedarf es eines äußersten Ausmaßes an bewusst repressiver Zentralisation und Disziplin, wenn die proletarisch organisierte Arbeiterklasse nicht im asozialen Naturzustand des absoluten Krieges der chaotisch Vereinzelten untergehen will. Das warenproduzierende Kleinbürgertum ist das Chaos.
Die Disziplinierungsinstanz, die die Klasse von den »wildgewordenen Kleinbürgern« abgrenzt, ist objektiviert in der klassenbewussten und kampfwilligen Avantgarde und politischen Führung der Partei. Der Zentralismus ist politisch emanzipatorisches Komplement zur Herrschaft der absoluten Zwangsgewalt der Staatsmaschine. Er ist die politische Herrschaft, die sich die proletarische Klasse selbst auferlegt. Die eiserne Disziplin ist die bewusste Verinnerlichung von Leistungsprinzipien und Schutzwall gegen den Einbruch der chaotischen Demoralisierung des Kleinbürgertums. Zentralisation und Disziplin repräsentieren die politische Herrschaft von klassenspezifischem Recht und Moral, rechtlichpraktische und praktische Vernunft. Sozialismus, schreibt Lenin, ist Abschaffung der Klassen; die Diktatur des Proletariats hat dies zu leisten; Kommunismus ist Resultat davon, herrschaftsfreier Verkehr: Auf den Sozialismus zielt die Sozialisierungsstrategie, staatlich in der Diktatur des Proletariats realisierte Eigentumsumwälzung als Klassenkampf, auf den Kommunismus zielt die Kommunikationsstrategie, organisationspraktische Maximen der nichtautoritären und emanzipierten Solidarität zu verwirklichen. Sozialismus zielt auf die Produktion der Produktionsweise, Kommunismus auf die der Verkehrsform.
Der strukturelle Grund für die Verdrängung kommunikationsstrategischer Ziele in den Strategien der revolutionären Arbeiterbewegung war die re-

visionistische Geschichtsauffassung von den Naturgesetzen der Kapitalentwicklung, in der sich deren faktische Verdinglichung ideologisch verdoppelte. Die Subjektivität der proletarischen Klasse wurde einer derart verfestigten Abhängigkeit durch materiell gesellschaftliche Determination unterworfen, dass keine Chance bestand, Herrschaft als objektiven Schein zu durchschauen. Mit dem Problem der bewussten Machbarkeit von Geschichte, wie sie sich in revolutionärer Politik ansatzweise aktualisieren soll, hat Lukács zum ersten Mal explizit kommunikationsstrategische Probleme wie das der assoziierten Produktionsweise und des Vereins freier Menschen aufgeworfen und versucht, in organisatorische Regeln umzusetzen.

Obwohl die Arbeiter auch der abstrakten Arbeit unterworfen sind, sind sie im Gegensatz zum Kleinbürgertum in der technischen Einheit der Fabrik zusammengefasst. Die Fabrikarbeiter sollen, Lenin zufolge, sich zum gesellschaftlichen Verkehr des Klassenkampfes diszipliniert und zentralisiert organisieren können. Doch die Kooperation in den Fabriken ist eine bloß technische. Um die werktätigen Massen, vor allem die proletarischen, zum Klassenkampf zu organisieren, um die kommunistische Organisation zu konstituieren, müsste die technische Disziplin in den Fabriken in die praktische Disziplin des solidarischen Verkehrs der Proletarier umgesetzt werden, wenn die sittliche Antizipation des Reichs der Freiheit in der Organisation Wahrheit werden soll. Dazu aber bedarf es kommunikatorisch-strategischer Regeln und Imperative, wenn die Machtkampf- und Vergesellschaftungsstrategie nicht technizistisch zur taktischen Technik der Macht verkürzt werden soll. Gerade aber auf diesem Hintergrund ist die revolutionäre Realpolitik Lenins kritisch zu beurteilen.

Die Realpolitik hätte sich zu behaupten zwischen der Scylla des opportunistischen Verrats revolutionärer und emanzipatorischer Prinzipien und der Charybdis einer chaotisierenden Kompromisslosigkeit, die eines faktischen Realitätsprinzips entbehrt und strategische Ziele nicht in faktisch bedingte Imperative umsetzen kann. Doch auf dem Wege dieser Umsetzung darf kein Prozess der Technisierung, der Elimination emanzipatorischer Praxis geschehen; es bedarf kommunikationsstrategischer Regeln in der militanten Selbsttätigkeit des politischen Kampfes. Die Gefahr der technizistischen Reduktion revolutionärer Praxis droht dem Leninschen Konzept von zwei Seiten: der organisatorischen Umsetzung technischer Fabrikdisziplin in die praktische Disziplin des organisierten Klassenkampfes und der Umsetzung machtkampfstrategischer und kommunikationsstrategischer Ziele, revolutionärer und emanzipatorischer Prinzipien in ein faktisch regulatives Realitätsprinzip erfolgskontrollierten politischen Kampfes.[8]

8 Historisch hat sich inzwischen der Revisionismus gewandelt – dessen ehemalige Organisationen streifen eingestandenermaßen ihren Klassencharakter ab, sind restlos integriert, und die kleine Warenproduktion ist verschwunden; phänomenologisch scheint das Klein-

Zu Abschnitt V und VI[9]
Zur revolutionären Organisation, Verhältnis von Disziplin und Emanzipation: Je überflüssiger Arbeit wird, umso herrschaftsfreiere Organisationsstrukturen muss die revolutionäre Bewegung annehmen. Die Art der Klassenverhältnisse, damit der Unterdrückung, schließlich der Ausbeutung, also das Verhältnis von gesellschaftlich notwendiger und überflüssiger Arbeit, notwendiger wie überflüssiger Unterdrückung, bestimmen das Verhältnis von Disziplin und Herrschaftsfreiheit in einer Organisation. Lenin erhebt den Utopismusvorwurf; er sieht nicht die historisch andere und überflüssige Gestalt, die Unterdrückung in den hochindustrialisierten Ländern des Spätkapitalismus angenommen hat. Zur expliziten Vermittlung emanzipatorischer Bedürfnisse bedarf es der bestimmten organisationspraktischen Antizipation kommunistischer Verkehrsformen; das sieht Lenin nicht. In einem Land, das noch unter ursprünglichen Akkumulationsbedingungen stand, wie das zaristische Russland, war die Disziplin eine organisatorisch-praktische Kategorie antizipatorischer Emanzipation – nur in ihrem Medium konnte sich Solidarität realisieren.

Zur Frage der Gewerkschaften:
Den Gewerkschaften kommt, Lenin zufolge, als organisationspraktische Aufgabe eine kommunikationsstrategische Bildungsfunktion zu, während die Partei auch ihre Agitation und Propaganda mehr auf sozialisierungsstrategische Machtkampfpolitik verlegt. Obwohl den Gewerkschaften »reaktionäre Implikate« innewohnen – das heißt, dass sie die arbeitsteiligen Bornierungen abstrakter Arbeit in eine zünftlerisch beschränkte und mit den Malen konkurrierender Egoismen geschlagene Beschränkung umsetzen –, haben sie die Funktion einer »Schule des Kommunismus«, nämlich die abstrakte Arbeit aufzuheben und auf die Entwicklung des allseitig ausgebildeten Individuums in der Assoziation freier Individuen hinzuarbeiten, in der die konkrete Identität von Gattungs- und Einzelwesen sich realisiert. Die Mitarbeit *in* den Gewerkschaften ist eine taktische Frage. Doch irrt Lenin, wenn er den taktischen Spielraum nur auf die Mitarbeit *in* den reaktionären Gewerkschaften beschränkt und nicht auch diese Mitarbeit selbst in Frage stellt. Das beruht auf seiner Theorie der schmalen Schicht einer gleichsam durch materielle Privilegien vom Kapital gekauften »Arbeiteraristokratie« und einer korrumpierten Schicht von »Führern«.
Lenins Theorie der Arbeiteraristokratie als einer kleinen quasi kleinbürgerlichen Schicht und der sozialdemokratischen Führung als einer verräterischen Clique könnte sich als subjektivistisch verkürzt herausstellen;

bürgertum mehr an die Angestellten übergegangen zu sein, die nicht mehr der ständigen Expropriationsangst wie die Kleinproduzenten ausgesetzt sind.

9 Vgl. ebd., S. 24ff. und 31ff.

sie ignoriert den Strukturwandel vom liberalen Rechtsstaat zum autoritären Sozialstaat, der »materielle Sicherheit« als Unterdrückungsinstrument einsetzt und die Struktur der proletarischen Massenorganisationen im Ganzen wandelte.
Lenin übersieht, dass im hochentwickelten Kapitalismus, als die Basisideologie des gerechten Äquivalententausches zerbrach und das Koalitionsrecht auch auf die Assoziationen der Arbeiterklasse ausgedehnt wurde, neue ideologische Repressionsmechanismen erforderlich waren, den Klassenantagonismus als ausgleichbar zu suggerieren: die »Sozialreform« durch den autoritären Staat selbst, um emanzipatorische Bedürfnisse als solche zu ersticken – mit Hilfe der bürokratisierten Organisationsformen des Proletariats, die in Maschinen zur Apathisierung der Massen umfunktioniert wurden, so wie die Sozialdemokratie (SPD) zum Träger des autoritären Staates herausgebildet werden musste.

16. Aus einer Diskussion über Lukács*

Man muss noch einmal die Frage stellen, warum »Geschichte und Klassenbewusstsein« eine spekulative Analyse der Gegenwartsgeschichte ist. D. h., welches sind die objektiven Erkenntnischancen, die diese spekulative Darstellung gleichsam aufdrängten, und der objektive Erfahrungshintergrund, der diese spekulative Darstellung ermöglichte? Und da würde ich sagen: Zentral steht in »Geschichte und Klassenbewusstsein« die Rekonstruktion der Gegenwartsgeschichte als Totalität. Der Erfahrungshintergrund dieser Totalität ist die Oktoberrevolution und ihre falsche Totalisierung auf die Revolutionsgeschichte der westeuropäischen Arbeiterbewegung.

Lukács betont immer wieder, gerade in seiner Lenin-Analyse, dass der zentrale Bezugsrahmen, innerhalb dessen die Leninsche Revolutions- und Organisationstheorie sich ausbilden konnte, der Gedanke und die Realität der Aktualität der Revolution sind. Innerhalb dieser angenommenen Aktualität der Revolution hatten sich die revolutionären Bewegungen in Westeuropa nach der Oktoberrevolution, wenn man so will, empirisch zerfasert. Das bedeutet: Aus diesem Bezugsrahmen der Aktualität der Revolution und der faktischen Zerfaserung einer Einheit einer revolutionären Bewegung und falschen Totalisierungsansprüchen des Leninschen Parteitypus und der Oktoberrevolution hat sich wieder die erkenntniskritische Reflexion auf die Gesellschaft als konkrete Totalität, wie Lukács es nennt, aufgedrängt; wobei dann zu berücksichtigen ist, dass solche falschen Totalisierungen und ahistorischen Momente der Oktoberrevolution in seine eigene Spekulation mit eingehen. Das zweite ist: Die philosophiekritische Spekulation, innerhalb derer die Restitution des Verhältnisses des Marxismus zur Philosophie, vor allem der Hegels, in »Geschichte und Klassenbewusstsein« und analog in Korschs »Marxismus und Philosophie« wieder vorgenommen wurde, wird begründet gerade aus der spezifischen Revolutionssituation in hochindustrialisierten kapitalistischen Ländern. Mit dem Totalitätsbegriff wurden die Begriffe der kritischen Subjektivität gegenüber der Entwicklung der Arbeiterbewegung und ihrer Theorie in der 2. Internationale, die selbst wieder Naturwüchsigkeitspraktiken und -kategorien verfallen waren, wieder aufgenommen, d. h. Kategorien des Bewusstseins, der Verdinglichung, also die im Medium des Bewusstseins interpretierbaren Emanzipations- und Herrschaftskategorien.

* Diese Überlegungen zu Lukács kann man als eine Art Resumé der Lukács-Debatte, wie sie sich in der politisch-theoretischen Frankfurter Diskussion für Hans-Jürgen Krahl stellte, betrachten. Sie stammen aus einer Diskussion über »Geschichte und Klassenbewusstsein«, die Ende 1969 zwischen den Genossen Krahl, Oskar Negt, Alfred Schmidt und Detlev Claussen geführt wurde. (Anm. d. Hg.)

Klassenbewusstsein wird also rekonstruiert aus dem Bezugsrahmen der Organisationsfrage als Emanzipations- und parteiliches Totalitätsbewusstsein. Das drängt sich auf aus spezifischen Situationen hochindustrialisierter Länder, die andere Qualitäten von Unterdrückung und ein anderes Verhältnis zu Strukturen materiellen Elends haben.

Die Aktualität von Lukács' »Geschichte und Klassenbewusstsein«, auch für die Rezeption der politischen Protestbewegungen in Westeuropa, liegt in der Aufdeckung der durch die 2. Internationale verschütteten emanzipativen Subjektivitätsdimension des Marxismus. Der Identifikationszwang mit dem Bezugsrahmen der Oktoberrevolution wirkt sich so aus, dass diese Subjektivitätskategorien an sich selber ontologisiert werden.
Die Totalitätskategorie entfaltet sich, wenn man so will, in drei Momenten: Klassenbewusstsein, Organisation und Warenform des Produkts auf dem Hintergrund der zweiten Natur, d. h. der Verdinglichung aller gesellschaftlichen Verhältnisse und der Subjektivierung der objektiven Arbeitsbedingungen, der Produktionsmittel. In die Eigentums-, Distributions- und Produktionskategorien wird wieder dieses Marxsche Moment der Verdinglichung aller gesellschaftlichen Verhältnisse und der Subjektivierung der Produktionsmittel in der Gesamtheit des Kapitals eingeführt.
Nun kann man an der Organisationstheorie sehen, dass Lukács versucht, die Kritik der politischen Ökonomie als Lehre von den Naturgesetzen der kapitalistischen Entwicklung und das heißt immer als Ideologiekritik der Verdinglichung auf die Organisationsdebatte selber anzuwenden. Ich meine aber, dass er mit demselben theoretischen Instrumentarium, mit dem er hier eine richtige Problemstellung jeweils entfaltet, die Explikation der Emanzipationskategorien als historisch-praktische zugleich blockiert. Lukács begreift Organisation als Vermittlung 1. auf einer erkenntnistheoretischen Ebene, nämlich Organisation als Form der Vermittlung von Theorie und Praxis und damit als eine revolutionstheoretische Konkretisierung der zweiten Feuerbach-These, 2. auf geschichtsphilosophischer Ebene, Organisation als Antizipation des Reichs der Freiheit in der Kommunistischen Partei des politischen Kampfes. In beide richtigen Vermittlungsprobleme gehen meiner Ansicht nach hier zwei entscheidende Ahistorisierungen ein, was auch mit zurückführt auf den Zusammenhang von Klassenbewusstsein und juristischen Zurechnungsbegriffen. Organisation als Form der Vermittlung von Theorie und Praxis wird nicht mehr im Rahmen des Totalitätsbegriffes behandelt, sondern fällt zurück in eine undurchschaute Transzendentalität. In der erkenntnistheoretischen Bestimmung hat Organisation als Form der Vermittlung von Theorie und Praxis erstens die im Bereich der subjektiven doxa verbleibende Theorie zur Objektivität der politischen Wahrheit im Richtungskampf verbindlich zu präzisieren. Zweitens, die Organisation konstituiert

die chaotische Mannigfaltigkeit von nicht organisierten Aktionen zur Einheit der politischen Praxis. Dabei gehen Momente ein, die es nahelegen, dass in der Lukácsschen Bestimmung der Organisation als Vermittlungsform von Theorie und Praxis diese Vermittlung behandelt wird wie die ursprüngliche synthetische Einheit der transzendentalen Apperzeption; unterstellt wird eine reine Theorie und eine reine, unorganisierte chaotische Mannigfaltigkeit der Praxis. Lukács zufolge gibt es immer nur eine richtige Organisation oder keine. Das widerspricht seinen eigenen empirischen Entfaltungen in der Kritik der Organisation der 2. Internationale, die eben falsch war, weil etwa ihre Beschlüsse über den Krieg, die er mehrfach zitiert, keine Verbindlichkeit gewinnen konnten. Es war also eine Organisationsform, in die schlechte Momente bloß subjektiver doxa immer noch eingehen. Das fällt durch die Maschen der Lukácsschen theoretischen Bestimmung hindurch. Hier sieht es so aus, dass Organisation eine reine, nicht organisierte Theorie – wobei die Frage nach falscher und richtiger Organisation gar nicht mehr gestellt werden kann – und eine reine, nicht organisierte Praxis auf der einen Seite zur objektiven Wahrheit des politischen Richtungskampfes, auf der anderen Seite zur objektiven Einheit einer politischen Praxis konstituiert. Das zweite Moment ist, dass Lukács sehr wohl sieht – auf spekulativer Ebene – dass die Organisation des politischen Kampfes das Reich der Freiheit zu antizipieren hat. Er sagt: »Sind die menschewistischen Parteien der organisatorische Ausdruck für diese ideologische Krise des Proletariats, so ist die Kommunistische Partei ihrerseits die organisatorische Form für den bewussten Ansatz zu diesem Sprung und auf diese Weise der erste *bewusste* Schritt dem Reiche der Freiheit entgegen.« (S. 317f.) Er präzisiert, was er unter Antizipation des Reichs der Freiheit versteht, nämlich die Aufhebung des verkehrslosen Egoismus der atomisierten Individuen in der kapitalistischen Gesellschaft zu einem organisierten kommunistischen Verein kämpfender und sich selbst befreiender Menschen. Das bedeutet eine Antizipation der Aufhebung der isolierenden Konsequenzen des grundlegenden Produktionsverhältnisses der kapitalistischen Gesellschaftsformation, nämlich der abstrakten Arbeit. Diese Problemstellung ist richtig. Aufgrund des bezeichneten Identifikationszwanges mit der Oktoberrevolution gerät Lukács nun aber in die dilemmatische Position, die klassenspezifischen Identitätskategorien des Leninschen Parteitypus, unbedingte Zentralisation und eiserne Disziplin, unter Abstraktion von deren historischen Formbestimmungen, auf die Organisation in toto generalisieren zu müssen. Das bedeutet: Er muss unbedingte Zentralisation und eiserne Disziplin ahistorisch als Antizipation des Reichs der Freiheit rechtfertigen und gerät damit in eine latente Verbürgerlichung des Leninschen Parteitypus hinein. Ihm zufolge nimmt jedes Mitglied der kommunistischen Organisation als Gesamtpersönlichkeit teil am zentralistischen Willensbildungs-

und Entscheidungsprozess der verabsolutierten Zentrale. Aber diese Gesamtpersönlichkeit ist kein empirisches Individuum, nicht das einzelne kommunistische Mitglied, sondern ein intelligibles Subjekt. Als einzelnes empirisches Individuum kann Lukács zufolge der einzelne Proletarier nur post festum die Entscheidungen der Zentrale nachvollziehen. Das intelligible Subjekt der kommunistischen Gesamtpersönlichkeit ist gleichsam ein kommunistischer citoyen, der an den Entscheidungen der Zentrale, die eine kommunistische volonté générale ist, teilnimmt. Als empirisches Individuum ist er ein kommunistischer bourgeois, der gleichsam immer diesen Entscheidungen unterworfen ist und erst post festum zur Einsicht in die Notwendigkeit dieser Entscheidungen, psychologisch gleichsam, kommen kann.

Der Zentrale wohnt gleichsam der Blochsche Geist der Utopie inne, und, was Lukács kritisiert an Rosa Luxemburg, reproduziert sich bei ihm auf einer anderen Stufe. Er sagt, Rosa Luxemburgs Emanzipationskategorie der Spontaneität sei affiziert von den Momenten mechanistischer Naturwüchsigkeit, wie sie sich in den Interpretationen und der Praxis der 2. Internationale eingeschlichen haben. In Rosa Luxemburgs Spontaneitätsbegriff der mechanistischen Entstehung des Klassenbewusstseins aus dem Klassenkampf gehe noch nicht ein, dass sich während des revolutionären Klassenkampfes eine allmähliche Aufhebung der schäbigen materialistischen Doktrin der kapitalistischen Realität, dass nämlich das Sein das Bewusstsein bestimmt und nicht umgekehrt, herstellen muss, dass also in die kommunistische Organisation immer Momente des Entrinnens aus dieser Naturwüchsigkeit eingehen müssten und mit Bewusstsein Geschichte zu machen sei. Das aber wird bei Lukács wiederum letztinstanzlich revoziert, weil er die Luxemburgsche Spontaneitätskategorie gleichsam verschmilzt und rationalisiert in den Kategorien der Leninschen Zentrale und der Disziplin und davon abstrahiert, dass die historischen Formbestimmungen und Identitätskategorien der proletarischen Klasse in Russland – unbedingte Zentralisation und eiserne Disziplin – Kategorien aus dem Naturzustand des Kapitals, der ursprünglichen Akkumulation sind, Kategorien, mit denen der demoralisierende Einbruch des die ursprüngliche Akkumulation repräsentierenden und den unorganisierten Bürgerkrieg darstellenden Waren produzierenden und vertreibenden Kleinbürgertums verhindert werden soll. Das geht bei Lukács nicht ein, so dass auch Momente einer Technifizierung der sozialisierenden Identitätskategorie von unbedingter Zentralisation und eiserner Disziplin eingehen wie sie bei Lenin ohnehin vorhanden sind, da er sich an der technischen Organisationsform der Fabrik orientieren musste, weil die Organisations- und Verkehrsformen des Tauschverkehrs noch nicht ausgebildet waren, und die bestimmte Negation dieses Tauschverkehrs macht die Organisation des politischen Kampfes aus. Wenn es stimmt, dass unbedingte Zentralisation und eiserne Disziplin Kategorien sind, die deduziert sind aus dem Naturzustand des Kapitals einerseits und aus der technischen Organisation eines Proletariats in wenn auch schon hochindustrialisierten Bereichen auf dem Hintergrund einer fehlenden Entfaltung des bürgerlichen Tauschverkehrs, dann geht bei Lukács in die Antizipation des Reichs der Freiheit nicht jenes Moment ein, das an Lenins Linksradikalismuskritik das unberechtigte war, nämlich einer kompromisslosen antibürokratischen Praxis. Zusammenfassend meine ich 1., dass die Organisationstheorie noch auf dem Boden einer undurchschauten Transzendentalität steht, was das Konstitutionsverhältnis von Theorie und Praxis anbelangt; 2. auf dem Boden einer undurchschauten Transzendentalität, indem der kommunistische Proletarier in intelligiblen citoyen und empirischen bourgeois aufgespalten wird; 3. die Zentrale ist eine kommunistische volonté générale, der der Weltgeist gleichsam innewohnt. Auf dem Hintergrund dieser Bestimmungen werden gewissermaßen die Momente der Antizipation des Reichs der Freiheit und gerade der Emanzipation wieder unterschlagen. Lukács liefert u.a. auch, und das ist die Dialektik in der Antizipation der Stalinismuskritik, eine spekulative Begründung des Satzes »Die Partei hat immer recht«, denn die volonté générale der kommunistischen Zentrale kann sich nicht irren.

17. Zur Geschichtsphilosophie des autoritären Staates*

Vorbemerkung

Das politische Geschichtsbewusstsein in der außerparlamentarischen Opposition in der Bundesrepublik, auch das ihrer von der Studentenbewegung getragenen Sektion, mag zwar in abstracto revolutionär orientiert sein, ist aber noch weitgehend reformistisch in bezug auf die unmittelbar zu erreichenden Ziele. Die in der Aktion erkämpfbare «Reform« gilt gemeinhin als Maßstab des Erfolgs. Erfolg und Niederlage der direkten Aktion bemessen sich aber für eine Bewegung, welche die historische Legitimation des emanzipatorischen Anspruchs auf Revolution zu restituieren sucht, konkret in der Regel nicht an den unmittelbaren Zugeständnissen, die den Herrschenden abgetrotzt werden können, sondern an der klassenspezifischen Verbreiterung der Massenbasis, vor allem aber an deren qualitativer Organisierung. Die Fortschritte, die in der aufgeklärten Spontaneität der schon selbsttätigen Gruppen und der Aktivierung der bislang unbewegten Gruppen erzielt werden, sind historisch höher zu bewerten als die Erleichterungen und Rechte, die von den Regierenden eventuell gewährt werden; dies zumal in einer geschichtlichen Situation, in der die Dialektik von Reform und Revolution in einem säkularen Sinn geschichtlich außer Kraft gesetzt wurde und die Reform entscheidendes Instrument im blind gehandhabten Integrationsmechanismus der herrschenden Klassen ist, die Organisationsformen der lohnabhängigen Massen zugleich anzuerkennen wie in bürokratische Maschinen zur Apathisierung der repräsentativ betrogenen Massen zu verwandeln.

Die Intensität der Spontaneität und bewussten Organisierung liefert demnach einen objektiven Maßstab, nach dem Erfolg und Niederlage der Massenaktionen in der Bundesrepublik von Ostern bis Pfingsten zu bewerten sind. Für die Frankfurter Aktionen ist diese Frage klar zu beantworten: Die außerparlamentarische Opposition hat in bezug auf die Arbeiterbewegung ein qualitativ neues Aktionsstadium erreicht; die Studentenbewegung als solche hat eine zwiespältige Niederlage davongetragen.

* Dieser Artikel war geplant als ein Beitrag zu der Dokumentation über die während des Streiks der Studenten gegen die Notstandsgesetzgebung Ende Mai 1968 ausgerufene Politische Universität. Diese Dokumentation ist unter dem Titel »Universität und Widerstand. Versuch einer Politischen Universität in Frankfurt«, Hrsg. von D. Claussen und R. Dermitzel, Frankfurt 1968, erschienen (vgl. das Seminarprogramm, S. 42f. und die Diskussionsbeitrage von Hans-Jürgen Krahl zu dem Referat von J. Agnoli »Autoritärer Staat und Faschismus«, S. 45ff.). Da der Artikel bis zum Drucktermin der Dokumentation nicht fertiggestellt war, konnte er nicht mehr darin aufgenommen werden. Auch in seiner jetzigen Fassung ist er unabgeschlossen. Hans-Jürgen Krahl hatte beabsichtigt, diesen Artikel Rudi Dutschke zu widmen. (Anm. d. Hg.)

Die Aktionen gegen den Springer-Konzern während der Ostertage haben eine studentische Aufklärungskampagne unter den Arbeitern ausgelöst. Der theoretischen Problematisierung und praktisch-strategischen Ungewissheit in bezug auf die geschichtliche Aktualisierung des revolutionären Klassenkampfes im Spätkapitalismus entsprechend, war die Hinwendung zum Proletariat notwendig abstrakt und konfus: die Studenten erblickten in der Arbeiterklasse den noch unklaren Inbegriff der qualitativen Massen, die sie aus ihrer politischen Einsamkeit erlösen sollten. Was Marx von der Willich-Schapper-Fraktion sagte, gilt gegenwärtig mutatis mutandis: »Wie von den Demokraten das Wort *Volk* zu einem heiligen Wesen gemacht wird, so von Euch das Wort *Proletariat.*«
Gleichwohl war dieses abstrakte Bewusstsein der Studenten die gegenwärtig objektiv mögliche Form, ein Bündnis mit der Arbeiterklasse zu suchen.
Was nach den Aktionen gegen Springer propagandistisch und agitatorisch vorbereitet wurde, kam in der vehementen Endphase des Kampfes gegen die Notstandsgesetze zur politischen Erscheinung. Unter der Parole des »Generalstreiks« – ohne dass über dessen Möglichkeit Illusionen bestanden hätten – konstituierte sich seit dem Tag der zweiten Lesung eine demonstrative Aktionseinheit von Arbeitern, Schülern und Studenten, deren Solidarität sich vor allem über die gemeinsame Kritik am Sozialreformismus der Gewerkschaften und deren, die Massen zur Passivität verdammenden Verselbständigung der Bürokratien vermittelte. Die politische Qualität der Streikbewegung war in Frankfurt derart beschaffen, dass sie den Führungsspitzen der Gewerkschaften zu entgleiten drohte. Diese sahen sich genötigt, eine mit dem Schein des Streikcharakters ausgestattete Protestkundgebung zwei Tage vor der dritten Lesung zuzugestehen, um die Streikbewegung zu kanalisieren. Gleichwohl stellt jene demonstrativ aktualisierte Aktionseinheit von Studenten und Jungarbeitern schon jetzt für den SDS und verschiedene Fraktionen der Außerparlamentarischen Opposition eine Basis dar, selbsttätig organisierte Formationen von Arbeitern in den Betrieben und Industriebezirken herauszubilden.
Der Kampf der Studenten, ihren wissenschaftlichen Produktionsbetrieb Hochschule zum Organisationszentrum des Widerstandes auszubauen, mündete in einer ambivalenten Niederlage. Der Politischen Universität in Frankfurt wurde ein gewaltsames und vorschnelles, gleichwohl taktisch geschickt legitimiertes Ende durch die Gewalt des hessischen Staates und die autoritäre Administration der Universität bereitet. Der Staat erkannte die politische Ausdauer des studentischen Widerstandes als treibenden Motor der Streikbewegung. Der Angriff der Staatsgewalt richtete sich objektiv gegen die Politische Universität, in der sie zu Recht eine Keimzelle der Organisation des Widerstandes gegen den autoritären Staat, über

die Niederlage im Kampf gegen die Notstandsgesetze hinaus, erblicken musste. So diffus und improvisiert das Programm der Politischen Universität praktisch angelegt war, so war sie doch die objektive Erscheinungsform, die sich Bewusstsein und Willen der Studenten im Kampf gegen den autoritären Staat in der gegebenen Situation organisatorisch geben konnten.

Die notwendige Ideologie der Staatsfunktionäre vermochte die massive Besetzung der Universität durch zwei Hundertschaften der Polizei nur durch die Suggerierung einer faktischen Machtkampfsituation zu legitimieren. Von signifikanter Pathologie ist die hysterische Erklärung des um das integrierte Fortschrittsprestige des hessischen Staats besorgten Ministers Rudi Arndt, der am Vortag der Universitätsbesetzung durch die Polizei vor dem Streikkomitee den Studenten entgegenhielt: »Wir lassen uns diesen Staat nicht von Euch zerstören.« Nur die Suggestion, es stünde ein durch Minderheiten bewerkstelligter Umsturz unmittelbar bevor, vermag die Zerschlagung der politischen Opposition öffentlich zu rechtfertigen.

Die Studenten hatten der gewaltsamen Zerschlagung ihrer Politischen Universität, kaum dass diese begonnen hatte, keine komplementären Machtmittel entgegenzusetzen. Die Erfahrung der eigenen Ohnmacht gegenüber der autoritären Staatsmaschine breitete für Tage lähmende Ruhe in der Studentenbewegung aus. Für Tage waren die Studenten enttäuscht und gegeneinander isoliert, unfähig zu irgendeiner Aktion. Gleichwohl vermag diese Niederlage progressiv umgesetzt zu werden. Für die notwendige Fortführung der Hochschulrevolte kann sie ein notwendiges bewusstseinsbildendes Moment sein, um die Studentenbewegung von reformistischen Illusionen zu befreien. Auf dem Hintergrund der explosiven Klassenkämpfe in Frankreich und der leidenschaftlichen émeute der französischen Studenten verblassten die Massenaktionen der deutschen Arbeiter und Studenten gegen den autoritären Staat; um ein Wort von Marx aktuell abzuwandeln: Der deutsche Auferstehungstag verschwand unterm Schmettern des gallischen Hahns.

Einem Wort von Walter Benjamin zufolge bemisst sich die Rolle der Intellektuellen im Klassenkampf an ihrer objektiven Stellung im Produktionsprozess. Die Politische Universität war als organisatorisches Instrument gedacht, diese theoretisch zu klären und jene praktisch zu definieren. Ihr lag die implizite Forschungshypothese zugrunde, dass sich die Stellung der Intellektuellen im objektiven Produktionsprozess aufgrund des Primats, der den Wissenschaften im Produktionsprozess zukommt, der zunehmenden technologischen Verwissenschaftlichung der industriellen Maschinerie, qualitativ geschichtlich verändert haben müsse. Die studentischen Hochschulrevolten rühren nicht zuletzt daher, dass die Wissenschaften eine ihrer produktiven Rolle angemessene theoretische Bestimmung der praktisch gesellschaftlichen Ziele des sich technologisierenden Produktionsprozesses bislang versäumt haben. Die Politische Universität verstand sich als organisatorisches Medium, in die Wissenschaften die Dimension des emanzipatorischen Vernunftinteresses einzuholen, gleichsam die Theorie und Praxis vermittelnde geschichtsphilosophische Frage der bürgerlichen Aufklärung, Kants »Was darf ich hoffen?«, materialistisch auf die Ebene des Klassenkampfes zu heben.

Mein nachfolgender Beitrag »Zur Geschichtsphilosophie des autoritären Staates« ist die erweiterte und überarbeitete Fassung eines Referates, das auf einem zwischen den Aktionen stattfindenden und zur theoretischen Selbstreflexion der Studentenbewegung bestimmten teach-in gehalten wurde. Der Bruch zwischen Theorie und Empirie auf der einen und Theorie und Praxis auf der anderen Seite soll in ihm nicht verschleiert werden. Vielmehr enthält er die Reflexion über das objektive Dilemma der Abstraktion, das die geschichtliche Situation der revolutionären Theorie in einem Augenblick auszeichnet, da aus den immanenten Konsequenzen des Historischen Materialismus, wie er von Marx, Engels und Lenin konzipiert wurde, systematische Fragen der Struktur des Verwertungsprozesses und der an sich seienden Klassenlage der lohnabhängigen Massen, der Krisengeschichte und Imperialismustheorie praktisch problematisiert worden sind. Mein Beitrag versucht, derartige systematische Probleme revolutionärer Theorie auf der Ebene eines philosophiekritisch reflektierten Marxismus zu behandeln.

Frankfurt, im August 1968

»Wenn der Sozialismus unwahrscheinlich ist, bedarf es der umso verzweifelteren Entschlossenheit, ihn wahr zu machen. Was ihm entgegensteht, sind nicht die technischen Schwierigkeiten der Durchführung, sondern der Machtapparat der Herrschenden.«
(Heinrich Regius)

Die ökonomiekritischen Prognosen des Historischen Materialismus über den naturgesetzlichen Geschichtsverlauf der kapitalistischen Weltordnung haben sich bestätigt. Die historischen Bedingungen für die wirtschaftliche Zusammenbruchskrise des Kapitals sind erfüllt; die geschichtliche Tendenz der kapitalistischen Akkumulation hat längst den Konzentrations- und Zentralisationsgrad des Kapitals erreicht, den Marx und Engels als dessen naturwüchsig herbeigeführten geschichtlichen Endpunkt bezeichneten.[1] Das Bestehen des autoritären Staates ist ebenso Ausdruck der

1 Die Naturgeschichte der kapitalistischen Gesellschaftsformation skizziert Marx in geschichtsphilosophischer Abstraktion bezeichnenderweise im Anschluss an seine Darstellung der ursprünglichen Akkumulation. Der in der expropriativen Konstitution des kapitalistischen Privateigentums enthaltene Vergesellschaftungsmechanismus setzt sich in der

»letzten Krise« wie des temporären, politisch vermittelten Gelingens, sie im Sinne des Monopolkapitals zu bewältigen. Dass die ökonomische Zusammenbruchskrise noch nicht das politische Ende der kapitalistischen Gesellschaftsformation impliziert, ist allerdings eine seit langem gehegte wissenschaftliche Befürchtung: »Selbst wenn die Theorie vom immanenten Zusammenbruch als ökonomische Theorie zuträfe, so ergäben sich daraus noch keine eindeutigen politischen Konsequenzen. Wenn es richtig wäre, dass der Prozess der kapitalistischen Produktion notwendig zum Zusammenbruch dieser kapitalistischen Produktion führen müsste, so bedeutet das noch nicht, dass auf diesen ökonomischen ein politischer Zusammenbruch folgen müsste. Es kann ja sehr wohl sein, dass die politische Herrschaftsklasse aus dem Zusammenbruch des kapitalistischen Systems den Schluss zieht, mit politischen Mitteln zu verhindern, dass dieser Zusammenbruch politisch wirksam wird.«[2]

Franz Neumanns Hypothese ist in bezug auf den Historischen Materialismus, als des bislang einzigen Formtypus revolutionärer Theorie, d.h. einer Lehre, deren Aussagen die Gesellschaft unter dem Aspekt ihrer revolutionären Veränderbarkeit beschreiben, zu pointieren. Die letzte ökonomische Krise des Systems mit dessen gesamtgesellschaftlicher Beseitigung gleichzusetzen, widerspräche allen theoretischen Bestimmungen, die den materialistischen Geschichtsbegriff in der Lehre von Marx und Engels strukturieren. Eine geschichtsphilosophisch und gesellschaftstheoretisch verallgemeinerte wirtschaftliche Zusammenbruchstendenz würde beinhalten, dass die Menschen bis in alle Ewigkeit der Determination durch ein ihnen übergeordnetes und ihrer bewussten Kontrolle entzogenes gesellschaftliches Sein unterworfen wären; die Revolution wäre eine Absurdität des Geschichtsprozesses. Das »letzte Gefecht« soll aber die schäbige materialistische Doktrin der kapitalistischen Realität, derzufolge das materielle Sein das Bewusstsein bestimmt, endgültig außer Kraft setzen. Dass die Menschen die von ihnen gemachte Geschichte auch mit Bewusstsein machen, dass »die Menschheit keine *neue* Arbeit beginnt, sondern nur mit Bewusstsein ihre alte Arbeit zustande bringt«[3], ist zentrales emanzipatorisches Desiderat des Marxschen Geschichtsbegriffs.

Deshalb beinhaltet die naturgesetzliche Logik der kapitalistischen Entwicklung, nach der »die kapitalistische Produktion mit der Notwendigkeit

geschichtlichen Tendenz der kapitalistischen Akkumulation als »Zentralisation der Kapitale« fort, die notwendig mit dem technischen Fortschritt der sich ökonomisierenden Produktivkräfte, der technologischen Umsetzung der Wissenschaften in die industrielle Maschinerie und der wachsenden Kombination des sich automatisierenden Arbeitsprozesses verknüpft ist und schließlich in die ökonomische Negation der kapitalistischen Expropriation umschlägt. (vgl. Marx, Kapital I, MEW, Bd. 23, S. 790-791)

2 F. Neumann, Ökonomie und Politik im 20. Jahrhundert, in: Demokratischer und autoritärer Staat, Frankfurt 1967, S. 259

3 Marx, Brief an Ruge, September 1843, MEW, Bd. 1, S. 346

eines Naturprozesses ihre eigene Negation erzeugt«[4], keinen schicksalhaften Fortschrittsoptimismus. Die Naturgesetze der kapitalistischen Gesellschaft sind von qualitativ anderer Verfassung als die der ersten Natur. Sie sind aufhebbar; ihr abstraktes Dasein beruht auf dem falschen Bewusstsein der Produzenten von ihrer eigenen Produktion. Das Gesetz vom tendenziellen Fall der Profitrate ist in seiner objektiven Geltung nicht derart unabänderlich wie das physikalische vom freien Fall. Derartige Ansichten blieben den Marx-Epigonen der 2. Internationale überlassen, welchen die Vorstellung vom naturgesetzlichen unaufhaltsamen Fortschritt der Menschengattung dazu diente, das Proletariat und sich selbst von der Aufgabe der revolutionären Befreiung zu dispensieren und den eigenen reformistischen Verrat zu rationalisieren.[5] An der »Religion der Sozialdemokratie« eines Josef Dietzgen – »wird doch unsere Sach alle Tage klarer und das Volk alle Tage klüger« – setzt denn auch Benjamins präzise Kritik des sozialdemokratischen Fortschrittsbegriffs ein, in dem die Geschichte, zum transzendentalen Zeitkontinuum formalisiert, in Wahrheit eine Apologie des durch Ausbeutung zur scheinbar unveränderlichen Arbeitszeit enthistorisierten Zeitbewusstseins liefert. »Die sozialdemokratische Theorie und noch mehr die Praxis wurde von einem Fortschrittsbegriff bestimmt, der sich nicht an die Wirklichkeit hielt, sondern einen dogmatischen Anspruch hatte ... Die Vorstellung eines Fortschritts des Menschengeschlechts in der Geschichte ist von der Vorstellung ihres eine homogene und leere Zeit durchlaufenden Fortganges nicht abzulösen.

4 Marx, Kapital I, S. 791. Auch Henryk Grossmann, einer der bedeutendsten marxistischen Theoretiker der ökonomischen Zusammenbruchstendenz, der gegen alle reformistischen Entstellungen besonders die objektive Unvermeidbarkeit und unumgängliche Notwendigkeit des kapitalistischen Zusammenbruchs analytisch hervorhebt, wendet sich gegen einen fatalen Automatismus des Zusammenbruchsgesetzes wenn er betont, »dass der Zusammenbruch des Kapitalismus, obwohl unter gegebenen Voraussetzungen objektiv notwendig und in bezug auf den Zeitpunkt seines Eintretens exakt berechenbar, dennoch nicht ›von selbst‹ automatisch bloß passiv abzuwarten sei. Vielmehr ist sein Eintritt durch das bewusste Handeln der beiden in Betracht kommenden Klassen in gewissen Grenzen beeinflussbar.« In: Grossmann, Das Akkumulations- und Zusammenbruchsgesetz des kapitalistischen Systems, 1. Auflage 1929, Reprint, Frankfurt 1967, S. 601. Zur Rolle von Bewusstsein und Willen im objektiven Geschichtsprozess, der Marxschen Unterscheidung »zwischen praktischer und theoretischer Notwendigkeit« in bezug auf die Revolution vgl. auch Habermas, Theorie und Praxis, S. 289

5 Im Anschluss an den kritischen Marxismus des frühen Lukács, der die Hypostasierung der abstrahierten zweiten Natur institutionalisierter gesellschaftlicher Verhältnisse zur ersten Natur als Reproduktion der kapitalistischen Verdinglichung im Medium der Theorie durchschaute, schreibt Adorno: »Die Naturgesetzlichkeit der Gesellschaft ist Ideologie, soweit sie als unveränderliche Naturgegebenheit hypostasiert wird. Real aber ist die Naturgesetzlichkeit als Bewegungsgesetz der bewusstlosen Gesellschaft, wie es das ›Kapital‹ von der Analyse der Warenform bis zur Zusammenbruchstheorie in einer Phänomenologie des Widergeistes verfolgt. Der Wechsel der jeweils konstitutiven ökonomischen Formen vollzog sich gleich dem der über die Jahrmillionen hochkommenden und aussterbenden Tierarten.« (Adorno, Negative Dialektik, Frankfurt 1967, S. 347)

Die Kritik an der Vorstellung dieses Fortgangs muss die Grundlage der Kritik an der Vorstellung des Fortschritts überhaupt bilden.«[6] Der praktischen Stabilisierung des Kapitalismus durch die zum geschichtlichen Prinzip erhobene Politik der Sozialreform entsprach in der Theorie der Sozialdemokratie die vulgarisierte Reprise der bürgerlichen Geschichtsphilosophie. Als sozialdemokratisierter Kant lieferte Bernstein die Teleologie einer geheimen Vernunftabsicht der Natur in der Geschichte der Menschengattung in populär verpackter Form, als evolutionäres »Hineinwachsen« des Kapitalismus in den Sozialismus und verklärte die logische Unvernunft der kapitalistischen Entwicklung zum vernünftigen Gang der Weltgeschichte selber. Die Geschichte soll vollbringen, was nur die umwälzende Praxis der proletarischen Individuen vereinigt leisten kann. Marx und Engels hingegen heben immer wieder hervor: »Die *Geschichte* tut *nichts*, sie ›besitzt *keinen* ungeheuren Reichtum‹, sie kämpft keine Kämpfe! Es ist vielmehr der Mensch, der alles tut, besitzt und kämpft, es ist nicht etwa die Geschichte, die den Menschen zum Mittel braucht, um *ihre* – als ob sie eine aparte Person wäre – Zwecke durchzusetzen, sondern sie ist *nichts* als die Tätigkeit des seine Zwecke verfolgenden Menschen.«[7] Der Sozialreformismus wiederholt die idealistische und junghegelianische Mystifikation der Geschichte zu einer »aparten Person, einem metaphysischen Subjekt, dessen bloße Träger die wirklichen Individuen sind«[8] und verknöchert die ambivalente Objektivität des, in der Tat über die Köpfe der zu akzidentellen Agenten des prozessierenden Kapitals herabgesetzten Individuen hinweg, sich naturgesetzlich durchsetzenden Wertgesetzes zur, unverbrüchlichen Naturgeschichte. Mit naturgesetzlicher Notwendigkeit wird dabei Marx und Lenin zufolge nur die letzte Krise, keineswegs die revolutionäre Befreiung oder gar die vernünftige Gesellschaft herbeigeführt, eine Kritik, die den systematischen Grundgedanken im Frühwerk Georg Lukács' bildet. »Lenin hat mit großem Recht gegen die Auffassung Front gemacht, die die imperialistische Krise des Kapitalismus, die er selbst durchaus als letzte Krise auffasst, mechanisch-fatalistisch als ausweglos bezeichnet; es gibt, sagt er, keine Lage, die abstrakt und an und für sich ausweglos wäre. Das Proletariat, *die Tat des Proletariat, versperrt dem Kapitalismus den Ausweg aus dieser Krise.* Freilich: Die Tatsache, dass das Proletariat hierzu imstande sein *kann*, dass die Lösung der Krise vom Proletariat abhängt, ist die Folge von wirtschaftlichen Notwendigkeiten, von ›Naturgesetzen‹. Die ›Natur-

6 Benjamin, Geschichtsphilosophische Thesen, in: Zur Kritik der Gewalt und andere Aufsätze, Frankfurt 1965, S. 89

7 Engels/Marx, Die Heilige Familie, in: MEW, Bd. 2, Berlin 1959, S. 98. (vgl. dazu A. Schmidt, Über Geschichte und Geschichtsschreibung in der materialistischen Dialektik, in: Folgen einer Theorie, Frankfurt 1967, S. 113-114)

8 Engels/Marx, Die Heilige Familie, S. 83

gesetze‹ bestimmen aber nur die Krise, machen es ausgeschlossen, dass diese Krise (wie die früheren) im Sinne des Kapitalismus zur Lösung gelange; das ungehinderte Sichauswirken dieser Krise ließe aber auch eine andere Lösung zu: ›den gemeinsamen Untergang der kämpfenden Klassen‹, das Zurückfallen in einen Zustand der Barbarei. Die ›Naturgesetze‹ der kapitalistischen Entwicklung können also die Gesellschaft nur in die letzte Krise hineinführen, sind aber außerstande, den Weg zu weisen, der aus der Krise zu führen vermag.«[9] Die letzte Krise, welche den ökonomischen Zusammenbruch des Kapitalverhältnisses geschichtlich anzeigt, zwingt das Proletariat nicht mit Notwendigkeit, aber eröffnet ihm die objektive Möglichkeit, die vor Jahrhunderten terroristisch verinnerlichten ökonomischen Machtstrukturen, den realen Schein kapitalistischer Naturgesetzlichkeit, zu durchbrechen, die dunkle Erinnerung an Ausbeutung zur historischen Anamnesis eines um die gesamtgesellschaftlichen Vermittlungen von Ökonomie und Politik wissenden Klassenbewusstseins aufzuklären und damit die diffus an sich seiende Klassenlage der lohnabhängigen Massen zur revolutionären Subjektivität und objektiv bestimmten Organisation des proletarischen Klassenkampfes zu materialisieren. Die Befreiung kann nur mit Bewusstsein und Willen der Ausgebeuteten geschehen, oder sie geschieht gar nicht.

Die Diktatur des Kapitals kann, wie Marx und Engels, Lenin und Rosa Luxemburg je auf geschichtlich verschiedene Weise hervorgehoben haben, allemal einen Ausweg aus der letzten Krise finden. Eine historisch extreme Dialektik der monopolen und imperialen Zusammenbruchsphase der kapitalistischen Gesellschaftsformation lässt im weltgeschichtlichen Maßstab und in gattungsgeschichtlicher Dimension zwei objektive Lösungsmöglichkeiten zu, die geschichtliche Beseitigung des Systems durch die selbstbewusst assoziierten Proletarier, den »Sprung ins Reich der Freiheit« (Engels), oder die blinde Reproduktion des bewusstlosen »geistigen Tierreichs« der kapitalistischen Vorgeschichte, »entweder Übergang zum Sozialismus oder Rückfall in die Barbarei«. Diese weltgeschichtliche Alternative, vor die der Imperialismus die Menschengattung stellt, spricht Rosa Luxemburg unter Berufung auf Engels vor mehr als fünfzig Jahren in bezug auf den imperialistischen Weltkrieg aus. »Wir stehen heute, genau wie Friedrich Engels vor einem Menschenalter, vor vierzig Jahren, voraussagte, vor der Wahl: Entweder Triumph des Imperialismus und Untergang jeglicher Kultur, wie im alten Rom, Entvölkerung, Verödung, Degeneration, ein großer Friedhof. Oder Sieg des Sozialis-

9 Lukács, Spontaneität der Massen, Aktivität der Partei, in: Die Internationale, 3. Jg., Heft 6 (1921), S. 211, s.a. Raubdruck »Organisation und Partei« und Lukács, Schriften zur Ideologie und Politik, Neuwied und Berlin 1967, S. 154. Diese Kritik entspricht auch der Rosa Luxemburgs an der deutschen Sozialdemokratie 1916 gegen deren Kriegspolitik in der Junius-Broschüre formuliert. (Vgl. Politische Schriften II, Frankfurt 1966, S. 30ff.)

mus, das heißt der bewussten Kampfaktion des internationalen Proletariats gegen den Imperialismus und seine Methode: den Krieg. Dies ist ein Dilemma der Weltgeschichte, ein Entweder-Oder, dessen Waagschalen zitternd schwanken vor dem Entschluss des klassenbewussten Proletariats. Die Zukunft der Kultur und der Menschheit hängt davon ab, ob das Proletariat sein revolutionäres Kampfschwert mit männlichem Entschluss in die Waagschale wirft.«[10] Die naturgeschichtliche Entscheidung für die faschistische Barbarei und die destruktive Potenz der hochtechnisierten Produktivkräfte im Spätkapitalismus, die Gefahr einer atomaren Naturkatastrophe der Gesellschaft bestätigen den welthistorischen und gattungsgeschichtlichen Charakter dieser Alternative, vor die die kapitalistische Zusammenbruchsphase die Menschengattung gestellt hat: Die Frage des besseren Lebens ist auf geschichtlich globalem Niveau mit der des bloßen Überlebens untrennbar verbunden; die letzte Krise stellt die Gattung vor die Existenzfrage.

Der autoritäre Staat ist der politische Ausweg des Kapitals aus der ökonomischen Krise. Seine verabsolutierte außerökonomische Zwangsgewalt, typisch repräsentiert vom bonapartistischen Zwang des 19. und dem faschistischen Terror des 20. Jahrhunderts, stellt das repressive Instrumentarium bereit, den endgültigen ökonomischen Zusammenbruch hinauszuzögern und die real gewordene Möglichkeit eines »unnatürlichen Endes« des kapitalistischen Systems durch die »vereinigten Proletarier« (Horkheimer) zu sabotieren. Gleichwohl darf die von Thalheimer im Anschluss an Marxens materialistische Geschichtsschreibung des Bonapartismus Louis Bonapartes zu Recht deskriptiv herausgearbeitete phänomenologische Strukturgleichheit der bonapartistischen und faschistischen Erscheinungsform des autoritären Staates, die auf dem Mechanismus einer »Verselbständigung der Exekutivgewalt« (Marx)[11] gegenüber der Bourgeoisie beruht, welche ihre politische Macht zugunsten der Aufrechterhaltung ihrer Existenz und ökonomischen Herrschaft an die »Diktatur eines Abenteurers und seiner Bande« blind delegiert, nicht dazu verführen, die wesentlichen Differenzen zu übersehen, die sich aus den geschichtlichen, im Innern des ökonomischen Produktionsprozesses selbst sich vollziehenden Veränderungen durch die fortschreitende Kon-

10 Luxemburg, Die Krise der Sozialdemokratie, (Junius-Broschüre), in: Politische Schriften, Bd II, ed. Flechtheim, Frankfurt 1966, S. 31

11 A. Thalheimer, Über den Faschismus, in: Gegen den Strom, Berlin 3. Jg. 1930, Neudruck in: Faschismus und Kapitalismus, Frankfurt 1967, S. 19ff. Marx, Der 18. Brumaire des Louis Bonaparte, MEW, Bd. 8, S. 204ff. (Zur Kritik des strukturanalytischen Modellanspruchs Thalheimers und seiner typologischen Hypostasierung des »gesellschaftlich gesetzten Zusammenhangs der politischen Kategorien« der Bonapartismusanalyse Marxens »durch Analogieschlüsse vermittelt, auf die Faschisierungsprozesse der spätbürgerlichen Gesellschaft« übertragen, vgl. Griepenburg u. Tjaden, Faschismus und Bonapartismus, in: Argument, 8. Jg., Dezember 1966, Heft 6, S. 461-472)

zentration des Kapitals ergeben haben. Die monopole und imperiale Endphase des Kapitals verändert das Verhältnis von Verwertung und Krise. Das Monopolkapital ist Krisenkapital in intentione recta; es bedarf der ununterbrochenen staatlichen Intervention in den wirtschaftlichen Verwertungsprozess, um endlich den Staat zum materiellen Gesamtkapitalisten zu erheben. Der Faschismus wohnt dem Monopolkapital – folgt man den frühen Analysen Max Horkheimers – als jederzeit präsente und etatistisch aktualisierbare Potentialität inne. »So oder so, mit oder ohne Trust«, schreibt Engels, »muss schließlich der offizielle Repräsentant der kapitalistischen Gesellschaft, der Staat, die Leitung der Produktion übernehmen. Diese Notwendigkeit der Verwandlung in Staatseigentum tritt zuerst hervor bei den großen Verkehrsanstalten: Post, Telegraphen, Eisenbahnen. Alle gesellschaftlichen Funktionen der Kapitalisten werden jetzt von besoldeten Angestellten versehen. Aber weder die Verwandlung in Aktiengesellschaften und Trusts, noch die in Staatseigentum hebt die Kapitaleigenschaft der Produktivkräfte auf ... Und der moderne Staat ist wieder nur die Organisation, welche sich die bürgerliche Gesellschaft gibt, um die allgemeinen äußeren Bedingungen der kapitalistischen Produktion aufrecht zu erhalten gegen Obergriffe sowohl der Arbeiter wie der einzelnen Kapitalisten. Der moderne Staat, was auch seine Form, ist eine wesentlich kapitalistische Maschine, Staat der Kapitalisten, der ideelle Gesamtkapitalist. Die Arbeiter bleiben Lohnarbeiter, Proletarier. Das Kapitalverhältnis wird nicht aufgehoben, es wird vielmehr auf die Spitze getrieben.«[12] Die Theorie des autoritären Staates bestimmt sich aus diesem geschichtlichen Endpunkt des Kapitalverhältnisses; wenn der Begriff des Spätkapitalismus einen mehr als nur formalen Sinn haben soll, dann nur in dem geschichtsphilosophischen Zusammenhang der von Engels beschriebenen Tendenz zum Staatskapitalismus, die Horkheimer einst theoretisch thematisierte: »Diese Theorie des Endes entspricht einem Zustand, der noch mehrdeutig war, sie ist selbst doppelsinnig: Entweder sie rechnet mit dem Zusammenbruch durch die ökonomische Krise, dann ist die Fixierung durch den autoritären Staat ausgeschlossen, den Engels doch voraussieht. Oder sie erwartet den Sieg des autoritären Staates, dann ist nicht mit dem Zusammenbruch durch die Krise zu rechnen, denn sie war stets durch die Marktwirtschaft definiert. Der Staatskapitalismus beseitigt aber den Markt und hypostasiert die Krise für die Dauer des ewigen Deutschlands.«[13]

An diesem von Marx und Engels selbst historisch fixierten Endpunkt des Kapitals bricht die Kritik der politischen Ökonomie, will sie nicht

12 Engels, Die Entwicklung des Sozialismus von der Utopie zur Wissenschaft, in: MEW, Bd. 19, Berlin 1962, S. 222

13 Horkheimer, Autoritärer Staat, in: Walter Benjamin zum Gedächtnis, Los Angeles 1942, S. 125

zur prophetischen Abstraktion depravieren, mit wissenschaftlicher Notwendigkeit ab. Der Typus revolutionärer Theorie steht für die durch die geschichtliche Erscheinungsform des autoritären Staats, den zunehmenden ökonomischen Primat des Politischen nur ungenügend bestimmte Endphase des Kapitalismus noch aus. Durchaus fraglich ist, ob revolutionäre Theorie noch als Kritik der politischen Ökonomie möglich ist, oder schon, wie Marcuse es unausgesprochen annimmt, als Kritik der politischen Technologie geschrieben werden muss. Die Dogmatiker allerdings behandeln die revolutionäre Theorie nach wie vor, als wäre sie keiner historischen Fortsetzung fähig. Kritik aber ist das theoretische Leben der Revolution. Es wäre eine logische Absurdität anzunehmen, dass eine Lehre, die so sehr Theorie der Geschichte und der bewussten Veränderung ist wie der Historische Materialismus, selbst der Geschichte enthoben und der Veränderung nicht bedürftig sein sollte. Mit dem geschichtlichen Wandel der gesellschaftlichen Tatsachen müssen sich auch die Aussagen des Historischen Materialismus über diese Tatsachen wandeln. Die Historizität der Theorie erfordert die, von Karl Korsch zum Programm erhobene, kritische Anwendung des Historischen Materialismus auf sich selbst. Dieser tritt schließlich durch sein aus praktischer Vernunft begründetes Verlangen nach umwälzender Weltveränderung mit dem ungeheuren theoretischen Anspruch auf, die erste selbstbewusste Doktrin in der Geschichte des menschlichen Denkens zu sein.

Die Ebene der revolutionären Subjektivität im Historischen Materialismus wurde, auf dem objektiven Boden der durch den unauflöslichen Zusammenhang des ersten imperialistischen Weltkrieges mit der Großen Sozialistischen Oktober- und gescheiterten deutschen Novemberrevolution begründeten geschichtlichen Aktualität der Weltrevolution, wie sie struktiv das Denken Lenins und Rosa Luxemburgs, die theoretische Entwicklung der Konstitutionsphase der Komintern sowie die Vertreter der holländischen Schule in vor allem organisationstheoretisch kontroverser Weise bestimmte, von Korsch und Lukács in den frühen zwanziger Jahren, durch die Explikation des genuin negatorischen Verhältnisses von Marxismus und Philosophie erkenntniskritisch und geschichtsphilosophisch freigelegt.[14] Doch die auf diese Weise theoretisch zu Tage geförderte sub-

14 Die Reformulierung des revolutionären Sinnes der Marxschen Theorie wurde eingeleitet durch Karl Korschs programmatisch betitelte Schrift »Marxismus und Philosophie« (Berlin 1923, Neudruck Frankfurt 1966) und Georg Lukács' »Geschichte und Klassenbewusstsein« (Berlin 1923), die beide eine neue Phase des kritischen Marxismus eröffneten, die sich aus Marxens Verhältnis zu Hegel wie aus seiner Kritik an der Philosophie als solcher bestimmte. Unerörtert muss hier der gegen Lukács wie auch gegen Korsch erhobene Idealismusvorwurf bleiben, besonders das erkenntnistheoretische Dilemma der Transzendentalität, in das Georg Lukács, vor allem in seiner methodologischen Behandlung der Organisationsfrage, theoretisch folgenreich zurückfällt. Zur Aktualität der Revolution für die

jektive emanzipatorische Dimension der revolutionären Theorie des Proletariats wurde, durch den Prozess der realpolitischen Pragmatisierung der einstmals revolutionären Politik der Sowjetunion, im Zuge wachsender terroristischer Erfordernisse der stalinistisch forcierten landwirtschaftlichen Kollektivierung und der retardierten technischen Industrialisierung[15] sowie des immer mehr sich verdichtenden Zusammenhangs von Weltwirtschaftskrise und faschistischer Gewaltlösung auf Jahrzehnte erstickt oder zur praktischen Folgenlosigkeit verurteilt.
In gleichem Maße gelang es den marxistischen Theoretikern immer weniger, den Monopolkapitalismus und dessen imperialistisches Weltsystem unter der Leitung eines emanzipatorischen Vernunftinteresses, die revolutionäre Theorie zu einer ebensolchen Praxis zu vermitteln, analytisch zu beschreiben. Die Rekonstruktionsperiode des westeuropäischen Kapitalismus nach dem Zweiten Weltkrieg schien die Aktualität einer umwälzenden Praxis für immer ausgelöscht und die Revolution auf den Sankt-Nimmerleinstag verschoben zu haben. Die Kritik der politischen Ökonomie erstarrte immer mehr zu einer positiven Ökonomie, die unfähig war, das gesellschaftliche Ganze auf den Begriff zu bringen, und ihr strategisch-praktischer Stellenwert blieb im Dunkeln. Um die geschichtlich neuen Tatsachen mit den Aussagen der überkommenen Theorie zu vereinigen, wurde das »System« Marxens entweder in dogmatischer Orthodoxie fragmentarisch »ergänzt«, oder in revisionistischer Manier wurden Teile aus ihm herausgebrochen, um es mit den veränderten Bedingungen in Übereinstimmung zu bringen. Die Möglichkeit, dass die formative Schichtung der gesamtgesellschaft-

Periode unmittelbar nach dem 1. Weltkrieg vgl. Lukács' Lenin-Essay (Wien 1924, Neuwied 1967); Rosa Luxemburgs gleichsam testamentarische Proklamation in ihrem letzten Aufsatz vom 14. Januar 1919, der die aktuelle Präsenz der Revolution unter den Bedingungen der Niederlage betont. Die Ordnung herrscht in Berlin, in: Rosa Luxemburg, Politische Schriften Bd. II, a.a.O., S. 203-209); für die Komintern vgl. Karl Radek, Der Weg der Kommunistischen Internationale: »Die Kräfte der Weltrevolution wirken sich weiter aus, und wir stehen nicht vor einem Niedergang der Weltrevolution, sondern wir stehen vor der Sammlung der revolutionären Kräfte zu neuen Kämpfen.« (Referat über Taktik, gehalten auf dem 3. Weltkongress der Komintern 1921); für die holländische Schule vgl. vor allem Pannekoeks Essay über »Die Entwicklung der Weltrevolution und die Taktik des Kommunismus« (in: Kommunismus, 1. Jg. Heft 28/29, 1920).

15 Mandel zufolge zerstört die stalinistische Industrialisierung die von Preobraschenski 1925 formulierten Proportionalitätsbedingungen im Verhältnis zwischen Stadt und Land für die Sozialisierung der Produktionsmittel in unterentwickelten Ländern: »Indem Stalin die beschleunigte Industrialisierung (u.a. den Bau des ersten Traktorenwerks) mit Verspätung, die Kollektivierung der Landwirtschaft jedoch mit Überstürzung durchführte, zerstörte er diese notwendigen Proportionen, verursachte Massenverelendung der Bauern und den jähen Sturz der Arbeitsproduktivität in der Landwirtschaft, was beinahe drei Jahrzehnte lang der sowjetischen Wirtschaft und Bevölkerung unnötige Opfer aufzwang.« (E. Mandel, Die Marxsche Theorie der ursprünglichen Akkumulation und die Industrialisierung der Dritten Welt, in: Folgen einer Theorie, Frankfurt 1967, S. 81, Anm. 14)

lichen Totalität, von Produktion und Zirkulation, ökonomischer »Basis« und deriviertem institutionellen »Überbau« im Ganzen sich historisch gewandelt haben könnte, lag nicht zuletzt aufgrund der durch die Eliminierung der praktischen Erfahrung revolutionärer Aktualität gekennzeichneten geschichtlichen Situation der Theorie jenseits aller Erwägungen. Das »System« in toto wurde als unveränderlich vorausgesetzt; orthodoxe Dogmatik und systemangepasster Revisionismus treffen sich in der Liquidation des dialektischen Inbegriffs von Kritik, der historischen Differenz von Wesen und Erscheinung der Dinge. Geschichtlich wandelbar soll nach jener Auffassung nur die empirische Mannigfaltigkeit der kapitalistischen Erscheinungswelt sein, nicht aber die sich durchhaltende Identität ihres ausbeuterischen Wesens. Wenn so tiefgreifende Veränderungen in den verdinglichten Erscheinungsformen der kapitalistischen Produktion, des zirkulativen Tauschverkehrs und des staatlichrechtlichen, politisch-moralischen und kulturell-wissenschaftlichen Überbaus sich vollziehen, wie sie den Übergang vom Konkurrenz- zum Monopolkapitalismus gegen Ende des 19. und zu Beginn des 20. Jahrhunderts in den hochindustrialisierten Ländern auszeichnen, dann liegt im Sinne des Historischen Materialismus die Annahme nahe, dass sich das derivative Verhältnis von Ökonomie und institutionalisierter Ideologie insgesamt geändert hat, was auf eine Veränderung des »Systems der Bedürfnisse«, des ökonomischen Wesens der kapitalistischen Gesellschaftsformen selbst und damit der bürgerlichen Gesellschaft im Ganzen schließen lässt.

Ohne diese Voraussetzung, dass das »Wesen« der kapitalistischen Produktionsweise in die geschichtliche Dynamik mit einbezogen und ihr keineswegs ontologisch entzogen ist und die allein dem von Marx systematisch entfalteten geschichtlich transitorischen Charakter der kapitalistischen Produktionsweise entspricht, wären weder Horkheimers Konzeption des autoritären Staats noch Marcuses systematische Hypothese von der Eindimensionalisierung der gesellschaftlichen Antagonismen denkbar.[16] Beide theoretische Konzeptionen bieten einander ergänzende

16 Mein Beitrag bezieht sich vor allen Dingen auf die im Umkreis der »Frankfurter Schule« konzipierten systematischen Neuansätze kritischer Gesellschaftstheorie. Undiskutiert muss an dieser Stelle das erkentnistheoretisch problematische Verhältnis von kritischer und revolutionärer Theorie bleiben. (Die kritische Theorie, welche die marxistische Theorie explizit erkenntnistheoretisch zu ergänzen suchte, wurde vor allem in den dreißiger Jahren von Max Horkheimer in der Zeitschrift für Sozialforschung entworfen.) Die materialen Ansätze dieser Schule, die ich im Folgenden diskutiere und mit der Marxschen Theorie konfrontiere, sind hauptsächlich nach den beiden nachstehend bestimmten inhaltlichen Tendenzen unterschieden:
a) Horkheimer, Die Juden und Europa, in: Zeitschrift für Sozialforschung 1939; ders., Autoritärer Staat, in: Walter Benjamin zum Gedächtnis, Los Angeles 1942, S. 123ff. (geschrieben 1940); ders., Vernunft und Selbsterhaltung, ebd., S. 17 ff. Zur rechtsphilosophischen Problematik des Monopolkapitals und autoritären Staats, der Transformation des liberalen

systematische Ansätze, die auf das veränderte Ganze der kapitalistischen Gesellschaftsformation zielen. Sie machen sich an dem, von Marx und Engels theoretisch aufgezeigten geschichtlichen Endpunkt des Kapitalverhältnisses fest, ohne allerdings die Vermittlung ihres systematischen Neuansatzes zur Kritik der politischen Ökonomie in ihrer Marxschen Version hinreichend auszuführen. Sie beziehen sich schwerpunktmäßig unterschieden auf zwei aufeinander verwiesene und an das Gesetz vom tendenziellen Fall der Profitrate gebundene sozioökonomische Tendenzen, die in der Lehre von Marx das geschichtliche Ende des Kapitalverhältnisses und dessen Umschlagspunkt zur möglich gewordenen vernünftigen Gesellschaft indizieren.

1. Horkheimer bezieht sich in Übereinstimmung mit Engels im wesentlichen auf die zunehmende und offenbar werdende Vergesellschaftung der Produktivkräfte auf dem Boden der kapitalistischen Produktionsweise selber. Dieser immanente, gleichwohl über das Kapitalverhältnis hinaustreibende Grundwiderspruch, der an sich seiende gesellschaftliche Charakter der ins Gewand des kapitalistischen Privateigentums gezwängten Produktivkräfte, kommt nach Marx und Engels mit der aktiengesellschaftlichen Unternehmungsform geschichtlich zur gleichsam »empirisch wahrnehmbaren« und praktisch erfahrbaren Erscheinung und gewinnt revolutionäre Sprengkraft.[17] Engels setzte die Marxsche Theorie der Aktiengesellschaften fort, insofern er die diesen immanente Tendenz zum Monopol und autoritären Staat aufdeckte: »Teilweise Anerkennung des gesellschaftlichen Charakters der großen Produktions- und Verkehrsmechanismen erst durch *Aktiengesellschaften*, später durch Trusts, sodann durch den *Staat*. Die Bourgeoisie erweist sich als überflüssige Klasse; alle ihre gesellschaftlichen Funktionen werden jetzt erfüllt durch besoldete Angestellte.«[18]

Unter dem geschichtlich neuen Eindruck der Monopolisierung, der bei innerkapitalistischer Vergesellschaftung der Produktivkräfte eine zunehmend zwanghafte Verstaatlichung der Gesellschaft entspricht, skizziert Horkheimer gegen Ende der dreißiger Jahre – durchaus fragmenta-

Rechtsstaats in den autoritären Sozialstaat s. Franz Neumann, Demokratischer und autoritärer Staat, insbes. »Der Funktionswandel des Gesetzes im Recht der bürgerlichen Gesellschaft« (geschrieben 1937), S. 31ff.

b) Marcuse, Der eindimensionale Mensch, Neuwied 1967; ders., Industrialisierung und Kapitalismus im Werk Max Webers, in: Kultur und Gesellschaft 2, Frankfurt 1965. An Marcuses Konzeption technisch-wissenschaftlicher Rationalität und ihrer gesamtgesellschaftlich totalitären Realität anschließend hat Habermas versucht, einen metakritischen Systemansatz zu skizzieren, den ich im Folgenden kritisch einbeziehen werde.

17 Zur Marxschen Theorie der Aktiengesellschaften s. Kapital III, Kap. 27 sowie Kap. 23, MEW Bd. 25

18 Engels, Die Entwicklung des Sozialismus von der Utopie zur Wissenschaft, S. 228. (siehe auch Engels' Ergänzungen zur Marxschen Theorie der Aktiengesellschaften im »Kapital«, Bd. III, Kap. 27, S. 453-454

risch – eine Theorie des autoritären Staates. Sie basiert zentral auf der Annahme einer allerdings ungenügend präzisierten Liquidation der Zirkulationssphäre durch monopolistische Marktkontrolle der autoritär-zentralisierten Produktion; dieser Prozess eliminiert mit der Aufhebung der freien Konkurrenz und liberalen Marktwirtschaft die ideologisch entstellten emanzipatorischen Gehalte aus der bürgerlichen Gesellschaft und entbirgt das zuvor vertragsrechtlich verschleierte ausbeuterische Gewaltverhältnis des Austauschs von Kapital und Lohnarbeit. Der Titel des autoritären Staats steht dabei keineswegs für eine rechtsphilosophisch und staatstheoretisch isolierbare Problematik, sondern für eine geschichtlich neue Systemverfassung der gesellschaftlichen Totalität. »Der Staatskapitalismus ist der autoritäre Staat der Gegenwart.«[19]

2. Wenn nach Horkheimer die systemumfassend akkumulative Dynamik zum autoritativen Staatskapitalismus auf der historisch neuen, monopolen Qualität der sich kapitalimmanent vergesellschaftenden Produktivkräfte und der dadurch veränderten Konstellation von Produktion und Zirkulation beruht, so bezieht sich Marcuse, mehr als dreißig Jahre später, auf eine veränderte Verfassung im Innern des »Stoffwechsels zwischen den Menschen und der Natur« selber: Die fortschreitende Automatisierung der industriellen Produktivkräfte verlagert das Gewicht der konstitutiven Momente des Arbeitsprozesses, die Stellung der Produzenten zum Maschinenwesen, der lebendigen zur vergegenständlichten Arbeit radikal.[20] Die im Medium des technisch-wissenschaftlichen Fortschritts progredierende Automation ist mehr »als ein quantitatives Anwachsen der Mechanisierung«, vielmehr »ein Wandel im Charakter der grundlegenden Produktivkräfte«.[21] Automation »ist ein sprengender oder nichtsprengender Katalysator in der materiellen Basis der qualitativen Änderung«[22], der einen »totalitären« Systemwandel der bürgerlichen Gesellschaft ebenso aktualisiert wie die »geschichtliche Transzendenz zu einer neuen Zivilisation«[23] potentiell eröffnet. Damit kann sich Marcuse auf die von Marx in den »Grundrissen« angedeutete höchste und letzte Entwicklungstendenz der kapitalistischen Produktionsweise berufen, in der Technik und Wissenschaft ein produktiv umgesetztes Entfaltungsstadium von systemsprengendem Ausmaß erreicht haben. Das »Wachsen der

19 Horkheimer, Autoritärer Staat, S. 124. Aufgrund dieser gesamtgesellschaftlichen Bedeutung des Begriffs vom autoritären Staat, der in der Regel zur Beschreibung der staatlichen Gewaltmaschine des Faschismus verwandt wird, aber Horkheimer zufolge auch auf den Monopolkapitalismus im Ganzen verweist, scheint es mir legitim, den historischen Umfang dieses Begriffs im Folgenden zu erweitern.

20 Vgl. Marcuse, Der eindimensionale Mensch, S. 47ff.; s. auch ders., Perspektiven des Sozialismus in der entwickelten Industriegesellschaft, in: PRAXIS, Jg. 1965, Heft 2, S. 266f.

21 Marcuse, Der eindimensionale Mensch, S. 55

22 Ebd., S. 56

23 Ebd., S. 57

scientific power, (...) das Maß, worin sie schon als capital fixe gesetzt ist, der Umfang, die Breite, worin sie realisiert ist und sich der Totalität der Produktion bemächtigt hat«, ist eines jener explosiven Widerspruchsmomente am naturgeschichtlichen Ende der gewaltsamen Krisengeschichte des Kapitals, »worin ihm advice gegeben wird, to be gone und to give room to a higher state of social production«.[24] Die technologische Verwissenschaftlichung der Produktion vermag ihre zwangsweise kapitalistische Vergegenständlichung nicht mehr zu tolerieren. Automation, die Verwissenschaftlichung der industriellen Maschinerie, bewirkt nach Marx eine totalitäre Technologisierung der politischen Ökonomie.[25] Damit aber ist Marcuse zufolge das der industriellen Technik und modernen Wissenschaft genetisch von Anbeginn logisch innewohnende Prinzip »technologischer Rationalität«, die Herrschaft über Natur und Menschen unlösbar miteinander zu verkoppeln scheint, zu seiner voll entfalteten Wirklichkeit gelangt, wie er kritisch gegen Max Webers Rationalitätsbegriff feststellt. »Zur umfassenden Form der materiellen Produktion« geworden, »umschreibt« Technik »eine ganze Kultur; sie entwirft eine geschichtliche Totalität – eine ›Welt‹.«[26]

Folgt man Marcuse konsequent, so kann revolutionäre Theorie nicht mehr als Kritik der politischen Ökonomie betrieben werden; sie treibt kraft der ihr innewohnenden historischen Tendenzen zu einer Kritik der politischen Technologie fort.

Beiden Endpunkten des Kapitalverhältnisses, der autoritativen Verstaatlichung der Gesellschaft ebenso wie deren totalitärer Eindimensionalisierung in einer technologisch durchrationalisierten sozialen Lebenswelt, liegt eine eigentümliche Dialektik des geschichtlichen Umschlagpunkts zugrunde. Sowohl die von Horkheimer aufgezeigte immanente Vergesellschaftungstendenz zum Staatskapitalismus als auch die von Marcuse dargestellte mögliche technisch-wissenschaftliche Substitution der lebendigen Arbeit verweisen unmittelbar auf die Assoziation der Produzenten und den »Verein freier Menschen«. Gleichwohl scheint das Kapital seinen eigenen Endpunkt historisch in die Länge zu ziehen und sich angesichts der unmittelbaren Präsenz seiner geschichtlichen Abschaffbarkeit in seinem Umschlagpunkt zu »stabilisieren«. Staatskapitalismus und total kapitalfixiertes Maschinensystem stehen typisch für diese letzte Dialektik des Kapitals, das seinen historisch schreiendsten Widerspruch und seine akuteste Krise scheinbar neutralisiert. Der autoritäre »Wohl-

24 Marx, Grundrisse, S. 636

25 Zur technologischen Umsetzung der Wissenschaften siehe Marx, Grundrisse., S. 582-603. Für die Bedeutung dieses Abschnittes im Umschlag vom Kapitalismus zum Sozialismus vgl. R. Rosdolsky, Zur Entstehungsgeschichte des Marxschen »Kapital« Bd. II, Frankfurt 1968, S. 499-504

26 Marcuse, Der eindimensionale Mensch, S. 169

fahrtsstaat« stellt das Bild »einer historischen Missgeburt zwischen organisiertem Kapitalismus und Sozialismus, Knechtschaft und Freiheit, Totalitarismus und Glück« vor.[27] Der Staatskapitalismus ist im Hegelschen Sinne von schlechter Idealität. Das Ideale ist spekulatives Resultat einer geschichtlich ausgereiften und verendenden Wirklichkeit im Medium des bürgerlichen post festum-Bewusstseins. »Dies, was der Begriff lehrt, zeigt notwendig ebenso die Geschichte, dass erst in der Reife der Wirklichkeit das Ideale dem Realen gegenüber erscheint und jenes sich dieselbe Welt, in ihrer Substanz erfasst, in Gestalt eines intellektuellen Reichs erbaut.«[28] Das Ideale enthält eine zwiefache Abstraktion vom Geschichtsverlauf. Es löst die alte Substanz des geschichtlich Gewordenen aus dem Medium des begrifflichen Prozesses, innerhalb dessen sie sich historisch realisierte, und abstrahiert das Prinzip des geschichtlich Neuen von der ihm bevorstehenden begrifflichen Entfaltung, in der es allererst historisch zur Idee sich bildet. Es verbindet ahistorisch zwei geschichtlich einander abstoßende Momente, die alte Substanz mit dem neuen, noch unwirklichen Prinzip.[29] Der Staatskapitalismus ist solch ein ideales Endprodukt der ausgereiften Krisengeschichte und absterbenden Verwertung des Kapitals. Er löst die alte Substanz des Kapitals, den Wert, der Erscheinungsform nach aus der Hülle des kapitalistischen Privateigentums und koppelt es dem Scheine nach mit dem geschichtlich unentfalteten Prinzip der Vergesellschaftung der Produktionsmittel, deren sozialistisch assoziative Konkretion er zunächst blockiert; er bannt also das neue Prinzip der assoziierten Produktionsweise in die alte Wertsubstanz. Der autoritäre Staat ist die kapitalistisch verzerrte Karikatur des Sozialismus.

Umgekehrt vermag die technologische Verwissenschaftlichung der Produktion, die von sich aus zur Abschaffung des Kapitals drängt, ihr emanzipatorisches Potential nicht zu realisieren, solange sie im Verwertungsrahmen des capital fixe gebannt bleibt. In diesem aber schafft der technisch-wissenschaftliche Fortschritt, der die Abschaffung der Arbeit zur konkreten Utopie erhebt, stattdessen eine strukturelle Arbeitslosigkeit: »Im System der freien Marktwirtschaft, das die Menschen zu arbeitssparenden Erfindungen und schließlich zur mathematischen Weltordnung gebracht hat, sind seine spezifischen Erzeugnisse, die Maschinen, Destruktionsmittel nicht bloß im wörtlichen Sinn geworden: Sie haben anstatt der Arbeit die Arbeiter überflüssig gemacht.« [30]

Aus dieser fatalen Dialektik, die das Kapitalverhältnis in seinem Um-

27 Ebd., S. 72; vgl. auch S. 68-75

28 Hegel, Grundlinien der Philosophie des Rechts, Vorrede, Hamburg 1955, S. 17

29 So verbindet nach Hegel die Platonische Republik, »welche als das Sprichwort eines leeren Ideals gilt«, die alte substantielle »Natur der griechischen Sittlichkeit« in ahistorischer Abstraktion mit dem neuen Vernunftprinzip, das »an ihr unmittelbar nur als eine noch unbefriedigte Sehnsucht und damit nur als Verderben erscheinen konnte«. (Ebd., S. 14)

30 Horkheimer, Autoritärer Staat, S. 123

schlagpunkt fixiert, schließen sowohl Marcuse als auch Horkheimer auf eine veränderte Stellung revolutionärer Subjektivität zum objektiven Entwicklungsstadium der kapitalistischen Gesellschaftsformation. Der objektivistische Verweis auf die Reife, »das thema probandum und probatum« der Geschichte (Horkheimer), hat seine gültige Berechtigung verloren. Die seinerzeit praktisch richtige und theoretisch wahre Polemik Marxens gegen den idealistisch abstrahierenden Voluntarismus der Bakunisten scheint vom kapitalistischen Geschichtsverlauf selbst außer Kraft gesetzt. Auch der Willich-Schapper-Fraktion gegenüber hatte Marx den Idealismus des reinen Willens vom revolutionären Erziehungsprozess abgesetzt, der sich im Medium der durch die krisenhaften und kriegerischen gesellschaftlichen Verhältnisse herausgebildeten epochalen Spontaneität vollzieht, ein Prozess, in dem die Arbeiterklasse zur Selbstbefreiung reifen werde: »An die Stelle der kritischen Anschauung setzt die Minorität eine dogmatische, an die Stelle der materialistischen eine idealistische. Statt der wirklichen Verhältnisse wird ihr der bloße Wille zum Triebrad der Revolution. Während wir den Arbeitern sagen: Ihr habt 15, 20, 50 Jahre Bürgerkrieg und sed durchzumachen, nicht nur um die Verhältnisse zu ändern, sondern um euch selbst zu ändern und zur politischen Herrschaft zu befähigen, sagt ihr im Gegenteil: ›Wir müssen gleich zur Herrschaft kommen oder wir können uns schlafen legen‹.«[31] Dass das Proletariat frei sein muss zu seiner Befreiung, ist zwar eine conditio sine qua non der Einsicht in die Revolution. Doch das an seinen naturgeschichtlichen Endpunkt regulativ fixierte Kapital scheint das Verhältnis von Marxismus und Anarchismus auf dem Boden des Historischen Materialismus selber zu ändern. Wenn die Naturgesetze der kapitalistischen Entwicklung ihre Zeit erfüllt haben, vermag der Verweis auf die mangelnde Reife nur von der theoretisch notwendigen Revolution praktisch abzuhalten. »Von geschichtlichen Unternehmungen, die vergangen sind, mag sich sagen lassen, dass die Zeit nicht reif für sie gewesen sei. In der Gegenwart verklärt die Rede von der mangelnden Reife das Einverständnis mit dem Schlechten. Für den Revolutionär ist die Welt schon immer reif gewesen. ... Er ist mit den Verzweifelten, nicht mit denen, die Zeit haben. Die Berufung auf ein Schema von gesellschaftlichen Stufen, das die Ohnmacht einer vergangen Epoche posthum demonstriert, war im betroffenen Augenblick verkehrt in der Theorie und niederträchtig in der Politik. Die Zeit, zu der sie gedacht wird, gehört zum Sinn der Theorie.«[32] Die Konzeption der revolutionären Theorie des Proletariats als einer »Erkenntnistheorie des revolutionären Willens« entspricht Horkheimers Vorstellung von der Aktualität der Revolution als des Primats der praktischen Vernunft des voluntativen Faktors. Unbedacht bleibt freilich in dieser Konzeption, ob die

31 Marx, Über den Kommunistenprozess zu Köln, in: MEW, Bd. 8, S. 412f.

32 Horkheimer, Autoritärer Staat, S.140f.

Verdinglichung des Kapitals in seiner Endphase nicht eine andere Qualität von Widersprüchlichkeit konstituiert, ob revolutionäre Subjektivität und Objektivität nicht auf anderer gesellschaftlicher Ebene erneut sich differenzieren. Die objektive, durch die letzte Krise eröffnete Möglichkeit einer revolutionären Befreiung im welthistorischen Sinn einmal vorausgesetzt, gilt Horkheimers diktum: »Die Umwälzung, die der Herrschaft ein Ende macht, reicht so weit wie der Wille der Befreiten. Jede Resignation ist schon der Rückfall in die Vorgeschichte.«[33]

33 Ebd., S. 138

Anhang: Zur Geschichtsphilosophie des autoritären Staates (2. Fassung)*

Die ökonomiekritischen Prognosen des Historischen Materialismus über den naturgesetzlichen Geschichtsverlauf der kapitalistischen Weltordnung haben sich bestätigt. Die historischen Bedingungen für die wirtschaftliche Zusammenbruchskrise des Kapitals sind erfüllt; die geschichtliche Tendenz der kapitalistischen Akkumulation hat längst den Konzentrations- und Zentralisationsgrad des Kapitals erreicht, den Marx und Engels als dessen naturwüchsig herbeigeführten geschichtlichen Endpunkt bezeichneten.[1] Das Bestehen des autoritären Staates ist ebenso Ausdruck der »letzten Krise« wie des temporären politisch vermittelten Gelingens, sie im Sinne des Monopolkapitals zu bewältigen. Dass die ökonomische Zusammenbruchskrise noch nicht das politische Ende der kapitalistischen Gesellschaftsformation impliziert, ist allerdings eine seit langem gehegte wissenschaftliche Befürchtung: »Selbst, wenn die Theorie vom immanenten Zusammenbruch als ökonomische Theorie zuträfe, so ergäben sich daraus noch keine eindeutigen politischen Konsequenzen. Wenn es richtig wäre, dass der Prozess der kapitalistischen Produktion notwendig zum Zusammenbruch dieser kapitalistischen Produktion führen müsste, so bedeutet das noch nicht, dass auf diesen ökonomischen ein politischer Zusammenbruch folgen müsste. Es kann ja sehr wohl sein, dass die politische Herrschaftsklasse aus dem Zusammenbruch des kapitalistischen Systems den Schluss

* Die ersten anderthalb Seiten dieser Fassung decken sich mit dem geplanten Aufsatz zum gleichen Thema. Daran schließen sich Ausführungen zum Marxschen Geschichtsbegriff, zum Begriff der abstrakten Arbeit usw. an, die in dem Aufsatz nicht enthalten sind. Fraglich ist, ob diese Fassung ein Entwurf für den Aufsatz ist oder ein Teil einer früheren Arbeit, da eine Kopie in dem Konvolut zum Aufsatz, eine andere mit einem Deckblatt des Titels »Zum geschichtsphilosophischen Gehalt der Marxschen Warenanalyse – eine Exposition in die Dialektik von Abstraktion und Verdinglichung« und einer Adresse von H.-J. Krahl, die auf das Jahr 1966 schließen lässt, versehen war. Wir drucken diese Fassung dennoch als Anhang zum Aufsatz ab. (Anm. d. Hg.)

1 Die Naturgeschichte der kapitalistischen Gesellschaftsformation skizziert Marx in geschichtsphilosophischer Abstraktion bezeichnenderweise im Anschluss an seine Darstellung der ursprünglichen Akkumulation. Der in der expropriativen Konstruktion des kapitalistischen Privateigentums enthaltene Vergesellschaftungsmechanismus setzt sich in der geschichtlichen Tendenz der kapitalistischen Akkumulation als »Zentralisation der Kapitale« fort, die notwendig mit dem technischen Fortschritt der sich ökonomisierenden Produktivkräfte, der technologischen Umsetzung der Wissenschaften in die industrielle Maschinerie und der wachsenden Kombination des sich automatisierenden Arbeitsprozesses verknüpft ist und schließlich in die ökonomische Negation der kapitalistischen Expropriation umschlägt (vgl. Marx, Kapital 1, MEW, Bd. 23, S. 790f.).

zieht, mit politischen Mitteln zu verhindern, dass dieser Zusammenbruch politisch wirksam wird.«[2]

I

Franz Neumanns Hypothese ist in bezug auf den Historischen Materialismus, als des bislang einzigen Formtypus revolutionärer Theorie, das heißt einer Lehre, deren Aussagen die Gesellschaft unter dem Aspekt ihrer Veränderbarkeit beschreiben, zu pointieren. Die letzte ökonomische Krise des Systems mit dessen gesamtgesellschaftlicher Beseitigung gleichzusetzen, widerspräche allen theoretischen Bestimmungen, die den materialistischen Geschichtsbegriff in der Lehre von Marx und Engels strukturieren. Eine geschichtsphilosophisch und gesellschaftstheoretisch verallgemeinerte wirtschaftliche Zusammenbruchstendenz würde beinhalten, dass die Menschen bis in alle Ewigkeit der Determination durch ein ihnen übergeordnetes und ihrer bewussten Kontrolle entzogenes gesellschaftliches Sein unterworfen wären; die Revolution wäre eine Absurdität des Geschichtsprozesses. Das »letzte Gefecht« soll aber die schäbige materialistische Doktrin der kapitalistischen Realität, derzufolge das materielle Sein das Bewusstsein der Menschen bestimme, endgültig außer Kraft setzen. Dass die Menschen die von ihnen gemachte Geschichte auch mit Bewusstsein machen, dass »die Menschheit keine *neue* Arbeit beginnt, sondern nur mit Bewusstsein ihre alte Arbeit zustande bringt«[3], ist zentrales emanzipatorisches Desiderat des Marxschen Geschichtsbegriffs.
Geschichte in der Marxschen Theorie ist selbst ein Produkt von Geschichte. Sie ist keineswegs zur bloß zeitlichen Verlaufsform, in deren homogenem Kontinuum Menschen und Dinge entstehen und vergehen, formalisierbar. Produktion ist das qualitative, auf zunächst selber naturwüchsige Weise zur Entfaltung drängende Prinzip von Geschichte. Marx stellt lapidar fest:
»Die Menschen haben Geschichte, weil sie ihr Leben *produzieren* müssen, und zwar müssen auf *bestimmte* Weise: dies ist durch ihre physische Organisation gegeben; ebenso wie ihr Bewusstsein.«[4]
Diese drei sich auseinander ergebenden und aneinander wechselseitig entfaltenden Bedeutungen des für die kapitalistische Produktionsweise ebenso systematischen wie für die Kritik der politischen Ökonomie systemkritischen Begriffs der abstrakten Arbeit gewinnen gesamtgesellschaftliche Realität erst mit der Verallgemeinerung der Warenform des Arbeitsproduktes auf die Arbeitskraft – »der historischen Existenzbe-

2 F. Neumann, Ökonomie und Politik im zwanzigsten Jahrhundert, in: Demokratischer und autoritärer Staat, Frankfurt 1967, S. 259
3 Marx, MEW, Bd. 1, S. 346
4 Marx, MEW, Bd. 3, S. 30 Fußn.

dingung« des Kapitals, der gesellschaftlichen Existenz der ambivalenten Freiheit des freien Arbeiters auf dem Warenmarkt. »Was also die kapitalistische Epoche charakterisiert, ist, dass die Arbeitskraft für den Arbeiter selbst die Form einer ihm gehörigen Ware, seine Arbeit daher die Form der Lohnarbeit erhält. Andererseits verallgemeinert sich erst von diesem Augenblick die Warenform des Arbeitsprodukts.« In der Phase der ursprünglichen Akkumulation vollzieht sich auf terroristische Weise die entscheidende Abstraktion, welche die Wertsubstanz abstrakter Arbeit zur praktisch wahren Daseinsform der nunmehr bürgerlichen Gesellschaft verallgemeinert. Die exploitive »Trennung der freien Arbeit von den objektiven Bedingungen ihrer Verwirklichung – von dem Arbeitsmittel und dem Arbeitsmaterial«[5] mystifiziert endgültig die gesellschaftlichen, von den Produzenten historisch eingegangenen Verhältnisse zu einer ihrer Kontrolle enthobenen, scheinbar unaufhebbaren primären Naturwüchsigkeit. Durch die Integration des Tauschverkehrs in die Produktionssphäre realisiert die Verdinglichung der Wertabstraktion die Abstraktion von den besonderen Bedürfnissen und Gebrauchswerten im »Austausch dieser freien Arbeit gegen Geld, um das Geld zu reproduzieren und zu verwerten«,[6] und universalisiert die Vereinzelung der Produzenten gegeneinander durch die in der totalitären und maschinellen »Kombination von Arbeiten« gleichwohl dissoziativ vereinzelten Arbeiter, da die Kombinationen ihnen als entfremdete Scheinsubjektivität der kapitalisierten Arbeitsbedingungen oktroyiert wurden, so dass sie »nicht sich als Kombinierende zueinander verhalten« können.[7]

Diese abstraktive Exploitation des Verhältnisses von Kapital und Lohnarbeit entfaltet Marx im »Rohentwurf« am ökonomiekritisch konkretisierten Sachverhalt der Entfremdung. Schon in den »Pariser Manuskripten« demonstrierte der Begriff der Entfremdung[8] ex subjectivo das Problem der »daseienden Abstraktion«, als die sich das gesellschaftliche Gattungs-

5 Marx, Grundrisse, S. 375

6 Ebd.

7 Ebd., S. 374

8 In den ökonomisch-philosophischen Manuskripten expliziert Marx den Begriff der Entfremdung systematisch auf der Folie des Privateigentums, wie er sich an den Produzenten, dem Produktionsakt und den Produkten der Arbeit manifestiert: »Die Entfremdung erscheint sowohl darin, dass *mein* Lebensmittel eines *anderen* ist, dass das, was *mein* Wunsch, der unzugängliche Besitz eines *anderen* ist, als dass jede Sache selbst ein *andres* als sie selbst, als dass meine Tätigkeit ein *andres*, als endlich – und das gilt auch für den Kapitalisten – dass überhaupt die *unmenschliche* Macht herrscht.« (MEW, Erg. Bd. 1, S. 554) Der Begriff der Entfremdung analysiert die Gesellschaft ex subjectivo, vom Bewusstsein her. Verdinglichung ist sein objektives Korrelat; die Kritik der politischen Ökonomie verfährt warenanalytisch vom Produkt her. Keineswegs aber ist die bei vielen Marxinterpreten behauptete Ansicht stichhaltig, der Sachverhalt der entfremdeten Arbeit verliere beim mittleren und reifen Marx an Relevanz, nur weil der Begriff weniger häufig verwendet werde. Entscheidende Passagen des Rohentwurfs und vom Dritten Band des Kapitals testieren das Gegenteil. (Vgl. Grundrisse. S. 363 bis 374, und Kapital III, MEW Bd. 25, S. 822ff.)

leben des Menschen« gegenüber dem individuellen Leben fixiert hat. Entfremdung ist enthumanisierende Abstraktion von der Sinnlichkeit. Doch die verelendende Abstraktion von der sinnlichen Animalität der Menschennaturen regrediert diese auf die Bestialität.

»Essen, Trinken und Zeugen etc. sind zwar auch echt menschliche Funktionen. In der Abstraktion aber, die sie von dem üblichen Umkreis menschlicher Tätigkeit trennt und zu letzten und alleinigen Endzwecken macht, sind sie tierisch.«[9]

Die entfremdete Arbeit wirft die Menschen auf den Status physischer Selbsterhaltung zurück, und zwar durch ihre Bindung an die vom Kapital gesetzten Eigentumsverhältnisse. Sie beinhaltet die expropriative Verkehrung, die der appropriative Stoffwechsel zwischen den Menschen und der Natur im Verwertungsprozess erfährt; in der entfremdeten Abstraktion denunziert und verschleiert sich in eins der privative Charakter des kapitalistischen Privateigentums. »Zum Beispiel, dass die Surplusarbeit als Surpluswert des Kapitals gesetzt wird, heißt, dass der Arbeiter sich nicht das Produkt seiner eignen Arbeit aneignet; dass es ihm als *fremdes Eigentum* erscheint; umgekehrt, dass die *fremde Arbeit* als Eigentum des Kapitals erscheint.«[10]

Die entfremdete Arbeit projiziert die aller produktiven Tätigkeit innewohnenden Potenzen zu autonomer Emanzipation auf die vom subjektiven Arbeitsvermögen unorganisch gelösten sachlichen Produktionsmittel.

»Die objektiven Bedingungen der Arbeit erhalten subjektive Existenz gegenüber dem lebendigen Arbeitsvermögen – aus dem Kapital wird der Kapitalist ...«[11]

Während der Kapitalist die »metaphysische« Subjektivität der gegenüber den vereinzelten Produzenten dominierend verselbständigten Arbeitsbedingungen personifiziert, wird das Arbeitsvermögen seiner emanzipatorischen Kraft zur produktiven Selbsttätigkeit beraubt und in dem Maße auf einen heteronomen Objektstatus herabgesetzt, wie es den Verwertungsansprüchen der Produktionsmittel sublimiert wird, die ihm umgekehrt zum Emanzipationsmittel, teleologisch zur »Bedingung seiner Verwirklichung« zu dienen hätten. Die entfremdende Abstraktion des Arbeitsvermögens von den sachlichen Produktionsvoraussetzungen boykottiert die Verwirklichung von Produktion als des Prinzips von Geschichte; sie verhindert den befreienden Gebrauch der zunehmend technologisch mechanisierten Produktionsmittel. Der Verwertungsprozess des Kapitals holt die vom naturwüchsigen Boden des Grundeigentums gelöste und durch ihn selbst fortschreitend historisierte Produktion ununterbrochen auf die Ebene der Vorgeschichte zurück.

9 Marx, Ök.-phil. Manuskripte, S. 515
10 Marx, Grundrisse, S. 373
11 Ebd., S. 366

Die abstraktive Entfremdung setzt mit dem freien Arbeiter die praktische Geltung abstrakter Arbeit frei. Damit aber findet jenes oben erwähnte falsche Bewusstsein der bürgerlichen Nationalökonomie, Arbeit sans phrase sei der alleinige Produzent gesellschaftlichen Reichtums, seine basisideologische Fundierung.[12] Die Trennung der Produzenten von ihren Arbeitsbedingungen und die Entfremdung des Arbeitsvermögens von der lebendigen Arbeit erzeugen den Schein einer von aller Naturbasis gelösten, gleichwohl materiellen Reichtum erzeugenden Produktion. Das Kapitalverhältnis, innerhalb dessen die Masse der Produzenten zu von allen materiellen Arbeitsbedingungen befreiten freien Arbeitern enteignet ist, ist die Basis des idealistischen Arbeitsbegriffs der klassischen Ökonomie ebenso wie für die idealistische Spekulation der philosophierenden Abstraktion, deren Geistmetaphysik die materielle Welt aus dem reinen »Ich denke« entwickelt, Fichtesches Ich oder Hegelscher Geist. »Hegel steht auf dem Standpunkt der modernen Nationalökonomen. Er erfasst die *Arbeit* als das *Wesen*, als das sich bewährende Wesen des Menschen; er sieht nur die positive Seite der Arbeit, nicht ihre negative... Die Arbeit, welche Hegel allein kennt und anerkennt, ist die *abstrakte geistige*.«[13] Die abstrakte, von allen materiellen Bestimmungen freie Arbeit, reine Vermittlung, produziert jedoch nur das fetischisierte Gespenst des Tauschwerts.
Abstrakte Arbeit ist der systemkritische Grundbegriff, von dem aus die Kritik der politischen Ökonomie die systematische Herrschaftsverfassung der kapitalistischen Gesellschaftsformation zu durchschauen vermag. Auf der zirkulativ realisierten Basis des ökonomischen Produktionsverhältnisses abstrakter Arbeit erheben sich derivativ die klassenspezifischen Organisationsformen der Herrschaft bis hin zu deren objektivierten Ab-

12 Marx hat die systematische Relevanz dieser Basisideologie am Gothaer Programm dargestellt.

13 Marx, Ök.-phil. Manuskripte, S. 574. – Erst die gewaltsame Abstraktion der Produzenten von den sachlichen Voraussetzungen konstituiert das begriffliche Prinzip, wie es sich in der bürgerlichen Philosophie der Neuzeit mit der nominalistischen Kritik an der Universalienrealität des Allgemeinen entfaltet, die endliche Grundbeziehung von Subjekt und Objekt, res cogitans und res extensa. Das Subjekt in der bürgerlichen Philosophie der Neuzeit ist reines immaterielles »Ich denke«, nicht dingliches Konstituens aller materiellen Realität. Das ego cogito sublimiert philosophisch den freien abstrakten Arbeiter, der, von allen materiellen Bedingungen getrennt, ideologisch auf bloße Funktionalität reduziert, sogar seiner leiblichen Individualität entfremdet wird. Wo alle physis identitätsphilosophisch schließlich als bloßes Nicht-Ich subjektiver thesis erscheint, wird aller gegenständliche Reichtum zum identischen Produkt einer autonom von jeglicher irdischen Naturbasis gelösten, reinen und freien Arbeit des Begriffs deifiziert. Die Deifikation der gegenständlichen Realität korreliert mit der Verdinglichung des an sich nicht dinglichen Begriffs. Der Triumph verabsolutierter Naturbeherrschung jenseits des Reichs der Notwendigkeit mystifiziert das abstrakte Reich der Freiheit zur Herrschaft der zweiten Natur. Die abstraktiv ignorierte Natur setzt sich als Verdinglichung der reinen thesis wieder durch. Der Produktencharakter wächst mit dem Fortschritt der Technik; die technologische und okonomische Enthistorisierung der Geschichte. (vgl. Grundrisse, S. 384)

straktionen der institutionalisierten Superstruktur. Die Wertsubstanz deduziert regulativ den Aufbau der bürgerlichen Gesellschaft, die Tauschwertfunktion der singulären Existenz des allgemeinen Äquivalents, des goldgebundenen Geldes, durchsetzt alle Verkehrsformen der gesellschaftlichen Mitglieder mit dem feindseligen Frieden der Konkurrenz; der akkumulative Verwertungsprozess – periodisch durchbrochen von den gesellschaftlichen Naturkatastrophen ökonomischer Krisen – sorgt für die nach Klassen departementalisierte Reproduktion des gesellschaftlichen Abstraktionszusammenhangs, hinter dem sich die Herrschaft von Menschen über Menschen verdinglicht verbirgt.

Die kapitalistische Gesellschaftsformation als System abstrakter Arbeit vermag aus dieser ökonomischen Formbestimmung nicht nur den objektiven Geist der Herrschaftsinstitutionen zu produzieren und zu reproduzieren, sondern sie dient auch an sich selber zur Legitimationsinstanz außerökonomischer Herrschaftsformen, welche die ökonomische Verfügungsgewalt über Surpluszeit und Mehrarbeit ideologisch oder gewaltsam sanktionieren. Die ökonomische Verkehrsform der Konkurrenz expandiert die in ihr praktizierte Isolierung der privatarbeitenden Produzenten als die Atomisierung unpolitischer Privatleute auf alle Ebenen des außerökonomischen Verkehrs, um die Koalition der Ausgebeuteten zu verhindern. Der friedliche Äquivalententausch deduziert die repressiven Abstraktionserfordernisse des Kapitals zu den außerökonomischen Erscheinungsformen der Herrschaft von Recht und Moral, Staat und Politik.

Die Gesamtgesellschaft wird zum Markt. Die Beziehungen der Individuen als Warenbesitzer aufeinander prägen alle Verkehrsformen. Der freie Tauschverkehr schließt die konkurrierenden Einzelegoismen zum gesellschaftlichen Allgemeininteresse zusammen, dessen klassenbegrenzte Partikularität unter der trügerischen Oberfläche solidarischer Gegenseitigkeit der Marktkontrahenten verschwindet. Der friedliche Äquivalententausch rechtfertigt die isolierende Konkurrenz, welche den Naturzustand des Bürgerkriegs aller gegen alle latent am Leben erhält; die charaktermaskierte Gleichgültigkeit der Warenbesitzer bemäntelt die dissoziierende Feindseligkeit der ökonomischen Konkurrenten.

Zum emanzipatorischen Gehalt der Konkurrenz gehört, dass sie in abstracto die Möglichkeit zum weltgeschichtlichen Verkehr der zur solidarischen Menschheit vereinigten Individuen eröffnet. Indem sie die lokalen Gemeinwesen zum staatlich vermittelten Weltmarkt entgrenzt, deutet sie auf die von den Produzenten geschichtlich zu realisierende »Auflösung der auf den Tauschwert gegründeten Produktionsweise und Gesellschaftsform«.[14] Doch der emanzipatorische Gehalt der Konkurrenz kleidet

14 Marx, Grundrisse, S. 175. – Marx notiert lemmatisch im Rohentwurf die systematische Beziehung von Klassen, Staat und Weltmarkt, wo er den Aufbauplan der Kritik der politischen Ökonomie skizziert. Da diese aufklärend darstellt, was die Selbstdarstellung des Ka-

sich in bürgerliches Gewand. Sie transzendiert die Gesellschaft nur der Idee nach. Ihre Utopie ist von geschichtsenthobener Idealität. Der fingierten Transzendalität des ungenannten Weltmarkts entspricht in der kosmopolitischen Utopie Kantens die Intelligibilität der verewigten Rechtsordnung – ein »jus cosmopoliticum« von gleichen Staatsbürgern, die sich wechselseitig dem allgemeinen Gesetz unterwerfen, dem sie als Freie a priori ihre Zustimmung gegeben haben. Der transzendentale Weltmarkt erzieht die konkurrierenden Warenbesitzer zum »ewigen Frieden«, bildet sie zu intelligiblen Weltbürgern, »die nach dem Weltbürgerrecht, sofern Menschen und Staaten, in äußerem aufeinander einfließendem Verhältnis stehend, als Bürger eines allgemeinen Menschenstaats anzusehen sind«.[15]

So eröffnet die universale Konkurrenz den Individuen die Möglichkeit, die Vorgeschichte zu verlassen und Weltgeschichte frei zu praktizieren:

»Die große Industrie ... die Konkurrenz (sie ist die praktische Handelsfreiheit...) ... Sie zwang durch die universelle Konkurrenz alle Individuen zur äußersten Anspannung ihrer Energie. Sie vernichtete möglichst die Ideologie, Religion, Moral etc., und wo sie dies nicht konnte, machte sie sie zur handgreiflichen Lüge. Sie erzeugte insoweit erst die Weltgeschichte, als sie jede zivilisierte Nation und jedes Individuum darin in der Befriedigung seiner Bedürfnisse von der ganzen Welt abhängig machte und die bisherige naturwüchsige Ausschließlichkeit einzelner Nationen vernichtete. Sie subsumierte die Naturwissenschaft unter das Kapital und nahm der Teilung der Arbeit den letzten Schein der Naturwüchsigkeit. Sie vernichtete überhaupt die Naturwüchsigkeit, soweit dies innerhalb der Arbeit möglich ist, und löste alle naturwüchsigen Verhältnisse in Geldverhältnisse auf.«[16]

So wie das Geld die alte Naturwüchsigkeit auflöst, insofern es sich als Inbegriff der von Menschen autonom hergestellten Produktenwelt zum unaufhebbaren Ding an sich – die »Tendenz des Tauschwerts, sich rein zu setzen« (Marx) – fetischisiert, ebenso stellt die Konkurrenz nur die abstrakte Negation der bürgerlichen Gesellschaft dar und reproduziert in

pitals verdunkelt, können diese Notizen zugleich als Aussagen über den realen Aufbau der kapitalistischen Gesellschaftsformation gewertet werden. Demzufolge vermitteln die Klassen den Staat und dieser den Weltmarkt. Marx notiert unter VI: »Das Kapital als Quelle des Reichtums. Der Kapitalist. Nach dem Kapital wäre dann das Grundeigentum zu behandeln. Nach diesem die Lohnarbeit. Alle drei vorausgesetzt, die *Bewegung der Preise*, als die Zirkulation nun bestimmt in ihrer innern Totalität. Anderseits die drei Klassen als die Produktion gesetzt und ... Voraussetzungen der Zirkulation. Dann der *Staat*. (... Der Staat nach außen: Kolonien. Auswärtiger Handel, Wechselkurs, Geld als internationale Münze. – Endlich der Weltmarkt. Übergreifen der bürgerlichen Gesellschaft über den Staat. Die Krisen. Auflösung der auf dem Tauschwert begründeten Produktionsweise und Gesellschaftsform. Reales Setzen der individuellen Arbeit als gesellschaftlicher und vice versa) S. 175

15 Kant, Zum ewigen Frieden, W W Bd.VI., ed. Weischedel, Darmstadt 1966, S. 203

16 Marx, Die deutsche Ideologie, MEW Bd. 3, S. 60. Vgl. auch S. 34ff.

concreto diese durch die gesamtgesellschaftliche Realisierung der abstrakten Isolierung der Privatarbeiter. Den weltgeschichtlichen Verkehr der kommunistischen Assoziation unmittelbarer Produzenten und Verein freier Menschen, den sie ideell ermöglicht, boykottiert sie materiell – jener wird Wirklichkeit erst am bestimmt negatorischen Gegenbild zur abstrakten Arbeit, dem Kommunismus. Dessen Begriff impliziert im geschichtsphilosophischen Sinn die Vergesellschaftung der Produktionssphäre, die Beseitigung der Isolierung der Privatarbeiter durch die freie Assoziation der unmittelbaren Produzenten, »die sich über die gemeinschaftliche Kontrolle an den Produktionsmitteln realisiert. Die Bildung eines freien Verkehrs der Produzenten in der Produktionssphäre ist conditio sine qua non des kommunistischen »Vereins freier Menschen«. Kommunismus ist die »Produktion der Verkehrsform selbst«.[17]

Die Antagonismen, die aus dem kapitalistischen Privateigentum unkontrolliert hervorgehen, erhalten die Konkurrenz als potentiellen Kriegszustand nach innen wie nach außen. Sie verdunkeln den Weltmarkt zum Schicksal. »Oder wie kommt es, dass der Handel, der doch weiter nichts ist als der Austausch der Produkte verschiedener Individuen und Länder, durch das Verhältnis von Nachfrage und Zufuhr die ganze Welt beherrscht – ein Verhältnis, das, wie ein englischer Ökonom sagt, gleich dem antiken Schicksal über der Erde schwebt und mit unsichtbarer Hand Glück und Unglück an die Menschen verteilt, Reiche stiftet und Reiche zertrümmert, Völker entstehen und verschwinden macht –, während mit der Aufhebung der Basis, des Privateigentums, mit der kommunistischen Regelung der Produktion und der darin liegenden Vernichtung der Fremdheit, mit der sich die Menschen zu ihrem eigenen Produkt verhalten, die Macht des Verhältnisses von Nachfrage und Zufuhr sich in Nichts auflöst und die Menschen den Austausch, die Produktion, die Weise ihres gegenseitigen Verhaltens wieder in ihre Gewalt bekommen?«[18]

Diese Realisierung abstrakter Arbeit auf dem Markt konkurrierender Warenbesitzer strukturiert die Gesellschaft als Klassengesellschaft. Der Begriff abstrakter Arbeit impliziert die widersprüchliche Konstitution des kapitalistischen Privateigentums durch expropriative Vergesellschaftung, welche das ökonomische Produktionsverhältnis der von ihren sachlichen Arbeitsbedingungen getrennten Produzenten an sich selber zur gesamtgesellschaftlichen Verkehrsform antagonistischer Klassen erweitert. Abstrakte Arbeit liefert die dualistisch identischen Merkmaleinheiten, auf welche die Individuen im gesellschaftlichen Verkehr praktisch reduziert und klassifiziert werden, als Isolierte und Eigentumslose, als Organisierte und Privateigentümer. Sie bestimmt die Klasse an sich. Diese ist keineswegs, wie es das erstarrte Dogma will, der objektive Part im Gegensatz

17 Vgl. ebd., S. 70ff.
18 Ebd., S. 35

zur Klasse für sich, der in dem mehr analytisch denn dialektisch verstandenen Schema die subjektive Rolle zugeschrieben wird. Die Klasse an sich ist ebensowenig subjektiv und objektiv wie der Wert, der gegenständliche Existenz erst als Tauschwert annimmt. Die Klasse an sich ist gesellschaftliche Verkehrsform abstrakter Arbeit, eine chaotische Mannigfaltigkeit isolierter Individuen, die unter eine identische ökonomische Merkmaleinheit subsumiert sind.

Abstrakte Arbeit ist der Grundbegriff der Kritik der politischen Ökonomie, von dem aus die Verfassung der Gesamtgesellschaft durchschaut werden kann und die Bedingungen ihrer Veränderbarkeit bezeichnet werden können. Die Wertsubstanz bestimmt den Aufbau der bürgerlichen Gesellschaft, die Tauschwertfunktion der singulären Existenz des allgemeinen Äquivalents, des goldgebundenen Geldes, setzt sich in den Verkehr der gesellschaftlichen Individuen fort. Die Gesamtgesellschaft wird zum Markt, die Beziehungen der Individuen als Warenbesitzer zueinander expandieren in alle ihre Verkehrsformen. Auf der zirkulativ realisierten Basis erheben sich die gesellschaftlichen Verkehrsformen und Herrschaftsinstitutionen. Der Latenz des Bürgerkrieges in der Konkurrenz entspricht die Latenz des autoritären Staats im bürgerlichen Rechtszustand.

So wie das Recht Maxime aller Staatsaktionen, so soll die Moral Maxime politischer Handlungen sein, vor allem in der vorrevolutionären Periode des Bürgertums.

Die Generalklausel greift auf traditionale außerrechtliche und außerökonomische Wertungszusammenhänge metaphysischer, religiöser oder mythischer Art zurück. Das Wiederaufleben archaischer Mythologien entspricht den ideologischen Erfordernissen des Monopolkapitals.

Anhang: Aus einer Diskussion über Horkheimers Kritische Theorie (Mai 1969)

Es gibt eine Tradition bei Horkheimer, die durchgängig ist. Ich erinnere mich an die Anekdote, die es um Horkheimer gibt, dass um die Zeit des Ersten Imperialistischen Weltkrieges, zur Zeit von dessen Beendigung, Horkheimer verwundet in einem Münchener Lazarett gelegen habe, eines Tages ein Soldat mit der Nachricht hereingestürzt sei, die Revolution ist ausgebrochen, woraufhin der halbgelähmte junge Horkheimer aus dem Bett gesprungen sei mit dem Ausruf: Na endlich!

Ich meine, dass diese Anekdote den Widerspruch zu seiner späteren Entwicklung kennzeichnet, den Widerspruch eines bürgerlichen Intellektuellen mit sich selbst, der die bourgeoise Ideologie eines interesselosen Aufsuchens der Wahrheit durchschaut hat und der im revolutionären Bestreben, die Theorie in den Dienst einer umwälzenden Praxis zur Beseitigung des materiellen Elends und der Errichtung einer Gesellschaft von Freien, Gleichen und Glücklichen zu stellen, doch immer gequält bleibt vom schlechten schopenhauerianischen Gewissen, zu spät gekommen zu sein und nicht mitgetan zu haben. Jedenfalls charakterisierte es schon immer sein Denken, dass er die Passion an der Not der millionenfach Unterdrückten nie hat umsetzen können in eine organisierte Teilnahme an der Aktion zur Befreiung dieser Unterdrückten. Und ich meine auch, dass sich schon in seinen frühen Schriften niederschlägt, dass zwar das unglückliche Bewusstsein des Spätbürgertums den diagnostischen Blick für die Leiden der Verdammten dieser Erde schärft, dass jedoch schon diese frühen Schriften die entschlossen proklamierte Einsicht durchtränkt, dass der Unterdrückung nur ein Ende zu setzen sei durch die gemeinsame und solidarische Erhebung der proletarisch Ausgebeuteten und dass schließlich in den Schriften des Alternden dieses unglückliche spätbürgerliche Bewusstsein resignativ den revolutionären Willen zersetzt, ohne den die Kritische Theorie nichts mehr ist. Und damals bemerkte Horkheimer schon im »Autoritären Staat«: »Die Befreiung reicht nur soweit wie der Wille der Befreiten. Jede Resignation ist schon der Rückfall in die Vorgeschichte.«

Ich meine, dass man historisch feststellen muss, dass Horkheimer biographisch das politische Lebensschicksal vieler kritischer Marxisten teilt, die aus den Erfahrungen der erfolgreichen russischen Oktober- und gescheiterten deutschen Novemberrevolution auf die emanzipatorischen Traditionen der revolutionären Theorie des Proletariats verwiesen wurden, die aber durch die Erfahrungen des stalinistischen Terrors einerseits und der faschistischen Hölle andererseits um ihre praktische Vernunft und ihr politisches Urteilsvermögen gebracht wurden.

Diese kritischen Marxisten – Lukács, Korsch, Horkheimer, Reich – sahen zwar, dass die faschistische Barbarei sich aus dem Naturgesetz der kapitalistischen Entwicklung herleitete, aber das Grauen in den Konzentrationslagern entzog sich aller Zwangsläufigkeit, allem gesetzlichen Geschichtsverlauf, und der stalinistische Verrat an der Oktoberrevolution wurde ihnen zur traumatischen Erlebniskatastrophe. Daraus ist schließlich die Konsequenz entstanden, dass die meisten von ihnen, nur mit wenigen, aber bedeutsamen Ausnahmen, entweder, wie Lukács im Osten, den schlechten Frieden mit dem Bestehenden geschlossen haben, oder aber dass sie, wie viele im Westen, verraten haben, wofür sie einstmals gekämpft haben, resigniert oder aus panischer Angst verrückt geworden sind.

Korsch ist zum Schluss pathologisch geworden, Reich ist eindeutig ein klinischer Fall gewesen und Horkheimer ist der Schopenhauerianer geblieben, der er im Prinzip immer schon war, bei allem, was er diagnostisch ungeheuer scharf zur Analyse der schlechten bestehenden Gesellschaft beigetragen hat, was aber immer schon von resignativen Momenten zersetzt war. Und wenn man heute sich dieses Spektrum anschaut, dann

wird man finden, dass Marcuse eindeutig für die Revolution votiert, wobei zweideutig bei ihm ist, ob er überhaupt ein revolutionäres Subjekt für möglich hält.
Habermas und Adorno sehen sich nicht nur aus ihren zurückliegenden lebensgeschichtlichen Erfahrungen, sondern auch unter dem Druck der Frankfurter Verhältnisse, die die Revolution in das eigene Haus getragen haben, gezwungen zu affektiven Abwehrargumenten, die die Studentenrevolte als eine von aktionistischen Cliquen verführte darstellen, die begriffslos Aktionen machen. Diese Affekte werden bei Habermas am deutlichsten; wenn man dieses letzte Bändchen nimmt, das er veröffentlicht hat über seine Stellungnahmen zur Hochschulreform von 1957 bis heute, so ist das die Chronik eines Denkverfalls. Man merkt, dass in dem Maße, in dem es eine politisch-praktische Bewegung noch nicht gab, seine theoretischen Aussagen – vor allem die in den 50er Jahren, wo es galt, restaurative Tendenzen abzuwehren – theoretisch fundiert sind, politisch-praktische Schlussfolgerungen zuließen, dass aber in dem Augenblick, da die linke Theorie nicht mehr die einzige Form von Praxis war, weil es plötzlich eine politisch-praktische Bewegung, sinnlich wahrnehmbar gleichsam, gab, bei Habermas ein eindeutiger Denkverfall sich abzeichnet, so dass er jetzt schließlich nur noch affektive Abwehrargumente bringt, praktisch in eine Art Positivismus verfällt, der Aktion und theoretische Reflexion starr voneinander trennt. Im Grunde genommen handelt es sich dabei um ein sacrificium intellectus, und Adorno schließt sich diesem Argument an.
Bei Horkheimer muss man sagen, dass er sicherlich der Ambivalenteste ist, dass er auf der einen Seite nicht so unmittelbar beeindruckt ist von den unmittelbaren Ereignissen der Studentenbewegung, sondern dass er bestimmte Vorurteile entwickelt hat, die zutiefst in seiner lebensgeschichtlich-theoretischen Vergangenheit wurzeln, dass er also in dem Augenblick, wo wieder eine Bewegung auftritt, in ihr einen individuenfeindlichen Kollektivismus erblickt, was also sicherlich nicht der Fall ist. Es hat kaum eine Bewegung gegeben wie diese antiautoritäre Studentenbewegung, die sich weniger aus sozialistischen Motivationen als vielmehr aus solchen Motivationen heraus bildete, die als Trauer um den Tod des bürgerlichen Individuums zu interpretieren wären. Das ist im Grunde das antiautoritäre und nachliberale Moment, das sich dabei darstellt, was gerade bei Horkheimer als dem Theoretiker, der die Trauer um den Tod des bürgerlichen Individuums, bei allen Repressionen, die es selbst setzte, am eindeutigsten formuliert hat, jetzt leider etwas verkommen ist zu einer kritiklosen Apologetik der bürgerlichen Vaterimago. Das geht hervor aus den theoretischen Äußerungen der letzten Jahre. Er sieht nicht, dass es sich bei der antiautoritären Bewegung nicht um einen individuenfeindlichen Kollektivismus handelt. Zweitens gehört er,

und das trifft auf deutsche Intellektuelle überhaupt zu, zu denjenigen, die aus Angst vor dem Faschismus den Kampf gegen ihn nicht mehr für möglich halten, ja sogar argwöhnen, der Kampf gegen faschistische Tendenzen in der Gesellschaft würde diesen, wenn nicht produzieren, so doch provozieren. Wenn man sich demgegenüber etwa die Verhaltensweise französischer Intellektueller anschaut, auch solcher von Gewicht, wie etwa Sartre, die meistens sehr bedingungslose Optionen für die revolutionäre Gewalt äußern, so rührt das daher, dass diese sich motivieren aus einer Tradition ungebrochenen Widerstands und der Legitimität von Gewalt gegen Unterdrückung, von der Résistance bis über den Algerienkrieg hinaus.

In den frühen Schriften Horkheimers kann man eines immer sehr klar feststellen: dass eine vorgängige Option vorhanden ist für die revolutionäre Umwälzung der Gesellschaft. Nun ist es zwar so, dass diese Option sich motiviert hat aus der Erfahrung unmittelbaren Elends, also immer noch aus empirischen Erfahrungen der Verelendung des Proletariats, die sicherlich für die hochentwickelten spätkapitalistischen Industriemetropolen nicht mehr gegeben sind. Wenn aber gefragt wird, ob es ein philosophisches Bewusstsein war, aus dem er das entwickelt hat, na gut, das war ein Bewusstsein, in dem Sinne philosophisch, wie Marx es verstanden hat, nämlich als Kritik an der Philosophie als Philosophie, d. h. die Philosophie ist insofern falsch, als ihre Begriffe bloße unverwirklichte Ideen sind, die in Wirklichkeit umgesetzt werden müssen. Beim früheren Horkheimer war es gebunden – und das unterscheidet ihn in einem sehr viel stärkeren Sinne von den übrigen kritischen Marxisten wie Korsch und Lukács – an eine Theorie des bürgerlichen Individuums. Das hing zusammen mit dem Gedanken, dass dieses bürgerliche Individuum in der liberalen Konkurrenzgesellschaft zweierlei repräsentierte: auf der einen Seite den Warenbesitzer und freien Unternehmer, der als solcher Ausbeuter war und Elend produzierte, also den Unterdrücker. Auf der anderen Seite – und das gehört zum Doppelcharakter des bürgerlichen Individuums – repräsentierte dieses bürgerliche Individuum als gleichberechtigter und gleichgültiger Warenbesitzer im gerechten Äquivalententausch auf dem liberalen Markt zugleich auch die autonome und bedürfnislose Rechtsperson, Inbegriff von Freiheit, wie sie mit der Französischen Revolution gesetzt ist. Horkheimer hat – und insofern steht auch Marcuse in seiner Nachfolge – die Eindimensionalisierung erkannt, die er im »Autoritären Staat« und auch in »Egoismus und Freiheitsbewegung« als Theorie des bürgerlichen Individuums aus ihren Entstehungsbedingungen, der ursprünglichen Akkumulation und den absoluten Zwangsstaaten des 15. und 16. Jahrhunderts, entwickelt. Horkheimer hat erkannt, dass mit dem Übergang vom Konkurrenz- ins Monopolkapi-

tal das, was das bürgerliche Individuum noch an Ideologie und Freiheit der Kritik im Schutzraum der Familie und in der Bindung an die Vaterautorität inkorporierte, restlos verloren geht, dass also gewissermaßen die Unterdrückung zwar nahtlos fortlebt, aber das, was an immanenter Kritik aus den bürgerlichen Kategorien in der Gesellschaft und in den Ökonomien selbst notwendig war, zerstört wird, dass im bürgerlichen Individuum, in der Rechtsperson, immer noch das Moment der Freiheit mitgesetzt war, das Moment der Gleichheit, dass die liberalen Rechtskategorien der bürgerlichen Gesellschaft Ideologie waren, insofern sie die materielle Ungleichheit verschleierten, aber in dieser ideologisch entstellten Gestalt emanzipatorische Gehalte enthielten. Und deshalb muss es als Theorieverfall angesehen werden, wenn Horkheimer – der so extrem wie kein anderer den Verfall des Emanzipationsbewusstseins durch das Monopolkapital, das er als potentiellen Faschismus bezeichnete, gesehen hat – immer noch davon spricht, dass es in dieser »liberalen« Gesellschaft relevante Spielräume zu verteidigen gibt.
Wenn er sagt, dass es sicherlich in der Gesellschaft Tendenzen zum Faschismus gibt und dass man ihn verhindern kann, so muss man fragen, ob man ihn anders verhindern kann als durch die revolutionäre Umwälzung? Und ich meine, dass dieser Staat, anders als die ursprüngliche Entwicklung zum Faschismus, eine Tendenz entwickelt – die Notstandsgesetze sind Ausdruck dafür -, dass dieser autoritative Sozialstaat, der materielle Sicherheit als Unterdrückungsinstrument einsetzt, nicht etwa um den Arbeitern, wie Horkheimer meint, ein besseres Leben zu bereiten, sondern um den Preis materieller Verbesserungen Emanzipationsbedürfnisse zu unterdrücken, unkenntlich zu machen, dem Bewusstsein der lohnabhängigen Massen überhaupt nicht mehr zugänglich zu machen, sie in ein System der Apathie einspannt – dass dieser autoritative Sozialstaat eine Tendenz zum metalegalen Machthaber entwickelt. Das heißt also, dass dieser Staat die Notstandsgesetze als Ideologie braucht, dass dieser Staat ohne rechtlichen und politischen Legitimationsbruch in den Ausnahmezustand Carl Schmittscher Definition übergeht, dass es nicht erst eines Staatsstreichs bedarf, und dass dieser Staat (das ist ungemein notwendig!) die Beamtenheere in den Administrationsbürokratien nicht mehr auswechseln kann und dass er eine Ideologie braucht, um sich der Loyalität (im Max Weberschen Sinn) dieses Beamtenheers vergewissern zu können, dass der bestehende Staat nicht wie der alte liberale durch ein System großer ökonomischer Naturkatastrophen in den Faschismus übergeht, sondern dass sich der Staat selber zur technologisch-faschistischen Führerperson machen kann, ohne einen personalen Führer zu brauchen. Die Kritische Theorie war für uns mehr als ein bloßes Instrument, denn die Kritische Theorie hat einer politischen Intellektuellenbewegung, die ja Spaltprodukt eines vergangenen Bürgertums

ist, Emanzipationsbegriffe an die Hand geliefert. Sie hat aufgezeigt, wie das bürgerliche Individuum und die herrschaftsfreie Verkehrsideologie des liberalen Marktes unrettbar dahin sind auf der einen Seite, und auf der anderen Seite: Wie diese Gesellschaft als Ganzes eine Tendenz zur technologischen Klassengesellschaft entwickelt, die die Individuen auf die Reaktionsweise Pawlowscher Hunde reduziert, d.h. ihnen also alle kritischen Ichinstanzen, die die bürgerliche Familie noch erlaubte auszubilden, raubt, wobei man auch einmal hinnehmen muss, dass das, was Horkheimer apologetisch an der liberalen Gesellschaft erkannte, natürlich nur für die bürgerlichen Familien zutraf. In den verelendeten proletarischen Familien des 19. Jahrhunderts konnte man kein kritisches Ich ausbilden, und die Kategorien der Psychoanalyse sind an der bürgerlichen Familie gebildet, und es war immer schon eine Unzulänglichkeit der Kritischen Theorie, dass ihr Autoritäts-, Kritik- und Familienbegriff sich nur am bürgerlichen Individuum und nicht an der Individuierungsbasis proletarischer Klassenindividualität orientiert hat, die auf sozialem Elend basierte. Insofern war sie immer schon spätbürgerlich-trauernd, immer schon in der Gestalt der Eule der Minerva, die erst in der Dämmerung, beim Tod des bürgerlichen Individuums, ihren Flug beginnt.
Aber immerhin: Dieses Motiv, die Trauer um den Tod des bürgerlichen Individuums und um den Verlust der herrschaftsfreien Kommunikationsideologie des gerechten Warentauschs durch die monopolistische Entpersonalisierung des Marktes, das sind, meine ich, Motivationen, die nach Abschluss der Restaurationsperiode in der Bundesrepublik den antiautoritären Protest motiviert haben. Und die Frage, vor der wir heute stehen, die Horkheimer sich niemals würde stellen können, ist die: Wie kann eine politische Intellektuellenbewegung überhaupt Zugang finden zur Arbeiterklasse, dergestalt, dass sie Initiator von Bildungsprozessen wird, die den lohnabhängigen Massen emanzipatorische Bedürfnisse nach Freiheit, Kritik, selbsttätigem und mündigem Handeln vermitteln, auf der Basis einer nicht mehr vorhandenen Verankerung in materiellen Bedürfnissen nach der Beseitigung von Hunger und Elend ...

Die Marxsche Theorie, ihre Zusammenbruchstheorie und Krisengeschichte, ist gültig nur für den Konkurrenzkapitalismus. Für diesen Kapitalismus war sie gültig. Sie hat nie gepredigt, dass die Krise mit Notwendigkeit die Revolution bringen würde. Sie hat aber gesagt: Die Krise eröffnet dem Proletariat eine Möglichkeit, die Herrschafts- und Ausbeutungsverhältnisse des Kapitals zu durchschauen und sich zu organisieren. Die Krise ermöglicht es, dass das Proletariat Bewusstsein und Willen mobilisieren kann. Es war die fatale sozialdemokratische Ideologie der 2. Internationale schon, die gepredigt hat, dass der Kapitalismus mit Naturnotwendigkeit den Sozialismus hervorbringen würde, um damit im

Grunde genommen zu rechtfertigen, dass man das Proletariat nicht mehr zu revolutionären Aktionen zu erziehen brauche.
Der Marxschen Theorie zufolge bedurfte es zur Integration der lohnabhängigen Massen keiner Manipulation und keines unmittelbaren staatlichen Eingriffs, solange die Gesetze des Kapitals einigermaßen prosperierten, solange die Krise nicht da war. Die Integration leistete der Tauschverkehr. Dieser suggerierte Freiheit, Gleichheit und Brüderlichkeit. Das war die Ideologie, die er objektiv produzierte. Und nun muss man sehen, dass das nicht zu vergleichen ist mit der russischen Revolution, die in einem noch nicht durchindustrialisierten Land stattfand, wo also der Tauschverkehr und der Warenaustausch überhaupt noch nicht etabliert waren und Unterdrückung und Ausbeutung unverschleiert zutage lagen. Wo Unterdrückung offenkundig ist, bedarf es keiner Theorie, um den Unterdrückten zu sagen, dass sie unterdrückt werden. Es bedarf dort einer Theorie, die die praktische und technische Durchführung einer Revolution organisiert, von Lenin über Mao bis Fidel Castro. Heute ist es dagegen so, dass diese Basisideologie des Äquivalententauschs und damit der liberale Rechtsstaat zugunsten der herrschaftsgemäßen monopolen Organisationen der Wirtschaft und eines autoritativen Sozialstaates aufgegeben worden ist, eines Staates, der unmittelbare politische Indoktrination der Massen braucht, durchs ganze System des Staatsinterventionismus vermittelt, um emanzipatorische Bedürfnisse niederzuhalten. Heute bedarf es einer unmittelbaren politischen Manipulation, um die Massen niederzuhalten. Und da haben wir heute weder das adäquate revolutionäre Instrumentarium, Herrschaft zu entschleiern, noch eine Theorie der Revolution, was sicherlich auch noch einige Jahrzehnte braucht.
Aber eines muss man dazu noch sagen, dass Marx davon ausging, dass der Kapitalismus eine Tendenz entwickelt, die den Sozialismus begünstigt, das galt für den Konkurrenzkapitalismus ohne Zweifel. Die fatale Ideologie der Sozialdemokratie war, dass sie gewissermaßen gesagt hat: Dann brauchen wir auch keine bewusste und willentliche Revolution zu machen, wenn der Kapitalismus den Sozialismus ohnehin herbeiführt. Und das hat mit dazu geführt, dass der Monopolkapitalismus sich installieren konnte und dass von daher dann die Objektivität der kapitalistischen Geschichte sich verändert hat. Sie entwickelt heute keine Tendenz zum Sozialismus, sondern, wenn schon, eine zur faschistischen Barbarei.
Das haben auch sehr früh schon Lukács und Rosa Luxemburg und andere erkannt. Und noch ein zweites hat sich verändert: Während früher die reformistischen Fortschritte des Proletariats selber revolutionär waren, weil es sich der Konkurrenzkapitalismus nicht leisten konnte, dem Proletariat die Freiheit der Versammlung, der Organisierung, der Koalierung zuzugestehen, ist das Monopolkapital dazu übergegangen, die großen Orga-

nisationsformen des Proletariats anzuerkennen: die Gewerkschaften und die Parteien. Aber in dem Maße, in dem es sie anerkannte und mit den Organisationsformen den Klassengegensatz anerkannte, musste es diesen Klassengegensatz als versöhnlichen darstellen. Anders gesagt: Die Organisationsformen des Proletariats mussten zu Instrumenten der Unterdrückung des Proletariats werden, oder, wie es der frühe Horkheimer selber gesagt hat: »Gewerkschaften und Sozialdemokratien wurden zu gigantischen Maschinen zur Unterdrückung der Spontaneität.« Und gerade die Konstitutionsphase der Weimarer Republik in der Novemberrevolution, die Konstitutionsphase des autoritativen Staats, zeigt sehr deutlich, dass Sozialdemokratie und Gewerkschaften genau die Maschinen waren, um die Selbstorganisationsformen des Proletariats (die Arbeiter-, Soldaten- und Betriebsräte) zu beseitigen und einen autoritativen Staat im Bündnis mit dem Militär zu organisieren. Das war eine Umkehrung in den großen Organisationsformen des Proletariats, so dass also von da aus Formen antibürokratischer Praxis notwendig wurden, was die KP niemals begriffen hat, die einer Mechanik der Revolutionsentwicklung vertraute und hoffte, dass die Krise mit Notwendigkeit die Revolution hervorbrächte. Und als die große Zusammenbruchskrise, die Marx vorausgesagt hatte, eintrat, die Weltwirtschaftskrise, war das Proletariat vom warenproduzierenden Kleinbürgertum zersetzt und fiel zum Teil den rassistischen Ideologien des Faschismus anheim, weil man das Proletariat nicht Emanzipationsbedürfnisse gelehrt hatte, sondern sich an machtkampftaktischen Kabinettstückchen in den Vorräumen des Parlaments beteiligt hatte und bloße Machtkampfpolitik betrieb ...

Es ist erkenntniskritisch falsch, zu sagen, weil dieser und jener historische Sachverhalt nicht mehr besteht, verbietet es sich, heute von Revolution zu reden. Die Frage ist doch statt dessen: Wie ist unter diesen veränderten und eventuell erschwerten Bedingungen eine Veränderung der Gesellschaft möglich? Und dazu könnte man einige Thesen angeben.

Zunächst muss man sagen: Materielles Elend und physische Unterdrückung, wie sie in den zurückgebliebenen Ländern stattfinden, machen selber keine Revolution. Materielles Elend asozialisiert und wirft die Massen in den lumpenproletarischen Stand einer Versumpfung in Alkoholismus, wie es im zaristischen Russland der Fall war, in dumpfe Apathie, in einen Kleinkrieg aller gegen alle, in privatistische Raubzüge und dergleichen mehr zurück.

Weil materielles Elend asozialisiert und physische Unterdrückung demoralisiert, braucht es Organisationsformen, die, wie der Leninsche Parteitypus es gültig formuliert hat, auf unbedingter Zentralisation und eiserner Disziplin aufbauen, wo also gerade jene Frage, dass die Organisation auch schon herrschaftsfreie Solidarität übt, wie sie in künftiger Ge-

sellschaft soll praktiziert werden können, zum Teil in den Hintergrund tritt, wo also die Gefahr besteht, dass diese Gesellschaft, die den Industrialisierungsprozess vornimmt – und jede Industrialisierung beruht auf einem bestimmten Ausmaß an Unterdrückung, weil man Arbeitszeitnormen den Massen verinnerlichen und sie damit disziplinieren muss – schon vor der Revolution die Bedingungen institutionalisiert, die dann nach der Revolution Gewalt wieder verfestigen. Das heißt: Jede Revolution, die auf einer Basis sozialer Unterdrückung und physischen Elends stattfindet, trägt in sich die Gefahr, später wieder Gewalt reproduzieren zu müssen, da sie zur Industrialisierung eine lange Phase von Unterdrückung notwendig braucht, um nämlich den Massen überhaupt erst disziplinierende Arbeitszeitnormen beizubringen. Marx hat das sehr deutlich geschildert im Übergang von der feudalen zur kapitalistischen Gesellschaft und hat klargemacht, wie in dieser Phase, wo man den kleinen Landeigentümern ihr Land nahm, wo sich also die Trennung von solchen, die Privateigentum an Produktionsmitteln haben, und solchen, die besitzlos sind und die nur ihre Arbeitskraft auf dem Arbeitsmarkt verkaufen können, herausbildete, wie die Menschen in der ersten Zeit dieser Phase, nachdem sie in der Regel mit Naturalien, in den sich herausbildenden Manufakturen, bezahlt wurden, wenn sie für die Woche genug hatten, davongelaufen sind und der ganze Produktionsprozess jeweils zusammenbrach. Wo sie also einfach die Arbeitszeitnormen, die Mehrarbeit, die den Mehrwert im Kapital begründet, noch nicht verinnerlicht hatten, jene Normen also, die die Menschen jetzt überflüssige Arbeitszeit als naturgegebene Größe hinnehmen lassen. Dieser Disziplinierungsprozess, der ohne Zweifel Fortschrittsbedingung ist und der mit der kapitalistischen Entwicklung begonnen hat, ist also eine Form notwendiger Unterdrückung, denn der Kapitalismus ist das erste System, in dem Arbeit systematisch wird, gerade weil jeder nicht für sich arbeitet, und Arbeit ist im Bezugsrahmen der Freudschen Theorie Triebversagung, Unterdrückung.
Bisher hat es noch in keinem hochindustrialisierten Land ein Beispiel einer erfolgreichen Revolution gegeben. Das hängt meiner Ansicht nach damit zusammen: Während der ersten Phase der beiden Internationalen erkannte man nicht, dass die Krisensituation, die materielles Elend schafft, nicht an sich selber die Revolution produziert. Man begriff nicht, dass man die Massen vorher langfristig erziehen muss, so wie Marx der Willich-Schapper-Fraktion gesagt hat: Ihr werdet fünfzig, sechzig Jahre Bürgerkrieg führen müssen, nicht, um die Verhältnisse zu verändern, sondern um euch selbst zu verändern und das Bewusstsein der Arbeiter zu verändern. Und dieser Prozess der Bewusstseinsveränderung, der sicherlich aktionsgebunden sein muss, wird sich heute noch sehr viel mehr in die Länge ziehen. Nicht auf einen primären Machtkampf um die politische Macht im Staate kommt es an, sondern darauf, einen wirklich sehr

langen Aufklärungsprozess in die Wege zu leiten. Man kann das auch so interpretieren, dass die Bedingungen günstiger geworden sind. Denn ein System, das nicht mehr darauf beruht, den Hunger der Massen befriedigen zu müssen, sondern das nur darauf beruht, dass es emanzipatorische Bedürfnisse niederhalten muss, das angewiesen ist auf eine Permanenz von Manipulationen und Indoktrinationen, das angewiesen ist auf Maschinen in der Bürokratie, die nichts anderes zu tun haben, als die Massen am Handeln zu hindern und sie in ihre eigene zerstörte Privatsphäre zu verbannen, ein solches System ist ja auch ungemein schwach. Das bedeutet: In dem Augenblick, wo man es nicht mehr mit physischem Elend zu tun hat, das ja auch barbarisiert und Brutalität hervorruft, sind die Massen auch besser sensibilisierbar, wenn man nur einmal an sie herankommt. Und das ist die große Schwierigkeit. Denn wir verfügen nicht über die großen Massenmedien und wir verfügen nicht über die Manipulationsapparate der Gewerkschaft. Bei uns handelt es sich um eine politische Intellektuellenbewegung, die über nichts mehr verfügt als über das Flugblatt.

Die Marxsche Theorie, so wie sie im »Kapital« zu finden ist, ist notwendig gewesen und gleichwohl dem Arbeiter nicht verständlich gewesen. Und es kommt nicht darauf an, den Arbeitern die Theorie, so wie wir sie zu entwickeln im Begriff sind, in dieser Form zu vermitteln. Das war mal ein Ideal der Kathedersozialisten, der Kautskyaner: So wie die Arbeiter mit dem »Faust« im Tornister in den Ersten Weltkrieg gezogen sind, so wollte Kautsky, dass sie mit dem »Kapital« im Tornister zurückkehren und dass jeder Proletarier ein politischer Kritiker der Ökonomie würde. Das ist überhaupt nicht die Intention. Es bleibt immer noch die Frage, wie die neue notwendige Theorie dann umgesetzt wird in Agitation. Agitation bedeutet nicht Manipulation und Demagogie, sondern bedeutet, dass man die Theorie zur materiellen Gewalt macht, also mit den Unterdrückungswahrnehmungen der Massen, die diese selbst nicht begreifen, vermittelt.

Eine revolutionäre Theorie unterscheidet sich von einer Theorie der Revolution. Eine revolutionäre Theorie ist eine solche, deren Aussagen die Gesellschaft unterm Aspekt ihrer Veränderbarkeit darstellen und die bestehenden Herrschaftsverhältnisse entschleiern. Eine Theorie der Revolution gibt bestimmte strategische Prinzipien an, auch sie muss wissenschaftlich entwickelt werden. Der Begriff revolutionärer Strategie umfasste in der traditionellen Arbeiterbewegung im Prinzip zweierlei. Die Sozialisierungsstrategie (grundlegender Eingriff in die Verteilung des Eigentums an den Produktionsmitteln, der setzt machtkampftaktische Regeln der Gewaltanwendung voraus und Kampf um die politische Macht

im Staate) soll die Übernahme der Macht im Staate, Zerschlagung des Staatsapparats, die Enteignung der Enteigner herbeiführen. Dies ist allererst die Bedingung der Möglichkeit für das, was Marx und Engels als Kommunismus bezeichnet haben. Daneben gibt es, in der Praxis von der Sozialisierungsstrategie untrennbar, eine Kommunikationsstrategie. Sie setzt organisationspraktische Regeln der Solidarität schon im politischen Kampf voraus. Dieses Verhältnis von machtkampftaktischen Regeln der Gewalt und organisationspraktischen Regeln der Solidarität, genau das ist es etwa, was in der Regel in der Vergangenheit von den Arbeitsbewegungen niemals geleistet worden ist. Auch schon Marxens wütender Kampf gegen die antiautoritären Ansprüche der Anarchisten zeugt davon, dass zwar gerade diese anarchistischen Angriffe selbst organisationszersetzend waren, aber Marx hat etwas zu schroff gesagt: Ihr wollt mit der Organisation schon das künftige Jerusalem. Das kann Organisation sicherlich nicht sein, weil der politische Kampf selbst Unterdrückung von jedem Einzelnen verlangt, aber Unterdrückung muss gleichzeitig auch, wie es Kropotkin einmal formuliert hat, mit dem Prinzip der wechselseitigen Hilfe verbunden sein. Und das wird deshalb heute so wichtig, weil wir heute sagen können: Wie auch immer eine Revolution in den Metropolen wird jemals stattfinden können, sie wird sich nicht mehr auf der Basis sozialen Elends vollziehen, nicht mehr an der Basis des unterdrückten Paupers, sondern der Phänotypus des entfremdeten Lohnarbeiters strukturiert sich heute auf einer Basis von Apathisierungen, Entmündigungen und Entrechtungen. Das allein kann die Basis sein.
Von der herrschenden Bewusstlosigkeit und Apathie heute muss sich ein Intellektueller bedroht fühlen. Denn eine kapitaladäquat organisierte Technologisierung zerstört die bildungsgeschichtliche Zeit wissenschaftlicher Reflexion zugunsten der enthistorisierten und rein formalisierten kapitalistischen Zeit, der Arbeitszeit. Die qualitative bildungsgeschichtliche Zeit wissenschaftlicher Reflexion – wie sie auch immer ideologisch entstellt im Hinblick auf das bürgerliche Individuum in Hegels »Phänomenologie des Geistes« und in Goethes »Wilhelm Meister« dargestellt ist –, diese bildungsgeschichtliche Zeit wissenschaftlicher Reflexion, die man nicht enthistorisieren kann, die man nicht in Arbeitszeitnormen umsetzen kann, wie es das amerikanische Departmentsystem auf geistes- und naturwissenschaftliche Fächer überträgt, wie es das teamwork will, diese bildungsgeschichtliche Zeit kann ein Intellektueller sich nicht rauben lassen.
Die Studentenbewegung – und das betrifft auch zutiefst die Rolle, die Horkheimers Kritische Theorie in ihr hat – erfüllt meiner Ansicht nach drei Bedingungen: zwei Aktualisierungsbedingungen und eine substantielle Bedingung. Aktualisierungsbedingung war erstens, dass ein Restaurationsprozess in der Bundesrepublik abgeschlossen war, Anfang der sech-

ziger Jahre. Anders gesagt: dass man auf Notstandsgesetze, Konzertierte Aktion und Große Koalition nicht mehr reagieren kann wie in den fünfziger Jahren auf die Abwehr von Wiederbewaffnung, Atombewaffnung und Wiederzulassung der Korporationen, dass wir also heute nicht mehr defensiv, als gelte es eine noch intakte demokratische Substanz zu verteidigen, eine solche antifaschistische Politik machen können. Das zweite war ein neuer welthistorischer Bezugsrahmen: die revolutionären Befreiungsbewegungen in der Dritten Welt, die einen Begriff kompromissloser Politik vorstellen. Die revolutionäre kompromisslose Gewalt – und Che Guevara war Symbol für die Studenten in dieser Beziehung – erlaubte es uns auf der einen Seite, den imperialistischen Terror der von den USA repräsentierten Länder in der Dritten Welt wahrzunehmen und auf der anderen Seite sich zu distanzieren von der vermeintlichen Alternative des durch die Sowjetgesellschaft repräsentierten Systems, das längst auch kompromiss- und realpolitisch verkommen war, verkommen auf Kategorien bürgerlicher Diplomatie. Da tauchte ein neuer Begriff kompromissloser Politik auf und der setzte sich zunächst einmal um in eine Moral der Kompromisslosigkeit in den Metropolen. Auf der anderen Seite war die Motivation der Intellektuellenbewegung primär keineswegs sozialistisch, sondern wirklich nur antiautoritär-emanzipatorisch, als sie dem Verlust des bürgerlichen Individuums, dem Verlust des herrschaftsfreien liberalen Marktes, nachtrauerte.

In der Kritischen Theorie wird immer wieder betont, dass das Individuum im bürgerlichen Sinn unrettbar verloren ist. Nicht zufällig konnte Habermas einer der maßgeblichen Ideologen in der Anfangsphase werden, der in »Strukturwandel der Öffentlichkeit« die Zersetzung der liberalen Kommunikationsideologie dargestellt hat. Und nun scheint es, dass die Bewegung in einigen Punkten über die Kritische Theorie hinaus ist. Bei aller Option des frühen Horkheimers für die proletarische Revolution entsteht in seiner Analyse eine Kluft. Horkheimer ist revolutionärer Moralist der proletarischen Revolution und kritischer Theoretiker einer vergangenen bürgerlichen Sittlichkeit. Diese Kluft hat er nicht überwinden können.

18. Antwort auf Jürgen Habermas*

»Wer selbst in unmittelbarer Verbindung mit einer kämpfenden Partei ihren Kurs unter Umständen beeinflussen kann, ... vermag vielleicht eine Zeit lang auch von außen her fruchtbare Kritik an der Führung zu üben. Aber eine proletarische Partei lässt sich nicht zum Gegenstand kontemplativer Kritik machen, denn jeder ihrer Fehler ist ein Produkt des Umstands, dass sie nicht durch wirksame Teilnahme besserer Kräfte davor bewahrt worden ist. Ob der kontemplative Kritiker durch eigene Tätigkeit in der Partei, diese Kräfte verstärkt hätte, lässt sich nicht an seinen nachträglichen Äußerungen über die Handlungen der Partei ermessen, denn es bleibt ewig unausgemacht, ob seine Ansicht in der gegebenen Situation den Massen eingeleuchtet hätte, ob mit seiner theoretischen Überlegenheit auch die notwendigen organisatorischen Fähigkeiten verbunden waren, kurz ob seine Politik überhaupt möglich war oder nicht ... Bürgerliche Kritik am proletarischen Kampf ist eine logische Unmöglichkeit.«
Heinrich Regius[1]

Habermas unterstellt dem SDS eine unreflektierte Orthodoxie der Krisen-, Klassen- und Imperialismustheorie.[2] Er übernehme dogmatisch die alten Lehrstücke der marxistischen Theorie und versuche, sie den neuen gesellschaftlichen Tatsachen aufzuzwingen, woraus mit Notwendigkeit die Wahl von falschen Strategien folge: Der Vorwurf ignoriert den tatsächlichen Verlauf der theoretischen Diskussion im SDS. Keines der drei zitierten Lehrstücke ist nicht in die kritische Problematisierung der revolutionären Theorie einbezogen, deren Ausmaß im Folgenden an der Krisen- und Klassentheorie verdeutlicht werden soll:

1. Die Zusammenbruchskrise des Kapitals lässt in der Theorie von Marx und Engels zwei geschichtliche Möglichkeiten zu: Entweder werden die kapitalistische Gesellschaft und die bürgerlichen Verkehrsformen durch die klassenbewusste Vereinigung des Proletariats umgewälzt oder das Kapital rettet sich durch die politische Konstruktion des auto-

* Die Thesen von Jürgen Habermas »Die Scheinrevolution und ihre Kinder« erschienen am 5.6.1968 in der Frankfurter Rundschau. Am Abend desselben Tages fand in der Mensa der Frankfurter Universität im Rahmen eines Hochschulkongresses des VDS ein teach-in statt, an dem auch Habermas teilnahm. Auf diesem teach-in antwortete Hans-Jürgen Krahl auf die Thesen. Der vorliegende Beitrag ist die schriftliche Fassung dieser Antwort. (Anm. d. Hg.)

1 Heinrich Regius, Dämmerung, Basel 1933, S. 72f.

2 Alle Verweise und Zitate im Folgenden beziehen sich auf Habermas, Die Scheinrevolution und ihre Kinder. Sechs Thesen über Taktik, Ziele und Situationsanalysen der oppositionellen Jugend, wiederabgedruckt in: O. Negt (Hrsg.), Die Linke antwortet Jürgen Habermas, Frankfurt 1968, S. 5-15

ritären Staates, durch staatliche Wirtschaftsregulierungen und den Abbau bürgerlicher Rechtssicherheit zugunsten sozialer Sicherheit als Instrument der Unterdrückung. Das Bestehen des autoritären Staates der Gegenwart, der seinem gesellschaftlichen Zwangscharakter mit der Verabschiedung der Notstandsgesetze rechtskräftigen Ausdruck verlieh, ist ebenso Ausdruck der Krise des Kapitals wie seines temporären Erfolgs, jene in seinem Sinne zu bewältigen. An dem geschichtlich fixierten Endpunkt der letzten Krise und der folgerichtigen Entstehung des autoritären Staates bricht die Theorie von Marx und Engels ab. Für die Epoche des aus ökonomischen Zwängen auf den politischen Eingriff des Staates verwiesenen Spätkapitalismus, steht der Typus einer revolutionären Theorie, weiche diese Gesellschaft unter dem Aspekt ihrer Veränderbarkeit beschreibt, noch aus.

2. Habermas' These zur Latenz des Klassenkampfes und der Aktualität von Randkonflikten trägt – gerade angesichts der jüngsten Klassenkämpfe in Frankreich – nur zur Verdrängung der notwendigen Problematisierung der Klassentheorie bei. Die für den Kapitalismus spezifische Dissoziierung der Massen und die Isolierung der Individuen voneinander, wie sie einst von der wirtschaftlichen Konkurrenz besorgt wurden, sind durch die Verfeinerung der Regierungs- und Manipulationsinstrumente über die »nur« ökonomisch bedingten Verhältnisse weit hinausgetrieben worden, so dass die Entfaltung eines geschichtlich qualifizierten Klassenbewusstseins und angemessene Organisationsformen des revolutionären Kampfes (und nicht der innerkapitalistischen Interessenvertretung) problematisch geworden sind. Dies gilt unter der Bedingung, dass es politisch nicht darauf ankommen kann, auf eine vom System produzierte, unerträglich gewordene »subjektiv drückende Gewalt« zu warten. Vielmehr ist die Frage zu beantworten, wie im Rahmen einer vom System zwar nur in entstellter Form gewährleisteten materiellen Bedürfnisbefriedigung die unterdrückten Bedürfnisse nach Freiheit, Frieden und Glück ins Bewusstsein der Massen gehoben werden können. Der SDS behauptet keineswegs, die daraus sich ergebenden Fragen der Klassentheorie gelöst zu haben; er weiß sehr wohl, dass seine eigenen Thesen und Parolen, wie die vom »Klassenkampf statt Sozialpartnerschaft«, mehr einen pragmatischen Reflex auf seine bisherige Praxis darstellen denn deren reflektierte Strategie.

Auf dem Hintergrund dieser theoretisch offenen und praktisch ungelösten Probleme lassen sich gleichwohl einige strategisch gesicherte Konsequenzen folgern:

a) »Die internationale Einheit des antikapitalistischen Protests« ist keine bloß sentimentale Fiktion, wie Habermas vorgibt, sondern zeigt eine neue weltgeschichtliche Konstellation an, in deren Rahmen allein die von Habermas sozialpsychologisch verkürzten antiautoritären Dispositionen objektiv ermöglicht wurden. Ihre Identifikation mit den Befreiungsbewegungen der Dritten Welt, dem Kampf des Vietcong und dem sozialistischen Modell Kuba, erlaubte der Studentenbewegung, die imperialistische Unterdrückung der »freien Welt« zu lokalisieren und sich zugleich von der längst verbürgerlichten, von jedem revolutionären Anspruch verlassenen Realpolitik der Sowjetunion zu distanzieren. Der Kampf der Guerilleros dort lehrt die revoltierenden Studenten hier eine politische Moral der Kompromisslosigkeit, deren Verkörperung nicht zuletzt Che Guevara darstellte.

b) Habermas unterschätzt die systemgefährdende Funktion dessen, was er als »Randkonflikt« bezeichnet. Das Ausmaß, in dem die gegenwärtige kapitalistische Gesellschaft auf der »Bewusstlosigkeit aller Beteiligten« beruht, hat sich geschichtlich vervielfältigt. Um die lohnabhängigen Massen in passiver Abhängigkeit zu halten, bedarf es eines Aufwands an bevormundender Manipulation und Zwangsmitteln, wie nie zuvor. Darum reagiert der Staat schon auf die bescheidensten Ansätze spontaner Aktionen selbst kleinster Gruppen mit dem gereizten Einsatz massiver Gewalt, von Polizeiknüppeln bis zu politischer Justiz. Die mündige Selbsttätigkeit der Bevölkerung vermögen die Herrschaftsinstitutionen dieser Gesellschaft schon im Prinzip nicht zu dulden.

c) Der schwerwiegende Vorwurf, den Habermas gegen den SDS erhebt, besagt, dieser verwechsle den symbolischen Protest mit dem faktischen Machtkampf, erklärbar nur aus einer infantilen Pathologie, die »im klinischen Bereich den Tatbestand der Wahnvorstellung erfülle«. Blind gegen jede geschichtliche Erfahrung begeht Habermas ein entscheidendes analytisches quid pro quo. Nicht der SDS verwechselt Wunsch und Wirklichkeit, sondern der Staat hat erwiesenermaßen auf den Protest unbewaffneter Gruppen mit dem Einsatz seiner Gewaltmaschine geantwortet, als handle es sich um den faktischen Kampf um die Macht im Staat. Die Pathologie des Staates zwingt diesen, einen vorbeugenden Machtkampf zu führen, Individuen, Gruppen und Klassen an der autonomen Wahrnehmung ihrer Interessen zu hindern und die Ansätze zur Organisierung der Opposition außerhalb der bestehenden Institutionen zu zerschlagen. Der Staat und seine Versuche, die Gesellschaft zu kasernieren, zwingen die außerparlamentarische Opposition in den Widerstand. Für diese Phase hat sie bislang nur »die Waffe der Kritik«, aber nicht »die Kritik der Waffen« ausgebildet.

Vor einem Jahr hat Habermas als Linksfaschismus denunziert, was er heute als »phantasiereiche Erfindung neuer Demonstrationstechniken« feiert. Der Bildungsprozess, den er inzwischen absolviert hat, ist erfreulich. Gleichwohl hält er an einem akademischen Schema der Praxis fest: erst die Aufklärung, dann die Aktion. Doch dieses Modell ist längst geschichtlich überholt. Die unscheinbaren Ansätze zur Praxis, die Haber-

mas selbst versuchte, sind eindeutiger Beleg dafür. Seine Strategie, eine große Gegenkoalition von Brenner bis Augstein herzustellen, ist gescheitert. Die Gruppe von Personen mit »privilegierten Einflusschancen«, die zu Brenner zog, um diesem ihre Vorstellungen zur Notstandsopposition vorzutragen, isolierte sich in taktierender Kabinettspolitik von den streikenden Arbeitern, Schülern und Studenten, deren massivem Protest es immerhin gelang, dass der DGB-Landesvorstand in Hessen zum Tag der Dritten Lesung, entgegen den Beschlüssen der DGB-Bundesspitze, eine Protestkundgebung mit Streikcharakter durchführte. Die Intellektuellen, die am Tag der Dritten Lesung der Notstandsgesetze ihren Widerstand im großen Sendesaal des Hessischen Rundfunks öffentlich bekundeten, konnten den von Habermas beschworenen liberalen Resonanzboden gar nicht herstellen, sondern bildeten in ihrer hilflosen Isolation den Zerfall einer einstmals liberalen Öffentlichkeit ab. Ohne Adressat agitierten sie sich selbst; der aktive Widerstand vollzog sich in den Betrieben, den Schulen und der Hochschule.
Habermas' Taktik, die radikale Avantgarde zu isolieren, indem er sie kabinettspolitisch oder nach geschichtlich überholten Öffentlichkeitskriterien von den eigenen Unternehmungen ausschließt, fällt auf ihn selbst zurück: Habermas ist dort angelangt, wo die Studentenbewegung vor einem Jahr war, bei den Formen der Provokation, wie sie auf dem Kongress von Hannover diskutiert wurden. Doch die Phase des provokativen Protests ist vorbei, die des aktiven Widerstands hat begonnen. Habermas kommt als Hegelscher Philosoph post festum; er hinkt der wirklichen Widerstandsbewegung als flügellahme Eule der Minerva hinterdrein.

19. Das Elend der kritischen Theorie eines kritischen Theoretikers. Eine Antwort auf Jürgen Habermas*

Habermas feiert heute als phantasiereiche Erfindung neuer Demonstrationstechniken, was ihn vor einem Jahr auf dem Kongress in Hannover zum praktisch fatal folgenreichen und theoretisch kurzgeschlossenen Vorwurf eines linken Faschismus reizte: die Aktionsform des provokativen Protests.[1] Über den terminologischen Sinn dieses von der liberalen Publizistik gierig aufgesogenen Vorwurfs hat Habermas keinen Zweifel gelassen: Die Provokation der institutionalisierten, sublimen Gewalt zur terroristisch manifesten sei faschistisch, weil sie den Faschismus herausfordere.[2] Der Vorwurf bewegt sich in scheinproblematischen Alternativen und abstrahiert von den theoretischen Einsichten in die Dynamik des Monopolkapitals, dem der Faschismus – folgt man den frühen Analysen Horkheimers – als eine immer aktualisierbare, etatistisch präsente Potentialität innewohnt. Habermas dagegen unterstellt ihn als Produkt revolutionärer Subjektivität in vermeintlich nicht objektiv revolutionären Situationen und reiht sich damit in den einhelligen Chor liberaler Publizisten ein, die von K.H. Flach über Augstein bis Kai Hermann in faktisch formalisierten und enthistorisierten Zitaten die Revolutionäre der Vergangenheit von Marx bis Lenin ins Feld führen, um damit gegenwärtige Erben als pseudorevolutionäre Romantiker auszustechen.

Die auf einer geschichtlich früheren Stufe des revolutionären Sozialismus erforderte Kritik an dessen utopischen, anarchistischen und linksradikalistischen Kinderkrankheiten waren an eine organisatorische Entfaltungsphase der Arbeiterbewegung gebunden, in der es galt und auch noch möglich war, einen objektiv revolutionären Erziehungsprozess der Klasse zur Selbstbefreiung im Medium einer zentralistisch bestimmten Partei zu strukturieren, die als praktisch richtungsweisender theoretischer Interpret der Erfahrungen des Klassenkampfs fungiert und die die diffuse Spontaneität der Massen über sich selbst propagandistisch und agitatorisch aufklärte. Der hilflose Liberalismus der Gegenwart stülpt die alten Vorwürfe, aus dem historischen Kontext gelöst, einer geschichtlich neuen Bewegung auf, um sein affektives Unbehagen an einer plebiszitär-

* Bei dem vorliegenden Aufsatz handelt es sich um den unvollendet gebliebenen Entwurf Hans-Jürgen Krahls zu einem Beitrag für den Sammelband »Die Linke antwortet Jürgen Habermas«. (Anm. d. Hg.)

1 Vgl. zum Vorwurf des linken Faschismus Habermas' erregte Antwort auf Rudi Dutschke auf dem Kongress in Hannover 1967 in: Der Kongress in Hannover, Berlin 1967, S. 101. Zu Habermas' revidierter Position vgl. »Die Scheinrevolution und ihre Kinder«, in: O. Negt (Hrsg.), »Die Linke antwortet Jürgen Habermas«, Frankfurt 1968

2 Zu Habermas' Begriff der Provokation wie er ihn gegen seine Frankfurter Kritiker verteidigte, vgl. »Der Kongress in Hannover«, S. 75

egalitären Protestbewegung zu rationalisieren, die sich allen herkömmlichen und offiziell anerkannten Institutionalisierungen der politischen Interessenvertretung – den etablierten Vorstellungen von Parteien und pluralen Interessenverbänden – entzieht. So fixiert sich der bewusstseinsgespaltene liberale Blick manisch auf die bloße Erscheinungsform des Protests. Diese irrationale Fixierung erlaubt es, mit der sinnlich manifesten Erscheinungsform der studentischen Straßendemonstrationen, den kollektiv zusammengeschlossenen Massen und dem unmittelbaren Bruch mit den gefrorenen und herrschaftsstabilisierenden Spielregeln in der direkten Aktion, die Vorstellung eines linksfaschistischen Terrors zu assoziieren. Ebenso können die wahrnehmbaren Abbreviaturen des Protests, der Ho-Chi-Minh-Ruf und die rote Fahne, die den emanzipatorischen Anspruch symbolisieren und das sich empörende Zeichen revolutionärer Politik setzen, umstandslos in eine Phänomenologie der reinen Aktion integriert werden, welche die politischen Inhalte der Protestbewegung zur Indifferenz herabsetzt und die beruhigende Identifikation der »Extreme« gestattet. Denn das Gefängnis der institutionell verankerten traditionellen Kompromisspolitik, deren republikanische Freiheiten und demokratische Substanz herrschaftsfunktional ausgehöhlt wurden, hindert den liberalen Kritiker, die politischen Kategorien einer geschichtlich neuen Protestbewegung theoretisch angemessen reflektiert erfahren zu können und verstellt den Blick auf die essentiell emanzipatorischen Gehalte kompromissloser Aktionsformen. Seit der gescheiterten deutschen Novemberrevolution, gründlicher aber seit dem Sieg des Faschismus, ist die Legitimität revolutionärer Praxis und eines auch gewaltsamen Widerstandes zu brutal aus dem Geschichtsbewusstsein der Deutschen entfernt worden, als dass die historischen Begriffe der Artikulation einer auf umwälzende Weltveränderung gerichteten Praxis dem verdinglichten, auf Alternativen innerhalb des status quo verwiesenen Bewusstsein bereitständen.

Die unreflektierte Widerspiegelung des radikal enthistorisierten Bewusstseins in den publizistischen Reaktionen der Liberalen und die Erfahrung des militanten Widerstands der Neger in den USA mögen Habermas zu seiner Korrektur des Vorwurfs des »linken Faschismus« veranlasst haben. Dass Habermas jedoch immer wieder in den kategorialen Bezugsrahmen traditioneller Kompromisspolitik zurückfällt, geht auf den Typus kritischer Theorie, dem er sich geschichtsphilosophisch verpflichtet weiß, zurück. Deren spezifisches Unvermögen – schon in ihrer Horkheimerschen und auch in der Marcuseschen Version –, eine bestimmte praktische Dimension des revolutionären Sozialismus theoretisch zu thematisieren, drängt Horkheimer und Marcuse eher zu anarchistischen Konsequenzen; Habermas treibt es zu liberalen Folgerungen. Enthält der Typus von Aufklärung, auf den Horkheimer und mutatis mutandis auch Marcuse abzielen, anarchistisch-voluntaristische Implikate, so führt er bei Habermas zu einer liberalen Reaktionsstrategie, welche die Aktion diskreditiert. Der beim frühen Horkheimer und späten Marcuse eher zufällige Mangel wird bei Habermas zur notwendig theoretischen Fehlerquelle. Zwar attestiert er den Demonstrationstechniken der studentischen Protestbewegung, dass sie die Bedingungen einer sozialistischen Strategie zur »Umwälzung tiefsitzender Gesellschaftsstrukturen« mit dem Ziel einer vergesellschafteten Produktionsweise und der Emanzipation produzieren können, aber auch die Bewegung verfalle dem ahistorischen Zwang traditioneller Orthodoxie und mit diesem in illusionäre Bewusstseinstrübungen scheinrevolutionärer Art. Die Korrektur an seiner früheren Position ist bloß formal, der Sache nach hat sich nichts geändert. Die illusionäre Selbstinterpretation der Studentenbewegung, vor allem des SDS, provoziere die Konterrevolution: »Die Taktik der Scheinrevolution kommt schließlich in einem Verhalten zum Ausdruck, das die Polarisierung der Kräfte um jeden Preis sucht.«[3] Der alte Vorwurf des linken Faschismus stellt sich unter Verzicht auf die politisch diskriminierende Terminologie in einem neuen Gewand wieder ein.

Habermas' Kritik am SDS konzentriert sich in zwei Argumenten.[4] Er unterstellt dem SDS theoretisch unreflektierte Orthodoxie und praktisch unrealistischen Dogmatismus der Marxschen Wert- und Krisen-, der Klassen- und Imperialismustheorie.[5] Der SDS oktroyiere die alten Lehrstücke der Marxschen Lehre den geschichtlich neuen gesellschaftlichen Tatsachen auf. Daraus folge eine faktisch verhängnisvolle, die Studenten und Schüler schließlich in die Isolierung treibende Strategie[6], die ein politisches Fehlverhalten erzeuge. Dieses sei nur noch in klinischen Kategorien infantiler Pathologie zu beschreiben. Das politische Realitätsprinzip werde durch die pathische Verwechslung von symbolischen Protestaktionen mit faktischem Machtkampf scheinrevolutionär zersetzt.[7] Habermas' Dogmatismusvorwurf, der die theoretischen Diskussionen des SDS in den letzten Jahren pauschal ignoriert, reflektiert nicht auf den geschichtlichen Stand der Theorie. Dies sei hier für den SDS lemmatisch skizziert. Zwei geschichtliche Erfahrungen in deren Kontext die neue, zunächst studentische Protestbewegung sich konstituiert, haben in den Diskussionen des SDS die Fragen einer Rekonstruktion der revolutionären Theorie und die Probleme ihrer Vermittlung zu einer umwälzenden Praxis wieder aktualisiert: das Ende der Rekonstruktionsperiode des Kapitalismus in Westdeutschland und die immer mehr sich realisierende autoritäre Verstaat-

3 Die Linke antwortet Jürgen Habermas, S. 13
4 Ebd., These 4, S. 9ff., These 5, S. 12ff.
5 Ebd., S. 10
6 Ebd., S. 13
7 Ebd., These 5, S.12ff.

lichung der Gesamtgesellschaft (Kampf gegen die Notstandsgesetze und Manipulation) *und* die weltgeschichtliche Aktualität der revolutionären Befreiung (Protest gegen den Krieg in Vietnam) an der Peripherie der spätkapitalistischen Zivilisation, in den Ländern der Dritten Welt.[8] Die prosperierende Rekonstruktionsperiode des westeuropäischen Kapitalismus nach dem Zweiten Weltkrieg schien die Aktualität einer umwälzenden Praxis für immer ausgelöscht und die Revolution auf den Sankt-Nimmerleinstag vertagt zu haben. In dieser Situation rekurriert der SDS auf den erkenntnistheoretisch reflektierten, kritischen Marxismus, wie er unmittelbar nach dem Ende des ersten imperialistischen Krieges, zuerst von Lukács und Korsch, formuliert wurde. Sie versuchten – unter dem durch die Erfahrungen der russischen Oktober- und der deutschen Novemberrevolution bestimmten Eindruck der unmittelbaren Aktualität der Revolution, wie er das Denken Lenins und Rosa Luxemburgs, die Konstitutionsphase der Komintern wie die ultralinke Holländische Schule prägte – die Stellung der revolutionären Subjektivität, die Rolle des Bewusstseins und des Willens im Geschichtsprozess im praktischen Medium des genuin negatorischen Verhältnisses von Marxismus und Philosophie zu rekonstruieren. Dieser Rekurs konnte die Rezeption derTheorie von Marx, Engels und Lenin zwar von der stalinistischen Verdinglichung einerseits und der anthropologischen Neutralisierung durch den spätkapitalistischen Wissenschaftsbetrieb andererseits befreien, aber keine Antwort auf die veränderte Systemverfassung der spätkapitalistischen Gesellschaft im Ganzen geben und auch nicht die von Habermas so bezeichneten Lehrstücke wesentlich problematisieren. Auf dem Hintergrund dieser theoretisch offenen und praktisch ungelösten Fragen scheinen sich – ohne den Anspruch auf systematische Vollständigkeit zu erheben – vier typische Rezeptionsweisen der revolutionären Theorie ergeben zu haben, die praktisch folgenreich für den SDS geworden sind:
1. Die dogmatische Orthodoxie behandelt ahistorisch die Theorie, als wäre sie keiner Fortsetzung fähig. Sie orientiert sich in der Praxis an den von der Sowjetunion repräsentierten Ländern und den kommunistischen Parteien Westeuropas, welche durch die Realpolitik der friedlichen Koexistenz das Bedürfnis nach revolutionärer Veränderung des status quo praktisch ausgeschaltet haben. Sie fügt empirische Deskriptionen der gesellschaftlichen Realität einem verdinglichten, apriorischen Kategoriensystem ein, dem Historischen Materialismus, der so die revolutionäre Theorie des Proletariats zu einer Versammlung von Lehrstücken und zur

8 Beide Erfahrungen bieten einen systematischen Ansatz, die studentische Protestbewegung in objektiven politischen Kategorien darzustellen und eine sozialpsychologische Reduktion, wie sie Habermas vornimmt, zu vermeiden. Diesen Versuch einer systematischen Darstellung hat Oskar Negt mit seiner Arbeit »Politik und Protest«, Frankfurt 1968, unternommen.

Legitimationswissenschaft macht. Immer noch ist sie affiziert von der stalinistischen Ontologisierung der Theorie, die Sartre treffend als ein apriorisierendes Verhalten bezeichnet hat.[9]

2. Der insgeheim dogmatische »Ökonomismus« behandelt die marxistische Kritik der politischen Ökonomie gleichwohl mit kritischem Anspruch, als wäre sie eine positive Wissenschaftstheorie. Die kapitalistische Produktionsweise wird isoliert von den institutionalisierten Verkehrsformen der bürgerlichen Gesellschaft. Die empirisch-kritischen ökonomischen Analysen werden einer als faktisch unverändert betrachteten Systemverfassung der Gesamtgesellschaft eingegliedert. Strukturveränderungen des Klassenantagonismus und der revolutionären Subjektivität werden ausgeschlossen.[10]

3. Die historische Aneignung der theoretischen Tradition versucht, den Desideraten materialistischer Geschichtsschreibung zu genügen und Karl Korschs kritisches Programm der Anwendung des Historischen Materialismus auf sich selbst einzulösen. Zumal die theoretisch vorurteilsfreie Rezeption der Linksopposition in der revolutionären Arbeiterbewegung, des Anarchismus in der Ersten und der Holländischen Schule in der Dritten Internationale soll diesen Rekonstruktionsversuch der revolutionären Theorie vor Dogmatismus in der Praxis bewahren. Gleichwohl muss dieser Versuch auf bürgerliche Geschichtsschreibung regredieren, solange er sich grundsatztheoretischen Problematisierungen versagt und, anstatt die Probleme theoretisch zu lösen, die genetischen Bedingungen ihrer Entstehung historisch aufzeigt. Unter diesen Voraussetzungen erzeugt das Eingehen auf die materiale Geschichte einen zwielichtigen Konkretismus, der eine Praxisnähe der Theorie illusionär suggeriert, weil er die grundsätzlich ungelösten Probleme ausspart und ihre Behandlung mit dem Vorwurf spekulativer Abstraktion bedenkt.

4. Die philosophiekritische Rekonstruktion der revolutionären Theorie steht in einem unmittelbaren Verhältnis zu den Versuchen Lukács' und Korschs und bestimmt sich vor allen aus der systematischen, erkenntniskritischen und geschichtsphilosophischen Konzeption der Kritischen Theorie, wie sie von Horkheimer und Adorno, Marcuse und Habermas ent-

9 Sartre beschreibt die Folgen stalinistischer Bürokratisierung für die Theorie in »Marxismus und Existenzialismus«, Reinbeck 1965, S. 22: »... wurde die – von einer für ihre eigenen Irrtümer blinden Bürokratie – durchgeführte Planwirtschaft eben dadurch zu einer die Realität vergewaltigenden Willkür, und weil man die zukünftige Produktion einer Nation in Büros – oft außerhalb ihres Hoheitsgebietes – festlegte, hatte diese Gewalt einen absoluten Idealismus zum Komplement: man unterwarf a priori Menschen und Dinge den Ideen; widersprach die Erfahrung dann den Voraussichten, so konnte sie nur unrecht haben. Die Budapester Untergrundbahn war in der Vorstellung von Rakosi bereits wirklich; wenn die Bodenbeschaffenheit von Budapest nicht erlaubte, sie zu bauen, dann war eben der Boden konterrevolutionär.«

10 Vgl. die ökonomiekritischen Analysen etwa von E. Mandel und E. Altvater.

worfen wurde. Sie ist sich zwar den Brüchen zwischen Theorie und Praxis bewusst, aber der Gefahr ausgesetzt, die Not der philosophierenden Abstraktion zur Tugend der spekulativen Verselbständigung zu rationalisieren. Gleichwohl scheint mir dieser Typus aus zwei Gründen der Problematik einer historischen Rekonstruktion von revolutionärer Theorie, also einer Lehre, deren Aussagen die Gesellschaft unter dem Aspekt ihrer Veränderbarkeit beschreiben, am nächsten zu kommen.[11] Die grundsatztheoretischen Problematisierungen erfordern ein explizites erkenntniskritisches Selbstverständnis der revolutionären Theorie, das der Marxschen Theorie unausdrücklich innewohnt. Alle Versuche von Lukács über Horkheimer bis zu Sartres »Kritik der dialektischen Vernunft« haben bislang ein Dilemma nicht auflösen können: eine materialistische Erkenntnistheorie unter Vermeidung des naiv-ontologischen Abbildrealismus zu formulieren, ohne hinter Hegels Erkenntniskritik an Kant, dass gegenständliche Wahrheit durch eine den Inhalten transzendental vorgelagerte Analyse des »reinen« Erkenntnisvorganges nur verstellt wird, zurückzufallen, eine Kritik, die Marx gegen die notwendig idealistischen Prämissen der philosophierenden Abstraktion materialistisch gewendet hat.[12] Bislang sind alle Versuche einer explizit materialistischen Erkenntnistheorie im Dilemma des Transzendentalismus steckengeblieben. Auch Habermas' Versuch einer geschichtsphilosophischen Vermittlung der Kantischen theoretischen und praktischen Vernunft mit sich selbst durch eine gattungsgeschichtliche Materialisierung des transzendentalen Subjekts aus der anthropologischen Perspektive des Marxschen Arbeitsbegriffs kann dieses Problem nicht lösen.[13]

Die erkenntniskritische Problematik enthüllt ihre volle Bedeutsamkeit erst auf dem Hintergrund der geschichtsphilosophischen Fragestellung der Kritischen Theorie. Revolutionäre Theorie als revolutionäre Theorie des Spätkapitalismus steht noch aus. Durchaus ungeklärt ist, ob sie nicht als Kritik der politischen Ökonomie oder schon, wie Marcuse dies implizit annimmt und Habermas systematisch aufnimmt, als Kritik der politischen Technologie geschrieben werden muss.[14] Die Kritische Theorie versucht, die spätkapitalistisch veränderte Systemverfassung der bürgerlichen Ge-

11 Auch viele SDSler verkennen wie Habermas die unter gegenwärtigen Bedingungen notwendige Kontingenz der Praxis. Aus der frustrierenden, aber uneingestandenen Erfahrung, dass unsere Praxis sich selbst noch auf einem relativ hohen und armen Abstraktionsniveau befindet, solange sie ihre klassentheoretische Konkretisierung noch nicht erfahren hat, schimpfen sie auf die »abstrakte Theorie«, die eine Konkretisierung von sich aus noch nicht leisten kann.

12 Vgl. dazu: Horkheimer, Traditionelle und kritische Theorie, in: Kritische Theorie, Bd. 2, Frankfurt 1968, und Karl Heinz Haag, Philosophischer Idealismus, Frankfurt 1967, ebenso Hegels Einleitung in die »Phänomenologie des Geistes« und Marxens Einleitung in die »Grundrisse der Kritik der politischen Ökonomie«

13 Vgl. Habermas, Erkenntnis und Interesse, Frankfurt 1968

14 Vgl. Habermas, Technik und Wissenschaft als »Ideologie«, Frankfurt 1968, S. 48ff.

sellschaft im Ganzen, die qualitativen Veränderungen im Verhältnis von vergegenständlichter und lebendiger Arbeit, Gebrauchswert und Tauschwert, Produktion und Zirkulation, Basis und Überbau zu thematisieren. Die systemkritischen Rekonstruktionsversuche dieses Typus von Theorie setzen in der Regel an den von Marx und Engels selbst bezeichneten Endpunkten der kapitalistischen Entwicklung an, in der diese auf die assoziierte Produktionsweise verweisen: die Theorie der aktiengesellschaftlichen Unternehmungsform und der technologischen Verwissenschaftlichung des sich automatisierenden kapitalfixierten Maschinensystems.[15] Sie konstatieren eine eigentümliche Dialektik des geschichtlichen Umschlagspunkts. Das Kapitalverhältnis scheint sein Ende angesichts seiner praktisch möglichen Abschaffbarkeit in die Länge zu ziehen. Horkheimer skizziert in diesem Zusammenhang die zunehmende autoritäre Verstaatlichung der Gesellschaft bei offenbar werdender kapitalimmanenter Vergesellschaftung der Produktivkräfte als immanente Dynamik des Spätkapitalismus; Marcuse beschreibt die totalitäre Eindimensionalisierung der gesellschaftlichen Antagonismen durch die technologische Umset-

15 Die monopolkapitalistische Dynamik zum autoritären Staat erklärt sich Marx und Engels zufolge aus dem Sachverhalt, dass der gesellschaftliche Charakter der Produktivkräfte in so viel stärkerem Ausmaße zur Erscheinung kommt, dass er systemsprengenden Charakter annimmt. Die herrschaftsbegründenden Verschleierungen des Ausbeutungsverhältnisses werden aufgerissen. Die Preiskonkurrenz der Monopole und Oligopole hat in der Tat mit der freien Konkurrenz von einander feindlichen Individuen und dem Äquivalententausch von einander gleichgültigen und -geltenden Warenbesitzern nichts mehr gemein. Die gesellschaftslegitimierende Kraft der Zirkulationssphäre, den liberalen und demokratischen Rechtsstaat und die mit ihm verbundenen Erfordernisse von Moralität und Politik zu begründen, wird immer weiter aufgelöst. Die Zirkulationssphäre galt einst als Inbegriff des bürgerlichen Reichs der Sittlichkeit, dessen Dialektik die konkurrierenden Einzelegoismen in gewaltloser Mutualität zum gesellschaftlichen Allgemeininteresse der Klasse von Privateigentümern zusammenschloss. Mit der monopolen Entpersonalisierung des Marktes und der institutionalisierten Zerstörung der charaktermaskierten Sittlichkeit individueller Warenbesitzer tritt das Ausbeutungsverhältnis unverschleiert hervor. Schon mit der aktiengesellschaftlichen Unternehmensform zerbricht durch die Vertreibung der Kapitalisten aus der unmittelbaren Produktion die prekäre ideologische Identität exploitierender und exploitierter Arbeit, denn der Unternehmergewinn kann nicht länger zum Arbeitslohn versachlicht werden. Mit fortschreitender Konzentration wird die ambivalente Freiheit des freien Arbeiters und damit die vertragsrechtliche Verschleierung des Arbeitsverhältnisses zerstört. Es bedarf der staatlichen, in die Produktionssphäre eingeführten politischen Ideologie, um das Ausbeutungsverhältnis weiter aufrecht zu erhalten. Zentrale Instrumente dafür sind die autoritäre Sozialreform, gewerkschaftliche Tarifpolitik und innerbetriebliches Arbeitsrecht (vgl. Karl Korsch, Arbeitsrecht für Betriebsräte, Frankfurt 1968).
Der Dialektik von Sozialreform und Revolution korrespondiert die Bewusstlosigkeit und Apathisierung der Massen, die durch die staatlichen Eingriffe erreicht werden. Die Transformierung des liberalen Rechtsstaates in den autoritären Sozialstaat macht der Tendenz nach den Übergang in den Ausnahmezustand ohne rechtlich-politischen Legitimationsbruch möglich; ebensowenig ist damit zu rechnen, dass bei einer schleichenden Machtergreifung der staatlichen Institutionen eine allgemeine öffentliche »Empörung« eintreten wird, die dann zu solidarischem, politisch bewusstem Handeln der unterdrückten Massen sich entwickeln könnte.

zung der Wissenschaften in die sich automatisierenden Produktivkräfte. An diesen anknüpfend versucht Habermas, die den staatlich regulierten Kapitalismus auszeichnende herrschaftslegitimierende Ideologisierung der technisch-wissenschaftlichen Rationalität analytisch zu bestimmen.[16] Diese bewirkt, seiner Marcuse-Interpretation zufolge, eine totalitäre Ideologisierung von Wissenschaft und Technik zur Herrschaftslegitimierung. Hieraus bezieht er die theoretische Basis für seine Polemik gegen die dem SDS unterstellten Situationsanalysen. Auch Habermas geht von den bezeichneten Entwicklungstendenzen aus, er beschreibt sie als »ein Anwachsen der interventionistischen Staatstätigkeit, welche die Systemstabilität sichern muss, auf der einen Seite, und eine wachsende Interdependenz von Forschung und Technik, die die Wissenschaften zur ersten Produktivkraft gemacht hat. Beide Tendenzen zerstören jene Konstellation von institutionellem Rahmen und Subsystemen zweckrationalen Handelns, durch die der liberal entfaltete Kapitalismus sich ausgezeichnet hat. Damit entfallen relevante Anwendungsbedingungen für die politische Ökonomie in der Fassung, die Marx ihr im Hinblick auf den liberalen Kapitalismus mit Recht gegeben hatte.«[17]
Die Tendenz zur staatlichen Wirtschaftsregulierung und zur technologischen Verwissenschaftlichung der Produktion hebt Habermas zufolge die Dialektik von Produktionsverhältnissen und Produktivkräften, von »Basis« und »Überbau«, auf. An ihre Stelle setzt Habermas die historisch weiter zu fassende und damit auch weniger konkrete Dialektik von »Arbeit« und »Interaktion«. Die Entpolitisierung der Masse der Bevölkerung ist die Folge der Zersetzung der liberalen Basisideologie des »gerechten Tauschs« von Äquivalenten, die im Konkurrenzkapitalismus die ökonomische Legitimation von Herrschaft darstellen. Herrschaft und ökonomische Basis stehen nicht mehr in einem mit Marxschen Kategorien analysierbaren Begründungsverhältnis; diese Einsicht spiegelt sich wider in der Habermasschen Differenzierung von Arbeit als zweckrational bestimmtem Handeln und Interaktion als kommunikativem Handeln, deren Vermittlung und Verhältnis zum Prozess der Produktion nicht näher bestimmt wird.[18]
Die autoritär politische und technologisch manipulative Isolierung der Individuen gegeneinander hat mit der Zersetzung des gesellschaftlichen Verkehrs die an sich seiende Klassenlage der lohnabhängigen Massen, deren naturwüchsige Disziplinierung potenziert. Nie war die Klasse der

16 Vgl. Habermas, Technik und Wissenschaft als »Ideologie«, Frankfurt 1968, S. 48ff. Unerörtert bleibt hier der von Habermas vorgeschlagene Bezugsrahmen fundamentaler Kategorien, innerhalb deren er eine Kritik am Rationalitätsbegriff Max Webers und metakritisch zu Herbert Marcuses Technologietheorie die spätkapitalistische Gesellschaftsformation in toto begreifen will.

17 Ebd., S. 74

18 Sinngemäße Ergänzung nach unausgeführten Fragmenten. (Anm. d. Hg.)

Lohnabhängigen mehr Klasse an sich als gegenwärtig. En détail ist freilich noch ungelöst, wie sich die Verfassung der an sich seienden Klassenlage durch das strukturell verschobene Verhältnis von Politik und Ökonomie im Rahmen der Reproduktion des gesamtgesellschaftlichen Abstraktionszusammenhangs von den qualitativ besonderen Bedürfnissen und Gebrauchswerten darstellt. Die Aufrechterhaltung des Klassenantagonismus wird nicht mehr durch die Basis der zirkulativen Realisierungssphäre abstrakter Arbeit, dem freien Markt und gleichen Tausch, sondern von »oben«, vom autoritären Staat und von politischer Technologie, besorgt. Daraus aber schließen zu wollen, dass der in die gesellschaftliche Latenz verdrängte revolutionäre Klassenkampf nicht mehr aktualisierbar sei, wäre ebenso verfrüht, wie anzunehmen, er könne weiterhin in seinen alten Formen sich vollziehen.

Habermas versucht, das dialektische und marxistische Problem der theoretisch reflektierten Vermittlung von Praxis unter den historisch veränderten Bedingungen der arbeitsteilig hochgradig differenzierten Einzelwissenschaften, vor allem ihrer technisch umsetzbaren und industriell produktiv verwertbaren spezialisierten Erkenntnisse, sowie im Rahmen einer zunehmenden Verwissenschaftlichung der gesellschaftlichen Praxis zumal des technologisch planbaren Automationsprozesses der Produktion, anzugehen.[19]

Doch die Reduktion der Gesellschaft auf technisch eingeengte Rationalität ist immer auch Schein, so dass Habermas zu einer Revokation des Praxisbegriffes gelangt, zumal dort, wo er ihn im engeren Sinne zeichensystematisch als im alltäglichen Kommunikationsnetz hermeneutisch explizierbare Handlungsorientierung versteht: das ist nur der *idealistische* Abhub der materialistischen Praxis.

Habermas mutet der Theorie zu viel zu: Diese vermag sich nicht auf die Totalität im Ganzen zu beziehen, es sei denn durch ihre Momente hindurch; dieser Bezug ist ein Problem der bei Habermas ausgesparten revolutionären Praxis. Kritische Theorie verflüchtigt sich zu einem Reflexionsprozess der Selbstverständigung forschender und lehrender Subjekte, also der Wissenschaftler, auf die ihnen vorgeordnete gesellschaftliche Praxis, bezeichnenderweise auf die Voraussetzungen, nicht aber auf die Konsequenzen politischer und sozialer Art.

Es sieht so aus, als ziehe sich Habermas bei der Erörterung des Verhältnisses von Tatsachen und Standards auf eine transzendentalphilo-

19 Vgl. die These von Serge Mallet (La nouvelle classe ouvrière, Paris 1963), nach der unter spätkapitalistischen Bedingungen die Automation systematisch retardiert werden muss, da die Verringerung des lebendigen Kapitals das Problem der technologischen Arbeitslosigkeit schafft und damit den ständig im Rahmen der Bedürfnisentwicklung wachsenden Produktenabsatz hemmt, sowie der Konkurrenzmechanismus andererseits ständige Rationalisierung der unmittelbaren Produktion fordert.

sophische Konstitutionsproblematik zurück; der binnentheoretischen Revokation von revolutionärer Praxis entspricht die nur theoretische Behandlung der Konstitution, die vielmehr eine Frage der Praxis ist.
Habermas' Praxisbegriff reduziert sich auf den Idealismus der zwanglosen Kommunikation der Geister einer parlamentarischen Utopie, eine akademische Gesamtgesellschaft (Einheit von Wissenschaftstheorie und wissenschaftlichen Zielvorstellungen). Entsprechend akademisch ist das daraus sich ergebende Aufklärungsmodell: erst die Aufklärung, dann die Aktion. Praxis erweist sich hier als objektivierte, durch subjektive Verabredung symbolisch vermittelte Kommunikation, als sprachliches Handeln von einander sich verstehenden und verständigenden Kollektiven.
Das Elend der Kritischen Theorie ist ihr Unvermögen, die Organisationsfrage zu stellen. Dies scheint sich bei Habermas endgültig objektiviert zu haben und in eine naiv proklamierte Einheit von Theorie und Praxis einer liberalen Bündnisstrategie gemündet zu sein.[20]

20 Hier bricht das Manuskript ab. (Anm. d. Hg.)

20. Autoritäten und Revolution*

Ich möchte mich auf das beziehen, was während der letzten drei Tage geschehen ist. Zunächst müsste das Paradoxon geklärt werden, dass die sich als antiautoritär begreifende Studentenbewegung so sehr Autoritäten nötig hat, sowohl in Sachhinsicht wie in personeller. Wer die letzte Delegiertenkonferenz des SDS verfolgt hat[1], konnte dort feststellen, dass die antiautoritäre Revolte gewissermaßen im SDS selbst sich fortgesetzt hatte und mit der Entmythologisierung und Entzauberung auch der eigenen Autoritäten begonnen wurde. Das ist für eine marxistische Bewegung im emphatischen, auch geschichtsphilosophischen und revolutionärtheoretischen Sinn zumindest ein Organisationsprinzip; das heißt: eine Bewegung hat in dem Maße irrational Autoritäten nötig, wie sie nicht organisiert ist, indem sie keine arbeitsteiligen Qualifikationsstrukturen herausgebildet hat und dann wird Autorität, wie Georg Lukács kritisch gegen Pannekoek und Rosa Luxemburg bemerkt[2], zur Propagandaphrase, zur Agitation. Und es ist typisch, dass im SDS gewissermaßen die Agitatoren, die auf den teach-ins das Wort führen, autoritär besetzt werden. Die außerparlamentarische Opposition, vor allen Dingen ihr antiautoritärer Teil, hat eben noch nicht genügend Arbeitsteilung in dem Sinn ausgebildet, dass auf der einen Seite keiner ohne eine qualitative Funktion sein soll, ein altes Prinzip kommunistischer Arbeitsteilung, was jedermann entsprechenden autoritären Leistungsdruck abverlangt, und zwar auch heute noch in einer Gesellschaft, in der die Abschaffung von Arbeit so sehr aus der Dimension des Utopischen herausgetreten ist; andererseits soll aber dieser Leistungsdruck aufgewogen werden dadurch, dass sich solidarische Kollektive herausbilden, die die Vereinzelung und Atomisierung der Individuen, welche die kapitalistische Gesellschaft aufgrund ihrer abstrakten Arbeitsteilung besorgt, antizipatorisch aufheben sollen. Das ist genau die Frage, die Georg Lukács in seiner spekulativen Zusammenfassung der europäischen Organisationsdebatte gestellt hat: Wie kann das Reich der Freiheit in einer kommunistischen und durchaus autoritären Organisationsform antizipiert werden? Diese Frage ist

* Diskussionsbeiträge auf einer vom Luchterhand-Verlag im Frankfurter »Haus Gallus« am 23.9.1968 veranstalteten Podiumsdiskussion über das Thema »Autoritäten und Revolution« mit Adorno, Benseler, v. Friedeburg, Habermas, Hofmann, Holz, Krahl, Lenk und K. D. Wolff, abgedruckt in der Hauszeitschritt des Luchterhand-Verlages »ad lectores«, Nr. 8, Neuwied 1969, S. 23ff. und S. 37ff. Die Podiumsdiskussion fand während der Buchmesse 1968 statt. (Anm. d. Hg.)

1 23. o. DK. Vgl. neue kritik 50, Oktober 1968

2 Lukács, Methodisches zur Organisationsfrage, in: Geschichte und Klassenbewusstsein, Berlin 1923

gerade heute ungenügend bedacht, denn der Leninsche Parteitypus entsprach nur den Bedingungen eines Landes, das noch in der Phase der Industrialisierung war, wo also überhaupt erst autoritäre Leistungsdisziplin konstituiert werden musste und nicht schon gesamtgesellschaftlich abgeschafft werden konnte, so Surplusnormen, also Mehrarbeitszeit, verinnerlicht werden mussten. Heute stellt sich das Problem umgekehrt: diese Surplusnormen, »surplus-repression«, wie Marcuse sagt, sind als autoritäre Leistungsprinzipien überflüssig geworden. Und für uns im SDS stellt sich z.B. die Frage, wie ist es möglich, eine Organisationsform herauszubilden, die unter den Bedingungen des Zwanges und der Gewalt sowohl autonome Individuen herausbildet, als auch solche, die zu einer bestimmten disziplinären Unterordnung unter die Erfordernisse des Kampfes und unter die Bedingungen des Zwanges fähig sind. Dieses Problem ist völlig ungelöst. Wir sind im Augenblick dabei, eine antiautoritäre Revolte auf dieselbe provokative Art zu vollziehen, wie wir in der Hochschule vorgegangen sind. Diese antiautoritäre Revolte zielt darauf, so etwas wie kollektive Lernprozesse möglich zu machen. Dabei darf sich jedoch keineswegs ein individuenfeindlicher Kollektivismus im SDS herausbilden. Weiter will ich auf die Rolle eingehen, die publizistisch definierbare kritische Autoritäten vertreten. Das soll an zwei hier im Saal vorhandenen prominenten Individuen diskutiert werden, an Habermas und Adorno. Ich glaube nämlich, dass diese Autoritäten ihr Verhältnis zur außerparlamentarischen Opposition, vor allen Dingen auch zu ihrem marxistischen und sozialistischen Teil, falsch definieren. Jürgen Habermas, in der Illusion, man könne so etwas wie eine liberale Gegenkoalition von Brenner bis Augstein aufbauen, man könne noch so etwas wie eine liberale Gegenöffentlichkeit auch durch Arbeit innerhalb der Institutionen mobilisieren, meint, er müsse sich in bestimmten brisanten Aktionssituationen, wo wir seine Solidarisierung nötig haben, taktisch distanzieren. Mit dem fatalen und von der liberalen Presse, der eine plebiszitär-egalitäre Bewegung allein von der Form her, von den Inhalten völlig abstrahierend, schon als faschistisch verdächtig erscheint, sofort aufgegriffenen Vorwurf »Linksfaschismus«[3], hat Habermas zum ersten Mal solche taktische Distanzierung vollzogen. Er hat sie zum zweiten Mal vollzogen, als er den Vorwurf des Scheinrevolutionarismus gegen uns erhob.[4] Ich diskutiere jetzt gar nicht, ob in der Auseinandersetzung gewissermaßen zwischen verschiedenen Fraktionen der außerparlamentarischen Opposition inhaltlich dieser Vorwurf berechtigt ist; sondern nur, welche Funk-

3 Bedingungen und Organisation des Widerstandes. Der Kongress in Hannover, Voltaire-Flugschrift 12, Berlin 1967, S. 101

4 Habermas, Die Scheinrevolution und ihre Kinder. Sechs Thesen über Taktik, Ziele und Situationsanalysen der oppositionellen Jugend. Zuerst in: Frankfurter Rundschau vom 5.6.1968; dann in: Die Linke antwortet Jürgen Habermas, Frankfurt 1968, S. 5ff.

tion er in einem bestimmten brisanten Augenblick der Bewegung hat. Daniel Cohn-Bendit erzählt, dass ein Soziologe, der in Frankreich politisch eine ähnliche Rolle spielt wie Habermas hier, während der Mai-Revolution erklärt hat: »Ich stimme sehr vielen eurer Aktionen, gerade im Hinblick auf die Gewaltstruktur nicht zu; aber im Augenblick ist es notwendig, dass ich mich mit euch solidarisiere.« Warum ist es notwendig, dass wir solche Autoritäten ins Feld führen? Die Massen sind in der autoritären Leistungsgesellschaft von Erziehung, Manipulation und exekutiver Indoktrinierung so sehr auf Autoritäten fixiert, dass sie zunächst für ihre Aufklärung selber Autoritäten – und zwar solche, die sich als kritische Autoritäten begreifen – nötig haben. Deshalb brauchen wir die offen ausgesprochene Solidarisierung der kritischen Autoritäten; sie können gewissermaßen mit der Waffe der Autorität selber das Autoritätsprinzip in der Gesellschaft mit abbauen helfen. Ich glaube, dass Habermas und auch Adorno das bislang nicht aktualisiert haben.
Bei Adorno liegt es anders. Das mag vielleicht mehr als die Frage der Theorie diskutiert werden. Hier will ich es nur als eine Anekdote resümieren: Als wir vor einem halben Jahr das Konzil in der Frankfurter Universität belagerten, kam als einziger Professor Herr Adorno zu den Studenten zum sit-in. Er wurde mit Ovationen überschüttet, lief schnurstracks auf das Mikrophon zu und bog kurz vor dem Mikrophon ins Philosophische Seminar ab; also kurz vor der Praxis wiederum in die Theorie. Das ist im Grunde genommen die Situation, in der die Kritische Theorie heute steht. Sie rationalisiert ihre resignative und individualistisch-subtile Angst vor der Praxis dahin, Praxis sei gewissermaßen unmöglich, man müsse sich ins Gehäuse der Philosophie zurückziehen.
Ein Drittes. Gerade in den letzten Tagen hat sich hier gezeigt, zumindest formal indiziert, dass sich nach der Verabschiedung der Notstandsgesetze etwas geändert hat, ohne dass sich das drastisch unmittelbar im Staatsgefüge manifestiert. Aus einer Buchmesse, die per Definition so etwas wie der Schauplatz einer wenn auch vielleicht veralteten und nachtrauernswerten kritischen Öffentlichkeit ist, wurde ein Notstandslager gemacht. Wir haben erlebt, wie gestern aus den Messehallen Polizeistoßtrupps hervorschossen, die systematisch einzelne aufs Korn nahmen, um sie zusammenzuschlagen. In einer derartigen Situation, wo Brutalisierung so manifest geworden ist wie die Tatsache, dass wir wirklich allein stehen, haben wir die Solidarisierung dieser Autoritäten nötig. Meine These ist theoretisch-prinzipieller Art. Was heißt es, wenn wir gerade in der Endphase unseres Kampfes gegen die Verabschiedung der Notstandsgesetze immer wieder den Begriff des autoritären Staates vorgestellt haben? Damit wollten wir die Problematik der Notstandsgesetze aus dem Bezugsrahmen traditioneller Politik der Abwehr von Restaurationstendenzen, wie sie in den fünfziger Jahren gängig waren, das heißt

etwa, der Abwehr von Wiederzulassung der Korporationen, Wiederaufrüstung und Atombewaffnung, insgesamt also einer Politik, die darauf aus war, Demokratie im bürgerlichen Sinne zu retten, herauszunehmen. Mit dem Begriff des autoritären Staates wollten wir einen anderen Bezugsrahmen revolutionärer Theorie setzen. Ich möchte in diesem Zusammenhang also fragen, was heißt prinzipiell für die Struktur des Spätkapitalismus »autoritärer Staat«? Dieser Begriff ist zum theoretischen Diktum erhoben worden, nicht zuletzt aus der Tradition der Frankfurter Schule heraus: ich meine Max Horkheimer und Franz Neumann und auch Adorno. Horkheimer hat in seinem Aufsatz über den autoritären Staat diesen nicht nur als ein isoliertes sozialstaatliches und rechtsphilosophisches Problem behandelt, sondern er meinte mit dem autoritären Staat eine Veränderung in der Gesamtverfassung des Systems selber. Das heißt im Grunde, dass mit dem Übergang vom Konkurrenz- zum Monopolkapitalismus die Vermittlungsinstanz der bürgerlichen Gesellschaft, spezifische Verkehrsformen, wie Parteien und Parlament, ihre ökonomisch tragende Substanz verloren haben. Parlament und Parteien hatten zur Substanz den freien Tauschverkehr von einander gleichgültigen und gleichgeltenden Warenbesitzern. Das Parlament war gedacht als der politische Markt, auf dem die verschiedenen Fraktionen des Bürgertums ihre ökonomisch unterschiedenen Interessen gewaltlos politisch aushandelten. Der Kompromiss im Begriff bürgerlicher Realpolitik ist die politische Rationalisierung der ökonomischen Konkurrenz.
Mit dem Schwinden des freien Tausches durch oligopole und monopole Marktkonzentrationen am Ende des letzten Jahrhunderts verloren diese demokratischen Instanzen von Parteien und Parlament, die Verkehrsformen des Bürgertums, ihre ökonomische Substanz: Es trat fortschreitend eine Verselbständigung des Staates gegenüber der Gesellschaft ein. Die Rechtsperson ist der marxistischen Theorie zufolge die Charaktermaske des Warenbesitzers; an die Stelle des Rechtsstaates trat der autoritäre Sozialstaat. Das heißt, der Staat machte sich selber zum Subjekt der Sozialreform, um die lohnabhängigen Massen daran zu hindern, sich zu organisieren und zusammenzuschließen. Die großen Organisationsformen der Arbeiterklasse, die einstmals revolutionär im Kampf ums Koalitionsrecht erkämpft waren, Gewerkschaften und Partei, wurden aufgrund dieser sozialreformerischen Tendenz der autoritären Exekutive fortschreitend ins Gefüge eben dieser autoritären Exekutive integriert. Max Horkheimers Theorem, dass der Monopolkapitalismus potentiell Faschismus ist, besteht zu Recht. Faschismus ist im Grunde genommen die Konsequenz aus dem Sozialreformismus des autoritären Staates. Autoritärer Staat bedeutet, und das aktualisiert sich mit den Notstandsgesetzen, dass die Demokratie ohne politisch rechtlichen Legitimationsbruch in den Ausnahmezustand übergehen kann. Man kann ja demokratische

Instanzen, etwa das Parlament, nicht nur terroristisch zerschlagen, sondern gerade aufgrund der von mir benannten theoretischen Voraussetzungen manipulativ ins Instrumentarium der autoritären Exekutive integrieren, wie eben die Notstandsgesetze zeigen.
Ich fasse auf drei Ebenen zusammen:
1. Gegenüber der Funktion, die Parlament und Parteien heute im Staate haben, wo sie nicht mehr Medien der kritischen Willensbildung sind, ist deutlich, dass eine revolutionäre Organisation den leninistischen Disziplinbegriff nicht übernehmen kann. Sie muss vielmehr in ihrer Organisation autonome Individuen, die imstande sind, sich selbst einen Leistungsdruck in revolutionärer Hinsicht aufzuerlegen, ausbilden.
2. Beim gegenwärtigen Stand der antiautoritären Bewegung bedürfen wir der publizistisch-kritischen Autoritäten und ihres autoritären Gewichts zur kritischen Aufklärung. Wir bedürfen ihrer konkreten Solidarisierung, und die theoretische Auseinandersetzung müsste sich als Fraktionsauseinandersetzung, nicht aber als kontemplative Kritik von außen abspielen.
3. Der autoritäre Staat kann die Gesellschaft ohne rechtlich politischen Legitimationsbruch in den Ausnahmezustand übergehen lassen. Für die Schlussfolgerung nehme ich eine alte Kontroverse mit Habermas wieder auf. Er hat uns infantile Pathologie vorgeworfen, wir verwechselten, meint er, symbolische Aktionen – Barrikaden bauen, Institutionen besetzen – mit faktischen Machtkampfsituationen[5]. Damals, als wir hier in Frankfurt die Universität besetzten[6], hat dagegen der hessische Minister Rudi Arndt geäußert: »Wir lassen uns diesen Staat nicht von euch zerstören.« Es wurde also suggeriert, wir, die wir doch eine Minderheit sind, wären imstande, den Staat unmittelbar umzustürzen. Der Staat muss aus zwei Gründen eine taktische Machtkampfideologie produzieren und so handeln, als ob es schon um den Kampf, um die politische Macht im Staate gehe: Zum einen kann er es aufgrund des Autoritätsprinzips in der Gesellschaft noch nicht einmal im Ansatz dulden, dass sich eine Massenbewegung herausbildet. Das zeigte sich charakteristisch, als die Studentenbewegung zum ersten Male die akademischen Grenzen überschritt und eine Streikbewegung mit Arbeitern, vor allem Jungarbeitern, mobilisierte. Zum anderen muss er diese Machtkampfideologie produzieren, weil nur indem man gewissermaßen suggeriert, wir könnten schon unmittelbar den Umsturz im Staat herbeiführen, überhaupt ein terroristisches und brutalisiertes Vorgehen gegen die außerparlamentarische Opposition legitimierbar ist. Deshalb bedarf es entsprechender Verfäl-

5 Ebd., S. 12
6 Am 29./30. Mai Besetzung der Universität als Streikmaßnahme gegen die Notstandsgesetze, ihre Umbenennung in Karl-Marx-Universität und die Ausrufung einer Politischen Universität. Vgl. Universität und Widerstand. Versuch einer politischen Universität in Frankfurt, Frankfurt 1968

schungen: Seit dem 2. Juni kennen wir die bekannten Topoi, mit denen die Staatsgewalt Tomaten in Messer verwandelt, mit denen die Demonstranten angeblich werfen sollen. Also, Herr Habermas, nicht wir suggerieren eine Machtkampfsituation aufgrund des Autoritätsprinzips in der Gesellschaft, sondern der Staat ist gezwungen, eine Machtkampfideologie zu produzieren, um die Zerschlagung der außerparlamentarischen Opposition im Ansatz zu legitimieren.

Herr Hofmann hat ein Argument benützt, das immer wieder gegen uns gebracht wird: dass die Intellektuellen und Studenten sich nicht als stellvertretende Klasse begreifen sollten, dass vielmehr ein Bündnis von Intelligenz und, wie er sagte, arbeitenden Menschen wichtig sei. Dieses Argument wird stets falsch vorgetragen. Der SDS und die außerparlamentarische Opposition, soweit sie sich selbst als sozialistisch definiert, begreifen sich nicht als eine Klasse, die in blanquistischer Stellvertretung handelt. Nun haben wir einmal relativ blind die vulgärmarcusianische Formel[7] übernommen, dass nur die Randgruppen noch revolutionäres Subjekt sein könnten; wir haben dann zum Ersten Mai dieses Jahres die Parole ausgegeben: Klassenkampf statt Sozialpartnerschaft. Das ist im Grunde genommen eine große Hinwendung zum Proletariat. Man glaubte nicht mehr, dass nur noch Randgruppen revolutionäres Subjekt der Veränderung sein könnten. Bei alledem ist aber die Klassenfrage in der heutigen Gesellschaft, die Frage, wie sich Klassenstrukturen verändert haben, theoretisch völlig ungeklärt. All diese Formeln sind mehr blinder Reflex unserer eigenen Praxis als eine reflektierte Strategie. Die zweite theoretisch noch ungeklärte Frage ist, wie hat sich die Rolle der kritischen Intelligenz in einer Gesellschaft verändert, in der Wissenschaft immer mehr ein bedeutender, wenn nicht sogar der primäre Produktionsfaktor ist. Ich stelle die Fragen, damit man hier nicht einfach nur Formeln ausgibt, man müsse sich mit dem arbeitenden Menschen – das ist mehr eine expressionistische Formel als ein wirklich klassenspezifischer Ausdruck – verbinden. Inhaltlich gewendet heißt die Frage: Ist es heute so, dass der Intellektuelle eine natürliche Solidarität mit dem Bürgertum hat, das zumindest phänomenologisch nicht mehr besteht, obwohl es natürlich eindeutig eine Kapitalistenklasse gibt, ist es wirklich so, dass der Intellektuelle nur als einzelner die Gesellschaft verlassen kann, ist das auch heute bei der Rolle, die die Wissenschaften als Produktivkraft einnehmen, der Fall? Wenn sich nun das Verhältnis des Staates zur Wirtschaft dadurch verändert hat, dass der Staat selbst ein Produktionsfaktor und ein elementarer Regulator des ökonomischen Prozesses geworden ist, wenn sich also dieses Verhältnis von Politik und Ökonomie, in dem sich

7 Marcuse, Der eindimensionale Mensch, S. 267ff.

ja schließlich die Klassen, wie sie an sich selber beschaffen sind, konstituieren, geändert hat, wie hat sich dann die Klassenlage sowohl der Kapitalisten als auch der Lohnabhängigen an sich selber verändert? All diese Fragen sind theoretisch offen, und wir verfahren im Grunde genommen im Hinblick auf Agitation, Aufklärung und Aktivierung in Richtung Arbeiterklasse orthodox, aber orthodox mit der pragmatischen Disposition, dass wir in unserer praktischen Arbeit selbst veränderte Klassenstrukturen erfahren. Die orthodoxe Arbeit, die wir im Augenblick leisten, geht tastend vor: Man arbeitet im Hinblick auf linke Gewerkschaftskader dort, wo es noch ein revisionistisches Gewerkschaftszentrum wie in Frankfurt gibt; man arbeitet mit KP-Genossen zusammen, das ist auch nach dem Ausschluss des KP-Flügels durchaus noch nicht vorbei; man versucht, eigene Zellen vor allen Dingen von Jungarbeitern zu bilden. Das alles ist natürlich sehr orthodoxe Arbeit, im Grunde genommen entspricht diese Zellenarbeit der Politik der ultralinken Opposition bei den deutschen Kommunisten zu Beginn der zwanziger Jahre dieses Jahrhunderts. Man muss diese aufklärende Agitationsarbeit im Hinblick und mit Bezug auf die Arbeiterklasse in der Klammer der pragmatischen Disposition betrachten, dass wir selbst während dieser Arbeit qualitativ neue praktische Erfahrungen sammeln, die nur theoretisch reflektiert Auskunft über die Klassenstruktur, über die tatsächliche Verfassung der Klassenstruktur in der Gesellschaft geben. Sonst kommt man in die Gefahr, wie die orthodoxen Dogmatiker immer nur mit den verdinglichten und analytischen, keineswegs vermittelten Gegenübersetzungen von Klasse an sich und für sich zu arbeiten.
Nun zu dem, was Herr Habermas gesagt hat: Er hat den Eindruck, ich rede als Parteichef, der unbotmäßige Intellektuelle zur Ordnung ruft. Er hat diesen Eindruck zwar nicht weiter begründet, aber es mag etwas Richtiges daran sein. In dem Maße, in dem man sich in der Praxis der außerparlamentarischen Opposition und der Organisation des SDS mit bestimmten Funktionen identifiziert, kann es einem in der Tat relativ naturwüchsig geschehen, allmählich verdinglichte Verhaltensweisen von Parteichefs anzunehmen. Insofern kann der Hinweis dazu dienen, selber zur praktischen Selbstreflexion darüber zu kommen.
Meine Forderung nach unbedingter Solidarisierung hat Habermas missverstanden. Dieses Missverständnis stammt aus einem ganz bestimmten theoretischen Ansatz seiner eigenen Konzeption. Es wird deutlich an dem, was er zu der Aktion der letzten Tage gesagt hat: dass sie sehr mutig und eskalierend gewesen sei, allerdings durch Aufklärung schlecht vorbereitet. Das ist in der Tat der Fall. Nur würde ich gern wissen, welche Funktion solch ein Argument hat, wenn man den SDS in seinem organisatorischen Selbstverständnis nicht für so dumm einschätzt, dass er das nicht selber wüsste. Soll daraus erstens folgen, dass man diese Aktion

deshalb hätte unterlassen müssen? Wir haben diese Aktion zwar schlecht vorbereitet, aber jeder kennt den Grund. Die Massenaktionen gegen die Notstandsgesetze haben auf die vorhandenen Organisationsstrukturen im SDS zersetzend und chaotisierend gewirkt. Wir sind im Augenblick wirklich schlecht organisiert. Die qualitativ neuen Organisationsformen, die informellen Kader, die sich neu herausgebildet haben – auch an der Hochschule während der Politischen Universität und des Streiks in Frankreich und bei Jungarbeitern – konnten noch nicht in einen wie immer auch koordinierten organisatorischen Rahmen einbezogen werden. Es ist also nicht so, dass sich nur ein organisatorisches Chaos hergestellt hat; wir haben auch neue Organisationsformen herausgebildet. Aber wenn ich jetzt Ihre (Habermas) Forderung auf diesem Hintergrund ernst nehme, dass man deshalb auf die Aktion hätte verzichten müssen, so bedeutet das, die außerparlamentarische Opposition solle sich so lange, bis sie sich organisatorisch regeneriert hat, gewissermaßen in ein organisatorisches Schneckengehäuse zurückziehen und so lange auch auf Aktionen verzichten. Das würde aber bei einer sozialistischen und antiautoritären Bewegung, die sich so sehr in der Aktion und durch die Aktion konstituiert und reproduziert, tödlich sein. Zum zweiten – besonders bezogen auf die Aktion gegen Senghor –, auch sie war aufklärerisch aus den genannten Gründen sehr schlecht vorbereitet. Die Frage ist aber doch, ob trotz der überwiegend negativen Reaktionen, die nach diesen Aktionen zu erwarten sind, nicht gerade solche Aktionen einen Aufklärungsprozess auslösen können. Wir selbst müssen doch überhaupt erst das Potential schaffen, das diese Aufklärung besorgt. Diese Aktion selbst kann durchaus im nachhinein aufklärend wirken. Wir haben genügend Beispiele dieser Art. Aufklärung heißt nicht, sich in abstracto an die Bevölkerung zu wenden, die eine abstrakte statistische Größe ist, sondern an bestimmte relevante Schichten, so wie die außerparlamentarische Opposition selbst sich entwickelt hat, indem zuerst die Studenten, dann die Schüler, schließlich auch Jungarbeiter mobilisiert wurden. Wenn Sie dieses Aufklärungsminimum fordern, dass diejenigen, die da agieren, selbst aufgeklärt sein müssen über das, wogegen sie agieren: das war doch ganz sicher erfüllt. Die Informationsminima waren gegeben. Es genügt, wenn man darüber aufklärt, mit welchen Mitteln ein Staatschef im eigenen Land gegen das Proletariat (z.B. mit französischen Fallschirmeinheiten) vorgeht, mit welchen Mitteln dort das Grundnahrungsmittel des Landes – der Reis – auf einer Preishöhe gehalten wird, der für die Armen, nämlich für die Fischer und Bauern des Landes, kaum erschwinglich ist. Wir haben versucht, in unserem teach-in, soweit das möglich war, diese Minimalinformationen zu geben und darüber hinaus einiges über die Ideologie, die Senghor vertritt, zu sagen. Ich glaube, solche informatorischen Minima waren, wie unvollkommen auch immer, gewährleistet, gerade bei solch einer Aktion, die sich ja nun nicht auf eine bestimmte Kampagne richtet, sondern eine Einzelaktion im Ganzen war. Niemand verlangt von den kritischen Autoritäten, dass sie nun wirklich allesamt im Ho-Chi-Minh-Rhythmus mit uns über die Straßen laufen. Aber sie müssten doch wohl soviel Arbeitszeit aufwenden können, nicht nur mit der Feder tätig zu sein, sondern im Rahmen der Aktionen, wenn auch nur durch Beratung, zu wirken. Und dann, Herr Habermas, hätten Sie es in der Tat – und das ist wieder der typische Topos – vorher sagen können und nicht schon wieder mal post festum und immer wieder im nachhinein. Man muss sich zu einer organisierten Teilnahme an der Aktion entschließen und selbst, wenn diese organisierte Teilnahme nur in vorhergehender Aufklärung besteht. Sonst nehmen Sie genau jenen Typus des Intellektuellen ein, den Max Horkheimer meint, wenn er sagt, dass Kritik nur legitim ist, wenn man sich entschließt zur Teilnahme in der Organisation und an der Aktion, dass aber bürgerliche Kritik am proletarischen Kampf eine logische Unmöglichkeit ist.

21. Zur historischen Dialektik der nachstalinistischen Reform in der CSSR*

»Lenin erwache, Breschnew ist verrückt geworden!« Diese während der ersten Okkupationstage an einer der Mauern Prags auftauchende Inschrift enthüllt die karikaturistische Wahrheit über die sowjetische Invasion in der CSSR. Was der unversehens Morgenluft witternde Antikommunismus unverzüglich zu einem sowjetischen Vietnam hysterisierte und die ahistorischen Bewusstseinstrübungen der liberalen Publizistik hierzulande zur zweiten Auflage des sowjetischen Gewaltaktes im Ungarn des Jahres 1956 dekretierte, ist in Wirklichkeit von eben der historischen Verfassung, die dem immer noch bewusstlos in naturwüchsiger Kontingenz abrollenden Geschichtsprozess zukommt, wie sie den geschichtsphilosophischen Ausgangspunkt der Marxschen Darstellung des 18. Brumaire des Louis Bonaparte bildet: *»Hegel bemerkt irgendwo, dass alle großen weltgeschichtlichen Tatsachen und Personen sich sozusagen zweimal ereignen. Er hat vergessen hinzuzufügen: Das eine Mal als Tragödie, das andere Mal als Farce.«*[1] Prag 1968 spiegelt die Budapester Tragödie von 1956 als Farce wider. Die Helden von 1956 wurden hingerichtet, die von 1968 kehrten weinend heim; dem Reformhelden Dubcek mag mit Liquidation gedroht worden sein, doch der sowjetische Gastgeber beschränkte sich darauf, Handschellen und kalte Platte zu servieren. In den Straßen Prags hingegen wurden vereinzelt empörte Jugendliche im Widerstand gegen die Okkupation niederkartuscht. *Der Held der Sowjetunion* und greise Volksheld Svoboda, in Prag Gefangener der Sowjets, wird in Moskau mit allen diplomatischen Ehren eines Staatsmanns und gefälschtem Bruderkuss empfangen. Aber was sich zwischen den herrschenden Staatsfunktionären als kompradorisch erpresste kabinettpolitische Groteske ausweist, stellt sich für die verratenen und verkauften Massen der tschechoslowakischen Bevölkerung als grausame stalinistische Naturkatastrophe dar, der sie den historischen Willen zum spontanen und taktisch geschickt organisierten Widerstand entgegensetzen. Der 21. August ist der außenpolitische *18. Brumaire der Sowjetunion.*

1.

Der Widerstand gegen die Okkupation war mit der Ambivalenz des politischen Geschichtsbewusstseins behaftet, das in der Reformphase of-

* Zuerst veröffentlicht als Einleitung zu R. Deppe u. a.: Die Tschechoslowakei von 1945-1968. Zwischen Kapitalismus und Revolution. Mit einem Aufsatz von Ota Sik. Voltaire-Flugschrift 26, Frankfurt 1968. (Anm. d. Hg.)

1 Marx, Der 18. Brumaire des Louis Bonaparte, in: Politische Schriften, Band 1, ed. Lieber, Darmstadt 1960, S. 270

fen zur Erscheinung drängte. Diese objektivierte, eine der Klassenlage von Intellektuellen und Studenten – den Hauptadressaten der Reformbewegung – sehr wohl zuzurechnende liberale Bedürfnisstruktur republikanischer Freiheiten, deren Inhalte sich an einer vergangenen Emanzipationsphase des Bürgertums orientierten, die aber keineswegs ein angemessenes proletarisches Klassenbewusstsein aktualisieren konnte und wollte. Unter den physischen Zwangsbedingungen der militärischen Invasion musste der massenhafte Wille zum Widerstand den Intellektuellen und den publizistischen Liberalismus, sowie dessen auf nationalstaatliche Souveränität drängende Komponente im Bewusstsein der Massen notwendig zu einem kompromisslosen Nationalbewusstsein radikalisieren, wie es geschichtlich in revolutionären Perioden der bürgerlichen Politik hervorgebracht wurde. Die ideologischen Inhalte des nationalbewussten Widerstands entäußerten sich in der Bevölkerung als zunehmende Indifferenz gegenüber dem Kommunismus, ohne dass in der Regel die grundsätzliche Option für eine sozialistische Produktionsweise in Frage gestellt wurde; darüber hinaus in der immer mehr um sich greifenden Forderung nach Neutralität sowie der Reduktion des Protests gegen die sowjetische Invasion auf das nationalstaatliche Souveränitätsprinzip der Nichteinmischung fremder Mächte in die *inneren Angelegenheiten* eines anderen Landes.
Andererseits brachte der vehemente Streikwille der Arbeiter die wie auch immer durch ein falsches Bewusstsein verdeckte praktische Notwendigkeit keimhaft zum Ausdruck, dass der revolutionäre Klassenkampf des Proletariats, dessen Diktatur bislang administrativ boykottiert wurde, selbst auf der materiellen Basis verstaatlichter Produktivkräfte fortzusetzen ist.
Das Verhalten der herrschenden *Reformgruppe* um Dubcek gegenüber dem Widerstand der Massen musste nicht nur aufgrund des massiven sowjetischen Drucks, sondern auch ihrer eigenen politischen Ziele und Herrschaftsinteressen zwiespältig und retardierend sein. Mögen die unaufhörlichen Aufrufe, besonnen zu handeln und als erste Bürgerpflicht die Ruhe zu bewahren, sich auch aus einer ernsthaften und nicht zu bagatellisierenden Besorgnis vor der Gefahr der blutigen Niederschlagung einer empörten Insurrektion motiviert haben, so hatten sie doch andererseits die Funktion, die Bildung selbsttätiger Widerstandsformationen der Bevölkerung zu verhindern. Die Organisationen der Arbeiterklasse legten aufgrund der Reform den symptomatischen Verhaltenstypus revisionistischer Massenorganisationen zutage: Den verbalradikalen Proklamationen des unbefristeten Generalstreiks folgte tatsächlich dessen Zerstückelung in eine Reihe von Kurzstreiks, ein bewährtes, zum Beispiel von der KPF seit Jahren virtuos gehandhabtes Mittel, um den Kampfwillen der Arbeiter zu befriedigen und zugleich unter kanalisierender Kontrolle zu halten.

Das *Moskauer Diktat*, mit dem die entnervten Reformer nach Prag zurückkehrten, musste die nationalbewussten Dispositionen der ein politisches Kompromissverhalten ausschließenden Massen brüskieren. *Verrat* war eine der ersten spontanen Reaktionen auf das Kommunique vom 27. August; zum ersten Mal wurde Dubcek nicht mehr einhellig und unwidersprochen gefeiert. Die Sowjets hatten die Reformfunktionäre in die Rolle von Kollaborateuren gezwungen. Nicht die Organisierung des Widerstands stand mehr auf der Tagesordnung, sondern der apathisierende Appell an die Massen, das Vertrauen in die Führung nicht zu verlieren. Noch ist nicht eindeutig abzusehen, ob das Moskauer Diktat ein Schritt auf dem notwendigen Wege zur Entheroisierung der Reformer um Dubcek und aufklärenden Desillusionierung der Bevölkerung gewesen ist. Vorläufig hat sich zumindest die Ideologie von Ruhe, Ordnung und Vertrauen in die Führung als stark genug erwiesen, die Massen zu disziplinieren.

2.

Die antagonistische Verfassung der nachstalinistischen Reform, wie sie in der programmatischen Parole eines *demokratischen Sozialismus* abbreviatorisch zusammengefasst ist, tritt schlagartig in der Prager Studentenrevolte des letzten Jahres hervor. Während der Protest der Studenten gegen die brutale Polizeigewalt des Novotny-Regimes sich in der Regel auf die Forderung nach rechtsstaatlichen Garantien und Liberalisierung des Pressewesens beschränkte, entschuldigten sie sich andererseits beim US-Botschafter in Prag für eine Vietnam-Demonstration ihrer nordvietnamesischen Kommilitonen, weil in deren Verlauf die Fahne der USA vom Botschaftsdach herabgerissen wurde.[2] Die praktische Selbstdefinition der in ihren gesellschaftlichen Inhalten von Intellektuellen und Studenten artikulierten Reformbewegung reproduziert klassischen Liberalismus. Ihre Begriffsbestimmung des *demokratischen Sozialismus* ist selbst noch von der stalinistischen Verselbständigung der Staatsmaschinerie affiziert, von der sie sich befreien will. Die historisch verzerrte Vorstellung, die ihr zugrunde liegt, ist die der etatistisch gefesselten ökonomistischen Reduktion der sozialistischen Produktions- und Verkehrsweise aufs administrativ determinierte Kollektiv, in der das principium individuationis der liberalen Phase bürgerlicher Gesellschaft sich nicht etwa materialistisch entfalten kann, sondern kontrollfunktional liquidiert wird. Die vom Stalinismus praktisch bestätigte und mit der theoretischen Einstellung liberaler Ideologien konvergierende synkretistische Allerweltsmeinung, die revolutionäre Theorie des Proletariats und mehr noch dessen Praxis wollten dem autonomen Individuum zugunsten des uniformen Kollektivs an die Gurgel, deckt sich negativ mit dem beflissenen Bedürfnis der reformistischen Intelligenz, Sozialismus und *individuelle Freiheit*

2 vgl. Hans Magnus Enzensberger, in: Kursbuch 13, 1968, S. 106ff.

seien keineswegs unvereinbar; in dieser Vorstellung lebt die kapitalistische Trennung von kollektiver Gattung und singularisierten Individuen fort, die in den Frühschriften Marxens ein für die Bildungsgeschichte des Historischen Materialismus konstitutiver Gegenstand der Philosophiekritik ist. Die Reform in der CSSR stülpte der verstaatlichten Produktion einen liberalen und demokratischen Überbau auf, dessen emanzipatorische Gehalte der Presse-, Meinungs- und Koalitionsfreiheit insgesamt einer längst untergegangenen Formationsphase der bürgerlichen Gesellschaft entlehnt sind, in der sich kraft der ihr eigenen geschichtlichen Dynamik die institutionalisierte Fiktion der autonomen und bedürfnislosen Rechtsperson, Inbegriff bürgerlicher Individualität, als eine reine Abstraktion des gesellschaftlich notwendigen Scheins des Tauschverkehrs auswies, unter dessen Decke die materielle Gewalt ökonomischer surplus-repression unbeschränkt dominierte. Dass die strategische Konzeption Marxens einer Vergesellschaftung der Produktionsmittel das bürgerliche Individuationsprinzip überhaupt erst aus dem bloß abstrakten Dasein des charaktermaskierten Warenbesitzers lösen und die konkurrierenden Lohnarbeiter aus dem gesellschaftlichen Elend der Isolierung befreien will, stellt sich in den Köpfen jugoslawischer und tschechoslowakischer Reformphilosophen bestenfalls in der verstümmelten Form existentialontologisch und phänomenologisch verfärbter Rezeptionen der Marxschen Entfremdungslehre sowie in der verballhornten Weltanschauungskonstruktion eines angeblich von Marx verkündeten *humanistischen Menschenbildes* dar. Unverstanden bleibt, dass der Kommunismus nach Marx und Engels auf die »Produktion der Verkehrsform selbst« zielt[3], in der das wertsubstantielle Produktionsverhältnis abstrakter Arbeit, das die privat arbeitenden Produzenten gegeneinander isoliert, auf dem Wege revolutionär erkämpfter Vergesellschaftung zugrunde geht, um die Möglichkeit der »assoziierten Produktionsweise« der unmittelbaren Produzenten und schließlich des zwanglosen »Vereins freier Menschen« zu eröffnen. Das falsche Bewusstsein, die neue sozialistische Produktionsweise mit den alten liberalen Institutionen aufstocken zu müssen, erzeugte den schlechten theoretischen Idealismus und den blinden praktischen Revisionismus der nachstalinistischen Reform in der CSSR.

Das emanzipatorische Vernunftinteresse der Reformbewegung in der CSSR vermochte sich nur im ideologisch deformierten Bewusstsein einer Restauration republikanischer Freiheiten auszudrücken und kleidete sich ins zerschlissene Gewand der versteinerten und durch die Konzentrationsdynamik des Spätkapitalismus längst funktionalisierten Begriffswelt des liberalen Rechtsstaates. Dieser findet seine legitimierende Substanz im bürgerlichen *Reich der Sittlichkeit*, der gewaltlosen Verkehrsform der Zirkulationssphäre, in der Marx zufolge »Freiheit, Gleichheit, Eigentum

3 vgl. Marx/Engels, Deutsche Ideologie, in: MEW, Band 3, Berlin 1958, S. 70ff.

und Bentham« herrschen. Mit dem Schwinden der freien Konkurrenz von einander gleichgültigen und gleichgeltenden Warenbesitzern durch die monopolistische Entpersonalisierung des Marktes verlor die Zirkulationssphäre ihre sittlich legitimierende Kraft.[4] Historisch hat dies für den Spätkapitalismus die strukturelle Transformation des liberalen Rechtsstaats in den autoritären Sozialstaat zur Folge.
Die Ideologie der Prager Reform ist sich des Widerspruchs zwischen der materiellen Basis eines verstaatlichten Eigentums an Produktionsmitteln und einem liberalen Überbau nicht bewusst geworden. Sie ist im Hegelschen Sinne von einer schlecht anachronistischen Idealität, insofern sie zwei einander geschichtlich abstoßende Momente, das historisch neue Vernunftprinzip mit der ausgereiften Substanz alter Sittlichkeit verbinden will,[5] die nachstalinistische Reform in der CSSR stellte eine ahistorische Überführung des geschichtlich neuen, noch unentfalteten und etatistisch verstümmelten Prinzips der sozialistischen Produktionsweise in die alte und abgestorbene Substanz bürgerlicher Verkehrsformen dar.

3.
Der idealisierende Liberalismus der Intellektuellen und Studenten, sowie der ökonomische Reformismus der technokratischen Reformergruppe in der Partei- und Staatsspitze ergänzten einander. Es war keineswegs zufällig, dass die Reformer im Januar die Universitäten und die Publizistik des Landes mit dem Versprechen auf politische Emanzipation mobilisierten, um in den Besitz der staatlichen Machtmittel zur Durchführung der ökonomischen Reformen zu gelangen. Denn die ökonomische *Entstalinisierung* sollte sich auf dem Rücken der Arbeiterklasse vollziehen. Die administrativ verdinglichte Planwirtschaft der Novotny-Periode hatte sich als unfähig erwiesen, die Disproportionalitäts- und Stagnationskrise von 1962-1965 zu lösen. Die sich in innerbürokratischen Machtkämpfen in der Parteispitze herausbildende Reformergruppe zog daraus den technokratischen Schluss, eine verstärkte Autonomie der Betriebsleitungen, deren autoritäre Kontrolle über die Produzenten durch die Institutionalisierung einer Mitbestimmungsideologie verschleiert werden sollte und eine technologische Rationalisierung des industriellen Maschinensystems, selbst um den Preis einer außerordentlich hohen Arbeitslosenquote, seien historisch unumgänglich. Entscheidend ist die regulative Stabilisierung von Markt- und Preismechanismen, in der zwar die staatliche Aufhebung des Privateigentums an den Produktionsmitteln prinzipiell nicht revoziert wird, die aber eine phänomenologische, also nicht essentielle Assimilation an die bürgerliche Produktionsweise bewirkt.

4 Marx, Das Kapital, Band 1, Berlin 1966, S. 189-190, vgl. auch ebd., S. 99ff. Rohentwurf Berlin 1953, S. 153ff.
5 siehe Hegel, Rechtsphilosophie, Frankfurt 1968, ed. Löwith/Riedel S. 39ff.

Ota Sik, Cheftheoretiker der Wirtschaftsreformen in der CSSR, versucht sogar die genuin marxistische Lehre vom Absterben der Ware und des Geldes in der ökonomischen Transformationsperiode als eine mit dem Odium des Stalinismus behaftete unverbindliche ideelle Abstraktion zu diskreditieren;[6] für Marx hingegen ist mit der durch den Austausch von Kapital und Lohnarbeit gesellschaftlich verallgemeinerten Warenproduktion analytisch untrennbar der Sachverhalt von Entfremdung und Verdinglichung verbunden, der Umstand, dass eine im Prinzip historisierte industrielle Produktion sich der bewussten Kontrolle durch die Produzenten mit scheinbarer Naturgewalt entzieht. Im Begriff und Dasein der Geldform der Ware kristallisiert sich die naturwüchsige Kontingenz eines im Prinzip von den Menschen bewusst machbaren Geschichtsprozesses. Die ökonomischen Reformisten in der CSSR haben, mit der impliziten Preisgabe wesentlicher Lehrstücke der materialistischen *Kritik der politischen Ökonomie* zugunsten der forcierten Reaktivierung des stagnierten technischen Fortschritts, die praktische Reflexion auf den emanzipatorischen Fortschritt der Gattung, also auf die materialistische Befreiung der Produktion und deren direkte Kontrolle durch die unmittelbaren Produzenten, herrschaftsinteressiert verdrängt.
Die Machtverhältnisse des politischen Richtungskampfes zwangen die Wirtschaftsreformer zur taktischen Mobilisierung der politischen Emanzipationsbedürfnisse von Intellektuellen und Studenten, von der abzusehen war, dass sie schließlich eine verselbständigte, von den staatlichen Reformfunktionären nicht mehr kontrollierbare Eigendynamik entfaltet hätte. Darüber hinaus entsprach der politische Liberalismus der Intelligenz objektiv der partiellen Wiedereinführung anarchischer Elemente in den bürokratisch verwalteten Markt.
Wesentlichstes Ergebnis der politischen Emanzipation war die privilegiert verteilte und durchaus noch herrschaftsgebundene Einführung der liberalen Rechtsinstitute von Meinungs- und Pressefreiheit. Auf diesen hatten vor allem die Studenten im Kampf gegen die gewaltsam unterdrückte oder bürokratisch zensierte publizistische Öffentlichkeit, in deren Medium ihre unmittelbaren Bedürfnisse nicht zur Sprache kommen konnten, als dringendstes Erfordernis insistiert. Die im Zuge der politischen Reformen weitertreibende Diskussion mündete in die formaldemokratischen Forderungen nach pluraler parlamentarischer Repräsentanz und republikanischer Koalitionsfreiheit, die das liberale Selbstbewusstsein an eine wenn auch demokratisierte Staatsmaschine fixierte. (Insbesondere am Koalitionsrecht lässt sich die Dialektik der Restauration liberaler Freiheiten demonstrieren: Wenn es einerseits das Ziel der Diktatur des Proletariats zugunsten eines parteilich organisierten bürgerlichen Meinungspluralismus unterdrückt, so eröffnet es doch andererseits der Ar-

6 siehe Ota Sik, Plan und Markt im Sozialismus, Wien 1967, S. 15ff.

beiterklasse die Möglichkeit, sich frei zu organisieren und das Kampfmittel des Streiks zurückzuerobern.) Sieht man davon ab, dass ein Kernstück der Revolutionstheorie Marxens, Engels' und Lenins, die Lehre vom Absterben des Staates, in dem allein die politischen Freiheiten sich in einem materialistischen Sinn konkretisieren können, unter den Bedingungen der geschichtlichen Koexistenz eines technologisch hocharmierten imperialistischen Weltmilieus nicht isoliert realisierbar ist, so ist doch bezeichnend, dass das Reformbewusstsein diese Lehre zur utopischen Abstraktion einer bestenfalls *regulativen Idee der Klassiker* verflüchtigte.

Das politische Geschichtsbewusstsein der nachstalinistischen Reform ist, mit Ausnahme des ökonomischen Minimums verstaatlichter und noch keineswegs konkret vergesellschafteter Produktivkräfte, blind gegen die wesentlichen strategischen und emanzipatorischen Zielvorstellungen des revolutionären Sozialismus. Diese leben nur noch in ideologisch entstellter Form fort. Das Bild der vernünftigen Gesellschaft, das Absterben der Ware und des Geldes, schließlich das Absterben des Staates und die rätedemokratische Assoziation der nicht mehr in einem System totalitär zusammengefassten Individuen werden wieder verbürgerlicht, d.h. im Kantischen Sinn zu bestenfalls regulativen Ideen, denen man sich in reformistischer Approximation wohl nähern, aber die man in der gesellschaftlichen Erscheinungswelt niemals ganz realisieren kann, herabgesetzt.

So abstrakt richtig die theoretische Konfrontation zentraler emanzipatorischer Lehrstücke der revolutionären Theorie des Proletariats mit Ideologie und Politik der Reformbewegung ist, so konkret falsch wäre es, diese unvermittelt daran zu beurteilen. Von außen unter ahistorischer Abstraktion von der immanenten Entwicklung der etatistischen Diktatur über das Proletariat, Kriterien sozialistischer Produktionsweise und assoziierter Räteorganisation an die östlichen Staaten heranzutragen, wäre ein eher moralisches Postulat denn ein politisches Urteil aus historischer Vernunft. Schließlich hat der Stalinismus seit Jahrzehnten die Dimension der revolutionären Emanzipation und der Diktatur des Proletariats aus dem historischen Bewusstsein und der politischen Praxis der von der Sowjetunion repräsentierten Länder und kommunistischen Parteien Europas ausgemerzt. Die seit Jahrzehnten sich vollziehende realpolitische Pragmatisierung der einstmals revolutionären Politik der Sowjetunion, wie sie in der Konzeption der friedlichen Koexistenz, dem Verzicht auf die revolutionäre Beseitigung der spätkapitalistischen Gesellschaftsformation kulminiert, hat den welthistorischen neuen Bezugsrahmen, innerhalb dessen sich die geschichtliche Aktualität der Weltrevolution tagespolitisch aktualisiert, nämlich die an der Peripherie der spätkapitalistischen Zivilisation kämpfenden sozialrevolutionären Befreiungsbewegungen der Dritten Welt, methodisch aus dem Bewusstsein des *sozialistischen*

Lagers Europas ausgeschaltet. Oskar Negt zufolge erlaubt die Orientierung an der abstrakten Präsenz der Revolution, wie sie sich auch in Vietnam exemplarisch vollzieht und in Kuba in ein sozialistisches Modell resultierte, der studentischen Protestbewegung in den westlichen Metropolen sowohl die Distanzierung von der sowjetischen Kompromisspolitik als auch die Identifikation des imperialistischen Gewaltpotentials der von den USA repräsentierten spätkapitalistischen Länder. Er folgert daraus ein verändertes Verhältnis von Politik, Protest und Moral, das der Studentenbewegung die Herausbildung einer politischen Moral der Kompromisslosigkeit erlaubte, die in ihrer klassenspezifischen Zurechnung zwar noch oszilliert zwischen der bürgerlich revolutionären Ableitung politischer Handlungen aus kategorischen Moralprinzipien und der proletarisch revolutionären Konstitution einer Klassenmoral aus der Vermittlung der politischen Erfordernisse des Kampfes mit den strategischen Zielsetzungen, die aber überhaupt erst emanzipatorische Alternativen zu den institutionalisierten Kategorien traditioneller Politik, die bestenfalls zur Artikulation der Restauration kapitalistischer Herrschaft nach dem Zweiten Weltkrieg taugen, aufzeigen kann.[7]
Wo aber, wie in der CSSR, die gesellschaftlich praktischen Bedingungen fehlten, diese neue Möglichkeit revolutionärer Weltgeschichte einzusehen, bleibt historisch keine andere Wahl, als sich an den liberalen Idealen der bürgerlichen Vergangenheit zu orientieren. Die kollektivistisch ökonomistische Reduktion des Begriffs einer sozialistischen Gesellschaft, die in der Periode des Stalinismus konsolidierte Verselbständigung der kontrollfunktionalen Staatsmaschine und die Preisgabe des proletarischen Internationalismus zugunsten der Politik friedlicher Koexistenz erklären die oben beschriebene Deformation des Historischen Materialismus. Unter diesen Bedingungen vermag das emanzipatorische Vernunftinteresse keine andere Bewusstseinsalternative aufzuspüren als die ideologische des Liberalismus. Die erste Phase der Befreiung vom Stalinismus ist theoretisch und praktisch mit den Muttermalen des Stalinismus selbst behaftet. Die ersten Schritte auf dem Wege der Emanzipation vom Stalinismus vollziehen sich zunächst als »weltgeschichtliche Totenbeschwörung« (Marx) des fossilierten Liberalismus der längst untergegangenen konkurrenzkapitalistischen Phase der bürgerlichen Gesellschaft – als Versuch rechtsstaatlicher Institutionalisierungen republikanischer Freiheiten.

4.

Auf dem Hintergrund dieser Hypothese zur historischen Dialektik der nachstalinistischen Reform in der CSSR wäre in immanenter Kritik der Fortschritt objektiv zu beurteilen, den die Restauration republikanischer

7 Vgl. Negt, in: Protest und Politik, Frankfurt 1968, S. 13

Freiheiten unter den Vorzeichen intellektueller Privilegien mit sich gebracht hat. Wenn das liberale Selbstbewusstsein der Reformbewegung die objektiv mögliche Erscheinungsform ihres historischen Willens zur Emanzipation von den verselbständigten Herrschaftsbürokratien gewesen ist, dann ist der Liberalismus ebenso wenig als eine bourgeoise Regression zu bewerten, wie er andererseits die Vorstellung eines linearen Weges zur sozialistischen Gesellschaft aus dem bürokratischen Gehäuse stalinistischer Hörigkeit zerstört. Zentral steht die problematische Frage nach der Eröffnung einer qualitativ neuen Dimension gesamtgesellschaftlicher Widersprüche, die ein reales Moment Emanzipation enthalten.
Der Rückgriff auf die liberalistische Ideologie hatte eine praktisch folgenreiche Veränderung in der formativen Konstellation von Überbau und Basis bewirkt, einen historischen Substanzwandel der Ideologie. Die systemkritischen Voraussetzungen für diese historische Erklärung liefert Herbert Marcuses Analyse des Sowjetmarxismus unter der Bedingung, dass die politische Staatsverfassung der Sowjetunion und deren ökonomische Kontrollfunktion auch die von der Sowjetunion abhängigen sozialistischen Länder Europas im großen und ganzen teilen. Wesentlich ist Marcuses These, dass auf der materiellen Basis einer bloßen Verstaatlichung des ökonomischen Produktionsapparates und einer entsprechend administrativ zentralisierten Planwirtschaft der ideologische Doppelcharakter, welcher dem klassengesellschaftlich vermittelten Staat der kapitalistischen Gesellschaftsformation eigen ist, in einer selber zwieschlächtigen Weise verlorengehe. Während der bürgerliche Rechtsstaat die generalisierte Herrschaft einer partikularen Klasse Marx zufolge durch die Ideologie allgemeiner und egalitärer Gesetzesnormen gleichsam »kompensiere« und diesem »Anschein eines allgemeinen Interesses« zugleich zur Basis transzendente und ihr gegenüber antagonistische Faktoren innewohnten, werde die Duplexität der Ideologie als richtiger Reflex einer falschen Wirklichkeit und falsche Reflexion einer richtigen Wirklichkeit jene herrschaftsmäßig zu bestätigen und diese utopisch zu projizieren, in dem durch den Sowjetmarxismus definierten staatlichen System eingeebnet.[8] »... der Staat wird ohne vermittelnde Faktoren zur direkten politischen Organisation des Produktionsapparats, der allgemeine Manager der verstaatlichten Wirtschaft und das hypostasierte kollektive Interesse. Die funktionellen Unterschiede zwischen Basis und Überbau tendieren daher dazu, verwischt zu werden: dieser wird methodisch und systematisch an die Basis angeglichen, indem er jener Funktionen beraubt wird, die gegenüber der Basis transzendent und antagonisch sind. Dieser Prozess, der neue Grundlagen für gesellschaftliche Kontrolle errichtet, ändert die Ideologie in ihrer innersten Substanz. Die Spannung zwischen

8 Marcuse, Die Gesellschaftslehre des sowjetischen Marxismus, Neuwied 1964, S. 122

Idee und Wirklichkeit, zwischen Kultur und Zivilisation, zwischen geistiger und materieller Kultur – eine Spannung, die eine der Triebkräfte der westlichen Zivilisation war – wird nicht gelöst, sondern methodisch abgebaut.«[9]

Die assimilative Funktionalisierung des Verhältnisses von Überbau und Basis unter den Bedingungen hypostasierter administrativer Planwirtschaft – der östlichen Variante der These von der eindimensionalen Gesellschaft – entfernt demnach die utopisch transzendierenden Gehalte aus dem falschen gesellschaftlichen Bewusstsein. Die herrschaftsstabilisierende Basis des institutionalisierten Überbaus der bürgerlichen Gesellschaft bestand gerade in der Fähigkeit, die systemtranszendenten Gehalte der Ideologie zu integrieren, also sie in die falschen Bahnen religiöser Projektionen, sittlicher Prinzipien und juristischer Fiktionen zu lenken. Die Entsubstantialisierung der Ideologie im sowjetmarxistisch beschreibbaren Staatssystem eliminiert zwar die ideologisch deformierte emanzipatorische Dimension aus dem gesellschaftlichen Bewusstsein, aber zeugt zugleich von der Anfälligkeit gegenüber den unreglementierten Inhalten »ideologischer Transzendenz«, solange der fundamentale Widerspruch zwischen staatlich bürokratisch imponiertem Allgemeininteresse und dem noch unbefriedigten individuellen Bedürfnissen der einzelnen fortbesteht: »Im sowjetischen System wird das *allgemeine Interesse* hypostasiert im Staat – eine von den individuellen Interessen getrennte Wesenheit. In dem Maße, wie die letzteren noch unerfüllt sind und von der Wirklichkeit zurückgestoßen werden, streben sie nach ideologischem Ausdruck. Und ihre Kraft ist für das Regime umso explosiver, je mehr von der neuen ökonomischen Basis in der Propaganda verkündet wird, sie stelle unter dem Kommunismus die totale Befreiung des Menschen sicher. Der Kampf gegen die ideologische Transzendenz wird so für das Regime ein Kampf auf Leben und Tod. Innerhalb der ideologischen Sphäre verschiebt sich das Schwergewicht von der Philosophie auf die Literatur und Kunst.«[10]

Die »Gefahrenzone« (Marcuse) literarisch-ästhetischer Transzendenz für den bürokratisierten Zentralstaat administrativer Planwirtschaft wird durch die Geschichte der Prager Reformbewegung und der führenden Rolle der Intellektuellen eklatant bestätigt. Die Sphäre der Literatur war unter diesen Aspekten der keineswegs zufällige, wenn auch basisentfernteste Ausdruck des emanzipatorischen Reformbewusstseins, denn »je mehr die Basis auf die Ideologie übergreift, sie manipuliert und mit der bestehenden Ordnung gleichschaltet, desto mehr wird die ideologische Sphäre, die von der Wirklichkeit am entferntesten ist (Kunst, Philosophie), eben wegen dieser Entfernung zur letzten Zuflucht der

9 Ebd., S. 125
10 Ebd., S. 128

Opposition gegen diese Ordnung«.[11] Der literarische Anfang der politischen Reform konzentrierte sich in der CSSR um die ästhetische Befreiung Kafkas aus der *sozialistisch-realistischen* Verbannung. Jene war mehr als ein nur literarisches Ereignis, vielmehr ein politisches Programm, das die von Goldstücker organisierte Kafka-Konferenz von 1963 demonstrierte. Kafkas Werk wurde zum chiffrierten Text der liberalen Opposition der Intellektuellen gegen den Stalinismus. An dieser Stelle einmal abgesehen von der theoretischen Adäquanz dieser Interpretation Kafkas, wurde aus seinem Werk die Erfahrung juristischer Entfremdung angesichts einer jeglichen emanzipatorischen Dimension beraubten, bürokratisierten Rechtssphäre und staatlichen Gewaltmaschine herausgelesen. Der emanzipatorische Fortschritt, den die von den Intellektuellen inhaltlich getragene Reformbewegung eröffnet hat, ihr historisch Neues in der alten Erscheinungsform liberalen Selbstbewusstseins, besteht in der institutionalisierten Rekonstruktion »ideologischer Transzendenz« durch die rechtsstaatliche Garantie republikanischer Freiheiten. Diese leisten noch nicht die materialistisch erforderliche Verwirklichung der emanzipatorischen »Idee«, sondern sind Ideologie im genuinen d.h. herrschaftsverschleiernden Sinn, wie ihn Engels definierte: »Die Widerspiegelung ökonomischer Verhältnisse ist notwendig ebenfalls eine auf den Kopf zu stellende: sie geht vor, ohne dass sie den Handelnden zum Bewusstsein kommt, der Jurist bildet sich ein, mit aprioristischen Sätzen zu operieren, während es doch nur ökonomische Reflexe sind – so steht alles auf dem Kopf. Und dass diese Umkehrung, die, solange sie nicht erkannt ist, das konstituiert, was wir *ideologische Anschauung* nennen, ihrerseits wieder auf die ökonomische Basis zurückwirft, und sie innerhalb gewisser Grenzen modifizieren kann, scheint mir selbstverständlich.«[12] Engels reduziert die Ideologie auf die materielle Funktion der Widerspiegelung und die formalisierende der Wechselwirkung; er unterdrückt die transzendierenden Momente des ideologischen Überbaus. Durch die institutionalisierte Rekonstruktion liberaler Ideologie in der CSSR, deren herrschaftsverschleiernder und stabilisierender Charakter keineswegs zu leugnen ist, ist gleichwohl gegenüber der stalinistischen Phase der Fortschritt erzielt worden, überhaupt erst wieder die Spannung zwischen Idee und Wirklichkeit, Basis und Überbau eingeführt zu haben, und damit eine wie auch immer deformierte emanzipatorische Dimension eröffnet zu haben. Andererseits ist ideologische Transzendenz im rechtsstaatlichen Sinne auf der materiellen Basis verstaatlichter Produktivkräfte nicht mehr derart integrabel, sondern strukturell sprengender als auf der Basis einer klassengesellschaftlich organisierten Produktionsweise. Die Erfahrungen gerade der ersten Okkupationstage in der CSSR haben gezeigt, dass bei

11 Ebd., S. 126
12 Engels, Brief an Conrad Schmidt, 27. Oktober 1890. MEW Band 37, Berlin 1967, S. 492

staatlicher Aufhebung des Privateigentums an Produktionsmitteln die republikanischen Freiheiten wieder in allerdings geschichtlich neuer Weise dem Proletariat die organisatorischen Bedingungen für die Fortsetzung des revolutionären Klassenkampfs im *sozialistischen Lager* selbst liefern können. Auf der anderen Seite wäre es eine Illusion anzunehmen, dass die strukturelle Potenz eines Umschlags der liberalistischen Ideologie in sozialistisches Bewusstsein sich hätte kurzfristig aktualisieren können. Die rechtsstaatlichen, parlamentarischen und nationalstaatlichen Fixierungen waren zu sehr im Bewusstsein der Massen verankert, als dass der politische Kampf sie von heute auf morgen hätte abbauen können. Die Möglichkeit der Emanzipation, die der nachstalinistischen Reform in der CSSR innewohnte, wäre dem technokratischen Wirtschaftsreformismus der herrschenden Funktionäre sicher zuwidergelaufen. Die von diesen taktisch eingeleitete politische Emanzipation hätten die Massen nicht mit Dubcek und Sik, sondern an einem bestimmten Punkt der Aktion der tschechischen Arbeiterklasse nur gegen die Reformer im Kampf um die politische Macht im Staate zu Ende führen können. Die sowjetische Konterrevolution hat einer wie immer auch widersprüchlichen Möglichkeit, den revolutionären Befreiungskampf auf dem Boden des *sozialistischen Lagers* Europas selbst fortzusetzen, ein vorläufiges, gewaltsames Ende gesetzt.

22. Über Reform und Revolution*

I

Das politische Geschichtsbewusstsein der außerparlamentarischen Opposition ist zu einem nicht unbeträchtlichen Teil noch reformistisch in bezug auf die unmittelbar zu erreichenden Ziele; die Reform ist Maßstab des Erfolges. Erfolg und Niederlage einer Aktion bemessen sich für eine Bewegung, die in toto den legitimen Anspruch auf Revolution stellt, konkret in der Regel nicht an den unmittelbaren positiven Zugeständnissen, welche den Herrschenden in direkter Aktion abgetrotzt werden, sondern an der quantitativen und klassenspezifischen Verbreiterung der Massenbasis und mehr noch deren qualitativer Organisierung. Die Fortschritte in der aufgeklärten Spontaneität der schon selbsttätigen Gruppen und der Aktivierung der bislang unbewegten Gruppen sind historisch höher zu bewerten als die Erleichterungen und Rechte, die als Folgen der Kämpfe eventuell von den Regierungen gewährt werden, zumal in einer geschichtlichen Situation, da die Reform zum herrschaftsstabilisierenden Integrationsinstrument des autoritären Staates und der ihm hörigen Massenorganisationen geworden ist.

Die Dialektik von Reform und Revolution, wie sie Rosa Luxemburg in ihrer Polemik gegen den reformistischen Verrat Bernsteins entfaltet, wurde mit dem Fortschreiten des Monopolkapitalismus zunehmend geschichtlich außer Kraft gesetzt. Zu Recht betont Rosa Luxemburg, dass die Reform unter Abstraktion von der Revolution die ökonomische und politische Herrschaft des Kapitals nur stabilisieren kann: »Während die Revolution der politische Schöpfungsakt der Klassengeschichte ist, ist die Gesetzgebung das politische Fortvegetieren der Gesellschaft. Die gesetzliche Reformarbeit hat eben in sich keine eigene, von der Revolution unabhängige Triebkraft, sie bewegt sich in jeder Geschichtsperiode nur auf der Linie und solange, als in ihr der ihr durch die letzte Umwälzung gegebene Fußtritt nachwirkt, oder, konkret gesprochen, nur *im Rahmen* der durch die letzte Umwälzung in die Welt gesetzten Gesellschaftsform.«[1]

Die so beschriebene Dialektik von Reform und Revolution funktionierte unter konkurrenzkapitalistischen Bedingungen zwar nicht unproblematisch, war doch weniger fraglich, als sie seit der Expansion der Monopole geworden ist. Sie war geschichtlich von vornherein in einen revolutionären Bezugsrahmen eingebettet, nämlich in den Kampf um die solidarische Koalition der an sich gegeneinander konkurrierenden und

* Diese Notiz ist wahrscheinlich nach den Springer- und Antinotstandsaktionen Mitte 1968 entstanden. (Anm. d. Hg.)

1 Luxemburg, Sozialreform oder Revolution?, in: Politische Schriften I, Frankfurt 1966, S. 114

voneinander isolierten Proletarier. Die den Klassenantagonismus vertragsrechtlich im Tauschverkehr verschleiernden Mechanismen erlaubten die Koalition des Proletariats nicht. Jeder reformistische Erfolg war ein Schritt vorwärts zur revolutionären Organisation des Proletariats, in deren Rahmen allein die geschichtliche Aktualität der Revolution praktisch werden kann. Wenn Karl Korsch[2] in einer marxistisch glänzend explizierten Dialektik von Reform und Revolution zu Recht betont, dass alle sozialen Reformen nur innerhalb des Gesamtprozesses der proletarischen Revolution reflektiert werden müssen, so ist das zwar abstrakt richtig, aber historisch undifferenziert. Die qualitativen Veränderungen, die durch den offenbar werdenden gesellschaftlichen Charakter der Produktivkräfte im Zuge der monopolen Konzentration und Zentralisation des Kapitals sich vollzogen, zwangen die herrschenden Klassen zur Anerkennung der Organisationsformen des Proletariats und gleichzeitig zum Versuch, den Klassengegensatz zu integrieren. Die reformistischen Massenorganisationen sind historischer Ausdruck dieses Prozesses. Die Sozialreform wurde immer Instrument der Konterrevolution, der Staat selbst machte sich zum Subjekt der Sozialreform, um eine revolutionsadäquate Assoziation der lohnabhängigen Massen zu boykottieren. Die Reform wurde praktisch aus ihrem revolutionären Bezugsrahmen gelöst; sie trägt nicht mehr zur selbsttätigen Assoziierung der lohnabhängigen Massen bei.
Diese allgemeinen Überlegungen richten sich auch gegen das Argument, die direkte Aktion isoliere die APO nur von der Bevölkerung und passe sich taktisch zu wenig an deren Bewusstsein an. Sieht man davon ab, dass die taktische Anpassung ans falsche Bewusstsein dieses noch nie verändert, aber fast immer die revolutionären Prinzipien über Bord geworfen hat, so falsifiziert sich dieses Argument an seinem eigenen Erfolgskriterium. Die stille Aufklärung, auf die es unausgesprochen rekurriert hat, war in den fünfziger und zu Beginn der sechziger Jahre ein Fehlschlag. Erst die radikalen und provokativen Widersprüche in der Bevölkerung aufreißenden Aktionen der außerparlamentarischen Bewegung haben eine massive Opposition bilden können. Sie haben sich nicht an die abstrakt statistische große Bevölkerung schlechthin gewandt, sondern an die spezifischen Gruppen, deren Bewusstsein noch offener ist als das manipulativ verschlossene der apathisierten Massen. Das sind zunächst die Jugendlichen: Studenten, Schüler und schließlich die Jungarbeiter. Sich aber einen revolutionären Aufklärungsprozess vorzustellen, der harmonistisch verlaufen könnte, wäre naiv und würde die Widersprüche, die es aufzudecken gilt, nur zudecken.

2 Vgl. Karl Korsch, Sozialismus und soziale Reform, in: Schriften zur Sozialisierung, Frankfurt 1969, S. 83ff.

23. Zur Ideologiekritik des antiautoritären Bewusstseins*

Während des Aktiven Streiks, der in mehr oder weniger ausdauernder und massenhafter Form an den verschiedensten Hochschulen Westdeutschlands den politischen Kampf der bewussten Studenten gegen die kapitaladäquate Modernisierung und reflexionszersetzende Gewalt der staatlich oktroyierten »technokratischen Hochschulreform« bestimmte, haben sich ansatzweise die dezentralisierten Organisationsformen entwickelt, die in der vorhergehenden Phase der Studentenbewegung ein bloß propagandistisches Postulat geblieben waren. Die antiautoritären Prinzipien eines solidarischen Verkehrs selbsttätiger Individuen, die in Agitation und Aktion den historischen Inhalt des Angriffs auf die funktionalisierten Legitimationsformen spätkapitalistischer Herrschaft und die institutionell gesteuerte Bewusstlosigkeit der handlungsgelähmten und entpolitisierten Massen bildeten, wurden nach den letzten Anti-Notstands-Aktionen auf die gesellschaftlichen Beziehungen der in der kritischen Protestbewegung sich Organisierenden selbst angewandt. Der ahistorische Blick der liberalen Presse vermochte aus seinem Unvermögen heraus, Organisationsformen anders als unter dem sterilisierenden Aspekt bürgerlicher Parteiensoziologie, dem von geschichtsfeindlicher Bürokratie und Verwaltung, beurteilen zu können, diesen Aufstand antiautoritärer Bedürfnisse nur als einen Prozess innerer Zersetzung zu begreifen, ausschließlich als selbstzerstörerische Krise, nicht auch als vorantreibende Selbstkritik.

Der aktive Streik ist jedoch Ausdruck einer Umwälzungsphase der antiautoritären Bewegung, in der ihr die seit den Springer-Blockaden und Anti-Notstands-Aktionen objektiv erforderliche Chance zur organisationspraktischen Stabilisierung geboten wird, wenn es ihr gelingt, ein politisches Realitätsprinzip zu entfalten, das zu einer disziplinierenden Selbsteinschränkung der antiautoritären Emanzipationsansprüche an die Organisation führen muss nach Maßgabe der praktischen Moralitätserfordernisse des politischen Kampfes und der theoretischen Leistungskriterien einer langfristigen Strategiendiskussion. Deren realitätsprinzipielle Beurteilung der objektiven Möglichkeit eines sozialrevolutionären Prozesses in den kapitalistischen Industriemetropolen hätte unter Verzicht auf phraseologische Machtkampfpathologien sich illusionslos an der Realität der klassenstaatlichen Machtverhältnisse einerseits und des enthistorisierten Massenbewusstseins der Lohnabhängigen andererseits zu bemessen.

Während die Konstitutionsphase der antiautoritären Bewegung vom Entstehen der ersten Hochschulrevolten in Berlin und provokant aufklä-

* Dieser Text ist der begonnene Entwurf eines Aufsatzes für die »neue kritik« aus dem Frühjahr 1969. (Anm. d. Hg.)

renden Straßenaktionen seit dem 2. Juni bis zu den Universitätsbesetzungen und den Streiks gegen die Notstandsgesetze in der Endphase des Kampfes gegen die Verabschiedung der Notstandsgesetze formal durch Perioden kurzfristiger Eskalationen strukturiert war, in der die Protestbewegung sich nur unmittelbar in und durch die direkte Aktion sowie deren abstrakt plebiszitäre Aufklärungs- und Legitimationsformen jeweils konstituierte und rekonstituierte, bietet sich ihr nun die historische Möglichkeit einer ersten organisationspraktischen Konsolidierung, in der Organisation und Aktion nicht mehr unmittelbar zusammenfallen. Diese stabilisierende Differenzierung von Organisation und Aktion ist wesentlich Voraussetzung, um aus einer Phase herauszutreten, in der die Studentenbewegung aus Identitätsangst auf eine Aktionshektik verwiesen war, die sie zwar vor dem Zerfall bewahrte, es aber nur erlaubte, kurzfristige Taktiken und Techniken von Aktionsformen zu diskutieren, hingegen objektiv keine kollektive Erkenntnischance zur Entwicklung langfristiger sozialrevolutionärer Strategien für die Metropolen bot. Dass die Erarbeitung von langfristigen revolutionstheoretisch reflektierten Strategien im Medium eines politischen Geschichtsbewusstseins, das die zur Konstitution organisatorischer Identität notwendige Kontinuität sichert, nur in der kollektiven Diskussion des politischen Richtungskampfes auf dem Erfahrungshintergrund des praktischen Kampfes und im kategorialen Bezugsrahmen einer historisch angemessenen Rekonstruktion revolutionärer Theorie, welche die veränderte Naturgesetzlichkeit der kapitalistischen Ausbeutungs- und Herrschaftsverhältnisse entschleiert, keine jederzeit präsente Möglichkeit darstellt, sondern auf bestimmte geschichtliche, letztinstanzlich vom bewussten Entwicklungsstand der Organisation abhängige Bedingungen verwiesen ist, gilt im SDS keineswegs als selbstverständlich. Erst wenn ein historisches Selbstbewusstsein organisatorische Gestalt angenommen hat, das die falsche Identitätsangst, die Bewegung sei zersetzt, wenn sie nicht alle vierzehn Tage mit einer spektakulären Aktionsfolge aufwarte, beseitigt, bieten sich die geschichtlichen Bedingungen der Möglichkeit, einen Begriff revolutionärer Strategie zu entwickeln. Dass dieser zunächst das notwendig abstrakte Dasein eines Prinzips führt, wird erkenntnistheoretisch von der zeitlichen Verlaufsform bildungsgeschichtlicher Reflexionsprozesse bestimmt; um ihrer Realisierung willen ist diese Diskussion, deren Merkmale Langfristigkeit und Kontinuität sein müssen, in der Anfangsphase nicht unter einen verkürzten Konkretionszwang zu setzen, der ebenso theorie- wie praxiszerstörende Folgen zeitigen würde.[1] Diese Strategie zu entwickeln,

1 »Allein eine vollkommene Wirklichkeit hat dies Neue sowenig als das eben geborene Kind; und dies ist wesentlich nicht außer acht zu lassen. Das erste Auftreten ist erst seine Unmittelbarkeit oder sein Begriff. Sowenig ein Gebäude fertig ist, wenn sein Grund gelegt worden, sowenig ist der erreichte Begriff des Ganzen das Ganze selbst ... Der Anfang

bedarf es einer ausdauernden und angestrengten »Arbeit des Begriffs«, gegen die sich antiautoritäre Dispositionen nach Entäußerung der durch die Erfordernisse kapitalistischer Arbeitszeitnormen herrschaftsangepassten Leistungszwänge aus einem Unvermögen heraus, neue, nicht ideologisch entstellte Leistungsmotivationen aufzubringen, nur allzu oft sperren; zum zweiten aber braucht die kritische Protestbewegung zur Erarbeitung klassenspezifischer Mobilisierungsstrategien Zeit, will sie die Bedingungen emanzipativer Bildungsprozesse und revolutionärer Politisierungen der lohnabhängigen Massen eruieren, deren soziale Selbstentfremdung und politische Klassenidentität sich empirisch nicht mehr auf der Basis empörenden materiellen Elends, sondern bewusst zu erfahrender Entrechtungen, Entmündigungen und Apathisierungen konstituiert. Wenn die Protestbewegung sich die dafür notwendige Zeit will nehmen können (und die nicht zuletzt durch die »militanten« Aktionen der letzten Monate in Stadtteilbasisgruppen sich organisierenden Jungarbeiter zu bewussten Kadern bilden will, die aus eigener Selbsttätigkeit zur mobilisierenden Konflikt- und Agitationstaktik fähig sind), bedarf es der kontinuierlichen Fortsetzung der antiautoritären Politisierung der Universität angesichts der nunmehr sich systematisierenden Strategie der Machthaber, den Angriff auf die versteinerten Legitimationsformen des Systems auf staatlicher, juristischer und universitätsadministrativer Ebene zu zerschlagen.[2]

Der Möglichkeit eines organisationspraktischen Stabilisierungsprozesses und der Ausbildung eines politischen Realitätsprinzips stehen jedoch in der Protestbewegung selbst vorpolitische, identitätsschwächende, bewusstseinsignorante und machtblinde Mechanismen der Selbstzerstö-

des neuen Geistes ist das Produkt einer weitläufigen Umwälzung von mannigfaltigen Bildungsformen, der Preis eines vielfach verschlungenen Weges und ebenso vielfacher Anstrengungen und Bemühungen. Er ist das aus der Sukzession wie aus seiner Ausdehnung in sich zurückgegangene Ganze, der gewordne *einfache Begriff* desselben.« Hegel, Phänomenologie des Geistes, Hamburg 1952, S. 16

2 Dieses Erfordernis langfristiger organisationspraktischer Stabilisierung und der Herausbildung eines politischen Realitätsprinzips, das die Kinderkrankheitssymptome der Konstitutionsphase beseitigt, hat schon nach den Anti-Notstands-Aktionen in seiner Entgegnung auf Habermas Genosse Negt formuliert: »Aber es wäre ein großer Irrtum, wollte man die nach den Springer-Blockaden unvermeidlich gewordene Polarisierung der antiautoritären Kräfte, die wahrscheinlich eine neue Organisationsstufe der Protestbewegung vorbereitet, einfach als Ausdruck von Zerfallserscheinungen verstehen; verschärfte Auseinandersetzungen in dezentralisierten »Bewegungen«, die sich nicht auf traditionelle Parteien und Massenorganisationen stützen, erwecken stets den Eindruck innerer Zersetzungen. Andererseits kann kaum bezweifelt werden, dass sich die studentische Protestbewegung gegenwärtig in einer entscheidenden Entwicklungsphase befindet: nur durch die Herausbildung langfristiger Aktionsstrategien kann die selbstzerstörerische Angst vor dem politischen Identitätsverlust überwunden und die zur Stabilisierung unerlässliche taktische Kompromissfähigkeit mit anderen oppositionellen Gruppierungen erhöht werden.« Oskar Negt, Einleitung, in: Die Linke antwortet Jürgen Habermas, Frankfurt 1968, S. 17

rung gegenüber: das kleinbürgerlich stirnerianische Selbstmissverständnis des antiautoritären Emanzipationsbewusstseins, dessen Weigerung, sich den leistungszwingenden Sozialisationsbedingungen des politischen Kampfes zu vermitteln, solidaritäts- und aktionszerstörend ist; die kurzgeschlossene autoritative Reaktion auf die sich isolierenden und atomisierenden individuellen Emanzipationsansprüche, die, anstatt diese in ständiger argumentativer Auseinandersetzung über sich selbst politisch aufzuklären, sie vielmehr umstandslos ausrotten will und realitätsblind gegen das entpolitisierte Bewusstsein der Lohnabhängigen und den bildungsgeschichtlichen Aktualisierungsbedingungen eines Klassenbewusstseins auf das formalistische Modell einer zentralistischen und disziplinierten Kaderpartei im enthistorisierten Bezugsrahmen der Oktoberrevolution zurückgreifen will; schließlich die vorpolitischen Sicherheitsängste der Studenten, die keine praktisch definierten Erfolgsbedingungen weder kurzfristig reformistischer noch langfristig revolutionärer Art einsehen und die eingeschüchtert von den Verfolgungs- und Unterdrückungsmaßnahmen des herrschenden Regimes Demoralisierung produzieren. Die Analyse von Bewusstseins- und Machtrealität liefert daher den kategorialen Bezugsrahmen, innerhalb dessen die organisationspraktische Definition eines politischen Realitätsprinzips allererst möglich sein wird. Allein die Reflexion auf die Realität des studentischen Bewusstseins, sowohl des abstrakt historischen antiautoritären Emanzipationsbewusstseins als auch des ahistorischen und vorpolitischen Sicherheitsbewusstseins vermag agitatorische Regeln zu liefern, beide Bewusstseinsrealitäten mit den risikobeladenen versagungsvollen und leistungszwingenden Erfordernissen des politischen Kampfes zu verbinden; die Reflexion auf die Realität der staatlich vermittelten, inneruniversitären Machtverhältnisse muss zu einer illusionslosen Selbsteinschätzung der Studentenbewegung als eines hochschulpolitischen Machtfaktors führen, aus der heraus Institutionalisierungsbedingungen zur Absicherung der dezentralisierten Organisationsformen definiert werden können. Nur die agitatorische Vermittlung des antiautoritären Emanzipationsbewusstseins zur herrschaftsgebundenen Realität der kapitalistischen Umwelt und des Kampfes gegen sie sowie die agitatorische Versittlichung des sicherheitsängstlichen Bewusstseins durch den Aufweis der bedingt repressionskompensierenden Funktion organisierter Solidarität und realistische Erfolgsbedingungen aus einem machtkampftaktischen Wirklichkeitsbewusstsein über die Situation der Protestbewegung in der Universität liefern die Bedingungen, über die Hochschule als aktionskontinuierliches Organisationszentrum hinauszugelangen und in Ausbildung der Basisgruppen von Jungarbeitern und Schülern klassenspezifische Aufklärungs- und Aktivierungsstrategien zu entwickeln.

II

Auf diesem Wege haben die 24. o. DK des SDS und die ihr vorausgehende Arbeitskonferenz einen Schritt vorwärts getan. Sie haben zwei organisationspraktische Resultate hervorgebracht, die, wenn auch noch unausgeführt, auf die objektiv erkannte Notwendigkeit verweisen, den antiautoritären Protest in eine Reaktualisierung des sozialistischen Klassenkampfes umzusetzen und langfristige Strategien zu erarbeiten: Die formalen Ansätze zur Herausbildung der dezentralisierten Organisationsform informeller Kader im letzten halben Jahr haben sich zur inhaltlichen Arbeitsteilung strategischer Projekte konkretisiert, die auch den inneruniversitären Kampf auf die theoretischen und praktischen Erfordernisse des Klassenkampfes ausrichten werden (Lehrlings- und Betriebsarbeit, revolutionäre Berufspraxis, kommunistische Organisierung der Überbauberufe, Mobilisierung der Techniker, Ingenieure und Naturwissenschaftler/Technologie-Projekt etc.); zum anderen hat die anerkannte Einsicht in die machtkampftaktisch und solidaritätspraktisch erforderliche Selbstdisziplinierung des antiautoritären Emanzipationsbewusstseins die Avantgardefrage der politischen Organisation formeller Kader auf die Tagesordnung gesetzt. Die noch nicht konkretisierte Zentralisierung des Apparats zielt zunächst auf die Fraktionsbildung organisierter Beziehungen zwischen den ihre politische Persönlichkeit voll und ganz einsetzenden, die Kontinuität der politischen Praxis tragenden, gleichwohl bislang noch nicht kollektivierten Einzelgenossen; allein die informelle Organisierung erweist sich als unzureichend, denn in sie gehen immer dissoziierende Momente von Kontingenz und Privatisierung, Planlosigkeit und Zufall ein. Parteilichkeit und Verbindlichkeit müssen die praktischen Kriterien dieser Kader sein, wenn der Reproduktion bürgerlicher Anarchie atomisierter Individuen in der Organisation des politischen Kampfes ein Ende gesetzt werden soll, die der Erarbeitung langfristiger Aktionsstrategien entsprechende obligatorische Delegierung langfristiger Funktionen möglich sein soll und sich die Theorie von der chaotischen Mannigfaltigkeit subjektiver Meinungen zur politischen Einheit objektiver Wahrheit, von der unverbindlichen Diskussion über diesen oder jenen taktischen Weg zur materiellen Gewalt des politischen Richtungskampfes präzisieren soll.[3]

Beide Resultate, die arbeitsteilige Dezentralisierung in langfristige strategische Projekte und die Frage der zentralen politischen Kaderorganisation, sind Ausdruck der Notwendigkeit, ein politisches Realitätsprinzip zu

3 In diesem Zusammenhang der politischen Organisierung formeller Kader kann auch die Kommuneproblematik eine neue organisatorische Relevanz erhalten. Erst jetzt besteht die Möglichkeit, sie wirklich politisch, d.h. nach Maßgabe der Verteilung und Durchführung von Funktionen zu stellen, und nicht, wie es im Entstehen der Bewegung unvermeidlich der Fall sein musste, als Politisierung des Privatlebens auszugeben, was in Wirklichkeit eine mit psychoanalytischen und sexualpolitischen Kategorien rationalisierte, kollektive Privatisierung der politischen Praxis war und subkulturell verkommen musste.

bestimmen, das es der antiautoritären Bewegung erlaubt, ein taktisches Verhältnis zur Legalität der staatlichen, rechtlichen und administrativen Zwangsgewalt zu definieren, als auch klassenspezifische Aktionsmöglichkeiten und Aufklärungschancen richtig einzuschätzen. Nur die sozialistische Kaderorganisation vermag – klärt man die verzerrenden Vorstellungen der Heidelberger Genossen über sich auf – die dezentralisierten Basis-, Projekt- und Arbeitsgruppen innerhalb und außerhalb der Hochschule vor den zersetzenden Folgen departementalisierender und partikularisierender »Handwerkelei« zu bewahren und die einzelnen Projekte, die auf jeweils strategische Teilbereiche zielen, den gesamtstrategischen Erfordernissen der Einheit des politischen Kampfes zu unterwerfen, sowie die in einzelnen Projektbereichen praktisch arbeitenden Genossen zum kritischen Werturteil über politische Präferenzen und Dezisionen zu befähigen.[4]

Organisatorische Notwendigkeit ist in den Köpfen der Heidelberger Genossen jedoch durch eine selbstzerstörerische Machtkampfideologie vernebelt, die den Verdacht eines ahistorischen und anachronistischen Rückgriffs auf die klassenspezifischen Identitätsmerkmale des Leninschen Parteitypus, unbedingte Zentralisation und eiserne Disziplin, nahelegen, die, ihres historischen Inhalts beraubt, in die Konstruktionsmechanik formalisierter Organisationsmodelle eingehen. Der niederträchtige Heidelberger Slogan von der »Liquidation der antiautoritären Phase«, dem »Austrocknen des antiautoritären Sumpfs« beinhaltet, wie immer er auch subjektiv gemeint sein mag, in der gegenwärtigen Übergangsphase dogmatische Regression, er sanktioniert ein autoritäres Reaktionssyndrom, das dem antiautoritären Aufstand im SDS folgt, ohne zwischen richtigen Bedürfnissen und falschen Motivationen, stabilisierenden und zersetzenden Folgen zu unterscheiden, zumal der Entwurf eines gesamtstrategischen Klassenkampfschemas in einer Anfangsphase, in der es kaum die organisatorischen Keimformen einer antiautoritären Arbeiterbewegung gibt, das über Stadien innerbetrieblicher Machtergreifung bis zum Kampf um die politische Macht im Staat den Sieg schon in der Tasche hat, die alten Fehler der Bewegung wiederholt. Wenn die Verdrängung von Langfristigkeits- und Kontinuitätserfordernissen, die schlechte Verallgemeinerung politischer Augenblickserfahrungen und arbeitsteiliger Einzelprojekte, die kleinbürgerliche Identitätsschwäche es nicht gestatten, Frustrationserfahrungen politisch zu verarbeiten, und die periodische Wiederkehr konkretistischer Theoriefeindlichkeit und dezisionistischer

4 Sichtbarster Ausdruck dieser Handwerkerei war bislang die verselbständigte Justizkampagne, in der sich ein linker Fachidiotismus herausgebildet hat, der nicht den in ihr arbeitenden Genossen subjektiv und individuell zuzurechnen ist, sondern vielmehr den bisherigen objektiven Hinderungen entspringt, die organisatorischen Bedingungen für eine gesamtstrategische Diskussion zu realisieren.

Entscheidungsstrukturen ein bisheriges Unvermögen der antiautoritären Bewegung anzeigen, sich ein eigenes politisches Geschichtsbewusstsein zu erarbeiten, so ist die ahistorische Forderung nach einer Liquidation der antiautoritären Phase noch mit den realitäts- und geschichtsblinden Symptomen der politischen Kinderkrankheit behaftet, die wohl das Entstehen jeder revolutionären Bewegung – post festum gesehen – unvermeidlich begleiten und eine ideologiekritische Einsicht in die eigene Geschichte verhindern. Sie ist Ausdruck eines ahistorischen Reflexverhaltens, das Krisenerscheinungen und Umwälzungsprozesse nicht kritisch reflektierend und kontrolliert bewältigen kann, sondern mit formalen Rezepten Organisation als emanzipativen Prozess der Gegensozialisation stillstellt. Wenn von den historischen Widersprüchen des antiautoritären Bewusstseins und seines partiell falschen Selbstbewusstseins willkürlich abgesehen wird, werden solidaritätszerstörende Verdinglichungen der gesellschaftlichen Beziehungen in der Organisation des politischen Kampfes verfestigt, »da die Organisation das eigentliche Medium ist, in welchem sich die Verdinglichung der menschlichen Beziehungen abspielt – das einzige übrigens auch, in dem sie könnte überwunden werden«.[5] Der Ruf nach »Liquidation der antiautoritären Phase« dokumentiert eine identitätsschwache Unfähigkeit zu dialektischem Denken, die Verdrängung unangenehmer, aber realer Widersprüche, das Unvermögen, sie im Denken aushalten und damit auch im Handeln auflösen zu können. Die Machtergreifungsphantasien der Heidelberger verhindern eher, dass der bewaffnete Machtkampf zustande kommt; denn sie blockieren die Artikulation eines politischen Realitätsprinzips. Für sie gilt, was Lukács in einem anderen historischen Zusammenhang in bezug auf die linken Gegner Lenins, denen dessen revolutionäres Realitätsprinzip unverständlich blieb, hervorhebt: »... *die Entfernung der Dialektik aus der Methode des sozialistischen Denkens hebt also den Sozialismus selbst aus dem geschichtlichen Prozess des Klassenkampfes heraus.* Die vom Gift dieses Denkens Angesteckten müssen deshalb sowohl die Voraussetzungen der Verwirklichung des Sozialismus wie die Probleme seiner Verwirklichung in einer verstellten Perspektive sehen. Die Falschheit der Grundeinstellung geht so tief, dass sie nicht nur vom Denken der Opportunisten, für die ja der Sozialismus immer ein fernes Endziel bleibt, Besitz ergreift, sondern auch die ehrlichen Revolutionäre zu verkehrten Vorstellungen verleitet.«[6]

5 W. Benjamin, Politisierung der Intelligenz, in: Angelus Novus, Frankfurt 1966, S. 423
6 G. Lukács, Lenin, Neuwied 1967, S. 69f.

24. Der politische Widerspruch der Kritischen Theorie Adornos*

Adornos intellektuelle Biographie ist bis in ihre ästhetischen Abstraktionen hinein von der Erfahrung des Faschismus gezeichnet. Die Reflexionsweise dieser Erfahrung, die an den Gebilden der Kunst den unauflösbaren Zusammenhang von Kritik und Leiden abliest, macht die Kompromisslosigkeit des Anspruchs auf Negation aus und weist ihn zugleich in seine Grenzen. In der Reflexion auf die durch die ökonomischen Naturkatastrophen der kapitalistischen Produktion hervorgetriebene faschistische Gewalt, weiß das »beschädigte Leben«, dass es sich der Verstrickung in die ideologischen Widersprüche der bürgerlichen Individualität, deren unwiderruflichen Zerfall es erkannt hat, gleichwohl nicht entziehen kann. Der faschistische Terror produziert nicht nur die Einsicht in den hermetischen Zwangscharakter der hochindustrialisierten Klassengesellschaften, er verletzt auch die Subjektivität des Theoretikers und verfestigt die Klassenschranke seines Erkenntnisvermögens. Das Bewusstsein davon spricht Adorno in der Einleitung der »minima moralia« aus: »Die Gewalt, die mich vertrieben hatte, verwehrte mir zugleich ihre volle Erkenntnis. Ich gestand mir noch nicht die Mitschuld zu, in deren Bannkreis gerät, wer angesichts des Unsäglichen, das kollektiv geschah, von Individuellem überhaupt redet.«

Es scheint, als sei Adorno durch die schneidende Kritik am ideologischen Dasein des bürgerlichen Individuums hindurch unwiderstehlich in dessen Ruine gebannt. Dann aber hätte Adorno die Vereinsamung der Emigration nie wirklich verlassen. Das monadologische Schicksal des durch die Produktionsgesetze der abstrakten Arbeit vereinzelten Individuums spiegelt sich in seiner intellektuellen Subjektivität. Daher vermochte Adorno die private Passion angesichts des Leidens der Verdammten dieser Erde nicht in eine organisierte Parteilichkeit der Theorie zur Befreiung der Unterdrückten umzusetzen.

Adornos gesellschaftstheoretische Einsicht, derzufolge »das Nachleben des Nationalsozialismus in der Demokratie als potentiell bedrohlicher denn das Nachleben faschistischer Tendenzen gegen die Demokratie« anzusehen sei, ließ seine progressive Furcht vor einer faschistischen Stabilisierung des restaurierten Monopolkapitals in regressive Angst vor den Formen praktischen Widerstands gegen diese Tendenz des Systems umschlagen.

Er teilte die Ambivalenz des politischen Bewusstseins vieler kritischer Intellektueller in Deutschland, die projizieren, die sozialistische Aktion von links setze das Potential des faschistischen Terrors von rechts, das sie be-

* Der Beitrag von Hans-Jürgen Krahl zum Tode von Theodor W. Adorno ist am 13.8.1969 in der »Frankfurter Rundschau« erschienen. (Anm. d. Hg.)

kämpft, überhaupt erst frei. Damit aber ist jede Praxis a priori als blind aktionistisch denunziert und die Möglichkeit politischer Kritik schlechthin boykottiert, nämlich die Unterscheidung zwischen einer im Prinzip richtigen vorrevolutionären Praxis und deren kinderkranken Erscheinungsformen in entstehenden revolutionären Bewegungen.

Im Gegensatz zum französischen Proletariat und seinen politischen Intellektuellen fehlen in Deutschland eine ungebrochene Tradition gewaltsamer Résistance und damit die geschichtlichen Voraussetzungen für eine von Irrationalisierungen entlastete Diskussion der historischen Legitimität von Gewalt. Die herrschende Gewalt, die Adornos eigener Analyse zufolge auch nach Auschwitz zur neuen Faschisierung drängte, wäre keine, wenn die marxistische »Waffe der Kritik« nicht durch die proletarische »Kritik der Waffen« ergänzt werden müsste. Nur dann ist Kritik das theoretische Leben der Revolution.

Dieser objektive Widerspruch in der Theorie Adornos drängte zum offenen Konflikt und ließ die sozialistischen Schüler zu politischen Gegnern ihres philosophischen Lehrers werden. So sehr Adorno die bürgerliche Ideologie des interesselosen Aufsuchens der Wahrheit als Schein des Tauschverkehrs durchschaute, so sehr misstraute er den Spuren des politischen Richtungskampfes im wissenschaftlichen Dialog.

Doch seine kritische Option, ein Denken, dem Wahrheit zukommen soll, müsste sich aus sich selbst heraus auf die praktische Veränderung der gesellschaftlichen Wirklichkeit ausrichten, verliert an Verbindlichkeit, wenn es sich nicht auch in organisatorischen Kategorien zu bestimmen vermag. Immer weiter entfernte sich Adornos dialektischer Begriff der Negation von der historischen Notwendigkeit einer objektiven Parteilichkeit des Denkens, die in Horkheimers spezifischer Differenzbestimmung der kritischen zur traditionellen Theorie zumindest in der Programmatik von der »dynamischen Einheit« des Theoretikers mit der beherrschten Klasse enthalten war.

Die Abstraktion von diesen Kriterien hat Adorno schließlich im Konflikt mit der studentischen Protestbewegung in eine fatale und von ihm selbst kaum durchschaute Komplizität mit den herrschenden Gewalten getrieben. Die Kontroverse bezog sich keineswegs allein auf das Problem privater Praxisabstinenz, sondern das Unvermögen zur Organisationsfrage verweist auf eine objektive Unzulänglichkeit der Theorie Adornos, die dennoch gesellschaftliche Praxis als erkenntniskritisch und gesellschaftstheoretisch zentrale Kategorie unterstellt.

Gleichwohl vermittelte die Reflexion Adornos den politisch bewussten Studenten die herrschaftsentschleiernden Emanzipationskategorien, die unausdrücklich den veränderten geschichtlichen Bedingungen revolutionärer Situationen in den Metropolen entsprechen, welche nicht mehr aus unmittelbaren Verleumdungserfahrungen bestimmt werden können.

Adornos mikrologische Darstellungskraft förderte aus der Dialektik von Warenproduktion und Tauschverkehr die verschüttete emanzipative Dimension der Marxschen Kritik der politischen Ökonomie zutage, deren Selbstbewusstsein als einer revolutionären Theorie, also einer Lehre, deren Aussagen die Gesellschaft unter dem Aspekt radikaler Veränderung konstruieren, den marxistischen Wirtschaftstheoretikern der Gegenwart zumeist verlorengegangen ist. Adornos wesenslogische Reflexion auf die Kategorien der Verdinglichung und Fetischisierung, der Mystifikation und zweiten Natur, überlieferte das Emanzipationsbewusstsein des westlichen Marxismus der zwanziger und dreißiger Jahre, Korschs und Lukács', Horkheimers und Marcuses, wie er sich in Opposition zum offiziellen Sowjetmarxismus ausbildete.

Ursprung und Identität entschlüsselte Adorno in seiner Philosophiekritik der fundamentalontologischen Seins- und positivistischen Faktizitätsideologie als Herrschaftskategorie der Zirkulationssphäre, deren liberale Legitimationsdialektik bürgerlicher Sittlichkeit, der Schein des gerechten Tausches gleicher Warenbesitzer, sich längst aufgelöst hat.

Doch dasselbe theoretische Instrumentarium, vermittels dessen Adorno diese gesamtgesellschaftliche Erkenntnis zu realisieren vermochte, verstellte ihm auch den Blick auf die historischen Möglichkeiten einer befreienden Praxis.

In seiner Ideologiekritik am Tod des bürgerlichen Individuums zittert ein Moment berechtigter Trauer nach. Doch über diese radikalisierte letzte Bürgerlichkeit seines Denkens konnte Adorno im Hegelschen Sinn dieses Begriffs nicht immanent hinausgehen. Er blieb an sie mit furchtsamen Blick auf die schreckliche Vergangenheit fixiert: das immer zu spät kommende Bewusstsein dessen, der erst in der Dämmerung zu begreifen anfängt.

Adornos Negation der spätkapitalistischen Gesellschaft ist abstrakt geblieben und hat sich dem Erfordernis der Bestimmtheit der bestimmten Negation verschlossen, jener dialektischen Kategorie also, der er sich aus der Tradition Hegels und Marxens verpflichtet wusste. Der Praxisbegriff des Historischen Materialismus wird in seinem letzten Werk, der »Negativen Dialektik«, nicht mehr auf den sozialen Wandel seiner geschichtlichen Formbestimmungen hin befragt, den bürgerlichen Verkehrs- und proletarischen Organisationsformen. In seiner kritischen Theorie spiegelt sich das Absterben der Klassenkämpfe als Verkümmerung der materialistischen Geschichtsauffassung.

Zwar war einst für Horkheimer die Zurechnung der Theorie zur befreienden Praxis des Proletariats programmatisch; doch die bürgerliche Organisationsform der Kritischen Theorie brachte schon damals Programm und Durchführung nicht zur Deckung. Die Zerschlagung der Arbeiterbewegung durch den Faschismus und ihre scheinbar unwiderrufliche In-

tegration in der Rekonstruktion des westdeutschen Nachkriegskapitalismus veränderten den Sinn der Begriffe der Kritischen Theorie. Sie mussten notwendig an Bestimmtheit verlieren, doch vollzog sich dieser Abstraktionsprozess blind.
Die konkrete und materiale Geschichte, die Adorno dem »Geschichtslosen Begriff der Geschichte«, der Geschichtlichkeit Heideggers kritisch entgegensetzte, wanderte immer mehr aus seinem Begriff gesellschaftlicher Praxis aus und ist in seinem letzten Werk, der »Negativen Dialektik«, derart verdunstet, dass sie der transzendentalen Armut der Heideggerschen Kategorie assimiliert erscheint.
Zwar bestand Adorno in seinem Referat auf dem deutschen Soziologentag zu Recht mit Nachdruck auf einer Geltung der marxistischen Orthodoxie: die industriellen Produktivkräfte seien immer noch in kapitalistischen Produktionsverhältnissen organisiert, und die politische Herrschaft beruhe nach wie vor auf der ökonomischen Ausbeutung der Lohnarbeiter. Doch so sehr seine Orthodoxie auch in Konflikt mit der herrschenden westdeutschen Soziologie auf jener Tagung geriet, so musste sie doch folgenlos bleiben, denn die kategorialen Formen waren nicht auf die materiale Geschichte bezogen.
Dieser fortschreitende Abstraktionsprozess von der geschichtlichen Praxis hat Adornos Kritische Theorie in die kaum noch legitimierbaren Kontemplationsformen der traditionellen Theorie zurückverwandelt.
Der Traditionalisierungsprozess seines Denkens erweist seine Theorie als eine altgewordene Gestalt der Vernunft in der Geschichte. Die materialistische Dialektik der gefesselten Produktivkräfte reflektiert auf der Ebene seines Denkens in die Vorstellung der sich selber fesselnden Theorie, welche unentrinnbar in die Immanenz ihrer Begriffe verstrickt ist. »Ist das Zeitalter der Interpretation der Welt vorüber und gilt es, sie zu verändern, dann nimmt die Philosophie Abschied ... nicht die Erste Philosophie ist an der Zeit, sondern eine letzte.« Diese letzte Philosophie Adornos hat sich von ihrem Abschied nicht verabschieden wollen und können.

25. Kritische Theorie und Praxis*

Ich meine, dass sowohl die Erfahrung des Faschismus wie die Reflexion auf den deutschen Idealismus ambivalent die Kritische Theorie konstituiert haben. Und zwar ambivalent derart, dass sie sehr wohl theoretisch stringent einen Totalitätsbegriff des Zwangszusammenhangs der abstrakten Arbeit, des Tauschverkehrs und der bürgerlichen Rationalität entfalten konnte, aber nicht wirklich die veränderten Strukturen des Klassenantagonismus theoretisch bewältigen konnte. Dass also die Erfahrung des Faschismus die Einsicht in den hermetischen Zwangscharakter hochindustrialisierter Klassengesellschaften und in den Verfall der bürgerlichen Individualität geliefert hat – aber durch den manifesten Naturzustand, den der Faschismus hergestellt hat, die Organisationsmöglichkeiten der proletarischen Klasse und den Strukturwandel der proletarischen Klasse nicht hat konstitutiv in die Theorie eingehen lassen, so dass man feststellen kann: die Kritische Theorie hat insofern in der Nachfolge des deutschen Idealismus gestanden, als ihre geistige Arbeit mit der vermittelnden Vernunft gegen den Positivismus ausgestattet war. Sie konnte einen Totalitätsbegriff – und zwar in Reflexion auf die Kritik der politischen Ökonomie einen nichtmetaphysischen Totalitätsbegriff – erkennen, aber sie hat gleichwohl diese Totalität nicht in ihrer klassenantagonistischen Dualität wirklich begreifen können. Beim früheren Horkheimer schon ist die Zurechnung zur proletarischen Klasse mehr eine subjektiv-moralische Dezision, als dass sie wirklich konstitutiv in seine Theorie eingeht. Das bedeutet, mit der bürgerlichen Tradition des Deutschen Idealismus teilt die Kritische Theorie die Einsicht in den Totalitätsbegriff. Mit der proletarischen Tradition teilt sie die Materialisierung dieses Totalitätsbegriffs im Hinblick auf Warenproduktion und Tauschverkehr. Aber der praktische Klassenstandpunkt, um es einmal so verdinglicht zu sagen, ist nicht theoretisch konstitutiv in die Theorie eingegangen. Man muss einfach sagen, dass die Erfahrung des Faschismus sowohl diesen materialistischen Totalitätsbegriff von Warenproduktion und Tauschverkehr – aus spätbürgerlicher Perspektive orientiert am Verfall des bürgerlichen Individuums, der bürgerlichen Familie und des liberalen Marktes – gestattet hat, dass auf der anderen Seite die Erfahrung des Faschismus auch Erkenntnisgrenzen gesetzt hat. In die Begriffe von Leiden und Unglück, die Adorno entfaltet hat, geht eine Erfahrung davon ein, dass der Faschismus die kritische

* Die Beiträge von Hans-Jürgen Krahl sind aus einer Diskussion im Hessischen Rundfunk vom 4.12.1969 über Theodor W. Adorno herausgenommen. Wir beließen die Beiträge in der Reihenfolge, wie sie sich aus der Diskussion ergaben, ohne sie in einen möglichen Zusammenhang neu zusammenzustellen. (Anm. d. Hg.)

Subjektivität des Theoretikers selbst beschädigt. Er hat das beschädigte Leben auch auf sich selbst bezogen.
Der Faschismus hat die Arbeiterklasse so sehr zur Klasse an sich desorganisiert, so sehr in den Naturzustand zurückgeworfen, dass objektive, geschichtsphilosophische Kategorien kaum diesen Zustand erreichen. Und man muss eines sehr deutlich sagen – vor allem gegen Lukács und Korsch –, das Moment der historischen Genesis von Bewusstsein kam, durchaus noch im bürgerlich-pädagogischen Rahmen als Bildung begriffen, hinein, insofern zwar der Faschismus insgesamt aus den ökonomischen Naturkatastrophen der kapitalistischen Entwicklung erklärbar ist, aber Auschwitz nicht aus der kapitalistischen Akkumulation erklärbar ist. Ich glaube, dass sich das gewissermaßen selbst noch der logischen Unvernunft des kapitalistischen Geschichtsverlaufs widersetzt hat: Auschwitz ist der Begriff von Kontingenz, den Adorno in den Geschichtsverlauf eingeführt hat, Kontingenz selbst gegenüber der politischen Ökonomie.
Adorno hat die Irrationalisierung der Spontaneität im Rahmen der Ursprungskategorie kritisiert, Spontaneität, die also nicht mehr in dem bürgerlichen Sinne autonome Vernunft meint, wie also im Rahmen von Kants Spontaneität der Verstandesbegriffe, sondern irrationalisierte Spontaneität auf dem Boden einer schlechten Unmittelbarkeit. Was er jetzt nicht differenziert, ist dieses – und das kann man gewissermaßen im Umschlag der Arbeiterbewegung zum Faschismus selber feststellen in der großen Zusammenbruchskrise Ende der zwanziger Jahre –, dass er nicht feststellt, dass faschistische Konterrevolutionen selbst sich immer, demagogisch, herrschaftsmäßig und manipulativ entstellend, des antikapitalistischen Bewusstseins der Massen bedienen müssen, und dass es auf diese Weise gewissermaßen die konterrevolutionär entstellte revolutionäre Spontaneität ist, die den totalen Naturzustand herbeiführt. Und ein zweites, was in die Theorie Adornos im Zusammenhang von Tauschverkehr und faschistischem barbarischem Naturzustand eingeht, ist dieses: der Naturzustand des Faschismus ist ja nicht der, den Thomas Hobbes meint. Es ist also nicht der, der vor der Etablierung bürgerlicher Konkurrenz und bürgerlichen Tauschverkehrs auf der Basis des industrialisierten Kapitals liegt, denn Tauschverkehr bedeutete ja einmal Befriedung des Naturzustands, allerdings so, dass der Kriegszustand unter den Bedingungen der Konkurrenz immer latent am Leben erhalten bleibt. Der Faschismus ist ein Naturzustand, der gewissermaßen aus dem Frieden des Tauschverkehrs selbst heraus produziert wurde. Das ist der Unterschied, wenn man so will, zwischen Thomas Hobbes und Carl Schmitt, das geht in Adornos Reflexion auf den Zusammenhang zwischen Tauschverkehr und Naturzustand konstitutiv ein.
Der Begriff der Spontaneität wird zum Teil aus einer bloß – muss man wohl manchmal sagen – geistesgeschichtlichen Fixierung an Heidegger

undifferenziert abgehandelt. Die Irrationalitätsgeschichte der Spontaneität – gleichsam schon über Rosa Luxemburg, wenn man einmal so will, vermittelt – geht natürlich als praktische Geschichte nicht in seine Reflexion ein. Auf der anderen Seite glaube ich aber, dass Spontaneität konstitutiv als die Entlarvung der zweiten Natur des Tauschverkehrs als Natur in den Faschismus eingeht.

Die Mythologisierung des Tauschverkehrs, die sich faktisch im Faschismus wieder ereignete und die überhaupt erst die Erkenntnischance, den Zusammenhang von Mythos und Tauschverkehr zu erkennen, bot, war nicht selbst wiederum allein aus Kategorien der politischen Ökonomie ableitbar. Aber man könnte meinen, dass hier sich Kategorien der Psychoanalyse für Adorno angeboten haben, und das ist auch der Zusammenhang bei Reich. Nur würde ich so sagen: gerade die Adaption dieser psychoanalytischen Kategorien hat auch den Geschichtsverlauf der Gattung gleichsam auf einer bestimmten Ebene wieder enthistorisiert, indem der wirklich entscheidende Bruch, der in der Geschichte eintrat, der von Mythos und Rationalität in der Vorgeschichte war – wenn man mal so will der Übergang zu den Vorsokratikern –, und der spezifische Bruch zwischen vorkapitalistischem Gemeinwesen und kapitalistischer Gesellschaftsformation geht nicht mehr in die Reflexion ein. Von daher stammt auch, wie ich meine, ein Kulturbegriff, in dem die Aneignung der Kultur durch die Nichtproduzenten, wie es in der Kritik der politischen Ökonomie ausgeführt ist, doch einigermaßen ignoriert wird, so dass ein geradezu unverändertes Verhältnis von Repression im Kulturbegriff angenommen wird – Kultur ist ja immer in der Konstitution des Realitätsprinzips enthalten. Auf der anderen Seite ist Kultur jener Bedürfniszusammenhang, der die natürliche Vernunft der physischen Selbsterhaltung transzendieren kann. Eine historische Spezifizierung dieses Kulturbegriffs geht nicht wirklich in ihre Reflexion ein. Daher waren auch gerade die Kategorien der Psychoanalyse fixiert an bürgerliche Individualität. Schon die früheren Untersuchungen des Instituts für Sozialforschung kennen wirklich nur die bürgerliche Familie und den bürgerlichen Begriff von Individualität. Individuierungsprozesse in proletarischen Familien, etwa im 19. Jahrhundert, gingen in die Reflexion überhaupt nicht ein. D. h., die Psychoanalyse wurde nicht wirklich herausgelöst, was Reich versucht hat und empiristisch auf Vulgärmaterialismus verkürzt hat. Die Psychoanalyse wurde nicht in der Reflexion Adornos und Horkheimers aus ihrem spätbürgerlichen Konstitutionsrahmen herausgerissen, was wiederum mit dem hochzivilisierten Naturzustand des Faschismus zusammenhängt.

Eine Frage, die sich erkenntnistheoretisch stellt, ist die, aus welcher geschichtlichen Position heraus die Kritische Theorie Horkheimers und

Adornos Metaphysik, neuere Ontologie und positivistischen Empirismus kritisiert. Und da würde ich zunächst einmal sagen, dass man einführen muss, dass es das theoretische Verdienst der Kritischen Theorie ist, dass sie ganz anders als Lukács diese Frage thematisiert hat, gesellschaftliche Praxis im Marxschen Sinn überhaupt als erkenntnistheoretische Konstitutionskategorie erfasst hat.
Das heißt, gesellschaftliche Praxis ist gegenstandskonstitutive Praxis, das ist zumindest als Programmatik in die Kritische Theorie eingegangen. Und ich glaube allerdings, dass es in der Durchführung dieser Programmatik der erkenntnistheoretischen Bedeutung von gesellschaftlicher Praxis zum Teil misslungen ist. Bei Adorno hat sich diese Theorie der gesellschaftlichen Praxis als erkenntnistheoretisch konstitutiv – anders als bei Horkheimer in »Traditioneller und Kritischer Theorie«, wo es in einen wie auch immer äußerlichen Zusammenhang zur proletarischen Praxis der Befreiung gebracht wird – auf den Zusammenhang von Tauschverkehr, Ontologie und Positivismus konzentriert, wobei sowohl Ontologie und Positivismus im Hinblick auf die Identitätskategorie kritisiert wurden. Das heißt also, sowohl die ontologische Seinsidentität wie die positivistische Identität auf der Basis formaler Logik folgen der Rationalität des Tauschverkehrs. Den Konstitutionsvorgang selber hat Adorno gerade in Anknüpfung an den berühmten Aufsatz von Durkheim im Hinblick auf den Zusammenhang der Klassifizierung logischer Kategorien und gesellschaftlicher Praxis nicht erklärt, sondern gewissermaßen immer nur darauf verwiesen, so in der Metakritik der Erkenntnistheorie, Gesellschaftliches gehe in die logischen Kategorien ein, wobei dieses Eingehen die Rationalität des Tauschverkehrs ist, also die Abstraktion von allem Besonderen und allen Gebrauchswerten. In der Ontologie, auch in der Heideggerschen, hat er die Hypostasierung des Zweiten zum Ersten aufgedeckt, wobei dieses Zweite wahrscheinlich doch die Zirkulationssphäre war, und nicht umsonst vergleicht er in der Negativen Dialektik die Heideggersche Ontologie mit einem gigantischen Kreditsystem. Das heißt, auf diese Weise hat er, wenn man mal so will, die Nietzscheanische Ontologiekritik mit der Marxschen Darstellung des Verhältnisses von Produktion und Zirkulation vermittelt.
Erkenntnistheoretische Diskussionen, die sich auf dem Gipfel der philosophierenden Abstraktion bewegen, müssen immer gerade im Rahmen der Kritischen Theorie mitliefern, welches ihr Stellenwert im Rahmen der gesellschaftlichen Praxis ist. Ich würde meinen, dass die konkrete Geschichte noch am ehesten bei Adorno in diesen erkenntnistheoretischen Abstraktionen durchscheint.
Das heißt, wenn die Kritische Theorie diese These aufgestellt hat, dass Erkenntnistheorie und die konkrete Philosophie der Geschichte, also die Theorie der Gesellschaft unmittelbar eines seien im Rahmen der Hegel-

schen Kantkritik, dann wird man wahrscheinlich zunächst sagen müssen, dass – im Gegensatz etwa zur Leninschen materialistischen Erkenntnistheorie und ihren ontologischen Abbildrealismen, die einem gesellschaftlichen Zustand vorindustrieller und noch nicht durchkapitalisierter Art entsprechen – die Frage der konstitutiven erkenntnistheoretischen Rolle der gesellschaftlichen Praxis es überhaupt erst erlaubt, die Emanzipations- und Herrschaftskategorien, unter denen im Spätkapitalismus Gesamtgesellschaft zu beurteilen ist, einzusehen, nämlich die zweite Natur, Verdinglichung, Fetischierung – also die gesamten Bewusstseinskategorien, und damit die Frage zu stellen nach der Rolle der aktiven Subjektivität im Veränderungsprozess der Gesellschaft. Die erkenntniskritische Fragestellung ist mit einem revolutionstheoretischen Index behaftet, nämlich eben mit dem Index der Rolle von Spontaneität, Bewusstsein und Willen in der Veränderung, ohne dass Adorno dies immer explizit aufgewiesen hätte. Und da meine ich, dass die Ontologiekritik einen spätkapitalistischen Zustand auch anvisiert, indem mit einer Gesellschaft, in der, wie Marcuse es ausgeführt hat, alle Kategorien der Dingwelt und der Substanzwelt um ihrer instrumentellen Operabilität willen funktionalisiert werden, diese substantiellen Kategorien in Funktionskategorien transformiert werden und zugleich wieder in eine falsche Substanz hypostasiert werden, wie etwa im Heideggerschen Seinsbegriff. Das bedeutet einerseits eine Mythologisierung des Technikbegriffs selber, der darin enthalten ist, wie zweitens die positivistische Zerstreuung der Einzelwissenschaften und die sowohl soziologische wie methodologische Trennung von normativen Werturteilen und deskriptiven Existentialurteilen eine immanente Rationalisierung des Tauschverkehrs bei gleichzeitiger Blindheit gegen emanzipativen Fortschritt oder emanzipativen Regress darstellen. Das heißt also, dass diese gesamte erkenntniskritische Reflexion unmittelbar Fragen des gesellschaftlichen Fortschritts betrifft und zum zweiten, was das Wesentliche ist, die veränderte Rolle der Subjektivität in einem System hochzivilisierter Bedürfnisbefriedigung, das nicht mehr auf materiellem Elend auch in seinen Krisensituationen basiert, feststellt. Das bedeutet, die neue Qualität festzustellen, die dieses System hat, das auf der Bewusstlosigkeit aller Beteiligten, um mit Engels zu reden, beruht. Die Erkenntnis von zweiter Natur, Verdinglichung und Fetischisierung ist unmittelbar mit der Kritik an der Ontologie und am Positivismus verbunden, und das war wahrscheinlich auch ihre inhaltlich-gesellschaftstheoretische Leistung, die dann überhaupt erst auch, möchte ich meinen, für die Studentenbewegung die Gesamtgesellschaft als Herrschaftstotalität durchschaubar machte und die Identifikation von Formen der Unterdrückung, die auch Momente von Immaterialität aufnehmen, zu identifizieren.

Im Hinblick auf den Begriff des Begriffs hat Adorno auf einer erkenntnistheoretischen Ebene explizit reproduziert – und mit der Kategorie der Negativen Ontologie stellt er es ja auch fest –, was implizit in der Marxschen Darstellungsweise angelegt ist: Begriff ist Identität. Als solche Identität ist sie von derselben logischen Struktur wie der Tauschverkehr, d. h. nominalistische Abstraktion vom Besonderen und doch zugleich daseiende Abstraktion. Adornos Theorie vom Begriff hat überhaupt erst wieder die Gesellschaft als eine kategorial verfasste durchschaubar gemacht, was etwa in den positivistischen Theorien, die die Gesellschaft als ein Feld unverbundener sozialer Tatsachen, aus denen das Begreifen gesellschaftlicher Beziehungen ausgemerzt ist, untergeht. Eine Frage taucht dann auf, die Habermas im Anschluss an Adorno, Horkheimer, Marcuse und Bloch gestellt hat: wenn der Begriff von seiner Bildung her notwendig gebunden ist an die Identitätsstruktur der abstrakten Arbeit des Tauschverkehrs in der Warenproduktion, und damit notwendig natürlich auch an die Unterdrückungs- und Ideologisierungsmomente, die darin eingehen, ob darin nicht ein utopisches, und zwar ein romantisch-utopisches Moment geschichtsphilosophisch eingeht, nämlich das der völlig neuen Technik und der völlig neuen Wissenschaft. In dem Zusammenhang wäre etwa auch das Versöhnungsmoment, das ja in das Verhältnis von Subjekt-Objekt bei Adorno eingeht, zu diskutieren. Das heißt, hier führt die Erkenntnistheorie über in die Frage der konkreten Utopie, auch geschichtsphilosophisch.

An der erkenntnistheoretischen, abstrakten Frage des Konstitutionsproblems wird der unmittelbar praktische Mangel der Kritischen Theorie entscheidend, weil der Klassenantagonismus nicht theoretisch wirklich in die Bildung dieser Theorie eingeht. Die politische Organisation des Proletariats ist auch ein anderer Rahmen der Apperzeption gegenstandskonstitutiver Praxis, und zwar einer Apperzeption, die zwar noch von der Irrationalität abstrakter Arbeit durchsetzt sein mag, andererseits aber schon Aufhebungen abstrakter Arbeit enthält, also eine Art solidarischer Verkehrsformen, Aufhebung von Isolierungen und Atomisierungen der Individuen gegeneinander, was dann auch eine andere Einheit der Wahrnehmungs- und Begriffswelt herbeiführt. Das heißt, das Elend der Kritischen Theorie ist auf einer bestimmten Ebene einfach auch das Fehlen der Organisationsfrage, und das hängt eben mit dieser klassentheoretischen Frage zusammen. Die Erfahrung des Faschismus scheint der Kritischen Theorie und Adorno suggeriert zu haben, dass kollektive Praxis notwendig bewusstseinsdestruktiv ist, dass sich in kollektiver Praxis geradezu die Klasse zur Masse zersetzt, in diesem naturzuständlichen Sinne, den der Begriff auch hat. Zwar geht die Zerfallsgeschichte des bürgerlichen Individuums in die Reflexion ein, aber nicht die Umstrukturierung und der Strukturwandel, den der Begriff der lohnabhängigen Klasse auch seinem Dasein nach insgesamt erfahren hat. Zwar wird auf kulturkritischer Ebene in abstracto festgestellt, dass Ideologie geradezu heute eine Produktivkraft geworden ist, aber die konkrete Reflexion auf Wissenschaft als Produktivkraft, auf die Veränderung des Verhältnisses von geistiger und körperlicher Arbeit, etwa im Rahmen der lohnabhängigen Klasse, wird nicht mitgemacht. Im Grunde genommen ist die resignative Position bis hin zur Aussage von der fixierten Integration der Arbeiterklasse ins kapitalistische System orientiert an einem traditionellen Begriff des unmittelbaren Industrieproletariats, der eventuell die Formen der Veränderung des Gesamtarbeiters nicht mehr trifft. Die Reflexionen, die Marx z.B. angestellt hat in den Grundrissen oder auch in einigen Kapiteln in den Theorien über den Mehrwert, legen ja nahe, dass es sich hier um einen Vergesellschaftungsprozess der produktiven Arbeit und des kapitalistischen Privateigentums auf dem Boden der kapitalistischen Produktionsweise selber handelt, der also Arbeit und Arbeitszeit in ihrer Wertbedeutung relativiert. Ich glaube nicht, dass man dann von einer zweiten Mehrwertquelle sprechen kann, aber die Realität des Produktionsprozesses fällt nicht mehr zusammen mit dem Arbeitsprozess. Wenn das so ist, wenn der Widerspruch von Vergesellschaftung und Privateigentum, von gesellschaftlicher Arbeit und Privatarbeit mit dem Monopolkapital eine qualitativ neue Dimension entfaltet hat, und zwar so, dass er zur Erscheinung kommt – mit der Aktiengesellschaft kommt Marx zufolge dieser Widerspruch zur Erscheinung und mit der technologischen Umsetzung der Wissenschaften ins kapitalfixierte Maschinensystem –, und wenn Marx sagt, dass damit auch – denn es gibt Aussagen expliziter Art – der Begriff der produktiven Arbeit sich erweitert und sich auch über das Einzelatelier der unmittelbaren Fabrik hinaus erweitert, dann hat sich auch gewissermaßen die Totalität der proletarischen Klasse insgesamt erweitert. Ich stelle diese Reflexion nur an, um aufzuzeigen, dass es aus der Theorie Adornos, der gewissermaßen auf den Strukturwandel der an sich seienden Lage der arbeitenden Klasse nicht reflektiert, nur die Konsequenz geben kann, dass Einzelsubjekte als wirklich fiktive Zeugen einer dialektischen Vergangenheit noch die Erinnerung an Emanzipation aufrechterhalten können auf der einen Seite, dass auf der anderen Seite, wenn man nicht Teile der wissenschaftlichen Intelligenz, auch der etwa in den Akademien und Universitäten organisierten, objektiv dem gesamtgesellschaftlichen Lohnarbeiter zurechnet, es kaum möglich ist, die Erinnerung an Emanzipation und Ausbeutung zu mobilisieren. Es ist auch Index, dass die Produktion – Marx sagt, das Reich der Freiheit beginnt jenseits der materiellen Produktion – beim gegenwärtigen Zivilisations- und Kulturstand selbst schon ein enormes Ausmaß an Immaterialität erreicht hat, das aber nur so kulturindustriell eingesetzt wird, dass die Massen an die unmittelbare materielle Existenzsicherung und

Bedürfnisbefriedigung fixiert werden. Das heißt also, Kultur, die den Bereich unmittelbarer Bedürfnisbefriedigung transzendiert, wird gerade ihr Gegenteil bezweckend eingesetzt, nämlich zur Fixierung an unmittelbare materielle Bedürfnisbefriedigung. All diese Fragen sind, meiner Ansicht nach, nicht in ein angemessenes parteiliches Totalitätsbewusstsein als Klassenbewusstsein umzusetzen, wenn man an einem traditionellen Begriff des unmittelbaren Industrieproletariats festhält, d. h. gleichsam sich an das Heer der werktätigen Maschinenarbeiter fixiert.

Die Theorie des individuellen Klassenverrats ist der wissenschaftlichen Intelligenz historisch nicht mehr adäquat. Die wissenschaftliche Intelligenz muss als organisierte in den Klassenkampf eingehen. Sie repräsentiert auch nicht mehr, insofern sie geistige Arbeit leistet und geistige Arbeit an sich kapitalrepräsentativ ist, irgendwie bürgerliches Kulturbewusstsein. Auch das hat die positivistische Zerstreuung der Einzelwissenschaften vernichtet. Ich würde sagen, gerade auf Grund der positivistischen Zerstreuung der Einzelwissenschaften kann geistige Arbeit sich sehr viel eher als ausgebeuteter Produzent erfassen, dem sein wissenschaftliches Produkt als fremde Macht gegenübertritt, und nicht im Grunde genommen als privilegierter Teilnehmer am Kulturprodukt.
Im SDS wird nach wie vor ein orthodoxes Verhältnis von wissenschaftlicher Intelligenz und Proletariat unterstellt, wobei die wissenschaftliche Intelligenz aus den individualisierten Formen bürgerlichen Klassenverrats nicht herauskommen kann und notwendig im Kleinbürgertum versackt. Die kleinbürgerlichen Erscheinungsformen, die z. B. sich in der Bewegung produziert haben, sind nicht mehr im Rahmen klassischer Kleinbürgerkategorien zu interpretieren. Kleinbürgerliche Verfallsformen haben die Arbeiterbewegungen aller Zeiten produziert und reproduziert bis in den Übergang zum Faschismus. Ich glaube, dass bislang auch alle strategischen Anweisungen so verfahren – bis hin zu denjenigen, die neue Arbeiterklassenvorstellungen definieren wollen, also etwa denen Serge Mallets und auch Negts »Soziologische Phantasie und Exemplarisches Lernen« –, dass sie in der Tat sich auf klassische Agitation und Propagandamuster beschränken, die sich nur und ausschließlich auf das Industrieproletariat beziehen und meinen, dieses könne die Totalität des Klassenbewusstseins, also in der Wahrnehmung der Produktions- und Herrschaftstotalität der Gesellschaft, produzieren. Dies ist einfach falsch. Ohne eine Organisation der wissenschaftlichen Intelligenz, des Heers der Industriearbeiter und produktiven Angestellten, ohne eine gemeinsame Organisation wird sicherlich nicht die Totalität des Klassenbewusstseins wiederzugewinnen sein.

Es gibt in der Erfahrung der Adornoschen Theorie und auch in seinen eigenen persönlichen Verhaltungsweisen etwas, das man als eine sehr widersprüchliche Wirkung von Ohnmacht auf die Studentenbewegung erklären könnte. Also auf der einen Seite hat Adorno etwas vermittelt, das für die Studentenbewegung dann geradezu umgekehrt nicht resignations- sondern aktionskonstitutiv war: eine Ohnmachtserfahrung gegenüber den technologisierten und bürokratischen Institutionen und Administrationen der spätkapitalistischen Welt. Dieses Ohnmachtsmoment war auch etwas Aktionskonstitutives für die Studentenbewegung, wie es umgekehrt als individuelle Ohnmachtserklärung und aus dem Erfahrungshintergrund des Faschismus die produktive Furcht vor einer faschistischen Restabilisierung des Monopolkapitals war, die sich in regressive Angst vor den Formen des Widerstands umsetzt; auf der anderen Seite hat also auch diese Ohnmachtserfahrung Konfliktmomente eben mit Adorno hervorgerufen. Biographische Erfahrung und die Konstitution von Theorie, individuelle Lebensgeschichte und theoretische Bildungsgeschichte sind bei Adorno unmittelbar eins gewesen.

26. Fünf Thesen zu »Herbert Marcuse als kritischer Theoretiker der Emanzipation«*

I. Marcuse interpretiert die Emanzipationsprinzipien möglicher sozialrevolutionärer Prozesse in den spätkapitalistischen Industriemetropolen in dem Sinne, dass die empirische Basis der Selbstentfremdung nicht mehr die mittelbare Erfahrung unmittelbaren Elends, sondern die bewusst zu erfahrende soziale Widersprüchlichkeit, Apathie und Integration ist. Im Zentrum der Marcuseschen Revolutionstheorie steht die Frage: wie kann unter den Bedingungen einer repressiven Befriedigung der materiell elementaren Bedürfnisse das Bedürfnis nach Emanzipation entfaltet werden? Wie können die Bedürfnisse nach einem Reich der Freiheit, des Friedens und des Glücks ins Bewusstsein der Massen und zur politischen Erscheinung drängen, wenn sie nicht mehr in den materiell vitalen Bedürfnissen nach der Beseitigung von Hunger, materieller Not und physischem Elend verankert sind?

II. Die Tatsache der Arbeit an sich selber ist die Erscheinungsform der Ausbeutung in der spätkapitalistischen Gesellschaftsformation. Marcuse zufolge stellt sich nicht mehr die Frage nach überflüssiger und notwendiger Arbeit und damit nach überflüssiger und notwendiger Unterdrückung, vielmehr eröffnet der Fortschritt in der Automation des Maschinenwesens die realutopische Perspektive nach der Abschaffung von Arbeit überhaupt.

III. Wenn die Emanzipation vom Zwang der Arbeit derart mit dem technischen Fortschritt gekoppelt ist, sind die kapitalistischen Machthaber gezwungen, die reibungslos funktionalisierte Demokratie in den Dienst der Eliminierung jeglicher emanzipativer Regungen zu stellen. Die Liquidation des wie immer auch ideologisch entstellten Emanzipationsbedürfnisses, die den Übergang des Konkurrenz- in den Monopolkapitalismus kommentiert, fordert Marcuse zufolge eine Eindimensionalisierung der Ideologien in der spätkapitalistischen Epoche.

IV. Die Antwort darauf ist die Negation des Systems durch die privilegiert sensiblen oder die unterprivilegiert gequälten Randgruppen – notwendig abstrakte Negation einem hermetisch geschlossenen System gegenüber in der Gestalt ohnmächtiger Vernunft, des empörten Protests der großen Verweigerung.

* Diese Thesen entstanden im Zusammenhang mit Vorarbeiten zu einem Artikel über Marcuse für die Zeitschrift »konkret« im Sommer 1969 als Antwort auf einen unqualifizierten Angriff von Rolf Hochhuth gegen Marcuse in derselben Zeitschrift. (Anm. d. Hg.)

V. Die spätkapitalistische Gesellschaftsformation schlägt alle institutionalisierten Organisationsformen der Opposition, des Widerstandes und der Revolution mit dem Signum der Integration. Der anschauliche Beweis dafür ist das massenorganisatorisch deformierte Schicksal der Leninschen Kaderpartei in der Naturgeschichte der westeuropäischen Arbeiterbewegung; als deren abstrakte Negation lehrt Marcuse die emanzipatorische Renitenz des sich triebstrukturell umwälzenden Individuums und des seine bedürftige Vitalität revolutionierenden Einzelsubjekts.

ad I.-IV. Mit diesen Theoremen formulierte Marcuse das reine Vernunftprinzip des Befreiungskampfes in der spätkapitalistischen Zivilisation: eine Idee der Machtergreifung im politischen Zentrum, die, über die bloße Sozialisierung der Produktionsmittel – geschweige denn ihre bloße Verstaatlichung – hinausgehend, eine konkrete Utopie des Kommunismus, also des herrschaftsfreien Verkehrs solidarischer und von den Naturschranken urwüchsig überlieferter Arbeitsteilung entbundenen Individuen. Marcuse ist der kritische Theoretiker der Emanzipation. Emanzipation ist die bestimmte Negation des sowjetmarxistisch entstellten Begriffs vom Sozialismus, der diesen an das Bild technologisch reibungslos funktionierender und staatlich kontrollbefugt geplanter sowie bürokratisch rationalisierter Produktion festmachte. Dagegen opponierte der kritische Marxismus des Westens im revolutionstheoretischen Rückgriff auf den wie immer auch von den Ideologen der herrschenden Klasse anthropologisch und theologisch deformierten jungen Marx der Pariser Manuskripte und der Deutschen Ideologie. Über das Konzept eines technologisch verengten Produktionsbegriffs hinaus wird der Kampf um die Macht im Staate und die Enteignung der Inhaber an den Produktionsmitteln nicht als Endziel, sondern als Bedingung der Möglichkeit eines Vereins freier Menschen behandelt; das heißt, Kommunismus behandelt die Vergesellschaftung der Produktionsmittel als Bedingung zur Organisation eines solidarischen Verkehrs freier Individuen. Der Emanzipationsbegriff, den Marcuse in der Tradition des westlichen Marxismus von Lukács über Horkheimer bis Merleau-Ponty entfaltet, hebt ins Bewusstsein, was die Strategien des sozialdemokratischen Reformismus und der sowjetmarxistischen Orthodoxie verdrängt haben, die Reduktion des emanzipativen auf den technischen Fortschritt, der sozialen auf die industrielle Revolution. Auf dem Erfahrungsgrund der sozialrevolutionären Befreiungsbewegungen der Dritten Welt eröffnet sich sowohl wieder eine Perspektive kompromissloser Politik und Gewalt als auch eine Vorstellung von Befreiung, die über die industrielle Intensivierung von Fünfjahresplänen hinausgeht: Marcuse als Philosophiekritiker der Emanzipation entfaltet einen Begriff der Befreiung, der die Menschen nicht wiederum den objektiven Bedingungen der totgeschlagenen Materie, also den Produktionsmitteln, unterwerfen will, sondern die Funktion der Produktionsmittel in der Revolution wieder geschichtsphilosophisch zurechtrückt: die vereinigte Arbeiterklasse in den hochindustrialisierten Kapitalmetropolen kämpft nicht um die Verfügungsgewalt über das Maschinenwesen als solches, sondern um den kollektiven Besitz an den Produktionsmitteln als Bedingung von herrschaftsfreien Beziehungen der Menschen untereinander. Marcuse hat den Emanzipationsbegriff aus seiner naturgeschichtlichen Verblendung, die er im Schicksal der Arbeiterbewegungen erfahren hat, befreit; Emanzipation meint mehr als eine Veränderung der Eigentumsverhältnisse, die den technisch industrialisierten Stoffwechsel zwischen Menschen und der Natur regeln, Emanzipation meint eine Veränderung der Eigentumsverhältnisse, der Verfügungsgewalt von Menschen über Dinge, um die Verhältnisse der Menschen untereinander zu befreien. Philosophisch ausgedrückt: Sozialdemokratie und Sowjetmarxismus haben den Entwurf einer sozialistischen Verkehrsform auf eine Veränderung des industriellen Eigentumsverhältnisses zwischen den Menschen und der Natur verkürzt. Die Geschichte hat auf die Tagesordnung gesetzt, was Marcuse ebenso philosophisch wie naiv formulierte: die Verkürzung des revolutionären Befreiungsprozesses auf industrielle Revolution schleppt das Elend der Verdinglichung mit sich fort und unterwirft die Individuen der unpersönlichen Knechtschaft der materiellen Produktionsmittel. Emanzipation hingegen will, dass die Individuen die industriellen Produktionsmittel organisieren, um miteinander glücklich verkehren zu können. Der verkürzte Emanzipationsbegriff zielt nur auf ein verändertes Eigentumsverhältnis der Menschen zu den dinglichen Produktionsmitteln, nicht aber auf ein verändertes Verkehrsverhältnis der geschichtlichen Individuen untereinander. Emanzipation ist nicht primär eine veränderte Eigentumsorganisation der Industrie, sondern eine veränderte Verkehrsorganisation der Gesellschaft. Dieser revolutionär selbstverständliche Sachverhalt ist vom sozialdemokratischen Reformismus staatlich verraten, vom antiimperialistischen Machtkampf der Sowjetunion naturwüchsig verdrängt und vom antifaschistischen Abwehrkampf der kommunistischen Parteien bündnispolitisch und parlamentsbeflissen verdrängt worden. Für einen Revolutionsbegriff in den Metropolen war es notwendig, dass Marcuse wieder aussprach: Emanzipation ist nicht die Befreiung der technischen Maschinen, sondern die Befreiung der gesellschaftlichen Menschen. Allein auf dem Hintergrund dieses evidenten Vernunftprinzips kann das unerträgliche Moment an Unterdrückung in den scheinsozialen Sicherheitsgarantien des autoritären Staates und den keynesianistisch auf Rezessionen verkürzten Krisen der monopolen Wirtschaftsweise den lohnabhängigen Massen einsichtig werden.

Marcuse fordert ein anschaulicheres Bild der objektiven Möglichkeiten einer künftigen Gesellschaft: wenn Arbeit durch Automation in dem Maße abschaffbar und Unterdrückung in dem Maße überflüssig geworden ist, wie dies Industrie und Demokratie des Spätkapitalismus anzeigen, so muss die bestimmte Negation des reibungslos funktionierenden ausbeuterischen Systems an Bestimmtheit gewinnen: wenn die Menschen nicht unmittelbar hungern, müssen sie wissen können, warum sie in der Revolution ihr Leben aufs Spiel setzen sollen und mehr zu verlieren haben als ihre Ketten. Doch Marcuses Theorie selber kommt diesem Erfordernis bestimmter Negation nicht nach, seine Aufforderung zur großen Weigerung bleibt abstrakt, außerstande, ein politisches Realitätsprinzip taktischer Regeln, strategischer Maximen und organisatorischer Imperative zu entfalten. Gleichwohl ist die große Weigerung mehr als die romantisch beseelte Parole der ersten Stunde; sie ist die notwendige Konsequenz aus einem Emanzipationsbegriff, der in allen Spuren des objektiven Geistes der Verwaltungen und Institutionen, der Bürokratien und Meinungsmedien, der betrieblichen Mitbestimmungskonzepte und autoritären Hochschulreformen die unwiderstehliche Gewalt technokratischer Verblendungen entdeckt.

Andererseits teilt Marcuse das Elend der kritischen Theorie und das ungeschichtliche Selbstbewusstsein entstehender revolutionärer Bewegungen; er ist unfähig, die Kriterien einer revolutionären Realpolitik, bündnispolitischer Kompromisse, organisationspraktischer Stabilisierungen studentischer Protestbewegungen und klassentheoretischer Analysen zu formulieren. Zu linksradikalistischen Kinderkrankheiten entstehender revolutionärer Bewegungen zählt die im Anfang gleichwohl notwendige Verwechslung der abstrakten Demonstration des reinen Emanzipationsprinzips mit dessen konkreter Entfaltung, Marcuse teilt als Theoretiker der ersten Erscheinung dieses revolutionären Vernunftprinzips mit den freiheitsbewussten Studentenbewegungen der Metropolen deren Kinderkrankheiten in allen Formulierungsstadien seiner Theorie. Seine Ideologiekritik der Eindimensionalität ließ die empörten Intellektuellen in Ungewissheit darüber, ob die Integration der Arbeiterklasse unwiderrufliches Schicksal oder aufhebbarer Schein sei. Doch als der deutsche SDS die Isolierung politischer Intellektuellenbewegungen an sich selber erfahren hatte und die Prinzipien des proletarischen Klassenkampfs praktisch zu erneuern suchte, geriet er in einen Widerspruch, der bis heute unaufgelöst ist und über seine revolutionäre Entwicklung entscheiden wird: mit der Kritik an den emanzipationsrigiden und randgruppengebundenen Prinzipien der großen Verweigerung, d. h. mit dem Versuch, ein politisches Realitätsprinzip in die emanzipative Systemnegation einzuführen und dem nach wie vor bestehenden, wie immer auch wesentlich veränderten Klassenantagonismus in den Metropolen Rechnung zu tragen, geriet der SDS in Gefahr, sich blindlings in einer verschwiegenen Orthodoxie zu verstricken und in eine undurchschaute

Tradition des verzerrten Klassenkampfs zurückzufallen. Die notwendige Hinwendung der Studentenbewegung zum Proletariat drohte mit dem Versuch, die Revolution mit den überlieferten Kategorien des Klassenkampfes zu artikulieren, zugleich die Prinzipien der revolutionären Emanzipation zu ersticken. Anders gesagt, die Studentenbewegung steht vor dem objektiven Dilemma, dass ihr historisch neues Vernunftprinzip der Emanzipation sich realpolitischen und klassenspezifischen Kriterien versagt und dass andererseits die traditionelle Substanz des proletarischen Klassenkampfes blind ist gegen die neuen Prinzipien kompromissloser Befreiung. Das entscheidende Schicksal, das der revolutionäre Protest in den Metropolen bewusst zu vermeiden hat, ist, dass er mit der Einführung tradierter Klassenkampfkategorien und taktischer Realitätsprinzipien den kompromisslosen Impetus revolutionärer Negation erstickt, dass er über der klassenbewussten Realpolitik die Revolution vergisst. Das notwendig anachronistische Bewusstsein der westdeutschen Protestbewegung im gegenwärtigen Stadium ist die Verkleidung des neuen emanzipatorischen Vernunftprinzips ins alte Gewand traditionalistischer Klassenkampfkategorien; der Begriff des Klassenkampfs, mit dem die Bewegung ebenso pragmatisch wie dogmatisch hantiert, entspricht weder der Klassenrealität noch der Emanzipationsnotwendigkeit der hochindustrialisierten Kapitalmetropolen.

27. Zur Dialektik des antiautoritären Bewusstseins*

Die studentische Protestbewegung in Westdeutschland hat sich in den vergangenen drei Jahren als fähig erwiesen, eine politische Sensibilität zu erzeugen, welche die neuen Formen verschleiernder Ausbeutung sowie verdeckter und sublimierter Herrschaft im Spätkapitalismus aufzuzeigen vermochte, und eine revolutionäre Phantasie heranzubilden, die die Keimformen eines Befreiungskampfes unter den Bedingungen hochzivilisierter Bedürfnisbefriedigung entfaltet hat. Im Medium der Kategorie des antiautoritären Bewusstseins setzte sie das neue, noch unentfaltete Vernunftprinzip der Emanzipation von integrativer Bewusstseinsvernichtung und krisensteuernder Spekulationskunst zu einem ersten und deshalb abstrakten, gleichwohl praktischen Dasein und restituierte ebenfalls auf der Ebene des ersten noch unentwickelten Anfangs im Widerstand gegen die Zerfaserung der alltäglichen Erfahrungswelt zur herrschaftsblinden Mannigfaltigkeit von gesteuerten Informationen einen abstrakt richtigen Totalitätsbegriff des falschen gesellschaftlichen Ganzen. Das antiautoritäre Bewusstsein, das der Klassenlage von vor allem kultur- und sozialwissenschaftlicher Intelligenz empirisch und genetisch zuzurechnen ist, motiviert sich aus dem Widerspruch der von allen inhaltlichen Substanzen der bürgerlichen Emanzipationsphase gelösten technologischen Demokratie zur vergangenen ideologischen Liberalität gleichen Tauschverkehrs, parlamentarischer Kommunikation und autonomer Individualität. Wenn das antiautoritäre Bewusstsein auch eine Zerfallsform technologisch zerschlissener bürgerlicher Vernunftbegriffe ist, so enthielt es im Wissen um deren unwiderruflichen Zerfall im organisierten Kapitalismus gleichwohl alle Momente eines antizipierten und stellvertretenden Klassenbewusstseins, eines Klassenbewusstseins, weil es Emanzipations- und Totalitätsbewusstsein ist, antizipiert und stellvertretend deshalb, weil es noch nicht im Stande sein konnte, sich parteilich in einer Spontaneität des Proletariats zu verankern. Dem widersprechen die Reflexionsformen, in denen das antiautoritäre Bewusstsein sich selbst zu befreien suchte. Es vermochte keineswegs konkret einzusehen, dass seine provokative Aktionspraxis überhaupt erst die geschichtlichen Bedingungen der Bildung von Klassenbewusstsein theoretisch-wissenschaftlich und erfahrungspraktisch zu schaffen hat. Vielmehr missverstand es auf der Höhe seiner spekulativ überschwenglichen Selbstbestimmung als geschichtlich konkret entwickelt, was noch unentfaltetes bloßes Prinzip war. Seine

* Dieser Beitrag ist der Anfang eines für die »neue kritik« geplanten Artikels vom Herbst 1969. Wie insbesondere der Anhang zeigt, sind wesentliche Teile hiervon in die »Thesen zum allgemeinen Verhältnis von wissenschaftlicher Intelligenz und proletarischem Klassenbewusstsein« eingegangen. Der Titel stammt von uns. (Anm. d. Hg.)

notwendige Ahistorizität verkleidete die systemsprengenden Vorstellungen von gesamtgesellschaftlicher Herrschaft und revolutionärem Befreiungskampf in die diffuse Begriffswelt von umwälzender Randgruppentätigkeit und allgemeiner Gattungsrevolution.

Diese Antinomien des antiautoritären Bewusstseins mussten zwangsläufig noch die des bürgerlichen Denkens sein, die aus den analytischen Trennungsbedingungen der entwickelten abstrakten Arbeit entfalteten Widersprüche des partikularisierten Besonderen und abstrakt Allgemeinen, wie es sich niederschlägt in der hypostasierten Beziehung von besonderer Randgruppe und universaler Gattung. In der Aktionsgeschichte der neuen Linken haben sich die bürgerlichen Antinomien des antiautoritären Bewusstseins zur kleinbürgerlichen Klassenschranke ihres politischen Erkenntnisvermögens verfestigt. Zwei geschichtliche Bezugsmomente liefern die Erklärungskategorien für den kleinbürgerlichen Stagnationsprozess der Protestbewegung: die Emanzipation von der funktionalistisch zerschlissenen bildungsbürgerlichen Liberalität einerseits und der fehlende Hintergrund einer existierenden proletarischen Organisation.
Demnach sind die kleinbürgerlichen Erscheinungsformen des antiautoritären Bewusstseins ein notwendiges Zerfallsprodukt der Lösung von den ideologischen Illusionen bürgerlicher Tauschfreiheit und liberaler Toleranz, sowie der noch individuell motivierten Befreiung von den repressiven Sozialisationsbedingungen technologisierter Surplusnormen. Da der Orientierungsrahmen einer proletarischen Organisationsform fehlt, musste dieser Emanzipationsprozess eine politische Intellektuellenbewegung notwendig in den Naturzustand der klassenschwankenden Asozialität des Kleinbürgertums zurückwerfen.
Das Kleinbürgertum repräsentiert neben dem Lumpenproletariat der Theorie des Historischen Materialismus zufolge den Zustand der Asozialität und in seiner warenproduzierenden und -vertreibenden Tätigkeit den offen kriegerischen Naturzustand des Kapitals, die ursprüngliche Akkumulation und damit die Präsenz der Krise im kapitalistischen Verwertungsprozess. Von Enteignungsangst gejagt und ohnmächtigem Profitbedürfnis getrieben, ist seine Verkehrsform die destruierte des bellum omnium contra omnes. Seine Organisationsunfähigkeit ist derart chaotisierend und demoralisierend, dass Lenin, um das Proletariat vor seinem zersetzenden Einbruch zu bewahren, strengste Disziplinierungsimperative und Zentralisationskategorien dagegensetzte und es einer permanenten revolutionär sozialisierenden Erziehungsarbeit für nötig erachtete. Eine politische Intellektuellenbewegung muss Momente kleinbürgerlicher Asozialität entfalten, wenn sie aus bürgerlichen Verkehrsformen sich löst, nicht in eine proletarische Organisation sich integrieren

und sich gleichwohl als eigenständige Klasse nicht setzen kann.
Aus dieser objektiven Unmöglichkeit einer klassenspezifischen Selbstbestimmung studentischer Protestbewegung und der Langfristigkeit, die strategischen Entwicklungsbedingungen emanzipativer Bildungsprozesse eines proletarischen Klassenbewusstseins in den spätkapitalistischen Industriemetropolen auch nur theoretisch und im Ansatz zu formulieren, erklären sich die Verselbständigung der Aktionspraxis, die zum Teil sektiererische und unmittelbarkeitsideologische Verdinglichung der Organisationsform und der Schwund an Totalitätsbewusstsein. Mit der Zerfaserung der objektiven Einheit politischer Praxis, wie sie durch den Protest gegen den Krieg in Vietnam, die Aktionen gegen Springer und den Widerstand gegen die Notstandsgesetze bestimmt war, in eine unorganisierte Vielheit vereinzelter Aktionen konvergiert ein zeitweiliger Theoriezerfall. Dieser Prozess folgt aus den erläuterten Bestimmungen des kleinbürgerlichen Bewusstseins; dieses ist aktionistisch, sektiererisch und blind egoistisch. Der Kleinbürger ist nur imstande, sich selbst und seine vermeintlich unmittelbaren, bornierten Interessen wahrzunehmen und außerstande, eine langfristige Klassensolidarität von sich aus organisationspraktisch zu stabilisieren, sowie die Gesellschaft als Zwangszusammenhang über den unmittelbar begrenzten Umkreis seiner atomisierten Interessenindividualität hinaus wahrzunehmen. Wenn es also stimmt, dass das antiautoritäre Bewusstsein aus den innersten Konsequenzen seines Befreiungsprozesses von den kapitalistischen Kategorien antiquiert liberaler und modern technologisierter Verkehrsformen heraus in den Naturzustand kleinbürgerlicher Sozialisationsfeindschaft übergehen musste, dann gibt es so etwas wie eine im Marxschen Sinne dieses Begriffs naturgesetzliche Tendenz zur Selbstzerstörung der antiautoritären Emanzipationsvernunft.
Das Asozialitätssyndrom des antiautoritären Bewusstseins und seiner autoritativen Reaktionen auf die unbewältigten politischen Frustrationserfahrungen bestimmt sich aus dem kategorialen Bezugsrahmen von Emanzipation und Disziplin, Abstraktion und Konkretion. Weder ist es bereit, sich den repressiven, leistungszwingenden und disziplinierenden Sozialisationserfordernissen des politischen Kampfes zu unterwerfen, noch sich den wissenschaftstheoretischen Leistungskriterien der Reflexion zu beugen. Weder vermag es die notwendigen Abstraktionsstrecken bildungsgeschichtlicher Reflexionsprozesse und deren naturwüchsige Widersprüche theoretisch wie praktisch auszuhalten, noch vermag es einzusehen, dass der unmittelbare Zusammenhang von vereinzelten handlungsanleitenden Reflexionen und empirisch manifesten Praktiken eine schlechte Abstraktion und falsche Unmittelbarkeitsideologie ist. Wenn kleinbürgerliche Bewusstseins- und Handlungspositionen den feindseligen Naturzustand in der vergesellschaftenden Konkurrenz

repräsentieren, dann enthält das derartig entwickelte antiautoritäre Bewusstsein verfestigte Schranken gegenüber der Möglichkeit eines politischen Geschichtsbewusstseins und geschichtsfeindliche Mechanismen, die es ihm anscheinend nicht erlauben, aus der aktionshektischen Diskussion kurzfristiger Taktiken zugunsten einer bildungsgeschichtlich orientierten Diskussion langfristiger Strategien herauszutreten.
Verabsolutierte Emanzipationsegoismen sind ebenso Voraussetzung wie Resultat des kleinbürgerlichen Zerstreuungsprozesses der antiautoritären Protestbewegung. Dass jeder einzelne seine beschränkten Emanzipationsbedürfnisse auf Kosten jedes anderen befriedigen wollte, setzte einen neuen naturwüchsigen Unterdrückungszusammenhang eines Kleinkriegs aller gegen alle in der Organisation des politischen Kampfes und zerstörte darüber hinaus die Möglichkeit politischer Kommunikation nach Maßgabe sozialistischer Solidaritätserfordernisse. Der losgelassene Emanzipationsegoismus will auf die Mühsal und Qual des politischen Kampfes, auf die geschichtliche Langfristigkeit in der Entwicklung einer sozialrevolutionären Massenbasis und auf die Vermittlungsdauer der zunächst notwendig abstrakten Theorie der materiellen Gewalt im Bewusstsein der Massen verzichten und gleichwohl das künftige Reich der Freiheit hic et nunc für sich empirisch usurpieren. Die kleinbürgerlichen Dispositionen des antiautoritären Bewusstseins behandeln das Reich der Freiheit als privates Kleineigentum (dem entsprach die Ideologie der Freiräume), gleichsam orientiert an der Vorstellung vom Besitzrecht der ersten Landnahme. Das emanzipationsfeindliche Moment des Kleinbürgers ist das legitimationslose Rechtsbewusstsein, er steht, in Kantischen Begriffen formuliert, nicht einmal auf dem tauschwertentwickelten Standpunkt des bürgerlichen Rechts als intelligiblen Besitzes, sondern auf dem nachfeudalen und vorbürgerlichen Standpunkt des empirischen Besitzes, demzufolge der Umfang des Rechts auf Eigentum sich mit der physischen Machtpotenz des einzelnen deckt. Kleinbürgerliche Bewusstseinseinstellungen lassen die Freiheit zu einer dezisionistischen Eigentumskategorie verkommen. Der Zerfall des emanzipatorischen Vernunftinteresses in der neuen Linken ist organisationszersetzend gewesen, weil er solidaritätsaufkündigend war.
Unter den Bedingungen des politischen Kampfes und den Zwängen der kapitalistischen Herrschaft und ihrer Institutionalisierung ist die reine Antizipation des Reichs der Freiheit eine praktische Unmöglichkeit. Sie würde in ihr Gegenteil umschlagend zu einer repressiven Selbstvernichtung revolutionärer Bewegungen führen.
Die Antizipation der befreiten Gesellschaft in den Organisationsformen des politischen Kampfes ist immer eine historisch bestimmte Vermittlung von Freiheit und Zwang. Diese Vermittlung erfolgt nicht in transzendentalisierten Kategorien des Leninschen Parteitypus wie bei Georg Lukács,

sondern aus den geschichtlichen Form- und Realisierungsbestimmungen der wertsubstantiellen arbeitsteiligen Verkehrsbasis. Wenn die Organisation des politischen Kampfes die bestimmte Negation der kapitalistischen Gesellschaftsformation in ihrem eigenen solidarischen Verkehr material ausdrücken will, dann muss sie das ideologische Versprechen des bürgerlichen Tauschverkehrs überhaupt erst einlösen. Die an der Zirkulationssphäre orientierte revolutionäre Emanzipationstheorie des Bürgertums, deren Rigorismus in den Kritiken Kants systematisch zusammengefasst und reflektiert wurde, fordert den individuellen Subjekten eine rigide, bis an die Grenzen der physischen Selbstaufgabe treibende Abstraktion von ihrer empirisch bedürftigen Subjektivität zugunsten der Konstitution des intelligiblen Subjekts, der bedürfnislosen Rechtsperson und des citoyen ab, damit Kant zufolge die Freiheit eines jeden mit der Freiheit eines jeden anderen nach einem allgemeinen Gesetz soll zusammenstimmen können. Marx hat demgegenüber zwingend nachgewiesen, dass sich die repressive Abstraktion von der empirischen Subjektivität, also das allgemeine Interesse der Gesellschaft als partikulares des Kapitals hinter dem Rücken und über den Köpfen der Individuen, nicht unter Verzicht auf, sondern unter Verfolgung der verabsolutierten Einzelegoismen durchsetzt. Die bestimmte Negation des bürgerlichen Tauschverkehrs, zugleich solidaritätsbildend für proletarische Organisationsformen, würde bedeuten, dass ein jeder um der Emanzipation des anderen willen sich so viel Unterdrückung aufzuerlegen imstande ist, dass er seine Emanzipationsbedürfnisse nach den Gesetzen des politischen Kampfes einschränkt. Die politische Moral des revolutionären Kommunisten diszipliniert sich zum Kampf und antizipiert zugleich die solidarische Praxis des herrschaftsfreien Verkehrs durch die bestimmte Negation der tauschwertbedingten Verkehrsformen. (Organisation als antizipierte Aufhebung entfremdeter, i.e. abstrakter Arbeit.)

Die kleinbürgerliche Konkurrenz isolierter Emanzipationsbedürfnisse musste notwendig zu gravierenden Frustrationserfahrungen führen und autoritative Reaktionen hervorrufen. Der praxisauflösenden Wirkung verabsolutierter Emanzipationsansprüche entsprach in der Folge eine Verabsolutierung vereinzelter, gegeneinander verselbständigter und deshalb sektiererisch verdinglichter Organisationsformen und ihrer unmittelbaren empirischen Praktiken. Der Zerfall des emanzipativen Vernunftinteresses war also notwendig begleitet von einem Zerfall des Theoriebewusstseins und der Fähigkeit zur Abstraktion.

Anhang

Zwei entscheidende Probleme haben sich für die sozialistische Protestbewegung aus ihrem eigenen Geschichtsverlauf ergeben:
1. Wie sind die historisch neuen, aber noch unentfalteten Vernunftprinzipien mit der alten Verkehrssubstanz des proletarischen Klassenkampfes zu vermitteln, ohne in einen undurchschauten Traditionalismus zurückzufallen?
2. Wie ist die Unmittelbarkeitsideologie empirischer Praktiken mittels des Totalitätsbegriffs von Praxis richtig zu kritisieren, ohne eine metaphysische Objektivität der apriorischen Existenz eines von aller empirischen Erscheinungsform gelösten Klassenbewusstseins zu unterstellen?
Das spekulative Totalitätsbewusstsein, das sich die Bewegung in ihren ersten Anfängen erarbeitete, war richtig in einem rationalistischen und analytischen Sinn, aber falsch, weil es dem erscheinenden Geschichtsverlauf gegenüber blind war. Die Unmittelbarkeitsideologie der vielen »praktisch arbeitenden« Gruppen ist ihrem Bewusstsein nach in einer unverbundenen Flucht der historischen Erscheinungsformen angesiedelt und außerstande, die Vielheit der empirischen Praktiken zur klassenbewussten Einheit einer politischen Praxis zu denken. Wenn das frühe Totalitätsbewusstsein der Bewegung noch vom methodologischen Rationalitätstypus der bürgerlichen Ökonomie war, so repräsentiert stellvertretend für die Unmittelbarkeitsideologien die vom Genossen Rabehl proklamierte historisch-genetische Analyse die historische Irrationalität der romantisierenden Vulgärökonomie. Das gleiche gilt von der ad-hoc-Analyse der wilden Streiks durch den Genossen Lefèvre, der die Einheit dieser Bewegung phänomenologisch in eine unverbundene Vielheit betriebsspezifischer Konflikttypen auflöst. Von all diesen theoretischen und praktischen Manifestationen gilt, was Lukács der bürgerlichen Geschichtswissenschaft vorwirft: »Ihr Irrtum besteht darin, dass sie im empirischen historischen Individuum (gleichviel ob es sich um einen Menschen, eine Klasse oder ein Volk handelt) und in seinem empirisch gegebenen (also psychologischen oder massenpsychologischen) Bewusstsein jenes Konkrete zu finden meint. Wo sie jedoch das Allerkonkreteste gefunden zu haben glaubt, hat sie es gerade am weitesten verfehlt: die Gesellschaft als konkrete Totalität ... Indem sie daran vorbeigeht, fasst sie etwas völlig Abstraktes als Konkretes an.«[1]
Doch diese »Beziehung auf die Gesellschaft als Ganzes«, die Lukács zufolge konstitutiv ist für die »Kategorie der objektiven Möglichkeit«, aus der die wissenschaftlichen Erkenntnischancen der historischen Bildungsbedingungen des Klassenbewusstseins folgen sollen, wird bei ihm wie

1 Lukács, Geschichte und Klassenbewusstsein, S. 61

in seiner Diskussion der Organisationsfrage auf eine von den konkreten geschichtlichen Formbestimmungen abstrahierende methodologische Ebene reduziert. Die Kategorie der Totalität wird gelöst von ihren Momenten, das Klassenbewusstsein getrennt von seinen empirischen Entäußerungen und bestimmte Negation damit auf abstrakte Negation zurückgenommen. Die Kategorie der Totalität reduziert sich zur Transzendentalität. Die empirischen Erscheinungsformen des Klassenbewusstseins sind jedoch aus dem Totalitätsbegriff von Klasse, Klassenbewusstsein und Praxis nicht zu lösen. Lukács' Begriff der Empirie ist selbst schon szientistisch gereinigt. Klassenbewusstsein ist parteiliches Totalitätsbewusstsein. Der analytisch auflösbare Zusammenhang von kollektiver Interessenorganisation, also Parteilichkeit, und richtiger gesamtgesellschaftlicher Erkenntnis, auch aller übrigen Klassen, also Totalitätsbewusstsein, mag gerade am Begriff der Empirie deutlich werden. Wenn Marx und Engels in der Deutschen Ideologie darauf insistieren, dass die historischen Voraussetzungen der materialistischen Geschichtsauffassung, also die wirklichen Individuen, ihre Aktion und ihre materiellen Lebensbedingungen, sowohl die vorgefundenen wie die durch ihre eigene Aktion erzeugten ... auf rein empirischem Wege konstatierbar« seien[2], so intendieren sie einen sehr viel qualitativeren Empiriebegriff als den durch die positivistische Distraktion der Einzelwissenschaften quantifizierten und szientistisch gereinigten. Die Wahrheit des materialistischen Empiriebegriffs ist wie die seiner Theorienkategorien praktisch verankert und objektiv parteilich. Sie hebt die ideologische Quasi-Neutralität des Empirismus auf, insofern sie die Empirie materialistisch im Bezugsrahmen von Produktion, also von Arbeit und Arbeitsteilung verankert. Materialistische Empirie ist gebunden an die drei Produktionsmomente von Gebrauchswert, Bedürfnis und Interesse (Triebstruktur). Der Begriff der Theorie ist ökonomiekritisch gebunden an die Produktionskategorien von Ware, Mehrwert und Akkumulation, oder, ex negativo, Verdinglichung, Ausbeutung und Krise. Sowohl Theorie- wie Empiriebegriff des wissenschaftlichen Sozialismus sind demzufolge parteilich, wie auch jene Kategorien, in denen sich diese Parteilichkeit artikuliert, zugleich jene sind, in denen sich die gesamtgesellschaftliche Totalitätserkenntnis artikuliert. Die Konstitution des Klassenbewusstseins als eines parteilichen Totalitätsbewusstseins ist also auf der einen Seite gebunden an die Wissenschaftlichkeit der revolutionären Theorie, die, in welchen Verwandlungen auch immer, als Moment eingehen muss in die Konstitution eines richtigen alltäglichen Klassenbewusstseins des Proletariats. Während Marx im 19. Jahrhundert den wissenschaftlichen Sozialismus »nur im Gegensatz zum utopischen Sozialismus« ausgebildet hat, »der neue Hirngespinste dem Volk aufheften will, statt seine Wissenschaft auf

2 MEW Bd. 3, S. 20

der Erkenntnis der vom Volk selbst gemachten sozialen Bewegung zu beschränken«[3], und also innergeschichtliche Realisierungsbedingungen für die vom französischen Sozialismus und deutschen Idealismus formulierten utopischen Transzendenzkategorien darstellen musste, sieht sich heute der Rekonstruktionsversuch revolutionärer Theorie, die neue Entfaltungsnotwendigkeit eines wissenschaftlichen Sozialismus, vor eine nahezu umgekehrte Aufgabe gestellt. Denn inzwischen hat sich durch die szientistische Arbeitsteilung der positivistisch zerstreuten Einzelwissenschaften ein Verfallsprozess der an die Produktion von Gebrauchswerten, die Reproduktion von Bedürfnissen und die Erzeugung von Interessen materialistisch gebundenen, innergeschichtlichen Transzendenzkategorien vollzogen. Wissenschaftlicher Sozialismus, will er sozialrevolutionäre Phantasie erzeugen und potentielles Klassenbewusstsein aktualisieren helfen, muss gerade die Formulierung der konkreten Utopie leisten.

3 MEW Bd. 18, S. 636

28. Über »Marxismus-Leninismus«*

In einer Rede auf der Festsitzung des Obersten Sowjets in der UdSSR anlässlich des 40. Jahrestages der Großen Sozialistischen Oktoberrevolution vom 6. November 1957 betont Mao: Das sozialistische System wird letzten Endes an die Stelle des kapitalistischen Systems treten; das ist ein vom Willen der Menschen unabhängiges objektives Gesetz. Welche Versuche auch immer die Reaktionäre unternehmen mögen, das Rad der Geschichte aufzuhalten, es wird dennoch früher oder später die Revolution ausbrechen, die dann unvermeidlich den Sieg davontragen wird.« (Rotes Buch, S. 29f.) So sehr diese Ontologie von der Notwendigkeit der Revolution den verschiedenen organisatorischen Erscheinungsformen der Avantgarde, dem Leninschen Parteitypus, der erfolgreichen Oktoberrevolution, der chinesischen Kulturrevolution und verschiedenen Schriften Maos selber auch widersprechen kann, so gehört sie doch jener verhängnisvollen Naturgeschichte der Ideologisierung des Marxismus eben aus dem Legitimationszwang der Oktoberrevolution und den ambivalenten Versuchen notwendig terroristischer Industrialisierungsprozesse in der Sowjetunion an. Der Marxismus deformiert zur naturdialektisch ontologisierten Legitimationswissenschaft eines zwar technologisch rational entfesselten Industrialisierungsprozesses, der aber emanzipationsblind war.[1] Die historische Notwendigkeit von Unterdrückung setzte sich in der Sowjetunion der dreißiger Jahre unter einen nachbürgerlichen Legitimationszwang, der aus der Geschichte des russischen Marxismus erklärbar ist, der theoretischen Reduktion der auf Arbeitsteilung basierenden gesellschaftlichen Beziehungen der Einzelsubjekte untereinander auf die Subjekt-Objekt-Beziehung zwischen den Menschen und der Natur, die Arbeit, und der theoretischen Diffusion im Verhältnis von bürgerlicher und sozialistischer Revolution in Russland.

Das Bewusstsein der russischen Revolutionäre war bestimmt und beschränkt vom gesellschaftlichen Sein ihres zurückgebliebenen Landes, das bei partiell hoher Industrialisierung der feudalen Gesellschaft und absoluten Monarchie noch nicht sich entwunden hatte, bürgerlichen Tauschverkehr und Parlamentarismus noch nicht voll ausgebildet hatte und noch in der Phase der ursprünglichen Akkumulation sich befand. Unter diesen Bedingungen verdinglichte der sowjetische Marxismus. Er erklärte den Massen objektiv notwendige Unterdrückung nicht als histo-

* Diese handschriftliche Notiz stammt wahrscheinlich aus dem Herbst 1969. Sie war augenscheinlich als Vorüberlegung für einen größeren Beitrag oder als Teil des geplanten Artikels »Zur Dialektik des antiautoritären Bewusstseins« gedacht. (Anm. d. Hg.)

1 Vgl. O. Negt, Einleitung zu A. Deborin, N. Bucharin, Kontroversen über dialektischen und mechanistischen Materialismus, Frankfurt 1969

rische, sondern gliederte sie auf dem Hintergrund einer analytischen Trennung von historischem und dialektischem Materialismus in eine kosmologische Ordnung universaler Gesetze der Materie ein. Geschichtliche Notwendigkeit wurde zur natürlichen Notwendigkeit verschleiert. Diese ideologische Verzerrung ist Ausdruck der stalinistischen Reduktion des revolutionären Bewusstseins auf ein emanzipationsblindes Leistungsbewusstsein nach Maßgabe produktionssteigernder Arbeitszeitnormen. Die Praxis der chinesischen Kulturrevolution steht dazu wohl im Widerspruch, doch die Theorie Maos steht gleichwohl noch in der Tradition des durch naturdialektische Legitimationsideologie entstellten Marxismus. Wie sehr eine solche Aussage für den Aufbau der sozialistischen Produktionsweise in China auch immer modifiziert werden müsste, sie bleibt mit allen historischen Konsequenzen gültig für die Projektion der Theorie Maos in die westeuropäischen Köpfe derjenigen, die sich M-L nennen.

Die naturdialektische Ontologisierung des Historischen Materialismus verwandelt die revolutionäre Theorie des Proletariats in eine kontemplative Weltanschauung. Sie verkümmert zum Kleineigentum von sektiererischen Kleingruppen, Erbe der von M-L-Gruppen so bekämpften kleinbürgerlichen Verfallsformen der antiautoritären Bewegung. Unter diesen Bedingungen wird Schulung zum Praxisersatz von Individuen und Gruppen, die, was sie auch tun mögen, immer sich selbst organisieren und denen die allgemeinen Sätze Maos den Zugang zur Erkenntnis ihrer kapitalistischen Umwelt verstellen. Der geschlossene Kanon systematischer Sätze und streng disziplinäre Organisation sind Ausdruck eines bildungsgeschichtlichen Strategienersatzes sowie der Bedürfnisse nach Sicherheit und Bindung, die die Entfaltung produktiver revolutionärer Kollektive, emanzipativer Bedürfnisse nach Befreiung sowie revolutionäre Bedürfnisse nach dem stets leistungszwingenden und risikobeladenen politischen Kampf blockieren. Die kontemplativen Dogmatiker der M-L-Gruppen gleichen denjenigen, von denen Brecht schreibt, dass sie »unter dem Verdacht stehen, dass sie die Revolution nur machen wollen, um den dialektischen Materialismus durchzusetzen.«

Vollends die Ontologie der zu einem »vom Willen der Menschen unabhängigen objektiven Gesetz« proklamierten Revolution wiederholt das quidproquo der 2. Internationale und des Sowjetmarxismus, die zweite Natur der kapitalistischen Gesellschaftsformation der zu bearbeitenden ersten gleich zu setzen. (Die Ideologiekritik der zweiten Natur und die Relevanz von Bewusstsein und Willen des selbständigen Proletariats in der Herbeiführung der Revolution macht die revolutionstheoretische Bedeutsamkeit des Frühwerks von Georg Lukács aus.)

29. Rede auf einem teach-in zur Wahl des Studentenparlaments im Wintersemester 1969/70*

Zweierlei voraus zu den beiden Beiträgen, die eben gekommen sind: Ich meine, wir sind ja sicherlich alle nicht dagegen gefeit, Sprache kann zum Jargon werden und wir wissen aus welcher Quelle das hier in Frankfurt kommen kann, zumindest, dass man also eine wissenschaftliche Terminologie, die über Begriffe wie Subsysteme und dergleichen mehr läuft, gebraucht und den Zugang im Grunde genommen zur konkreten Erkenntnis von Bedürfnissen eines befreiten und glücklichen Lebens verhindert. Das ist das eine. Das zweite ist, dass in dieser Sprachstruktur eine Projektion – und auch in der Rede von Wissenschaft und Technik als erster Produktivkraft, ohne dass das aus ökonomiekritischen Kategorien begründet wird – von universitären und akademischen Verhältnissen auf die Gesamtgesellschaft enthalten ist. Das bedeutet, dass man notwendig zu einer parlamentarischen Utopie kommen muss, etwa im Sinne Habermas', der sich die zukünftige Gesellschaft dann vorstellt als eine von über herrschaftsfreie Symbole, wie es da in der Regel heißt, miteinander verkehrenden, sprachlich-handelnden Menschen. Ich meine also, dass in dieser Sprachstruktur, so wie sie dort entfaltet ist, wenn sie sich nicht selbst reflektiert, eine Projektion gesellschaftlicher Verkehrsbeziehungen in der Universität auf die Gesamtgesellschaft liegt.
Ich würde aber meinen, dass, wenn man in ein neues Stadium einer Strategiediskussion treten will – und wir mögen uns hier streiten um Reformismus oder revolutionäre Strategie und Taktik –, man eines als Faktum, über das man, wie ich glaube, sich nicht zu streiten braucht, vorweg darstellen muss, nämlich dieses, dass man sagt, dass der Anfang der antiautoritären Bewegung sicherlich dadurch ausgezeichnet war, dass sich

* Die folgende Rede wurde als unvorbereiteter Beitrag auf einem teach-in gehalten. Die Herausgeber haben nur leichte stilistische Korrekturen vorgenommen. Daher müssen aber taktische Argumente Krahls, die mit seiner sonstigen theoretischen Position nicht völlig in Einklang stehen, aus der Situation erläutert werden. Die Alternative auf dem teach-in bestand zwischen einer von Vertretern des SHB vorgetragenen Reformposition, die dem von Krahl ebenso kritisierten Proletariatsmythos in Teilen des SDS abstrakt entgegengesetzt war. Gerade an der Frage des Positivismus versuchte Krahl zu verdeutlichen, dass die revolutionäre Theoriebildung nicht ohne die Kenntnis der modernen Wissenschaften die notwendigen Fragestellungen weiterentwickeln kann. Deswegen beharrte er taktisch gegenüber den erwähnten Teilen des SDS auf einer »immanenten Kenntnis des Positivismus«. Das ist aber nicht misszuverstehen, als ob die revolutionäre Theorie sich nur wissenschaftskritisch konstruieren lasse. Die instrumentelle Anwendung der Wissenschaft in den Reformstrategien des SHB degradiert alle auf Habermas fußende Wissenschaftskritik zum Dekor. Deswegen besteht Krahl darauf, dass die positivistische Theorie die Vernunft aus dem theoretischen Denken ausgestoßen habe. Theoretisch konsequent folgt daraus, dass das von Hegel übernommene Prinzip Marxens der »immanenten Kritik« für eine neue revolutionäre Theorie nicht mehr volle Gültigkeit haben kann. (Anm. d. Hg.)

das Bewusstsein der in dieser Bewegung Mobilisierten auf die Gesellschaft als ein Herrschaftssystem im Ganzen bezog, auf einen Begriff kritischer Theorie – noch nicht einmal konkret marxistischer Art, wie ihn etwa Max Horkheimer in seinen frühen Schriften entfaltet hat; dass also kritische Einstellung nicht bedeutet, dass dieses oder jenes im System zu ändern wäre, sondern dass das System insgesamt umgewälzt werden muss, etwas, was uns eventuell heute, gleich nach zwei bis drei Jahren antiautoritärer und sozialistischer Protestbewegung, als Trivialität gelten mag, was aber nicht ausgeschlossen hat, dass reformerische Momente in eine solche Bewegung eingehen können, aber, was ich meine, was im Bewusstsein der Bewegung verloren gegangen ist, ist das Bewusstsein von der historischen Notwendigkeit der Revolution.
In seiner Wahlzeitung schlägt der SHB eine Strategie vor – ganz abgesehen von dem terminologischen Rahmen, in dem sie sich bewegt –, in der im Grunde genommen reformerische Konzepte vorgeschlagen werden, über die man sich im einzelnen sehr wohl unterhalten kann, die aber nicht mehr reflektiert sind – das wäre meine These –, die sich nicht mehr Emanzipation zum Ziel setzen; und da hatten, meiner Ansicht nach, Wilhelm Reich und auch Herbert Marcuse, welchen theoretischen Verkürzungen sie auch immer unterlegen sein mögen, die richtigen historischen Begriffe eingeführt. Hier wird eine Strategie gewissermaßen angedeutet, die sich nicht mehr bezieht auf Fragen der Emanzipation, das bedeutet, des entfremdeten und verarmten Lebens in dieser Gesellschaft. Konkrete Kategorien des Glücks, des Lustprinzips und der Befreiung fallen hier heraus, Kategorien, die in der Tat abstrakt erscheinen, weil sie sich auf ein System beziehen, das nur jenseits dieser Gesellschaft und nicht in dieser Gesellschaft errichtet werden kann.
Ich sehe in reformerischen Kategorien dieser Art, wie sie hierin enthalten sind, wieder ein Moment, Kategorien der Utopie auch zu denunzieren und die Emanzipation zu verraten, was, wie ich meine, auch in der Entwicklung im SDS und seinen einzelnen Gruppierungen selber eingetreten ist; anders gesagt – und von dieser These will ich ausgehen –, wenn man mir persönlich zum Beispiel empfiehlt, und ich komme diesem Ratschlag gerne nach, ich sollte zum Heidegger Studium zurückkehren, damit ich nicht mit meinem Dezisionismus der Linken noch mehr schade, so würde ich einigen Genossen aus dem SHB ein Heidegger-Studium anempfehlen, damit sie nämlich erfahren, was Dezisionismus ist. Denn es gibt hier in diesem Paper, so wie es vorgelegt ist, eine dezisionistische Entscheidung für die Reform und eine autoritäre Verwechslung von Technologie und Liberalität. Ich möchte diese beiden Thesen auch gleich begründen. Ich meine: Wenn man ein Erkenntnisinteresse entfaltet, das sich primär auf Kategorien der Emanzipation richtet – und ich sehe nirgends Reflexionen dieser Art in den Papers, die die reformistische Linke oder der Re-

visionierungsprozess gleichsam in der Linken entfaltet hat –, so wird man doch wahrscheinlich von folgender Situation ausgehen müssen – gerade dann, wenn man nicht Situationen der wissenschaftlichen Intelligenz verabsolutieren will –, dass sich Situationen der Empörung als revolutionäre Situationen heute nicht mehr entfalten auf einer Basis materiellen Elends, von der die klassischen Strategien der Sozialdemokratie ausgingen, als sie noch revolutionär war und von den Marxschen Kategorien ausgegangen sind; wir müssen also fragen (Zwischenruf: Wer behauptet, dass die Sozialdemokratie revolutionär war?). Na ja, ich meine, dass Marx schon in der Kritik des Gothaer Programms den ursprünglichen Revisionismus der deutschen Sozialdemokratie festgestellt hat, aber sie hat doch immerhin noch eine Zielsetzung gehabt, die mit Kategorien kommunistischer Gesellschaft arbeitete, selbst im Gothaer Programm.

Wenn sich heute Herrschaft und Unterdrückung nicht mehr auf der Basis materiellen Elends und physischer Unterdrückung konstituieren, wie hat sich dann – und daraus sind doch dann wahrscheinlich Strategien-Kategorien abzuleiten –, wie hat sich dann die Herrschaftssituation in den hochzivilisierten und hochindustrialisierten Ländern gewandelt? Ich glaube, dass das Bewusstsein davon, wie es anfangs, wenn auch verkürzt, in den Lehren Marcuses enthalten war, verlorengegangen ist, dass in unsere Strategienbildung zum Beispiel die Kategorien von Entfremdung, Verdinglichung, von Bedürfnis und Interesse im Grunde genommen nicht mehr eingehen; und wahrscheinlich haben wir von zwei grundlegenden Fakten auszugehen, was sowohl immanent die Wissenschaften und zugleich den Gang der kapitalistischen Geschichtsbetrachtung betrifft. Ich meine: Die positivistische Zerstreuung der Einzelwissenschaften einerseits und das Faktum des Faschismus andererseits. Der Faschismus insgesamt ist sicherlich ableitbar aus Kategorien der Kritik der politischen Ökonomie, als ökonomische Naturkatastrophe des Kapitalismus in dem Sinn, in dem Marx seine Krisentheorie entfaltet hat. Es gehört wahrscheinlich zu den zentralen Erfahrungsgehalten der kritischen Theorie, zumal der Adornos, dass sie festgestellt hat, dass Auschwitz kontingent ist auch gegenüber den Kategorien der Kritik der politischen Ökonomie. Adorno hat Auschwitz zum Kontingenz-Begriff, zum Irrationalitätsbegriff von Geschichte gemacht; Auschwitz hat eine neue Situation in der Geschichte geschaffen; Auschwitz beugt sich auch nicht mehr unmittelbar den Kategorien der Warenakkumulation; Auschwitz hat Adorno zufolge das Schreckbild einer Menschheit ohne Erinnerung uns nahe gebracht. Ich glaube, dass das nicht nur feuilletonistische Erwägungen sind und anders gesagt, dass der scheinbare Feuilletonismus solcher Erwägungen sich daraus herleitet, dass er nicht mehr sich klassischen Kriterien rationaler Wissenschaftsüberlieferung beugte, nicht einmal mehr den Marxschen. Dass die Kommunisten in den Lagern von Auschwitz nichts gelernt

haben, sondern gleichsam Arbeitsfrontkategorien und formaldemokratische Kategorien noch übernommen haben und von der Anschauung ihrer Henker affiziert worden sind, mag dafür ein Indiz sein. Auschwitz stellt uns auch in unserer Strategiendiskussion vor eine neue Situation, weil es eine neue Qualität von Bewusstlosigkeit und Geschichtslosigkeit im Bewusstsein der Massen andeutet; damit meine ich zweierlei: erstens, die Vernichtung des bürgerlichen Individuums, die die kritische Theorie konstatiert hat – und da soll man nicht von »Geschwätz« reden, denn wir wissen alle ganz genau, dass wir im Grunde genommen aus der Trauer um diese Vernichtung des bürgerlichen Individuums revolutionären Protest in der BRD begonnen haben und nicht als genuine Sozialisten und dass wir daraus auch unsere Emanzipationskategorien mit abgeleitet haben –, hat auch das vernichtet, was man als proletarische Individualität bezeichnet hat; das heißt: bürgerliche Individualität bildete sich einmal der Marxschen Theorie zufolge auf der Basis des Privateigentums, realisierte sich auf dem freien Markt und lebte seiner lebensgeschichtlichen Perspektive zufolge aus dem Streben nach Profit und der Furcht vor dem Ruin; proletarische Individualität konstituierte sich in der Sphäre ausgebeuteter Produktion, realisierte sich in der Organisation des Klassenkampfes und hatte eine langfristige lebensgeschichtliche Perspektive des Elends, die revolutionär stimulierend sein kann – sein *kann*, da Elend zunächst einmal demoralisiert und asozialisiert; das bedeutet, es bedarf strenger Kriterien der Sozialisierung und der Organisierung, und das ist vernichtet worden. Das bedeutet heute, an die Stelle langfristiger Hoffnung, Wünsche, Erwartungen und Befürchtungen sind kurzfristige Reaktionen getreten, Erwartungen von kurzfristigen Gratifikationen und Sanktionen, kurzfristiger Triebbefriedigungen und dergleichen mehr. Das Arbeiterkind, das heute eine Lehre beginnt, weiß nicht mehr, hat kein Begriff mehr von seinem biographischen Arbeitsschicksal. Ich glaube, dass das anfänglich in der Bewegung enthalten war, enthalten war auch in bestimmten Aktionen, die bezogen sein sollten auf die Konsumsphäre und sich nicht realisiert haben. Das aber ist verlorengegangen.
In dem Versuch, einen Zugang – und das ist exemplarisch – zur Arbeiterklasse zu finden, haben wir den fatalen leninistischen und stalinistischen Fehler wiederholt, dass wir den Zugang zur konkreten Bedürfnisstruktur der Massen uns abgeschnitten haben. Das bedeutet, dass wir im Grunde genommen unsere Agitation betriebstechnisch geradezu ausrichten, aber nicht mehr imstande sind, sie zu verbinden mit dem konkreten Lebensschicksal der Massen, dass wir die Trennung von Arbeit und Freizeit und Produzenten- und Konsumentenstatus in unserer eigenen Agitation wiederholen und unsere eigene Agitation nicht beziehen auf die Dimension des entfremdeten Lebens, das in völliger Geschichtslosigkeit und deshalb auch in kurzfristigen Triebbefriedigungen und den absoluten

Aggressionstendenzen dahinvegetiert. Das bedeutet – und das ist affiziert selber von technokratischen Vorstellungen –, dass man im Grunde genommen undemokratische Herrschaftsstrukturen innerhalb der Betriebe kritisiert, darauf hinweist, dass der sogenannte Grundwiderspruch von Kapital und Lohnarbeit an allem schuld ist, was die Arbeitermassen überhaupt nicht interessiert, wenn wir es nicht verstehen, die konkrete Bedürfnisstruktur der Massen zu erkennen und mögliche emanzipative Bedürfnisse zu formulieren. Reformvorschläge derart, wie sie hier der SHB gemacht hat, sind zumindest solange indiskutabel, solange sie nicht auf die Realität bestehender Bedürfnisse reflektieren. Und ich weiß genau, dass die Erkenntnis dieser bestehenden Bedürfnisse sich zur Zeit noch in Kategorien formuliert, gegen die wir zu Recht partiell misstrauisch sind, weil sie Momente des Romantischen an sich haben, wie sie also etwa Adorno in sehr verkürzter und selbst wiederum bürgerlicher Weise – oder auch Marcuse – formuliert hat; auf der anderen Seite sind es auch Protest-Kategorien gegen einen Wissenschaftsbetrieb, der die Möglichkeit, solche qualitativen Bedürfnisse zu denken, überhaupt nicht mehr zulässt und die Formulierung solcher Bedürfnisse als unwissenschaftlich diskreditiert. Wenn wir uns nicht darauf einlassen, solche emanzipativen Bedürfnisse zu formulieren, selbst mit wissenschaftlich unzulänglichen Kategorien, verfallen wir selber dem Technologisierungsprozess der Wissenschaften – und ich meine, dass so etwas schon eingerastet hat in der Bewegung; das heißt also, dass wir schon in eine fatale Situation gekommen sind, eine Bewegung wissenschaftlicher Intelligenz zu organisieren, die ein abstraktes Wissen um den kapitalistischen Geschichtsverlauf hat, aber die nicht mehr imstande ist, das in eine Erkenntnis zu den konkreten Bedürfnissen der Massen zu vermitteln, da wir nach dem Scheitern antiautoritärer Emanzipationsaufstände, die sich idealistisch selbst nicht verstanden haben, die Emanzipationsdebatte in der Bewegung über Bord geworfen haben.

Das wäre meiner Ansicht nach das erste entscheidend zu korrigierende Moment; das heißt, auszugehen von der Erkenntnis, dass auf der einen Seite Bedürfnisse heute so hochzivilisiert befriedigt werden können und gleichwohl die Massen an das Elend der materiellen Arbeit, der materiellen Existenzsicherung und der materiellen Selbsterhaltung fixiert bleiben, obwohl das Reich der Freiheit, das jenseits der materiellen Bedürfnisbefriedigung Marx zufolge liegt, längst möglich geworden ist; das bedeutet, dass immer noch – und sehr viel verschärfter – die Entfremdung der Produzenten von dem gesellschaftlichen Reichtum und der gesellschaftlichen Kultur fortbesteht. Wenn wir uns auf solche allgemeinen Reflexionen nicht mehr einlassen und nicht versuchen, den Massen ihr entfremdetes Lebensschicksal vorzuführen, dann werden sämtliche Strategien im Grunde genommen scheitern. Das scheint mir ein zentrales Mo-

ment dabei zu sein. Das zweite scheint mir zu sein – das betrifft gewissermaßen in revolutionärer Strategienbildung mehr den SDS –, dass der SDS einen industrieproletarisch verengten Klassenbegriff hat. Ich glaube, wenn man die Frage diskutiert – ohne sich dabei schon in die werttheoretische Diskussion hineinzubewegen –, in welchem Ausmaß Wissenschaft und Technik heute selber zu einer allgemeinen gesellschaftlichen und ökonomischen Produktivkraft geworden sind, dass man dann davon ausgehen muss – und Marx hat schon die Frage gestellt – nämlich der Erweiterung der produktiven Arbeit. Wenn es stimmt, dass immer mehr geistige Arbeit, selbst die Verfertigung methodologischer Regeln etwa in der Mathematik, unter das Kapital, unter den Verwertungsprozess subsumiert ist, dann verändert sich der Proletariatsbegriff; anders gesagt, wenn geistige Arbeit immer mehr in produktive Arbeit integriert wird, dann kann das Industrieproletariat, das Heer der körperlich arbeitenden Maschinenarbeiter, nicht mehr die Totalität des proletarischen Klassenbewusstseins aus sich selbst heraus entwickeln. Alles Lamentieren über kleinbürgerliche Verhaltensweisen in der studentischen Bewegung nützt da nichts, wenn es nicht einen anachronistischen Begriff von Kleinbürgertum voraussetzen will, der auf dem warenproduzierenden und warenbesitzenden und von Enteignungsangst gejagten Kleinbürgertum beruhte, sondern wenn man davon ausgehen muss, dass heute geistige Arbeit zu einem großen Teil – und auch das Atelier der Universität – in den Gesamtarbeiter, den produktiven Gesamtarbeiter, integriert ist, dann hat sich die Totalität in diesem Hegelschen und Marxschen Sinn des Begriffs, dann hat sich die Totalität des Proletariats insgesamt gewandelt; individualistischer Klassenverrat wissenschaftlicher Intelligenz ist dann keine historische Möglichkeit mehr, sondern die wissenschaftliche Intelligenz kann nur als organisierte, in der Artikulation ihres Begriffs geistiger Arbeit, Klassenbewusstsein in seiner Totalität mitbilden. Noch so viele spontane Streiks in der BRD, in den Turiner Fiat-Werken und so weiter, werden nichts daran ändern, dass das Industrieproletariat als Industrieproletariat ein Moment in der gesamten Klasse ist, aber nicht diese Klasse in ihrer Totalität repräsentiert. Und erst auf diesem Hintergrund haben wir zu fragen, wenn immer mehr geistige Arbeit integriert wird in den produktiven Gesamtarbeiter, was trennt dann die geistige Arbeit von der körperlichen Arbeit – der Dualismus ist nach wie vor unvermindert aufrechterhalten –, was trennt dann die wissenschaftliche Intelligenz von dem Industrieproletariat und etwa der produktiven Schichten der Angestellten, wenn es nicht mehr der klassische Dualismus von bürgerlichen Kulturträgern und dem im klassischen Sinn körperlich arbeitenden Proletariat ist? Und hier glaube ich, dass von daher erst die Einstellung zur technokratischen Hochschulreform ersichtlich wird.
Ich stimme dem zu, dass es im SDS – auch gerade infolge von Marcuses

Verweigerungsideologie – ein romantisierendes und reaktionäres Moment im Protest gegen Technologisierungs- und Technokratisierungsprozesse gegeben hat – auch ein reaktionäres Moment im Protest gegen die technokratische Hochschulreform, aber reaktionär und fortschrittlich in welchem Sinn? Ich würde so sagen: geistige Arbeit repräsentiert der klassischen Theorie zufolge – und ich sehe keine plausible Annahme, wie das bislang außer Kraft gesetzt wurde – die Wertsubstanz der abstrakten Arbeit und damit das Kapital. Aber diese geistige Arbeit war imstande, als solche Repräsentation sich mit Kategorien der Vernunft auszustatten und nicht nur des analytischen Verstandes; das heißt, Gesellschaft als Ganzes zu durchschauen; und dieses Ganze war im deutschen Idealismus etwa die Hegelsche Metaphysik, aus der heraus ja auch Marx erst die Erkenntnischance von Gesellschaft als Totalität bezogen hat. Diese idealistische Selbstüberhöhung geistiger Arbeit ist durch die positivistische Zerstreuung der Einzelwissenschaften unmöglich gemacht worden; das ist ein Fortschritt und ein Rückschritt; ein Rückschritt, insofern durch die Anpassung geistiger Arbeit an kapitalistische Arbeitszeitnormen – und darin besteht Technokratisierung der Hochschule; das bedeutet, dass die qualitative Zeit bildungsgeschichtlicher Reflexionsprozesse immer mehr an geistige Arbeitszeitnormen angepasst wird –, dass diese Anpassung es erschwert, überhaupt noch Gesellschaft als Ganzes zu durchschauen. Von daher muss man doch sagen – und dabei würde ich auch an dieser Abstraktion festhalten –, der abstrakte Protest gegen die Gesellschaft als Ganzes ist gerade aufgrund der Struktur, die die geistige Arbeit heute auszeichnet, allemal noch konkreter als einzelne Reformvorschläge, die sich in keinem einzigen Satz auf die Gesamtveränderung beziehen. Solange man sich da blind einlässt auf eine unreflektierte Dialektik der Reform, wird man allemal Technologisierungsprozesse fördern, die ein Ausmaß von Gewalt wieder ermöglichen, wie es Auschwitz einmal dargestellt hat. Ich meine damit, dass die Anpassung geistiger Arbeit an kapitalistische Arbeitszeitnormen auf der einen Seite vermittelndes Denken, das Gesellschaft als Ganzes durchschaut, erschwert; auf der anderen Seite aber, durch die fortschreitende Subsumtion wissenschaftlicher Arbeit unter das Kapital, wird zugleich bürgerliches Kulturbewusstsein im klassischen Sinn, durch das sich die wissenschaftliche Intelligenz der bürgerlichen Klasse immanent zurechnen konnte, vernichtet und die Möglichkeit eröffnet – gerade auch im Bereich der naturwissenschaftlichen und technischen Intelligenz – die Möglichkeit eröffnet, nicht die Notwendigkeit, dass diese wissenschaftliche Intelligenz die Produkte ihrer wissenschaftlichen Arbeit als fremde, unmystifizierte Macht des Kapitals – und damit Ausbeutung – begreifen und erfahren kann. Technologisierungsprozesse eröffnen uns die Möglichkeit, proletarische Reflexionsprozesse aufklärerisch einzuleiten. Das bedeutet, um daraus

abschließend einige konkrete Konsequenzen zu ziehen: Die erste Konsequenz ist nicht, uns reformerischen Praktiken um kurzfristiger Erfolgschancen willen zuzuwenden, wenn wir nicht die Momente unserer antibürokratischen Praxis blindlings verraten wollen, sondern wir haben strategische Konsequenzen zu ziehen. Das heißt zunächst, dass wir erstens begreifen: Aktionen, wie diejenigen, die wir nach den Notstandsgesetzen fortschreitend durchgeführt haben, sind nicht mehr reflektiert gewesen auf die Bedürfnisstruktur der industrieproletarischen Massen. Ein Stein zur rechten Zeit im richtigen Fenster kann Aufklärung leisten; aber die Aktionen, so wie sie sich vollzogen haben, gerade diejenigen, die einen antiintellektualistischen Proletkult entfaltet haben, haben im Grunde genommen jene Bedürfnisdimensionen, die wir verkürzt und gleichsam noch kulturidealistisch in den Kategorien der Manipulation des autoritären Staats, der Apathie und so weiter artikuliert haben, genau diese emanzipative Dimension vergessen und verdrängt.
Daraus ist zunächst eine Konsequenz für unsere theoretische Arbeit zu ziehen; diese Konsequenz scheint meiner Ansicht nach auf zweierlei Ebenen zu liegen: erstens für die Theorienbildung. Revolutionäre Theorie bildete sich Marx zufolge aus der Kritik der Kategorien der politischen Ökonomie. Die modernen Wirtschaftswissenschaften sind keine politische Ökonomie im klassischen Sinn mehr, sie sind sozialtechnische Handlungsanweisungen geworden. Ich glaube nicht, dass sie uns noch einen Bezugsrahmen liefern können, um revolutionäre Theorie zu bilden. Wir müssen durch immanente Kenntnis den modernen Positivismus, seine mathematischen, naturwissenschaftlichen und analytischen Verfahrensanweisungen und Methodologien selbst kritisieren. Die Kritik am Positivismus wird heute den Bezugsrahmen abgeben, innerhalb dessen wir theoretische Kategorien revolutionärer Theorie artikulieren können. Insofern hat sich hier, gerade hier in Frankfurt, eine fatale Ignoranz herausgestellt – einerseits auf Grund des Sträubens der kritischen Theorie Adornos, sich immanent auf den Positivismus einzulassen, bei allen Kriterien, die seine Positivismuskritik geliefert hat; andererseits auf Grund des cleveren Synkretismus Habermasens, der Analytik, Hermeneutik und Dialektik äußerlich miteinander, wie ich meine, verbindet –, die immanenten Kriterien des Positivismus, gerade in der mathematischen Logik und ihrer Umsetzbarkeit, zu vernachlässigen. Ohne diesen Bezugsrahmen werden wir keine theoretischen Kategorien entfalten können. Zweitens bedeutet es die Organisation einer qualitativen Empirie, die sich bezieht auf die Produktion von Gebrauchswerten, die Befriedigung von Bedürfnissen und die Erzeugung von Interessen; das heißt, die Beziehung auf die konkrete Bedürfnisstruktur der Massen als wissenschaftliche Anstrengung. Wenn wir nicht in den klassischen Zirkel verfallen wollen, wie denn Klassenbewusstsein in die Köpfe der einzelnen Proletarier umge-

setzt werden soll, dann dürfen wir nicht in den Fehler verfallen, der von Lenin über Lukács bis hin zu Merleau-Ponty den ganzen westlichen Marxismus auszeichnet, nämlich immer schon dogmatisch die Existenz einer revolutionären Partei vorauszusetzen, ob es sie gibt oder nicht gibt.
Der direkte Zugang gewissermaßen zu den Massen ist die wissenschaftliche Anstrengung, ihre Bedürfnisstruktur zu erkennen. Diese Reflexion hat es meiner Ansicht mit Ausnahme der Reflexionen von Reich und Marcuse bislang nicht gegeben. Drittens, daraus folgert als Konsequenz eine konkrete Einstellung – und vielleicht können wir darüber dann mit dem SHB auch reden – eine konkrete Veränderung der Einstellung über Praxis an der Hochschule. Die Praxis, die wir vor einem Jahr während des aktiven Streiks entfaltet haben, war formalistisch und institutionalistisch; sie war im Grunde genommen, bei all ihrer Verbalradikalität – und das muss eine radikale Selbstkritik des SDS und seiner Basisgruppen sein –, sie war affiziert im Grunde genommen von formaldemokratischen Vorstellungen und keineswegs bezogen auf eine inhaltliche Umwälzung der Wissenschaften; das bedeutet als konsequente Änderung der Einstellung, dass man in Fragen formaler Institutionalisierung, also Satzungsfragen, Drittelparität, eine neue Flexibilität in der Taktik entfaltet, die es ermöglicht, auch unter dem Eingehen von Minimalkompromissen, inhaltliche praktische Wissenschaftskritik zu üben; das bedeutet nicht, dass man auf die radikale Aktion an der Hochschule verzichtet, aber das bedeutet, dass man im Sinne der Kritik am modernen Positivismus, im Rahmen aller Einzelwissenschaften einen inhaltlichen und nicht wie damals einen formalen Aufstand entfaltet; das bedeutet, dass man etwa das Studium des Historischen Materialismus und der Kritik der politischen Ökonomie inhaltlich im organisierten Protest in die Seminare, in die einzelnen Organisationsinstitute einführt und dass man sich etwa institutionelle, formale Chancen so verschafft, dass man möglichen Einfluss auf Berufungsfragen und dergleichen mehr wahrnehmen kann. Reform, würde ich sagen, sehe ich als dialektische Möglichkeit im Hinblick auf eine revolutionäre Strategie in Fragen formaler Institutionalisierung. Die maximalistischen Perspektiven, die wir während des aktiven Streiks gleichsam als absolute Machtergreifung, wenn man mal so will, an der Universität entfaltet haben, haben sich natürlich als falsch herausgestellt und waren auch nicht reflektiert auf ein Ziel inhaltlicher Wissenschaftskritik. Ich möchte vom SHB allerdings gerne wissen, wie er sich inhaltliche Wissenschaftskritik im Rahmen einer revolutionären Strategie als Kritik am Positivismus und Zugang zu den entfremdeten Bedürfnissen der Massen vorstellt, darüber habe ich gewissermaßen nichts entnommen. Das zweite Moment, auch in der Entfaltung revolutionärer Taktik, ist dies, dass es die Bewegung lernt – und das sind alles nur unsystematisch verbundene, taktische Vorschläge –, ein Agitations- und Publikationswesen zu entfalten, etwa in

der Form von Zeitungen für Betriebe, Zeitungen für bestimmte Schichten, produktive Angestellte, Zeitungen etwa in Stadtteilen, in denen versucht wird, eine Argumentation zu entfalten, die wirklich auf der einen Seite es versteht, theoretische Kategorien, wie die von Entfremdung und wie die von Herrschaft, wie sie heute aussieht, den Massen verständlich zu machen; und das bedeutet, es mit ihren konkreten bestehenden Erfahrungsgehalten zu vermitteln. Wenn wir solche Versuche von Aufklärung, unabhängig davon, wie unsere Aktionstaktik demnächst aussehen wird, nicht übernehmen, dann werden wir in die Situation kommen, dass die wissenschaftliche Intelligenz – und vor dieser Entscheidung stehen wir jetzt – eine leninistische Ersatzpartei wird, die niemals auch irgendwie nur einen einzigen Proletarier im Sinne von Befreiung und glücklichem Leben mobilisieren wird.

30. Produktion und Konstitution*

Erkenntnis und Staatsverfassung – zur Ideologiekritik des Konstitutionsbegriffs

Die Habermassche Verwendung der Begriffe »Konstitution« und »transzendental« erliegt selbst einer undurchschauten Transzendentalität, in der Figur der Voraussetzungslosigkeit begriffen, dem undurchschauten Objektivismus bürgerlicher Wissenschaften, so dass in der Reflexion des Zusammenhangs von Erkenntnis und Interesse die »erkenntnisleitenden Interessen« undurchsichtig bleiben und derart blind als ideologisierende Momente in den theoretischen Ansatz eingehen. Die transzendentale Konstitutionsproblematik als Inbegriff der reinen Erkenntnistheorie bleibt unbedacht auf die bestimmten gesellschaftlichen Verkehrsformen, die sie begründen. Zwar fundiert Habermas die konstitutiven Leistungen der Synthesis nicht wie die der transzendentalen Apperzeption in den unauslotbaren Tiefen der menschlichen Seele, sondern im gattungsgeschichtlichen Koordinatensystem von »Arbeit und Interaktion«; doch durch den Verzicht auf ideologiekritische Zurechnung der erkenntnistheoretischen Konstitutionslehre zu bestimmten geschichtlichen Erscheinungsformen des gesellschaftlichen Verkehrs wird die intersubjektive Organisation des naturnotwendigen Stoffwechsels zwischen den Menschen und der Natur zur transzendentalen Konstante verdinglicht. Nicht wird das transzendentale Subjekt als unbegriffene Figur der gesellschaftlichen Totalität warenproduzierender Tätigkeit abstrakter Arbeit begriffen, sondern die bürgerliche Gesellschaft in die »Nebelregion« der Transzendentalität verschleiert (Habermas revoziert daher Erkenntniskritik in Erkenntnistheorie).

1. Habermas behandelt den materialistischen Begriff von Produktion reduktiv in einem instrumentalistischen Sinn; er reduziert ihn auf Arbeit; er übersieht, dass Produktion das Prinzip von Geschichte ist und als solches Arbeit *und* Verkehr umfasst und dass Technik das Prinzip von Arbeit ist, die Marx unter dem Aspekt von Technologie behandelt.

2. Abstrakte Arbeit ist idealisierte technische Naturbeherrschung. Die Technokratisierung des Überbaus weist auf die Vermittlung abstrakter Arbeit »von oben«. Ideologie als Produktivkraft.

3. Die Entpersonalisierung des Marktes im Monopolkapitalismus verweist auf eine Entpersonalisierung in der Sphäre der Produktion, die Dysfunktionalisierung der Kapitalisten im industriellen Produktionsprozess; Grund des Institutionalismus (siehe Franz Neumann).

* Die Notizen stehen in Zusammenhang mit den nachfolgenden »Thesen zum allgemeinen Verhältnis von wissenschaftlicher Intelligenz und proletarischem Klassenbewusstsein«; es handelt sich wahrscheinlich um direkte Vorarbeiten dazu. (Anm. d. Hg.)

4. Die ursprüngliche Akkumulation ist eine ursprüngliche Distribution; Gewalt, Klassenkampf als Produktivkraft.
5. Verkehrsverhältnisse (vor allem auch Wissenschaften, welche den technischen Stoffwechsel mit der Natur in ein System von Symbolen einbetten) werden in dem Maße zur vorherrschenden Produktivkraft, da das Quantum und die Qualität gesellschaftlich notwendiger Arbeit zurückgehen und eine kultivierte, wenn auch herrschaftlich repressiv entstellte Bedürfnisbefriedigung möglich ist.
6. Der Begriff von Natur und Sinnlichkeit beim frühen Marx ist romantisch im spezifischen Sinn; er ist synästhetisch. Arbeit und Verkehr sind gleichursprünglich; ihr Stellenwert zueinander ändert sich potentiell mit dem Fortschritt der Produktivkräfte. Herausbildung des Verkehrs als Entwicklung der Gesellschaft.
Herausbildung der bürgerlichen Gesellschaft in der feudalen heißt Herausbildung des ökonomischen *Verkehrs* (Handelskapital). Mit der bürgerlichen Gesellschaft werden die Verkehrsverhältnisse wieder zu einer entscheidenden Produktivkraft, zu Produktionsverhältnissen, schließlich in ihren abstraktesten Stufen (Wissenschaft).

Die verkehrte Reflexion des Kapitals spiegelt sich in den Massenmedien; fetischistischer Bezugsrahmen warenformierter Apperzeption.

Das Ich denke, das alle meine Vorstellungen muss begleiten können, die transzendentale Apperzeption, ist die Rechtsperson; deren ursprünglich synthetische Konstitutionsleistung ist der warenproduzierende Gesamtarbeiter.
Die materialistische Darstellungslogik ist eine idealismuskritische, metakritische Synthesis von transzendentaler Konstitutionslogik und totaler Produktionslogik.
Kant steht auf dem Standpunkt des bürgerlichen Rechts, Hegel auf dem der bürgerlichen Ökonomie. Kant organisiert den kritischen Erkenntnisvorgang nach Maßgabe der distributiven Rechtsordnung des Privateigentums und der zirkulativen Organisation des gerechten Äquivalententauschs, Hegel nach Maßgabe der Warenproduktion und der durch sie verletzten Konsumtion.
Kants kritische Vernunft entfaltet sich auf dem Gipfel des emanzipativen Selbstbewusstseins des revolutionären Bürgertums, Hegels Produktionslogik des absoluten Geistes in der Dämmerung der feudalmonarchischen Restauration auf dem Hintergrund der napoleonisch pazifizierten Revolution, Marx denkt aus der Dialektik von bürgerlicher Revolution und halbfeudaler Restauration die soziale Emanzipation des Proletariats.
Hegels Produktionslogik entspricht der nachrevolutionären Stabilisie-

rung des bürgerlichen Sieges und den teilmonarchischen Staatsrestaurationen.
Die transzendentale Konstitutionslogik ist die bürgerliche Verfassung des Erkenntnisvermögens; sie ist die konstituierende Nationalversammlung der französischen Revolution auf die Ebene der Erkenntnistheorie projiziert.
Kants Begriff des »Ding an sich« – der Wert (siehe auch Adorno, Negative Dialektik) – erkennt die Unauflösbarkeit der ersten Natur in den Begriff im falschen Gewand der zweiten Natur an, wenn das Ding an sich als Wert von der ideologischen Substanz der zweiten Natur und dadurch produzierten Anarchie der gesellschaftlichen Verkehrsformen ist.
Konstitution ist Realisierung, wie die Sphären der Zirkulation, die bekanntlich in die Produktion selbst eindringen. Die Kapitalisierung der sich industrialisierenden Produktionssphäre ist die Integration des Tauschverkehrs in die Produktion: mehrwertproduktiver Austausch von Lohnarbeit und Kapital. Erst das industrielle Kapital ist wirklich kapitalistisches Kapital. Ideologie der Industriegesellschaft entsteht, wenn das Kapital immer mehr gebrauchswertsubsumierend zum capital fixe geworden ist.

Subjekt – Objekt – voridentische Welt
Die in der Naturgeschichte der Gattung als Prinzip enthaltene Geschichte reflektiert sich im Denken als der metaphysische Versuch, die empirische Welt der Einzeldinge aus dem ontologischen Primat reiner Form zu deduzieren. Doch erst mit der offen zu Tage tretenden Produktion vermag das Denken für sich subjektiver Idealismus zu werden und als reines alle materielle Gegenstandswelt aus sich deduzieren zu wollen. Geschichte, gegenständliche Tätigkeit zum actus purus eines reinen Subjekts formalisiert, wird zum Absoluten und damit wieder zur Vorgeschichte. Die Naturbeherrschung zur organisierten Konstitution empirischer Mannigfaltigkeit aus der logischen Einheit eines reinen Ich denke oder transzendentalen Subjekts verabsolutiert, schlägt um in die Rechtfertigung der Herrschaft von Menschen über Menschen. Gegenstandsproduktive Naturbeherrschung ist die Abstraktion von an sich selbst gegenständlichen Subjekten auf dem Boden der Natur selber. Die Herrschaft über Menschen ist die hybris der naturbeherrschenden Abstraktion, nicht von gänzlich anderer Art, sondern deren Weiterführung ins Absolute, die Wertabstraktion, die zum universalen Medium gesellschaftlicher Beziehungen mit der Konstitution des freien Arbeiters wird. Die Fähigkeit der Menschen, von der Natur, der sie selber als leibliche Einzelwesen zugehören, zugleich abstrahieren zu müssen, ist die der Emanzipation. Mit dem Kapitalismus, der Entstehung des freien Arbeiters, schlägt diese objektive Möglichkeit in ihr Gegenteil um, die Wertabstraktion verkehrt Freiheit in Herrschaft und gibt diese zugleich als jene aus (die wertabstraktive

Verabsolutierung der Herrschaft über Natur). Die Wertabstraktion ist das a priori der technischen Vernunft.
Geschichte beginnt erst dann und dort, wo die gegenständliche Realität, insbesondere die Produktionsmittel, Produktencharakter annehmen.[1]
Innerhalb der Totalität des Gesamtarbeiters durchschauen sich die Momente nicht als solche, sondern begreifen sich in naturgegebenen analytischen Trennungen von abstrakter und konkreter, geistiger und körperlicher Arbeit. Insofern die Wissenschaften produktiver Faktor ersten Ranges in der Totalität des abstrakten Gesamtarbeiters und seines Systems »sozialer Kombination« sind, die wissenschaftliche Intelligenz also an sich den ökonomischen Funktionen des manuell arbeitenden Lohnarbeiters gleichkommt, so repräsentiert sie für sich gleichwohl die Privilegien entfremdeter Arbeit, nämlich den gesellschaftlichen Reichtum des historisch erreichten Standes der gattungsgeschichtlichen Kulturentwicklung, also geistige Arbeit. Das Kapital ist die analytische Arbeitsteilung von geistiger und körperlicher Arbeit. Nicht nur steht jene ideologisch als von ihrer Naturbasis entfremdet für die Wertsubstanz der abstrakten Arbeit und die wissenschaftliche Intelligenz, daher an sich auf dem Standpunkt der bürgerlichen politischen Ökonomie und des deutschen Idealismus, sondern, obwohl sie produktive Arbeit im Dienste des Kapitals leistet, partizipiert sie doch an der Kulturentwicklung, wenn auch in der Form entfremdeter Arbeit. Die wissenschaftliche Intelligenz hat kein Bewusstsein von ihrer Entfremdung, weil sie an der Kultur partizipiert, die durch die geschichtliche Entwicklung der Produktivität ermöglicht wird und für sie im emphatischen Sinne die Entfremdung als expropriative Verkehrung der Aneignung von Natur, also der Produktivität der lebenstätigen Individuen ist. Kultur ist in der bürgerlichen Gesellschaft Eigentum der Nichtarbeiter. Die idealistische »Arbeit des Begriffs« im deutschen Idealismus ist Ergebnis der kapitalistischen Isolierung der Produktion von der Kultur. Das bildungsbürgerliche Bewusstsein setzt die geistige Arbeit von der meontischen Nichtigkeit der körperlichen ab und begreift sich selbst als Produktivität von höherer Würde. Die wissenschaftliche Intelligenz muss notwendig ein kapitalistisches Kulturbewusstsein haben (sie stilisieren das mit Bewusstsein Geschichte-Machen zum Idealismus). Gleichwohl ist die geistige Arbeit nicht mit ihrer Verkehrsbasis der abstrakten Arbeit völlig identisch. Die Bewusstseinseigentümer des Kultur- und Wissenschaftsbetriebes als der Endproduzenten von Kultur – ausgebeutete Repräsentanten der Kulturproduktion – vermögen ein abstraktes Totalitätsbewusstsein ohne konkretes Klassenbewusstsein sich zu erarbeiten.
Die herkömmlichen Theorien des Klassenbewusstseins sind besonders im Anschluss an Lenin geneigt, Klassenbewusstsein in seine ökonomi-

1 Zum Fortschritt in der Bedürfnisstruktur siehe Kant, Idee zu einer allgemeinen Geschichte in weltbürgerlicher Absicht, WW ed. Weischedel, Band VI, S. 36

schen und politischen Elemente aufzuspalten. Sie übersehen die metaökonomische, nämlich reichtums- und kulturkonstitutive Rolle der produktiven Subjektivität (potentielles Klassenbewusstsein).
Die Reduktion von Produktion auf ökonomische Elemente ist ein schlechter Sachverhalt der kapitalistischen Produktionsweise.
Die Arbeitszeit bleibt Wertmaßstab, wenngleich sie den qualitativen Umfang der Produktion nicht mehr erfasst. Innerhalb der Dialektik von Produktivkräften und Produktionsverhältnissen bildet sich ein unversöhnlicher Widerspruch der Produktionsverhältnisse aus. Nicht wird die Wissenschaft zur eigenständigen Mehrwertquelle, sondern das lebendige Arbeitsvermögen als erste und einzige Mehrwertquelle nimmt eine andere widersprüchliche Gestalt an: der Widerspruch von produktivem Gesamtarbeiter und an sich irrelevantem Einzelarbeiter erreicht sein Extrem (ersteres Keimform der künftigen Gesellschaft). Die wissenschaftlich und technologisch ermöglichte »Totalisierung« der Arbeitsvermögen zur »sozialen Kombination« wird im Laufe der kapitalistischen Entwicklung des Maschinenwesens immer mehr zur ersten Produktivkraft (gegen Habermas, Krise).

Notiz zu Subjekt und Objekt
Das entwickelte Verhältnis der endlichen Grundbeziehung von Subjekt und Objekt ist in seiner Abstraktion, d. h. seiner Allgemeinheit und Notwendigkeit, seiner Formalität und Identität ein Ergebnis der Trennung der Produzenten von den Produktionsmitteln, ablesbar am neuzeitlichen Primat des Subjekts. Dieses ist reines Denken, Begriff des bürgerlichen Individuums, das sich über seine atomisierte Individualität hinaus zum allgemeinen Bewusstsein als stellvertretende Menschheit ausgebildet haben will und damit immer noch bedingter Reflex der Unterdrückung der Individuen durchs Kapitalverhältnis ist, also gerade jener monadologischen Vereinzelung anheimfällt, der es entronnen zu sein wähnte. Das Subjekt ist also der Ausdruck des Antagonismus zwischen dem bedürftigen Individuum als empirischem Subjekt und der bedürfnislosen Rechtsperson als dem Tauschwert besitzenden Wareneigentümer. In ihm verschleiert sich auch die wertschöpfende Produktivität des Proletariats, die ambivalente Freiheit des freien Arbeiters, der, frei von aller persönlichen Knechtschaft einer leibeigenschaftlichen Bindung an den Feudalherrn, auch frei ist von aller Verfügungsgewalt zu Eroberung der notwendigen Subsistenzmittel und der »totgeschlagenen Materie« unterworfen bleibt.
Die Dialektik von Subjekt und Objekt und ihre jeweilige geschichtliche Artikulation sind also Ausdruck des historisch erreichten Standes der Naturbeherrschung und deren arbeitsteiliger Organisationsform im Verkehr der Einzelsubjekte miteinander, d. h. es ist, wie Marx sagt, »das Subjekt die Menschheit und das Objekt die Natur.«

Adorno zufolge sedimentiert sich in der Trennung des Objekts vom Subjekt und dessen idealistischem Primat das alte Chaos des ununterschieden mythischen Naturbanns. Die Befreiung bleibt gebunden an den Begriff und die Praxis dessen, was Marx material als gegenständliche Tätigkeit entfaltet, die weder ihrer kategorialen Form noch ihrer materialen Inhaltsbestimmung nach, wie dies bei Habermas geschieht, auf ein instrumentelles Handeln zwischen den Menschen und der sie umgebenden objektiven Natur reduziert werden kann. Gegenständlichkeit, welche die natürliche Objektivität der leiblich bedingten Individuen in deren bedingte naturaneignende und herrschaftskonstituierende sowie -auflösende Subjektivität mit ausnimmt, ist nicht reduzibel, wie Habermas dies vornimmt, auf den Funktionsradius instrumentellen Handelns, sei es als technologische Projektion Gehlens auf anthropologische Gattungsebene, sei es als kapitalabstrakte Identifikation Webers von technischer Instrumentalität mit bürokratischer Rationalisierung. Habermasens gattungsgeschichtliches Koordinatensystem von Arbeit und Interaktion verflüchtigt die historischen Formbestimmungen des gesellschaftlichen Verkehrs und seines ökonomischen Basisbegriffs von Arbeitsteilung zum bloßen flatus vocis symbolisierender Kommunikation. Gegenständliche Tätigkeit als emphatischer Produktionsbegriff der materialistischen Geschichtsauffassung meint die Beziehungen der Menschen untereinander ebenso wie den Stoffwechsel zwischen den Menschen und der Natur: Arbeit und Arbeitsteilung.

Wenn es zur Verdinglichung gehört, dass auf der Basis der abstrakten Arbeit und des durch sie begründeten Tauschverkehrs die untereinander agierenden Personen einander als Dinge behandeln, die Subjekte sich in der Konkurrenz zu Objekten erschlagen, so wiederholt sich die Verdinglichung in einem Konzept von Interaktion, wo das agierende Subjekt sich von aller objektiven Gegenständlichkeit entfremdet hat. Zum unveräußerlichen Begriff der Revolution zählt die Anerkennung nicht nur der Subjektivität der anderen Subjekte, sondern auch ihres natürlichen Objektcharakters. Das Bild von der Befreiung der Natur zählt unveräußerlich zur Vorstellung der von der mit den Mitteln – wenn es sein muss – blutigster Gewalt hervorgebrachten Emanzipation Beglückten. Die Vorstellung einer Kommunikation zwischen den Menschen und den Dingen ist nicht nur von der schlafwandlerischen Regression romantischer Trance, sondern utopisches Realissimum, das sich in der Marxschen Idee von Befreiung als der Befreiung der Bedürfnisse ausdrückt. Denn wie immer auch kultiviert und zivilisiert, individualisiert und sozialisiert der Stand der Bedürfnisse und die Verwohlfeilerung aller verfügbaren materiellen und immateriellen Gebrauchswerte sein mag, so bleiben sie auch immer um der Produktion und Reproduktion, der Erhaltung und Verbesserung des sensiblen und intelligiblen Lebenswillen auf die endlichen Dinge der natürlichen Welt verwiesen.

Befreiung ohne Materialität ist nur eine unmenschliche Möglichkeit, aber eine menschliche Unmöglichkeit. Der Sprung aus dem Reich der Notwendigkeit ins Reich der Freiheit vermag sich nach der Lehre der Klassiker und den praktischen Erfahrungen des kämpfenden Proletariats nur auf der Basis der Notwendigkeit selber zu vollziehen. Darum ist die Befreiung der Natur alles andere als die Herstellung des schlechten Ursprungs mythischen Banns, denn die Menschen, die sich selbst zu befreien haben, sind subjektiv von derselben Natur wie die, die sie objektiv umgibt und von der sie sich fortschreitend produktiv emanzipieren. Die Befreiung der gesellschaftlichen Bedürfnisse verlangt eine Kommunikation der geschichtlich gewordenen Menschen über eine als individuell und anders anerkannte Natur.

Zum Begriff der Institution

Merleau-Ponty schreibt: »Diese Vertauschung, wodurch Dinge zu Personen und Personen zu Dingen werden, begründet die Einheit der Geschichte und der Philosophie. Sie bewirkt, dass jedes Problem historisch ist, aber auch alle Geschichte philosophisch, da die Mächte menschliche Entwürfe sind, die zu Institutionen wurden. Bei Marx verdinglicht sich der Geist, während die Dinge sich mit Geist sättigen; der rote Faden der Geschichte ist ein Werden von Bedeutungen, die zu Mächten oder zu Institutionen wurden.«[2]

Demnach ist die Geschichte personifiziertes Institutionenwesen und die Institutionen sind als menschliche Entwürfe verdinglichte Philosophie. Doch über dieser Hegelschen Vorstellung der Institutionen als eines Systems des objektiven Geistes ist dessen Objektivität nicht zu verdrängen. Wenn die Institutionen im Kern vergegenständlichte Symbole sind, so bedarf das Symbol einer materiellen Konstitutionsbasis, Grundmodell aller Institutionalisierung ist die Selbstdarstellung des Wertes in Tauschwert, die darstellungslogische Genese der Geldform in Ware. Diese symbolisiert zwar die Totalität der Warenwelt, ist aber, wie Marx ausführt, sehr viel mehr als ein bloß nominalistisch verkürzter und metaphysisch aufgeplusterter flatus vocis, der gleichsam durch sprachliche Aufklärung und nicht auch und vor allem durch die materielle Gewalt aus den Gewehrläufen des vereinigten Proletariats beseitigt werden müsste. Die Institution klebt an den Scheußlichkeiten materieller Klassenherrschaft so unablösbar wie das Geld am Gold. Und jeder, der einen Polizeiknüppel über den Kopf gezogen erhält, weiß, dass man sich beim Anrennen gegen eine Institution einen blutigeren Kopf holen kann, als wenn man mit dem Kopf durch die Wand will.

2 M. Merleau-Ponty, Das Abenteuer der Dialektik, Frankfurt 1968, S. 42f.

31. Thesen zum allgemeinen Verhältnis von wissenschaftlicher Intelligenz und proletarischem Klassenbewusstsein*

Die revolutionäre Bewegung in Westdeutschland steht aufgrund der politischen Verlaufsform ihrer antiautoritären Aktionsgeschichte und ihrer theoretischen Zurechnung zur kritischen Tradition des wissenschaftlichen Sozialismus vor dem revolutionstheoretisch und strategisch entscheidenden Problem:

1. Wie sind die – der Unterdrückungssituation in den spätkapitalistischen Industriemetropolen und im Medium des antiautoritären Bewusstseins begründeten – historisch neuen Vernunftprinzipien der Emanzipation zur überlieferten Substanz der geschichtlichen Klassenkämpfe zu vermitteln, ohne einem undurchschauten Traditionalismus revolutionärer Situation zu verfallen, die sich unausgesprochen und ausschließlich an materieller Verelendung, physischer Unterdrückung und erfolgreicher Oktoberrevolution orientiert?
2. Wie ist der Begriff des Klassenbewusstseins als eine nichtempirische, gleichwohl daseiende Kategorie der gesellschaftlichen Totalität von ausbeuterischer Produktion zu rekonstruieren, ohne die Bedürfnisse der ausgebeuteten Massen zu verfehlen; also das Problem der historischen Genesis des Klassenbewusstseins zu begreifen und nicht dessen Konstitution als immer schon vollzogen und in der Partei materialisiert metaphysisch vorauszusetzen oder es auf ein empirisch psychologisches Bewusstsein zu verkürzen?
3. Wie sind die kleinbürgerlichen Verfallsformen des antiautoritären Emanzipationsbewusstseins wissenschaftlicher Intelligenz, der Zerfall der ideologienkritischen Einsicht in den Zwangszusammenhang abstrakter Arbeit im Ganzen und die Zerfaserung politischer Praxis revolutionstheoretisch zu beurteilen, ohne die historisch neue Qualität der Wissenschaft als Produktivkraft zu ignorieren und unbefragt die in der Arbeiterbewegung tradierten Interpretationen der Rolle der Intelligenz im Klassenkampf zu übernehmen?

Die Beantwortung dieser drei Fragen wird die Wahl richtiger Strategien sozialrevolutionärer Prozesse in den Metropolen und die Konstruktion einer Theorie der Revolution entscheidend beeinflussen. Alle drei Fragen, die gegenwärtig in der sozialistischen Bewegung mehr oder weniger theoretisch unter dem Thema »Wissenschaftliche Intelligenz und proletarischer Klassenkampf« stehen, werden mit traditionalistisch verkürzten Vorschlägen beantwortet, die weder die staatsinterventionistisch verfe-

* Die Thesen sind im November/Dezember 1969 entstanden und wurden zuerst in »Socialistische Korrespondenz-Info«, Nr. 25, Frankfurt 1969 abgedruckt. (Anm. d. Hg.)

stigte zweite Natur der kapitalistischen Gesellschaftsformation noch die gewandelte Lage der arbeitenden Klasse in den Metropolen erfassen, also die Ebenen der entfremdeten Arbeit, des verdinglichten Bewusstseins und verarmten Lebens verfehlen. Die Diskussion bewegt sich z.T. in einer enthistorisierten Vorstellungswelt der Oktoberrevolution und Leninschen Kaderpartei, die mechanistische Organisationsmodelle nahelegt und eine sozialrevolutionäre Vermittlung von Studenten- und Arbeiterbewegung sabotiert. Rigide Vorstellungen von Kader, unbedingter Zentralisation und eiserner Disziplin, die anachronistische Leistungsstandards voraussetzen, den hochzivilisierten Entwicklungsstand der Produktivkräfte, des gesellschaftlichen Reichtums und der instrumentalisierten Kultur nicht einsehen, machen eine der Produktivität gesellschaftlicher Arbeit angemessene Entfaltung von Spontaneität rückgängig. Mechanistische Vorschläge wie die des Genossen Schmierer, der den Standpunkt des Proletariats zur Entität ontologisiert und den SDS zum Scharnier zwischen zwei einander äußerlichen und tendenziell klassenfeindlichen Bewegungen, der Arbeiter- und der Studentenbewegung verdinglicht, ebenso wie die Anschauungen der ML-Gruppen, beruhen im Grunde auf einem Begriff des warenproduzierenden Kleinbürgertums, der der gesellschaftlichen Realität nicht mehr entspricht. Indem sie den »Grundwiderspruch von Kapital und Lohnarbeit« identitätsphilosophisch jeder geschichtlichen Veränderung entheben und die kapitalistische Gesellschaft zu einem scholastischen ordo von Grund-, Haupt- und Nebenwidersprüchen verdinglichen, beziehen sie sich weder auf die Gesellschaft als Totalität noch auf die Emanzipationsbedürfnisse der lohnabhängigen Massen. Daraus folgt, dass weder der Strukturwandel der an sich seienden Klassenlage durch die Expansion produktiver Arbeit im Monopolkapital, noch der der kategorialen Struktur des Klassenbewusstseins, ebensowenig wie der der geistigen Arbeit berücksichtigt werden.
Darauf beziehen sich im folgenden drei Argumente, die, ohne unmittelbar konkrete Handlungsanweisungen zu liefern, die sozialrevolutionäre Strategienbildung für die Metropolen beeinflussen müssten.

I

Der Übergang vom Konkurrenz- zum Monopolkapitalismus führt, wie in der Kritik der politischen Ökonomie von Marx und Engels selbst angedeutet, zu einer Vergesellschaftung des kapitalistischen Privateigentums auf dem Boden der kapitalistischen Produktionsweise selber und zu einer Vergesellschaftung der produktiven Arbeit auf dem Boden der Lohnarbeit. Die von Marx und Engels angedeuteten möglichen geschichtlichen Endpunkte des Kapitalverhältnisses sind die aktiengesellschaftliche Unternehmungsform – gleichsam als gesellschaftlicher Urtypus des monopolen Privateigentums – und die technologische Umsetzung der Wissenschaften ins kapitalfixierte Maschinensystem.[1]

Diese neue Vergesellschaftungsqualität des Kapitals ist einerseits der schon in der ersten Krise, die das Kapital geschichtlich ins Leben rief, der in der ursprünglichen Akkumulation begründete Widerspruch von Vergesellschaftung und Privateigentum, gesellschaftlicher Arbeit und Privatarbeit, wie er andererseits den Übergang zur möglichen freien Assoziation der unmittelbaren Produzenten der sozialistischen Produktionsform als objektiv möglich aufzeigt oder, wie Engels und im Anschluss an ihn Horkheimer expliziert haben, den Umschlag in den autoritären Staat, die faschistische Verkehrung von Vergesellschaftung, naturwüchsig möglich macht

Marx schreibt von den Aktiengesellschaften: »Das Kapital, das an sich auf gesellschaftlicher Produktionsweise beruht und eine gesellschaftliche Konzentration von Produktionsmitteln und Arbeitskräften voraussetzt, erhält hier direkt die Form von Gesellschaftskapital (Kapital direkt assoziierter Individuen) im Gegensatz zum Privatkapital, und seine Unternehmungen treten auf als Gesellschaftsunternehmungen im Gegensatz zu Privatunternehmungen. Es ist die Aufhebung des Kapitals als Privateigentum innerhalb der Grenzen der kapitalistischen Produktionsweise selbst.«[2] Die schon aus dem Enteignungsprozess der ursprünglichen Akkumulation begründete naturgesetzliche Tendenz von Konzentration und Zentralisation des Kapitals, die dessen geschichtlichen Widerspruch von gesellschaftlicher Arbeit und privater Aneignung entfaltet, tritt in ein neues Stadium. Mit dem Monopolkapital kommt der an sich gesellschaftliche Charakter der kapitalistischen Produktionsweise, der Widerspruch von Vergesellschaftung und Privateigentum zur offenen Erscheinung.

Diese neue Vergesellschaftungsqualität des Kapitals verändert den Klassenantagonismus insgesamt. Die aktiengesellschaftliche Unternehmungsform schon verwandelt den »wirklich fungierenden Kapitalisten in einen bloßen Dirigenten, Verwalter fremden Kapitals und die Kapital-

1 Vgl. Kapital III, Kap. 27, und Grundrisse, S. 584ff.

2 Kapital III, S. 452 – Den Zusammenhang von aktiengesellschaftlicher Unternehmensform, Monopol und Staatsintervention weist Marx an anderer Stelle auf: »Es ist dies die Aufhebung der kapitalistischen Produktionsweise innerhalb der kapitalistischen Produktionsweise selbst, und daher ein sich selbst aufhebender Widerspruch, der prima facie als bloßer Übergangspunkt einer neuen Produktionsform sich darstellt. Als solcher Widerspruch stellt er sich dann auch in der Erscheinung dar. Er stellt in gewissen Sphären das Monopol her und fordert daher die Staatseinmischung heraus. Er reproduziert eine neue Finanzaristokratie, eine neue Sorte Parasiten in Gestalt von Projektemachern, Gründern und bloß nominellen Direktoren; ein ganzes System des Schwindels und Betrugs mit Bezug auf Gründungen, Aktienausgaben und Aktienhandel. Es ist Privatproduktion ohne die Kontrolle des Privateigentums« (Kapital III, S. 454). Zum Zusammenhang von Monopolkapital und autoritärem Staat vgl. Horkheimer, Autoritärer Staat, und Engels. Die Entwicklung des Sozialismus von der Utopie zur Wissenschaft, MEW Bd. 19, S. 222

eigentümer in bloße Eigentümer, bloße Geldkapitalisten«.[3] Dieser Prozess, in dessen Verlauf die außerökonomische Zwangsgewalt des Staates wieder direkte ökonomische Potenz gewinnt und der Staatsinterventionismus zur Dauernotwendigkeit wird, zerstört die Zirkulationssphäre als legitimationsideologisches Reich der bürgerlichen Sittlichkeit, als freie Konkurrenz von einander feindseligen Individuen und als gerechten Äquivalententausch von einander gleichgültigen und gleichgeltenden Warenbesitzern. Das Klassenbewusstsein der Kapitalisten politisiert die instrumentelle Vernunft im Hinblick auf ihre autoritär technokratischen Konsequenzen. Herrschaft wird legitimationsfähig.

Die neue Vergesellschaftungsqualität des Kapitals erweitert notwendig den Begriff der produktiven Arbeit und bringt ihn als die arbeitsteilige Totalität zur Erscheinung, die er im unentfalteten Prinzip schon immer war: »Wie im Natursystem Kopf und Hand zusammengehören, vereint der Arbeitsprozess Kopfarbeit und Handarbeit. Später scheiden sie sich bis zum feindlichen Gegensatz. Das Produkt verwandelt sich überhaupt aus dem unmittelbaren Produkt des individuellen Produzenten in ein gesellschaftliches, in das gemeinsame Produkt eines Gesamtarbeiters, d. h. eines kombinierten Arbeitspersonals, dessen Glieder der Handhabung des Arbeitgeberstandes näher oder ferner stehn. Mit dem kooperativen Charakter des Arbeitsprozesses selbst erweitert sich daher notwendig der Begriff der produktiven Arbeit und ihres Trägers, des produktiven Arbeiters. Um produktiv zu arbeiten, ist es nun nicht mehr nötig, selbst Hand anzulegen. Es genügt, Organ des Gesamtarbeiters zu sein, irgendeine seiner Unterfunktionen zu vollziehn.«[4]

Die technologische Umsetzung der Wissenschaft ins kapitalfixierte Maschinensystem – systematisch seit Ende des 19. Jahrhunderts betrieben – und die Tendenz zur Automation haben das verändert, was Marx als die reelle Subsumtion der Arbeit unter das Kapital bezeichnet hat. Diese unterscheidet sich von der bloß formellen dadurch, dass sie auch die technologische Struktur des unmittelbaren Arbeitsprozesses durch die systematische Anwendung der gesellschaftlichen Produktivkräfte der Arbeit, Arbeitsteilung und Wissenschaft qualitativ verändert. Der Arbeitsprozess als Stoffwechsel zwischen den Menschen und der Natur wird gleichsam in sich selbst vergesellschaftet. Eine der hervorstechendsten Eigenschaften der reellen Subsumtion der Arbeit unter das Kapital ist die bewusste »*Anwendung der Wissenschaft*, dieses *allgemeinen* Produkts der gesellschaftlichen Entwicklung, auf den *unmittelbaren Produktionsprozess*«.[5]

3 Kapital III, MEW Bd. 25, S. 452
4 Kapital I, MEW Bd. 23, S. 531
5 Marx, Resultate des unmittelbaren Produktionsprozesses, Frankfurt 1969, S. 50

Soziale Kombination totalisiert mit der Verwissenschaftlichung der Produktion diese immer mehr zum Gesamtarbeiter, indem, wie Marx in den Grundrissen ausführt, das einzelne Arbeitsvermögen immer mehr momentanisiert wird und der Wertmaßstab der Arbeitszeit in immer extremeren Widerspruch zur Realität des capital fixe und des wirklichen Produktionsprozesses tritt. Technik und Wissenschaft haben ein produktiv umgesetztes Entfaltungsstadium von systemsprengendem Ausmaß erreicht. Die neue Vergesellschaftungsqualität der produktiven Arbeit durch die technologische Verwissenschaftlichung der Produktion vermag ihre zwangsweise kapitalistische Vergegenständlichung nicht mehr zu tolerieren. Das Verhältnis von Monopolkapital und Automation macht die auch klassentheoretisch folgenreiche Veränderung der reellen Subsumtion der Arbeit unter das Kapital aus. »Da mit der Entwicklung der *reellen Subsumtion der Arbeit unter das Kapital* oder der *spezifisch kapitalistischen Produktionsweise* nicht der einzelne Arbeiter, sondern mehr und mehr ein *sozial kombiniertes Arbeitsvermögen* der *wirkliche Funktionär* des Gesamtarbeitsprozesses wird, und die verschiedenen Arbeitsvermögen, die konkurrieren, und die gesamte produktive Maschine bilden, in sehr verschiedener Weise an dem unmittelbaren Prozess der Waren – oder besser hier Produktionsbildung teilnehmen, der eine mehr mit der Hand, der andere mehr mit dem Kopf arbeitet, der eine als Manager, engineer, Technologe etc., der andere als overlooker, der dritte als direkter Handarbeiter oder gar bloß Handlanger, so werden mehr und mehr *Funktionen von Arbeitsvermögen* unter den unmittelbaren Begriff der *produktiven Arbeit* und ihre Träger unter den Begriff der *produktiven Arbeiter*, direkt vom Kapital ausgebeuteter und seinem Verwertungs- und Produktionsprozess überhaupt *untergeordneter* Arbeiter einrangiert.[6]

Wenn die Wissenschaften nach Maßgabe ihrer technischen Umsetzbarkeit und ihrer Träger, die geistigen Arbeiter, in den produktiven Gesamtarbeiter integriert sind, dann ist nicht anzunehmen, dass sozialrevolutionäre Strategien sich in der klassischen Weise nahezu ausschließlich aufs Industrieproletariat beziehen können. Nicht ist die Frage zu stellen, ob wissenschaftliche Intelligenz im traditionellen Sinn industrieproletarisches Klassenbewusstsein entwickeln kann, sondern wie umgekehrt der Begriff der unmittelbaren Produzenten und damit der arbeitenden Klasse sich insgesamt verändert hat.

Mit der fortschreitenden Vergesellschaftung des Kapitals und der produktiven Arbeit und der technologischen Verwissenschaftlichung der Produk-

6 Ebd., S. 65f. – Marx zufolge ist »das Wachsen der scientific power ... das Maß, worin sie schon als capital fixe gesetzt ist, der Umfang, die Breite, worin sie realisiert ist und sich der Totalität der Produktion bemächtigt hat«, eines jener exklusiven Widerspruchsmomente am naturgeschichtlichen Ende der gewaltsamen Krisengeschichte des Kapitals, »worin ihm advice gegeben wird to be gone and to give room to a higher state of social production« (Grundrisse, S. 636).

tion wird auch das unmittelbare Industrieproletariat immer mehr zum Moment im Gesamtarbeitsprozess. Es repräsentiert weniger denn je die Totalität produktiver Arbeit. Bei aller extremen Verschärfung des Widerspruchs von geistiger und körperlicher Arbeit ist die geistige Arbeit nicht mehr nur als idealistisch überhöhende Widerspiegelung abstrakter Arbeit und damit als Repräsentant der bürgerlichen Aneignung von Kultur und kleinbürgerlichen Organisationsformen des Wissenschaftsprozesses zu behandeln, sondern ein genuines Bildungsmoment, und zwar in organisierter und kollektiver Form, in der Konstitution proletarischen Klassenbewusstseins und der Organisation der politischen Klasse. Der Tendenz, die der Genosse Schmierer bezüglich der Rolle der wissenschaftlichen Intelligenz im Klassenkampf vertritt, nämlich die klassischen Theorien individuellen Klassenverrats (zumeist mit Hinweis auf Lukács' Bestimmung der Rolle der Intellektuellen im Klassenkampf) ist entgegenzusetzen, dass ohne die organisierte produktive wissenschaftliche Intelligenz die Bildung eines auf die bürgerliche Gesellschaft insgesamt bezogenen Klassenbewusstseins auch im Industrieproletariat unmöglich ist.

II

Die mangelnde Reflexion auf die kategoriale Verfassung des Klassenbewusstseins als einer nichtempirischen Kategorie, wie sie von Lukács spekulativ im Anschluss an Lenin ausgeführt wurde, hat in der sozialistischen Bewegung eine verschwiegene Reduktion des Klassenbewusstseins in einem den Metropolen unangemessenen leninistischen Sinn zur Folge. Die Stagnation der zunächst spontan auf psychoanalytischer Ebene gefassten und individualistisch beschränkten Emanzipationsdebatte konnte den Zugang zu der strategisch praktischen Erkenntnis der möglichen Bedürfnisstruktur der Massen blockieren. Das spekulative Totalitätsbewusstsein, das die antiautoritäre Bewegung in ihren ersten Anfängen auszeichnete, mag schlechte Momente geschichtsblinder Abstraktion enthalten haben. Die Unmittelbarkeitsideologie vieler praktisch arbeitender Gruppen hingegen ist ihrem Bewusstsein nach in einer unverbundenen Flucht der historischen Erscheinungsform angesiedelt und außerstande, die Vielheit der empirischen Praktiken zu klassenbewusster Einheit einer politischen Praxis zu denken. Die Reflexion auf die kategoriale Ebene des Klassenbewusstseins vermöchte sehr viel eher organisatorische Identitätskriterien zu vermitteln als schlecht moralisierende Verbindlichkeitsdiskussionen, wie sie noch häufig geführt werden und die hilflos unverbindlich bleiben.
Die theoretischen Auffassungen der sozialistischen Bewegung sind z.T. mit Momenten des empirischen Historismus behaftet, den Lukács der bürgerlichen Geschichtswissenschaft vorwirft. »Ihr Irrtum besteht darin, dass sie im empirischen historischen Individuum (gleichviel ob es sich

um einen Menschen, eine Klasse oder ein Volk handelt) und in seinem empirisch gegebenen (also psychologischen oder massenpsychologischen) Bewusstsein jenes Konkrete zu finden meint. Wo sie jedoch das Allerkonkreteste gefunden zu haben glaubt, hat sie es gerade am weitesten verfehlt: *die Gesellschaft als konkrete Totalität* ... Indem sie daran vorbeigeht, fasst sie etwas völlig Abstraktes als Konkretes an.«[7]
Doch schon Lukács' Erkenntnis, dass sich erst durch die »Beziehung auf die Gesellschaft als auf ein Ganzes« die Kategorie der objektiven Möglichkeit und damit die logische Bildung von Klassenbewusstsein konstituiert, enthält Momente der idealisierenden Abstraktion; sowohl seine Behandlung der Organisationsfrage wie des Klassenbewusstseins unterstellen einen Totalitätsbegriff, der ins empirisch psychologische Bewusstsein der einzelnen Proletarier nicht hineinragt. Diese können nur post festum die Entscheidungen des totalitätsbezogenen Zentralkomitees nachvollziehen, ebenso wie der reale, durch Kampferfahrung, Theorienbildung, Agitation und Propaganda sich vollziehende Umsetzungsprozess von Totalitätskategorien in die Köpfe der einzelnen Proletarier im Dunkeln bleibt. Das richtige Klassenbewusstsein existiert immer schon in Gestalt der a priori vorgegebenen richtigen Partei des Proletariats, dem Leninschen Parteitypus, der allen geschichtlichen Formbestimmungen transzendental enthoben wird. Die Kategorie der Totalität verweist aber sowohl in ihrem Hegelschen wie in ihrem Marxschen Sinne auf ebenso empirische wie nichtempirische Momente, so wie die Ware nach Marx ein sinnlich-übersinnliches Ding ist. Mit der Elimination der Empirie aus der Totalitätskategorie wird die Reflexion auf die historische Genesis des Klassenbewusstseins abgeschnitten. Lukács' Empiriebegriff ist selbst schon szientistisch verkürzt.
Die Kategorie des Klassenbewusstseins aber konstituiert sich aus einem bestimmten Verhältnis von Theorie und Empirie, wie es gebunden ist an den materialistischen Produktionsbegriff von Arbeit und Arbeitsteilung. Der Begriff von Empirie, so wie ihn im Rahmen des Historischen Materialismus Marx und Engels in der Deutschen Ideologie angedeutet haben, ist keineswegs identisch mit dem Empiriebegriff der positivistisch zerstreuten Einzelwissenschaften. Dieser ist quantitativ und formal nach Maßgabe naturwissenschaftlicher Operabilität, jener ist qualitativ und material nach Maßgabe konkreter Arbeit, d. h. der materialistische Empiriebegriff ist gebunden an Gebrauchswerte, Bedürfnisse und Interessen. Der Theorienbegriff der Kritik der politischen Ökonomie ist gebunden an abstrakte Arbeit, die Kategorien der Ware, des Mehrwerts und der Akkumulation. Aus der Kritik an diesen Kategorien erschließt sich die Gesellschaft als eine Herrschaftstotalität von Verdinglichung, Ausbeutung und

7 Lukács, Geschichte und Klassenbewusstsein, Berlin 1923, S. 61

Krise. Wenn sich Klassenbewusstsein als parteiliches Totalitätsbewusstsein wirklich soll bilden können, muss sich das Moment der Theorie des wissenschaftlichen Sozialismus, durch welche Umwandlungen und Vermittlungen auch immer, in das Bewusstsein der Massen umsetzen und in ihre Erfahrung eingehen. Dieses Moment der Umsetzung kann Lukács aufgrund seiner idealisierenden Projektion des Leninschen Parteitypus vom industriell zurückgebliebenen Russland auf die hochindustrialisierten Länder Westeuropas nicht angeben. Es fehlt die historische Reflexion auf jene empirischen Momente der Gebrauchswerte, Bedürfnisse und Interessen, die im Doppelcharakter von Ware und Kapital die durch die Allgemeinheit abstrakter Arbeit unterdrückte und an ihrer freien Entfaltung gehinderte Individualität darstellen; denn die kapitalistische Produktionsweise ist welthistorisch die einzige, die unter permanenter Wertabstraktion von den besonderen Gebrauchswerten und Bedürfnissen jene produziert und diese befriedigt.

Lenins Begriff des Klassenbewusstseins beruht auf einer rigiden analytischen Trennung des politischen Totalitätsbewusstseins vom zwar diffus spontanen, aber notwendig ökonomistisch beschränkten Interessenbewusstseins, so dass dieses nur von außen politisierbar sei. Diese Vorstellung ist historisch berechtigt angesichts einer im Russland des 19. und beginnenden 20. Jahrhunderts nur formell unter das Kapital subsumierten Arbeit, die ihren an sich gesellschaftlichen Charakter noch nicht preisgeben kann, in dem der terroristische Prozess der ursprünglichen Akkumulation noch nicht abgeschlossen, bürgerlicher Tauschverkehr unentwickelt und die spezifisch kapitalistische Produktionsweise nur in wenigen Industriezweigen voll ausgebildet ist. Unter diesen Bedingungen vermag das Interessenbewusstsein des Industrieproletariats sich nicht aus sich selbst heraus zu aufgeklärter Spontaneität zu entfalten.

Andererseits verstellt die wenig entwickelte kapitalistische Produktionsweise in Russland dem revolutionären Theoretiker Lenin auch den Blick auf die metaökonomische Dimension des materialistischen Produktionsbegriffs und damit die Entfaltung des Verhältnisses von Produktion und Klassenkampf. Die terroristischen Industrialisierungszwänge nach der Oktoberrevolution und der Zwang zur Beschränkung des Sozialismus auf ein Land reduzieren die Emanzipation der gesellschaftlichen Verkehrsform auf die Revolution technisch industrieller Produktionen, so dass der emanzipative Gehalt des materialistischen Produktionsbegriffs sich nicht mehr entfalten konnte. Produktion ist Marx und Engels zufolge das Prinzip von Geschichte, das naturgeschichtlich zur Entfaltung drängt, auf der Ebene des industriellen Kapitals sich endlich realisiert, aber in die Ebene einer zweiten Natur sich zurücknimmt. In der Deutschen Ideologie impliziert der Begriff von Produktion die Möglichkeit zur vernünftig spontanen Lebenstätigkeit, d.h. zur Naturbeherr-

schung und zur Emanzipation der Menschen auf dem Boden der Natur selber. Produktion, also Arbeit und Arbeitsteilung, ist kulturkonstitutiv in einem gattungsgeschichtlichen Sinn, insofern Kultur den auf Arbeitsteilung und Triebverzicht beruhenden Fortschritt der Bedürfnisse über die natürliche Vernunft der physischen Selbsterhaltung hinaus bedeutet. Mit dem Übergang von der feudalen zur kapitalistischen Gesellschaft verändert sich das Verhältnis von kulturell und geschichtlich objektiv notwendiger und überflüssiger Unterdrückung, Realitäts- und Lustprinzip qualitativ. Das Reich der Freiheit jenseits der materiellen Produktion wird eine Möglichkeit des theoretischen Denkens und schließlich der gesellschaftlichen Praxis. (Auf diesen Grundannahmen beruhen ebenso die Klassenbewusstseinstheorie Reichs wie die Emanzipationskategorien Marcuses, nur dass jener empiristische Reduktionen vornimmt und dieser Ontologisierungen der Triebstruktur und ein klassenspezifisches Herauslösen der Bedürfnisse aus der Dialektik von Gebrauchswert und Tauschwert nicht zuletzt aufgrund seiner Integrationsmaßnahmen hinsichtlich des Proletariats.)
Produktion als (in dem oben skizzierten Sinne materialistischer Empirie) auf den Fortschritt und die Befreiung der Bedürfnisse gerichtete und autonome Lebenstätigkeit ermöglichende, steht in einem unauflöslichen Zusammenhang zur politischen Spontaneität. Durch die Projektion des Leninschen Begriffs von Klassenbewusstsein und seiner Parteitheorie auf die Länder Westeuropas wurde dieser Zusammenhang destruiert. Es stellte sich das ein, was Reich terminologisch nicht ganz korrekt als zweierlei Klassenbewusstsein bezeichnet hat. Dessen Dualismus besteht darin, dass der Partei die durch die Kritik an den Kategorien der politischen Ökonomie gewonnene Kenntnis der kapitalistischen Totalität vorbehalten bleibt, aber die Massen ein dazu unvermitteltes, empiristisches Interessenbewusstsein entwickeln, das auf Konsum- und Lustgewinn, Gebrauchswerte und Bedürfnisse gerichtet ist. Mit dem Absterben der Emanzipationsdebatte im SDS und der sektiererischen Übernahme zentralistischer und disziplinärer Organisationsmodelle ist der Zusammenhang von Produktion und Spontaneität ebenfalls verloren gegangen. Doch Totalität und Konsum, Theorie und Empirie im oben erwähnten Sinne, Gebrauchswert und Tauschwert stehen in einem unauflöslichen Zusammenhang der Kritik; Klassenbewusstsein ist immer ein ans Durchschauen der Wertabstraktion gebundenes, parteiliches Totalitätsbewusstsein und an die Befriedigung von Bedürfnissen geheftetes produktives Konsumtionsbewusstsein. Fallen beide Bildungsmomente des Klassenbewusstsein, das theoretische und das empirische, auseinander, so wird aus dem Totalitätsbewusstsein die Bestimmung proletarischer Parteilichkeit eliminiert und aus dem Konsumtionsbewusstsein das Bestimmungsmoment spontaner und emanzipativer Produktivität.

Dann aber fallen die Massen permanent in den Zustand eines bloß passivischen und rezeptiven Konsumverhaltens zurück in die Entfremdung von ihren Produkten, dem gesellschaftlichen Reichtum aller Kultur.
In die Strategiendiskussion scheint im Augenblick die mögliche emanzipative Bedürfnis- und Bewusstseinsstruktur der Massen nicht einzugehen. Sowohl ein regressives Moment verdinglichter Bedürfnisse wie eine neue Qualität in der Enthistorisierung des fetischisierten Bewusstseins fallen aus der Reflexion heraus. Der grundlegende Sachverhalt des technologisierten Monopolkapitals, dass der gesellschaftliche Reichtum und die Kultur, wie sie sich auf der Basis materieller Produktion herausgebildet haben, den Bannkreis materieller Bedürfnisbefriedigung längst derart transzendieren, dass der Verein freier Menschen eine objektive geschichtliche Möglichkeit ist, bleibt nach der Sistierung der Emanzipationsdebatte den strategischen Reflexionen im SDS äußerlich. Gerade hochzivilisierte Bedürfnisbefriedigung aber ist die geschichtliche Voraussetzung, den Massen wirklich emanzipative Vernunftinteressen zu vermitteln. »Mit Recht wird darauf hingewiesen«, schreibt Merleau-Ponty, »dass es durchaus nicht das tiefste Elend ist, welches die bewusstesten Revolutionäre hervorbringt, doch versäumt man, auch die Frage zu stellen, warum häufig ein Aufschwung der Konjunktur die Radikalisierung der Massen nach sich zieht. Dies hat darin seinen Grund, dass die Abnahme des Drucks auf das Leben eine Umstrukturierung des sozialen Raums ermöglicht: Die Horizonte sind nicht mehr eingeengt auf die unmittelbaren Bedürfnisse, es entsteht ein Spielraum, Raum für einen neuen Lebensentwurf.«[8]
Gleichwohl ist das spätkapitalistische System auf seiner Basis hochzivilisierter Bedürfnisbefriedigung imstande, den von den unmittelbaren gesellschaftlichen Produzenten hergestellten Reichtum und Kultur technologisch und kulturindustriell so einzusetzen, dass die Bedürfnisse und das Bewusstsein der Massen an den Bannkreis materieller Existenzsicherung fixiert bleiben. Der entfremdete Zustand, dass die Menschen weiterhin, wie Marx sagt, leben, wo sie nicht arbeiten, und arbeiten, wo sie nicht leben, hat sich nur verschärft. Die Bedürfnisse, auf die sich der Versuch revolutionärer Aufklärung richten müsste, sind immaterieller geworden in dem Maße, in dem das Reich der Freiheit möglicher geworden ist. Das Reich der Freiheit beginnt in der Tat erst da, wo das Arbeiten, das durch Not und äußere Zweckmäßigkeiten bestimmt ist, aufhört. Es liegt also der Natur der Sache nach jenseits der Sphäre der eigentlichen materiellen Produktion.« (Marx) Agitatorische Einstellungen im SDS sind z.T. aber immer noch derart ausgerichtet, als ob der Stand der Produktivkräfte, des Reichtums und der Kultur noch Situationen materiellen Elends entspräche.

8 Phänomenologie der Wahrnehmung, S. 506

Zum anderen wird die neue Qualität von Geschichtslosigkeit im Bewusstsein der Massen nicht berücksichtigt, was zur Folge hat, dass die revolutionäre Aufklärung nicht mit dem entfremdeten Lebensschicksal der Arbeiter verbunden wird. In der Agitation setzt sich daher nicht nur die strategische Fehleinschätzung eines industrieproletarisch verengten Klassenbegriffs durch, sondern zugleich eine geradezu betriebstechnische Trennung von Arbeits- und Lebensschicksal der Massen, Arbeit und Freizeit, Produzenten und Konsumenten.
Der Faschismus als hochzivilisierter Naturzustand auf der Basis eines entwickelten Tauschverkehrs hat das Bewusstsein der Massen derart enthistorisiert und Verdinglichung derart potenziert, dass, wie Adorno befürchtete, das Schreckbild einer Menschheit ohne Erinnerung droht. Sowohl unter den Bedingungen offenen faschistischen Terrors als auch unter den Zwängen technologisierter Organisations- und Verkehrsformen werden individuell lebensgeschichtliche Perspektiven eliminiert. Nicht nur das bürgerliche Individuum ist mit dem freien Markt zerfallen, auch die proletarische Individualität ist durch die faschistische Deformation der Organisationsformen der Arbeiterklasse zersetzt worden. Die Einheit der Person sollte Kant zufolge im Rahmen der transzendentalen Apperzeption in den Tiefen der menschlichen Seele begründet sein. Marx verankert sie in den Produktionsverhältnissen. Die Ich-Identität des bürgerlichen Individuums basiert auf dem Privateigentum, sie realisierte sich im Tauschverkehr und fand ihre langfristige lebensgeschichtliche Perspektive im Streben nach Profit und in der Furcht vor dem Ruin. Proletarische Individualität basierte auf der besitzlosen Stellung im Produktionsprozess und realisierte sich in der Organisation des Klassenkampfes. Die langfristige lebensgeschichtliche Perspektive des proletarischen Individuums war die von Ausbeutung und Elend oder revolutionärer Befreiung.
An die Stelle langfristiger lebensgeschichtlicher Erwartungen, Hoffnungen und Befürchtungen sind heute kurzfristige Reaktionen im Hinblick auf die Erwartung von Gratifikationen und Befürchtung vor Sanktionen getreten. Der Arbeitersohn, der heute eine Lehre beginnt, vermag sich in der Regel keinen lebensgeschichtlichen Begriff von seinem biographischen Arbeitsschicksal zu machen. Das Prinzip Hoffnung wird aus dem Bewusstsein der Individuen eliminiert, oder, wie Marcuse versucht hat zu entfalten: selbst das unglückliche Bewusstsein soll absterben. Eine Agitation des Proletariats, die nicht das geschichtslose Lebensschicksal der Massen thematisiert, kann den Zusammenhang von gesellschaftlicher Produktion und Spontaneität im Bewusstsein der Massen nicht rekonstruieren und emanzipative Bedürfnisse nach einem glücklichen Leben weder freilegen noch zu einem politischen Totalitätsbewusstsein vermitteln.
Die strategischen Reflexionen im SDS haben immer mehr die Ebene der regressiv auf materielle Produktion fixierten Bedürfnisstruktur wie auch

die neue Qualität in der Geschichtslosigkeit des verdinglichten Bewusstseins vom individuellen Lebensschicksal verfehlt. Damit aber erfährt der Klassenbewusstseinsbegriff eine Leninistische Reduktion, so dass die Produzenten sich nicht als Produzenten begreifen, und das Ergebnis einer nach Maßgabe dieser Reduktion betriebenen Propaganda kann nur die Restabilisierung der von Reich beschriebenen Trennung von unparteilichem Totalitätsbewusstein und unproduktivem Konsumtionsbewusstsein sein.

III

Die objektive Integration relevanter Teile wissenschaftlicher Intelligenz in den produktiven Gesamtarbeiter macht diese noch nicht zu bewussten Proletariern. Nicht nur, dass überlagerte bürgerliche Sozialisationsprozesse und die trauernde Erinnerung an die verlorengegangenen liberalen Ideologien der autonomen und bedürfnislosen Rechtsperson, des parlamentarischen Marktes und gerechten Tauschverkehrs ebenso konstitutiv für den antiautoritären Protest waren (gerade im Bereich der kultur- und sozialwissenschaftlichen Intelligenz), so blockierten sie doch auch den Zugang zum Bewusstsein des Industrieproletariats und anderer produktiver Schichten. Vor allen Dingen aber existiert innerhalb des Gesamtarbeiters die Trennung von geistiger und körperlicher Arbeit in unverminderter Schärfe fort. Doch der Theorienverlust und der Instrumentalisierungsprozess, den die positivistisch zerstreuten Einzelwissenschaften durchlaufen, hat der geistigen Arbeit längst die Möglichkeit genommen, ein idealistisches Selbstbewusstsein und metaphysische Totalitätskategorien zu entwickeln. Im idealistischen Bewusstsein des deutschen Bildungsbürgertums, orientiert am Humboldtschen Universitätsideal, spiegelt sich die Wertsubstanz des Kapitals, die abstrakte Arbeit, insofern sie als produktiv nur die von aller Naturbasis gelöste geistige Arbeit anerkannte. Insofern stand Hegel nach Marx' Wort auf dem Standpunkt der bürgerlichen Ökonomie. In dieser philosophierenden Abstraktion war aber zugleich die Synthesis der vermittelnden Vernunft enthalten, welche die analytischen Trennungen der kapitalistischen Arbeitsteilung zumindest metaphysisch aufhob, die Aufhebung der Entfremdung auf dem Boden der Entfremdung selber. Die Kritik der politischen Ökonomie Marx' verendlichte die vermittelnde Vernunft durch die Bindung an den Produktionsprozess und die endlichen Individuen. Der positivistische Zerstreuungsprozess der Einzelwissenschaften löste alle Kategorien der Vermittlung, zumal der von Theorie und Praxis, analytisch auf. Der technologische Entwicklungsstand der produktiv umsetzbaren Wissenschaften projiziert seine methodologischen Verfahrensweisen um den Preis der Vernichtung von Reflexion zugunsten der Anpassung an abstrakte Arbeit auf sämtliche Wissenschaften. Technologisierung der

Wissenschaften bedeutet: die qualitative Zeit bildungsgeschichtlicher Reflexion (wie sie metaphysisch in Hegels Phänomenologie des Geistes als Bildungsweg des natürlichen Bewusstseins vom erscheinenden Wissen zur Wissenschaft des absoluten Wissens beschreiben wird) wird zugunsten der Anpassung geistiger Arbeit an die quantitativen und enthistorisierten Normen des Wertmaßstabes der Arbeitszeit eliminiert. Damit kann geistige Arbeit reibungslos dem Verwertungsprozess des Kapitals einverleibt werden. Diese Entwicklung, die auch die unproduktiven Herrschaftswissenschaften betrifft, ist einerseits eine zusätzliche Schranke für die produktive wissenschaftliche Intelligenz, ihren Produzentenstatus zu begreifen und totalitäre Vermittlungszusammenhänge zu durchschauen. D. h. geistige Arbeit ist nach Maßgabe ihrer industriellen Umsetzbarkeit immer mehr mit dem Unglück produktiver Arbeit behaftet und andererseits, ebenfalls nach Maßgabe der technischen Umsetzbarkeit, immer kapitaladäquater an die Wertnormen angepasst. Auf der anderen Seite eröffnet die Vernichtung des traditionellen Kulturbewusstseins überhaupt erst die Möglichkeit proletarischer Reflexionsprozesse, nämlich die Befreiung von idealistischen Eigentumsfiktionen, dass auch die wissenschaftlichen Produzenten die Produkte ihrer Arbeit als gegenständliche und feindliche Macht des Kapitals begreifen und sich selbst als ausgebeutet wissen.

Insofern das Gesamtatelier der Universität von den Widersprüchen des Technologisierungsprozesses erfasst wird, wird es auch den Vertretern unproduktiver Wissenschaften erleichtert, die Fixierung auf einen endgültig zerbrochenen Kulturbegriff aufzugeben; wenn die Widersprüche der produktiven Arbeit einmal in die Universität getragen sind, können auch mehr und mehr Ideologen der herrschenden Klasse im Sinne des Kommunistischen Manifests ihre intellektuelle Produktivkraft in den Dienst des Emanzipationskampfs stellen.

Geistige Arbeit ist mit dem Widerspruch behaftet, einerseits systematisch fortschreitend dem materiellen Produktionsprozess des Kapitals einverleibt zu werden und als wirkliche Arbeit Momente der bestimmten Negation des Kapitalverhältnisses zu beinhalten, denn »das wirkliche Nicht-Kapital ist die Arbeit selbst« (Marx). Andererseits ist die abstraktiv von der körperlichen Arbeit getrennte geistige Arbeit angepasster Ausdruck der Wertsubstanz abstrakter Arbeit, und dies um so mehr, als die zeitliche Verlaufsform von Bildungsprozessen unter enthistorisierte Arbeitszeitnormen gestellt wird.

Dieser Widerspruch, der die Stellung des produktiven Intellektuellen im Produktionsprozess kennzeichnet, bestimmt auch sein verdinglichtes Bewusstsein. Die Trennung von geistiger und körperlicher Arbeit wird nicht als Entfremdung erfahren, sondern zur natürlichen Tatsache hypostasiert. Andererseits kann sich die wissenschaftliche Intelligenz auch nicht

mehr im bildungsbürgerlichen Sinn – was ebenso für die unproduktiven Wissenschaften gilt, die auch vom Technologisierungsprozess erfasst werden – als gleichsam intelligible Besitzer der Kultur, als Produzenten höheren, nämlich metaphysischen Ranges begreifen. Aus diesem Sachverhalt mehr als aus traditionellen Theorien kleinbürgerlicher Intelligenz sind kleinbürgerliche Verhaltensweisen, mit denen das spezifische antiautoritäre Emanzipationsbewusstsein ab ovo ausgestattet war, zu erklären. Die trauernde Erinnerung an die emanzipativen Gehalte des revolutionären Bürgertums und gerechten Tauschverkehrs, ein zentrales Bildungsmoment der studentischen Protestbewegung, hat gerade unter den geisteswissenschaftlichen Intellektuellen regressive Angst vor der technologischen Enteignung vom intelligiblen Besitz an der bürgerlichen Kultur hervorgebracht. Die technische Intelligenz wird mit Bewusstseinsformen völliger Geschichtslosigkeit ausgestattet, die kulturwissenschaftliche Intelligenz trauert um den Verlust ihres fiktiven Eigentums an bürgerlicher Kultur, um deren unwiderruflichen Zerfall sie weiß und den sie doch insgeheim nicht wahrhaben will. Enteigungsangst und Geschichtslosigkeit sind Kennzeichen des kleinbürgerlichen Bewusstseins. Nur dass das klassische Kleinbürgertum mehr als seine Ketten, nämlich realen, wenn auch nicht akkumulationsfähigen Warenbesitz, zu verlieren hatte, während heute selbst die unproduktive Intelligenz immer mehr den Herrschaftsbedingungen ausbeutender Lohnarbeit unterworfen wird. Doch im Gewande dieses Kulturbewusstseins konnten sich die historisch neuen Prinzipien der Befreiung entfalten. Sowohl das Ausmaß an Bedürfnisfortschritt, der die Not materieller Produktion überschreiten konnte, als auch die kulturindustrielle Regression von Kultur auf den Umkreis der unmittelbaren Arbeit sowie die Sabotage emanzipativer Bedürfnisse konnten sich in diesem Rahmen begreifen. Adornos und Horkheimers nicht parteilicher Versuch einer kulturkritischen Konstruktion der Geschichte als Dialektik der Aufklärung, der von Mythos und Tausch, konnte den Zusammenhang von Monopolkapital, diesem subsumierter Technologie und Faschismus darstellen. In der Theorienbildung der Neuen Linken muss die Erfahrung des Faschismus als eines organisierten Naturzustandes eingehen, der zwar insgesamt mit den Kategorien der Kritik der politischen Ökonomie dem Akkumulationsprozess und Krisenzusammenhang des Kapitals erklärbar ist, dessen Terror im einzelnen aber sich solcher begrifflichen Subsumtion sträubt. Auschwitz ist kontingent auch noch den überlieferten Kategorien einer Kritik der politischen Ökonomie gegenüber.
Auf dem Hintergrund dieser skizzierten Bewusstseinsverfassung stellen sich die revolutionstheoretisch entscheidenden Probleme der historischen Genesis des Klassenbewusstseins, und zwar 1. als Problem einer Rekonstruktion revolutionärer Theorie als einer Lehre, deren Aussagen

die Gesellschaft unter dem Aspekt radikaler Veränderbarkeit begreifen. 2. Der Wiedergewinnung einer Dimension materialistischer Empirie von Bedürfnisbefriedigung und Interessenerzeugung. 3. Das Problem der Umsetzung der Theorie ins Bewusstsein des Proletariats.

Ad 1.: Erkenntniskritische Selbstreflexion der Einzelwissenschaften ist ein konstitutives Moment des Klassenbewusstseins wissenschaftlicher Intelligenz. Die Ausschließlichkeit analytischer Verfahrensweisen schneidet methodologisch die Reflexion auf die gegenstandskonstitutive Rolle gesellschaftlicher Praxis ab, also die an Arbeit gebundene Wahrnehmungsmateriatur und den an Arbeitsteilung gebundenen kategorialen Rahmen der Apperzeption. Ohne Arbeitsteilung erkenntniskritisch als Organisationsform der Erfahrung zu durchschauen, kann sich der wissenschaftliche Produzent nicht als Produzent begreifen. Nötig ist also eine immanente Kritik am analytischen Selbstverständnis der Einzelwissenschaften, zumal die sozialtechnisch verkürzten modernen Wirtschaftstheorien nicht mehr den einzigen Bezugspunkt für eine Kritik der politischen Ökonomie liefern, da ihre analytische Methodologie die kapitalistische Gesellschaft nicht mehr als eine kategoriale Realität begreift. Die positivistische Zerfaserung der Wissenschaften hat die Begriffe innergeschichtlicher Transzendenz zerstört. Während Marx den wissenschaftlichen Sozialismus in Opposition zum utopischen Denken entwickelte und innergeschichtliche Realisierungsbedingungen einer revolutionären Befreiung aufzuzeigen gezwungen war, hat sich heute das Verhältnis nahezu verkehrt. Es gilt in Opposition zum bestehenden Wissenschaftsbetrieb, die Begriffe konkreter Utopie allererst zu rekonstruieren.

Ad 2.: Der Zugang zur Bedürfnisstruktur der Massen ist nicht aus innertheoretischen Ableitungen zu leisten, sondern basiert auf der praktischen Erfahrung des politischen Kampfes. Diese Erfahrung unterdrückt die Dimension emanzipativer Bedürfnisse und parteilicher Interessen, wenn sie in die formale Sprache positivistischer und empiristischer Theorien umgesetzt wird. Auch im SDS ist der Erfahrung des praktischen Kampfes in der Regel ein formalisierender Reflexionsprozess widerfahren, der die reflektierte Artikulation von Spontaneität mehr und mehr negierte. Die Reflexion dieser Erfahrung muss mit der Kritik an den analytischen Theorien – ein Zusammenhang von Bedürfnisartikulation und Positivismuskritik, wie ihn Herbert Marcuse allerdings klassenunspezifisch herzustellen versucht hat – eine Verwissenschaftlichung auch der praktischen Erfahrung leisten, wenn die Theorie ins Bewusstsein der Massen umsetzbar sein soll.

Ad 3.: Ungelöst ist das Problem des Verhältnisses der Theoretiker zum Proletariat. Lukács ebenso wie Merleau-Ponty haben den historischen Konstitutionsprozess des Klassenbewusstseins, die Einheit von Theoretiker und Proletarier, in einer stets schon existierenden Partei verankert und damit vorausgesetzt, was es allererst zu bilden gilt, nämlich Klassenbewusstsein und Organisation. Merleau-Ponty spricht von der Pädagogik der geschichtlichen Ereignisse selber, die eine Spontaneität der Massen produzieren können, aber er unterschlägt ebenso wie Lukács, dem die Organisation zur transzendentalen Form der Vermittlung von Theorie und Praxis wird, die ihrerseits wieder organisationsbildende Funktion von Reflexion und Aktion. Die Aktionen des SDS seit den Antinotstandsaktionen 1968 sind nicht mehr bezogen auf die Bedürfnisse der Massen. Sie folgen der Logik des provokativen Protests (und seiner Reflexionsformen), wie er den antiautoritären Beginn der Bewegung kennzeichnet. Eine neue organisatorische Qualität kann nur erreicht werden, wenn sich die Bewegung massenhaft und kollektiv auf eine neue Reflexionsstufe hebt und Agitation und Propaganda inhaltlich verändert im Hinblick auf eine Theorienbildung, die abstrakte Totalitätskategorien immanent mit Begriffen der Bedürfnisbefriedigung verbindet. Die Bewegung wissenschaftlicher Intelligenz muss zum kollektiven Theoretiker des Proletariats werden – das ist der Sinn ihrer Praxis.

Anhang: Material zu den »Thesen zum allgemeinen Verhältnis von wissenschaftlicher Intelligenz und proletarischem Klassenbewusstsein«

Das Verkümmern der lebensgeschichtlichen Perspektive; Mimesis; proletarisches Individuum; das bürgerliche Individuum bildet sich im Tauschverkehr; das proletarische Individuum in der Organisation und Spontaneität des Klassenkampfes; dort macht es die dialektische Erfahrung der Aufhebung abstrakter Arbeit.

Die direkten und indirekten Produzenten der Kultur waren einst von deren Konsum völlig ausgeschlossen. Die Müßigen des Kapitals konnten sie daher spielerisch verfeinern und das ausbilden, was von den Lohnarbeitern ermöglicht wurde: die Architektonik der bürgerlichen Kultur. Die Massen waren so bedingungslos von dem gesellschaftlichen Reichtum der von ihnen produzierten Kultur ausgeschlossen, weil – zumal in Deutschland – der ökonomische und politische Fortbestand feudaler und absoluter Restherrschaft auf der Basis eines entwickelten Tauschverkehrs, Hunger, Elend, polizeistaatliche Unterdrückung in der proletarischen Familie jedes darüber hinausgehende Bedürfnis erstickten oder ablenkten. Wo noch handfest gehungert wird, kann das Instrumentarium der Manipulation noch ungeschliffen und brutal sein. Zur Betäubung der Massen reichen die traditionellen, ohnehin schon vom Leistungszwang der Mehrarbeit bestimmten Formen der Religion aus, der Schnaps tut sein übriges. Einer Kulturindustrie bedarf es nicht oder erst im Ansatz.

Es gibt kein gesellschaftliches Verhältnis, das nicht mehr Produktionsverhältnis intentione recta wäre, selbst wenn seine Verwertbarkeit eine nur

eingebildete wäre. Manipulation will, dass die Unterdrückten nicht einmal mehr sollen wissen können, dass sie leiden. Die Kulturindustrie, die Angleichung des Lebensrhythmus in der Freizeit an die Normen der Arbeitszeit, vernichtet jede Potenz zur qualitativen Lebensgeschichte. Diese war selbst dem Proletarierkind im 19. Jahrhundert gegenwärtig, wenn auch als Elends- und Armutsgeschichte. Wer heute eine Lehre beginnt, weiß nicht, was er in dreißig Jahren tun und sein wird. Die Chance, die darin liegen könnte, Aufhebung der Arbeitsteilung, wird in ihr Gegenteil verkehrt: zum aussichtslosen Blick in die völlige Geschichtslosigkeit. Glück und Unglück sind der Inhalt von Lebensgeschichten. Beides wird eliminiert. An die Stelle von langfristigen Hoffnungen, weitreichenden Erinnerungen treten kurzfristige Erwartungen auf Gratifikationen und Befürchtungen vor Sanktionen (dazu Freud). Auch die proletarische Individualität ist mit ihren klassenkämpferischen Organisationen abgestorben. Mehr denn je ist die Lebenszeit zur Arbeitszeit verkümmert. Auch wo die Produzenten nicht arbeiten, im Gasthaus und vorm Fernsehapparat, leben sie nach der Stechuhr.
Der zusätzliche Schein der Ware: die Massen müssen die Markenartikel nicht nur kaufen, sondern auch samt Verpackung verschlingen. Das Interieur der Wohnungen gleicht immer mehr dem der Kaufhäuser: die Preisform der Ware ist allgemeingültig. Der gesellschaftliche Reichtum wächst, und die Arbeitszeit sinkt mäßig, doch die Menschen arbeiten nach wie vor nur, um zu leben, und konsumieren, um zu tauschen.

Die Ich-Identität des bürgerlichen Individuums bildete sich in der Familie heraus, deren Verfassung ökonomisch bestimmt ist. Die Einheit der Person basiert in den unauslotbaren Tiefen der menschlichen Seele, das heißt auf dem Privateigentum, und ihre Bildungsgeschichte realisiert sich im Tauschverkehr. Während die Identität des bürgerlichen Individuums an Privateigentum und Zirkulation gebunden ist, so die des proletarischen Individuums an Produktion und Klassenkampf. Diese bestimmen die Verfassung der proletarischen Familie. Das individuelle Selbstbewusstsein der Produzenten hängt vom Stand des Klassenbewusstseins ab. Während die chaotische Unmittelbarkeit der Klasse an sich, der konkurrenzbestimmte Naturzustand des Proletariats die Produktionsgesetze der abstrakten Arbeit spiegelt, welche die Personalität des Lohnarbeiters der subjektiven Gewalt sachlicher Abhängigkeitsverhältnisse überlässt, seine Wahrnehmungswelt zur chaotischen Mannigfaltigkeit zerstreuter Informationen zerfasert und seine Kategorientafel an die Begriffe der Herrschaft anpasst, konstituiert die Organisation des Klassenkampfes, die Assoziation der Arbeiter, die spezifische Ich-Identität des proletarischen Individuums, nämlich sein Selbstbewusstsein als Produzent, und organisiert die chaotische Mannigfaltigkeit der Wahrnehmungen zur politischen Einheit einer nicht mehr fetischisierten Gegenstandswelt.

Der Prototypus des bürgerlichen Individuums – von Wilhelm Meister bis zu Thomas Buddenbrook – ist Agent der Zirkulation, der Bürger als Kaufmann, der des Proletariers ist der Produzent. Auch darin kann noch Entfremdung liegen, wie sie Marx der Transformationsperiode vorbehält: so wie die in den bürgerlichen Tauschverkehr verstrickten Individuen von ihrer Individualität repressiv absehen und einander nur in der Charaktermaske der gegeneinander gleichgültigen und gleichgeltenden Warenbesitzer anerkennen, so behandeln die Tauschpartner und Rechtssubjekte der Übergangsphase einander nur als Arbeiter.

(Zu Lukács: Proletariat erkennt das Wesen der Gesellschaft: Produktion Trennung von ökonomischen Interessen – politischem Bewusstsein; Kontingenzzwang abstrakter Arbeit, die beide auseinander reißt; andererseits tendiert das ökonomische Interessenbewusstsein des Proletariats über sich hinaus, denn es ist im Wesen/Produktion verhaftet.) (Spontaneität als vernünftige)

Solange die Trennung von Führung und Klasse, besteht Kontingenz; Die Naturgeschichte des falschen Klassenbewusstseins (Organisationsfrage).

Wenn die Proletarier sich als Produzenten durchschauen und gleichwohl nur als Arbeiter sich anerkennen, dann besteht noch Klassenherrschaft fort, Diktatur des Proletariats und nicht deren Selbstaufhebung.

In der Trennung von politischem Totalitäts- und ökonomischem Interessenbewusstsein, institutionalisiert in der Trennung von Führung und Masse, lag das Falsche beschlossen: letzteres enthält, wenn auch entfremdet, also unproduktiv konsumtiv, die Emanzipationsbedürfnisse des besseren Lebens, von denen ersteres sich im Namen eines verselbständigten Klassenkampfes entfernt hat (Sinn der Kritik von Reich). Reich reproduziert die falsche Trennung von theoretischem und empirischem Bewusstsein (Trennung zwischen den geschichtlichen und wirtschaftlichen Gesetzen, die das Dasein der Menschen regieren, und der Kenntnis der eigenen Lebensbedürfnisse auf allen Gebieten).

32. Programmentwurf für die Zeitschrift »Hefte für Politische Ökonomie«*

Den Zielen der Zeitschrift entsprechend soll das erste Heft eine erkenntniskritisch reflektierende Arbeit über den aktuellen Zustand des Gegenstandes ihrer Kritik, der politischen Ökonomie enthalten. Eine Theorienkritik der modernen Wirtschaftstheorie muss problematisieren, ob deren Kategorien noch im Marxschen Sinn hinreichende »Existenzbestimmungen« der monopolkapitalistisch gewandelten Produktionsweise sind und die Kritik an ihnen nicht mehr ausreichen könnte, um revolutionäre Theorie zu bilden, als einer Lehre, deren Aussagen die Gesellschaft unter dem Aspekt radikaler Veränderbarkeit beschreiben. In der durch die historische Erfahrung der Klassenkämpfe sich ausbildenden Marxschen Kritik an den Begriffen der klassischen Ökonomie stellte sich die kapitalistische Gesellschaftsformation als eine Herrschaftstotalität naturwüchsiger Produktion dar, d. h. als eine selber kategorial verfasste Realität.
Demgegenüber steht heute die Hypothese vom Theorienverlust der modernen nationalökonomischen Wissenschaften zur Diskussion. Die Veränderung in der reellen Subsumtion der Arbeit unter das Kapital durch die monopole Vergesellschaftung des kapitalistischen Privateigentums auf dessen Boden selber, die zur Dauernotwendigkeit gewordenen Staatsinterventionen und die technologische Umsetzung der Wissenschaften ins kapitalfixierte Maschinensystem haben einen Wandel in der kategorialen Verfassung der kapitalistischen Produktionsweise, nämlich in der Totalität abstrakter Arbeit erzwungen und haben die Wahrheitsfrage aus der modernen Nationalökonomie eliminiert. Die Kategorien der modernen Wirtschaftswissenschaften sind entpolitisiert, insofern sie sich nicht mehr auf die bürgerliche Gesellschaft insgesamt, Arbeitsteilung und Tauschverkehr beziehen; sie sind instrumentell politisiert, insofern sie in sozialtechnisch bedingte Prognosen und hypothetische Imperative für die Staatsinterventions-, Konzentrations- und Technologisierungserfordernisse der Kapitalverwertung umsetzbar sind. Die Dogmen von der Werturteilsfreiheit haben methodologisch die erkenntniskritische Reflexion auf die theorienbildende Funktion der gesellschaftlichen Praxis abgeschnitten und eben damit eine reibungslosere sozialtechnische Operabilität wirtschaftswissenschaftlicher Aussagensysteme sichergestellt. Während der historische Materialismus die traditionelle Adäquations-

* Die programmatische Skizze wurde für die projektierte Zeitschritt »Hefte für politische Ökonomie« (die unter dem Namen »Neue Kritik. Hefte für politische Ökonomie« von der Europäischen Verlagsanstalt und dem Verlag Neue Kritik gemeinsam herausgegeben werden sollte) angefertigt. Der erste Entwurf stammt aus einem Zirkular des Herausgebergremiums der Zeitschrift vom 28.11.69. (Anm. d. Hg.)

theorie der Wahrheit, die Übereinstimmung des Denkens mit seinem Gegenstand, zum Problem der Vermittlung von Theorie und Praxis totalisierte, wird von den wirtschaftswissenschaftlichen Methodologen die konstitutive Rolle der Praxis überhaupt bestritten. Zwar bestehe – so etwa Albert – ein praktisch unauflösbarer Zusammenhang von Interesse, Entscheidung und Erkenntnis, der aber unmaßgeblich für die Theorie sein soll und eine rigide analytische Trennung von normativen Wert- und deskriptiven Existentialurteilen erlaube. Die Verwertungsbedürfnisse des Kapitals, das Herrschaftsinteresse der verfügenden Klasse vermögen die gesellschaftliche Realität nur noch als ein Feld sozialer Tatsachen zu sehen, aus denen das Begreifen gesellschaftlicher Beziehungen getilgt ist. Die Gesellschaft als kategoriale Totalität zu begreifen, verfällt dem Metaphysikverdacht.
Im Umkreis des geplanten Aufsatzes wären vor allem drei Probleme zu diskutieren.
1. Wie kann sich die Erneuerung und Wiederherstellung revolutionärer Theorie im Rahmen eines potentiellen Klassenbewusstseins praktisch begreifen?
2. Wie hat sich die Beziehung der ökonomischen Kategorien auf sich selbst als Existenzbestimmungen der bürgerlichen Gesellschaft und damit die kategoriale Verfassung der gesellschaftlichen Realität, die Totalität abstrakter Arbeit geändert?
3. Wie verhalten sich das materialistische Prinzip der Geschichte, die Produktion, zu deren gewaltsamen Erscheinungsformen, den Klassenkämpfen, der emanzipative Fortschritt zu dem von Technik und Arbeit, die Produktionstheorie der Politischen Ökonomie zur Revolutionstheorie des Historischen Materialismus?

Anhang
Die Kritik der politischen Ökonomie, die Lehre von den Naturgesetzen der kapitalistischen Entwicklung, begreift sich als revolutionäre Theorie, als reflektierende Konstruktion der Gesellschaft unter dem Aspekt ihrer radikalen Veränderbarkeit. Wenn sich die geschichtliche Produktionswelt des Kapitals als naturwüchsiger Krisenzusammenhang darstellt und wenn die wirkliche Geschichte der revolutionären Arbeiterbewegung und der monopole Vergesellschaftungsprozess des Kapitals die Objektivitätskategorie im Verhältnis von Krise und Revolution problematisiert haben, dann verlangt die Kritik der politischen Ökonomie nach einer expliziten erkenntnistheoretischen Selbstreflexion, die inhaltlich den Zusammenhang von gesellschaftlichem Naturgesetz und bewusster Aktion des Proletariats aufklärt. Den Primat von Kategorien des Klassenbewusstseins und der Emanzipation, der dem Stand der produktiven Arbeit und der kulturellen Bedürfnisstruktur in den hochindustrialisierten Kapital-

metropolen angemessen ist, haben die philosophischen Theoretiker des »westlichen Marxismus« artikuliert.
Doch die Einsicht in die Einheit von Erkenntnis- und Gesellschaftstheorie ließ die sich verändernde konkrete Geschichte der Klassenkämpfe und Kapitalakkumulation unbewältigt. Die erkenntniskritische Reflexion löste sich von der aktuellen Kritik der politischen Ökonomie. Transzendentalphilosophische Verallgemeinerungen (Lukács) und marxphilologische Verengungen (Korsch).
Eine Theorienkritik der modernen Nationalökonomie kann zwar nicht ausreichen, diese Mängel der Theorie zu beheben. Aber sie kann dem Desiderat, die Kritik des bewussten Erkenntnisvermögens in Einheit mit dem gesellschaftlichen Arbeitsvermögen darzustellen, nachkommen, insofern sie den Strukturwandel der bürgerlichen Nationalökonomie auf die Transformation des Konkurrenz- in den Monopolkapitalismus, die ökonomische Potenzierung der außerökonomischen Staatsgewalt und die technologische Umsetzung der Wissenschaften ins kapitalfixierte Maschinensystem bezieht.
Zur Hypothese steht ein Theorienverlust der modernen Wirtschaftswissenschaft, d. h. ein Unvermögen, die Wahrheitsfrage noch stellen zu können. Zu den innertheoretischen Bildungsbedingungen der Marxschen Kritik der politischen Ökonomie gehört die wesenslogische Reflexion auf die rationalistische politische Ökonomie von Smith und Ricardo sowie den Historismus der romantisierenden Vulgärökonomie. Während jene den konkreten Reichtum der geschichtlichen Entwicklung analytisch auf ahistorisierte Prinzipien, den Wert, reduziert und die Produktionssphäre der Geschichte ontologisch enthebt, treibt sich diese in der unverbundenen Flucht der verdinglichten Erscheinungsformen herum und verfällt den Fetischisierungszwängen der Zirkulationssphäre, der Wertform.
Die Kategorien erweisen sich selbst als konstituiert aus den Verkehrsformen der Arbeitsteilung abstrakter Arbeit und können der Kritik deshalb als »Existenzbestimmungen« der bürgerlichen Gesellschaft einsichtig werden. Es muss demgegenüber bezweifelt werden, dass die »Theorien«, die empirischen Beschreibungen und instrumentellen Anweisungen der modernen Nationalökonomie, der kritischen Reflexion überhaupt noch den Blick auf die im Marxschen Sinne widersprüchliche Wirklichkeit von Wesen und Erscheinung der Dinge, die ökonomische Totalität der Produktion, freigeben können. Das Fortschreiten der analytischen Rationalisierung der Theorie ist gebunden an ihre Instrumentalisierung; die Fragen der gesellschaftlichen Zielsetzung in der Anwendung von Theorien werden mit Ausnahme der ideologisch neutralisierten Technologie hypothetischer Zweck-Mittel-Beziehungen aus dem Bereich rationaler Erkenntnis ausgegliedert und in den Bereich der moralischen Dezision eingegliedert. Ausdruck für die sich verengenden Erkenntnis-

schranken des Bürgertums, dem Gesellschaft als Totalität nicht einmal mehr ideologisch verzerrt zugänglich ist und dessen Entscheidungsprozesse zwar rational in der Stabilisierung des status quo sind, also dem sozialtechnischen Instrumentarium hypothetischer Imperative, aber sich um ihrer instrumentellen Vernunft willen zunehmend irrationalisieren. Selbst Methodologien der modernen Nationalökonomie, die einen universalen, praktisch nicht auflösbaren Zusammenhang von Erkenntnis und Entscheidung einräumen, halten ihn doch für unerheblich auf der Ebene der Theorie.
Damit aber wird die Wahrheitsfrage eliminiert, die sich nicht in der Beziehung des beschreibenden Forschers auf eine vorgegebene Tatsachenwelt erschöpft, sondern die Übereinstimmung des Denkens mit seinem Gegenstand hat die revolutionäre Theorie zur Frage der Vermittlung von Theorie und Praxis materialisiert (im Sinne der Feuerbachthesen) und damit den Widerspruch zur Wirklichkeit in den Wahrheitsbegriff aufgenommen. Die Methodologen der Nationalökonomie behandeln die sozialen Tatsachen als völlig außerbegrifflich und klammern sie damit aus den gesellschaftlichen Verhältnissen aus. Die gesellschaftliche Wirklichkeit ist aber nach Marx immer auch kategorial verfasst, wie es sich im Dasein der Warenkategorie niederschlägt. Im Verdinglichungsprozess des Kapitals realisiert sich ideologisch eine immer schon vorgegebene Beziehung zwischen allgemeiner Kategorie und besonderer Wirklichkeit, der von Gebrauchs- und Tauschwert, die ökonomiekritisch die Darstellungsweise aufklärt. Die Herauslösung eines Feldes unverbundener sozialer Tatsachen aus dem kategorialen Rahmen gesellschaftlicher Verhältnisse führt zu einem wissenschaftspolitischen Dezisionismus.
Zu Frage 2. Der Zusammenhang von Monopolkapital und nationalökonomischer Theorienbildung einerseits sowie der Zusammenhang von Verwissenschaftlichung der Produktion und der widerspruchslosen Anpassung der geistigen Arbeit an die kapitalistischen Arbeitsteilungsverhältnisse bedarf einer Thematisierung. Die positivistische Zerstreuung der Einzelwissenschaften zersetzt die bildungsgeschichtliche Zeit der Reflexion zugunsten der enthistorisierten Arbeitszeitnormen des Kapitals.
3. In den Diskussionszusammenhang muss das Verhältnis des historischen Materialismus als der Theorie der Klassenkämpfe zur Produktionstheorie der politischen Ökonomie einbezogen werden. Der Objektivismusvorwurf (wie ihn zuletzt Habermas erhoben hat) bezieht sich auf eine einseitige Bindung des emanzipativen Fortschritts an den der Technik und Arbeitsproduktivität.

Material zu den Programmentwürfen

Die Naturgesetze der kapitalistischen Entwicklung, die zielsetzende und zweckbestimmende Mehrwertproduktion, entfalten diesen Widerspruch durch die wirtschaftlichen Naturkatastrophen der Krisen als Konzentrations- und Zentralisationstendenz des Kapitals. Das Monopolkapital stellt eine qualitativ neue Vergesellschaftungsqualität des Kapitals dar. Marx und Engels fixieren die aktiengesellschaftliche Unternehmungsform als natürliche Endpunkte des Kapitals (gleichsam als ersten Erscheinungstypus der Organisation des Monopolkapitals) und die technologische Umsetzung ins kapitalfixierte Maschinensystem. Beide deuten ihnen zufolge auf eine Vergesellschaftungsqualität des ökonomischen Verkehrs, welche die freie Assoziation der unmittelbaren Produzenten, die sozialistische Produktionsform objektiv ermöglichen, wie Marx von der Aktiengesellschaft schreibt.[1]

Mit der monopolen Kapitalkonzentration kommt der »an sich« gesellschaftliche Charakter der kapitalistischen Produktionsweise, der Widerspruch von Vergesellschaftungstendenz und der Schranke des Kapitals, die es selber ist, dem Privateigentum, zur offenen Erscheinung. Begriff und Dasein der Klassenlage von Bourgeoisie und Proletariat insgesamt erfahren aufgrund dessen entscheidende Veränderungen. Die aktiengesellschaftliche Unternehmungsform verwandelt den »wirklich fungierenden Kapitalisten in einen bloßen Dirigenten, Verwalter fremden Kapitals, und die Kapitaleigentümer in bloße Eigentümer, bloße Geldkapitalisten«[2].

Dass bei entfalteter Produktion die Hoffnung immer noch das abstrakte Dasein eines Prinzips führt, zeigt den regressiven Stand des Bedürfnisses nach einem Reich der Freiheit, des Friedens und des Glücks an.

Wenn man schon davon spricht, dass Studenten, Intellektuelle und Theoretiker das Bewusstsein und den Willen gewinnen müssen, sich auf den »Standpunkt des Proletariats« zu stellen, so kann das nur heißen: eine praktische Periode revolutionärer Aufklärung zu entfalten, in welcher der gesellschaftliche Reichtum und die gesellschaftlich mögliche Kultur unter dem Aspekt der Aneignung durch die Produzenten dargestellt wird.

Die natürliche Vernunft auf materielle Selbsterhaltung des Einzelnen – der voridentischen sich auf sich beziehenden Identität hat – die naturwüchsige Tendenz, sich zu verabsolutieren und damit zu zerstören. Zur Erkenntnis der Anthropologie bürgerlicher Individualität gehört schon bei Thomas Hobbes, dass die natürliche Vernunft des absoluten Selbsterhaltungstriebes eben um der Selbsterhaltung willen mit allen staatlichen

1 »Das Kapital, das an sich auf gesellschaftlicher Produktionsweise beruht und eine gesellschaftliche Konzentration von Produktionsmitteln und Arbeitskräften voraussetzt, erhält hier direkt die Form von Gesellschaftskapital (Kapital direkt assoziierter Individuen) im Gegensatz zum Privatkapital, und seine Unternehmungen treten auf als Gesellschaftsunternehmungen im Gegensatz zu Privatunternehmungen. Es ist die Aufhebung des Kapitals als Privateigentum innerhalb der Grenzen der kapitalistischen Produktionsweise selbst.« Kapital III, MEW Bd. 25, S. 452

2 Ebd.

Zwangsmitteln eingeschränkt und relativiert werden muss durch die realitätsprinzipiellen Leistungen der gattungsbildenden Kultur. Die natürlich erzwungene, aber Geschichte ermöglichende Dialektik der Produktion, die von Arbeit und Arbeitsteilung, garantiert die Selbsterhaltung der Menschen nur als sich reproduzierende, das heißt über den natürlichen Bannkreis der Selbsterhaltung sich erweiternde, die neue Bedürfnisse setzt und Mittel zu deren Befriedigung herstellt. Die Menschen können nicht als absolute Einzelpersonen, sondern nur als mit der Tendenz zum Gattungswesen, zur Menschheit ausgestattete existieren.

Darin liegt die Dialektik der Kultur begründet, der realitätsprinzipiellen Relativierung des absoluten Lustprinzips der Einzelwesen. Kultur auf der Basis produktiver und reproduktiver Arbeit transformiert die Herrschaft der Natur über die Menschen fortschreitend in eine Herrschaft der Menschen über sich selber und untereinander oder, anders gesprochen, sie entlastet vom Naturzwang und reproduziert ihn zugleich, indem sie ihn vergesellschaftet. Produktion und Kultur ermöglichen, was sie zunächst ersticken: Freiheit von Unterdrückung. Das Verhältnis von Naturzustand und dem erreichten Stand der Vergesellschaftung, von objektiv notwendiger und objektiv überflüssiger Unterdrückung nach Maßgabe des geschichtlich erreichten Standes der Produktivkräfte und Bedürfnisse ist historisch. Kultur ist mit dem Widerspruch behaftet, den Zwang zu verlangen, von dem zu entlasten sie verspricht. Sie ist zugleich der geschichtliche Bedürfniszusammenhang, der die Grenzen materieller Selbsterhaltung transzendiert und doch immer wieder die repressive Selbstunterdrückung der Bedürfnisse auf die materielle Produktion und den entsprechend verlangten Triebverzicht leistet.

»Das Reich der Freiheit beginnt in der Tat erst da, wo das Arbeiten, das durch Not und äußere Zweckmäßigkeit bestimmt ist, aufhört; es liegt also der Natur der Sache nach jenseits der Sphäre der eigentlichen materiellen Produktion« (Marx). Die natürliche Vernunft der materiellen Selbsterhaltung individueller Einzelsubjekte und die geschichtliche Vernunft des kulturellen Fortschritts des gesellschaftlichen Gattungssubjekts können endlich harmonisieren.

Im Spätkapitalismus sollen die Begriffe von Freiheit und Herrschaft ihren Sinn verlieren, das aber ist der Rückfall in die voridentische Welt des Mythos, die Reproduktion des totalen Naturzwangs auf zweiter Ebene.

Das Realitätsprinzip wird um des überflüssigen Leistungszwanges willen selbst ebenso zersetzt wie das Lustprinzip. Gehörte zu jenem die lebensgeschichtliche Perspektive von der Notwendigkeit langfristigen Triebverzichts, so zu diesem das absolute Beharren auf sofortiger Bedürfnisbefriedigung (siehe Hegel, § 198, Rechtsphilosophie).

Die Maoisten und ihr Dogmatismus in der Theorie, ihr Konkretismus in der Praxis sind schlechte Idealisten; denn ihre Theorie steht nicht im Wi-

derspruch zur gegebenen gesellschaftlichen Wirklichkeit, weil sie diese nicht erkennt.
Schlechte, vom Positivismus bedingte Spekulationsfeindschaft. (Agitation auf Lebensschicksal bezogen.)
Es gibt keine gattungsgeschichtliche Gerade des technischen Fortschritts, unbeschadet der Produktionsverhältnisse, die ihn gewährleisten. Die reelle Subsumtion der Arbeit unter das Kapital verändert die technologische Verfassung des Arbeitsprozesses selber.
Wissenschaft ist ein allgemeines, also spezifisches gesellschaftliches Produkt, ein Produkt mehr der Form denn des Stoffes, mehr thesis. Mit der Änderung der Produktionsweise ändert sich auch die Wissenschaft (sonst wie bei Habermas idealistisch). So wie der Mythos die Wissenschaft hervorgetrieben hat, so treibt die neue Denkweise, die nicht mehr auf dem Gegensatz von Arbeit und Nichtarbeit beruht, über den Wissenschaft selbst immanent hinaus. Mit dem Vergesellschaftungsstadium der Produktion hat sich auch der Arbeitsprozess geändert. Auf der Basis seiner naturidentischen Momente verwandelt sich nicht nur die intersubjektive Organisationsform, sondern der Stoffwechsel selber. Er wird immer produzierter.
Mit Wissenschaft als einer primären Produktivkraft hat sich die reelle Subsumtion der Arbeit unter das Kapital gewandelt. Sie ist entgegenwirkende Ursache.
Wenn das Dasein des Kapitals seinem Begriff entspricht, die Einheit von Verwertungs- und Arbeitsprozess unlösbar zu sein scheint, tritt die allgemeine Produktivkraft gesellschaftlicher Kombination, gesellschaftliche Arbeit in schneidenden Gegensatz zu Privatarbeit und Privateigentum.
Schmierer kann nicht unterscheiden zwischen subjektiven Motivationen und objektiven Begründungen.
Die Trennung von Natur- und Geisteswissenschaften ist immer auch Ideologie. Ohne die Geisteswissenschaften ist die Entwicklung etwa der Technik nicht möglich. Die Wissenschaften sind nicht als Einzelwissenschaften, sondern die Wissenschaft als konkretes Ganzes ist produktiv – das heißt als abstrakte Arbeit, der die wissenschaftlichen Produzenten ebenso wie die Lohnarbeiter unterworfen sind.
Der Klassenverrat ist organisierbar geworden, die wissenschaftliche Intelligenz gehört ihrer objektiven Lage zufolge tendenziell der herrschenden Klasse nicht mehr an, nur ihrer sozial zurechenbaren geschichtlichen und sozialen Herkunft noch.
(Das Privateigentum ist keine positive Individuierungsinstanz mehr.) Zur Signatur dieser Epoche gehört, dass sich mit der Veränderung, die die Produktionsweise erfahren hat, auch die Klassenlage von Bourgeoisie und Proletariat verändert (Technokratie). Umfang und Inhalt der an sich seienden Klasse hat sich verändert. Die Beschränkung der Arbeiterklasse

aufs Industrieproletariat entsprach einer Periode, in der die besonderen Produktivkräfte der Arbeit immer noch vor der allgemeinen dominierten. Nicht die vielen Einzelwissenschaften als einzelne sind produktiv, sondern die Einheitswissenschaft.

Selbst die aus der Muße entstandene Philosophie musste sich in den Dienst der Arbeit stellen, denn ohne ihre Begriffe hätte sich nie die Produktivkraft des analytischen Verstandes entwickelt.

Der nichtparteiliche Totalitätsbegriff durchschaut Gesellschaft als abstrakte Arbeit und hypostasiert diese zugleich. Die Vernichtung des Bildungsbürgertums, die Integration der Intelligenz in die bürgerliche Technokratie und damit die Abschaffung der Reflexion, die selber eine Produktivkraft ist. Fesselung der Produktivkraft Wissenschaft oder das Bewusstsein der Wissenschaftler als Produzenten; (die Verewigung der Arbeit).

Nicht als Produktivkraft des Kapitals, sondern als Produktivkraft der Arbeit ist die Wissenschaft darzustellen. (Berufspraxis nicht allein, das ganze Lebensschicksal des Akademikers, ausgebeutete Lehrer und Techniker, das Schicksal der Entfremdung ist zu präzisieren; das Bedürfnis nach Herrschaft wird permanent frustriert.)

Siehe F. Behrens, Alte und neue Probleme der politischen Ökonomie, Berlin 1948, S. 211: Wissenschaft war einstmals faktisch unproduktiv. Kind der Nichtarbeit ist sie jetzt Arbeit. Im Begriff der geistigen Arbeit steckt eine virtuelle Aufhebung des Gegensatzes von unproduktiver Muße und produktiver Arbeit, während die körperliche Arbeit von der Materie gefesselt ist.

Dirigent, Manager, produktiver Aufseher, aber als solcher Herrscher. Wissen ist Macht, das auch Ideologie, bloß technisches Wissen ist gesellschaftlich ohnmächtig. Technik und Wissenschaft als produktive Ideologie, die Erzeugung kapitalangepasster Technik; Erstickung der stummen Rebellion der Produktivkräfte.

Die Masse der Intelligenz und die wenigen, die herrschen. Technische, ökonomische und sozialwissenschaftliche Intelligenz; Produktions- und Herrschaftswissen.

(Trägt Jura zur sozialen Kombination bei?)

Herrschaftswissen und Gewalt: heute keine Bedingung der Möglichkeit produktiver Arbeit mehr.

Unmittelbar produktives Herrschaftswissen.

Die wissenschaftliche Produktivität für das Kapital deckt sich nicht mit der Produktivität zur emanzipativen Entfaltung der Individualität (strategische Aufgabe).

Der Kapitalismus enttheoretisiert die Wissenschaft. Jura war einmal Legitimationswissenschaft, das ist sie nicht mehr, keine Theorie, Absterben der Wahrheitsfrage, Identität: Ding – Name.

Die spätkapitalistische Arbeitsteilung transformiert die allgemeine Produktivkraft Wissenschaft; sie erzwingt einen fortschreitenden Theorien-

verlust um der Wertproduktivität willen (Absterben der Metaphysik).
Erkenntnis- und Arbeitsvermögen; die Identität in der Organisation von Arbeit und Erkennen, verdinglichende und aufklärende Vermittlung.
Ontologisierung von Klassenbewusstsein:
Man prädiziert der Studentenbewegung als Schwächen und typische Fehler, was ebenso in Arbeiterbewegungen auftreten kann und der allgemeinen Entfremdungssituation entspringt.

33. Projektion und Konstitution*

Konstitution ist die erkenntnistheoretische Widerspiegelung des bürgerlichen Rechtszustandes. Konstitution als nichtempirische Kategorie ist Ausdruck der repressiv-abstraktiven Institutionalisierung von Rechtssubjektivität, des Moments nichtempirischer Reflexionskategorien, wie es sich verfestigt in der zweiten Natur des Rechts, der Kirche und des Staates; zwar wird Reflexion als solche ermöglicht, aber als bewusste Projektion, welche von den Individuen, ihren Interessen und den konkreten Gebrauchswerten abstrahiert. Projektion ist die empirische Auflösung von Konstitution im Naturzustand des bellum omnium contra omnes, sei es primärer, sei es sekundärer Naturzustand. Projektion ist die Reduktion der Einheit der Person aufs empirische Ich, die Vernichtung des bürgerlichen Individuums.

Konstitution ist ein Begriff, innerhalb dessen sich die modi von wahr und falsch auseinanderhalten lassen. Projektion ist Rückfall in den Mythos auf der Basis der Differenzierung von wahr und falsch.

Adorno und Horkheimer konstruieren in der »Dialektik der Aufklärung«[1]

* Der Text entstand Anfang 1970 im Zusammenhang mit dem von studentischen Genossen weitergeführten Adorno-Seminar über die »Dialektik der Aufklärung«. Er wurde von Hans-Jürgen Krahl diktiert, aber nicht mehr fortgesetzt und redigiert. Obwohl dieser Text besondere Verständnisschwierigkeiten bietet, drucken wir ihn dennoch ab, weil Hans-Jürgen Krahl hier sehr deutlich mit einem vulgärmarxistischen Verfahren bricht, nämlich dem der rationalistischen Rückführung theoretischer Kategorien auf eine sogenannte Basis. Krahl fragt metakritisch hinter eine von Marx nicht notwendig explizit zu stellende Frage zurück: wie ist eine Vermittlung der theoretischen Kategorien mit der außertheoretischen Wirklichkeit im Subjekt möglich, ohne das »Nichtidentische« – durch theoretisches Denken nicht zu Versöhnende – aus der Erkenntnis – wie im bürgerlichen und epigonenhaft marxistischen Denken – zu streichen? Mit dem durch den Faschismus potenzierten Verdinglichungsproblem, das für Marx noch auf dem rationalen Boden der immanenten Kritik zu lösen war, tritt – bedingt durch den geschichtlichen Rückfall in den Irrationalismus – für die revolutionäre Theorie die Frage nach der Notwendigkeit des Geschichtsverlaufs in den Vordergrund: wenn die für die bürgerliche Gesellschaft und ihre Theorien konstitutive Abstraktion von den Individuen und ihren Bedürfnissen durch den Monopolkapitalismus, der die Kategorie des Tauschwerts zersetzt, und die Arbeiterbewegung, die die Interessen der lohnabhängigen Massen artikuliert, durchbrochen wird und dieser Durchbruch nicht in den Sozialismus führt, dann schlägt die Geltungslogik bürgerlicher Konstitutionswissenschaft – von der Erkenntnistheorie und den Sozialwissenschaften bis zur Jurisprudenz – mit ihrer gesellschaftlichen Institutionenbasis um in irrationalistische, faschistische Projektion, die die schwindende Gewalt der Abstraktion durch offene Gewalt zu ersetzen trachtet und den rationalen Entwicklungsprozess der Geschichte und dessen Pädagogik für die abhängigen Massen radikal in Frage stellt. Krahl versucht diese Frage aus dem abgeschlossenen Rahmen der »Dialektik der Aufklärung« zu lösen und sie zur Frage nach der Konstitution einer nichtverdinglichten und nichtrationalistischen Erkenntnis als der Vorbedingung von revolutionärem Klassenbewusstsein neu zu wenden. (Anm. d. Hg.)

1 Amsterdam 1947. Vgl. das Kapitel »Elemente des Antisemitismus«, besonders Abschnitt VI, S. 220ff.

eine Identität projektiver Konstitution nach Maßgabe der Naturbeherrschung als des Willens zur Macht. Konstitution, entstanden aus dem pathischen Krankheitsbild von Hysterie und Neurose (Charcot) im Bannkreis der Ununterscheidbarkeit von außen und innen, von fremd und eigen, ist Projektion, die, ob wahr oder falsch, als rein empirische sich die Umwelt aneignet, um die internalisierten Aggressionen auf andere zu projizieren und die derart angeeignete Umwelt sich zum absoluten Feind zu hypostasieren.

Der Faschismus ist erkenntnistheoretisch die Auflösung transzendentaler Konstitutionslogik in paranoische Projektionslogik. Konstitution und Projektion verhalten sich unversöhnlich zueinander wie intelligibles und empirisches Subjekt: wenn Erkenntnis und Wahrnehmung zur Projektion werden, herrscht Kriegszustand. Konstitution ist, ideologiekritisch betrachtet, Ausdruck wertabstraktiver Institutionalisierung von Eigentum. Projektion ist Ausdruck von Raub und Mord auf der Basis friedlichen Tauschverkehrs. Naturzustand und gesellschaftlicher Rechtszustand spiegeln einander erkenntniskritisch als das Verhältnis von pathischer und nichtpathischer, falscher und wahrer Projektion und ein für alle mal apriorischer, aber keineswegs immer nur transzendentaler Konstitution. Konstitution als thema probandum der Erkenntnis ist bei Kant die Projektion der französischen Nationalversammlung auf die Ebene des Erkenntnisvermögens.

Fetischisierung, wie sie Marx im Warenkapitel entfaltete, ist die diffuse Einheit von falscher, aber nicht pathischer Projektion und richtiger, aber empirisch-abstraktiver Konstitution. Fetischisierung im Marxschen Sinne empirifiziert Konstitution dadurch, dass sie in ihrer Geltungslogik Momente projektiver Genesis der Warenproduzenten aufnimmt. Ex negativo ist im Fetischabschnitt das Bild eines emanzipativen Naturzustandes angedeutet, der nicht mehr projektionsideologisch bellum omnium contra omnes, sondern die Organisation der Massen im Klassenkampf als Sozialisierungsprozess im Naturzustand ist. Der proletarische Klassenkampf ist ein sittlicher Krieg. Projektive Konstitution im wohlverstandenen Sinne wäre bewusste Projektion, die das Unrecht, das der Tauschwert dem Gebrauchswert zufügt, rückgängig machen würde.

Alle Erkenntnis ist die Liebe zum unterdrückten Besonderen. Liebe ist die Dimension der Sittlichkeit, in der allein die unterdrückte Menschennatur projektions- und konstitutionsaufhebend die geblendeten Augen aufschlagen und eine neue ungesehene Welt wahrnehmen könnte. Theorie war einst gebunden an reine Anschauung. Das Urbild der Anschauung ist die Liebe der Emanzipierten untereinander.[2] Die Liebe der Emanzipierten ist die der mutuell Unterdrückten. Das Unterdrückte, weder

2 Vgl. das Fragment »Ontologie und Eros«, S. 117 in diesem Band.

maskulin noch feminin, ist die Frau: Sappho ist das Urbild der Theorie. Anschauung ist gebildet als Mimesis: eidae. Mimesis ist die Theorie, solange sie durch die Erde gebildet ist. Doch die primitiv organisierte Erde ist die, die kontaktlos an den Grenzen der Gemeinde sich selbst sistiert. Die Erde wird rational durch den Kontakt der Gemeinwesen im wohlverstandenen Marxschen Sinne an ihrer Grenze. Die Logik der Produktion läuft über ihren Tausch. Der Mythos, die Erzählung von den Göttern und ihre ahistorische Genealogie ist nicht rational und analytisch. Die Primitivität der bearbeiteten Erde besteht in ihrer präanalytischen Ungeschiedenheit von Institution und Einzelwesen, so wie im Schoß der Urherde das dampfende Blut des geschlachteten Tieres zur Mana, dem ersten Schreckenswort, gehört. Die präanalytische Ungeschiedenheit von Erde, Eigentum und Einzelsubjekt ist die mythische Identität von Wort und Ding. In der grundeigentümlichen Organisation der Erde klafft die Institution auseinander in theistisch begründetes Individuum, das als animal rationale die essentia rei zum Ausdruck bringt, und in die Feudalität des päpstlichen Universalreiches. Der Geist ist immer zugleich der Geist des Eigentums. Der Geist des Eigentums ist existent aber erst, insofern das Eigentum institutionalisiert ist. Die Institution ist objektiviertes Symbol. Problem: Produktion ist Marx zufolge Aneignung der Natur. Wenn das kommunistisch institutionalisierte Eigentum die ursprüngliche Identität von Naturalismus und Humanismus herstellt, verschwindet dann der Geist; was ist der Begriff eines nicht institutionalisierten Symbols?
Dazu zählt ein neuer Begriff von Zeit. Es gibt die Anekdote[3], dass 1789 in Paris zur selben Stunde, da die Bastille gestürmt wurde, die Pariser Bürger und das Proletariat mit Füsiliergewehren gleichsam in derselben Sekunde auf die Turmuhr von Paris geschossen haben. Eine Umwälzung des institutionellen Eigentumsrahmens schafft eine neue Zeit. Alle bisherigen Zeiten waren ad calendas graecas, d.h. die Totenbeschwörung der Vergangenheit. Dem revolutionären Auftrag zufolge ist die Problematik von Konstitution und Projektion, von Geltung und Genesis, weder wissenschaftsmethodologisch noch erkenntnistheoretisch zu lösen. Das Zusammenschließen von Epistemologie und Gnoseologie zur sokratischen Tugend des prohibitiven Nichtwissens der Sklavenhaltergesellschaft ist das Produkt von Ideologie im Gewande des Mythos. Die Vergangenheit ist der Messias. Sie ist Benjamin zufolge der Auftrag der Toten an die Lebenden, die selber glücklich leben wollen. Konstitution im erkenntnistheoretischen Sinn ist die vergangene Leistung eines toten Geschlechts. Das Geld, sofern es sich selber heckt, ist die sich selbst als vergangen sistierende Gegenwart. Das Geld ist der Tod der Erinnerung. Bürgerliche

3 Vgl. die Interpretation von Walter Benjamin im 15. Abschnitt der »Geschichtsphilosophischen Thesen« in »Illuminationen«, Frankfurt 1961, S. 276f.

Revolutionen riefen die Erinnerung an vermeintlich naturrechtliche Ursprünge des Menschengeschlechts (Winckelmann) wach. Die Erinnerung des Bürgertums kämpft mit der Waffe des Mythos: »Schwer verlässt, was nahe dem Ursprung wohnet, den Ort.«[4] Dies scheint auf den ersten Blick eine naturrechtliche Repetition des abendländischen Ursprungs zu sein. Hölderlin aber – »Der Andere Pfeil« – sprengt den Mythos mit der Waffe des Mythos auf, sowie Robespierre und Napoleon sich ins Gewand des Caesars kleideten. Die Selbstzerschmetterung des Mythos ist die Gegendialektik der Aufklärung: »Ich aber will dem Kaukasus zu«. Nichtheideggerianisch ist das Verlassen des Ursprungs, das Streben zu den schönen Jünglingen des Kaukasus, die sich dort schlugen und Frieden stifteten. Der antiontologische Begriff von alaetheia, der Messias also, ist die Vergangenheit der gegenwärtigen Geschlechter als das Verlassen des Ursprungs. Der Ursprung ist die Fiktion der Faschisten. Die Hypostasis der Klasse zur Rasse ist jene faschistische Fiktion, in der aus dem Naturzustand alle Kategorien des Organisatorischen entnommen werden und der Klassenkampf zum Bürgerkrieg als bellum omnium contra omnes statuiert wird. Aber die absolute Feindschaft – wie könnte es anders sein –, die Bilder von Treblinka, Maidanek und Buchenwald spiegeln auch den Begriff von Versöhnung wider, den Adorno an Naturbeherrschung gewonnen hat, der rejektiven Projektion der Logik der Arbeit auf die Subjekte. Das heißt aber, außer Kraft gesetzt werden sollen das behaviouristische, hermeneutische und psychoanalytische Verkehrsschema. Verdinglichung heißt, das andere Subjekt, das ich liebe, mit dem ich schlafe, trinke, esse, spreche, zum Objekt zu statuieren. Der alte Idealismus meinte, Aufhebung von Verdinglichung wäre die Anerkennung des anderen Subjekts als Subjekt. Adorno hingegen sagt: Wer durch die Eiswüste der Abstraktion geht, muss das andere Subjekt als nicht verdinglichtes anderes Objekt anerkennen. Humanität, als materialistisch befreite in der bestehenden Gesellschaft, ist, wie Benjamin es postuliert hat, der Hass zu den Menschen und die Liebe zu den Dingen. Konstitution als die Deduktion von Objektivität als produktionslogischer Subjektivität befreit die Menschen, insofern sie die Dinge als die Ruinen ihrer Produktion begreift.

Konstitution treibt die Paranoia der faschistischen Projektion aus ihrer immanenten Logik hervor, insofern sie als der erkenntnistheoretische Selbstbegriff des politischen Liberalismus, dieses repressiv-wertabstraktiven Institutionssystems, den objektiven Geist des Kapitals ausdrückt und auf die Momente ihrer empirisch projektiven Genesis aus den Tiefen der kapitalistischen Seele nicht reflektiert. Projektion im Sinne des sekundären Naturzustandes des Faschismus ist die herrschaftskonforme

4 Dieses und das folgende Hölderlin-Zitat ist aus dem Gedicht »Die Wanderung«, in: F. Hölderlin, Sämtliche Werke, ed. F. Beißner, Frankfurt 1961, S. 323ff.

Vermittlung von Konstitution und Projektion, Geltung und Genesis, sowie die keynesianistische Ökonomie (mehr noch die postkeynesianistische wie die Euckens) eine schlechte Vermittlung der Zirkulation zur Produktion herstellt. Die Konstitution projektiver faschistischer Erkenntnisformen ist das regressive Rückgängigmachen von Reflexion in den Umkreis der vermittelten Unmittelbarkeit des Eigentums, so wie Kultur als jene triebrepressive Dimension, welche die natürliche Vernunft der physischen Selbsterhaltung bedürfniserzeugend übersteigt, kulturnotwendig im monopolistisch organisierten Kapital derart eingeschränkt wird, dass das Bewusstsein der Menschen in den Umkreis materieller Existenzsicherung gebannt wird.

34. Beiträge aus den Schulungsprotokollen*

I

Marx liefert im ersten Teil der »Einleitung zur Kritik der politischen Ökonomie«, in der das erkenntniskritische Selbstverständnis der Marxschen Theorie sich reflektiert, sieht man einmal ab von den Feuerbachthesen, einen Versuch, Produktion als Kategorie von Totalität, in die alle übrigen Bereiche des ökonomischen Verkehrs der Gesellschaft, Distribution, Konsumtion und Zirkulation mit einbegriffen sind, nachzuweisen, und zwar in einer ganz bestimmten Dialektik. Marx macht hier nämlich eine Abstraktion mit, die er später selbst als ideologisch nachweist, indem er zunächst einmal den Begriff der Produktion von den bestimmten gesellschaftlichen Entwicklungsstufenn auf denen allein dieser Begriff zu erörtern ist, loslöst. Er macht gewissermaßen die ideologische Abstraktion der bürgerlichen Ökonomie, die den Produktionsbegriff ahistorisch behandelt, mit. Allerdings schreibt er schon zu Beginn: »Wenn also von Produktion die Rede ist, ist immer die Rede von Produktion auf einer bestimmten gesellschaftlichen Entwicklungsstufe – von der Produktion gesellschaftlicher Individuen.«[1]

Marx beginnt mit einer Kritik an der Projektion des Produktionsbegriffs in den geschichtslosen Naturzustand der Robinsonade, um dann überzugehen in eine Erörterung des allgemeinen Produktionsbegriffs. Diese Allgemeinheit des Produktionsbegriffs ist nichts anderes als die Widerspiegelung der Realität von Produktion in der kapitalistischen Gesellschaftsformation selber, die überhaupt erst den Begriff von Produktion als ahistorische Allgemeinheit historisch produziert hat.

Die kapitalistische Gesellschaftsformation ist in dem Sinne dynamisch, als sie, im Gegensatz zur feudalen Gesellschaft, ihre eigenen gesellschaftlichen Verhältnisse und technologischen Reproduktionsverhältnisse per-

* Im Winter 1969/70 hat Hans-Jürgen Krahl im SDS Frankfurt eine Schulung zur Kritik der Politischen Ökonomie durchgeführt. Fünf Schulungsabende sind auf Tonband protokolliert worden. Das Protokoll vom 6. Januar ist aus inhaltlichen Gründen in dem Text »Produktion und Klassenkampf« berücksichtigt worden. Die Abschnitte I, II und III dieses Textes sind aus Schulungsdiskussionen über die »Einleitung zur Kritik der politischen Ökonomie« herausgearbeitet worden. Teil I entspricht dem Protokoll vom 13. Januar, das Protokoll vom 20. Januar ist von uns nicht verwendet worden, da es fast ausschließlich nur eine enge Textinterpretation des Abschnitts aus der »Einleitung« über das Verhältnis von Produktion zu Distribution, Austausch und Konsumtion liefert. Teil II und III sind dem Protokoll vom 27. Januar entnommen. Im Teil IV sind die Beiträge aus der Schulungsdiskussion vom 3. Februar über Hegels Logik verarbeitet worden. Aus den Protokollen sind von uns die Beiträge zusammengestellt und überarbeitet worden, die einen zusammenhängenden und lesbaren Text ermöglichten. (Anm. d. Hg.)

1 Marx, Grundrisse der Kritik der politischen Ökonomie, Berlin 1953, S. 6

manent umwälzt, die also Produktionsverhältnisse und gesellschaftliche Verkehrsformen entwickelt hat, die fortwährend die Gesellschaft selbst revolutionieren und sie ihrem eigenen Untergang zutreiben.[2]
»Der vorliegende Gegenstand zunächst die *materielle Produktion*. In Gesellschaft produzierende Individuen – daher gesellschaftlich bestimmte Produktion der Individuen ist natürlich der Ausgangspunkt. Der einzelne und vereinzelte Jäger und Fischer, womit Smith und Ricardo beginnen, gehört zu den phantasielosen Einbildungen der 18.-Jahrhundert-Robinsonaden, die keineswegs, wie Kulturhistoriker sich einbilden, bloß einen Rückschlag gegen Überverfeinerung und Rückkehr zu einem missverstandenen Naturleben ausdrücken. Sowenig wie Rousseaus contrat social, der die von Natur independenten Subjekte durch Vertrag in Verhältnis und Verbindung bringt, auf solchem Naturalismus beruht. Dies Schein und nur der ästhetische Schein der kleinen und großen Robinsonaden. Es ist vielmehr die Vorwegnahme der ›bürgerlichen Gesellschaft‹, die seit dem 16. Jahrhundert sich vorbereitete und im 18. Riesenschritte zu ihrer Reife machte. In dieser Gesellschaft der freien Konkurrenz erscheint der Einzelne losgelöst von den Naturbanden usw., die ihn in früheren Geschichtsepochen zum Zubehör eines bestimmten, begrenzten menschlichen Konglomerats machen. Den Propheten des 18. Jahrhunderts, auf deren Schultern Smith und Ricardo noch ganz stehn, schwebt dieses Individuum des 18. Jahrhunderts – das Produkt einerseits der Auflösung der feudalen Gesellschaftsformen, andrerseits der seit dem 16. Jahrhundert neu entwickelten Produktivkräfte – als Ideal vor, dessen Existenz eine vergangne sei. Nicht als ein historisches Resultat, sondern als Ausgangspunkt der Geschichte. Weil als das naturgemäße Individuum, angemessen ihrer Vorstellung von der menschlichen Natur, nicht als ein geschichtlich entstehendes, sondern von der Natur gesetztes. Diese Täuschung ist jeder neuen Epoche bisher eigen gewesen. Steuart, der in mancher Hinsicht im Gegensatz zum 18. Jahrhundert und als Aristokrat mehr auf historischem Boden steht, hat diese Einfältigkeit vermieden.«[3]
Hier ist die bestimmte These aufgestellt, dass der Übergang von der feudalen zur kapitalistischen Gesellschaft bei den Ökonomen des Bürgertums zurückprojiziert wird auf einen mythischen Naturzustand, und ich würde damit eine ganz bestimmte These verbinden: Es sind nicht bloß ökonomietheoretische Erwägungen, die die klassische Ökonomie zur Enthistorisierung des Produktionsprozesses verleitet haben, sondern, wie es gerade diese Erörterung über Individualität nahelegt, bestimmte, wie-

2 Vgl. H. Grossmann, Marx – die klassische Nationalökonomie und das Problem der Dynamik, Frankfurt 1969. Lassen wir dahingestellt, ob diese Zusammenbruchstendenz, die Marx in seiner These von der permanenten Revolutionierung der Gesellschaft aufgestellt hat, stimmig war.

3 Marx, Grundrisse, S. 5f.

derum aus den realökonomischen Ursachen erklärbare Anschauungen bürgerlicher Anthropologie.
In Bezug auf die theoretische Selbstbegründung der bürgerlichen Ökonomie, gegen die Marx angeht, sagt er: »Je tiefer wir in der Geschichte zurückgehen, je mehr erscheint das Individuum, daher auch das produzierende Individuum, als unselbständig, einem größeren Ganzen angehörig: erst noch in ganz natürlicher Weise in der Familie und der zum Stamm erweiterten Familie; später in dem aus dem Gegensatz und Verschmelzung der Stämme hervorgehenden Gemeinwesen in seinen verschiednen Formen. Erst im 18. Jahrhundert, in der ›bürgerlichen Gesellschaft‹, treten die verschiednen Formen des gesellschaftlichen Zusammenhangs dem Einzelnen als bloßes Mittel für seine Privatzwecke entgegen, als äußerliche Notwendigkeit. Aber die Epoche, die diesen Standpunkt erzeugt, den des vereinzelten Einzelnen, ist grade die der bisher entwickeltsten gesellschaftlichen (allgemeinen von diesem Standpunkt aus) Verhältnisse. Der Mensch ist im wörtlichsten Sinn ein zoon politikon, nicht nur ein geselliges Tier, sondern ein Tier, das nur in der Gesellschaft sich vereinzeln kann. Die Produktion der vereinzelten Einzelnen außerhalb der Gesellschaft – eine Rarität, die einem durch Zufall in die Wildnis verschlagenen Zivilisierten wohl vorkommen kann, der in sich dynamisch schon die Gesellschaftskräfte besitzt – ist ein ebensolches Unding als Sprachentwicklung ohne zusammen lebende und zusammen sprechende Individuen. Es ist sich dabei nicht länger aufzuhalten. Der Punkt wäre gar nicht zu berühren, wenn die Fadaise, die bei den Leuten des 18. Jahrhunderts Sinn und Verstand hatte, von Bastiat, Carey, Proudhon etc. nicht wieder ernsthaft mitten in die modernste Ökonomie hereingezogen würde. Für Proudhon ist es natürlich angenehm, den Ursprung eines ökonomischen Verhältnisses, dessen geschichtliche Entstehung er nicht kennt, dadurch geschichtsphilosophisch zu entwickeln, dass er mythologisiert, Adam oder Prometheus sei auf die Idee fix und fertig gefallen, dann sei sie eingeführt worden etc. Nichts ist langweilig trockener als der phantasierende locus communis.«[4]
Marx bestimmt hier erstens – und ich meine, hier wird ein quid pro quo vorgenommen – das bürgerliche Individuum, womit nicht das biologische Einzelwesen gemeint ist in seiner animalischen Struktur, sondern das bürgerliche Individuum als Produkt hochentwickelter gesellschaftlicher Arbeitsteilungsverhältnisse, mit dem der Anspruch auf Autonomie, Mündigkeit und Emanzipation von der Natur und ihren Zwängen gesetzt ist. Zweitens sagt Marx, was er in dem Abschnitt im Rohentwurf »Formen, die der kapitalistischen Produktion vorhergehen«[5] entfaltet

4 Ebd., S. 6
5 Ebd., S. 375-413

hat und Alfred Schmidt in seinem Nachwort zu »Existenzialismus und Marxismus«[6] deutlich hervorgehoben hat, dass der Begriff von Gesellschaft im strengen Sinn nur für die bürgerliche Gesellschaft gilt. Dass Marx nicht zufällig für vorbürgerliche Organisationen des menschlichen Zusammenlebens die Begriffe Stamm, Gemeinwesen und dergleichen mehr gebraucht, heißt: Gesellschaft ist ein hochentwickelter Zustand, in dem die Menschen universal miteinander in Kontakt treten, wobei das Spezifische an der bürgerlichen Gesellschaft ist, dass dieser universale Verkehr durch die Organisation des privaten Eigentums gleichsam die Individuen abstrakt zusammenbringt, aber konkret auseinander hält. Aus dieser Dialektik folgt, dass der gesellschaftliche Verkehr selbst sich wiederum zu einer Art zweiten Natur verselbständigt hat, während Gemeinwesen, Stämme und dergleichen mehr immer noch unmittelbar gebunden sind an die wirklich naturwüchsigen und nicht verdinglicht naturwüchsigen Organisationsformen, etwa an die grundeigentümlich organisierte Erde, und so die Fähigkeit zum Verkehr überhaupt nicht haben. Nicht zufällig ist nach dem Zerfall des Römischen Reiches das Geld abgestorben, so sehr Karl der Große sich auch bemüht hat, Geldformen einzuführen, es konnte ihm gar nicht gelingen, weil die einzelnen Lokalitäten nicht untereinander verkehrt haben. Erst mit der Entstehung des Handels von Nowgorod nach Belgien und von Florenz nach Konstantinopel, als sich die Städte bildeten, hat sich überhaupt Verkehr herausgebildet, und wenn man so will, auch bürgerliche Individualität. Universaler Verkehr und Individualität sind aufeinander bezogen. Die These, die ich dazu aufstellen würde, wäre die: insofern die bürgerliche Ökonomie das Individuum als Produkt hochentwickelter gesellschaftlicher Zustände der bürgerlichen Gesellschaft, aus der Dialektik von Privatier und Citoyen, wenn man so will, heraus rückprojiziert auf einen mythischen Naturzustand, so ist das kein ökonomietheoretischer Vorgang, sondern man kann sagen, die bürgerliche Ökonomie steht nicht auf dem Standpunkt der Ökonomie. Sie ist noch immer idealistisch in einem ganz bestimmten Sinn. Sie leitet nicht die Überbauformen aus der Ökonomie ab, sondern leitet sich selbst, die Ökonomie, aus den Überbauformen ab. Die bürgerliche Ökonomie hat zu ihrer Grundlage eine Naturideologie. Sie basiert auf Rechtskategorien, die an sich erst abgeleitet werden müssten aus der Ökonomie. Das ist ein Mechanismus, den die bürgerliche Ökonomie nicht durchschaut. Smith und Ricardo stehen auf dem Standpunkt des klassischen Naturrechts. Erst Marx stellt sich auf den Standpunkt der Basis, nämlich der Ökonomie, durch eine Kritik an dieser Ökonomie.
Im Zusammenhang zwischen Individuum und Gesellschaft stellt sich die

6 A. Schmidt, Zum Verhältnis von Geschichte und Natur im dialektischen Materialismus, in: Existenzialismus und Marxismus, Frankfurt 1965, S. 113ff.

bürgerliche Ökonomie im Grunde genommen auf die abstrakte Rechtsperson. Das Individuum, das die bürgerliche Ökonomie meint, Robinson, ist kein biologisches Einzelwesen. Robinson ist die naturbeherrschende Rechtsperson.

II

»Die definitorischen Versuche, alle Momente der gesellschaftlichen Praxis unter den Begriff der Produktion zu bringen, können nicht verschleiern, dass Marx mit sozialen Voraussetzungen der Produktion rechnen muss, die eben nicht wie Arbeitsmaterial, Arbeitsinstrument, Arbeitsenergie und Arbeitsorganisation unmittelbar zu den Elementen des Arbeitsprozesses selber gehören. Marx will mit guten Gründen den kategorialen Rahmen so fassen, dass ›vorökonomische Tatsachen‹ für den Mechanismus der gattungsgeschichtlichen Entwicklung nicht in Betracht kommen. Aber jene in der Produktion eingeschlossene Distribution, das institutionalisierte Gewaltverhältnis also, das die Verteilung der Arbeitsinstrumente festlegt, ruht auf einem Zusammenhang symbolisch vermittelter Interaktionen, der sich in Bestandteile der Produktion, in Bedürfnis, instrumentales Handeln und unmittelbares Konsumieren allen definitorischen Gleichsetzungen zum Trotz nicht auflösen lässt.«[7]

Habermas will die Vermittlung zwischen Produktion und Klassenkampf klarlegen, wobei er allerdings – das muss man vorweg sagen – den Klassenkampf idealisiert zur symbolisch vermittelten Interaktion, d.h., revolutionäre Umwälzungsprozesse werden auf symbolische Sprachhandlungen reduziert, so dass er konsequent dann auch revolutionäre Praxis mit Ideologienkritik und Reflexion letzten Endes gleichsetzt.

Die primäre Distribution an den Produktionsmitteln ist immer Produkt des Klassenkampfes, also bislang gewaltsamer Aktionen gewesen. Modell und entscheidende geschichtliche Zäsur dafür ist bei Marx die ursprüngliche Akkumulation. Wenn es aber außereuropäische feudale Länder gibt, die den selben Prozess nicht durchmachen, so ist das noch aus der Marxschen Theorie erklärbar, da sie keine universalgeschichtliche Philosophie liefern will.[8]

Die ursprüngliche Akkumulation ist kein universalgeschichtlicher Erklärungsvorgang, der gleichsam Prozesse der Industrialisierung und des Klassenkampfes z.B. in Vietnam klären könnte. Das wäre damit nicht ausgesagt. Aber die Frage ist: kann Marx auch noch unter der Perspektive, dass Distribution an den Produktionsmitteln den gewaltsamen Klassenkampf ausmacht und eine neue Produktionsweise hervorruft, die Distribution allgemein logisch dem Produktionsbegriff einverleiben? Marx

7 J. Habermas, Erkenntnis und Interesse, Frankfurt 1968. S. 75 Fußnote

8 Vgl. Marx, Brief an die Redaktion der »Otetschestwennyje Sapiski«, MEW 19, S. 108-111

geht hier von einem Produktionsbegriff aus, wie er entfaltet ist in der bürgerlichen Ökonomie und wie er Realität in der kapitalistischen Gesellschaftsformation geworden ist. Auch hier schon, wo er eine allgemeine Erörterung – scheinbar unter Abstraktion von bestimmten geschichtlichen Bedingungen – vornimmt, bezieht er sich auf die spezifisch bürgerliche Produktionsweise.

Habermas wirft Marx vor, dass er auf kategorialer Ebene – durchaus nicht in seinen materialen Analysen – gesellschaftliche Praxis auf Arbeit reduziert. Da Habermas den Marxschen Begriff von Produktion dem Begriff von Arbeit gleichsetzt, kann er Marx einen verengten Praxisbegriff unterstellen, in den die Beziehungen der Menschen untereinander nicht eingehen, sondern nur der Stoffwechsel zwischen Mensch und Natur, also Arbeit. Marx meint auf kategorialer wie auf materialer Ebene mit Produktion Arbeit und Arbeitsteilung. Arbeitsteilung ist ein Intersubjektivitätsverhältnis. Habermas aber meint mit Produktion immer nur instrumentales Handeln zwischen den Menschen und der Natur. Er setzt einen immer schon gattungsgeschichtlich instrumentalisierten Begriff von Arbeit voraus. Arbeit, ob sie mit Händen und Klauen vorgenommen wird, ob sie die Arbeit von Sammlern, Jägern oder Fischern ist, folgt ihm zufolge immer schon der Logik der Technik. Das ist aus der modernen Anthropologie – gerade auch der reaktionären Anthropologie, wie sie Gehlen und Konsorten entwickelt haben – gewonnen.

Habermas macht noch eine zweite Unterstellung: Distribution an den Produktionsmitteln heißt für ihn immer Konstitution eines juristischen Eigentums. Eigentum kann er sich nur als juristisch organisiert vorstellen, aber nicht als Aneignung der Natur. Eigentum ist bei Marx ein Produktionsbegriff. Die primäre Distribution an den Produktionsmitteln ist deshalb unter den Produktionsbegriff zu fassen, weil sie eine neue Form der Arbeitsteilung konstituiert und selber eine Form von Arbeitsteilung darstellt. Arbeitsteilung aber ist ein Element des Produktionsbegriffs. So sagt Marx, dass die außerökonomische Zwangsgewalt der absoluten Staaten – Heinrichs VIII., Elisabeth I. bis hin zu Ludwig XIV. – objektiv ökonomische Potenz darstellt, weil sie überhaupt erst die Arbeitsteilung von Produzenten und Nichtproduzenten bewerkstelligt.

Zwei Momente sind aus der Marxschen Argumentation zu entnehmen:

1. Die primäre Distribution an den Produktionsmitteln ist selbst bestimmt durch die Produktionsweise, die ihr vorausgeht. Wenn man etwas rauben will, muss man etwas zu rauben haben, und das muss produziert sein. Der Übergang von der feudalen in die bürgerliche Gesellschaft ist bestimmt durch die vorkapitalistische Erscheinungsform des Kapitals, die Städte, wie sie sich in der bürgerlichen Gesellschaft herausgebildet haben und durch bestimmte Auflösungserscheinungen des feudalen Universalreiches päpstlicher Gewalt.

2. Die primäre Distribution an den Produktionsmitteln ist selbst Ausdruck einer transitorischen Form von Arbeitsteilung. Unter bestimmten Bedingungen, gerade unter revolutionären Bedingungen, fallen Klassenkampf und Arbeitsteilungsformen als Verkehrsformen der Menschen untereinander zusammen.

Bei Habermas fällt der Distributionsbegriff aus dem Produktionsbegriff deshalb heraus, weil er Arbeitsteilung analytisch von Arbeit trennt. Die positivistische Reduktion des Praxisbegriffs, die Habermas Marx anlastet, muss man ihm umgekehrt selbst anlasten. Habermas hat einen Produktionsbegriff, der bestimmt ist durch die Reflexionsformen der modernen Anthropologie: Produktion gleich Arbeit und nicht Arbeit und Arbeitsteilung. Für ihn fällt Praxis auseinander in Arbeit einerseits und Arbeitsteilung andererseits. Marx sagt: Praxis begründet sich auf Produktion, die diese beiden Momente involviert, und Distribution ist nichts anderes als eine Erscheinungsform von Arbeitsteilung und damit von Produktion. Das ist nicht immer der Fall gewesen. Vorkapitalistische Gemeinwesen, z.B. die Auflösung der antiken Gesellschaft nach ihrer inneren Zersetzung und nach dem äußeren Kampf der Germanen gegen die antike Gesellschaft, können nicht mit solchen ökonomischen Kategorien unmittelbar erklärt werden, denn die Gesellschaft ist wirklich erst ökonomisch geworden, in dem Maße, in dem die Ware zur allgemeinen Organisationsform dieser Gesellschaft geworden ist und warenproduzierende Tätigkeit vorherrscht. Im strengen Sinne gelten diese Kategorien nur für den Übergang von der feudalen zur bürgerlichen und für die bürgerliche Gesellschaft selber.

III

Der methodologische Vorschlag, vom Abstrakten zum Konkreten zu schreiten, der mehr als ein bloß methodologischer ist, da er schon selbst konkrete Aussagen über die bestehende Struktur der kapitalistischen Gesellschaft macht, reflektiert sich aus der Erfahrung des deutschen Idealismus heraus. Marx bezeichnet dieses Vorgehen als die richtige wissenschaftliche Form der Darstellung. Denn auch der analytische Weg, den die bürgerliche Ökonomie eingeschlagen hat, vermeint ja nur, vom Konkreten zum Abstrakten vorzugehen und beginnt in Wirklichkeit selber mit einer bloßen Abstraktion. Marx sagt nicht, dass die analytische Verfahrensweise der bürgerlichen Ökonomie unwissenschaftlich ist, sondern nur, dass sie ein mangelndes oder falsches theoretisches Selbstverständnis hat.

»Es scheint das Richtige zu sein mit dem Realen und Konkreten, der wirklichen Voraussetzung zu beginnen, also z.B. in der Ökonomie mit der Bevölkerung, die die Grundlage und das Subjekt des ganzen gesellschaftlichen Produktionsakts ist. Indes zeigt sich dies bei näherer Betrachtung als falsch. Die Bevölkerung ist eine Abstraktion, wenn ich z. B. die Klassen, aus denen sie besteht, weglasse. Diese Klassen sind wieder ein leeres Wort, wenn ich die Elemente nicht kenne, auf denen sie beruhn. Z.B. Lohnarbeit, Kapital etc.«[9]

Nachdem die analytische Verfahrensweise der bürgerlichen Ökonomie die abstrakte Totalität der Gesellschaftsformation in ihre Elemente analytisch zerschlagen hat, geht Marx an die Rekonstruktion dieser Totalität als eines konkret Allgemeinen. Am Anfang der analytischen Verfahrensweise der bürgerlichen Ökonomie steht das abstrakt Allgemeine, das in seine abstrakten einfachen Elemente zerlegt wird. Ware, Wert, Tauschwert, Gebrauchswert sind solche Elemente, von diesen ausgehend rekonstruiert er die konkrete Totalität der bürgerlichen Gesellschaft. Den Weg vom Abstrakten zum Konkreten, sagt Marx, geht jede Wissenschaft, es gibt nur Wissenschaften, die das nicht wissen. Die bürgerliche Ökonomie glaubt, von der Konkretion zur zugrundeliegenden Abstraktion als dem Wesen dieser Konkretion vorgehen zu können. In Wirklichkeit geht sie einen Weg vom Abstrakten zum Abstrakten.

Marx versucht nachzuweisen, dass eine bestimmte Beziehung besteht, und zwar gerade für die kapitalistische Gesellschaft, zwischen Abstraktion und Realität. Wie soll diese Beziehung gerade auf dem Hintergrund der Marxschen Idealismuskritik aussehen? Hegel hat richtig erkannt, sagt Marx, dass sich das Konkretere nur reproduzieren kann auf dem Weg des Denkens; und das Denken ist immer die wissenschaftliche und philosophierende Abstraktion. Demnach kann nur im Medium der Abstraktion das Konkrete konstruiert werden.

Marx wendet gegen Hegel dessen idealistisches proton pseudos ein, indem er sagt: Hegel hat diese Reproduktion des Konkreten auf dem Weg des Denkens verwechselt mit dessen Produktion selber; der reine Begriff sollte die Materie aus sich entlassen. Marx sagt, dass die Kategorien der bürgerlichen Ökonomie Daseinsformen und Existenzbestimmungen der bürgerlichen Gesellschaft sind. Wie kommt er dazu, eine Realität, eine Wirklichkeit von Dingen und Menschen als begrifflich strukturiert vorauszusetzen? Denn als Idealismus galt in der Geschichte des Denkens immer die Realität des Abstrakten, dass man Abstraktionen als real annahm, nämlich als Ideen. Wie kommt Marx dazu, Abstraktionen als daseiende Abstraktionen zu bezeichnen, die Realität haben sollen? Wie kann das gesellschaftliche Sein das Bewusstsein bestimmen, wenn das gesellschaftliche Sein selbst begrifflich strukturiert ist?

»Arbeit scheint eine ganz einfache Kategorie. Auch die Vorstellung derselben in dieser Allgemeinheit – als Arbeit überhaupt – ist uralt. Dennoch, ökonomisch in dieser Einfachheit gefasst, ist ›Arbeit‹ eine ebenso moderne Kategorie wie die Verhältnisse, die diese einfache Abstraktion

9 Marx, Grundrisse, S. 21

erzeugen. Das Monetarsystem z.B. setzt den Reichtum noch ganz objektiv, als Sache außer sich im Geld. Gegenüber diesem Standpunkt war es ein großer Fortschritt, wenn das Manufaktur- oder kommerzielle System aus dem Gegenstand in die subjektive Tätigkeit – die kommerzielle und Manufakturarbeit – die Quelle des Reichtum setzt, aber immer noch bloß diese Tätigkeit selbst in der Begrenztheit als geldmachend auffasst. Diesem System gegenüber das physiokratische, das eine bestimmte Form der Arbeit – die Agrikultur – als die reichtumschaffende setzt, und das Objekt selbst nicht mehr in der Verkleidung des Geldes, sondern als Produkt überhaupt, als allgemeines Resultat der Arbeit. Dieses Produkt noch der Begrenztheit der Tätigkeit gemäß als immer noch naturbestimmtes Produkt – Agrikulturprodukt, Erdprodukt par excellence. Es war ein ungeheurer Fortschritt von Adam Smith jede Bestimmtheit der reichtumzeugenden Tätigkeit fortzuwerfen – Arbeit schlechthin, weder Manufaktur-, noch kommerzielle, noch Agrikulturarbeit, aber sowohl die eine wie die andre.«[10]

Marx versucht hierdurch eine Reflexion auf die bürgerliche Ökonomie und durch die Logik ihres Erkenntnisfortschritts hindurch die Kategorie der abstrakten Arbeit als die Basiskategorie der bürgerlichen Gesellschaft zu entfalten. Marx stellt hier den Prozess dar vom Monetarsystem über das manufakturelle Kommerzsystem, die physiokratische Ökonomie bis hin zur bürgerlichen Ökonomie von Adam Smith. Was hat er eigentlich am Wandel des Verhältnisses von Reichtum und Arbeit beschreiben wollen?

Das Monetarsystem begreift den Reichtum noch nicht als Produkt von Produktion und begreift das Geld noch nicht als produziertes, sondern als natürlich vorgefundenes, so wie man das Geld aus Südamerika mit der Entwicklung des primären Kolonialismus hergeholt hat. Das Monetarsystem betrachtet den Wert noch nicht als gesellschaftliches Produkt. Es steht noch auf dem Standpunkt des vorkapitalistischen Kapitals, in dem sich Handels-, Kaufmanns- und Wucherkapital im feudalen System herausgebildet hat, ohne dass das industrielle, wertsetzende Kapital selbst vorgegeben war.

Den Übergang vom Monetarsystem zum manufakturellen und kommerziellen System bezeichnet Marx als Fortschritt, aber das Prinzip der Arbeit ist so aufgefasst, dass es sich selbst gleichsam zurücknimmt in die Zirkulationssphäre, sich nicht in der Produktion begreift, sondern als tauschwertsetzende Tätigkeit.

Die Physiokraten sind die ersten, die überhaupt auf die Produktionssphäre reflektieren und Arbeit als Prinzip der Produktion selbst erkennen. Monetarsystem und kommerzielle Manufakturarbeit sind zirkulationsfixiert, ihnen erscheint das Kapital unter der Abstraktion von Produktion.

10 Ebd., S. 24

Das Prinzip von Produktion dagegen bringen die Physiokraten ein, sie beziehen sich auf den Gebrauchswert, allerdings noch in feudaler Verkleidung, indem sie noch an die Erde und an die Agrikultur als eine bestimmte Produktionsweise fixiert sind. Auf der einen Seite sind die Physiokraten fortgeschritten, weil sie schon das Prinzip von Produktion erkannt haben, es aber in die alte Erscheinungsform der Feudalität kleiden, auf der anderen Seite sind die Monetaren und die Kommerziellen fortschrittlicher, weil sie schon Kapital als Geld und Geld heckendes Geld erkannt haben, aber unter Abstraktion von der Produktion, die das Kapital überhaupt erst konstituiert.

Mit der Bestimmung der Kategorie der abstrakten Arbeit sagt Marx etwas über das Selbstverständnis der bürgerlichen Gesellschaft aus.

»Mit der abstrakten Allgemeinheit der reichtumschaffenden Tätigkeit nun auch die Allgemeinheit des als Reichtum bestimmten Gegenstandes, Produkt überhaupt oder wie Arbeit überhaupt, aber als vergangne, vergegenständlichte Arbeit. Wie schwer und groß dieser Übergang war, geht daraus hervor, wie Adam Smith selbst noch von Zeit zu Zeit wieder in das physiokratische System zurückfällt. Nun könnte es scheinen, als ob damit nur der abstrakte Ausdruck für die einfachste und uralteste Beziehung gefunden, worin die Menschen – sei es in welcher Gesellschaftsform immer – als produzierend auftreten. Das ist nach einer Seite hin richtig. Nach der anderen nicht. Die Gleichgültigkeit gegen eine bestimmte Art der Arbeit setzt eine sehr entwickelte Totalität wirklicher Arbeitsarten voraus, von denen keine mehr die alles beherrschende ist. So entstehen die allgemeinsten Abstraktionen überhaupt nur bei der reichsten konkreten Entwicklung, wo Eines vielen gemeinsam erscheint, allen gemein. Dann hört es auf, nur in besondrer Form gedacht werden zu können. Andrerseits ist diese Abstraktion der Arbeit überhaupt nicht nur das geistige Resultat einer konkreten Totalität von Arbeiten. Die Gleichgültigkeit gegen die bestimmte Arbeit entspricht einer Gesellschaftsform, worin die Individuen mit Leichtigkeit aus einer Arbeit in die andre übergehn und die bestimmte Art der Arbeit ihnen zufällig, daher gleichgültig ist. Die Arbeit ist hier nicht nur in der Kategorie, sondern in der Wirklichkeit als Mittel zum Schaffen des Reichtums überhaupt geworden, und hat aufgehört als Bestimmung mit den Individuen in einer Besonderheit verwachsen zu sein. Ein solcher Zustand ist am entwickeltsten in der modernsten Daseinsform der bürgerlichen Gesellschaften – den Vereinigten Staaten. Hier also wird die Abstraktion der Kategorie ›Arbeit‹, ›Arbeit überhaupt‹, Arbeit sans phrase, der Ausgangspunkt der modernen Ökonomie, erst praktisch wahr. Die einfachste Abstraktion also, welche die moderne Ökonomie an die Spitze stellt, und die eine uralte und für alle Gesellschaftsformen gültige Beziehung ausdrückt, erscheint doch nur in dieser Abstraktion praktisch wahr als Kategorie der modernsten Ge-

sellschaft. Man könnte sagen, was in den Vereinigten Staaten als historisches Produkt, erschiene bei den Russen z. B. – diese Gleichgültigkeit gegen die bestimmte Arbeit – als naturwüchsige Anlage. Allein einmal verteufelter Unterschied, ob Barbaren Anlage haben zu allem verwandt zu werden, oder ob Zivilisierte sich zu allem verwenden. Und dann entspricht praktisch bei den Russen dieser Gleichgültigkeit gegen die Bestimmtheit dieser Arbeit das traditionelle Festgerittensein in eine ganz bestimmte Arbeit, woraus sie nur durch Einflüsse von außen herausgeschleudert werden.
Dieses Beispiel von der Arbeit zeigt schlagend, wie selbst die abstraktesten Kategorien, trotz ihrer Gültigkeit – eben wegen ihrer Abstraktion – für alle Epochen, doch in der Bestimmtheit dieser Abstraktion selbst ebensosehr das Produkt historischer Verhältnisse sind und ihre Vollgültigkeit nur für und innerhalb dieser Verhältnisse besitzen.«[11]

Marx versucht hier zu begründen, warum die Kategorie von Arbeit umfangslogisch alle Epochen, in denen Menschen arbeiten, umfassen kann, warum diese Abstraktion, die von einer ahistorischen Allgemeinheit ist, gerade von einer konkreten historischen Besonderheit für die Art und Weise ist, wie in der bürgerlichen Gesellschaft produziert wird.

Die Erkenntnischance dafür, die Abstraktion der Kategorie Arbeit zu durchschauen, ist dann gegeben, wenn nicht mehr eine bestimmte, beschränkte, bornierte und einzelne Form von Arbeit produktiv prädominant ist. Eine Gesellschaft, die vorwiegend agrikulturell produziert, liefert ihren Ideologen und Ökonomen nicht die Erkenntnischance, Arbeit und Produktion als Geschichtsprinzip überhaupt anzusehen. Industrie ist nicht eine bornierte Form von Arbeit, sondern Industrie und industrielles Kapital drücken eine Organisationsform der Arbeit, eine Arbeitsteilung aus, in der keine bestimmte Arbeitsweise vorherrscht – sei es Manufaktur, Agrikultur, Jagen, Sammeln oder Fischen –, sondern in der die einzelnen Arbeiten alle zusammen eine reale abstrakte Totalität bilden. Ein System von Arbeit, nicht die einzelne Arbeit, sondern Arbeit überhaupt ist das Prädominante. Abstrakte Arbeit drückt ein Arbeitsteilungsverhältnis aus, in dem es sowohl den Individuen möglich ist, von einer Arbeit zur anderen relativ friktionslos hinüberzuwechseln, weil Arbeit immer mehr auf einfache Arbeit reduziert wird.[12]

Arbeit wird zu einer realen Kategorie deshalb, weil im System industrieller Arbeiten alle Arbeitsformen zu einer einzigen Totalität sich zusammenschließen. Arbeit soll eine Realität haben, weil die Arbeitsteilung so hoch entwickelt ist, dass alle Arbeiten insgesamt ein System von Produktion ausmachen.

11 Ebd., S. 24f.
12 Dies wäre heute zu überprüfen an der Tatsache, dass durch Automation eine technologisch hochqualifizierte Ausbildung verlangt wird.

Marx übernimmt Hegels Begriff der Abstraktion, nämlich den der Isolierung, der Trennung von Allgemeinem und Besonderem im Allgemeinen selber. Die Individuen produzieren in der Produktionssphäre so, dass sie voneinander isoliert sind und in Konkurrenz gehalten werden, und diese Konkurrenz ist der Abstraktionsbegriff.

Die Abstraktion hat Realität, weil sie Ausdruck eines Arbeitsteilungsverhältnisses ist, wobei dieses so strukturiert ist, dass es ein Verhältnis abstrakter Arbeit, hochentwickelter und industrialisierter Arbeit darstellt, das sich losgelöst hat von den konkreten Produzenten. Das Abstrakte, und das unterscheidet Marx von aller Metaphysik, kann sich nur in konkreten Einzeldingen wie im Geld manifestieren, wenn es dinglich zur Erscheinung kommen soll. Diese Realität des Abstrakten ist der falsche Zustand. Marx sagt, dass sich die allgemeinen gesellschaftlichen Verhältnisse von den besonderen Individuen und Gebrauchswerten gelöst haben und als solche Abstraktionen – bis hin zum Staat, der Marx zufolge praktisch daseiender Idealismus ist – existieren. Die Abstraktion, die Marx meint, ist eine repressive Abstraktion. Die kapitalistische Produktion als Produktion um der Produktion, aber nicht um der Konsumtion willen legt den Individuen ein Abstraktionserfordernis auf, das Marx als Abstraktion von den besonderen Gebrauchswerten, Bedürfnissen und Interessen bezeichnet und das die moderne Psychoanalyse Triebversagung nennen würde. Diese Abstraktion hat eine praktische Wahrheit, insofern die kapitalistische Gesellschaft Gebrauchswerte produziert und Bedürfnisse befriedigt, indem sie von ihnen abstrahiert.

Wenn Marx eine strenge Trennung vornimmt, die nicht identisch ist mit der von Basis und Überbau, wenn er durch seine Kritik am Idealismus Hegels Formen des Bewusstseins als Widerspiegelung und Produkte der Arbeitsteilung ansieht, dann ist damit der Begriff der abstrakten Arbeit nicht genügend erklärt. Denn wenn die Gesellschaft begrifflich verfasst ist, dann sind Begriff und Bewusstsein auch Basiskategorien. Und das geht nicht mit ein in seine Bestimmungen. Wenn das der Fall ist, dann ist Bewusstsein keine Überbaukategorie. Wenn Abstraktionen Realität gewinnen sollen – und sie haben Realität –, dann müsste Marx eine Konsequenz mit daraus ziehen, dass Abstraktionen, Begriffe, Bewusstsein Basisbestimmungen sind. Der Wert ist zunächst ein bloßer Begriff, den Marx noch auf klassische methodologische Weise gewinnt, durch Abstraktion. Es ist richtig, dass diese Abstraktionen existieren, nur geht bei Marx nicht ein, dass abstrakte Arbeit etwa in der griechischen Philosophie schon ein hochentwickelter Basisbegriff ist, der einen hohen Stand sprachlicher Kommunikation und Bewusstseinsformen voraussetzt. In der Idealismuskritik von Marx gibt es einen Bruch. Zum einen kritisiert er zu Recht am Idealismus, dass er die Menschen zu Marionetten eines ihnen methaphysisch übergeordneten Bewusstseins herabsetzt. Aber in der »Deutschen Ideologie« sagt Marx: das Bewusstsein ist überhaupt erst ein spätes Produkt der Entwicklung von Arbeitsteilung. Marx unterscheidet nicht zwischen primitiver Arbeitsteilung und wirklich abstrakter Arbeit. Mit dem Übergang von primitiver Arbeitsteilung zur abstrakten Arbeit durch den Kontakt der Gemeinwesen an ihren Grenzen und der Entwicklung von Tauschhandel hat sich eine spezifische Form von Rationalität selbst als Produktivkraft und als Basiskategorie entwickelt. Bei Marx gibt es eine Trennung von Produktion und Bewusstsein, die identisch ist mit der von Basis und Überbau.

Die Beziehung von Produktion, Sprache und Bewusstsein ist nicht identisch mit der Beziehung von Basis (Produktion, Arbeit und Arbeitsteilung) und Überbau (Formen der Religion, des Rechts, des Staates und der Institutionen). Hier liegt bei Marx ein quid pro quo vor. Nimmt man eine Realität abstrakter Arbeit an, muss man so konsequent sein, nicht hinter den modernen Nominalismus zurückzufallen. Die gesellschaftlichen Verhältnisse sind begrifflich vorbestimmt. Von daher löst sich das Problem: der Wert ist eine Fiktion – da hat Engels auch unrecht gegen Konrad Schmidt –, aber er ist eine daseiende Fiktion. Die Tatsache, dass der Wert eine daseiende Fiktion ist, die als falsches Bewusstsein Realität über die Menschen hat, ist von Marx notwendig auf Grund seiner Idealismuskritik ungenügend abgeleitet.

Das Schema von Überbau und Basis gilt in strengem Sinn nur für die bürgerliche Gesellschaft, und ist gerade vom späten Engels für die vorbürgerlichen Gesellschaften abgelehnt worden; er spricht da vom »negativ Ökonomischen«.[13]

In vorbürgerlichen Gemeinwesen produziert die Ökonomie bestimmte Weltbilder und Bewusstseinsformen – Kosmologien, Mythologien, Metaphysiken –, aber in der feudalen Gesellschaft werden Bewusstseinsformen durch Kosmologien und Weltbilder hervorgerufen, die Ökonomie ist bloß eine negative Basis. In der kapitalistischen Gesellschaft wird die Ökonomie zur direkten bewusstseins- und institutionsbestimmenden Basis. Alle Legitimationen von Herrschaft werden nicht mehr bezogen – das hat Habermas zum Teil ganz richtig gesehen – aus einem kosmologischen Himmel metaphysischer Werte, sondern direkt von der Basis gesellschaftlicher Arbeit heraufgeholt. Das bürgerliche Naturrecht, das Hobbes und Locke entfaltet haben, macht sich an der Logik der gesellschaftlichen Arbeit fest und nicht mehr an der Logik dominierender Religionen oder Kosmologien. In der bürgerlichen Gesellschaft ist die Ökonomie das positiv Bestimmende geworden. Die bürgerliche Ökonomie ist Marx zufolge organisiert nach Maßgabe der Abstraktion von allen konkreten Bestimmungen von Arbeit, der Reduktion von Arbeit auf ihren

13 Vgl. Brief an C. Schmidt, 27.10.1890, MEW Bd. 37, S. 492

Begriff und nach Maßgabe der Reduktion des Gebrauchswerts auf seinen Begriff, den Marx Wert, reines Arbeitsprodukt nennt. Marx müsste nachweisen, wie diese Abstraktionen reale Organisationsmodi der kapitalistischen Gesellschaftsformation sind. Abstraktionen sind nun aber nach der herkömmlichen Überlieferung Begriffe. Wenn ich die Begriffe einseitig dem Überbau zuschlage, ist dies aber nicht nachzuweisen.
Bewusstseinsformen werden produziert und hervorgerufen durch die zugrundeliegenden Arbeitsteilungsverhältnisse, aber da diese Arbeitsteilungsverhältnisse selbst abstrakt sind, sind sie selbst durch sprachliche Kommunikation bedingt; das kann man am Übergang von primitiven zu entwickelten Gesellschaften, in denen abstrakte Arbeit und damit Wissenschaften sich herausbilden, nachweisen. Bewusstseinsformen und ökonomische Strukturen bestimmen sich, erkenntnistheoretisch gesehen, wechselseitig. Die Tatsache, dass das gesellschaftliche Sein das Bewusstsein bestimmt, gilt nur für die Konstitution von Herrschaftsinstitutionen, gilt aber nicht ohne weiteres für erkenntnistheoretische Prozesse. Sonst wäre nicht einzusehen, wie jemand sich innerhalb des bestehenden Systems bewusstseinsmäßig von der Bestimmung durch das gesellschaftliche Sein lösen könnte, und wieso der Bürger Marx so privilegiert gewesen sein sollte, die kapitalistische Gesellschaft zu durchschauen und wieso andere Leute mit falschem Bewusstsein herumlaufen. Marx hat sich doch nicht wie Münchhausen am Schopf aus dem kapitalistischen Sumpf gezogen. Gnoseologisch gesehen, kann man das Problem nicht einfach einem determinativen Schema von Basis und Überbau unterordnen.

IV

Der Grundbegriff der Marxschen Kritik der politischen Ökonomie, die Warenform des Produkts in ihrer allgemeinen Geltung für die kapitalistische Gesellschaftsformation, ist unerklärbar ohne Hegels Dialektik von Wesen und Erscheinung. Lenin hat richtig festgestellt, dass der Begriff der Ware nicht nur als abstraktester Begriff der Marxschen Systemkritik deren Ausgangspunkt bildet, sondern dass die Warenform des Produkts gewissermaßen alle Elemente der Hegelschen Wesenslogik enthält.
Die Übertragung der aus ihrem metaphysischen Zusammenhang herausgelösten Kategorien der Hegelschen Logik auf die Kategorien der politischen Ökonomie macht Marx zufolge erst die Kritik der politischen Ökonomie aus. Die Hegelsche Logik ist nach Marx die metaphysische Verkleidung der Selbstbewegung des Kapitals. Marx hat die Differenz von Wesen und Erscheinung zum Inbegriff der Kritik gemacht. Er differenziert dann in der Wertkategorie selber noch einmal zwischen Wert und Tauschwert und sagt: der Tauschwert ist die Erscheinungsform des Werts. Das haben die klassischen Ökonomen nicht begriffen, und weil sie es nicht begriffen

haben, haben sie weder Verdinglichung noch falsches Bewusstsein, Fetischisierung und Mystifikation begriffen. An der Dialektik von Wesen und Erscheinung als dem Inbegriff von Kritik hängt Marx zufolge das Selbstverständnis einer Wissenschaft, die als Wissenschaft auftreten will. Das ist ein antipositivistisches Programm, das gegen Saint-Simon bis Comte gerichtet war und das heute noch die modernen Positivisten trifft. Das Studium der Hegelschen Logik ist genau genommen logische, nicht chronologische Voraussetzung der Marxschen Kritik der politischen Ökonomie.
Sein ist das, was ist, und insofern es ist, ist es Schein. Die konkrete Natur ist nur das Anderssein der Idee, die Entäußerung des Begriffs. Das, was ist, ist der Geist, der nicht sich als Geist weiß, oder der Schein, der nicht sich als Schein weiß. Sein ist der Schein, der sich als Schein nicht weiß. Das Wesen hingegen als die Reflexion ist das Sein, das sich als Schein weiß. Reflexion ist der sich selber wissende Schein. Insofern hat das Sein sich aufgehoben und gleichsam seine materielle Schwere verloren, das Sein wird zum reinen Gedanken.
Bei Marx gibt es zwei Momente der Idealismuskritik, aus der sich die Form seiner revolutionären Theorie heraus begründet: die erkenntnistheoretische Idealismuskritik und die Aufnahme des Begriffs der Abstraktion.
In den *Frühschriften* entfaltet Marx eine prinzipielle Idealismuskritik, wie sie vor allen Dingen in den *Feuerbachthesen* dargelegt wird. Er sagt, dass auch der Feuerbachsche Materialismus noch die Mängel des traditionellen Materialismus teile, nämlich die Realität nicht unter dem Aspekt der subjektiven umwälzenden Praxis, der menschlichen Tätigkeit, angeschaut zu haben, sondern unter dem Aspekt des Objekts, der Anschauung, der bloßen Sinnlichkeit. Damit meint Marx, dass der traditionelle Materialismus, so wie er seit Demokrit überliefert wurde, zwar im Gegensatz zum Idealismus eine materielle Realität als Wirklichkeit anerkennt und nicht die Ideen zur eigentlichen Wirklichkeit hypostasiert, dass er aber insofern noch der idealistischen Tradition verhaftet ist, als er die materielle Realität nur unter dem Aspekt der Anschauung betrachtet. Der traditionelle Materialismus verhält sich kontemplativ zur materiellen Realität. Die Realität erscheint für ihn unveränderbar, weil er sie nicht als von Menschen gemachte durchschauen kann. Unter ideologiekritischen Gesichtspunkten kann man davon sprechen, dass es sich hierbei um den Standpunkt der Sklavenhalter- oder der Leibeigenengesellschaft handelt; denn die Produzenten dieser Gesellschaftsformen können sich nicht als Produzenten begreifen; dafür gibt es zwei Gründe: 1. Die Produktionsmittel sind überwiegend Bestandteil naturwüchsiger Gemeinschaften; d.h. sie sind nicht als Produkte von Menschen durchsichtig. 2. In der grundeigentümlichen Organisationsform gehören Sklaven und Leibeigene, im Gegensatz zum freien Lohnarbeiter, mit Leib und Seele dem Sklavenhalter oder dem feudalen Herrn. Sie können sich nur als Objekte begreifen. Das spiegelt

sich wiederum im Bewusstsein der philosophierenden Herren wider, da die materielle Realität nicht als Produkt anerkannt wird.
Dasselbe gilt für den traditionellen Idealismus, der anstelle der sinnlichen Anschauung die Idee setzt. Marx sagt in der ersten *Feuerbachthese*: Im Gegensatz zum traditionellen Materialismus hat der bürgerlich-neuzeitliche Idealismus die tätige Seite, die Praxis entwickelt, aber nicht als menschlich-sinnliche Tätigkeit. Das Bürgertum ist im Gegensatz zu den klassischen Feudalherren zwar in die Produktion verstrickt, aber primär von der Zirkulation her. Es begreift Arbeit nicht als konkreten Stoffwechsel zwischen den Menschen und der Natur, sondern als rein geistige Arbeit, als abstrakte Arbeit, die eben von diesem Stoffwechsel abstrahiert ist, damit die konkrete körperliche Arbeit der Lohnarbeiter diskreditiert und geistige Arbeit als die wirkliche Arbeit ausgegeben werden kann. Hier ist das Prinzip der Produktion erkannt, weil die Produktionsmittel im Gegensatz zur Feudalität selbst Produkte geworden sind, und weil das Verhältnis des freien Arbeiters zum Kapitalisten kein persönliches Sklaven- oder Leibeigenschaftsverhältnis mehr darstellt, sondern eines, das durch freien Vertrag geregelt ist.
Es tritt eine Trennung von Produktionsmitteln und freier Arbeit ein, so dass sich auf diese Weise erst reine Subjektivität, in der Abstraktion von der Materie, reine Arbeit in der Abstraktion von der Natur als Produktivkraft durchschauen lässt. Der Begriff der geistigen Arbeit (die Tätigkeit des Begriffs im deutschen Idealismus) ist sowohl Idealisierung des freien Arbeiters wie der autonomen, individuellen Unternehmerperson.
Der traditionelle Materialismus, der die Anerkennung der materiellen Wirklichkeit als der einzigen Wirklichkeit enthält, hat einen passivischen Begriff der gesellschaftlichen Objektivität; er begreift sie nicht als produzierte. Dieser Begriff synthetisiert sich bei Marx mit dem Begriff der geistigen Arbeit; gesellschaftliche Objektivität wird so aktiv als Produziertes verstanden.
Aus dieser nicht nur innerphilosophischen, sondern auf der Basis des Feuerbachschen Praxisbegriffs und der Erfahrung realer Klassenkämpfe vollzogenen Synthesis von Materialität und Idealität, von geistiger Arbeit und nicht produziertem Objekt, gewinnt Marx einen der wichtigsten Begriffe des historischen Materialismus: den der konkreten Arbeit.
Bei Hegel sind die Menschen Marionetten eines ihnen übergeordneten Bewusstseins, Marx zufolge aber ist das Bewusstsein Prädikat und Eigenschaft endlicher, sterblicher Menschen. Das ist die Umkehrung, die Marx in den *Frühschriften* als systematische Prämissenkritik an Hegel vornimmt. Von hier aus kann er dann wieder die Hegelsche Wesenslogik aufnehmen. Das Dasein eines den Menschen übergeordneten, metaphysischen Bewusstseins ist ein Schein, aber ein realer Schein: das Kapital.

Das Kapital ist die daseiende Phänomenologie des Geistes, es ist die reale Metaphysik. Das Kapital ist ein Schein, weil es keine reale Dingstruktur hat, gleichwohl beherrscht es die Menschen.
Bezeichnet diese Auffassung eine Fortsetzung oder eine Kritik des Idealismus?
Mit dem Übergang vom Feudalismus zum Kapitalismus stellte sich die Frage, ob Gott, wenn sein Begriff Produkt des menschlichen Denkens sei, überhaupt noch Realität zukomme. Spinoza sagt: Wenn alle allgemeinen Begriffe bloße subjektive Abstraktionen darstellen, dann existiert Gott nicht in einer positiven Transzendenz, im Himmel. Das Absolute ist dann etwas, das in der Welt selbst existiert; Gott existiert nur als Schöpfer in seinem Geschöpf. Gott wurde zur Totalität selber.
Kant zufolge ist das Absolute nicht etwas positiv Unendliches, sondern das, was alle endlichen Dinge übersteigt und gleichwohl nichts Unendliches ist: die Zeit. In ihr sollen alle Dinge vergehen, sie selbst aber soll unveränderlich sein.
Die Vorstellung der enthistorisierten Zeit ist eine Vorstellung des Kapitals. Die religiöse Zeit des Mittelalters war qualitative Zeit; erst die Arbeitszeit stellt sich als unveränderbar und enthistorisiert dar. Das Kapital ist der sich in der Zeit entfaltende Begriff der Ware. Die Zeit wird zum Begriff des Absoluten, die Zeit wird zum Geld.
Diese Verdinglichung, die sich in der Denkgeschichte der bürgerlichen Neuzeit vollzog, ist konstitutiv für die Marxsche Kapitalismusanalyse. Sie vollzieht sich gleichsam in einer gigantischen Denkbewegung von Thomas von Aquin bis Hegel und setzt sich in die Warenanalyse um.
Das Kapital ist nicht ein positiver Begriff des Wesens, sondern das Wesen ist das, was nirgendwo positiv existent ist. Das Wesen ist eine subjektive Abstraktion, aber diese soll Realität haben. Hegel sagt deshalb: das Wesen ist Subjektivität, aber diese Subjektivität hat Realität, weil alle Objekte sich als denkende Subjekte ausweisen. Das Wesen ist die Reflexion des Seins in sich selber. Diese Reflexion nennt Marx Verdinglichung, Geld heckendes Geld.
Das metaphysische Bewusstsein, das uns in unserer Individualität unterdrückt, ist das Kapital, der Tauschwert, der eine bloße Abstraktion ist. Hegel ist der metaphysische Denker des Kapitals. Er ist der erste, der auf dem Standpunkt der Logik des Kapitals steht; seine Philosophie ist die idealistisch und metaphysisch verkleidete Form der Produktion.
Hegels Philosophie nimmt an, dass der reine Begriff aus sich selbst heraus die Materie schafft; dass jedes Ding nichts anderes ist als entfremdeter *Begriff*. Marx stimmt dem zu und kehrt diesen Gedanken zugleich um, denn ihm zufolge werden die konkreten Gebrauchswerte, die tagtäglich produziert werden, zum reinen Begriff des Arbeitsprodukts vernichtet. Diese Unterwerfung der Materie unter den reinen Begriff hat entfrem-

dete Realität. Was Hegel als die Verwirklichung begreift, ist in Wahrheit die Entwirklichung der Menschen.

Das Wesen, das Hegel meint, ist ein Negatorisches; darauf hat Adorno zurecht bestanden. Eine Differenzierung vorzunehmen zwischen Wesen und Erscheinung bedeutet, dass ich die Tatsachen nicht so nehme, wie sie sind, sondern auf das hin begreife, was sie begründet. In dieser Reflexion verändern sich die Tatsachen, zumindest der gedanklichen Möglichkeit nach, und die bessere Gesellschaft taucht als Möglichkeit des Denkens auf. Die Reflexion, die das Wesen ist, kann überhaupt erst den Schein naturgesetzlicher gesellschaftlicher Tatsachen durchbrechen. Hegels Kritik von Wesen und Erscheinung wird zur Kritik an der bestehenden Gesellschaft, wenn das Wesen materialistisch historisiert und nicht in eine Transzendenz verwiesen wird, wie es bei Hegel noch geschieht. Dieser Modus von Kritik ist in Hegels *Logik* angelegt, und deshalb hat Hegel recht, wenn er sagt, das Sein ist das Unmittelbare, und das ist ein Schein.

Das Unmittelbare ist das, was nicht vermittelt ist. Was nicht vermittelt ist, ist das, was von uns nicht produziert ist, der Schein. Wenn das Sein als vermitteltes durchschaut ist, wird es als Produkt gesehen. Deshalb formuliert Hegel den ersten Ansatz zur Auflösung der fetischisierten Wirklichkeit. Hegels Begriff des Wesens ist die Auflösung einer gesellschaftlich gesetzten Realität, die als naturgesetzliche erscheint.

Das Kapital ist die Selbstbewegung des Begriffs der Ware als des progredierenden Widerspruchs zwischen Gebrauchswert und Tauschwert. Dieser Begriff hat Realität, er existiert nicht wie »der Baum« im platonischen Ideenhimmel und »der Gott« im aquinatischen Feuerhimmel, sondern er ist eine negative Erscheinung; sie äußert sich erst im Tauschverkehr; sie subsumiert sich die materiellen, dinglich existierenden Gebrauchswerte.

Zwei systematische Reflexionsvorgänge überträgt Marx auf die Kritik der politischen Ökonomie. 1. Das Absolute (und der Wert ist das Absolute, weil im Wertbegriff abstrahiert ist vom konkret arbeitenden Subjekt und vom konkret bearbeiteten Objekt) entfaltet sich als Kapital, sich auf sich selbst beziehend als reine Identität. Der Profit ist die Identität des Kapitals mit sich selber. 2. Es gibt hinter den unmittelbaren Erscheinungsformen des Geldes und der Produkte ein Wesen. Dieses Wesen ist der Wert, eine existierende Abstraktion. Ich kann den Wert zwar nirgends sehen, hören, fühlen, schmecken, er hat keine empirische Wahrnehmbarkeit, aber er subsumiert unter sich die Gebrauchswerte. Der Wert reduziert im gesellschaftlichen Verkehr die konkreten Dinge auf die bloße Abstraktion des Werts. Wert ist die Abstraktion von den konkreten Gebrauchswerten, Individuen, Bedürfnissen und Interessen; Wert ist also Repression.

Hegels *Logik* liefert ein Modell emanzipierter Intersubjektivität und emanzipierter Verkehrsformen, denn ihr zufolge sollen Subjekt und Objekt miteinander versöhnt werden. Dieses Modell der Interaktion, der gesellschaftlichen Vermittlung herrschaftsfreien Verkehrs, ist in der Hegelschen *Logik* metaphysisch angelegt.

Auf der einen Seite kann Marx aus Hegel die Erkenntnis gewinnen, dass der gesellschaftliche Verkehr ein entfremdeter ist, weil die Subjekte nicht als Subjekte, sondern als Objekte sich anerkennen. Auf der anderen Seite kann er die entfremdete Wesenslogik des Kapitals aus der Hegelschen *Logik* herauslesen. Wenn Hegel sagt: Das Sein ist das Unmittelbare, und das ist ein Schein, so kann Marx daraus den Produktencharakter der Wirklichkeit herauslesen. Aus Hegel aber geht dieses entfremdet hervor, wenn er so argumentiert:

Das Sein wird als das Allerkonkreteste in der Philosophie gesehen, aber das Sein ist nur der allgemeine Begriff alles dessen, was ist. Das Sein sagt nichts anderes aus, als dass alles, was ist, ist, und das haben alle Dinge gemeinsam. Ergo abstrahiert er vom Besonderen, das doch gerade konkret ist. Das Sein ist das Allerallgemeinste, weil es gerade von den spezifischen Bedingungen der Dinge abstrahiert. Wenn es aber das Allerunbestimmteste ist, ist es Hegel zufolge nichts. Das aber ist falsch, denn etwas Unbestimmtes ist nicht nichts, unbestimmte Materie ist nicht schon nichts. Hegel ist deshalb gezwungen, das Unbestimmte in die Kategorie der Unbestimmtheit zu überführen. Das ist die dialektische Auflösung, die Marx rückgängig macht. Gleichwohl steht Marx auf dem Boden der Hegelschen Philosophie. Er führt nur eine systematische Kritik an Hegels idealistischer Prämisse ein, dass die Menschen *Menschen des Bewusstseins* sind und das Bewusstsein nicht ein *Bewusstsein von Menschen*. Das ist die einzige Korrektur, die Marx vornimmt.

Die Realität ist das Bestimmte, das Bestimmte ist das Besondere, und das Besondere ist das, was sich von allem anderen unterscheidet. Demnach müsste das Sein das sein, was sich von allem anderen unterscheidet. Das Sein aber ist nur der Begriff dessen, dass alles ist. Aber ein Tisch hat z. B. mit einem Stuhl das gemeinsam, dass er ist; das aber ist das Gemeinsame und nicht das, was sie unterscheidet. Also ist das Sein gerade das Unterschiedslose, die reine Identität, das Unbestimmte. Das Bestimmte am Tisch ist nicht, dass er ist, weil auch der Stuhl ist, sondern das Bestimmte am Tisch ist, dass er ein besonderes Sein hat, das ihn eben zum Tisch macht. Das Sein abstrahiert gerade von allen Unterschieden und damit von allen Bestimmungen; deshalb ist das Sein das Unbestimmte. Das Unbestimmte ist die Unbestimmtheit, und das ist eine Äquivokation, die Hegel macht. Das Sein, weil es das Unbestimmte ist, ist nichts. Das Nichts ist also das völlig Unbestimmte. Dass es das Unbestimmte ist, ist seine Bestimmung. Deshalb ist das Nichts ein Sein. Die Bestimmung des Unbestimmten ist es, ein Unbestimmtes zu sein. Damit ist das Unbestimmte ein Bestimmtes, ein Endliches, ein Seiendes; damit hat es konkrete Realität.

Es handelt sich hier keinesfalls um formale Logik, die ein Aussagensystem darstellt, in dem alle variablen Satzbestandteile durch Symbole ersetzt werden können. Gleichwohl ist obige Argumentation auf einer bestimmten Ebene deshalb formal, weil Hegel notwendig alle Begriffe zur Leerformel des sich selber seienden Bewusstseins herabsetzen muss. Marx würde sagen: Das ist die Formalisierung des Kapitals, die Abstraktion des formalen Tauschwerts von den materiellen Gebrauchswerten. Was Hegel hier macht, ist die Metaphysik, die real geworden ist. Das allgemeine Kapital ist das Wesen des Hegelschen Seins.

Die Hegelsche Dialektik von Wesen und Erscheinung entspricht der Kantischen Differenzierung zwischen Ding an sich und Erscheinung, mit dem Unterschied, dass Kant die Behauptung aufgestellt hat, dass das Ding an sich nicht zur Erscheinung kommt. Hegel aber sagt: das Wesen muss erscheinen. Das, was an sich ist, erkennen wir, insofern es für uns wird.

An-sich-Sein bedeutet immer, dass etwas unabhängig von der Beziehung auf ein Bewusstsein existiert, dass etwas nicht in einer Subjekt-Objekt-Relation steht. Was nicht in Relation steht, ist absolut; das Ansich ist das Absolute. Hegel aber sagt: das Bewusstsein weiß etwas, z. B. ich weiß, dass dies ein Stuhl ist, und ich nehme ihn von meinem Bewusstsein unabhängig. Dann erkennt das Bewusstsein, dass ich diesen Stuhl nur weiß, weil ich mich zu ihm in Beziehung gesetzt habe. Das, von dem ich meine, dass es an sich ist, ohne Beziehung auf mich, ist im Grunde genommen nur für mich. Wenn ich erkenne, dass das, was an sich ist, für mich ist, so ist das Ansich für mich ein neues Ansich. Das ist der Weg der Reflexion. Das, was an sich ist, ist das, was bewusstseinsunabhängig ist; aber das ist eine Ideologie. Denn wenn ich von etwas sage, dass es an sich ist, steht es immer schon in Beziehung zu einem Bewusstsein, in Beziehung zu einer Reflexion. An sich ist nur das, was an und für sich ist, denn »für sich« ist eine Bewusstseinskategorie. Das Sein ist an sich erst bewusstseinsunabhängig, wenn es für sich geworden, also Bewusstsein geworden ist. Bewusstsein ist also das Sein. Das, was an sich ist, ist an und für sich. Die Tätigkeit der Erkenntnis ist die Bewegung des Seins selbst.

Wenn Hegel sagt, dass das Sein zum Anundfürsichsein gelangt, dass das Sein zum Wesen wird, so ist das kein zeitlicher, sondern ein logischer Vorgang. Die Logik, sagt Hegel, sind die Gedanken Gottes vor der Erschaffung der Welt, in einem logischen und nicht in einem chronologischen Sinn. Auch die Erinnerung dieses Seins ist nicht zeitlich gemeint. Deshalb spricht Hegel vom »zeitlos vergangenen Sein«.[14]

Die Bewegung des Begriffs ist die Geschichte. Insofern die Geschichte begriffen wird, ist die Geschichte zur reinen Logik geworden, zur Bewe-

14 Vgl. dazu: Hegel, Phänomenologie des Geistes, Hamburg 1952, S. 558f.

gung des Gedankens statt zur Entfaltung in der Zeit. Seit Parmenides gilt: Denken und Sein sind identisch, aber dem, was sich bewegt, was vergeht und entsteht, was stirbt und lebt, kommt nicht die Dignität des Wirklichen zu. Hegel ordnet zwar der Bewegung die Dignität des Wirklichen zu, aber um den Preis, dass sich die Bewegung bei ihm nicht bewegt. Diese sich nicht bewegende Bewegung ist im Prinzip das Kapital, die enthistorisierte Erscheinungsform der gegenwärtigen Gesellschaft. Die Hegelsche Logik ist der Klassenkampf Gottes mit sich selbst.

Hegel verwandelt die konkrete Geschichte in die Logik; begriffene Geschichte ist aufgehobene Geschichte. Sie ist Geschichte, die zur reinen Bewegung des Denkens geworden ist, so dass am Anfang des Denkens das steht, was am Ende herauskommt, nämlich das Absolute.

Marx beschreibt das Kapital und seinen Prozess in Kategorien der Hegelschen Logik. Das Kapital ist der sich verwertende Wert, der Wert wird als wesenslogische Abstraktionskategorie betrachtet. Das Kapital ist eine in der Zeit sich entfaltende Abstraktion, ist die scheinbare Enthistorisierung der Zeit an sich selber, denn das Kapital stellt sich als ewige Naturnotwendigkeit dar, es ist immer »zeitlos vergangenes Sein«.

Hegel ist imstande, und das drückt einen objektiven Widerspruch aus, die Selbstbewegung des Begriffs sprachlich in zeitlicher Sukzession auszudrücken, obwohl er die logische Folge meint. Das ist aber ein in der Hegelschen Philosophie selbst noch reflektiert enthaltener Widerspruch, denn die Logik soll ja die aufgehobene geschichtliche Sukzession sein. Marx zufolge gilt dies auch für das Kapital, nur dass hier dieser Sachverhalt ein zu durchbrechender Schein ist, denn das Kapital ist der sukzessive Prozess der Wertreproduktion, der sich aber auf Grund der Abstraktion von den Gebrauchswerten und den Bedürfnissen so darstellt, als ob er sich nicht in der Zeit vollziehe, sondern als ob das Kapital das von Ewigkeit gesetzte sei. Das ist die Vorstellung, die Marx auf Grund der Darstellung der idealistischen bürgerlichen Ökonomie hatte, die das Kapital naturgesetzlich verankert hat. Die Bewegung des Kapitals vollzieht sich in der Zeit, und doch ist sie eine Bewegung, die immer nur das Identische, nämlich den Tauschwert und den Mehrwert als Identitätskategorien hervortreibt. Diese Bewegung ist geschichtslose Geschichte. Das ist, im Grunde genommen, Hegels apologetische Stellung: er will die gesamte Geschichte in geschichtslose Geschichte verwandeln, in die Geschichte des einen und selben sich entäußernden Begriffs.

Hegel sagt in der Einleitung zur *Logik*, dass er hier die *Phänomenologie des Geistes* reproduziert vom Standpunkt des Objekts her. Die *Phänomenologie* ist eine Theorie des Bewusstseins als des erscheinenden Wissens, während die *Logik* überhaupt erst dort beginnt, wo die *Phänomenologie* aufhört, nämlich mit dem absoluten Wissen. Die *Logik* hat sich aus der Sphäre der Erscheinungen befreit, aber schon diese Sphäre der Erscheinungen war wiederum reiner Begriff, reines Anundfürsich. Auf einer bestimmten Ebene ist Hegel der konkreten Geschichte in der *Phänomenologie des Geistes* in der Tat näher, weil er, wie er selbst sagt, in der Sphäre des erscheinenden Wissens sich aufhält.

Der Unterschied zwischen historischer und logischer Betrachtungsweise, die Differenzierung von Genesis und Geltung, spiegelt eine Realität wider. Der Tauschwert konstituiert sich, logisch gesehen, in der Produktionssphäre, genetisch gesehen in der Zirkulationssphäre, durch den Kontakt der Gemeinwesen an ihren Grenzen. Die Genesis steht gleichsam umgekehrt zur logischen Geltung. Ähnlich verhält sich Hegels *Wissenschaft der Logik* zur *Phänomenologie des Geistes*. In der *Phänomenologie* beschreibt Hegel eine Genesis, die er in der *Logik* geltungslogisch aufhebt, oder wie Marx sagt: so wie dem Kapital historisch das Grundeigentum vorausgeht, so geht ihm systemimmanent der Wert voraus.

Bei Hegel ist die Identität von Geltung und Genesis dadurch gesetzt, dass auch die *Phänomenologie des Geistes* als die Genesis des erscheinenden Wissens zum absoluten Wissen das Absolute systematisch voraussetzt. Das Absolute, das Marx erst mit der kapitalistischen Gesellschaftsformation voraussetzt, nämlich der Wert, ist bei Hegel gattungsgeschichtlich vorausgesetzt. Bei Hegel ist die Immanenz des Systems nicht die eines historisch begrenzten Kapitalsystems, sondern die der gesamten Gattungsgeschichte. Was der Gattungsgeschichte vorausgeht, ist das, was vor der Genesis, vor den fünf Büchern Moses ist. Das sind die Gedanken Gottes vor der Erschaffung der Welt in einem logischen Sinn. Was Hegel in der *Logik* liefern will, ist letztlich eine logische Begründung der Genesis: die Aufhebung Gottes. Hegel macht das System des Kapitals zur gesamten Gattungsgeschichte. Marx setzt auch den Wert immer schon logisch allen möglichen Systemen voraus, weil er die Geschichte aus der Perspektive der kapitalistischen Gesellschaftsformation bestimmt.

Im Geld fallen Geltung und Genesis zusammen, insofern es einerseits entstanden ist aus dem Kontakt der Gemeinwesen an ihren Grenzen, andererseits aus der Ware. Das Geld ist daseiender Begriff.

Bei Hegel wird Genesis in Geltung aufgehoben. Marx unterscheidet zwischen Genesis und Geltung, aber er sagt: Die Genesis ist geltungskonstitutiv, denn die Genesis der Entfaltung des Grundeigentums konstituiert die kapitalbildenden Klassen.

Das Werden von etwas setzt nicht voraus, dass es gilt, wenn es ist. Die Geltung setzt historische Anerkennung in gesellschaftlichen Beziehungen voraus. Auch das heißt Konstitution, so wie Konstitution eine Rechtsverfassung ist, in dem Sinne, wie wir von konstitutioneller Monarchie oder vom Grundgesetz sprechen. Dass man etwas Gewordenes auch anerkennt, setzt gesellschaftliche Übereinkünfte voraus; erst dann gilt es. Die

Tatsache des bloßen Werdens macht noch keine Geltung aus. Deshalb kann Hegel zu Recht sagen, dass 1789 die absolute Monarchie Ludwigs XVI. das Unwirkliche, die Revolution aber das Wirkliche war. Geltung ist ein gesellschaftlicher Organisationsbegriff. Wenn etwas nicht anerkannt ist, ist es nicht wirklich.

Das Sein, das sich an sich begreift, ist nicht in Wirklichkeit an sich; weil es nicht erkennt, dass es durch Bewusstsein gesetzt ist. Es ist erst bewusstseinsunabhängig, wenn es sich als vom Bewusstsein abhängig begreift, wenn es sich als durchs Bewusstsein gesetzt begreift. Das Sein ist erst an und für sich an sich, wenn es für sich geworden ist. Wenn es für sich geworden ist, bedeutet das, dass das Sein sich zu sich selbst verhält, sich reflektiert. Dann ist das Sein Bewusstsein geworden. Das Bewusstsein ist das, was an sich ist, das einzige Bewusstseinunabhängige ist das Bewusstsein selber.

Ohne Zweifel ist auch das eine Realität, denn das Kapital soll Marx zufolge nichts anderes sein als unbewusstes Bewusstsein. Die Blindheit des Hegelschen Bewusstseinsbegriffs ist eine Widerspiegelung der Konstitution von restauriertem Staat und sich ursprünglich akkumulativ bildendem Kapital in Deutschland.

Wenn etwas sich auf ein anderes bezieht, erkennt es im anderen sich wieder, insofern es das andere als es selbst erkennt. Das andere Objekt erweist sich immer nur als dasselbe Subjekt. Der Dualismus von betrachtendem Subjekt und Objekt ist aufgehoben. Man erkennt etwas nicht als empirisch denkendes Individuum, sondern als Inkarnation der philosophischen Abstraktion. Etwas wird erkannt als reines Bewusstsein, und diese Erkenntnis hebt dieses Etwas ins Bewusstsein auf, so dass das Etwas für sich wird. Dieses Etwas wird nicht in *deinem* Bewusstsein aufgehoben, das Bewusstsein gehört *dir* gar nicht, vielmehr gehörst *du* dem Bewusstsein.

Über die erfahrene Realität reden wir immer nur in allgemeinen Begriffen, die wahrscheinlich der Besonderheit dieser Realität nie Rechnung tragen. Die Idealisten haben nicht nachzuweisen versucht, dass die Außenwelt keine materielle Realität habe, sondern sie wollten gerade die Realität der Außenwelt begreifen. Sie wollten klarmachen, dass wir nur in Kategorien reden, die auch unsere empirische Besonderheit unter sich subsumieren, dass das einzelne Individuum doch nur in allgemeinen Kategorien, die seine besondere Individualität nicht ausdrücken, redet, dass wir auch die gesamte gesellschaftliche Realität unter diese Kategorien subsumieren. Und dann fragen die Idealisten, ob es überhaupt einen Zugang zu dieser Realität gibt. Und sie kommen zu dem Schluss: wenn die Außenwelt real ist, wir aber nur mit diesen Kategorien über die Außenwelt uns verständigen können, dann ist diese Außenwelt kategorial strukturiert.

Marx übernimmt diesen Sachverhalt als negative Tatsache. Er sagt: das ist das falsche Dasein. Es existieren Abstraktionen, Einbildungen, Fiktionen, Institutionen, Religionen, Fetischisierungen, Mystifikationen, die die konkrete Entfaltung der Menschen blockieren, oder nur eine entfremdete Entfaltung zulassen.
Hegel konnte die Realität der Außenwelt nur um den Preis retten, dass er diese Außenwelt als an sich selber kategorial strukturiert ausgab. Fichte und Hegel sind konsequente Fortsetzer der Kantischen Erscheinungstheorie, denn die Erscheinung ist bei Kant kein Schein, sondern sie soll das Reale sein. Fichte und Hegel gehen weiter und sagen: Auch die Erscheinung ist irreal, der Schein, der sich als Schein weiß, ist das Reale. Unsere kategoriale Struktur trifft die besondere Verfassung der Realität nicht, der Begriff gleitet daran ab, aber wir denken und verkehren nur in dieser kategorialen Struktur, und das ist eine Wirklichkeit. Demzufolge ist die kategoriale Struktur real.
Wenn wir uns nur in Kategorien verständigen, dann ist in der Tat unsere ganze Realität kategorial, dann ist Realität selbst eine Kategorie. Aus dieser Bewusstseinsimmanenz ist Marx zufolge nur herauszukommen, wenn gesellschaftliche Verhältnisse geschaffen werden, in denen Kategorien wie der Wert nicht mehr herrschen, wenn sich die Abstraktionsstruktur des Denkens selber verändert hat.

35. Produktion und Klassenkampf*

Die Marxsche Kritik der politischen Ökonomie als eine Lehre, deren Aussagen die Gesellschaft unter dem Aspekt ihrer Veränderbarkeit konstruieren, hat zweierlei revolutionstheoretischen Sinn. Zum einen entschleiert sie hochverschleierte gesellschaftliche Herrschaftsverhältnisse und falsche Bewusstseinsformen; Modell dieses Vorgehens ist die Warenanalyse und das Aufzeigen des Fetischcharakters der Waren. Zum zweiten soll sie die geschichtliche Dynamik, die gesellschaftliche und geschichtliche Entwicklungsobjektivität des kapitalistischen Geschichtsverlaufs darlegen, deren revolutionstheoretischer Sinn die Konstruktion der kapitalistischen Gesellschaftsformation als eines quasi naturgesetzlichen Krisenzusammenhangs ist. Die Krise gilt Marx als die objektive Bedingung revolutionärer Situationen. In ihr entäußern sich *der* Widerspruch und *die* Krise, die das Kapital ins Leben rief. Die ursprüngliche Akkumulation – der terroristische Enteignungsprozess der kleinen Landeigentümer und die Verwandlung des Ackerlandes in Weideland, die Konstitution der großen absolutistischen Monarchien, deren außerökonomische Zwangsgewalt von direkter ökonomischer Potenz in jener Zeit ist – ist die erste Krise, die das Kapital ins Leben rief, und vom selben Typus wie die, die ihm auch ein Ende bereiten wird. Denn das Kapital ist ab ovo mit dem Widerspruch von gesellschaftlicher Arbeit und privater Aneignung, von Privatarbeit und schon der Tendenz nach sich durch Konzentration und Zentralisation vergesellschaftendem Eigentum behaftet. Dieser Widerspruch zwischen Vergesellschaftung und privater Aneignung treibt das Kapital jeweils in die Krisen hinein und eröffnet dem Proletariat die Möglichkeit, die in der ursprünglichen Akkumulation terroristisch verinnerlichten Arbeitszeit- und Mehrarbeitszeitnormen zu durchschauen, eine Erin nerung an Ausbeutung wiederzugewinnen und damit die scheinbare Naturgesetzlichkeit der kapitalistischen Entwicklung, Fetischisierung, Mystifikation und Verdinglichung zu durchschauen und zu durchbrechen.

Die Frage ist, ob Marx mit seinem Modell der Krise – denn jede Krise soll tendenziell Zusammenbruch des Kapitals sein, wie es die historische Reproduktion des Kapitals auf erweiterter Stufenleiter aufs neue be-

* Diese Arbeit ist aus einem Referat entstanden, das Hans-Jürgen Krahl am 6.2.1970, kurz vor seinem Tode, in einem Seminar zum Problem der Marxschen Krisentheorie gehalten hat. Den ersten Teil hat er nachträglich frei auf Tonband gesprochen; den zweiten und dritten Teil konnte er nicht mehr diktieren. Wir fügen daher unter den Fußnoten 2 und 3 entsprechende Passagen aus den »Schulungsprotokollen« bzw. aus Mitschriften von Genossen an, um die geplante Argumentationsrichtung anzudeuten. Da insbesondere die Ausführungen über Sprache als mögliches Vermittlungsglied zwischen der Kritik der politischen Ökonomie und der revolutionären Theorie des Klassenkampfes höchst problematisch sind, weisen wir besonders auf ihre Vorläufigkeit hin. (Anm. d. Hg.)

sorgt – die Frage also ist, ob das Marxsche Modell der Krise wirklich die Vermittlung zwischen der Kritik der politischen Ökonomie als einer revolutionären Theorie der Gesellschaft, die falsche Bewusstseinsformen aufdeckt, und jenen krisenhaften Unterbrechungen des Produktionsprozesses, den Naturkatastrophen der ökonomischen Entwicklung, leistet, ob diese Kritik der politischen Ökonomie zu einer Theorie der Revolution wirklich vermittelt worden ist? Unter den Herrschaftsbedingungen des Spätkapitalismus, unter hochverschleierten Herrschaftsverhältnissen, deren Verschleierung keineswegs mehr allein auf einer mit ideologischer Legitimationskraft ausgestatteten Zirkulationssphäre beruht, müssen alle Fragen einer Rekonstruktion revolutionärer Theorie und von Revolutionstheorie zurückgreifen auf Marx und das Verhältnis von Produktion und Klassenkampf in der Marxschen Theorie selber problematisieren. Das Problem also, um das es geht, ist das Verhältnis von Produktion und Klassenkampf; das Verhältnis von Kritik der politischen Ökonomie als einer kritischen Theorie der kapitalistischen Produktion und des Historischen Materialismus als einer Theorie der Revolutionen und Klassenkämpfe ist problematisch geworden. Diese Problematik ist nicht angelegt in der Marxschen gattungsgeschichtlichen Konstruktion des Verhältnisses von Produktion und Klassenkampf. Produktion ist das Prinzip von Geschichte, gleichwohl soll alle Geschichte Marx und Engels zufolge eine Geschichte von Klassenkämpfen sein. Der Klassenkampf ist die gewaltsame und selbst noch vorgeschichtliche Erscheinungsform dieses Geschichtsprinzips. Der Klassenkampf stellt jeweils eine transitorische Phase des Übergangs von Vorgeschichte in Geschichte dar. Produktion als das Prinzip von Geschichte hat den Doppelcharakter von Arbeit und Arbeitsteilung. Produktion ermöglicht überhaupt erst den Menschen ein aktivisches Verhältnis zur Natur zu entwickeln und bedeutet, dass die Menschen imstande sind, sich auf dem Boden der Natur von dieser Natur selber zu emanzipieren. Produktion ist also ab ovo mit einem Emanzipationsindex versehen. Als Prinzip von Geschichte kommt es aber überhaupt erst in diesem Hegelschen Sinn zur Entfaltung, wenn erstens die Produktionsmittel selber Produktencharakter angenommen und zweitens die Eigentumsverhältnisse nicht mehr die Gestalt persönlicher Knechtschaften, sei es Sklavenhaltergesellschaft, sei es Leibeigenengesellschaft haben. Dieser historische Charakter der Produktion entäußert sich daher erst mit der kapitalistischen Gesellschaftsformation. Hier sind die Produktionsmittel nicht mehr die von den Menschen ungemachte Erde, sondern die von den Menschen selbst gemachten Maschinen. Zum zweiten haben sich die Eigentumsverhältnisse derart entpersonalisiert, dass der Arbeiter, der unmittelbare Produzent, nicht mit Haut und Haaren, Leib und Seele als Sklave dem Herrn oder als Leibeigner dem Feudalherrn gehört, sondern durch freien Arbeitsvertrag seine Arbeitskraft als Ware verkauft.

Nulle terre sans seigneur, sagt Marx, aber l'argent n'a pas de maître. Diese Entpersonalisierung von Herrschaft ist ein erster Schritt wirklicher Emanzipation. Er macht die ambivalente Freiheit des freien Arbeiters aus, der frei ist von der persönlichen Knechtschaft, der Leibeigenschaft, und der frei ist von allen materiellen Subsistenzmitteln, so dass diese Freiheit die Gewalt und den Zwang auf ihn ausübt, seine Arbeitskraft als Ware auf dem Markt verdingen zu müssen. Produktion als Prinzip von Geschichte kommt also der Marxschen Konstruktion zufolge mit der kapitalistischen Gesellschaftsformation zur offenen Entfaltung, weil sich die Produktionsmittel historisiert haben und auch schon die Eigentumsverhältnisse sich historisiert und entpersonalisiert haben. Aber die historische Verfassung der kapitalistischen Gesellschaftsformation revoziert sich permanent zur Vorgeschichte; Geschichte selbst verdinglicht zur zweiten Natur der kapitalistischen Gesellschaftsformation. Das zweite Moment, das Marx entfaltet, ist das der Klassenkämpfe. Die Klassenkämpfe, also Gewalt, sind eine bloße – und deshalb auch abschaffbare – Erscheinungsform von Produktion. Sie deuten an, dass die Produktion immer noch nicht in freien Verhältnissen, in einer Assoziation freier Menschen organisiert worden ist, sondern dass die Produktionsverhältnisse selbst noch den Charakter von Vorgeschichte haben. Zugleich aber impliziert die Gewalt der Klassenkämpfe ihre Selbstaufhebung, d. h. jeder Klassenkampf stellt ein Stück Umsetzung von Vorgeschichte in Geschichte dar, sofern er siegreich für die Unterdrückten, die sich auflehnen, ausgeht. Dieses Verhältnis von Produktion und Klassenkampf, wie Marx es gattungsgeschichtlich entfaltet hat, steht hier nicht zur Debatte, sondern drei Punkte, die die Bedingungen von Revolution und die Konstruktion einer Theorie der Revolution unter hochverschleierten kapitalistischen Herrschaftsverhältnissen anbelangen, sollen hier diskutiert werden:

1. Das Verhältnis von bürgerlicher und proletarischer Revolution in der Lehre von Marx und damit die Frage, ob Marx einen adäquaten historischen Begriff proletarischer Revolution sich erarbeiten konnte.

2. Das Verhältnis von gesellschaftlichem Sein und Bewusstsein in der Lehre von Marx oder, ökonomiekritisch präzisiert, das Verhältnis von begrifflicher Wertabstraktion und ihrer Verdinglichung zur Wertform, zum Arbeitsteilungsverhältnis der abstrakten Arbeit, d. h. die Identifikation von ökonomischen Kategorien mit praktischen gesellschaftlichen Existenzbestimmungen, wie Marx sie in der Einleitung zum Rohentwurf vornimmt. Dieser zweite Punkt soll also das Verhältnis von gesellschaftlichem Sein und Bewusstsein, Wertabstraktion und Arbeitsteilungsverhältnis abstrakter Arbeit, Kategorie und gesellschaftlicher Realität behandeln.[1]

1 Marx zufolge ist Sprache praktisches Bewusstsein; sie ist aus Arbeitsteilung entstanden, das praktische Bewusstsein der geteilten Arbeit. Aus der Marxschen Theorie geht aber nicht hervor, wieso Marx imstande war, die Arbeitsteilung seiner eigenen Gesellschaft zu

durchschauen, wenn auch sein Bewusstsein durch das gesellschaftliche Sein bestimmt war. Wenn in Sprache und Bewusstsein keine Momente enthalten sind, die gewissermaßen über die Bestimmung des Bewusstseins durch das gesellschaftliche Sein hinausgehen, wie kann man dann die Gesellschaft kritisch erkennen? Was ist aber dieses Moment, das über die Bestimmung des Bewusstseins durch das gesellschaftliche Sein hinausgeht und wodurch wird es konstituiert? Marx hat eine objektive Antwort darauf: Die Konkurrenz, sagt er, isoliert die Proletarier nicht nur voneinander, sondern bringt sie auch zusammen, bringt sie in den Verkehr miteinander, und dieses Zusammenbringen bedeutet die Fähigkeit zur Synthesis. (Vgl. Deutsche Ideologie, MEW Bd. 3, S. 61 Fußnote)

Das ist eine objektive Interpretation, aber sie erklärt eines nicht: Die Kritik der politischen Ökonomie beansprucht als revolutionäre Theorie, die Bedingungen einer Veränderung der Gesellschaft aufzuzeigen. Um diese aufzuzeigen, muss sie zunächst einmal die Bedingungen beschreiben, die die Bildung von Klassenbewusstsein verhindern: das falsche Bewusstsein. So mündet das Warenkapitel konsequent in das Fetischkapitel, wo falsche Bewusstseinsformen aufgezeigt werden. Die Kritik der politischen Ökonomie konnte hinreichend die Bestimmung des Bewusstseins aus dem gesellschaftlichen Sein erklären, aber Marxens Postulat ist es ja, dass die Menschen Geschichte mit Bewusstsein machen, d. h. das Verhältnis von Sein und Bewusstsein sich umkehrt.

Dass die Kritik der politischen Ökonomie als revolutionäre Theorie der Herrschaftsentschleierung und der gesellschaftlichen Dynamik unvermittelt ist zur Theorie des historischen Materialismus als der Theorie und Geschichte der Klassenkämpfe, rührt einerseits daher, dass für Marx die Revolution eine immer schon vorgefundene und vom Proletariat nicht machbare, sondern nur transformierbare Tatsache ist. Nachdem die Revolution nach 1871 ausblieb, hat Marx so gut wie kein revolutionstheoretisch relevantes Wort mehr gesagt. Die Kritik des Gothaer Programms geht auf die Konstruktion der künftigen Gesellschaft ein, aber sagt nicht, wie die Revolution zustandekommt.

Wenn man andererseits davon ausgeht, dass Produktion als Prinzip von Geschichte Arbeit und Arbeitsteilung ist und dass gleichwohl alle Geschichte eine Geschichte von Klassenkämpfen ist - ich trenne jetzt absichtlich analytisch, obwohl die analytische Trennung Ideologie ist, aber sie ist eine Marxsche, und es geht um die Bedingungen einer Theorie der Revolution –, so ist es logisch nicht möglich, diese Produktion und das Bewusstsein von Produktion zu den Klassenkämpfen zu vermitteln. Hier geht eine Lücke in die Marxsche Konstruktion der Geschichte ein, und ich glaube sie bezeichnen zu können mit »Sprache«.

Familie, Sprache und Arbeitsteilung sind meiner Meinung nach die Prinzipien, die in der Geschichte als Geschichte zur Entfaltung kommen. Ich bin auch der Meinung – und das haben z. B. Horkheimer und Adorno in der Dialektik der Aufklärung gesehen –, dass Sprache zwar aus Arbeitsteilung entsteht, aber nicht bloße Widerspiegelung der Arbeitsteilung sein kann, weil sonst nicht erklärbar ist, wie man die Gesellschaft richtig erkennen kann.

Marx muss nicht nur die Bedingungen angeben, unter denen das Bewusstsein vom gesellschaftlichen Sein bestimmt wird, denn ein vom gesellschaftlichen Sein bestimmtes Bewusstsein ist ja falsches Bewusstsein; er muss auch die Bedingungen angeben, wie man mit Bewusstsein das gesellschaftliche Sein bestimmt. Das ist nötig für die Bildung von Klassenbewusstsein.

Ich sage nicht, Sprache tritt gleichwertig als Prinzip neben den Begriff der Produktion; aber ich meine, dass in dem Augenblick, wo Warenproduktion, Tauschverkehr und Geld sich entwickeln, Sprache ein Moment enthält, das über die Bestimmung des Bewusstseins durch das gesellschaftliche Sein hinausgeht.

Sprache wäre damit konstitutiv für einen Typus von Arbeitsteilung, und zwar für jenen, der durch abstrakte, warenproduzierende Arbeit gekennzeichnet ist. In primitiven Gesellschaften dagegen sind Arbeitsteilung und Sprachverhalten durch den familiären Verband menschlichen Verhaltens bestimmt. Das ändert sich, wo Tauschverhältnisse die Bestimmung menschlichen Verhaltens durch den familiären Verband zurückdrängen. Wenn rationale Tauschbeziehungen die Individuen in Kommunikation über Arbeitsteilung und

3. Dieser Punkt bezieht sich auf den Begriff der Arbeit, den Marx in der Kritik der politischen Ökonomie, vor allem im Kapital und den Theorien über den Mehrwert, entfaltet. Er soll problematisieren, ob es Marx gelungen ist, die Dialektik der Arbeit, nämlich gesellschaftliche Arbeit, nicht nur als kapitalverwertendes Unglück zu bestimmen, sondern auch als kapitalnegatorische Produktivkraft der Emanzipation, ob also bei Marx ausgewiesen ist, dass die Produktivkräfte als solche ebensoviel Emanzipationsmittel darstellen. D.h. ist es Marx gelungen, die Emanzipationskraft der Arbeit in systemkritischer Form in die Kritik der politischen Ökonomie metakritisch zu integrieren und so ein Vermittlungsglied zu entfalten zur Konstitution des Klassenkampfes, der revolutionären Subjektivität des organisierten Proletariats?[2]

Tauschwerte drängen, Sprache durch Arbeitsteilung bestimmt wird, dann sind sprachliche Beziehungen, die Wissenschaft hervortreiben, genetische Bedingungen von Klassenbewusstsein. Diese hat Marx aber nicht systematisch als Bedingungen für Klassenbewusstsein angegeben. Die Determination von Bewusstsein an der Basis ist in der Sprache als Ideologie angelegt. Wissenschaftliche Erkenntnis verläuft aber anders. Wenn Sprache in diesem Sinne ignoriert würde, wäre erstens nicht einzusehen, wie die Sprache Marxens jene Verbindung durchschneiden kann. Wenn zweitens die Sprache an Arbeitsteilung einseitig gebunden sein sollte, dann könnte es aufgrund der Klassenbedingungen des Proletariats keine proletarische Organisation geben. Drittens kann die kategoriale Struktur der Wirklichkeit nicht nach der Beziehung von Basis und Überbau begriffen werden, es sei denn, man verfüllt der »Weltanschauung«, Abbildtheorie oder Ontologie.
Sprache dient der Konstitution von Bewusstseinsformen. Sie ist auch Prinzip von Gesellschaft – als Produkt des Bewusstseins ist sie unterschieden von abstrakter Arbeit.

2 Marxens Begriff der Arbeit ist zu überprüfen. Die These wäre, dass der Begriff der Arbeit, insofern er auf wertsetzende Arbeit verkürzt ist, selbst noch auf dem »Standpunkt des Kapitals« verbleibt. Wenn der Marxsche Arbeitsbegriff einen revolutionstheoretischen Sinn haben soll, dann muss der Begriff der produktiven Arbeit klassentheoretische Konsequenzen haben. In seinem entfalteten System hat Marx einen restringierten Produktionsbegriff, indem er produktive Arbeit auf wertsetzende beschränkt.
Wenn produktive Arbeit allein als wertsetzende bestimmt wird, kommt das Problematische daran etwa bei der Diskussion der intellektuellen Arbeit heraus. Marx sistiert hier die Dialektik seines Produktionsbegriffs, der Produktion einerseits als produktive Arbeit nicht wertsetzender Gestalt, als Selbstverwirklichung, andererseits als Produktivität des Kapitals bestimmt. So kritisiert Marx z.B. im Rohentwurf (S. 504f.) an A. Smith die schematische Trennung von Arbeit und als Freiheit begriffener Ruhe; er interpretiert dagegen Arbeit als selbstgesetzten Zweck und Selbstsetzung, als Vergegenständlichung des Subjekts und Selbstverwirklichung und damit als eine Gestalt von Freiheit in der Entfremdung. Das Schema, Arbeit mit Zwang und Muße mit Freiheit zu assoziieren, begreift er als Moment bürgerlicher Ideologie. Dagegen setzt er die Dialektik von freier Arbeit und ruhigem, freiwilligem Zwang. An dieser Stelle bestimmt er Arbeit also als Emanzipationskategorie.
Im Begriff der Arbeit wäre die Vermittlung von kapitalproduktiven und kapitaldestruktiven (subjektiv-negierenden) Momenten zu entfalten. Da Arbeit als Kategorie der Emanzipation systematisch nicht in die Kritik der politischen Ökonomie eingeht, kommt Marx zu einer »ökonomistischen« Interpretation des Arbeitsbegriffs, was revolutionstheoretische Konsequenzen für den Klassenbegriff hat. Seine klassentheoretischen Grundkategorien des Kapitalismus, wie Lohnarbeiter, Kapitalist und Grundeigentümer, sind nicht vermittelt mit politisch agierenden Klassen, vielmehr vorrangig nach ihrer objektiven Stellung im Produktionsprozess bestimmt. Die objektivistische Bestimmung von Klassen durch ihre Zurech-

Ad I. Marx geht historisch richtig von dem Sachverhalt aus, dass die Revolutionen, die er beschreibt, historisch noch als bürgerliche Revolutionen progressiv beginnen, aufgrund der faktischen Macht des Proletariats und der ökonomischen Entwicklung des Tauschverkehrs und relativ hoher organischer Zusammensetzung des Kapitals schon in konterrevolutionäre umzuschlagen drohen und deshalb in proletarische transformiert werden müssen. Anders gesagt: die historische Situation, die Marx als revolutionäre Situation darlegt, muss noch von dem Sachverhalt eines revolutionären Bürgertums, das die politische Macht im Staate noch nicht sich hat erkämpfen können, ausgehen. Obwohl die bürgerliche Gesellschaft ökonomisch als System der Bedürfnisse, d. h. als System des gerechten Äquivalententauschs und wachsender organischer Zusammensetzung des Kapitals schon relativ hoch entwickelt ist, ist dieses Bürgertum gleichwohl noch nicht voll zur politischen Macht gelangt und muss noch feudale und absolutistische Überreste beseitigen. Der Begriff der Revolution, wie er sich Marx durch praktische Anschauung entfaltete, ist somit gewonnen aus jenen Revolutionen, die der Restauration der großen französischen Revolution folgten, der Wiedergewinnung der Dimension von Klassenkämpfen des progressiven französischen Bürgertums. Die französische Realität der Revolutionen von 1830 bis 1871 ist für Marx zum Grundmodell sozialrevolutionärer Entwicklungen im 19. Jahrhundert geworden. D. h., wovon Marx ausgeht, ist der Sachverhalt, dass die Revolutionen – sowohl die Klassenkämpfe in Frankreich[3] und die Konterrevolution des 18. Brumaire Louis Bonapartes als auch die proletarische Revolution der französischen Kommune – historisch keine vom Proletariat gemachten, sondern vom Bürgertum vorgegebene Tatsachen sind. Für Marx kommt die Vorstellung, historisch-genetische Bedingungen subjektiver Art des Entstehens von Revolutionen, der Bildung von Klassenbewusstsein und der Konstitution von Organisationen anzugeben, überhaupt nicht auf.

nung zum Produktionsprozess hat eine doppelte Konsequenz: eine industrieproletarische Verkürzung des Revolutionssubjekts und die Hervorkehrung von Bewusstseinskategorien allein im Hinblick auf die Konstitution der Klasse für sich.
Wenn die »negatorische«, d. h. die kapitaldestruktive Seite der Arbeit entfaltet würde, dann gehörten alle diejenigen zur revolutionären Klasse, die an der »Produktion von Sittlichkeit« arbeiten.
Eine Folge von Marxens »Versäumnis« ist, dass die Arbeiterbewegungen keine Spontaneitätskonzeptionen entwickelt haben, die z. B. an der Diskrepanz von faktischen kooperativen Formen der Industriearbeit und ihrer qualitativ rechtlichen Organisation zu entwickeln wären. Auch verdinglichte Produktivität hat ihre Momente von Selbstverwirklichung: nach Maßgabe ihrer Klassenorganisation. Daran anknüpfend sollte sich die Dialektik von Legitimität und Legalität so darstellen lassen, dass sich eigene Emanzipationskategorien für die Arbeiterbewegung entwickeln ließen nach Maßgabe ihrer Produktivität kapitalnegatorischer Momente. Erst im Rekurs auf proletarische Emanzipationskategorien ließe sich wissenschaftliche Arbeit im proletarischen Sinne durchschauen, könnte die Objektivation der Klasse zum Klassenkampf geleistet werden.

3 Vgl. die Notizen zu den »Klassenkämpfen in Frankreich«, S. 162ff. in diesem Band.

Die Revolutionen, die Klassenkämpfe sind immer schon aktualisiert und nie in der Latenz. Es ist das Bürgertum, das sie produziert, und es ist das Proletariat, das sie zu transformieren hat. Marx steht also vor dem Problem, den immer schon aktualisierten bürgerlichen Klassenkampf, die Präexistenz der bürgerlichen Revolutionen in proletarische Revolutionen zu transformieren. Dieser Sachverhalt historischer revolutionärer Situationen hat in der Geschichte Modifikationen erfahren. Lenin geht ebenfalls von einer bei ihm nicht voll durchschauten Dialektik von bürgerlicher und proletarischer Revolution aus, die so aussieht, dass im industriell zurückgebliebenen Russland, das die Phase der ursprünglichen Akkumulation noch nicht voll durchlaufen, gleichwohl zum Teil schon hoch monopolisierte Industriebetriebe hat, unter Umgehung eines sich etablierenden herrschaftsverschleiernden bürgerlichen Tauschverkehrs und damit unter Umgehung der bürgerlichen Verkehrsformen die bürgerliche Revolution gegen das absolutistische, zaristisch-autokratische System schon in ihrem ersten Ansatz in eine proletarische Revolution, im Bündnis mit der grossen Masse der Bauern, sollte transformiert werden können. Während wir in spätkapitalistisch-verschleierten Herrschaftsverhältnissen vor dem Problem stehen, die Abwehrkämpfe gegen faschistische Entwicklungstendenzen der spätkapitalistischen Herrschaft in proletarische Revolutionen transformieren zu müssen.
Im Hinblick auf die Marxsche Dialektik von bürgerlicher und proletarischer Revolution muss man feststellen: so richtig Marx von der historischen Erkenntnis und praktischen Anschauung ausgeht, dass die Revolutionen vom Proletariat nicht gemachte, sondern vom noch progressiven Bürgertum vorgegebene Tatsachen sind, in denen das Bewusstsein des Proletariats klassenspezifisch sich sollte herausbilden können, so sehr apriorisiert er die Dialektik von bürgerlicher und proletarischer Revolution. Anders gesagt: er projiziert die naturgesetzliche Kontingenz und Verlaufsform der bürgerlichen Revolution auf die soziale Basis der Revolutionen des 19. Jahrhunderts. So sehr er im 18. Brumaire die Differenz zwischen bürgerlicher und proletarischer Revolution feststellt, nämlich die, dass alle bürgerlichen Revolutionen um ihrer Legitimation willen eine Totenbeschwörung der Vergangenheit zu sein und sich ins Gewand vergangener Revolutionen zu kleiden hätten, so wie die große französische Revolution Rom heraufbeschwor und sich ins Gewand der Antike kleidete, so sehr projiziert Marx doch noch den blind-naturgesetzlichen Verlauf bürgerlicher Revolutionen auf die dem nicht angemessene Bewusstseinsverfassung einer Verlaufsform proletarischer Revolution. Anders gesagt: er selbst wird seinem Desiderat, dass die Menschen, d. h. das Proletariat, in der sozialen Revolution lernen sollen, mit Bewusstsein Geschichte zu machen, nicht gerecht. In Wirklichkeit setzt sich bei ihm das Klassenbewusstsein als naturwüchsige Spontaneität hinter dem Rücken

und über die Köpfe der Proletarier hinweg durch. Klassenbewusstsein bildet sich gleichsam nach der metaphysischen Logik des Weltgeistes. Die Heteronomie schon der zweiten Natur verlängert sich in dieser Vorstellung der Klassenkämpfe selber. Die vorgegebene bürgerliche Revolution verstellt Marx den Blick auf die historisch-genetischen Entstehungs- und Bildungsbedingungen von Klassenbewusstsein und Klassenorganisation des Proletariats. Eine objektive Dialektik von Widersprüchen, eine objektive Verlaufsform der Desillusionierung des zunächst mit dem Bürgertum kämpfenden Proletariats soll naturwüchsig Klassenbewusstsein herausbilden. Marxens Theorie des Klassenkampfes apriorisiert die historische Dialektik von bürgerlicher und proletarischer Revolution zu einer Metaphysik des Klassenbewusstseins als Weltgeist. In der Interaktion von Bürgern und Proletariern – sei es der koexistenten und koalierenden Interaktion, sei es der sich gegeneinander bekämpfenden – soll sich als spontane Erfahrung Klassenbewusstsein herausbilden. So Richtiges an dieser Vorstellung ist, so falsch ist ihre Generalisierung, die sie implizit und unausgesprochen bei Marx erfahren hat. Es ist nicht zufällig, dass nach dem Untergang der Republik der Arbeit, der Kommune von 1871, Marx revolutionstheoretisch nichts mehr zu sagen weiß. Die Kritik des Gothaer Programms geht von der Tatsache der Revolution a priori aus und beschreibt wie immer auch problematische Transformationsbedingungen in die sozialistische und kommunistische Gesellschaft. Aber die Frage nach der Genesis der Revolution fällt aus der Reflexion der Marxschen Theorie der Klassenkämpfe im Ganzen heraus. Revolutionäres Bewusstsein bildet sich vielmehr in der Interaktion mit dem revolutionären Bürgertum und den Frustrationen, Enttäuschungen und Desillusionierungen, die das der Ideologie der Nationalität verfallene Proletariat durch das schließlich zur Macht gelangte Bürgertum erleiden muss. Diese objektive Dialektik von bürgerlicher und proletarischer Revolution, die letztinstanzlich objektive, d.h. aus der blinden Aktion der Menschen aufeinander in dieser Revolution entstehende Klassenbewusstseinsbedingungen entfalten soll, wird von Marx latent und unausgesprochen in eine Metaphysik verwandelt. Eine historische Dialektik wird in eine apriorische Dialektik transformiert. Die proletarische Revolution unterscheidet sich ihrer Verlaufsform nach nicht von der bürgeflichen Revolution. Diese Unterscheidung wäre aber an der Art des Bewusstseins festzumachen; bürgerliche Revolutionen sind primär politische, sie sind sehr viel mehr der zweiten Natur verhaftet, ja, sie konstituieren allererst zweite Natur, ihre Verlaufsform muss kontingent sein, während die Verlaufsform proletarischer Revolutionen Aufhebung der Kontingenz und des falschen Bewusstseins sein muss. Erst in der proletarischen Revolution lernen die Menschen wirklich mit Bewusstsein Geschichte zu machen. Das ist in Marxens Programmatik enthalten, in der materialen Analyse aber untergegangen. Das bedeutet also, dass Marx die Kontingenz der zweiten Natur, wie sie in bürgerlichen Revolutionen sich entfaltet, auf die Verlaufsform proletarischer Revolutionen überträgt. Von daher konnte Marx nicht zu einer adäquaten Klassenkampftheorie der Bewusstseins- und Organisationsbildung gelangen. Marx hat aufgrund der historischen Vorgegebenheit der bürgerlichen Revolution, die sich ihm unter der Hand in eine apriorische Transzendentalität verwandelt, keinen adäquaten Begriff proletarischer Subjektivität im revolutionären Klassenkampf entfalten können, und historisch-genetische Entstehungsbedingungen von Klassenbewusstsein und Organisation konnten ihm überhaupt nicht zum Problem werden. Die noch progressive bürgerliche Revolution verstellt ihm den Blick auf die Bewusstseinsformen und praktischen Verlaufsformen der sozialen proletarischen Revolutionen des 19. Jahrhunderts. Nicht zufällig sind von daher bürgerliche Emanzipationsvorstellungen in die politische und historische Vorstellungswelt zumal der deutschen Arbeiterklasse gerade unterm Begriff des gerechten Lohns eingedrungen. Resumé dieses ersten Punktes wäre dies: Karl Korschs später Vorwurf gegen Marx, dieser sei noch zu sehr am Begriff bürgerlicher Revolutionen, am Bezugsrahmen der französischen Revolution orientiert, ist gerechtfertigt. So sehr Marx historisch richtig von der Vorgegebenheit der bürgerlichen Revolution ausgeht und sich das Problem stellt: wie sind bürgerliche in proletarische Revolutionen zu verwandeln?, so falsch hat er es letztinstanzlich in seinen materialen Analysen gelöst; vielmehr projiziert er die Verlaufsform bürgerlicher Revolutionen auf die Verlaufsform proletarischer Revolutionen.

Das zweite Argument führt aus der geschichtsphilosophisch-klassentheoretischen Diskussion, die der erste Punkt enthalten hat, über auf eine erkenntnistheoretische Fragestellung. Es bezieht sich auf das Verhältnis von gesellschaftlichem Sein und Bewusstsein, von Wertabstraktion und abstrakter Arbeit, kategorialer Realität und Kategorie in der Lehre von Marx. Eines muss vorweg erörtert werden. Die erste erkenntnistheoretische Problematisierung des Verhältnisses von Produktion und Klassenkampf im Marxismus hat sicherlich in produktiver Fragestellung Jürgen Habermas entfaltet. Habermasens erkenntnistheoretisches Argument gegen Marx bezieht sich bekanntlich darauf, dass Marx zwar in seinen materialen Analysen einen adäquaten Begriff gesellschaftlicher Praxis enthalte, der beide Momente gesellschaftlicher Praxis umfasse, nämlich Arbeit, das Subjekt-Objekt-Verhältnis des Stoffwechsels zwischen den Menschen und der Natur, und Interaktion, das ist das Intersubjektivitätsverhältnis der gesellschaftlichen Individuen, der miteinander verkehrenden und gegeneinander agierenden Einzelsubjekte untereinander. Habermas wirft Marx aber vor, dass er auf kategorialer Ebene diesen Doppelcharakter der gesellschaftlichen Praxis auf das *eine Moment* der

Arbeit reduziere, die Habermas nach der Logik instrumentalen Handelns in einem anthropologischen Sinne, der sich ihm aus kritischer Reflexion auf Gehlen überliefert, auffasst. Habermasens konzentrierter Vorwurf gegen Marx ist der, dass Marx auf der kategorialen Ebene erkenntnistheoretischer Selbstreflexion den Konstitutionsprozess der Menschengattung auf instrumental-technische Arbeit reduziere. Dieser Vorwurf ist zu prüfen. Ich glaube, dass drei Argumente gegen Habermasens Kritik sprechen und dass an dieser Stelle die erkenntnistheoretische Problematisierung eines kategorialen Verhältnisses zwischen Produktion und Klassenkampf in der kapitalistischen Gesellschaft vorzunehmen ist. Erstens: der Habermassche Begriff der Interaktion als Intersubjektivitätsbegriff enthält eine von Habermas verschwiegen vollzogene Entmaterialisierung des materialistischen Praxisbegriffs, wie Marx ihn auf materialer *und* kategorialer Ebene entfaltet. Auf Seite 59 von »Erkenntnis und Interesse« legt Habermas seine Kritik noch einmal in konzentrierten Sätzen vor. Hier wird eine entscheidende Gleichsetzung vorgenommen. Arbeit wird identifiziert, wie oben erwähnt, mit instrumentalem Handeln und, wenn man so will, der Logik der Technik. Interaktion wird identifiziert mit umwälzender Praxis; umwälzende Praxis wiederum mit Reflexion und Ideologienkritik. Der Begriff der gegenständlichen Tätigkeit, wie ihn Marx kritisch aus einer Synthesis des traditionell-kontemplativen Materialismus und des aktivisch, aber nicht sinnlich-tätigen Idealismus in der ersten Feuerbachthese entfaltet, soll sich bei Marx keineswegs, wie Habermas unterstellt, auf Arbeit als instrumentales Handeln des unmittelbaren Stoffwechsels zwischen den Menschen und der Natur beschränken, sondern zugleich auch das Verhältnis der miteinander verkehrenden Subjekte umfassen, sowohl das Verhältnis der miteinander verkehrenden Subjekte, also jener Individuen, denen das andere Individuum nicht als Subjekt, sondern als Objekt verdinglicht begegnet, als auch auf das emanzipierter Subjekte. Denn das andere Subjekt ist immer auch nicht nur bloßes Subjekt, sondern auch ein anderes materiales Objekt. Gegenständliche Tätigkeit umfasst also bei Marx die beiden Elemente gesellschaftlicher Praxis, nämlich Arbeit und – an dieser Stelle sage ich statt Interaktion – Arbeitsteilung als der jeweiligen Verkehrsbasis der Gesellschaft. Interaktion ist ein Begriff, der gewonnen wurde aus den Vorstellungen der »cultural anthropology« und den Habermas überträgt auf das Modell der in sich verkehrenden Subjektivität in der Jenenser Realphilosophie Hegels. Interaktion reduziert den gesellschaftlichen Verkehr der Menschen untereinander – so wie Habermas diesen Begriff bestimmt – der Tendenz nach auf bloß sprachliches Handeln. Seiner eigenen politischen Vorstellungswelt folgend und wissenschaftstheoretisch in der Adaption positivistischer Sprachanalytiken und hermeneutischen Sinnverstehens begründet, folgt Habermas der Logik des Parlamentarismus. So wie im

»Strukturwandel der Öffentlichkeit« immer noch eine immanente und nicht bestimmt negierende Orientierung an der parlamentarischen Öffentlichkeit, des liberalen Tauschverkehrs, der Rechtsinstitutionen und politischen Dezisionsinstitutionen vorliegt, so begründet Habermas diesen Parlamentarismus, den er utopisch als herrschaftsfreien Dialog auch auf die Vorstellungswelt einer künftigen, vernünftig eingerichteten Gesellschaft verlängert, auch erkenntnistheoretisch, insofern er revolutionäre Praxis auf Ideologiekritik, Reflexion und schließlich sprachliches Handeln reduziert. Das bedeutet ein bürgerlich aufklärerisches Modell revolutionärer Praxis, in dem die Frage nach emanzipativer Gewaltanwendung, nach dem Verhältnis der Aufhebung von Gewalt und progressiver Anwendung von Gewalt, illegitim geworden ist. Das bedeutet: Habermasens Entmaterialisierung revolutionärer Praxis der Tendenz nach zum sprachlichen Handeln revoziert anachronistische Vorstellungen der bürgerlichen Aufklärung. Auch hier geschieht eine Verbürgerlichung des Revolutionsbegriffs, die umso folgenreicher ist, als unter den Bedingungen der technologischen Reduktion des Sprachverhaltens nach Maßgabe instrumentalisierter Subjekt-Objekt-Verhältnisse aufklärerischer Parlamentarismus und bürgerliche Aufklärung eine historische Unmöglichkeit geworden sind.

Um dieses erste Argument noch einmal zusammenzufassen: Produktion meint also bei Marx immer Arbeit und Arbeitsteilung. Arbeit, das Subjekt-Objekt-Verhältnis zwischen den Menschen und der Natur, ist keineswegs bloß nach der Logik instrumentalen und technologisierten Handelns aufzufassen; dies ist vielmehr ein sehr spätes Stadium der kapitalistischen Entwicklung. Zweitens meint Produktion Arbeitsteilung; denn Arbeit ist überhaupt nur als geteilte Arbeit in diesem Sinne denkbar. Arbeitsteilung ist die Verkehrsbasis einer jeweiligen Gesellschaftsformation; in ihr sind, wie an anderer Stelle allerdings neu zu problematisieren wäre, symbolische Interaktion, also gesellschaftliches Sprachverhalten, und gegenständliche Tätigkeit der Menschen untereinander in »ursprünglicher Synthesis« integriert. Keineswegs hat Marx also einen Praxisbegriff, in dem das Moment der Interaktion herausfällt. Man muss vielmehr umgekehrt argumentieren: Habermas wirft Marx einen reduzierten und verengten Praxisbegriff vor, weil Interaktion als nicht gegenständliche, aber symbolisierende Tätigkeit, also kommunikatives Handeln, bei Marx im kategorialen Selbstverständnis aus dem Selbstkonstitutionsprozess der Gattung herausfalle und dieser erkenntnistheoretisch reduziert werde auf Arbeit als instrumentales Handeln. Wenn Habermas Marx einen verengten Praxisbegriff vorwirft, so muss man umgekehrt Habermas einen verengten Produktionsbegriff vorwerfen; denn er reduziert im kategorialen Selbstverständnis Produktion auf instrumentales Handeln und eliminiert aus ihm die Dimension des gegenständlich-kommunika-

tiven Handelns der Arbeitsteilungsverhältnisse. D.h., Habermas kann Marx nur um den Preis eines verengten Produktionsbegriffs einen verengten Praxisbegriff vorwerfen, denn Produktion enthält Marx zufolge alle Elemente der gesellschaftlichen Praxis, das ist Subjekt-Objekt-Verhältnis und Intersubjektivität, Arbeit und Arbeitsteilung. Während Habermas den Produktionsbegriff auf ein intersubjektivitätsloses Subjekt-Objekt-Verhältnis instrumentalen Handelns, also eines instrumentalisierten Arbeitsbegriffs reduziert. Der Preis, den Habermas für eine solche Reduktion des Produktionsbegriffs zu zahlen hat, ist die Entmaterialisierung der Intersubjektivität, die Entmaterialisierung der Verkehrsformen, die er unter dem abstrakten Titel von Interaktion bezeichnet, nämlich die Entmaterialisierung revolutionärer Praxis, die Eliminierung der Problemstellungen von Gewaltanwendung und Klassenkampf zugunsten sprachlichen Verkehrs. Der Klassenkampf wird zum Reflexionsprozess, zur Ideologienkritik, zur bloßen Aufklärung. Auf der anderen Seite wäre gleichsam anmerkend hinzuzufügen, dass die Reduktion von Produktion und gesellschaftlicher Praxis insgesamt auf Arbeit auch eine kritische Tatsache der kapitalistischen Gesellschaftsformation ist. Denn die kapitalistische Gesellschaftsformation ist die erste – das hat Habermas sehr richtig eingesehen – in der Geschichte der menschlichen Produktion, in der die Legitimation der Herrschaft nicht mehr vom negativ ökonomisch bestimmten, kosmologischen Himmel metaphysischer und religiöser Werte herabgeholt wird. Ausdruck dieser neuen Legitimationsstruktur ist das revolutionäre Naturrecht des Bürgertums, so wie es von Thomas Hobbes über John Locke bis zu Immanuel Kant sich entfaltet hat. Die Reduktion auf Arbeit nach Maßgabe instrumentalen Handelns, die sich faktisch in der kapitalistischen Gesellschaftsformation vollzieht, nennt Marx abstrakte Arbeit. Abstrakte Arbeit als das grundlegende Arbeitsteilungsverhältnis und die Wertsubstanz der kapitalistischen Produktionsweise, ist jene Verkehrsform der Individuen untereinander, in denen ihr Verkehr selber nach der Logik der Naturbeherrschung organisiert wird.
Abstrakte Arbeit, und damit kapitalistische Herrschaft insgesamt, wie sich die Wertabstraktion über Rechtssubjektivität, citoyen, Staat und Kultur vermittelt, die repressive Wertabstraktion des Arbeitsteilungsverhältnisses der gegeneinander isoliert und privat arbeitenden Produzenten ist nichts anderes als die praktisch-ideologische Projektion der Logik der Naturbeherrschung der konkreten Arbeit auf die Herrschaft von Menschen über Menschen. Damit aber soll sich die Herrschaft von Menschen über Menschen als ebenso unvermeidlich und ebenso unabschaffbar darstellen, wie die Naturbeherrschung der konkreten Arbeit eine ewige Naturnotwendigkeit Marx zufolge ist. D.h., die Herrschaft von Menschen über Menschen nach Maßgabe des Privateigentums und des isolierenden Arbeitsteilungsverhältnisses der warenproduzierenden Tätigkeit abstrakter

Arbeit ist die Projektion der Naturbeherrschung konkreter Arbeit auf die Verhältnisse und Aktionen der Menschen unter- und aufeinander. Damit aber ist der revolutionäre Charakter der kapitalistischen Produktionsweise, wie Marx ihn als fortschreitende reelle Subsumtion der Arbeit unter das Kapital, vergesellschaftende Konzentrations- und Zentralisationstendenz und Produktion des relativen Mehrwerts beschreibt, gesetzt. Denn die auf die gesellschaftlichen Beziehungen der Menschen unter einander projizierte Logik der Naturbeherrschung rejiziert in den konkreten Arbeitsprozess selber und vergesellschaftet diesen gleichsam in sich selbst. Abstrakte Arbeit ist das erste und einzige Produktionsverhältnis, das auf die Produktivkräfte und den unmittelbaren Arbeitsprozess selbst zurückschlägt, dergestalt dass allgemeine gesellschaftliche Produktivkräfte, wie Marx sie unter dem Namen der sozialen Kombination, der Kooperation, der verdinglichten Kooperation des Maschinensystems, der Wissenschaft und der Technik beschreibt, selbst unmittelbare Produktivkraft werden; dass also allgemein gesellschaftliche Produktivkräfte, wie Marx sie in den »Resultaten«, S. 60f., darstellt und die sich unmittelbar selbst dem gesellschaftlichen Verkehr verdankt haben, den Arbeitsprozess in sich selbst vergesellschaften. Der Arbeitsprozess wird also immer weniger der einsame Kontakt des Einzelnen mit dem Werkzeug und dem Rohstoff und immer mehr ein in sich selbst schon vergesellschaftetes System. Subsumtion der Arbeit unter das Kapital heißt, dass dieser an sich gesellschaftliche Charakter der kapitalistischen Produktionsweise, dass also die Verkehrsbeziehungen der Menschen untereinander in die unmittelbare Naturbeherrschung selbst eindringen, dass dieser an sich gesellschaftliche Charakter der kapitalistischen Produktionsweise privateigentümlich verschleiert wird. Eine Verschleierung, die allerdings mit dem Monopolkapital, wie es in der Organisationsform der Aktiengesellschaft als dessen Urtypus gleichsam anzusetzen ist, nicht mehr aufrechtzuerhalten ist, sondern wo der Widerspruch von an sich gesellschaftlichem Charakter und privateigentümlicher Erscheinungsform offen zur Erscheinung drängt.

Reelle Subsumtion der Arbeit unter das Kapital bedeutet zweierlei: erstens die fortlaufende Vergesellschaftung des Kapitals selbst, die Marx als Konzentrations- und Zentralisationstendenz in der Welt als Krisenzusammenhang beschreibt; zweitens die Vergesellschaftung der produktiven Arbeit auf dem Boden der Lohnarbeit selber, das bedeutet also soziale Kombination, Kooperation, verdinglichte Kooperation des Maschinensystems, Wissenschaft und Technik werden immer mehr zur primären Produktivkraft, Arbeitsteilungsverhältnisse werden immer mehr zur allgemeingesellschaftlichen Produktivkraft, die den privateigentümlich und privat organisierten gesellschaftlichen Verhältnissen, wie sie in der verdinglichten Arbeitszeit, der Geldform, der Ware sich ausdrücken, immer schneidender widersprechen. Kurz gesagt: Die Dialektik von Produktivkräften und Produktionsverhältnissen gilt im strengen Sinne überhaupt erst für die kapitalistische Produktionsweise, weil hier die Produktionsverhältnisse sowohl in ihrer privateigentümlichen Form eine fesselnde Macht der Produktivkräfte werden wie zugleich in ihrer sich vergesellschaftenden Form eine diese Produktivkräfte permanent revolutionierende Kraft. Diese Dialektik ist nur möglich, wenn die Produktionsverhältnisse selbst schon, a priori gleichsam, nach Maßgabe von sich technologisierender Naturbeherrschung ideologisch organisiert sind, das bedeutet, der Wert ist das a priori der technischen Vernunft, so wie abstrakte Arbeit die von ihren Trägern und der Naturbasis gelöste Naturbeherrschung ist. Herrschaft von Menschen über Menschen in der kapitalistischen Gesellschaftsformation ist idealisierte Naturbeherrschung, die heute erst als solche wirklich zur Erscheinung kommt, da die Wissenschaften immer mehr sich technologisch ins kapitalfixierte Maschinensystem umsetzen und auf diese Weise Herrschaft selbst offen als technologische und sozial-technische sich zum Ausdruck bringt. Die Reduktion des Konstitutionsprozesses der Gattung auf Arbeit ist also – im Gegensatz zu Habermas, muss man dazu historisch einführen – ein kritischer Sachverhalt der kapitalistischen Gesellschaftsformation. Wenn Habermas Marx vorwirft, den Konstitutionsprozess der Gattung auf Arbeit zu reduzieren, so wirft er Marx vor, was Marx der kapitalistischen Realität vorwirft, die diesen Reduktionsprozess in der Tat vollzieht. Hier haben wir zwei Argumente gegen Habermas zusammengefasst; diese beiden Argumente unserer ersten Argumentationsreihe gegen Habermas lauten: 1) Weil Habermas einen verengten Produktionsbegriff hat, der Arbeitsteilung, also Verkehrsformen, nicht unter den Begriff der gegenständlichen Tätigkeit fasst und somit Produktion auf Arbeit reduziert, kann er Marx einen verengten Praxisbegriff vorwerfen. Da er Verkehrsformen nicht in den Begriff der gegenständlichen Tätigkeit fasst, muss er zugleich Verkehrsformen und auch die Verkehrsform des Klassenkampfes entmaterialisieren und den Begriff revolutionärer Praxis mit Ideologienkritik und Reflexion, letztinstanzlich mit sprachlichem Handeln gleichsetzen, eine Reflexion, die sich ihm aus einer zu positiven und zu wenig kritischen Adaption hermeneutischen Sinnverstehens und positivistischer Sprachanalytiken verschiedenster Prägung ergeben hat. 2) Weil Habermas das Marxsche Prinzip der Geschichtsschreibung, die Gesamtgeschichte nur aus der Perspektive der entfaltetsten Gesellschaftsformation zu erklären, so wie die Anatomie des Menschen nicht aus der Anatomie des Affen sondern vice versa zu erklären sei und so wie also die vorkapitalistischen Gemeinwesen nur aus der Produktionsperspektive der entfalteten kapitalistischen Gesellschaftsformation negativ-identisch begriffen werden können, weil Habermas dieses Prinzip, mit Sartre zu sprechen, progressivretrospektiver Geschichtsschreibung vernachlässigt, behandelt er Marx wie einen gattungsgeschichtlichen Anthropologen, der die Geschichte ab ovo konstruiert. Das führt sowohl zu einer Instrumentalisierung wie zu einer Enthistorisierung des Arbeitsbegriffs, wenn man einsieht, dass dessen Instrumentalisierung, die doch wohl immer der Logik der industriellen Maschinenproduktion folgt, ein historisch spätes Produkt in der menschlichen Produktions- und Gattungsgeschichte ist, und führt dazu, dass er die faktische Reduktion von gesellschaftlichen Beziehungen, Verkehrsverhältnissen der Menschen untereinander auf Arbeit nicht als kritischen Tatbestand einsieht und damit die revolutionäre Dialektik von Produktivkräften und Produktionsverhältnissen nicht nach der Logik einer praktischen und ideologischen Naturbeherrschung auffasst, nicht einsieht, dass abstrakte Arbeit die auf den mundus hominum, auf den mondo civile projizierte Naturbeherrschung ist. Herrschaft von Menschen über Menschen in der kapitalistischen Gesellschaftsformation ist idealisierte Naturbeherrschung. Der Wert ist diese idealisierte Naturbeherrschung; von daher konstituiert sich überhaupt erst das Verhältnis von Basis und Überbau, d.h. nicht nur, wie Habermas es wahrhaben will, die Legitimation, sondern auch die Konstitution von Herrschaftsideologien und Institutionen aus der Basis gesellschaftlicher Arbeit.

Das zweite grundlegende Argument gegen Habermas bezieht sich auf einen erkenntnistheoretischen Rückfall hinter Hegel auf Kant. Habermas wirft, wenn man es so zusammenfassen will, Hegel zu Recht vor, dass dieser mit demselben Instrumentarium, mit dem er Kant zu Recht kritisiert, auch hinter Kant metaphysisch zurückfällt. Was heißt das? Hegel wirft Kant vor, dass dieser die Wahrheit des Erkenntnisvermögens prüfen will, bevor dieses wirklich an die inhaltliche Arbeit der Erkenntnis geht; so wie Nietzsche den Erkenntnistheoretikern gegenüber dieses Hegelsche Argument auf einer pragmatischen Ebene wiederholt: »Wir klassischen Erkenntnistheoretiker wollten ein Streichholz prüfen, ohne es anzuzünden« – so will Hegel zufolge Kant schwimmen lernen, ohne ins Wasser zu gehen, die Wahrheit eines Erkenntnisvermögens prüfen, ohne es am Erkenntnisgegenstand wirklich praktisch sich abarbeiten zu lassen. Hegel wirft also Kant zu Recht die positive Transzendentalphilosophie vor, d.h., dass Kant eine apriorische Beziehung reiner Subjektivität – also die Anschauungsformen von Raum und Zeit und die Kategorien – auf die formalen Bedingungen der Möglichkeit nicht nur der Erfahrung, sondern auch der Gegenstände der Erfahrung, mittels der ursprünglich-synthetischen Einheit der transzendentalen Apperzeption, die in den Tiefen der menschlichen Seele verankert sein soll, konstruiert. Hegel hingegen will Erkenntniskritik in dem Sinne etablieren, dass während des wirklichen Erkenntnisprozesses, da das Subjekt ein Objekt sich theoretisch aneignet, zugleich die kritische Selbstreflexion des Subjekts stattfindet, so wie er es in dem programmatischen Satz der Einleitung zur Phänomenologie niedergelegt hat: »Diese *dialektische* Bewegung«, schreibt Hegel, »die das Bewusstsein an ihm selbst, sowohl an seinem Wissen als an seinem Gegenstand macht, *insofern ihm der neue, wahre Gegenstand daraus entspringt*, ist eigentlich dasjenige, was *Erfahrung* genannt wird.«[4] Hegel will die kritische Erfahrung der Reflexion und die Reflexion der Erfahrung organisieren, d.h. jene Reflexion zweiten Grades, in der in der unmittelbaren Beziehung des Subjekts aufs Objekt dessen vermeintliche Unmittelbarkeit kritisch durch eine Selbstreflexion des Subjekts durchschaut wird. Während Kant die Selbstreflexion des Subjekts logisch dem wirklichen Erkenntnisprozess, der empirische Momente aufnimmt, vorschaltet, will Hegel die Selbstreflexion des Subjekts dem wirklichen Erkenntnisprozess, der empirische Momente aufnimmt, gleichschalten. Die Aufhebung von *Transzendentalität*, der innerweltlichen Erscheinungsform des Absoluten als abstrakter Negation, nämlich als dessen, was weder positiv-empirisch noch positiv-transzendent ist, in die bestimmte Negationsform der *Totalität* als desjenigen, was sowohl positiv-empirisch wie positiv-transzendent ist – wie es im Begriff des Moments und materialistisch in dem der Ware als sinnlich-übersinnlichen Dings bei Marx sich niederschlägt – nimmt Hegel erkenntniskritisch vor.

Diese Transformation von Transzendentalität in Totalität lässt Habermas außer acht. Sicherlich hat er Recht gegen Hegel, wenn eingewendet wird, dass Hegel die totalitätslogische Umsetzung der Kantschen Transzendentalitätslogik nur leisten kann um den absolut idealistischen Preis der Reproduktion der Fichteschen Auflösung des Kantschen Dings an sich. Mit demselben kritischen Instrumentarium, mit dem Hegel die formale Transzendentalität der Kantschen Erkenntnistheorie kritisiert, hebt er seine eigene Kritik auf, insofern er die Problematik der Konstitution von gegenständlicher Erfahrungs- und wissenschaftlicher Begriffswelt und der Bildung von Ich-Identität auflöst in eine idealistische Produktionslogik. Hegel muss das kritische Konstitutionsproblem Kantens eliminieren. Das ist die unmittelbare Identifikation von theoretischer und praktischer Vernunft, von Produktion und Konstitution, wie sie extrem bei Fichte vorgezeichnet war; sie ist der falsche Preis, den die richtige Kritik an Kant zahlen musste. Habermas will deshalb auf eine materialistische Erkenntnistheorie hinaus, weil in dieser das Problem der Konstitution wieder auftauchen muss. Bei Marx gibt es ein Problem der Konstitution, wenn theoretische und praktische Vernunft, das Ich denke und das Ich handle, nicht unmittelbar sollen zusammenfallen können und müssen. Die unmittelbare Identifikation von theoretischer und praktischer Vernunft ist ja nur um den Preis des Idealismus möglich. Nur, indem Habermas gegen

4 Hegel, Phänomenologie des Geistes, Hamburg 1952, S. 73

Hegel diese kritische Feststellung macht, fällt er zugleich hinter Hegel zurück, denn er adaptiert positiv die Begriffe von Transzendentalität und Konstitution unter der Abstraktion von der Ideologienkritik, die auch an diese Begriffe noch heranzutragen wäre. Er abstrahiert völlig von der metaphysischen Dimension, dem Problem der synthetischen Urteile a priori, die um die Begriffe des transzendentalen Subjekts und der Konstitutionsproblematik sich ranken. Horkheimers und Adornos Ideologienkritik am transzendentalen Subjekt entschleierte dies als den abstrakten Gesamtarbeiter, die metaphysische Travestie des kapitalistischen Produktionssubjekts.

Der Begriff der Totalität hat den von Transzendentalität insofern aufgehoben, als im idealistischen Totalitätsbegriff Hegels sich auf eine wenn auch verdinglichte Art und Weise Reflexion auf das Verhältnis von Empirie und Intelligibilität, Wertabstraktion und Gebrauchswert vollzieht. In den Begriff der Transzendentalität, den transzendentalen chorismos von empirischem und intelligiblem Subjekt, wie er praktisch wird im kategorischen Imperativ und dessen Umsetzung in der Terrorphase der französischen Revolution durch Robespierre, geht die repressive und rigide Wertabstraktion von den besonderen Gebrauchswerten, Bedürfnissen, Interessen, Triebstrukturen und Individuen ein, auch in den idealistischen Begriff der Totalität, aber so, dass dieser Abstraktionsvorgang als Abstraktionsvorgang selbst durchsichtig wird und dass das Moment in seiner Gebrauchswertbesonderheit nur Moment eines Allgemeinen ist; oder anders gesagt: transzendentales Subjekt und Totalität im Hegelschen Sinne verhalten sich zueinander wie Wert und Wertform. Das transzendentale Subjekt artikuliert die Wertabstraktion, aber nicht deren Verdinglichungsprozess zur Wertform, die konkrete Unterwerfung des Gebrauchswerts unter die Wertabstraktion, wie es sich im Begriff des Moments in der Totalitätskategorie darstellt. Der Begriff der Transzendentalität wird von Habermas formalisiert zu dem der Bedingungen der Möglichkeit von Erfahrung. Er abstrahiert sowohl von der metaphysischen Dimension des Transzendalitätsbegriffs wie von der Ideologienkritik, die an den Inhalt des Transzendentalitätsbegriffs zu heften ist, und überlässt sich einer positivistischen Interpretationsweise der »Kritik der reinen Vernunft«, die glaubt, dass die metaphysischen Inhalte und Nervpunkte des Transzendentalitätsbegriffs ohne Wahrheitsverlust aus diesem analytisch eliminierbar seien und die »Kritik der reinen Vernunft« gleichsam behandelt werden könnte wie eine moderne Sprachanalyse. Habermas hat einen positivistischen Interpretationsmaßstab an die »Kritik der reinen Vernunft« angelegt, wenn er von der metaphysischen Dimension des Transzendentalitätsbegriffs und der Idelogienkritik an diesem Begriff abstrahiert und Transzendentalität zum Inbegriff der Bedingungen der Möglichkeit von Erfahrung formalisiert und das ganze Problem des transzendentalen Idealismus, der ursprünglich-synthetischen Einheit, damit ausschließt. Von daher kommt Habermas zu einem sehr verschwommenen, diffusen und kaum noch inhaltlich auszufüllenden Begriff von Erkenntnistheorie, denn deren Aufgabe ist es, ihrem Selbstverständnis zufolge, den Sinn von Erkenntnis darzulegen. Habermas führt nicht weiter aus, was dieser Sinn von Erkenntnis ist. Konkret gesprochen: Kantsche Erkenntnistheorie wie Hegelsche Erkenntniskritik – die Hegel in der Einleitung zur »Phänomenologie des Geistes« lemmatisch skizziert – behandeln das Problem der Konstitution oder Produktion von Erfahrung, gegenständlicher Erfahrungs- und wissenschaftlicher Begriffswelt deshalb, weil es ihnen um das Problem der Ich-Identität des bürgerlichen Individuums geht. Kant, dessen Transzendentalitätsbegriff auf dem Standpunkt der Zirkulations- und Rechtssphäre steht, dessen Inbegriff bürgerlicher Individualität die Einheit der Person als das »ich denke, das alle meine Vorstellungen muss begleiten können« ist, muss dieses – und damit den Vorgang der Synthesis selber, den er als nicht-prozessualen auffasst, aus dem alle genetischen Momente getilgt sind – in einem »hiatus irrationalis«, den unauslotbaren Tiefen der menschlichen Seele, verankern. Diese unauslotbaren Tiefen der menschlichen Seele löst Hegel – schon der Tendenz nach – in gesellschaftliche Subjekt-Objekt-Verhältnisse auf, insofern sich die Einheit der Person überhaupt erst herausbildet als die konkrete Beziehung zwischen Subjekt und Objekt und nicht als formal-apriorische Beziehung eines vorweltlichen Subjekts auf mögliche formale Gegenstandsbedingungen. Marx schließlich dechiffriert jene unauslotbaren Tiefen der menschlichen Seele als die privateigentümlich organisierten Produktionsverhältnisse, in denen sich die bürgerliche Identität herausbildet. D. h., der Sinn von Erkenntnistheorie ist es, die Konstitution im Kantischen Sinne oder als produktionslogische Bildungsgeschichte im Hegelschen Sinne von Individualität, die Einheit der Person darzulegen. Erkenntnistheorie ist deshalb nicht positivistische formale Wissenschaftstheorie, weil in sie noch das konkrete menschliche Subjekt oder, wenn man so will, Individuierung und Subjektivation als zentrales, emanzipatives Vernunftinteresse eingehen, wie es bei Kant in der geschichtsphilosophischen, Theorie und Praxis vermittelnden Frage »Was darf ich hoffen?« niedergelegt worden ist. Anders gesagt: Erkenntnistheorie und Erkenntniskritik sind Theorien der Individualität; Erkenntniskritik unterscheidet sich im Kern dadurch von reiner Erkenntnistheorie, dass sie die Genesis von Individualität, die konkrete Bildungsgeschichte, mit aufnimmt. Das enthält in metaphysischer Form die Hegelsche »Phänomenologie des Geistes« und das, was der verdinglichte Jargon »deutschen Bildungsroman« nennt, also der »Wilhelm Meister«. Habermas abstrahiert von allen inhaltlichen Elementen des Kantischen Transzendentalitätsbegriffs, so dass auf ihn – in eingeschränkter Form – der Positivismusvorwurf anwendbar ist, den er dem

überlieferten wissenschaftstheoretischen Positivismus macht. Nur um den Preis eines positivistischen Interpretationsmodus der »Kritik der reinen Vernunft« ist der Begriff der Transzendentalität zum Inbegriff der Bedingungen der Möglichkeit von Erfahrung formalisierbar, oder anders gesagt: nur um den Preis eines solchen Interpretationsmodus positivistischer Art ist der Inbegriff der Bedingung der Möglichkeit von Erfahrung aus dem metaphysisch-inhaltlichen Bezugsrahmen, in dem er steht, nämlich dem der Einheit der Person und der allgemeinen Begründung von Erfahrung durch apriorische Beziehungen auf Gegenstandsbedingungen, formalisierbar.
Wir sehen also zum einen, dass Habermas mit einem formalisierten Transzendentalitätsbegriff arbeitet, den er positiv adaptiert; daher kann er den historischen Prozess der Transformation der Kantischen transzendentalen Konstitutionslogik in Hegels totale Produktionslogik – wobei die erstere auf dem Standpunkt des bürgerlichen Tauschverkehrs und Rechtsverkehrs steht, die zweite auf dem Standpunkt der bürgerlichen Ökonomie als abstrakter Arbeit – und schließlich die Aufhebung dieser totalen Produktionslogik in die materialistische Darstellungslogik Marxens nicht vollziehen. Darstellung im materialistischen Sinne Marxens meint die Kritik an der verdinglichten und verdinglichenden Konstitution und Produktion zugleich, nämlich ein bestimmtes Verhältnis von Gebrauchswerte produzierender und Waren produzierender Tätigkeit und von gegenstands- und begriffskonstitutiver Praxis. Das zweite, was Habermas positiv logischerweise mit dem Transzendentalitätsbegriff übernimmt, ist ein positiver Konstitutionsbegriff. Konstitution ist der erkenntnistheoretische Zentralbegriff. Wenn man sich allerdings die Frage stellt, wie denn dieser Begriff bestimmt werden könne, so wird man auf das überraschende Ergebnis stoßen, dass er mit erkenntnistheoretischen Begriffen selber kaum sich kennzeichnen lässt. Der Begriff der Konstitution wird durchsichtig allein und erst auf dem Hintergrund einer ideologienkritischen Reflexion. Konstitution im genuinen Sinn dieses Begriffs ist der Inbegriff bürgerlicher Rechts- und Staatsverfassungen, so wie man von konstitutioneller Monarchie spricht und wie das Grundgesetz der Bundesrepublik deren Verfassung, deren Konstitution ist. Konstitution bezeichnet also die aus der Wertabstraktion reduzierte Rechtsverfassung einer Gesellschaft und die Rechtssubjektivität.
Nicht zufällig stehen daher die drei Kritiken Kantens auch in einem rechtstheoretischen Begründungszusammenhang. Man kann sagen: die Kantische Rechtsphilosophie, die Metaphysik der Sitten, ist nicht die chronologische, aber die logische Voraussetzung der drei Kritiken der reinen Vernunft, der praktischen Vernunft und der Urteilskraft. Konstitution – um es zu einer pointierten Hypothese zu formulieren – in der Kritik der reinen Vernunft Kantens ist die auf die Ebene des Erkenntnis-

vermögens übertragene französische Nationalversammlung der großen Revolution. Konstitution bedeutet eine Organisation des Erkenntnisvermögens nach Maßgabe bürgerlichen Rechtsverkehrs und bürgerlicher Rechtsverhältnisse. Von daher ist erklärbar, dass Konstitution auf der einen Seite ein Akt und ein Vorgang der Synthesis ist, auf der anderen Seite diese in der psychologia rationalis verankerte ursprünglich synthetische Leistung der transzendentalen Apperzeption nicht auch als genetischer Prozess durchschaut wird; denn in den Begriff der Konstitution als der grundlegenden politischen und menschheitsrechtlich verankerten Rechtsverfassung gehen Momente der Genesis – das ist der Produktion – nicht ein, da die zirkulationsbegründete Konstitution, die Fortsetzung der Wertform der Ware, im Rechtssubjekt begründet ist, das sich aus der charaktermaskierten Gleichgültigkeit und deshalb dem gleichen Gelten der miteinander in feindseliger Konkurrenz friedlich verkehrenden Warenbesitzer ergibt. Denn die in diesem Sinne zirkulationsbegründete Konstitution muss Momente der Produktion verschleiern, so wie die Zirkulationssphäre in ihrer fetischisiertesten Form des zinstragenden Kapitals, des sich zu sich selbst verhaltenden Geldes, des Geld heckenden Geldes, G-G', alle Elemente des Produktionsprozesses zum ideologischen Verschwinden gebracht hat. Konstitution ist also nicht zufällig reine Geltung als nicht prozessualer Prozess der Herausbildung von gegenständlicher Objektivität. Konstitution ist, dies zu wiederholen, die auf die Ebene des Erkenntnisvermögens projizierte bürgerliche Rechtsverfassung. Das bedeutet, nicht zufällig und nicht bloß als metaphorische Analogie begreift Kant die Kritik der reinen Vernunft als einen Gerichtshof. Wie er in einem bedeutsamen Abschnitt am Ende der Kritik der reinen Vernunft über die Vernunft im polemischen Gebrauche anführt, soll die Kritik der reinen Vernunft diese aus dem kriegerischen Naturzustand in den friedlichen bürgerlichen Rechtszustand umsetzen. Nicht zufällig ist der explizite Analogieverweis auf Thomas Hobbes' Leviathan, auf die absolutistische und etatistische Pazifizierung des bürgerkriegerischen Naturzustands. Denn, so sagt Kant, die Vernunft im Naturzustand trägt ihre Streitigkeiten nicht kritisch, sondern dogmatisch, d. h. nicht friedlich, sondern durch Krieg aus. Die Kritik der reinen Vernunft aber trägt die Streitigkeiten der Vernunft und ihre Antinomien nicht mit den Mitteln des Krieges und der Gewalt, sondern mit den Mitteln des Prozesses und der Sentenz aus. Die Kritik der reinen Vernunft als Konstitutionsproblematik ist das Grundgesetz, die Verfassung und die Konstituante des Erkenntnisvermögens nach Maßgabe bürgerlicher Rechtssubjektivität und revolutionär-bürgerlichen Rechtsverkehrs. Das aber hat folgenreiche Konsequenzen für erkenntnistheoretische Reflexionen. Daraus folgt nämlich, dass eine positive Erkenntnistheorie, wie Habermas sie erneut anstrebt, eine logische Unmöglichkeit ist; sondern, so wie Marx keine positive Theo-

rie der Produktion liefert, sondern eine Kritik der Produktion, so ist auch nur eine Kritik der Konstitution möglich. Anders gesagt: Konstitution ist nicht inhaltslos und keineswegs eine bloß formale Kategorie. Konstitution bedeutet immer die Verschleierung des ebenso genetischen wie geltungslogisch relevanten Bildungsprozesses von Erfahrungswelt nach dem Doppelcharakter einer fetischisierten und einer durchschauten Erfahrungswelt. Wenn die Rechtssubjektivität begründet verbunden ist mit dem Warenfetischismus, dann ist Konstitution immer die verschleierte Produktion fetischisierter Erfahrungswelten. In den Begriff der Konstitution geht der Doppelcharakter von Arbeit als konkreter und abstrakter Arbeit ein. Konstitutionskritik würde gerade die Entschleierung fetischisierter Erfahrungswelten nach Maßgabe materialistischer Darstellungslogik bedeuten; wobei materialistische Darstellungslogik heißt: die Darstellungsweise der Kritik der politischen Ökonomie klärt kritisch auf, was die Selbstdarstellung des Werts im Tauschwert, die Selbstdarstellung des Kapitals verdunkelt, verschleiert. Das aber heißt: Konstitutionskritik bedeutet nichts anderes als die Rekonstruktion des Zusammenhangs von Produktion und Konstitution.
Konstitution in dem Sinne der geltungslogischen und methodologischen Trennung vom Produktionsprozess ist immer die Konstitution fetischisierter Erfahrungswelten nach Maßgabe der rechtssubjektiven Vorstellungswelten. In den Begriff der Konstitution gehen, ideologienkritisch gesehen, die Kategorien von Fetischisierung, Verdinglichung und Entfremdung ein. Deshalb kann es bei Marx keine positive Konstitutionstheorie geben. Daraus folgt auch, dass nach Maßgabe der Marxschen Idealismuskritik eine Konstitutionsproblematik nur möglich ist auf dem Boden einer immer schon konstituierten Gegenstandswelt nach Maßgabe des Begriffs gegenständlicher Tätigkeit. Gegenständliche Tätigkeit als die Totalität der Produktion, also Arbeit und Arbeitsteilung, verweist – im Gegensatz zu Hegel und Kant – auf die Konstitution der Erfahrungswelt. Arbeit liefert das Wahrnehmungsmaterial, das Perzeptionsmaterial. Arbeitsteilung ist der kategoriale Rahmen der Apperzeption, und zwar einer nicht transzendentalen Apperzeption, weil schon konkret, empirisch-materiell und gegenständlich gebundenen Apperzeption. Die gebrauchswertproduzierende Tätigkeit der konkreten Arbeit liefert das Perzeptions- und Wahrnehmungsmaterial, die wertsetzende Tätigkeit der abstrakten Arbeitsteilung liefert den nicht transzendentalen Apperzeptionsrahmen einer ideologisierten Kategorienwelt. Das heißt, abstrakte Arbeit ist wissenschaftskonstitutiv, begriffskonstitutiv und zugleich verantwortlich für die Ideologisierung des Begriffs, wobei Ideologie, im Unterschied zum Mythos selbst, ein Rationalitätsbegriff ist; der Mythos kann nicht wahr oder falsch sein, Ideologie aber kann wahr oder falsch sein und ist wahr und falsch, sie ist die richtige Widerspiegelung der falschen gesellschaft-

lichen Wirklichkeit und als falsches Bewusstsein die falsche Projektion einer richtigen gesellschaftlichen Wirklichkeit. Konstitution ist immer Konstitution ideologisierter Erfahrungs- und Begriffswelten; in sie geht das Moment der Ideologie als Begriff, ideologienkritisch durchleuchtet, selber ein. Von diesem grundlegenden Sachverhalt abstrahiert Habermas, darum steht er mit der positiven Adaption des Konstitutionsbegriffs auf dem Standpunkt des bürgerlichen Rechts. Das ist folgenreich für das Reduktionsargument, das er Marx vorwirft.

Um das zweite Argument noch einmal zusammenzufassen: Habermasens positive Adaption des Transzendentalitätsbegriffs ist nur um den Preis von dessen Formalisierung nach Maßgabe einer positivistischen Interpretationsweise, die an die Kritik der reinen Vernunft gerichtet wird, möglich. Zweitens: Habermas durchschaut den Konstitutionsbegriff nicht ideologienkritisch als Begriff bürgerlicher Rechtsverfassungen, in die die Logik der Zirkulationssphäre und damit das Verschwinden der Produktion eingeht und die Kant auf die Dimension des Erkenntnisvermögens, das nach Maßgabe eines Gerichtshofes behandelt wird, projiziert. Habermas steht damit auf dem Boden des bürgerlichen Rechts, nicht auf dem Boden der kritisch durchleuchteten Produktion. Daraus folgen Konsequenzen für die Fortsetzung seines Reduktionsarguments; wir haben gesehen, dass Habermas nur um den Preis eines von ihm selbst verengten, nämlich auf instrumentales Handeln reduzierten Produktionsbegriffs Marx einen insgesamt verengten Praxisbegriff vorwerfen kann, wobei Habermasens vermeintlich nicht verengter Praxisbegriff die gesellschaftlichen Beziehungen der Menschen untereinander auf einen bloßen sprachlichen flatus vocis symbolischer und symbolisierender Handlungen reduziert, was keineswegs die gesellschaftliche Relevanz sprachlichen Verkehrs herabmindern soll, aber Habermas bindet den sprachlichen Verkehr nicht mehr an konkrete gegenständliche Individuen, er materialisiert ihn nicht mehr im Bezugsrahmen gegenständlicher Tätigkeit.

Meine These ist dies: weil Habermas mit dem Konstitutionsbegriff auf dem Standpunkt des bürgerlichen Rechts steht, konstruiert er schließlich einen Eigentumsbegriff, der selbst verbürgerlicht ist, den er also nur nach Maßgabe verrechtlichten, juristisch sanktionierten Eigentums begreifen kann. Den verengten Produktionsbegriff und den verengten Praxisbegriff will Habermas Marx gerade dort nachweisen, wo dieser alle Elemente ökonomischer Intersubjektivität wirtschaftlicher Verkehrsformen, nämlich Produktion und Zirkulation, Distribution und Konsumtion in einer allgemeinen, gleichwohl historisch in der Erfahrung der universalisierten Warenproduktion verankerten Bestimmung in der Einleitung des Rohentwurfs zu geben versucht. Habermas versucht dort nachzuweisen, dass Marx die primäre Distribution des Privateigentums an den Produktionsmitteln, die bekanntlich auf gewaltsamen Klassenkämpfen, also auf Revolutionen beruht, nicht dem Produktionsbegriff subsumieren kann, sondern dass Distribution eine nicht aus Produktion gleich instrumentalem Handeln ableitbare Größe ist. Es stimmt sehr wohl, dass die primäre Distribution an den Produktionsmitteln und damit die Klassenkämpfe und Revolutionen nicht aus einem instrumentalisierten Arbeitsbegriff abgeleitet werden können, wohl aber aus der Totalität des Produktionsbegriffs von Arbeit und Arbeitsteilung, wie Marx es auch tatsächlich vornimmt. Wenn die primäre Distribution an den Produktionsmitteln, die auf Gewalt, Klassenkampf und Revolution beruht, nicht dem Begriff der Produktion als des Prinzips von Geschichte – das in der Naturgeschichte der Geschichte erst zur Entfaltung drängt, so dass Geschichte selber ein Produkt von Geschichte ist – integrierbar ist, wäre nicht nur nicht Produktion allein das *Prinzip* von Geschichte, sondern es würde auch eine Prinzipialisierung der gewaltsamen Erscheinungsformen der Geschichte der Klassenkämpfe bedeuten und die Unaufhebbarkeit der Gewalt beinhalten, was Engels in seiner Polemik gegen Herrn Eugen Dührings Umwälzung der Wissenschaften im Sinne der materialistischen Theorie deutlich klargelegt hat. Anders gesagt: man erhielte dann aus der Habermasschen Erkenntnistheorie das paradoxe Resultat, dass er auf der einen Seite den Begriff der gesellschaftlichen Praxis als der intersubjektiven Verkehrsformen derart entmaterialisiert, dass er revolutionäre Praxis auf sprachliches Handeln reduziert und Fragen progressiver Gewaltanwendung nicht zulässt, und auf der anderen Seite die faktisch vorhandene Gewalt der Gesellschaft zu einer ewigen naturgeschichtlichen Tatsache hypostasiert. Diese Dialektik von verschleierter Gewaltanerkennung und offener pazifistischer Gewaltablehnung ist die traditionelle Ideologie des Bürgertums. Aber selbst wenn aus der Verselbständigung des primären Distributionsmoments nicht eindeutig eine Hypostasierung der Gewalt zu einem Prinzip von Geschichte zu folgern wäre, ist die Habermassche Argumentation, an dieser Stelle gegen Marx gerichtet, grundfalsch. Habermas schreibt: »Die definitorischen Versuche, alle Momente der gesellschaftlichen Praxis unter den Begriff der Produktion zu bringen, können nicht verschleiern, dass Marx mit sozialen Voraussetzungen der Produktion rechnen muss, die eben nicht wie Arbeitsmaterial, Arbeitsinstrument, Arbeitsenergie und Arbeitsorganisation unmittelbar zu den Elementen des Arbeitsprozesses selber gehören. Marx will mit guten Gründen den kategorialen Rahmen so fassen, dass ›vorökonomische Tatsachen‹ für den Mechanismus der gattungsgeschichtlichen Entwicklung nicht in Betracht kommen. Aber jene in der Produktion eingeschlossene Distribution, das institutionalisierte Gewaltverhältnis also, das die Verteilung der Produktionsinstrumente festlegt, ruht auf einem Zusammenhang symbolisch vermittelter Interaktionen, der sich in Bestandteile der Produktion, in Bedürfnis, instrumentales Handeln und unmittelbares

Konsumieren allen definitorischen Gleichsetzungen zum Trotz nicht auflösen lässt.«[5] Der Begriff der primären Distribution an den Produktionsmitteln ist, wie ich in der Tat meine, insgesamt dem Produktionsbegriff zu subsumieren und zwar dann, wenn der Produktionsbegriff, wie dies bei Marx praktisch geschieht, wirklich nicht nur Arbeit als instrumentales Handeln, sondern Arbeit und Arbeitsteilung material wie kategorial umfasst.

Dieses Verhältnis von Produktion und Distribution ist deshalb so wesentlich, weil daran das Verhältnis der Kritik der politischen Ökonomie zur Theorie der Klassenkämpfe, zur Theorie der Revolution, aufleuchtet und die Frage entsteht, ob die Klassenkämpfe selbst wiederum objektiv und ökonomiekritisch verankert werden können. Wenn man der Habermasschen Argumentation folgt, so kann die primäre Distribution an den Produktionsmitteln, also die gewaltsame Verkehrsform der Klassenkämpfe, die ebenso auch kulturkonstitutiv vermittelt ist, deshalb nicht aus der Produktion abgeleitet werden, weil instrumentales Handeln nicht aus sich selbst heraus kommunikatives Handeln entlässt. Aus der Logik der Technik folgt nicht die Verkehrsform der Sprache, das ist sicherlich richtig; aber wie wir nachgewiesen haben, ist dieser Produktionsbegriff selbst ein verengter, denn Marx meint mit Produktion immer Arbeit und Arbeitsteilung. Als Konsequenz folgt daraus meine These: die primäre Distribution an den Produktionsmitteln ist deshalb in die Totalität des Produktionsbegriffs integrabel, weil sie eine neue Form der Arbeitsteilung nicht nur konstituiert, sondern auch eine neue transitorische Form von Arbeitsteilung selbst darstellt.

5 Habermas, Erkenntnis und Interesse, Frankfurt 1968, S. 75 Fußnote

ANHANG

Detlev Claussen, Bernd Leineweber, Oskar Negt
Rede zur Beerdigung des Genossen Hans-Jürgen Krahl*

Der Tod unserer Genossen Hans-Jürgen Krahl und Franz-Josef Bevermeier enthält nichts, was einer nachträglichen Mystifizierung fähig wäre. Er bezeichnet den brutalen und dürftigen Tatbestand eines Verkehrsunfalls, ein kontingentes Geschehen des Alltaglebens, das sich nur schwer in einen zwingenden Zusammenhang mit den gesellschaftlichen Zuständen bringen lässt.

Die Geschichte der Arbeiterbewegung kennt die Tragödie von politischen Intellektuellen, deren ausgeprägte Sensibilität häufig nur noch einen individuellen Ausweg aus unerträglich gewordenen Konfliktsituationen zuließ: selber dem Leben ein Ende zu bereiten. Außenstehende mögen auch noch einen Sinn darin sehen, dass man inmitten des politischen Kampfes den Tod findet, dass das Risiko, in gewalttätigen Großeinsätzen der Polizei an exponierter Stelle umzukommen, mit dem Grad der Kompromisslosigkeit des Kampfes sich zwangsläufig erhöht.

Aber dieser Tod, der Betroffenheit und Ratlosigkeit in gleicher Weise bei Angehörigen und Genossen hinterlässt, ist sinnlos, ohne lebensgeschichtliche Logik. Gleichwohl ist er ein politisches Faktum. Denn unsere gemeinsame Erfahrung und die in politischer Tätigkeit gewonnene Einsicht in die Notwendigkeit revolutionärer Praxis bilden jenen Zusammenhang, der uns die Möglichkeit gibt, angesichts des erschütternden Ereignisses dieses Todes nicht gänzlich verstummen zu müssen. War es nicht in erster Linie die aktive Wahrnehmung geschichtlicher Tatbestände: die Erinnerung an das System des faschistischen Terrors und der unmittelbare Eindruck der imperialistischen Unterdrückungskriege, die uns, noch bevor wir uns theoretische Klarheit über diese Phänomene verschafft hatten, zum Widerstand motivierte und in Aktionen zusammenführte? Alltägliche Folterungen, Massaker, Verstümmelungen ganzer Völker haben uns die Wahrheit des Satzes eines unserer philosophischen Lehrer vor Augen geführt: »Der Faschismus hat uns Schlimmeres fürchten gelehrt als den Tod.« Die imperialistische Gewalt der gegenwärtigen Epoche, die im Leiden der Völker der Dritten Welt ihren sichtbarsten Ausdruck findet, verweist auf jenes Gewaltpotential, das allen Gesellschaftsordnungen des nachfaschistischen Kapitalismus innewohnt. Aber die erdrückende Erfahrung dieser imperialistischen Gewalt als eines Weltsystems hat nicht Resignation und Passivität, sondern Empörung bewirkt: die praktische Entschlossenheit, bestehende Gewaltverhältnisse zu brechen. Erst dadurch

* Die Rede erschien 1970 in der Nr. 55/56 der Zeitschrift »neue kritik«, die mit diesem Heft ihr Erscheinen einstellte.

konnten wir begreifen lernen, was revolutionäre Gewalt als befreiende Kraft der Abschaffung von Unterdrückung, Ausbeutung und überflüssiger Herrschaft wirklich bedeutet.
Die bewaffneten Aufstände und die Sozialrevolutionen der unterdrückten Völker der Dritten Welt haben uns wieder zu Bewusstsein gebracht, wovon die Leidensgeschichte der europäischen Massen nur noch blasse Erinnerungen vermittelte: dass nämlich die Geschichte Produkt des kollektiven Handelns selbstbewusster Subjekte sein kann. Der provokative Protest, der das Anfangsstadium der studentischen Revolte kennzeichnet, war in dem praktischen Voluntarismus der vorwiegend antiimperialistisch gerichteten Aktionen ebenso notwendig wie abstrakt – notwendig, um die verschüttete Dimension bewussten und kollektiven geschichtlichen Handelns in technologisierten Industriegesellschaften politisch überhaupt erst wieder erfahrbar zu machen – abstrakt, weil die Anschauung der imperialistischen Gewalt mit den durch Moral, Recht und gehobenen Lebensstandard zwangsläufig verschleierten Formen der spätkapitalistischen Gewaltverhältnisse noch nicht konkret vermittelt werden konnte.
Recht und Moral waren emanzipatorische Begriffe, in denen das Bürgertum sein revolutionäres Selbstverständnis gegen die absolutistische Zwangsgewalt und gegen die feudalistische Vergeudung gesellschaftlichen Reichtums artikulierte; sie halfen jedoch gleichzeitig, die Individuen der bürgerlichen Gesellschaft ökonomischen Zwangsgesetzen und repressiven Bedürfnisbeschränkungen zu unterwerfen, die nicht nur das Proletariat, sondern insgesamt die vergesellschafteten Individuen trafen. Die proletarische Klasse hat deshalb von vornherein an die Stelle der illusionären Emanzipation der durch Arbeitsteilung und Konkurrenz vereinzelten Menschen die Solidarität der Kämpfenden und die Organisation eines politischen Kampfes gestellt, der, wenn auch notwendig behaftet mit den Merkmalen gewaltsamer Auseinandersetzungen, die freie Assoziation als Keimform der proletarischen Individuation in sich enthält.
Mit dem Faschismus, der die Zerstörung der proletarischen Massenorganisationen zum erklärten Ziel hatte, kündigte sich eine Tendenz zur Selbsterhaltung des kapitalistischen Systems, selbst um den Preis der Auflösung aller bürgerlichen Verkehrsformen, an. Die im Nachfaschismus mühsam etablierte formale Demokratie hat mit Hilfe modernisierter Herrschaftstechniken die Politik des manifesten Faschismus mit anderen Mitteln fortgesetzt; ihr Resultat ist, dass weder die bürgerlich-liberalen Verkehrsformen noch die traditionellen Assoziationsformen des Proletariats jene geschichtliche Möglichkeit der Gesellschaftsveränderung enthalten, auf die sich eine sozialistische Bewegung heute ungebrochen noch beziehen könnte. Das bedeutet aber keineswegs, dass man davon

entlastet wäre, die in ihnen ausgebildeten emanzipatorischen Gehalte gegen den Integrationsdruck der spätkapitalistischen Klassengesellschaft zu verteidigen. So haben sich bürgerliche Emanzipationsversprechungen und proletarischer Revolutionswille, bürgerliche Aufklärung und proletarisches Klassenbewusstsein durch den historisch reflektierten Bruch der revolutionären Traditionen gleichzeitig in der politischen Theorie der Neuen Linken angenähert und in der Realität weiter voneinander entfernt als in der dem Faschismus vorausgehenden Periode offener Klassenkämpfe.

Mit der Auflösung der historischen Legitimationsbasis des Kapitalismus als einer notwendigen Stufe des gesellschaftlichen Fortschritts im Übergang vom Feudalismus zum Sozialismus hat sich die geschichtliche Alternative: Sozialismus oder Barbarei objektiv zunehmend verschärft – unabhängig von der Tatsache, dass sie im Bewusstsein der Massen noch keine politischen Ausdrucksformen gefunden hat. Die Arbeiterklasse ist weiterhin Objekt des kapitalistischen Verwertungsprozesses; selbst die Freizeit der Arbeiter ist dem Kapitalinteresse unterworfen und in ihrer Struktur der Arbeitszeit angepasst. Nachdem der Faschismus die Organisationen der Arbeiterklasse liquidiert und die Proletarier als Soldaten über die Schlachtfelder Europas gehetzt hatte, konnten sich in der Phase des Kalten Krieges keine neuen selbstbewussten Arbeiterorganisationen mehr bilden; die Arbeiter verloren nicht ihren Objektstatus, sondern im Gegenteil: sie wurden, diszipliniert durch Schule, Lehre und Militärdienst, zusätzlich Objekte ihrer eigenen bürokratisierten Organisationen. Sie verloren nicht nur die objektive Möglichkeit, sondern allmählich auch die subjektive Fähigkeit, ihre Bedürfnisse zu artikulieren.

In diesem Zusammenhang gewinnt die veränderte gesellschaftliche Stellung der wissenschaftlichen Intelligenz eine zunehmende Bedeutung. Der Prozess der Verwissenschaftlichung der Produktion setzt sich nicht ohne Reduktion der Bildungsgeschichte des Einzelnen durch. Die Integration der geistigen Arbeit in den ökonomisch-materiellen Verwertungsprozess schränkt die Möglichkeit der Aneignung von Reflexionswissen, das die Kategorien zum Begreifen und zur Kritik der kapitalistischen Gesellschaft liefert, zunehmend ein. Die Anpassung der wissenschaftlichen Ausbildung an die Bedürfnisse der kapitalistischen Produktion, welche die Technokratisierug von Schulen und Hochschulen gleichzeitig zur Voraussetzung wie zur Folge hat, setzt einen konkreten Bezugspunkt für unseren Widerstand, den die Studenten als isolierte gesellschaftliche Gruppe allein nicht zu Ende führen können. Aber vermittelt durch das antiimperialistische Bewusstsein der Studentenrevolte weisen die objektiven wie subjektiven Bedingungen auf eine Einheit mit der Arbeiterklasse. Die technische Intelligenz ist bereits sichtbar in den Produktionsprozess integriert, und die kulturwissenschaftliche Intelligenz kann nicht länger bloß

Kultur- und Ideologieproduzent sein. Ihre Arbeit wird zur gesellschaftlich notwendigen Ausbildung von Herrschafts- und Manipulationswissen unter den Kapitalverwertungszusammenhang subsumiert. Damit erweitert sich systematisch der klassische Begriff der Produktivität der Arbeit um den Anteil wissenschaftlicher Arbeit an der Mehrwertproduktion und um die zu einer zentralen Produktivkraft gewordene Kooperation in der hoch technologisierten und verwissenschaftlichten Produktion. Zugleich ist in den Begriff des Proletariats als revolutionäres Subjekt – das heißt noch nicht: in seine historisch gewordene und festgelegte Erscheinungsform – die wissenschaftliche Intelligenz einzubeziehen. Theoretische und strategische Überlegungen, die unbefragt sich bloß auf das Industrieproletariat stützen, müssen als Fixierungen, die sich insbesondere mit unhistorisch übertragenen Leninschen Auffassungen von Fabrikarbeit und Arbeiteragitation verbinden, zurückgewiesen werden.
Der dementsprechend unter den Bedingungen des sich erst kapitalisierenden Russland entstandene Parteitypus kann in den hochentwickelten Klassengesellschaften ebensowenig als revolutionäre Organisation rekonstruiert werden wie eine fiktive Geschlossenheit einer »marxistisch-leninistischen« Theorie. Marx konnte bei der Entschleierung der kapitalistischen Ausbeutung und Unterdrückung an die noch gesellschaftliche Wahrheit beanspruchenden Kategorien der bürgerlichen Ökonomie immanent anknüpfen, um seine Kritik des kapitalistischen Systems darzustellen. Die positivistische Zerstreuung der Einzelwissenschaften verwehrt uns diesen Weg: angesichts der neuen Stufe der Zerstörung der liberalen Legitimationskategorien des Konkurrenzkapitalismus und der Totalisierung von Herrschaft durch den Spätkapitalismus ist transzendente Kritik notwendig geworden, die in der Form einer konkreten Utopie auf der Grundlage der Befriedigung der elementarsten Bedürfnisse eine Basis in den immaterielleren Bedürfnissen der unterdrückten Massen in den Metropolen gewinnen könnte.
Die im Programm der Liquidation der antiautoritären Phase enthaltene Verdrängung der Emanzipationsdebatte, in der diese immateriellen Bedürfnisse angesprochen wurden, bedeutet für den SDS einen Rückfall in traditionelle Formen der linken Politik. Wenn es auch zutrifft, dass in den kommenden politischen Auseinandersetzungen ein erhöhtes Maß an Organisationsdisziplin notwendig sein wird, so kann diese doch nur ein Moment unserer Praxis sein; es wäre ein gefährlicher Irrtum, wollte man die Schwierigkeiten einer Vermittlung zwischen Studentenbewegung und Arbeiterklasse statt auf die konkreten Lebensbedingungen des Proletariats auf den verengten Horizont von Disziplin, straffer, zentralistischer Kaderorganisation und Leistung zurückführen. Eine konkrete Utopie, die sich in der Organisation als eine widersprüchliche Einheit von Disziplin, Spontaneität und Solidarität darstellt, unterscheidet sich grundlegend

sowohl vom klassischen Utopismus wie von jenem fetischisierten, abstrakten Spontaneismus, wie er sich in der Phase der aktiven Streiks an den Universitäten zeigte.
Auf der Suche nach der klassenmäßigen und politischen Identität neigt die deutsche Studentenbewegung, um ihre eigene Unsicherheit zu kompensieren, zum Prinzip der abstrakten Negation: die große Verweigerung als radikale, unvermittelte Negation der kapitalistischen Gesellschaft wird in ihrer eigenen Geschichte zur abstrakten Negation: dem realpolitischen Pragmatismus, der die arbeitsteilig verdinglichte Aufspaltung in eine theorielose Praxis und eine praxislose Theorie beinhaltet. Die Entfaltung der konkreten Utopie in der eigenen Organisation, ihrer Theorie, ihrer Agitation und selbst in ihrer gewaltsamen Aktion muss dagegen bestimmte Negation sein – Negation, die anknüpft an die zur Verwirklichung drängenden, von der bestehenden Gesellschaft unterdrückten und vielfach deformierten Bedürfnisse der Massen. Und die Einbeziehung dieser Bedürfnisse in eine sozialrevolutionäre Praxis ist heute nicht mehr durch eine phantasielose Anpassung an das traditionelle Proletariat zu erreichen; es wäre eine aus der gegenwärtigen Verfassung vieler Genossen verständliche, aber dennoch falsche Selbstnegation der Existenzweise von isolierten Theoretikern. Niemand hat das mit größerer Entschiedenheit und Klarheit formuliert als Hans-Jürgen Krahl.
Seit Marx und Engels wissen wir im übrigen, dass selbst die Isolierung von der praktischen Bewegung für den sozialistischen Theoretiker zeitweilig die einzig sinnvolle Form der Praxis sein kann. Max Horkheimer hat mit Recht auf diese Erfahrung hingewiesen: »Der Intellektuelle, der nur in aufblickender Verehrung die Schöpferkraft des Proletariats verkündet, und sein Genügen darin findet, sich ihm anzupassen und es zu verklären, übersieht, dass jedes Ausweichen vor theoretischer Anstrengung, die er in der Passivität seines Denkens sich erspart, sowie vor einem zeitweiligen Gegensatz zu den Massen, in den eigenes Denken ihn bringen könnte, diese Massen blinder und schwächer macht, als sie sein müssen. Sein eigenes Denken gehört als kritisches vorwärtstreibendes Element mit zu ihrer Entwicklung.«
Diese Einsicht muss sich freilich mit dem Willen verbinden, dem theoretischen Gedanken die Form praktischer Durchsetzbarkeit zu geben. Die Entwicklung von organisationsfähigen Kategorien für das, was mit dem Begriff des Klassenbewusstseins verbunden war, muss deshalb in der Protestbewegung zunächst als permanente Aufklärung des Verhältnisses zwischen der spontanen Emanzipationspraxis der wissenschaftlichen Intelligenz und den historischen Klassenkampferfahrungen des Proletariats sowie dem überlieferten Bezugsrahmen marxistischer Emanzipationsbegriffe verstanden werden. Die theoretische Auseinandersetzung mit den Grundkategorien der marxistischen Tradition ist also weder Se-

minarmarxismus noch bloße Schulung, sondern ist selber schon Moment unserer politischen Praxis. Dies gehört zur Theorie und Praxis eines unorthodoxen, revolutionären Marxismus, der zur radikalen Selbstkorrektur fähig ist, wenn es die geschichtlichen Veränderungen erforderlich machen.
Der plötzliche Tod unseres Genossen Hans-Jürgen Krahl bedeutet nicht nur eine Zäsur in der politischen Praxis der Neuen Linken, die für seine intellektuelle Biographie von entscheidender Bedeutung war und die ihm eine Fülle von theoretischen und organisationspraktischen Einsichten verdankt. Auch die Lebensgeschichte vieler Genossen, die in ihm den politisch-philosophischen Lehrer anerkannten, den sie im akademischen Bereich nicht fanden, wird sein Tod beeinflussen.
Für uns ergibt sich daraus die Aufgabe, an der von Hans-Jürgen Krahl gerade im letzten Jahr programmatisch formulierten Position festzuhalten, sie weiterzuentwickeln, um schließlich das zu realisieren, was er in einer Selbstdarstellung vor Gericht so formuliert hat:
»Es ist nicht das bloße Trauern um den Tod des bürgerlichen Individuums, sondern es ist die intellektuell vermittelte Erfahrung dessen, was Ausbeutung in dieser Gesellschaft heißt, nämlich die restlose und radikale Vernichtung der Bedürfnisentwicklung in der Dimension des menschlichen Bewusstseins. Es ist immer noch die Fesselung der Massen, bei aller materiellen Bedürfnisbefriedigung, an die elementarsten Formen der Bedürfnisbefriedigung – aus Angst, der Staat und das Kapital könnten ihnen die Sicherheitsgarantien entziehen. So hat auch Ernst Bloch argumentiert, wenn er im ›Prinzip Hoffnung‹ die Frage stellt: Warum sind diejenigen, die es nicht nötig haben, zur roten Fahne übergelaufen? Er sagt: ›Es ist die sich tätig begreifende Menschlichkeit‹.«

Detlev Claussen

Hans-Jürgen Krahl: Ein philosophisch-politisches Profil*

> Doch uns ist gegeben,
> Auf keiner Stätte zu ruhn,
> Es schwinden, es fallen
> Die leidenden Menschen
> Blindlings von einer
> Stunde zur andern,
> Wie Wasser von Klippe
> Zu Klippe geworfen,
> Jahr lang ins Ungewisse hinab.
>
> Hölderlin

Kurz nach Hans-Jürgen Krahls jähem Unfalltod im Februar 1970 erschien ein Band in Frankfurt, in dem ohne Namensnennung Krahl indirekt zitiert und anschließend polemisch niedergemacht wurde. Das Buch wird auch heute noch viel gelesen, ist mehrfach wieder aufgelegt und heißt »Philosophisch-politische Profile«. In diesem Buch hat Krahl keines und für die vielen Habermas-Leser der siebziger und achtziger Jahre wird er auch keins bekommen, wenn sie sich nicht die Mühe machen, selbst sich in die Texte Krahls einzulesen. 1971, ein Jahr nach seinem Tod, erschien eine Sammlung von Krahls Arbeiten, von der nun mittlerweile doch vierzehntausend verkauft sind und eine vierte Auflage herausgebracht wird.
Habermas schreibt über Krahls Auftreten bei Adornos Beerdigung: »Einer von Adornos Schülern hat dem Lehrer ins offene Grab nachgerufen: er habe am bürgerlichen Individuum unwiderstehlich Kritik geübt und sei doch selbst in seine Ruine gebannt geblieben. Das ist wohl wahr. Daraufhin aber mit dem vertrauten Gestus ›Was fällt, soll man stoßen‹ zu fordern, Adorno hätte eben auch die Kraft haben sollen, die letzte Hülle ›radikalisierter Bürgerlichkeit‹ abzustreifen (und den Aktionisten die Fahne voranzutragen), beweist nicht nur, was uns hier nicht beschäftigt, politische (und psychologische) Torheit, sondern zunächst einmal philosophisches Unverständnis. Denn die historisch gewordene Gestalt des bürgerlichen Individuums wäre mit Willen und gutem Gewissen, und nicht nur mit Trauer, erst dann zurückgelassen, wenn aus der Auflösung des alten schon ein neues entsprungen wäre. Nun hätte sich Adorno das Fabulieren über ein ›neues Subjekt‹ nie angemaßt.«[1] Dieser Absatz wirft ein

* Der Text wurde vom Autor 1985 für die veränderte Nachauflage von »Konstitution und Klassenkampf« verfasst.

1 J. Habermas, Philosophisch-politische Profile, Frankfurt 1971, S. 190f.

Licht auf Habermas' periodisch wiederkehrende Polemik gegen die Protestbewegung, die ihn zu sehr reizte, als daß er sich um ihre Analyse bemühte. Aber objektiv transportiert dieser Text Vorurteile; der Leser von heute wird sich, fünfzehn Jahre danach, sagen: Es wird wohl so gewesen sein. Wir erhalten an dieser Stelle zentrale Theoreme der Protestbewegung durch Kolportage. Diese Kolportagen aufzugreifen, Reflexionen über sie anzustellen und sichere Urteile über das Kolportierte und die Kolportierten zu fällen, gehört für den wissenden Leser zur schmerzlichen Praxis des Kulturbetriebs, der nicht nur Fallendes stößt, sondern auf dem schon Gefallenen noch herumtrampelt, bis auch dies gänzlich langweilig wird.

Aus Habermas' harschen Worten spricht auch noch die Erbitterung des Frankfurter Lokalkonflikts, der mit der Besetzung des »Instituts für Sozialforschung« durch SDS-Studenten und mit dem Aktiven Streik im Winter 68/69 seinen Höhe- und Tiefpunkt zugleich erreichte. Wie kam es, dass ausgerechnet die Autoren der sogenannten Frankfurter Schule in diesen Konflikt mit ihren eigenen Studenten gerieten, von denen die SDS-Studenten um Krahl gerade diejenigen waren, die allein wegen Horkheimer, Adorno und Habermas zum Studium nach Frankfurt gekommen waren?

Wer die Beiträge Krahls heute liest – und als Habermas seinen Aufsatz schrieb, hätte er den einen oder anderen in der »Frankfurter Rundschau« lesen können –, spürt sofort, dass es Krahl nicht einmal in der Volltrunkenheit eingefallen wäre, von Adorno zu verlangen, den Aktionisten die Fahne voranzutragen. Am 13. Juni 1969 war in der FR zu lesen: »Adornos gesellschaftstheoretische Einsicht, der zufolge ›das Nachleben des Nationalsozialismus in der Demokratie als potentiell bedrohlicher denn das Nachleben faschistischer Tendenzen gegen die Demokratie‹ anzusehen sei, ließ seine progressive Furcht vor einer faschistischen Stabilisierung des restaurativen Monopolkapitals in regressive Angst vor den Formen praktischen Widerstands gegen diese Tendenz des Systems umschlagen.«[2]

Das mag heute glatt klingen, bezeichnet aber den Widerspruch viel genauer als Habermas' Kolportage. Theoretisch hingen Krahl und Genossen ganz eng an der Gesellschaftskritik Adornos; an ihr bildeten sie ihr theoretisches Verständnis. Tatsächlich spielt hier neben anderen Gründen der Generationskonflikt eine Rolle. Für die Generation, die Habermas repräsentiert, fängt kritische Theorie als akademisches Projekt an, aus dem dann auch Zweifel an den historisch-politischen Voraussetzungen von Horkheimers und Adornos Vernunftkritik entwickelt werden. Die Betonung dieses Aspekts ist inzwischen bei Habermas nicht schwä-

2 Im vorliegenden Band, S. 291

cher, sondern stärker geworden.[3] Damals, 1968 und 1969, wurde es als empörende Unterstellung empfunden, dass Habermas Krahls Forderung nach objektiver Parteilichkeit der Theorie als Kontrollanspruch eines stalinistischen Parteichefs darstellte. Oskar Negt, der als der politische Autor aus dem akademischen Frankfurter Zusammenhang anzusehen ist, schrieb seinerzeit: »Demgegenüber bestünde objektive Parteilichkeit darin, den eigenen politischen Standpunkt im Zusammenhang des aktuellen Emanzipationsprozesses zu reflektieren, um ihn durch polarisierende Verschärfung konkurrierender Entwicklungstendenzen lenken, einzelne Richtungen unterstützen und vergleichbare Erfahrung zur Klärung von Strategien verwenden zu können.«[4]
Krahl artikuliert in der Periode von 1967 bis 1970 die Position einer dritten Generation kritischer Theorie, die eben auch praktisch-politisch sein will. Ist jedoch bei Horkheimer und Adorno die bewusste Verarbeitung von Auschwitz konstitutiv für Geschichts- und Politikverständnis, erfolgt in dieser dritten Generation eine Abschleifung der Erfahrung von Nationalsozialismus zu einem gefährlich glatten Begriff von Faschismus. Die agitatorische Bezeichnung rechter Gegner als »faschistoid« gehört in diesen Zusammenhang allzu leichtfertiger Kategoriendehnung. Bei Krahl findet man jedoch zu allen Phasen immer wieder eine Rückkehr zur theoretischen Begriffsbildung, die in seiner Konzeption niemals direkt dem politischen Tageskampf dienstbar gemacht werden soll. Krahls Tod symbolisierte 1970 das Absterben dieser Position als politische Richtung in Westdeutschland, was man damals nur ahnen konnte: Spontis, Kaderparteien, RAF bestimmten die siebziger Jahre – neben Überwinterungsformen wie das Sozialistische Büro, das Neue und traditionelle Linke zusammenführen wollte; von der Entwicklung der Frauenbewegung einmal ganz abgesehen. Heute mutet es als abstrakte Utopie an, was anlässlich des Todes von Hans-Jürgen Krahl als konkrete gedacht wurde: »Eine konkrete Utopie, die sich in der Organisation als eine widersprüchliche Einheit von Disziplin, Spontaneität und Solidarität darstellt, unterscheidet sich grundlegend sowohl vom klassischen Utopismus wie von jenem fetischisierten, abstrakten Spontaneismus, wie er sich in der Phase der aktiven Streiks an den Universitäten zeigte.«[5]

3 Habermas zählt in seinem Hauptwerk »Theorie des kommunikativen Handelns«, Bd. 1, Frankfurt 1981, S. 503, Namen auf, die er für die »zweite Generation der Kritischen Theorie hält«: »Apel, Habermas, Schnädelbach, Wellmer u. a.«. Kein Alfred Schmidt, kein Oskar Negt – aber die haben sich auch nicht »selber auf den steinigen Weg immanenter Wissenschaftskritik begeben und den gesuchten Maßstab einer Selbstreflexion [abgewonnen], die in die lebensweltlichen Fundamente, die Handlungsstrukturen und den Entstehungszusammenhang wissenschaftlicher Theoriebildung hinabreicht.« (a.a.O., S. 502f.)

4 O. Negt, Einleitung, in: Die Linke antwortet Jürgen Habermas, Frankfurt 1968, S. 32

5 D. Claussen, B. Leineweber, O. Negt, Rede zur Beerdigung des Genossen Hans-Jürgen Krahl, in: neue kritik Nr. 55/56, 1970, S. 6

Aus dem öffentlichen Bewusstsein ist die antiautoritäre Phase der Bewegung zwischen 1967 und 1969 vollkommen verdrängt und wird mit Spontitum und ML-Parteiorganisierung der frühen siebziger Jahre verwechselt. Wenn schon unscharf von den 68ern geredet wird, droht meist eine positive oder negative Stellungnahme zu den eben bloß kolportierten Gestalten des Bewusstseins der Jahre vor 1970. Die politische Bedeutung der Neu-Veröffentlichung der Schriften Krahls ist darin zu sehen, dass jeder, der von Theorielosigkeit und linkem Dogmatismus der sechziger Jahre daherschwadroniert, auf diese knapp vierhundert Seiten verwiesen werden kann. Die Bewegung selbst ist viel widersprüchlicher verlaufen, als es die einfach gestrickten Mythenmuster von sentimentalen Veteranen oder bissigen Abtrünnigen suggerieren.
Hans-Jürgen Krahl muss man als den Theoretiker der antiautoritären Bewegung verstehen. Bei Rudi Dutschke stand in viel stärkerem Maße die überzeugende agitatorische Massenwirkung im Vordergrund. Krahl kam aus der tiefen Provinz, seine Odyssee durch die Organisationen der herrschenden Klasse hat er selber witzig, wenn auch etwas stilisiert, in den »Angaben zur Person« beschrieben, die er 1969 im sogenannten Senghor-Prozeß vor Gericht machte. Bemerkenswert an diesem Beitrag bleibt die Kunst freier Rede, die er hier demonstriert. Noch 1967 konnte Hans-Jürgen Krahl überhaupt nicht reden. Nach dem 2. Juni, bei einer Protestversammlung gegen die Ermordung Benno Ohnesorgs, fegte er den Uni-Campus leer, als er in Wortkaskaden Hegelscher und Adornoscher Termini die geschichtliche Bedeutung dieses Tages erläuterte. Die Verwandlung eines skurril wirkenden Intellektuellen in den scharfsinnigsten Redner des SDS lässt sich glaubhaft nur verstehen, wenn man selbst Zeuge der emanzipatorischen Veränderungen gewesen ist, die mit vielen Individuen damals geschahen. Es schien, als ob ein kollektiver Alp von den Menschen genommen wurde, der in den fünfziger Jahren sich zu diesem Gletschergelände Bundesrepublik verfestigt hatte.
Die missglückte Befreiung, die der 8. Mai 1945 gebracht hatte, wurde zu einem Motiv politischer Organisierung Anfang der sechziger Jahre. Als missglückt wurde die Befreiung verstanden, weil sie die deutsche Kontinuität nicht gebrochen hatte. Die wirklich interessanten und guten Programme, wie sie zum Teil in den USA zur Demokratisierung Deutschlands entwickelt worden waren, wurden im Interesse der Ost-West-Konfrontation bald unter den Teppich gekehrt. Die fünfziger Jahre, inclusive KPD-Verbot und Godesberger Programm, das letztlich zum Ausschluss des SDS aus der SPD führte, galten zu Recht als Restauration des vornationalsozialistischen Deutschland, soweit es eben ging. Die bewusstlose Anpassung der SPD um der Wahlerfolge willen wurde als Verrat an der Demokratie in der Praxis und am Sozialismus im Gedanken empfunden. Misstrauen und Enttäuschung an der traditionellen Linken und ein Be-

dürfnis nach fundamentaler Veränderung machten das Sozialismusverständnis der Neuen Linken im SDS aus.
Zur DDR wurde nach Zurückdrängung der »konkret«-Fraktion ein recht realistisches Verhältnis entwickelt. Man sprach sich, damals eine Ungeheuerlichkeit, für die Anerkennung der Ergebnisse des Zweiten Weltkrieges, inklusive der staatlichen Eigenständigkeit der DDR aus. Kritisiert wurde aber der autoritäre Charakter des Staatssozialismus – so die überwältigende Mehrheitsauffassung im SDS. Daraus entwickelte sich ein wesentliches Moment antiautoritärer Strategie, die sich gegen jede Form von Stellvertreterpolitik richtete.
Krahl gehörte zu denjenigen, die schon 1967 meinten, man müsse im SDS neue Organisationsformen schaffen, die sich qualitativ vom Typ der sozialdemokratischen Mitgliederorganisation wie auch der leninistischen Kaderpartei unterscheiden. So kam es im Winter 1967 zur Gründung von Projektgruppen im Frankfurter SDS, die die traditionellen Arbeitskreise ersetzen sollten. Diejenige, der Krahl seine Prägung entscheidend verlieh, nannte sich Organisationsprojektgruppe. Sie beschäftigte sich praktisch mit der Vorbereitung von Aktionen an der Universität und in der Stadt und theoretisch mit »Geschichte und Klassenbewusstsein« von Georg Lukács. Organisation wurde mit einem emanzipatorischen Anspruch versehen, der heute fast unverständlich überschwenglich wirkt. Die Vereinzelung in der Massenuniversität und die gerade in Deutschland gebrochenen bürgerlichen Familienverhältnisse nach dem Nationalsozialismus geben vielleicht Anhaltspunkte ab, warum Organisation als emanzipatorische Lebensform von jungen Studenten verstanden wurde. Was Benjamin in »Politisierung der Intelligenz« gefordert hatte, schien Krahl und Genossen die conditio sine qua non sozialistischer Organisation: »Die Organisation ist das eigentliche Medium [...], in welchem die Verdinglichung der menschlichen Beziehungen sich abspielt – das einzige übrigens auch, in dem sie könnte überwunden werden.«[6]
Die familiale Brechung gesellschaftlicher Verhältnisse gab der deutschen antiautoritären Bewegung ihr besonderes Gesicht. »Autorität und Familie« und die aus der Emigration zurückgekehrte Psychoanalyse, vor allem in der Vermittlungsgestalt Adornos und Marcuses, gaben der Politisierung einen durchaus fundamentalen Aspekt, der sie von einer bloß rationalistischen Politikauffassung unterscheidet, wie sie inzwischen in der SPD gepflegt wird. Die antiautoritäre Bedürfnisexplosion, die alle Konflikte vor allem in den eigenen Reihen austragen ließ, schien die asozialisierende Folge eines durchaus tiefgehenden emanzipatorischen Bedürfnisses. Aber als Bedrohung der geronnenen Verhältnisse im Nachkriegsdeutschland wurden diese sich inflationierenden Ansprüche

6 W. Benjamin, Angelus Novus, Frankfurt 1966, S. 423

von den etablierten Organisationen schon empfunden. In den Aufsätzen aus dem Jahre 1969 beklagt Krahl immer wieder den Mangel eines politischen Realitätsprinzips. Die antiautoritäre Revolte ist an diesem Mangel zugrunde gegangen, nicht an der Unterdrückung von außen.

Krahl war kein Ideologe des antiautoritären Bewusstseins, sondern der Theoretiker einer emanzipatorischen Praxis, die eines antiautoritären Moments bedarf. Wenn er in »Thesen zum allgemeinen Verhältnis von wissenschaftlicher Intelligenz und proletarischem Klassenbewusstsein« fordert: »Die Bewegung wissenschaftlicher Intelligenz muss zum kollektiven Theoretiker des Proletariats werden – das ist der Sinn ihrer Praxis«[7] – klingt das sehr traditionell. Aber Krahl verstand unter Proletariat etwas ganz Utopisches, eine sich aus ihren organisatorischen Zwangsformen emanzipierende antiautoritäre Arbeiterbewegung. Das sollte gerade das Neue an der Neuen Linken sein, für das der Name Herbert Marcuses stand und steht: »Der Emanzipationsbegriff, den Marcuse in der Tradition des westlichen Marxismus von Lukács über Horkheimer bis Merleau-Ponty entfaltet, hebt ins Bewusstsein, was die Strategien des sozialdemokratischen Reformismus und der sowjetmarxistischen Orthodoxie verdrängt haben, die Reduktion des emanzipativen auf den technischen Fortschritt, der sozialen auf die industrielle Revolution.«[8]

Wie es in den frühen sechziger Jahren leicht war, Sozialismus mit dem Hinweis auf den sich selbst »real existierenden Sozialismus« nennenden zu diskreditieren, so scheint es seit Mitte der siebziger Jahre keine Probleme mehr zu bereiten, alles Linke als bloß technik- und industriefixiert abzuqualifizieren. An diesem Punkt kann man nur die neuerliche Lektüre von Krahl empfehlen; der Begriff des emanzipativen Fortschritts wird scharf von dem technologischer Allmachtsansprüche geschieden. Das Schlagwort von der linken Fortschrittsgläubigkeit ignoriert ebenso wie der rechte Vorwurf von Fortschrittsfeindlichkeit diese von Krahl – im Gefolge von Adorno – betonte Differenz im Begriff des Fortschritts selbst. Krahls Betonung der Organisation sollte die Individuen von der Ohnmacht befreien, die nach Verlängerung der negativen Tendenzen der spätkapitalistischen Gesellschaft notwendig folgt. Dieser Ohnmachtserfahrung, dem Druck der gesellschaftlichen Verhältnisse, versucht jeder sich zu entziehen, weil sie schmerzlich ist. Krahls Leben, physisch wie psychisch auf einer abschüssigen tödlichen Bahn verlaufend, zeugt davon, mit welch existentiellem Ernst die Entfaltung eines emanzipativen Realitätsprinzips als kollektiver Möglichkeit zur Lebenschance für das Individuum wurde. Krahl ist nicht der einzige, der das Absterben einer emanzipativen sozialen Bewegung in Deutschland nicht überlebt hat.

Über das »neue Subjekt« wurde nicht fabuliert, wie Habermas so ab-

7 Im vorliegendem Band, S. 351
8 Ebd., S. 305

schätzig formuliert, sondern es wurden alle Lebenskräfte gesammelt, um es wirklich werden zu lassen. Die Enttäuschung war niederschmetternd, vor allem die Erfahrung, dass es keine Repressionsmacht von außen war, die die Bewegung zerstörte, sondern die zerstörerischen Kräfte aus dem Innern selbst kamen. Die Konfrontation mit Adorno 1968 berührt die Erinnerung schmerzlich, weil sie unnötig und überflüssig war. Aber sie ist nötig als Erinnerung, damit deutlich wird, was gefehlt hat: ein historisch-gesellschaftliches Selbstbewusstsein der Subjekte als Individuen, die von anderen nicht mehr erwarten als von sich selbst. In der Besetzung des Instituts äußerte sich der Wunsch nach Hilfe von den Vätern, die einen so schwach in der Welt dastehen ließen – mit all dem theoretischen Rüstzeug, das sie einem gegeben hatten. Aber es waren keine realen, sondern intellektuelle Väter, die dort attackiert wurden – und damit wurden die gesellschaftlichen Verhältnisse repersonalisiert auf die, deren Arbeit zur Kritik derselben am meisten beigetragen. In immer engeren Spiralen wiederholt sich dieser Prozess; bei ML-Parteien und Spontis erfasste er schon 1969 die Theorie insgesamt; intellektueller Masochismus gehört zum Grundbestandteil öffentlicher Selbstdarstellung in den sogenannten neuen sozialen Bewegungen. Krahls Leistung während der Protestbewegung, die seit 1968 keine reine Studentenbewegung mehr war, bestand in der Artikulation des Widerspruchs gegen theorie- und damit emanzipationsfeindliche Tendenzen in der Bewegung. Die Betonung von Organisation sollte gerade dem antiindividuellen Kollektivismus, der Bewegungen wie eine massenpsychologische Gesetzmäßigkeit zu ergreifen droht, vorbeugen. Krahl selbst besaß mit allem zur Schau getragen körperlichen Verfall etwas persönlich unorganisierbar Anarchisches, das ihn – abgesehen von seiner kompromisslosen intellektuellen Radikalität, die keine freundschaftliche Rücksicht kannte – zum Mitglied irgendeiner Kaderpartei völlig unfähig machte. Mit den ersten ML-Tendenzen fielen auch schon die ersten tadelnden Worte über »Frankfurter Alkoholkonsum«, von dem ihn nur Schreiben und Lesen zurückhielt.

Es gehörte schon ein eminent gebildeter theoretischer Kopf dazu, die Veränderung geistiger Arbeit im Spätkapitalismus so klar zu analysieren – als Bedrohung und als Chance: »Ich meine damit, dass die Anpassung geistiger Arbeit an kapitalistische Arbeitszeitnormen auf der einen Seite vermittelndes Denken, das Gesellschaft als Ganzes durchschaut, erschwert; auf der anderen Seite aber, durch die fortschreitende Subsumtion wissenschaftlicher Arbeit unter das Kapital, wird zugleich bürgerliches Kulturbewusstsein im klassischen Sinne, durch das sich die wissenschaftliche Intelligenz der bürgerlichen Klasse zurechnen konnte, vernichtet und die Möglichkeit eröffnet – gerade auch im Bereich der naturwissenschaftlichen und technischen Intelligenz – die Möglichkeit eröffnet, nicht die Notwendigkeit, dass diese wissenschaftliche Intelligenz die Produkte ihrer wissenschaftlichen Arbeit als fremde, unmystifizierte Macht des Kapitals – und damit Ausbeutung – begreifen und erfahren kann.«[9] Auch dies Zitat stammt aus einem teach-in-Beitrag, den Krahl kurz vor seinem Tode hielt.

Krahl führte in seinen Beiträgen immer wieder die Klinge gegen Theoriefeindschaft, die er für eine Form der Geschichtslosigkeit hielt. Deswegen bedurfte es eines genauen Erinnerns an die theoretische Tradition, an die Kritik nicht nur anknüpfen kann, sondern auch muss, wenn sie sich nicht nur akademisch verstehen will. Es macht die ungeheure Anziehungskraft der frühen Schriften von Lukács und Horkheimer aus, dass hier der emanzipatorisch-politische Sinn theoretischer Arbeit transparenter ist als später. Die Habermassche Theorie hat diesen Strang inzwischen vollkommen durchschnitten —eine Theorieform, die sich in der akademischen und publizistischen Welt etabliert hat. Krahl orientiert sich nicht an einer »Theorie des kommunikativen Handelns«, sondern er macht seine Theorieversuche an einem möglichen außertheoretischen Handeln fest. Daraus spricht nicht – wie es in der Kolportage heißt – »philosophisches Unverständnis«, vielmehr kommt Krahl den Intentionen eines Horkheimer wesentlich näher als die von Habermas aufgezählte zweite Generation. »Die Selbsterkenntnis des Denkens wird dabei auf die Enthüllung von Beziehungen zwischen geistigen Positionen und sozialen Standorten reduziert. Die Struktur des kritischen Verhaltens, dessen Absichten über die der herrschenden gesellschaftlichen Praxis hinausgehen, ist solchen sozialen Disziplinen nicht verwandter als die Naturwissenschaft. Sein Gegensatz zum traditionellen Begriff von Theorie entspringt nicht so sehr aus einer Verschiedenheit der Gegenstände als der Subjekte.«[10]

Das politisch-philosophische Profil Hans-Jürgen Krahls soll auf die Differenz der Subjekte aufmerksam machen. Obwohl schon fünfzehn Jahre tot, erweist Krahl sich als ein kritischer Theoretiker der dritten Generation. Die einzige Möglichkeit, ihn und seine Absichten weiterleben zu lassen, heißt: Krahl lesen.

Frankfurt am Main, Mai 1985

9 Ebd., S. 325

10 Max Horkheimer, Traditionelle und kritische Theorie (1937), in: Kritische Theorie, Bd. II, Frankfurt 1968, S. 158

Norbert Saßmannshausen
Hans-Jürgen Krahl. Eine biographische Skizze

»Ich, Hans-Jürgen Gerhard Krahl, Sohn des kaufm. Angestellten Rudolf Krahl und der Angestellten Erna Krahl, geb. Schulze, wurde am 17. Januar 1943 in Sarstedt/Han. (Land Niedersachsen) geboren. Im Frühjahr 1944 verlor ich durch Kriegseinwirkung mein rechtes Auge; ich trage seitdem ein künstliches Ersatzauge. Gegen Ende des Krieges flohen meine Eltern mit mir vom damaligen Stettin in meine Geburtsstadt. Dort verbrachte ich meine Kindheit bis zum 15. Lebensjahre.«
(Aus dem handschriftlichen Lebenslauf Hans-Jürgen Krahls vom 26. Januar 1965 zur Einschreibung an der Frankfurter Universität)

Ende der 50er Jahre zieht die Familie Krahl von Sarstedt nach Alfeld (Leine). Hans-Jürgen Krahl besucht dort das humanistische Gymnasium und macht 1963 das Abitur. Im Sommersemester 1963 beginnt er in Göttingen mit dem Studium der Fächer Philosophie, Germanistik und Geschichte.
1961 war er in Alfeld der CDU beigetreten und hatte dort die Junge Union mitgegründet. Er schrieb für die Schülerzeitung und fiel nicht nur als besonders intelligent, sondern auch als konservativ argumentierend, angeblich mit dem rechten Ludendorff-Bund sympathisierend, auf. In Göttingen vollzieht Krahl eine politische Wende, tritt in den SDS ein und zieht schließlich nach Frankfurt am Main.
Für das 5. Semester schreibt sich Krahl Anfang 1965 an der Universität Frankfurt ein. Auf die Frage »Welchen Beruf streben Sie an?« trägt er ein: Hochschullehrer.

Nach Frankfurt ist Krahl wegen Theodor W. Adorno gekommen. Hier besucht er dessen Vorlesungen über Negative Dialektik (Wintersemester 1965/66), beteiligt sich aktiv in den Seminaren sowohl bei Adorno als auch bei Oskar Negt, Alfred Schmidt und Karl-Heinz Haag. Ende 1965 überträgt ihm Heinz Ludwig Arnold, der ihn aus Göttingen kennt, die Redaktion eines »text+kritik«-Heftes zu Jean Paul. Krahls Vorschläge für Autoren und Artikel werden weitgehend im erst 1970 veröffentlichten Jean Paul-Band realisiert.
In Frankfurt wird Krahl bald zum Wortführer der »antiautoritären« Gruppierung im SDS. Ein Foto vom 22. Mai 1966 zeigt ihn auf einer Demonstration gegen den Vietnamkrieg: ein blasser Brillenträger, im Anzug mit Krawatte. Spätere Fotos zeigen ihn im Rollkragenpullover, das gescheitelte Haar trägt er im Laufe der Jahre etwas länger. Er führt eine nomadische Existenz: er bezieht keine (feste) Wohnung in Frankfurt, lebt in

Wohngemeinschaften, kommt bei Freunden unter, übernachtet in Studentenwohnheimen. Legendär ist seine Tasche, in der er alles für ihn Wichtige mit sich trägt: Bücher, ein Hemd und die auf Briefpapier verfassten Notizen und Exzerpte.
Im September 1966 ist er einer der vier Frankfurter Delegierten auf der 21. ordentlichen Delegiertenkonferenz des SDS in Frankfurt.
Im Wintersemester 1966/67 hält Krahl ein Referat im Adorno-Seminar, »Zur Wesenslogik der Marxschen Warenanalyse« [Konstitution und Klassenkampf, S. 31-83]. In den Seminaren und den Diskussionen des SDS mit den Mitarbeitern und Assistenten Adornos (Habermas, Negt, Schmidt, Haag) entwickelt sich Krahl zum Sprecher, zum Theoretiker, der auf Augenhöhe debattiert. Auf den teach-ins, den Versammlungen und Kongressen der Jahre ab 1967 entwickelt er sich schließlich zum außergewöhnlichen politischen Redner, den alle Zuhörer zu verstehen glauben, der formuliert, was viele denken und fühlen.

Aus Hans-Jürgen Krahl wird in den Jahren der Revolte schließlich »der Krahl«. Zwischen den in dieser Zeit oft pittoresken Figuren wirkte er eher unscheinbar. Und doch war Hans-Jürgen Krahl nicht nur radikal, unbehaust, ohne Geld, ein genialer Kopf, ein brillanter Redner: Er war auch der Robespierre von Bockenheim – und er kokettierte mit dieser Zuschreibung. Die Trauer über den Tod des bürgerlichen Individuums beantwortete er mit der Konstitution seiner persönlichen Geschichte als Erzählung (*Ich habe mir eine Geschichte geschrieben*), in der er sich stilisiert: seine Herkunft aus dem Geschlecht der Hardenbergs (»Thankmar Krahl zu Hardenberg«), seine Trinkfestigkeit (»doppelter Doppelkorn«), seine Vorliebe für Heintje gegen den Mainstream der Stones- und Beatles-Fans. Einmal träumt er (Alfred von Meysenbug hat diesen von Krahl erzählten Traum in einen Comic übertragen): Er, Krahl, sitzt auf Adornos Bett und schwingt einen Säbel oder ein Messer. Und Adorno sagt: Herr Krahl, das ist aber Gewalt. Und er, Krahl, sagt: Herr Professor Adorno, sie personalisieren.

Nach der Beerdigung Benno Ohnesorgs, der am 2. Juni 1967 in Berlin vom Polizeibeamten Kurras erschossen worden war, findet in Hannover der vds-Kongress »Hochschule und Demokratie« statt. Hier kommt es zu einer heftigen Konfrontation zwischen Jürgen Habermas, der dabei in seiner Kritik der Protestformen der Studenten den Begriff »Linksfaschismus« verwendet, auf der einen sowie Hans-Jürgen Krahl und Rudi Dutschke auf der anderen Seite.
Die Diskussionen über die Zukunft des SDS, über die Organisation sozialistischer Politik führen die beiden wichtigsten Sprecher des SDS im Vorfeld der 22. ordentlichen Delegiertenkonferenz des SDS erneut zusam-

men: Der Berliner Rudi Dutschke und der Frankfurter Hans-Jürgen Krahl legen zur Konferenz (4.-8. September 1967 in Frankfurt) ein gemeinsames Organisationsreferat vor. »Krahl gehörte zu denjenigen, die schon 1967 meinten, man müsse im SDS neue Organisationsformen schaffen, die sich qualitativ vom Typ der sozialdemokratischen Mitgliederorganisation wie auch der leninistischen Kaderpartei unterscheiden. So kam es im Winter 1967 zur Gründung von Projektgruppen im Frankfurter SDS (...). Diejenige, der Krahl seine Prägung entscheidend aufdrückte, nannte sich Organisationsprojektgruppe.« [Claussen, 1985, im vorliegendem Band S. 428]
Ab November 1967 ist Krahl einer der Herausgeber des SDS-Theorie-Organs »neue kritik«. Er redet beim großen Vietnam-Kongress in Berlin (Februar 1968) und beteiligt sich an der Debatte mit Ralf Dahrendorf auf dem Frankfurter Soziologentag im April 1968. Bei den Osterunruhen im April, nach dem Attentat auf Rudi Dutschke, spielt er eine bedeutende Rolle, ebenso bei den Protesten gegen die Notstandsgesetzgebung. Am 27. Mai 1968 hält Krahl in Frankfurt auf der DGB-Kundgebung gegen die Notstandsgesetzgebung auf dem Römerberg eine Rede [KuK, S. 152-158].

Kongresse, Demonstrationen, Streiks, go-ins, teach-ins

Parallel zu den politischen Aktivitäten beteiligt Krahl sich weiterhin an Arbeitsgruppen an der Universität. Er verfasst Referate, Reden, Einleitungen. Im Seminarprogramm der »Politischen Universität« in Frankfurt lautet das Thema des von ihm geleiteten Seminars: »Revolutionstheorie«. Im Juli nimmt er an den Diskussionen mit dem Philosophen Herbert Marcuse im Audimax der Berliner Freien Universität teil. Im August 1968 schreibt er die Einleitung zur Voltaire-Flugschrift 26 zum Einmarsch der Warschauer-Pakt-Truppen in die CSSR. Auf der Buchmesse beteiligt er sich im Herbst an den Protesten gegen die Verleihung des Friedenspreises an Léopold Sédar Senghor, den Präsidenten Senegals.
Mitte September findet in Frankfurt die 23. ordentliche Delegiertenkonferenz des SDS statt. Am 13. September 1968 trifft den am Rednertisch sitzenden Hans-Jürgen Krahl ein Tomatenwurf. »Genosse Krahl, Du bist objektiv ein Konterrevolutionär und ein Agent des Klassenfeindes dazu!«, ruft die Tomatenwerferin, Sigrid Rüger. Mit diesem Tomatenwurf eskaliert ein Konflikt im SDS, der im nachhinein oft als Geburtsstunde der »neuen Frauenbewegung« bezeichnet wird.
Anfang Dezember 1968 beginnt ein »Aktiver Streik« an der Frankfurter Universität. Im Verlauf dieses Streiks kommt es am 31. Januar 1969 zur »Besetzung« des Instituts für Sozialforschung durch 76 Studenten. Adorno und von Friedeburg rufen die Polizei, die sämtliche Studenten ins Polizeipräsidium transportiert. Bis auf Hans-Jürgen Krahl werden alle

Foto: Abisag Tüllmann

im Laufe des Abends wieder freigelassen. Krahl bleibt wegen »schweren Hausfriedensbruchs in Tateinheit mit Nötigung« in Untersuchungshaft. Die Haft wird mit Fluchtgefahr begründet, weil er, der seit 1965 in Frankfurt lebt, hier niemals polizeilich gemeldet war.

Freiheit für Krahl

In den ersten Februar-Tagen 1969 ist der Name Krahl überall präsent. Ob bei der Stürmung des Café Kranzler an der Frankfurter Hauptwache im Anschluss an eine Demonstration gegen die Verhängung des Ausnahmezustandes in Spanien, ob bei Veranstaltungen auf dem Universitätsgelände oder schließlich vor dem Gerichtsgebäude: Immer wieder skandieren die Demonstranten »Freiheit für Krahl«, »Ho, ho, holt den Krahl«. Mit der Auflage sich polizeilich anzumelden wird er am 6. Februar aus der Untersuchungshaft entlassen. Nach seiner Freilassung spricht er auf einem teach-in der Universität vor 2500 Teilnehmern.
Am späten Abend des 29. April 1969 wird Krahl beim Verlassen des Walter-Kolb-Heimes von Polizisten in Zivil in eine Schlägerei verwickelt. Der Versuch von ungefähr 100 Besuchern des Kolb-Kellers, die Festnahme von Hans-Jürgen Krahl und dem persischen Studenten Ahmad Taheri zu

verhindern, misslingt. Beide werden verhaftet, auf der Fahrt zum Polizeipräsidium wird Krahl das Nasenbein ramponiert. In der Nacht kommt er wieder frei.
Am 18. Juli 1969 findet die Gerichtsverhandlung wegen Übertretens des seit 1. Juli 1968 gegen Krahl verhängten Hausverbotes an der Universität und wegen der Besetzung des Instituts für Sozialforschung am 31. Januar 1969 statt. Krahl erklärt, »die sogenannte Besetzung sei nichts anderes als eine auf einem Gewohnheitsrecht beruhende, nicht anmeldepflichtige Sitzung der Soziologiestudenten in den Räumen des Instituts gewesen«. Als Belastungszeuge ruft das Gericht u. a. Adorno auf.
In diesem Verfahren erfolgt am 25. Juli 1969 eine Verurteilung wegen einfachen Hausfriedensbruchs im Institut für Sozialforschung (dem Hauptanklagepunkt) zu einer Geldstrafe von 300 DM sowie wegen einfachen, viermal wiederholten Hausfriedensbruchs in der Universität (dem Nebenanklagepunkt) zu drei Monaten Gefängnis mit Bewährung.

Am 6. August 1969 stirbt Theodor W. Adorno in seinem Urlaubsort in der Schweiz. Am 13. August 1969, dem Tag seiner Beerdigung auf dem Frankfurter Hauptfriedhof, erscheint in der Frankfurter Rundschau der Nachruf von Hans-Jürgen Krahl: »Der politische Widerspruch der Kritischen Theorie Adornos« [KuK, S. 291-294].

Verletzungen, Prozesse, Schulungen

Bei einem Verkehrsunfall am 18. September 1969 wird Krahl vom Außenspiegel eines Autos erfasst. Im Krankenhaus wird ihm der rechte Arm in Gips gelegt. Wegen dieses Unfalls (»Gefährdung des Straßenverkehrs«) muss Krahl wieder vor Gericht, ebenso wegen Beteiligung am go-in im Schauspielhaus am 30. Mai 1968 (»Theater-Prozess«), wegen Rädelsführerschaft bei der Demonstration am 22. September 1968 gegen die Verleihung des Friedenspreises an den Präsidenten der Republik Senegal (»Senghor-Prozess«) und wegen der Blockade von Springer-Zeitungen Ostern 1968. Über 20 Gerichtsverfahren sind es schließlich, in denen er der Angeklagte ist. Im Senghor-Prozess gegen die SDS-Mitglieder Günter Amendt, Hans-Jürgen Krahl und Karl Dietrich Wolff macht Krahl in einer mehr als einstündigen, frei vorgetragenen Rede seine berühmten »Angaben zur Person« [KuK, S. 19-30].

Im SDS ist die Auflösung in vollem Gange. In Form von ML-Parteien und KPD-Aufbauorganisationen entstehen die »proletarischen Initiativen«. In seinen Diskussionsbeiträgen versucht Krahl erneut eine Reflexion der

Rolle der Intelligenz zu initiieren, unter anderem mit einem Beitrag zum Hochschulseminar des SDS Ende November (»Thesen zum allgemeinen Verhältnis von wissenschaftlicher Intelligenz und proletarischem Klassenbewusstsein«, abgedruckt im SC-Info Nr. 25 vom 13. Dez. 1969 [KuK, S. 336-353]. Der SDS-Bundesvorstand kommentiert die Konferenz kritisch: »Selbst das Referat von H.-J. Krahl (...) dessen Abstraktionsgrad so war, dass ohne weiteres Diskussionen darüber möglich gewesen wären, fand keine Resonanz.«
Im Dezember konstituiert sich um Hans-Jürgen Krahl ein Schulungskreis, der sich regelmäßig bis zu seinem Tod trifft.

Am 24. Dezember 1969 erfolgt die Urteilsverkündigung im Senghor-Prozess: Jeweils ein Jahr und neun Monate Gefängnis für Hans-Jürgen Krahl, Günter Amendt und KD Wolff wegen Aufruhr, Landfriedensbruch und Rädelsführerschaft. Das Strafmaß soll, so der Gerichtsvorsitzende, einem »Überhandnehmen der Anarchie« in der Bundesrepublik Deutschland entgegenwirken und »generalpräventiven Charakter« haben.
Über Weihnachten ist Krahl, wie in jedem Jahr, in Hannover bei den Eltern.
Auf einer Fahrt von Frankfurt zu einer Paderborner Gruppe kommt Hans-Jürgen Krahl am 13. Februar 1970 bei einem Unfall ums Leben. Bei Glatteis auf der Bundesstraße 252 in der Nähe des Ortes Wrexen bei Arolsen stößt das Auto, in dem Krahl mit vier Mitfahrern als Beifahrer sitzt, mit einem LKW zusammen. Krahl ist sofort tot. Im Krankenhaus stirbt der ebenfalls im Fahrzeug sitzende Franz-Josef Bevermeier. Der Fahrer des Wagens sowie Dalia Moneta und Carl Hegemann überleben den Unfall schwer verletzt.

In dem Beileidsschreiben von Horkheimer an die Eltern heißt es: »Dass Ihr Sohn Hans Jürgen verunglückt und gestorben ist, hat mich zutiefst betroffen. Ich sage Ihnen mein Beileid. Er ist unersetzlich und meiner Überzeugung nach, wäre er ein höchst bedeutender Mensch geworden. Mag Ihnen das Bewusstsein, dass er ein unendlich intelligentes Wesen war, neben dem Schmerz, auch eine gewisse Befriedigung gewähren.«

Beerdigung, Denkstein, Archiv

Die Beerdigung von Hans-Jürgen Krahl findet am 20. Februar 1970 auf dem Friedhof Hannover-Ricklingen statt. Detlev Claussen trägt die von Oskar Negt, Bernd Leineweber und ihm verfasste Beerdigungsrede vor [im vorliegenden Band S. 418-423]. Bei einem informellen Treffen im Anschluss an die Beerdigung wird die Auflösung des SDS beschlossen.

Die von Udo Riechmann im Herbst 2004 angeregte Initiative »Krahl-Gedächtnis« sicherte durch eine Spendensammlung die Erhaltung der Grabstelle Krahls und die Errichtung eines Denksteins. Seit dem 27. Juni 2007 erinnert auf dem Friedhof Hannover-Ricklingen ein vom Steinbildhauer Uwe Spiekermann gestalteter Denkstein an Hans-Jürgen Krahl.

Im Jahr 2007 wurde in Frankfurt mit dem Aufbau eines Hans-Jürgen Krahl Archivs (www.krahl-archiv.de) begonnen.

Frankfurt am Main, August 2008